Interdisziplinäre Organisations- und Verwaltungsforschung

Reihe herausgegeben von

Tanja Klenk, Fakultät für Sozialwissenschaften, Helmut Schmidt Universität, Hamburg, Deutschland

Isabella Proeller, Wirtschafts- und Sozialwissenschaften, Universität Potsdam, Potsdam, Deutschland

Sylvia Veit, Wirtschafts- und Sozialwissenschaften, Helmut-Schmidt-Universität, Hamburg, Hamburg, Deutschland

In der Schriftenreihe werden ausgewählte wissenschaftliche Arbeiten zur Erforschung des öffentlichen Sektors publiziert. Die Reihe verfolgt einen interdisziplinären Ansatz und veröffentlicht Beiträge u.a. aus den Verwaltungswissenschaften, der Politikwissenschaft, dem Public Management und der Verwaltungs- und Organisationssoziologie. Die Reihe umfasst empirische Studien zu öffentlichen Organisationen und zur öffentlichen Verwaltung. Ziel der Reihe ist es, den interdisziplinären Diskurs zu Fragen der Entwicklung des öffentlichen Sektors anzuregen.

Die Reihe wurde gegründet von Thomas Edeling, Werner Jann und Dieter Wagner.

Jonas Hafner

Variationen in der Verwaltungsorganisation der Jobcenter

Die Nutzung lokaler Handlungsspielräume im Rechtskreis Zweites Buch Sozialgesetzbuch

Springer VS

Jonas Hafner
Ruhr-Universität Bochum
Bochum, Deutschland

Dissertation, Ruhr-Universität Bochum, 2025.

ISSN 2945-8331 ISSN 2945-834X (electronic)
Interdisziplinäre Organisations- und Verwaltungsforschung
ISBN 978-3-658-51046-6 ISBN 978-3-658-51047-3 (eBook)
https://doi.org/10.1007/978-3-658-51047-3

Die Deutsche Nationalbibliothek verzeichnet diese Publikation in der Deutschen Nationalbibliografie; detaillierte bibliografische Daten sind im Internet über https://portal.dnb.de abrufbar.

Mit freundlicher Unterstützung durch den Open-Access-Monographienfonds der Ruhr-Universität Bochum.

Planung/Lektorat: Carina Reibold
Springer VS ist ein Imprint der eingetragenen Gesellschaft Springer Fachmedien Wiesbaden GmbH und ist ein Teil von Springer Nature.
Die Anschrift der Gesellschaft ist: Abraham-Lincoln-Str. 46, 65189 Wiesbaden, Germany

Danksagung Die vorliegende Arbeit markiert den Abschluss eines siebenjährigen Weges – eines Weges, von dem ich mir bis kurz vor Beginn meines Promotionsstudiums nicht hätte träumen lassen, dass ich ihn einmal beschreiten würde. Mein tiefer Dank gebührt zuvorderst Jörg Bogumil für die intensive, vertrauensvolle und förderliche Zusammenarbeit, die nicht nur diese Arbeit, sondern auch mich in vielerlei Hinsicht hat wachsen lassen. Ebenfalls danken möchte ich meinem Zweitbetreuer, Rolf Heinze, insbesondere für die anregenden Diskussionen, die mir immer wieder neue Perspektiven auf den Untersuchungskontext eröffnet haben.

Ein besonderer Dank gilt zudem der Bundesagentur für Arbeit für ihre Unterstützung bei der Erschließung des Feldzuganges sowie den zahlreichen Mitarbeitenden in der Zentrale, den Regionaldirektionen, den Agenturen für Arbeit und natürlich in den Jobcentern. Ohne ihre Offenheit und Bereitschaft, Einblicke in ihre Arbeit zu gewähren, wäre dieses Forschungsvorhaben in seiner vorliegenden Form nicht möglich gewesen. Ich bin überaus dankbar dafür, dass diese engagierten Menschen, die sich täglich dafür einsetzen, eine an den Bürgerinnen und Bürgern ausgerichtete Arbeitsmarktpolitik zu gestalten, mir Zugang zum „Maschinenraum" des Sozialgesetzbuches II ermöglicht haben. Mein Wunsch ist es, mit dieser Arbeit allen Interessierten ein möglichst objektives Bild eines kleinen Ausschnitts dieser Realität zu vermitteln.

Nicht zuletzt danke ich André Kastilan und Laurin Friedrich für ihre Begleitung auf diesem Weg sowie für die zahlreichen bereichernden fachlichen und methodischen Erörterungen, die diese Arbeit in vielerlei Hinsicht geprägt haben. Meinen Eltern bin ich in besonderer Weise dankbar – jeder von ihnen hat auf seine eigene Weise zum Gelingen dieses Vorhabens beigetragen. Schließlich danke ich von Herzen Janine, die mich unermüdlich unterstützt und bestärkt hat.

Interessenkonflikt Der Autor hat keine relevanten Interessenskonflikte im Zusammenhang mit dieser Publikation.

Hinweise zum Sprachgebrauch

Zur besseren Lesbarkeit wird in der vorliegenden Arbeit überwiegend die männliche Form verwendet. Diese sprachliche Vereinfachung dient ausschließlich der Verständlichkeit und impliziert keine geschlechtsspezifische Einschränkung. Sämtliche Personen – unabhängig von ihrem Geschlecht oder ihrer geschlechtlichen Identität – sind gleichermaßen gemeint. In Kapitel 7 werden zur Wahrung der Anonymität der Interviewten weitgehend geschlechtsneutrale Bezeichnungen verwendet.

In der Arbeits- und Grundsicherungsverwaltung werden Leistungsbeziehende häufig als „Kunden" bezeichnet. Diese Begrifflichkeit suggeriert jedoch eine marktförmige Dienstleistungsbeziehung und relativiert die asymmetrischen Machtverhältnisse zwischen Verwaltung und Leistungsbeziehenden. Da es sich hier um sozialstaatliche Ansprüche handelt, verwende ich – sofern kein Bezug auf andere Quellen erfolgt – den Begriff „Klienten" (siehe hierzu auch Fußnote 30 in Kapitel 2).

Inhaltsverzeichnis

Abkürzungsverzeichnis

1. AM	Erster Arbeitsmarkt
4PM	4-Phasen-Modell der Integrationsarbeit
a. F.	alte Fassung
AA	Agentur für Arbeit
ABM	Arbeitsbeschaffungsmaßnahme
AG	Aktiengesellschaft
AG-S	Arbeitgeber-Service
ALG	Arbeitslosengeld
ARGE	Arbeitsgemeinschaft SGB II
AsylbLG	Asylbewerberleistungsgesetz
BA	Bundesagentur für Arbeit
BAföG	Bundesausbildungsförderungsgesetz
BAK/BAQ	Betriebsakquisiteur
BDA	Bundesvereinigung der Deutschen Arbeitgeberverbände
bFM	beschäftigungsorientiertes Fallmanagement
BG	Bedarfsgemeinschaft
BJO	Berliner Joboffensive
BMAS	Bundesministerium für Arbeit und Soziales
BMF	Bundesministerium der Finanzen
BRH	Bundesrechnungshof
BSHG	Bundessozialhilfegesetz
BuT	Bildungs- und Teilhabepaket / Leistungen für Bildung und Teilhabe
CDU	Christlich Demokratische Union Deutschlands

CM	Case Management
CSU	Christlich-Soziale Union in Bayern
d. h.	das heißt
DGCC	Deutsche Gesellschaft für Care und Case Management
DLT	Deutscher Landkreistag
DST	Deutscher Städtetag
DStGB	Deutscher Städte- und Gemeindebund
DV	Deutscher Verein für öffentliche und private Fürsorge
e. V.	eingetragener Verein
ebd.	Ebenda
EDV	Elektronische Datenverarbeitung
EFQM	European Foundation for Quality Management
EGG	Gesetz zur Sicherung der Existenzgrundlagen (Existenzgrundlagengesetz)
EGT	Eingliederungstitel
EGV	Eingliederungsvereinbarung
EGZ	Eingliederungszuschuss
eHb	erwerbsfähige Hilfebedürftige
ELB	Erwerbsfähige Leistungsberechtigte
EQ	Einstiegsqualifizierung
ESF	Europäischer Sozialfonds
EU	Europäische Union
FDP	Freie Demokratische Partei
gAG-S	gemeinsamer Arbeitgeber-Service
gAw	getrennte Aufgabenwahrnehmung / getrennte Trägerschaft
gE	gemeinsame Einrichtung
GG	Grundgesetz
HdBA	Hochschule der Bundesagentur für Arbeit
HKL	Herkunftsländer
i. d. R.	in der Regel
i. S.	im Sinne
IAB	Institut für Arbeitsmarkt- und Berufsforschung
IT	Informationstechnologie
K-DL	Kompetenzdienstleistungen
KdU	Kosten der Unterkunft / Bedarfe für Unterkunft und Heizung
KUG	Kurzarbeitergeld
KuZ	Kundenzentrum der Zukunft
LU	Lebensunterhalt

LZA-Programm	ESF-Bundesprogramm zum Abbau von Langzeitarbeitslosigkeit
M&I	Markt und Integration
n. F.	neue Fassung
NPM	New Public Management
NRW	Nordrhein-Westfalen
NSM	Neues Steuerungsmodell
o. ä.	oder ähnlich
o. g.	oben genannt
PDL	Personaldienstleister
RD	Regionaldirektion
s. u.	siehe unten
SCT	Structural Contingency Theory
SGB	Sozialgesetzbuch
SPD	Sozialdemokratische Partei Deutschlands
THCG	Teilhabechancengesetz
u. a.	unter anderem
USA	Vereinigte Staaten von Amerika
v. a.	vor allem
VerBIS	Vermittlungs-, Beratungs- und Informationssystem der Bundesagentur für Arbeit
VG	Vorsitzender der Geschäftsführung
vgl.	vergleiche
z. B.	zum Beispiel
z. T.	zum Teil
ZAG	Gesetz zur Errichtung und Organisation von Zentren für Arbeit und Grundsicherung
zkT	zugelassener kommunaler Träger

Abbildungsverzeichnis

Tabellenverzeichnis

1 Einleitung

Da das Bürgergeld bzw. die Grundsicherung für Arbeitsuchende nach dem Zweiten Buch Sozialgesetzbuch (SGB II) das Existenzminimum sowie die Arbeitsmarktintegration von erwerbsfähigen Leistungsberechtigten sicherstellt, ist das SGB II eine der zentralen Säulen der deutschen Arbeitsmarkt- und Sozialpolitik. Nach § 1 SGB II (Aufgabe und Ziel der Grundsicherung für Arbeitsuchende) ist es oberstes Ziel des Gesetzes, den Leistungsberechtigten zu ermöglichen, ein Leben zu führen, das der Menschenwürde entspricht. Es soll die Eigenverantwortung der erwerbsfähigen Leistungsberechtigten und der mit ihnen in einer Bedarfsgemeinschaft lebenden Personen stärken und dazu beitragen, dass sie ihren Lebensunterhalt unabhängig von der Grundsicherung aus eigenen Mitteln und Kräften bestreiten können. Insbesondere soll die Grundsicherung die Aufnahme oder Beibehaltung einer Erwerbstätigkeit fördern und den Lebensunterhalt sicherstellen, sofern dieser nicht auf andere Weise gedeckt werden kann. Die Gleichstellung von Männern und Frauen stellt hierbei ein durchgängiges Prinzip dar. Im Rahmen der Grundsicherung werden Leistungen zur Beratung, zur Beendigung oder Verringerung von Hilfebedürftigkeit – insbesondere durch Eingliederung in Ausbildung oder Arbeit – sowie zur Sicherung des Lebensunterhalts erbracht.

Die arbeitsmarkt- und sozialpolitische Relevanz des SGB II verdeutlicht Abbildung 1.1, welche die Zahl der Arbeitslosen dieses Rechtskreises mit jener der Arbeitslosenversicherung (SGB III) ins Verhältnis setzt. Gemessen an allen arbeitslosen Personen liegt der Anteil der Arbeitslosen, die dem SGB II angehören, im Durchschnitt der vergangenen Jahre bei ca. zwei Dritteln. Ergänzend zeigt sich die fiskalische Relevanz des SGB II daran, dass für das Jahr 2025 im

J. Hafner, *Variationen in der Verwaltungsorganisation der Jobcenter*,
Interdisziplinäre Organisations- und Verwaltungsforschung,
https://doi.org/10.1007/978-3-658-51047-3_1

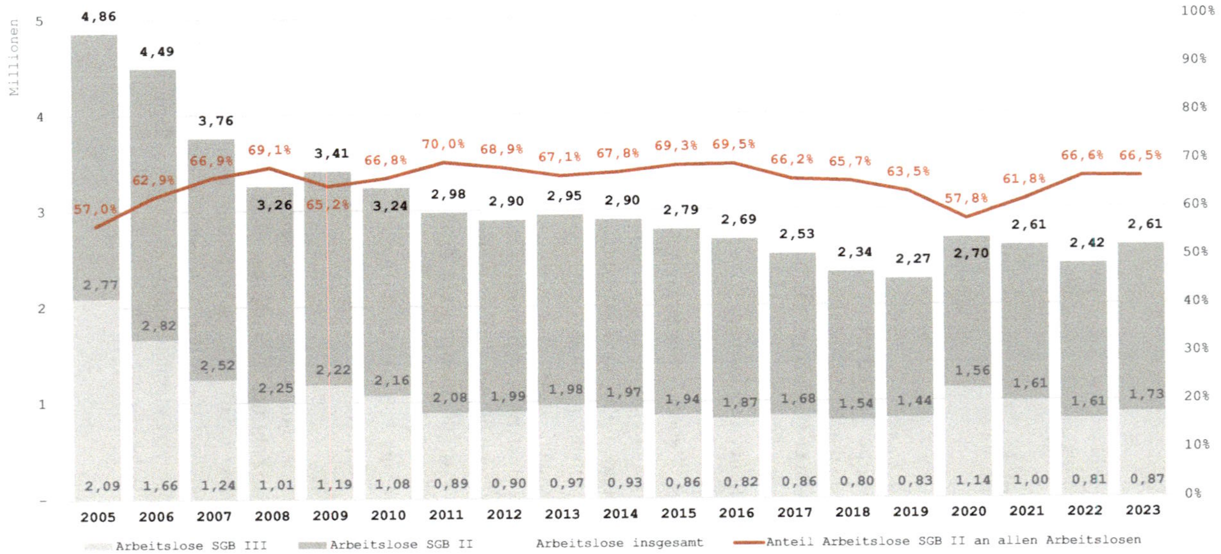

Abbildung 1.1 Arbeitslose nach Rechtskreisen. (Quelle: Eigene Abbildung. Daten: Bundesagentur für Arbeit / Statistik, Arbeitslose nach Rechtskreisen (Jahreszahlen))

Bundeshaushalt 44,97 Mrd. Euro für die Ausgaben in diesem Rechtskreis vorgesehen sind, was gut neun Prozent des gesamten Budgets des Bundes (488,61 Mrd. Euro) entspricht. Hinzu kommen die kommunalen Anteile an den Leistungen für Unterkunft und Heizung sowie den Verwaltungskosten der Jobcenter, für welche jedoch keine konsolidierten Angaben vorliegen.

Für die Umsetzung des SGB II sind die Jobcenter verantwortlich. Zum Stand Januar 2025 gliedert sich das Bundesgebiet in 404 Jobcenterbezirke, die weitestgehend dem Zuschnitt der kreisfreien Städte und Landkreise entsprechen. Bei der Mehrheit der Jobcenter (300) handelt es sich um *gemeinsame Einrichtungen* (gE), in denen die Bundesagentur für Arbeit (BA) und die jeweilige Kommune die Aufgaben des SGB II gemeinsam erbringen. Gerade aus verwaltungswissenschaftlicher Perspektive stellen die gE ein interessantes Untersuchungsobjekt dar, da diese Behörden im deutschen Bundesstaat eine verfassungsmäßig verankerte Ausnahme vom grundsätzlichen Verbot der Mischverwaltung darstellen. Die beiden Träger stehen sich nicht in einem hierarchisch geprägten Verhältnis, sondern gleichrangig gegenüber (Korte 2024a: 1430). Zusätzlich zu den gE existieren 104 Jobcenter, die durch *zugelassene kommunale Träger* (zkT, auch „Optionskommunen"), die die Aufgaben des SGB II ohne Beteiligung der BA erbringen, betrieben werden.

Das SGB II eröffnet den lokalen Akteuren (gE: örtliche Agentur für Arbeit und Kommune; zkT: nur Kommune) ausgeprägte Handlungsspielräume. Neben der strategischen Ausrichtung, in Form des sog. „örtlichen Arbeitsmarkt- und Integrationsprogramms", entscheiden sie u. a. über organisatorische und personalwirtschaftliche Angelegenheiten der Jobcenter (§ 44c Abs. 2 SGB II). Zwar existiert ein breiter Literaturbestand zur Implementation des SGB II bzw. zur Aufgabenwahrnehmung der Jobcenter (vgl. Kap. 4). Häufig stellt bei diesen Betrachtungen die quantitative und/oder qualitative Wirkungsanalyse von gewissen Instrumenten, Maßnahmen oder strategischen Ausrichtungen der Jobcenter einen wichtigen Bestandteil dar. Auffällig ist jedoch, dass in diesen Untersuchungen kaum die jeweils spezifische Aufbau- und Ablauforganisation der Jobcenter berücksichtigt wird. Sofern überhaupt organisationale Merkmale als unabhängige Variablen einbezogen werden, begrenzt sich dies meist auf die Unterscheidung zwischen den beiden Trägermodellen (gE vs. zkT).

Vor dem Hintergrund, dass die Leistung (‚performance')[1] einer Organisation im Allgemeinen aus einer Kombination aus Umweltbedingungen, der Strategie

[1] Die Begriffe „Leistung" bzw. „Performance" werden in der Literatur nicht einheitlich definiert (vgl. Abschn. 3.2). In der vorliegenden Arbeit werden beide Begriffe synonym verwendet.

ihrer organisationalen Entscheidungsträger und ihrer organisatorischen Beschaffenheit resultiert (Scott/Davis 2016: 338), ist es erstaunlich, dass Letzteres kaum in den Implementationsstudien berücksichtigt wird. Eine differenzierte Analyse der organisationalen Strukturen und Prozesse der Jobcenter könnte nicht nur zu einem besseren Verständnis der Wirkzusammenhänge innerhalb dieses wichtigen arbeitsmarkt- und sozialpolitischen Feldes beitragen, sondern auch praktische Implikationen für die Optimierung der Politikimplementierung liefern. Um einen verwaltungswissenschaftlich-organisationssoziologischen Beitrag zur Schließung dieser Forschungslücke zu leisten, setzt sich die vorliegende Arbeit das Ziel, zunächst zu prüfen, inwiefern sich die Organisationsstruktur der Jobcenter unterscheidet und anschließend zu eruieren, welche Faktoren jene beeinflussen. Hierbei wird sich aufgrund des spezifischen Feldzuganges (vgl. Kap. 6) auf die größte der beiden Gruppen der Trägermodelle, die gemeinsamen Einrichtungen, konzentriert. Die hier zugrunde gelegte Forschungsfrage lautet daher wie folgt:

> *Welche Variationen zeigen sich in der Verwaltungsorganisation der gemeinsamen Einrichtungen und wie können Gemeinsamkeiten und Unterschiede erklärt werden?*

In diesem Kontext ist dann auch das Zusammenwirken der jeweiligen Träger von Interesse, zu welchem ebenfalls bisher kaum Erkenntnisse vorliegen. Durch die beiden Träger fließen potenziell unterschiedliche Ressourcen, Interessen und Perspektiven in die Aufgabenwahrnehmung der gE ein. Insgesamt erhöht die Komplexität des Steuerungsmodells der gemeinsamen Einrichtungen auch die Anzahl der relevanten Akteure, die einen Einfluss auf die Verwaltungsorganisation dieser Jobcenter nehmen können (vgl. Kap. 2).

Zur Eingrenzung des Vorhabens werden für die Untersuchung der abhängigen Variable zwei Aufgabenbereiche der Jobcenter, die im Gegensatz zur „regulären" Arbeitsvermittlung eine geringere Standardisierung aufweisen, näher betrachtet: Zum einen wird das *beschäftigungsorientierte Fallmanagement* (bFM) in den Blick genommen, welches „eine handlungsfeldspezifische Variante des allgemeinen Case Managements" (Göckler/Rübner 2019: 21)[2] darstellt und dann zum

[2] Die Deutsche Gesellschaft für Care und Case Management (DGCC) definiert Case Management als „eine Verfahrensweise in Humandiensten und ihrer Organisation zu dem Zweck, bedarfsentsprechend im Einzelfall eine nötige Unterstützung, Behandlung, Begleitung, Förderung und Versorgung von Menschen angemessen zu bewerkstelligen" (DGCC 2020). Anwendung findet es in verschiedenen Bereichen, u. a. in der Beschäftigungsförderung (in Form des bFM), dem Gesundheitswesen, der Jugendhilfe und in der Migrationsberatung.

Einsatz kommt, wenn im individuellen Fall multiple Problemlagen (sog. „Vermittlungshemmnisse“) vorliegen (Göckler/Rübner 2019: 68 ff.). Es handelt sich hierbei um ein (semi-)professionelles Verfahren, das in der Gesetzesbegründung zum SGB II als „Kernelement der neuen Leistung“ (Deutscher Bundestag 2003a: 44) bezeichnet wird. Die Bedeutung dieses Verfahrens wird u. a. daran sichtbar, dass die Hälfte der erwerbsfähigen Leistungsberechtigten im SGB II drei oder mehr Vermittlungshemmnisse aufweist, wobei sich mit jedem Hemmnis die Abgangschancen in Erwerbstätigkeit halbieren (Beste/Trappmann 2016: 1 ff.).

Zum anderen wird die *arbeitgeberorientierte Beratung und Vermittlung* (hier im Folgenden auch kurz als „Arbeitgeberbetreuung“ bezeichnet) betrachtet, welche jene Aufgaben umfasst, die die Jobcenter gegenüber der zweiten sog. „Marktseite“ erbringen. Während im SGB III explizit beide Marktseiten (Arbeitnehmer und Arbeitgeber) als Adressaten der gesetzlichen Leistungen genannt werden (u. a. § 2 SGB III), enthält das SGB II keinen derartigen Auftrag (Domschke 2015: 608 f.). Prinzipiell setzt sich das Aufgabenspektrum der Arbeitgeberbetreuung aus Leistungsprozessen im Rahmen der Stellenbesetzung bei Arbeitgebern sowie arbeitgeberorientierten (z. B. Stellenakquise und Beratung von Arbeitgebern) und bewerberorientierten (Übernahme der Betreuung von SGB-II-Klienten) Aktivitäten ohne Vermittlungsauftrag zusammen (Bartelheimer et al. 2014: 110).

Für die Beantwortung der o. g. Forschungsfrage wird der existierende Forschungsstand durch umfangreiche eigene quantitative und qualitative Erhebungen und Auswertungen ergänzt. So stützt sich die vorliegende Arbeit auf ein Mixed-Methods-Design, in dessen Zuge gE bzw. Mitarbeitende von gE zur Verwaltungsorganisation in den beiden Aufgabenbereichen, zur Rolle von institutionellen Mechanismen sowie zur Relevanz von externen und internen Akteuren im Rahmen von Organisationsveränderungen befragt wurden. Insbesondere vor dem Hintergrund des in weiten Teilen explorativen Charakters des Forschungsvorhabens, sollen durch die Triangulation die jeweils grundlegend bestehenden Stärken der Vorgehensweisen kombiniert und die jeweiligen Schwächen abgemildert werden.

Im Anschluss an dieses Einleitungskapitel nimmt Kapitel 2 die Jobcenter sowie ihre Kontextbedingungen in den Blick. Bevor die beiden ausgewählten Aufgabenbereiche näher betrachtet werden, werden der Politikwandel hin zu einer aktivierenden Arbeitsmarktpolitik, der sich vollends mit den Hartz-Reformen vollzieht, sowie die Reformprozesse der Bundesagentur für Arbeit, die auch auf die Jobcenter Rückwirkungen entfalten, beleuchtet. Anschließend werden wesentliche Regelungsinhalte des SGB II, seine Genese sowie die Verfassungskonformität der gemeinsamen Einrichtungen und ihr Steuerungsmodell beschrieben.

Kapitel 3 stellt den analytischen Rahmen dieser Arbeit dar, indem dort die theoretische Einbettung der Untersuchung vorgenommen wird. Neben konzeptionellen Vorüberlegungen zum Konstrukt *Organisation* sowie zu Spezifika von öffentlichen (Sozial-)Verwaltungen, werden die beiden organisationssoziologischen Theorien des Situativen Ansatzes und des soziologischen Neo-Institutionalismus im Hinblick auf die Forschungsfrage aufgearbeitet. Das Kapitel schließt mit einem Versuch, trotz teils abweichender Annahmen, das Potenzial einer Integration dieser Theorien aufzuzeigen.

Darauf aufbauend beschäftigt sich Kapitel 4 mit dem existierenden Forschungsstand zur Aufgabenwahrnehmung der Jobcenter. Während zu Beginn verdeutlicht wird, dass Variationen auch abseits der Verwaltungsorganisation bestehen, werden anschließend die Verwaltungsorganisation der Jobcenter im Allgemeinen und die organisationale Umsetzung in den beiden Aufgabenbereichen betrachtet. Zuletzt werden daraufhin mögliche Faktoren, die die Verwaltungsorganisationen beeinflussen, herausgestellt.

Ausgehend von den Erläuterungen in den Kapiteln 2 bis 4 wird in Kapitel 5 das hieraus abgeleitete Modell präsentiert. Zudem wird dort die Forschungsfrage in abgrenzbare Unterfragestellungen zerlegt. Sodann wird in Kapitel 6 das methodische Vorgehen der quantitativen und qualitativen Teilstudien erläutert. Hier werden die jeweilige Datenerhebung, realisierte Stichprobe sowie Datenauswertung dargestellt und Hinweise zur Datendarstellung gegeben.

Kapitel 7 gliedert sich entlang der in Kapitel 5 formulierten Unterfragstellungen und enthält die empirischen Ergebnisse der Untersuchung. Zuerst wird daher deskriptiv auf das Ausmaß der Variationen in der Verwaltungsorganisation der untersuchten Jobcenter eingegangen. Im Anschluss daran wird der Einfluss der abgeleiteten strukturellen bzw. institutionellen Faktoren untersucht. Abschließend wird die Relevanz der Akteure herausgearbeitet.

In Kapitel 8 werden unter Rückbezug auf die theoretischen Annahmen die wesentlichen empirischen Ergebnisse sowie das methodische Vorgehen diskutiert. Insbesondere werden auch die Limitationen des Forschungsvorhabens skizziert. Schließlich fasst Kapitel 9 die zentralen Ergebnisse der Arbeit zusammen und zieht daraus Implikationen für Wissenschaft und Praxis.

Kontext des Untersuchungsgegenstandes

2

Das vorliegende Kapitel gibt einen Überblick über den Kontext des Untersuchungsgegenstandes, indem v. a. auf die entsprechende inhaltliche (*policy*) und institutionelle (*polity*) Politikentwicklung in Deutschland sowie auf die übergeordnete verwaltungsseitige Umsetzung eingegangen wird. Den Ausgangspunkt bildet der Übergang zur *aktivierenden Arbeitsmarktpolitik*, der sich vollends mit den *Hartz-Reformen* vollzieht (Abschn. 2.1). Im Zuge dessen durchläuft die damalige Bundesanstalt für Arbeit eine grundlegende Reorganisation, orientiert am Ansatz des *New Public Managements*, und wird in Bundes*agentur* für Arbeit umbenannt (Abschn. 2.2). Des Weiteren werden die *Arbeitslosenhilfe* und die *Sozialhilfe* zur *Grundsicherung für Arbeitsuchende* zusammengeführt und die Umsetzung wird auf neu zu schaffende Behörden der Mischverwaltung, die später in *Jobcenter* umbenannt werden, übertragen (Abschn. 2.3). Die wesentlichen Aspekte werden am Ende des Kapitels zusammengefasst (Abschn. 2.4).

J. Hafner, *Variationen in der Verwaltungsorganisation der Jobcenter*,
Interdisziplinäre Organisations- und Verwaltungsforschung,
https://doi.org/10.1007/978-3-658-51047-3_2

2.1 Aktivierende Arbeitsmarktpolitik in Deutschland

Konzeptioneller Ausgangspunkt für den Wandel von einer *aktiven* und *passiven*[1] zu einer *aktivierenden* Arbeitsmarktpolitik in Deutschland[2] (s. u.) stellt der übergeordnete Paradigmenwechsel[3] wohlfahrtsstaatlichen Handelns dar, dem im deutschen Kontext das Leitbild des *Aktivierenden Sozialstaats* zugrunde liegt (Dingeldey 2011: 33 f.).[4] Dieses wurde Anfang der 1990er Jahre im Zuge der Diskussion um die Verwaltungsmodernisierung entwickelt und zielt auf eine Reorganisation des Sozialstaats ab, deren vier wesentliche Elemente Dingeldey wie folgt zusammenfasst: „Dialog statt Dekret, zielklare Kooperation, Produkt- und Prozessoptimierung sowie Koproduktion" (Dingeldey 2011: 37).[5] Mit dem Paradigmenwechsel einhergehende Veränderungen betreffen letztlich sowohl die Dimension *Welfare* als auch die Dimension *State* (Dingeldey 2011: 31).

Die Dimension „State" knüpft an der Rolle des Staates bzw. der Steuerung[6] und *Governance* an. Die damit verbundenen Veränderungen zielen auf eine zunehmende Privatisierung in Bezug auf die Erbringung von Sozialleistungen sowie auf eine gesteigerte Eigenverantwortung der Individuen ab und beinhalten auch „eine veränderte Rolle des Staates als Moderator oder Regulator" (ebd.). Dingeldey (2011) stützt sich dabei auf Mayntz' politikwissenschaftliche Begriffsauslegung

---

[1] *Passive* Arbeitsmarktpolitik beinhaltet kompensatorische Leistungen wie das Arbeitslosengeld sowie staatliche Regelungen hinsichtlich des vorzeitigen Ruhestands (Weishaupt 2019: 670). *Aktive* Arbeitsmarktpolitik umfasst hingegen Maßnahmen wie „Berufs- und Ausbildungsberatung, Arbeits- und Ausbildungsvermittlung, Berufs- oder Ausbildungsvorbereitung, Trainingskurse, (Um-)Schulungen, Aus- und Weiterbildungsmaßnahmen, öffentlich geförderte oder subventionierte Beschäftigung oder auch Rehabilitations- und Wiedereingliederungsmaßnahmen" (ebd.).

[2] Für einen internationalen Vergleich vgl. Konle-Seidl (2008).

[3] Der Einteilung von Hall folgend, handelt es sich bei Paradigmenwechseln um ein „third order change", bei welchem nicht nur die staatlichen Instrumente und Programme, sondern auch die Ziele verändert werden (vgl. Hall 1993).

[4] Aus internationaler Perspektive sind verschiedene Varianten dieses neuen wohlfahrtsstaatlichen Leitbildes zu differenzieren. Zwar weisen sie unterschiedliche nationale Bezüge sowie normative und methodische Voraussetzungen auf, gemein ist ihnen hingegen, dass sie einen qualitativen Wandel von Wohlfahrtsstaatlichkeit skizzieren, „indem auf die Veränderung der Ziele sowie die Formen der Leistungserbringung und auch die Veränderung der Entscheidungsfindung abgehoben wird" (Dingeldey 2011: 41).

[5] In einem zweiten Diskussionsstrang wird von einigen Autoren die Bürgerbeteiligung und Koproduktion besonders hervorgehoben (Dingeldey 2011: 38).

[6] Der Begriff Steuerung meint für Mayntz: „ein zielgerichtetes Handeln, das von der Wirkung des Handelns analytisch zu unterscheiden ist" (Mayntz 2009: 42).

von Governance, wonach es sich um einen Oberbegriff handelt, der die „Gesamtheit aller in einem Gemeinwesen bestehenden und miteinander verschränkten Formen der kollektiven Regelung gesellschaftlicher Sachverhalte“ (Mayntz 2010: 38) bezeichnet und sich „sowohl auf die das Handeln regelnden Strukturen als auch auf den Prozess der Regelung“ (Dingeldey 2011: 20) bezieht.[7] Aus dieser Perspektive zeigen sich Veränderungen hinsichtlich der Interaktionsmuster des Staates mit anderen kollektiven Akteuren im Sinne eines *kooperativen Staates* sowie Veränderungen staatlicher Funktionen in Bezug auf Regulierung und Leistungserbringung im Sinne eines Wandels zum *Gewährleistungsstaat* (Dingeldey 2011: 100).[8]

„Welfare“ bezieht sich demgegenüber auf die Leistungserbringung an sich und setzt somit an der Beziehung zwischen dem Sozialstaat und seinen Klienten an, indem Rechte und Pflichten neu austariert werden, was „meist anhand einer Rücknahme von sozialstaatlichen Transfers und einer Zunahme der Arbeitsmarktaktivierung festgemacht wird“ (Dingeldey 2011: 41). Kennzeichnend für aktivierende Arbeitsmarktpolitik ist das Prinzip des *Förderns und Forderns* (Weishaupt 2019: 670). Hierbei geht es nicht (primär) um die Einführung neuer Maßnahmen, sondern, hinsichtlich des Forderns, „vorrangig um eine neujustierte Koppelung des Leistungsbezugs an bestimmte, oft individuell und vertraglich festgelegte Vorgaben“ (ebd.). Bei diesen Vorgaben kann es sich z. B. um das Wahrnehmen von Beratungsterminen, die Annahme von Arbeitsplatzangeboten oder die Teilnahme an Maßnahmen handeln (ebd.). Ebenso geht das Aktivierungsparadigma mit einer Ausweitung der Zumutbarkeitskriterien, worunter beispielsweise die Verlängerung akzeptabler Arbeitswege und die Erweiterung der Definition eines „adäquaten“ Arbeitsplatzangebotes fallen, sowie mit einer Verschärfung der Zugangskriterien einher (ebd.). Das Fördern bezieht sich beispielsweise auf die Unterstützung im Rahmen der Beratung und Vermittlung (auch Kostenerstattungen bei Bewerbungen), Mobilitätshilfen sowie die berufliche Aus- und Weiterbildung. Elemente aktivierender Arbeitsmarktpolitik zielen

[7] Mayntz grenzt Governance von Steuerung ab, indem sie erläutert, dass beide Leitbegriffe „die Aufmerksamkeit auf verschiedene Aspekte der Wirklichkeit“ (Mayntz 2009: 48) lenken: So sei die Steuerungstheorie akteurzentriert und die Governance-Theorie institutionalistisch (Mayntz 2009: 47).

[8] Das Konzept des *kooperativen Staates* hebt die Beteiligung gesellschaftlicher Akteure bei der Entscheidungsfindung und Implementation von Politik hervor (Dingeldey 2011: 55). Das Konzept des *Gewährleistungsstaats* wiederum hebt primär auf die veränderte Funktion des Staates ab, der die Erfüllungsverantwortung weitgehend an Private überträgt bzw. sie in Kooperation mit ihnen ausübt (Dingeldey 2011: 55 f.).

somit auf die *Verfügbarkeit*, *Eigenverantwortung* und *Beschäftigungsfähigkeit* der Individuen ab (Marquardsen 2007: 259 ff.).

Der Beginn des Wandels wird durch verschiedene Autoren unterschiedlich datiert. Mohr sieht erste Ansätze bereits in den 1980er Jahren, als die für die Umsetzung und Finanzierung der Sozialhilfe verantwortlichen Kommunen[9] verstärkt auf die Instrumente der *Hilfe zur Arbeit* des *Bundessozialhilfegesetzes* (BSHG) zurückgriffen (Mohr 2012: 59 f.).[10] Sozialhilfeempfänger konnten hierdurch zur Annahme von sog. Arbeitsgelegenheiten verpflichtet werden und somit einen Anspruch auf Arbeitslosengeld erwerben, wodurch sie dann bei erneuter Arbeitslosigkeit in das Arbeitslosengeld und somit die Zuständigkeit der damaligen Bundesanstalt für Arbeit (BA) fielen (Mohr 2012: 60).[11]

Spohr (2015: 150 f.) identifiziert inkrementelle Reformen in Richtung einer aktivierenden Arbeitsmarktpolitik ab Mitte der 1990er Jahre und Dingeldey (2011: 283) verortet den Übergang in Deutschland im Jahr 1998, in welchem das *Arbeitsförderungs-Reformgesetz* die Arbeitsmarktpolitik als Drittes Kapitel in das Sozialgesetzbuch (SGB) integrierte, wodurch das seit 1969 gültige Arbeitsförderungsgesetz außer Kraft gesetzt wurde. Das neue Gesetz ziele auf die Förderung der individuellen Beschäftigungsfähigkeit ab und verweise auf die Eigenverantwortung der Individuen bei der Arbeitssuche (Dingeldey 2011: 285). Des Weiteren beinhalte es eine Verschärfung der Arbeitspflicht bzw. Sanktionen sowie erste Ansätze zur Reform der Arbeitsverwaltung (vgl. Abschn. 2.2) (ebd.).

Mit dem Inkrafttreten des *Job-AQTIV-Gesetzes*[12] im Jahr 2002 sieht Dingeldey dann „eine explizite Veränderung der Governance der Beziehung zwischen Sozialstaat und Individuum" gegeben (ebd.). Ähnlich konstatiert Spohr, dass das Gesetz „eindeutige Züge eines arbeitsmarktpolitischen Wandels" (Spohr 2015:

---

[9] Träger der Sozialhilfe des BSHG waren die örtlichen (kreisfreie Städte und Landkreise) sowie die überörtlichen Träger. Die überörtlichen Träger wurden durch Landesrecht bestimmt und waren für einzelne Aufgaben des BSHG zuständig. Beispielsweise waren in NRW gemäß des entsprechenden Ausführungsgesetzes des BSHG die Landschaftsverbände die überörtlichen Träger.

[10] Zwar verfügte das BSHG bereits zum Zeitpunkt seines Inkrafttretens im Jahr 1962 über Instrumente der Arbeitsverpflichtung, diese wurden jedoch bis Ende der 1980er Jahre nur selten eingesetzt (Mohr 2012: 59 f.).

[11] Die Arbeitsgelegenheiten konnten als sozialversicherungspflichtiges Beschäftigungsverhältnis (sog. „Entgeltvariante") oder als Zusatzjob, der die Sozialhilfe um eine geringfügige Mehraufwandsentschädigung aufstockte (sog. „Mehraufwandsvariante), konzipiert sein (Bourcarde 2018: 743; Buestrich 2011: 152).

[12] Die Abkürzung „AQTIV" steht für Aktivieren, Qualifizieren, Trainieren, Investieren und Vermitteln.

174) zeige. Dieser Wandel rückte die Arbeitsvermittlung ins Zentrum und fokussierte die Instrumente der aktiven Arbeitsmarktpolitik auf die Steigerung der Vermittelbarkeit von Arbeitslosen (Heinelt 2003: 134). Wesentliche Änderungen stellen u. a. die Einführung der Instrumente des individuellen *Profilings*[13] und der *Eingliederungsvereinbarung*, der Wegfall von Wartezeiten zwischen Arbeitslosmeldung und Maßnahmeantritt sowie der Ausbau der Förderung der beruflichen Weiterbildung dar (ebd.). Außerdem war es der Bundesanstalt für Arbeit (BA) fortan möglich, Dritte mit der gesamten Vermittlungstätigkeit zu beauftragen (Sell 2006: 28).

Kurz nach Inkrafttreten des Job-AQTIV-Gesetzes erreichte der sog. „Vermittlungsskandal" seinen Höhepunkt (Dingeldey 2011: 286; Spohr 2015: 178). Hierbei stand die BA in der Kritik, die Vermittlungsstatistik beschönigt bzw. manipuliert zu haben. Eine Prüfung des Bundesrechnungshofes (BRH) in fünf Arbeitsämtern sowie eine nachgelagerte Überprüfung von zehn Arbeitsämtern durch die Innenrevision der BA ergaben, dass lediglich 30 Prozent der verbuchten Vermittlungen einwandfrei waren (Sell 2006: 7).[14] Vor dem Hintergrund der institutionellen Verfasstheit der BA sei das „strategische Buchen" für Sell nicht überraschend, da die Effektivität der BA nahezu ausschließlich an der Höhe der „Erfolgszahlen" festgemacht wurde und auch u. a. die Personalausstattung hiervon abhing (Sell 2006: 29).

Durch den Vermittlungsskandal eröffnete sich für die rot-grüne Bundesregierung unter Kanzler Gerhard Schröder ein ‚*Window of Opportunity*' für umfassende arbeitsmarktpolitische Reformen (Spohr 2015: 178 ff.).[15] Zunächst stellte sie im Februar 2002 einen „Zweistufenplan für kunden- und wettbewerbsorientierte Dienstleistungen am Arbeitsmarkt" vor, der in der ersten Stufe „wirksame Sofortmaßnahmen" und in der zweiten Stufe „zügige Strukturreformen" zum Umbau der BA enthielt (BMA 2002: 24 f.). Zur Vorbereitung der gesetzgeberischen Schritte der zweiten Stufe wurde im Zuge dessen die Kommission „Moderne Dienstleistungen am Arbeitsmarkt", unter Vorsitz des damaligen Personalvorstands der Volkswagen AG, Peter Hartz (daher auch bekannt als *Hartz-Kommission*), eingesetzt (BMA 2002: 25).

---

[13] Beim Profiling werden die „Leistungsprofile" von Arbeitslosen, also ihre Stärken und Schwächen, ermittelt (Schütz 2008: 82).

[14] Bereits 1998 machte ein Revisionsbericht der Innenrevision des Landesarbeitsamtes Rheinland-Pfalz-Saarland darauf aufmerksam, dass das damalige Erfassungs- bzw. Erhebungsverfahren „sehr manipulationsanfällig" (Innenrevision LAA RLP-S 1998: 24) sei.

[15] Für eine ausführliche Darstellung der Neuausrichtung der deutschen Arbeitsmarktpolitik anhand des Multiple Streams Ansatzes vgl. Spohr (2015).

Ihr Auftrag war es, Konzepte für den künftigen Aufgabenzuschnitt, für die neue Organisationsstruktur und die Durchführung der Umstrukturierung vorzulegen, wobei sie sich an vier durch die Bundesregierung vorgegebenen Kernelementen orientieren sollte, wovon eines die Zusammenführung von Arbeitslosen- und Sozialhilfe (vgl. Abschn. 2.3.2) betraf (ebd.). Wie Spohr richtigerweise hervorhebt, ist somit „paradoxerweise gerade die Maßnahme, die am häufigsten mit der Kommission identifiziert wird, nämlich das als ‚Hartz IV' bekannt gewordene neue Arbeitslosengeld II, gerade keine Idee der Kommission, sondern die einzige konkrete inhaltliche Vorgabe der Bundesregierung" (Spohr 2015: 183). Die Kommission arbeitete von Februar bis August 2002 und im April 2002 weitete Peter Hartz den Kommissionsauftrag eigenmächtig aus, wodurch die Kommission fortan auch arbeitsmarktpolitische Reformen jenseits des BA-Umbaus, wie z. B. hinsichtlich der Senkung der Lohnnebenkosten und der Subventionierung des Niedriglohnsektors verfolgte (Spohr 2015: 186).

Nach der gewonnenen Bundestagswahl im Oktober 2002 wurde u. a. im Koalitionsvertrag von SPD und Grünen als auch in der Regierungserklärung von Gerhard Schröder angekündigt, die Vorschläge der Kommission „schnellstmöglich Punkt für Punkt" (SPD/Bündnis 90/Die Grünen 2002: 9) bzw. „ohne Abstriche" (Deutscher Bundestag 2002: 53) umzusetzen. Letztlich wurden einzelne konflikthaftere Aspekte jedoch nicht umgesetzt bzw. abgeschwächt, während in anderen Bereichen teils über die Kommissionsvorschläge hinausgegangen wurde (vgl. Spohr 2015). Während die daraus resultierenden ersten beiden *Gesetze für moderne Dienstleistungen am Arbeitsmarkt* zu Beginn des Jahres 2003 in Kraft traten (Hartz I und II), wurden die Vorhaben des dritten und vierten Gesetzes in das Reformkonzept *Agenda 2010* eingebunden, welches Gerhard Schröder in der Regierungserklärung vom 14. März 2003 verkündete.[16] Anfang 2004 bzw. 2005 traten dann auch Hartz III und IV in Kraft.[17] Die wesentlichen Inhalte der Hartz-Gesetzgebung können wie folgt zusammengefasst werden:

---

[16] Im Rahmen der Agenda 2010 wurden verschiedene sozialpolitische Reformen gebündelt, wobei diejenigen der.

Arbeitsmarktpolitik im Wesentlichen auf die Vorschläge der Hartz-Kommission zurückzuführen sind (Spohr 2015: 194).

[17] Zu allen vier Gesetzen hat der Bundesrat den Vermittlungsausschuss angerufen: Dieser konnte jeweils zu Hartz I, II und IV eine Einigung erzielen. Hartz I wurde durch den Bundestag in der Fassung der Beschlussempfehlung des Vermittlungsausschusses angenommen. Der Bundesrat verweigerte hingegen seine Zustimmung und legte Einspruch ein. Diesen wies der Bundestag zurück, wodurch das Gesetz verabschiedet wurde. Auch der Entwurf zu Hartz II in der Fassung der Beschlussempfehlung des Vermittlungsausschusses wurde durch den Bundestag angenommen. In diesem Fall stimmte auch der Bundesrat dem Entwurf zu. Zu Hartz III konnte der Vermittlungsausschuss keine Einigung erzielen, sodass der

- Hartz I:[18]
  - Flexibilisierung der Arbeitnehmerüberlassung (*Leiharbeit*)
  - Einrichtung von *Personal-Service-Agenturen* bei den Arbeitsämtern, um Arbeitslose durch Arbeitnehmerüberlassung in Arbeit zu vermitteln
  - Neuausrichtung der *Förderung der beruflichen Weiterbildung* und Einführung des *Bildungsgutscheins*
  - Aktivierung:
    - Konkretisierung der *Meldepflicht*: Arbeitslose haben sich unverzüglich beim Arbeitsamt persönlich zu melden, wenn sie den Zeitpunkt der Beendigung des Versicherungspflichtverhältnisses kennen
    - Verschärfung der *Zumutbarkeit* von Beschäftigungen
    - Flexiblere Regelung zur Dauer der *Sperrzeiten*

- Hartz II:[19]
  - *Geringfügige Beschäftigung:*
    - Anhebung der Geringfügigkeitsgrenze (sog. „Minijob")
    - Einführung einer Gleitzone (sog. „Midijob")
  - Einführung des *Existenzgründungszuschusses* (sog. „Ich-AG")

- Hartz III:[20]
  - Reorganisation der BA und Umbenennung in Bundes*agentur* für Arbeit (vgl. Abschn. 2.2)
  - Vereinfachung des Leistungsrechts und der arbeitsmarktpolitischen Instrumente

---

Bundesrat Einspruch gegen den Entwurf erhob, welcher jedoch durch den Bundestag zurückgewiesen wurde. Hartz IV wurde schließlich in der Fassung der Beschlussempfehlung des Vermittlungsausschusses mit Zustimmung des Bundesrates verabschiedet.

[18] *Erstes Gesetz für moderne Dienstleistungen am Arbeitsmarkt* vom 23.12.2002 (Inkrafttreten größtenteils am 01.01.2003).

[19] *Zweites Gesetz für moderne Dienstleistungen am Arbeitsmarkt* vom 23.12.2002 (Inkrafttreten größtenteils am 01.01.2003 und 01.04.2003).

[20] *Drittes Gesetz für moderne Dienstleistungen am Arbeitsmarkt* vom 23.12.2003 (Inkrafttreten größtenteils am 01.01.2004 und 01.01.2005).

- Hartz IV[21] (vgl. Abschn. 2.3):
  - Zusammenlegung der Arbeitslosen- und Sozialhilfe zum Arbeitslosengeld II (ALG II)
  - Einrichtung von sog. „Job-Centern" bei den Agenturen für Arbeit

Diese vier Hartz-Gesetze[22] stellen einen Wandel zu einer aktivierenden Arbeitsmarktpolitik dar (Spohr 2015: 202): Insgesamt wurde durch verschiedene Regelungen der Hartz-Gesetze zum einen die Gewährung von Fürsorgeleistungen stärker von Gegenleistungen der Hilfebedürftigen abhängig gemacht (*Workfare*) und zum anderen auf die Verbesserung der Beschäftigungsfähigkeit der Arbeitnehmer (*Employability*) abgezielt (vgl. Spohr 2015). Mit der Abschaffung der Arbeitslosenhilfe durch Hartz IV bezieht sich das Leitmotiv des *konservativen Wohlfahrtsstaats*,[23] der Statuserhalt, nunmehr nur noch auf die „Kurzzeitarbeitslosen" (Spohr 2015: 202). Seitdem fallen arbeitslose Personen „ungeachtet ihrer Erwerbsbiografie nach zumeist bereits einem Jahr in die Grundsicherung" (Beckmann 2023: 64). Demgegenüber wurden im Zuge der Hartz-Reformen an der Höhe des Arbeitslosengelds (sog. „Arbeitslosengeld I", ALG I) keine und bzgl. des Zugangs und der Dauer nur bedingt Änderungen vorgenommen (Dingeldey 2011: 291).

2.2 Reformprozesse und Status quo der Bundesagentur für Arbeit

Die Bundesagentur für Arbeit (BA) ist Trägerin der Arbeitslosenversicherung und darüber hinaus für weitere (arbeitsmarktpolitische) Leistungen zuständig.[24] Sie ist eine bundesunmittelbare Körperschaft des öffentlichen Rechts mit Selbstverwaltung (§ 367 SGB III) und unterliegt nicht nur der Rechtsaufsicht des

[21] *Viertes Gesetz für moderne Dienstleistungen am Arbeitsmarkt* vom 24.12.2003 (Inkrafttreten größtenteils am 01.01.2005).

[22] Für die Ergebnisse der Evaluationen zu Hartz I-III vgl. BMAS (2006) und zu Hartz IV vgl. Kapitel 4.

[23] Die Bezeichnung geht auf eine Einteilung von Esping-Andersen zurück, der die drei Wohlfahrtsregime sozialdemokratisch, liberal und konservativ unterscheidet und ihnen spezifische Eigenschaften zuweist (Esping-Andersen 1990).

[24] Die weiteren Leistungen umfassen Aufgaben, die der Bund der BA über das SGB III (z. B. die Förderung für Asylbewerbende im laufenden Aufenthaltsverfahren) sowie außerhalb des SGB III (z. B. das Kindergeld) übertragen hat (Kaps et al. 2017: 47).

Bundesministeriums für Arbeit und Soziales (BMAS), sondern in Teilbereichen wie dem SGB II (§ 47 SGB II) auch seiner Fachaufsicht.[25] Für die Durchführung der Arbeitsförderung vereinbart das BMAS für die jeweilige Legislaturperiode Rahmenziele mit der Bundesagentur (Kaps et al. 2017: 57).[26]

Die BA ist mit ihren derzeit gut 120.600 Personalstellen (vgl. BA 2023b) die größte Behörde des Bundes. Sie gliedert sich in die Zentrale in Nürnberg, zehn Regionaldirektionen und 150 Agenturen für Arbeit mit 724 Geschäftsstellen (Stand Januar 2025).[27] Die Leitung der Behörde obliegt dem hauptamtlichen Vorstand,[28] dessen Mitglieder von der Bundesregierung auf Vorschlag des Verwaltungsrates benannt und vom Bundespräsidenten ernannt werden, sowie dem Verwaltungsrat (Klenk 2012: 285). Der 21-köpfige Verwaltungsrat und die bis zu 15-köpfigen Verwaltungsausschüsse bei den Agenturen für Arbeit werden drittelparitätisch mit Vertretern der Arbeitnehmer, der Arbeitgeber und der öffentlichen Körperschaften besetzt (Klenk 2012: 279). Der Verwaltungsrat überwacht den Vorstand sowie die Verwaltung und die Verwaltungsausschüsse überwachen und beraten die Agenturen für Arbeit.

Bis zu Beginn der 1990er Jahre bestimmte in den Arbeitsämtern „ein weitgehend uniformes Organisationsmodell bürokratischer Linienorganisation die Arbeitspraxis“ (Schütz 2012: 234). So waren die Kernaufgabenbereiche der Leistungsverwaltung, der Arbeitsvermittlung und -beratung sowie der Berufsberatung in getrennte Organisationssparten gegliedert, in welchen in klassischen Führungshierarchien und nach hoher fachlicher Spezialisierung gearbeitet wurde (ebd.).

[25] Dem BMAS obliegt die Fachaufsicht nur in Belangen von übergeordneter Bedeutung wie z. B. bei der Arbeitsmarktstatistik und der Ausländerbeschäftigung (Kaps et al. 2017: 42).

[26] In der vorangegangenen Legislaturperiode des 20. Deutschen Bundestages handelt es sich bei den Rahmenzielen um (1.) Arbeitsmarktausgleich verbessern, (2.) Arbeits- und Fachkräftesicherung, (3.) Gleichstellung von Frauen und Männern am Arbeitsmarkt weiter fördern, (4.) Organisationskultur, Gute Führung, Qualitätsbewusstsein und -management und (5.) Digitalisierung und Automatisierung (vgl. BMAS 2022).

[27] Zu den besonderen Dienststellen der BA zählen die *Familienkasse* (für Kindergeld und Kinderzuschlag), die *Zentrale Auslands- und Fachvermittlung* (für den internationalen Arbeitsmarkt und die Vermittlung spezieller Berufsgruppen), das *Institut für Arbeitsmarkt- und Berufsforschung* (IAB), das *IT-Systemhaus* (interner IT-Dienstleister), das *Service-Haus der BA* (interner und operativer Dienstleister) sowie die *Hochschule der BA* und die *Führungsakademie der BA*.

[28] § 381 Abs. 2 SGB III sieht vor, dass der Vorstand der BA aus einem Vorsitzenden und zwei weiteren Mitgliedern besteht und durch Satzung um ein weiteres Mitglied erweitert werden kann, wovon die BA in ihrer Satzung Gebrauch gemacht hat.

Dabei lag der Umsetzung des Arbeitsförderungsgesetzes nicht nur der Gesetzestext zugrunde, hohe geschäftspolitische Relevanz ging auch von den Verwaltungsvorschriften der BA-Hauptstelle sowie des jeweiligen für die Fachaufsicht der Arbeitsämter zuständigen Landesarbeitsamtes aus (ebd.). Während die Rechtmäßigkeit des Handelns durch das sog. Phänomen der „Weisungsflut" bzw. eine *Konditionalsteuerung*[29] sichergestellt wurde, war das wichtigste Kriterium für die optimale Bewirtschaftung der Budgetmittel „die maximale Ausschöpfung der (nach Einzelinstrumenten bewirtschafteten) Budgetmittel zum Abschluss des Haushaltsjahres (‚Punktlandung')" (ebd.). Eine arbeitsmarktpolitische Erfolgskontrolle der durchgeführten Aktivitäten war in diesem Referenzsystem nicht enthalten (ebd.).

Anfang der 1990er Jahre setzten dann umfangreichere Reformaktivitäten ein, auf die im Jahr 1994 das Reformkonzept *Arbeitsamt 2000* (AA 2000) folgte, das auf die Erhöhung der Wirksamkeit und Wirtschaftlichkeit sowie der Kunden- und Mitarbeiterzufriedenheit abzielte (Schütz 2012: 235).[30] Die bisherige arbeitsteilige Spartenorganisation sollte durch eine „ganzheitlich ausgerichtete[n] kundenorientierte[n] Teamorganisation" (Reissert 2001: 124) abgelöst werden. Weitere Kernelemente betrafen den Ausbau dezentralisierter Leistungserbringung, den Aufbau neuer Führungsstrukturen mit flacheren Hierarchien sowie die Mitarbeiterbeteiligung und verstärkte Personalentwicklung (Schütz 2012: 235). Zudem wurde mit Zielsteuerung und dem Aufbau eines arbeitsmarktpolitischen Controllings begonnen, was über die Jahre jedoch nur eine „relativ begrenzte und lokal uneinheitliche Wirkungen entfaltete" (ebd.).[31] Die angestoßene Dezentralisierung wurde durch die Einführung des SGB III unterstützt, da der neu geschaffene *Eingliederungstitel* sowie das Instrument der *Freien Förderung* die Handlungsspielräume der Arbeitsämter hinsichtlich des Instrumentenmixes beträchtlich erhöhten (ebd.).[32] Mit den jährlichen Eingliederungsbilanzen sollte

[29] Während Konditionalprogramme ein bestimmtes Verwaltungshandeln festlegen, wenn bestimmte Bedingungen erfüllt sind („Immer-Wenn-Dann-Programme"), legen Final- bzw. Zweckprogramme lediglich die Zwecke und Ziele fest, sodass den Entscheidern Freiräume hinsichtlich der Mittel zur Zweck- bzw. Zielerreichung eingeräumt werden (Bogumil/Jann 2020: 226 f.).

[30] Zur kritischen Auseinandersetzung mit dem Begriff „Kunde" im Zusammenhang mit staatlichen Sozialleistungen und der Arbeitsverwaltung im Speziellen vgl. u. a. Hielscher und Ochs (2009) sowie Blank (2015).

[31] Zwischen Hauptstelle und Landesarbeitsämtern sowie zwischen Landesarbeitsämtern und Arbeitsämtern wurden seit 2000/2001 im Prinzip formell Zielvereinbarungen geschlossen (Schütz 2008: 70).

[32] Bis auf ein paar Ausnahmen werden die für die Ermessensleistungen der aktiven Arbeitsförderung veranschlagten Mittel im Eingliederungstitel eingestellt (§ 71b SGB IV). Die

die Performance der Arbeitsämter in vergleichbarer Weise dokumentiert werden (ebd.). Nach Bender et al. wohnte dem damaligen Zusammenspiel aus zentraler Leitung und Arbeitsämtern ein paradoxes Spannungsverhältnis inne, das sich einerseits aus einer dichten Weisungsflut und andererseits aus faktisch größeren Spielräumen hinsichtlich der Gestaltung der örtlichen Geschäftsprozesse und Geschäftspolitik ergab (Bender et al. 2006: 65).

In der Umsetzung des AA-2000-Konzeptes traten teils starke Defizite auf, die u. a. die fachliche Verzahnung der vermittlungs- und leistungsbezogenen Aspekte in den Kundenbüros betrafen und für einen Teil der Mitarbeitenden zu einer Überforderung führten (Schütz 2012: 235). Zudem wurde versäumt, komplementär zur Reform der Arbeitsämter, Reformschritte frühzeitig in der BA-Hauptstelle und den Landesarbeitsämtern einzuleiten (ebd.). Als den vielleicht schwerwiegendsten Fehler bezeichnet Schütz jedoch die „zögerliche, sich über mehrere Jahre schleppende Flächeneinführung des Konzepts" (ebd.) AA 2000, bis es im Nachgang zum Vermittlungsskandal im Herbst 2002 faktisch außer Kraft gesetzt wurde.[33]

Auf Grundlage von Hartz III begann ab 2003 der Umbau der in Bundesagentur für Arbeit umbenannten Bundesanstalt. Dieser erfolgte weitgehend in behördeninterner Projektorganisation und wurde durch die Unternehmensberatung McKinsey, „die maßgebliche Schlüsselkonzepte der Reform entwickelte" (Schütz 2012: 236), unterstützt. Die Eckpunkte der Reform lehnten sich an die Empfehlungen der Hartz-Kommission an, wichen aber z. T. auch von ihnen ab (ebd.). Im Gegensatz zur inkrementalen Reformumsetzung des AA-2000-Konzeptes wurde hierbei ein starker Top-Down-Ansatz verfolgt (Schütz 2008: 88).

Inhaltlich orientierte sich die Reorganisation der BA am Ansatz des *New Public Managements* (NPM) (vgl. Bender et al. 2006; Bieber et al. 2005), der auf die Übernahme privatwirtschaftlicher Elemente im öffentlichen Sektor abzielt (vgl. Abschn. 3.1.2). Wie oben angedeutet, beinhaltete das AA-2000-Konzept,

---

einzelnen Arbeitsämter konnten durch die Freie Förderung über den Einsatz von bis zu zehn Prozent ihrer Mittel für Ermessensleistungen der aktive Arbeitsförderung frei entscheiden (§ 10 SGB III, zum 01.01.2010 aufgehoben).

[33] Das Organisationskonzept AA 2000 wurde bis Juli 1997 zunächst in vier Modellarbeitsämtern zur Erprobung eingeführt, bis Ende 1999 folgten weitere 19 Arbeitsämter (Schütz 2008: 65). Im Juli 2000 wurde dann die flächendeckende Einführung des Konzepts beschlossen und die Umstellung der restlichen Arbeitsämter sollte bis Ende 2002 abgeschlossen sein (ebd.). Daraufhin wurden halbjährlich jeweils 40 Arbeitsämter auf das neue Konzept umgestellt, bis der Vermittlungsskandal dazu führte, dass die Einführung vor der letzten Tranche gestoppt wurde (ebd.).

wenn auch nur in Ansätzen, bereits gewisse Elemente des NPM (u. a. Zielsteuerung und Kundenorientierung). Mit der Hartz-Reform wurden diese ausgebaut und erweitert. Zu den wesentlichen Reformelementen der Reorganisation zählt zunächst der **Umbau der Zentrale und die Aufwertung der Mittelinstanzen**. Die Nürnberger Zentrale wurde „funktional als Strategieinstanz im Gesamtsystem der BA konzipiert“ (Schütz 2012: 236). Die dreistufige Leitungsstruktur bestehend aus dem Präsidenten, Vorstand und Verwaltungsrat wurde abgeschafft und durch den hauptamtlichen Vorstand mit befristeter, fünfjähriger Amtszeit, und den ehrenamtlichen Verwaltungsrat, dessen Mitgliederzahl von 51 auf 21 verringert wurde, ersetzt (Klenk 2012: 285 f.). Auch die Landesarbeitsämter, die in zehn personell verkleinerte Regionaldirektionen (RD) aufgingen, wurden restrukturiert (Schütz 2012: 236). Die RD „stellen als ihre Kernaufgabe die zielorientierte Umsetzung der BA-Steuerungslogik sicher“ (ebd.), indem sie hierarchische Führung und Kontrolle gegenüber den Agenturen für Arbeit (AA) ausüben (können) und ihnen gegenüber umfangreiche Beratungs- und Dienstleistungsfunktionen wahrnehmen (ebd.). Wie auch bei den übergeordneten Ebenen, erfolgte in den AA die Einführung eines Geschäftsführungsmodells mit befristeten Amtszeiten (ebd.), wobei hinsichtlich der Besetzung der Agenturleitungen jene Mitarbeitenden nicht berücksichtigt wurden, „die für die ‚neue BA-Welt‘ der Wirkungs- und Effizienzorientierung nicht geeignet erschienen“ (ebd.).

BA-weit wurde ein **wirkungsorientiertes Steuerungsmodell mit integrierter Budgetplanung** implementiert. Mit der Einführung einer neuen Steuerungslogik wurde dem Controlling eine zentrale Rolle als Angelpunkt aller Geschäftsprozesse zugewiesen – letztlich sollte es sich zur „Sprache der Organisation entwickeln“ (BA 2003: 7; zitiert nach Schütz 2012: 237). Durch die neue Steuerungslogik wurde fortan zwischen zwei Rechnungskreisen unterschieden, nämlich der ökonomischen Bewirtschaftung von Beitragsgeldern („Versicherung“) einerseits und der wirkungsorientierten Erfüllung politischer Aufgaben („Auftrag“, auch SGB II) andererseits (Schütz 2012: 237). Im Haushalt 2004 wurden dann erstmals Budgets mit Wirkungszielen verknüpft, „nachdem in den Vorjahren die Zielsteuerung auf die Outputgrößen der geschäftspolitischen Ziele beschränkt war“ (ebd.). Zudem wurde das Controlling ausgebaut und der Zielplanungsprozess mit den AA rationalisiert und komplexer gestaltet (ebd.).

Unter Federführung des Instituts für Arbeitsmarkt- und Berufsforschung (IAB) wurde ein Typisierungsansatz ausgearbeitet, anhand dessen die AA verschiedenen Vergleichstypen zugeordnet werden (Bender et al. 2006: 75). Diese sollten für den

Zielplanungsprozess als auch für Leistungsvergleiche genutzt werden (ebd.).[34] Ausgangspunkt für den Zielplanungsprozess bilden die geschäftspolitischen Ziele der BA, die sie jährlich bekannt gibt (Bender et al. 2006: 76). Innerhalb eines mehrstufigen Prozesses werden dann Zielvereinbarungen zwischen Zentrale und RD, sowie dieser und den AA geschlossen (ebd.; Kaltenborn et al. 2010: 51 ff.).

Auf Ebene der AA wurden das **Kundenzentrum der Zukunft (KuZ) und die Handlungsprogramme** eingeführt. In den Agenturen stellt das KuZ das „Kernstück der innerorganisatorischen Neugestaltung der BA zur Reform der Arbeitsvermittlung" (Schütz 2008: 78) dar. Es setzt an den Kernproblemen der alten Arbeitsämter an, die u. a. in einer „manifesten Überlastung durch ungesteuerte Kundenströme, ineffiziente[n] Prozessgestaltung sowie mangelnde[n] Trennung von Standardtätigkeiten und spezialisierten Fachaufgaben" (ebd.) gesehen werden. Durch das KuZ werden die Spartenorganisation des alten Arbeitsamtes sowie die integrierte Teamorganisation des AA-2000-Konzeptes durch eine funktional gegliederte Organisationsform abgelöst, was u. a. bedeutet, dass die Bereiche Vermittlung/Beratung und Leistungsgewährung wieder getrennt werden und eine Entkoppelung von Fachaufgaben und unterstützenden Tätigkeiten erfolgt (Bender et al. 2006: 104). Im Hinblick auf die arbeitnehmerorientierte Vermittlung sollten zum einen die Zeitanteile der Fachkräfte für die direkte Vermittlungs- und Beratungstätigkeit vergrößert und zum anderen der Vermittlungsprozess vereinheitlicht und qualitativ verbessert werden (Bender et al. 2006: 115).

Um Ersteres zu erreichen, wurden die Rahmenbedingungen für die Vermittlungsfachkräfte in einigen Punkten wesentlich verändert: Das KuZ sieht einen Empfang für Kurzanliegen und eine Eingangszone, welche ein breites Aufgabenspektrum für Kunden ohne Termin wahrnimmt, vor. Zusammen mit dem jeweiligen regionalen Service Center, das für die telefonische Betreuung zuständig ist, bearbeiten diese Organisationseinheiten „Standardtätigkeiten" und entlasten die Vermittlungsfachkräfte weitgehend von administrativen Aufgaben und einem ungeregelten Kundenstrom (Bender et al. 2006: 104 ff.). Des Weiteren finden Beratungs- und Vermittlungsgespräche nur noch terminiert statt, um dem „Druck der Flure" (Schütz/Ochs 2005: 6) entgegenzuwirken, und durch die Zentralisierung der Telefonie in den Service Centern entfällt für die Vermittlungsfachkräfte ein Großteil jener (Bender et al. 2006: 116). Die organisatorischen Änderungen sollen zudem dazu beitragen, dass leistungsrechtliche Fragen keine „Zeitfresser" mehr im Vermittlungsgespräch darstellen (Schütz/Ochs 2005: 5 f.).

[34] Die aktuelle Typisierung umfasst 13 Vergleichstypen, die jeweils zwischen fünf und 20 Agenturbezirke umfassen (Dauth et al. 2023).

Während das KuZ als „Hardware“ verstanden wird, gelten die neu eingeführten Prozesselemente als „Software“ dessen (Bender et al. 2006: 155 f.). Auf Arbeitnehmerseite gliedert sich der neue Dienstleistungsprozess in die vier Hauptschritte *Standortbestimmung* (vormals „Profiling“), *Festlegen des Zieles*, *Auswahl des Programms* und *Durchführung des Programms* (Bender et al. 2006: 157). Auf Basis der Standortbestimmung wird zunächst entlang der Grundstrategien „Fordern“ und „Fördern“ die Zuordnung zu einer Kundengruppe vorgenommen (Bender et al. 2006: 158 ff.). Anschließend wird ein „erfolgversprechendes Abgangsziel“ (Bender et al. 2006: 162) festgelegt und in einer Ziel- bzw. Eingliederungsvereinbarung festgehalten. Ausgerichtet an der Standortbestimmung, dem Ziel sowie den Kriterien Wirkung und Wirtschaftlichkeit, wählt die Vermittlungsfachkraft eines von sechs Handlungsprogrammen aus (Bender et al. 2006: 163).[35] Dadurch wird neben dem Vermittlungsprozess an sich auch der sog. „Produkteinsatz“ standardisiert (ebd.; ähnlich Schütz 2008: 16 f.), wobei die neue Produkteinsatzlogik dazu führe, dass „nur noch in Kunden investiert [wird], für die sich die Investition betriebswirtschaftlich ‚rechnet‘“ (Bender et al. 2006: 6; ähnlich Schütz 2012: 239). Bis zur Einführung der neuen Prozesse waren in den AA sowohl die Praxis des Profilings als auch der Umgang mit Eingliederungsvereinbarungen uneinheitlich (Schütz 2008: 82 ff.).

In Bezug auf die alte Vermittlungspraxis galt die Vernachlässigung der Dienstleistungsqualität gegenüber der Arbeitgeberseite als einer der zentralen Kritikpunkte (Bender et al. 2006: 167). Mit der Reform mussten nunmehr 20 Prozent der personellen Vermittlungskapazitäten für die arbeitgeberorientierte Vermittlung vorgehalten werden (Bender et al. 2006: 116). Zur Steigerung der Wirksamkeit und Wirtschaftlichkeit sah das Reformkonzept, ähnlich wie auf Arbeitnehmerseite, eine Differenzierung der Arbeitgeberkunden vor (Bender et al. 2006: 167). Einem kleineren Teil von potenzialreichen (bezüglich des Einstellungspotenzials), also großen Arbeitgebern („Zielkunden“), kommen besondere Vermittlungsbemühungen zu, während die übrigen Arbeitgeber („Standardkunden“) mit einem einheitlichen Mindestqualitätsstandard bedient werden sollten (Bender et al. 2006: 168). Eigenständige Vermittlerteams waren für diesen Arbeitgeberservice nicht vorgesehen, sondern die arbeitgeberorientierten Vermittler, falls in der jeweiligen AA eine personenscharfe Trennung vorgenommen wurde, wurden den arbeitnehmerorientierten Vermittlerteams zugeordnet (Bender et al. 2006: 116). Bereits 2007 wurde das Konzept der gemischten Teams jedoch aufgegeben und eine organisatorische Trennung zwischen Arbeitnehmer- und Arbeitgebervermittlung

---

[35] Zur Entwicklung der „Standardisierung“ der Integrationsarbeit vgl. Abschnitt 4.1.1.

vorgenommen, wodurch der *Arbeitgeber-Service* (AG-S) entstand (Bartelheimer et al. 2014: 11).

In der BA wurde mittels regionaler Einkaufszentren bundesweit eine **zentrale Einkaufsorganisation** eingeführt, wodurch seitdem auch viele Arbeitsmarktdienstleistungen über Ausschreibungsverfahren beschafft werden (Schütz 2012: 240). Hierdurch wurden die Handlungsspielräume der AA beschnitten und der Planungsaufwand sowie die Planungsunsicherheit sei gestiegen (ebd.). Kritisch wird zudem gesehen, dass sich bei den Vergaben „nun häufig die billigsten Anbieter durchsetzen und dazu vielfach Anbieter zum Zuge kommen, die regional nicht verwurzelt sind" (Oschmiansky 2010: 17).

Seit 2003 wurden im Rahmen der Organisationsreform auch Änderungen an der **Informationstechnologie** der BA vorgenommen, indem neue Softwaresysteme eingeführt wurden. Die Einführung von *VerBIS* (Vermittlungs-, Beratungs- und Informationssystem) als Standardsoftware für den Vermittlungsberatungsprozess wurde im Sommer 2006 abgeschlossen (Schütz 2008: 79). Weitere neue IT-Systeme umfassen die intern durch die Vermittlungsfachkräfte genutzte Metasuchmaschine *Job-Roboter* sowie die internetbasierte *Job-Börse* und das *Online-Portal* für Arbeitsuchende und Arbeitgeber (Bender et al. 2006: 133).

Im Jahr 2012 wurde dann unter dem Projektnamen „NEO" eine weitere Neuorganisation der BA eingeleitet. Auf Ebene der AA wurden zum einen die Agenturbezirke an die Grenzen der Landkreise und kreisfreien Städte angepasst, gleichzeitig wurden kleinere Agenturen zusammengelegt, wodurch ihre Zahl von Mitte bis Ende 2012 von 176 auf 156 reduziert wurde (AG Arbeitsverwaltung 2014: 11). Zum anderen sind sachbearbeitende Aufgaben ohne Kundenkontakt in bundesweit 40 Operativen Services gebündelt worden, wobei es sich um spezialisierte Teams handelt, die bestimmte Aufgaben für benachbarte Agenturen mit übernehmen (ebd.).

Die RD wiederum wurden um dienstleistende Tätigkeiten wie etwa Statistik, Einkauf und Interne Revision entlastet, sodass sie sich künftig „verstärkt auf ihre Kernaufgaben ‚Steuerung' und ‚Politikberatung' konzentrieren" (AG Arbeitsverwaltung 2014: 12) können. Die RD können fortan die Ausgestaltung ihrer Binnenorganisation und den Einsatz ihres Personalbudgets eigenverantwortlich festlegen (BA 2013b: 46). Zudem richteten die RD „zur Verbesserung der Zusammenarbeit Beiräte auf Ebene der Bundesländer ein" (ebd.). Insgesamt sei in der BA das „Prinzip der Führung über Zielvereinbarungen und Zielnachhaltedialoge [...] weiter gestärkt" (AG Arbeitsverwaltung 2014: 12) worden.

In der Gesamtschau der durch die Hartz-Gesetzgebung induzierten Reformen wurden der Steuerungs- und Kontrolldruck auf die AA erhöht, während ihr Gestaltungsspielraum deutlich verringert wurde (Schütz 2012: 241). Das Setzen regionalspezifischer Programmakzente durch die AA sei nur noch „zusätzlich" möglich, sofern Konzeptkonformität der örtlichen AA-Organisationsstruktur bestehe und gleichzeitig relativer Erfolg anhand der offiziellen Zielnachhaltung nachgewiesen werden könne (ebd.). Dieser eingeschränkte Handlungsspielraum kann problematisiert werden, da die AA zwar für die arbeitsmarktpolitischen Ergebnisse verantwortlich sind, „jedoch weiter keine substanziellen Entscheidungsmöglichkeiten über Strategie und Ressourceneinsatz" (Eichhorst et al. 2006: 379) haben.

Die dargestellte Einführung der *wirkungsorientierten Zielsteuerung* hat scheinbar nicht zu einer Reduzierung der Steuerung über klassische Instrumente wie Weisungen geführt. So konstatiert Schütz, dass sich in der Nachfolge des Vermittlungsskandals „die für die Arbeit der Arbeitsämter lange Jahre typische Gesetzes- und Weisungsflut [...] seit 2002 verdichtet und auf bis dahin in den Ämtern nicht bekannte Höhen gesteigert" (Schütz 2008: 65) habe. Auch Kaps et al. stellen fest, dass die BA-Zentrale parallel zur Zielsteuerung „dennoch regulativ über *Prozessvorgaben*, deren Umsetzung über das Controllingsystem relativ eng geprüft wird" (Kaps et al. 2017: 56, Hervorhebung im Original), steuert. Beispiele sind hier die Vorgaben zum Profiling, zur Kundengruppensegmentierung der Arbeitsuchenden und der Betriebe sowie Vorgaben zu den je konstruierter Fallgruppe einzusetzenden Instrumenten, Verfahren und Beratungsintensitäten (ebd.).[36] Kaps et al. folgend ist ein damit verbundenes Ziel die Strukturierung der Arbeit der einzelnen AA sowie die bundesweite Standardisierung (Kaps et al. 2017: 56 f.). Zum anderen werde hierdurch aber auch das Verständnis der Führung der BA von der Rolle der Sozialversicherung am Arbeitsmarkt durchgesetzt, „indem sie über die Prozessvorgaben den Ressourceneinsatz weitgehend dahin zu lenken versucht, die Ausgaben für das Arbeitslosengeld I möglichst gering zu halten" (Kaps et al. 2017: 57).

Die Handlungslogik der BA wird daher als „stärker betriebswirtschaftlich" (ebd.) dominiert beschrieben. Durch die ausgeprägte Orientierung an Kennzahlen kann die Gefahr von *Creaming*, also der Ungleichbehandlung von Klienten durch „Bestenauslese" bzw. die Konzentration auf Arbeitslose mit guten Integrationschancen oder einfach zu besetzenden Stellen, befördert werden (vgl. u. a. Brülle et al. 2016; Kaltenborn et al. 2010; Oschmiansky et al. 2007; Schütz 2008).[37] Eben dies bestätig eine Prüfung des Bundesrechnungshofs bei der BA

[36] Siehe z. B. „Das arbeitnehmerorientierte Integrationskonzept der Bundesagentur für Arbeit (SGB II und SGB III)" (BA 2023a).

[37] Problematisch kann zudem die Selektivität von Leistungskennzahlen sein, wenn hierdurch weniger standardisierte Arbeit wie z. B. von Integrationsfachkräften und Fallmanagern

für das SGB III (vgl. BRH 2014). Gleichzeitig stellt er fest, dass die „gesetzliche Aufgabe einer verstärkten vermittlerischen Unterstützung für Personen mit erschwerter beruflicher Eingliederung [...] im Zielsystem Beachtung finden" (BRH 2014: 7) müsse und deutet an, dass Ursachen der Fehlsteuerungen auch im quantitativen Zielsystem selbst liegen können (BRH 2014: 10). Infolgedessen hat die BA ihr Zielsystem überarbeitet und es um qualitätsorientierte Kennzahlen ergänzt, wobei nunmehr eine Gewichtung von 75:25 (Quantität zu Qualität) erfolge (BRH 2014: 9).[38]

2.3 Das SGB II und die Jobcenter

Zu Beginn werden in Abschnitt 2.3.1 die wesentlichen Regelungsinhalte und Gesetzesänderungen des SGB II skizziert. Anschließend wird zum einen in Abschnitt 2.3.2 näher auf die Genese der Grundsicherung für Arbeitsuchende sowie auf die Ausgestaltung der Umsetzungsebene eingegangen. Zum anderen wird in Abschnitt 2.3.3 gesondert die Steuerung der gemeinsamen Einrichtung dargestellt. Danach werden die beiden im Mittelpunkt stehenden Aufgabenbereiche *beschäftigungsorientiertes Fallmanagement* und *Arbeitgeberbetreuung* in Abschnitt 2.3.4 betrachtet.

2.3.1 Wesentliche Regelungsinhalte und Gesetzesänderungen des SGB II

Über die letzten fast 20 Jahre seit Inkrafttreten des SGB II unterlag das Gesetz einer Vielzahl von Änderungen. Diese bewegen sich auf einem Spektrum zwischen eher inkrementellen Anpassungen und – wie bei der *Bürgergeldreform* – proklamierten Paradigmenwechseln. Die wesentlichen Regelungsinhalte und Gesetzesänderungen werden in diesem Unterkapitel thematisch gebündelt skizziert. Abschließend wird aufgrund ihrer Tragweite separat die Bürgergeldreform betrachtet.

---

gemessen werden soll: Kleine Schritte im Integrationsprozess können durch die allgemeine Kennzahl der *Integrationsquote* nicht erfasst werden (vgl. Bender/Brandl 2017).

[38] Als qualitätsorientierte Kennzahlen werden im Bericht folgende Messgrößen genannt: Anteil nachhaltiger Integrationen, Anteil Integrationen von Kunden mit einer Dauer der Arbeitslosigkeit von über sechs Monaten, Anteil erfolgreich besetzter Stellen bei kleinen und mittleren Unternehmen, Anteil von Einmündungen ohne und mit Hauptschulabschluss in den Bereichen SGB II und SGB III.

Das SGB II richtet sich zum einen an die sog. **„erwerbsfähigen Leistungsberechtigten“** (ELB).[39] Hierbei handelt es sich um Personen, die (1.) das 15. Lebensjahr vollendet und die entsprechende Altersgrenze noch nicht erreicht haben, (2.) erwerbsfähig und (3.) hilfebedürftig sind sowie (4.) ihren gewöhnlichen Aufenthalt in der Bundesrepublik Deutschland haben (§ 7 Abs. 1 S. 1 SGB II). Zum anderen erhalten nach diesem Gesetz auch Personen Leistungen, die mit erwerbsfähigen Leistungsberechtigten in einer sog. *„Bedarfsgemeinschaft“* leben (§ 7 Abs. 1 S. 2 SGB II), wozu u. a. Partner und Kinder der ELB zählen.

Im Gegensatz zum SGB III, taucht im SGB II explizit der Grundsatz **„Fördern und Fordern“**, als Überschrift des Kapitels 1, auf. In § 2 (Grundsatz des Forderns) werden dann die Mitwirkungsobliegenheiten der ELB betont (Berlit 2024a: 72), indem ausgeführt wird, dass sie alle Möglichkeiten zur Beendigung oder Verringerung ihrer Hilfebedürftigkeit ausschöpfen und aktiv an den Maßnahmen zur Eingliederung in Arbeit mitwirken müssen. Außerdem wird auf die vorrangige Selbsthilfe und Eigenverantwortung verwiesen. § 14 (Grundsatz des Förderns) verweist demgegenüber auf die Unterstützungsplicht der Träger, die Beratungspflicht der Jobcenter, die Benennung eines „persönlichen Ansprechpartners“ durch die Agentur für Arbeit (vgl. Abschn. 2.3.4.2.2) und die Erbringung aller im Einzelfall für die Eingliederung in Arbeit erforderlichen Leistungen unter Beachtung der Grundsätze von Wirtschaftlichkeit und Sparsamkeit (vgl. Hökendorf/Berlit 2024).[40]

Grundlegend umfasst die Grundsicherung für Arbeitsuchende Leistungen zur (1.) *Beratung*, (2.) *Beendigung oder Verringerung der Hilfebedürftigkeit insbesondere durch Eingliederung in Ausbildung oder Arbeit* und (3.) *Sicherung des Lebensunterhalts* (§ 1 Abs. 3 SGB II). Mit den Punkten 2 und 3 wird damit auf die aktiven bzw. passiven Instrumente der Arbeitsmarktpolitik des SGB II abgezielt. Die Beratung, die aus arbeitsmarktpolitischer Perspektive den aktiven Instrumenten zuzuordnen ist, wird durch ihre Nennung in Punkt 1 besonders hervorgehoben. 2016 wurde sie in der Aufzählung der Leistungsbereiche ergänzt und

[39] Bis zum *Gesetz zur Ermittlung von Regelbedarfen und zur Änderung des Zweiten und Zwölften Buches Sozialgesetzbuch* vom 24.03.2011 (Inkrafttreten größtenteils am 01.01. bzw. 01.04.2011) lautete die Bezeichnung „erwerbsfähige Hilfebedürftige“ (eHb).

[40] Bei Letzterem handelt es sich um eine objektivrechtliche Erbringungspflicht, woraus sich keine subjektivrechtlichen Ansprüche der ELB entnehmen lassen (Hökendorf/Berlit 2024: 525).

in § 14 Abs. 3 SGB II näher beschrieben.[41] Demnach obliegt den Jobcentern eine Beratungspflicht (Hökendorf/Berlit 2024: 518).

Die **passiven SGB-II-Leistungen** in Form des *Bürgergeldes* (vormals *Arbeitslosengeld II*, ALG II) setzen sich aus dem *Regelbedarf zur Sicherung des Lebensunterhalts* (§ 20 SGB II), dem *Mehrbedarf* (§ 21 SGB II)[42] und den *Bedarfen für Unterkunft und Heizung* (§ 22 SGB II, sog. „Kosten der Unterkunft und Heizung", KdU) zusammen. Während die Regelsätze einheitlich festgelegt sind, werden die Bedarfe für Unterkunft und Heizung in Höhe der tatsächlichen Aufwendungen anerkannt, sofern sie angemessen sind. Zur Prüfung der Angemessenheit haben die Kommunen als Träger der Leistung (s. u.) schlüssige Konzepte zu erarbeiten, die die tatsächliche Lage auf dem örtlichen Wohnungsmarkt erfassen (vgl. Berlit 2024b).

Nicht erwerbsfähige Angehörige, die mit erwerbsfähigen Leistungsberechtigten in einer Bedarfsgemeinschaft leben, erhalten das *Bürgergeld für nicht erwerbsfähige Leistungsberechtigte* (§ 23 SGB II, vormals als *Sozialgeld* bezeichnet). Seit 2011 werden zudem *Bedarfe für Bildung und Teilhabe* (§ 28 SGB II, *BuT*) für Kinder, Jugendliche und junge Erwachsene unter 25 Jahren zusätzlich zum Regelbedarf erbracht.[43] Gleichzeitig wurden die Regelsätze für das SGB II und SGB XII neu bemessen und das Verfahren für die Ermittlung der Regelbedarfe wurde auf Grundlage des *Regelbedarfsermittlungsgesetzes* umgestellt. Darüber hinaus wurde kurz zuvor eine Härtefallregelung für Leistungen zur Sicherstellung *besonderer Bedarfe* (§ 21 Abs. 6 SGB II n. F.)[44] eingeführt. Hintergrund für diese drei Gesetzesänderungen war ein Urteil des Bundesverfassungsgerichtes (BVerfG) vom 9. Februar 2010 (BVerfG 2010), das sich nicht gegen die Höhe der Leistungen per se, sondern die Verfahren für ihre Bemessung richtete (vgl. Berlit 2010). Durch die Bürgergeldreform wurde das Verfahren zur

[41] *Neuntes Gesetz zur Änderung des Zweiten Buches Sozialgesetzbuch – Rechtsvereinfachung sowie zur vorübergehenden Aussetzung der Insolvenzantragspflicht* vom 26.07.2016 (Inkrafttreten größtenteils am 01.08.2016).

[42] Mehrbedarfe werden u. a. für werdende Mütter, Alleinerziehende und Menschen mit Behinderung gewährt.

[43] Gesetz zur Ermittlung von Regelbedarfen und zur Änderung des Zweiten und Zwölften Buches Sozialgesetzbuch, s. Fn. 39, Kap. 2. Anspruch auf BuT-Leistungen besteht darüber hinaus für Kinder und Jugendliche im SGB XII sowie wenn die Eltern Wohngeld oder Kinderzuschlag beziehen (Lenze 2024: 1069).

[44] Sofern sich die Verortung von Regelungen im SGB II verändert hat, sich inhaltliche Änderungen am Gesetzestext ergeben haben oder Regelungen gestrichen wurden, weist hier „a. F." auf eine *alte* Fassung und „n. F." auf eine *neue* Fassung hin.

Bestimmung der Regelbedarfe erneut angepasst, wodurch eine zeitnahe Reaktion bei einer stark steigenden Preisentwicklung gewährleistet werden soll (WD 2023b: 8).[45]

Das SGB II eröffnet den ELB über § 16 SGB II (Leistungen zur Eingliederung) Zugang zu einem großen Teil der **aktiven arbeitsmarktpolitischen Instrumente** des SGB III, weshalb sich Änderungen dort auch auf die Grundsicherung für Arbeitsuchende auswirken können. Nur bei zwei der aus dem SGB III übernommenen Leistungen handelt es sich allerdings um Anspruchsleistungen, hierzu zählt das Vermittlungsangebot (Schön 2024: 568).[46] Die restlichen Leistungen des SGB III sind Ermessensleistungen (ebd.).[47] Durch die zusätzlichen Eingliederungsleistungen des SGB II soll ergänzend die besondere Situation der ELB berücksichtigt werden (Dietz et al. 2013: 324 f.). Hierzu zählen v. a. auch die *Kommunalen Eingliederungsleistungen* (§ 16a SGB II), die die Kommunen zur Verwirklichung einer ganzheitlichen und umfassenden Betreuung und Unterstützung bei der Eingliederung in Arbeit erbringen: Die *Betreuung minderjähriger Kinder oder von Kindern mit Behinderungen oder die häusliche Pflege von Angehörigen*, die *Schuldnerberatung*, die *psychosoziale Betreuung* und die *Suchtberatung*.

Umfangreichere Reformen der arbeitsmarktpolitischen Instrumente wurden in den Jahren 2009 und 2012 umgesetzt.[48] 2009 wurden neue Arbeitsmarktinstrumente wie das *Vermittlungsbudget* (§ 45 SGB III), das eine einzelfallbezogene, flexible Förderung der Anbahnung bzw. Aufnahme einer sozialversicherungspflichtigen Beschäftigung ermöglicht, eingeführt und andere Instrumente weiterentwickelt bzw. abgeschafft. Im SGB II führt die Gesetzesänderung zu einer Neuordnung und Modifizierung der *Leistungen zur Eingliederung* (§ 16 SGB

[45] Zum Verfahren zur Bestimmung der Regelbedarfe vgl. WD (2023a).

[46] Im Gegensatz zu Anspruchsleistungen, haben die ELB bei Ermessensleistungen „keinen Anspruch auf eine bestimmte Leistung, sondern es besteht ein Anspruch auf die pflichtgemäße Ausübung des Ermessens nach § 39 Absatz 1 SGB I“ (BA 2023e: 6).

[47] Die zweite Anspruchsleistung ist die Förderung der beruflichen Weiterbildung zum nachträglichen Erwerb eines Berufsabschlusses sowie eines Hauptschulabschlusses oder eines gleichwertigen Schulabschlusses (Schön 2024: 568).

[48] *Gesetz zur Neuausrichtung der arbeitsmarktpolitischen Instrumente* vom 29.12.2008 (Inkrafttreten größtenteils am 01.01.2009) und *Gesetz zur Verbesserung der Eingliederungschancen am Arbeitsmarkt* vom 20.12.2011 (Inkrafttreten größtenteils am 01.04.2012).

II). Das Instrument der *Arbeitsbeschaffungsmaßnahme* (ABM)[49] wird abgeschafft und die anderen Leistungen werden in einzelne Paragrafen aufgespalten: Kommunale Eingliederungsleistungen (§ 16a), Einstiegsgeld (§ 16b), Leistungen zur Eingliederung von Selbständigen (§ 16c), Arbeitsgelegenheiten (§ 16d) und Leistungen zur Beschäftigungsförderung (§ 16e a. F.). Zudem werden die *sonstigen weiteren Leistungen* (§ 16 Abs. 2 SGB II) abgeschafft und u. a. durch die *Freie Förderung* (§ 16f) ersetzt, wodurch die Agenturen für Arbeit fortan Eingliederungsmittel für Maßnahmen verausgaben können, die stärker lokale Gegebenheiten berücksichtigen oder auf innovativen Projekten basieren. Durch die parallele Einführung der *Förderung bei Wegfall der Hilfebedürftigkeit* (§ 16 g) können Maßnahmen fortan auch weiter gefördert werden, falls die Hilfebedürftigkeit während einer solchen Maßnahme entfällt.

Gleichermaßen werden durch die drei Jahre später in Kraft tretende Instrumentenreform gewisse Förderleistungen zusammengefasst, weiterentwickelt oder abgeschafft. Beispielsweise wird den Agenturen für Arbeit und Jobcentern bei Maßnahmen zur Aktivierung und beruflichen Eingliederung die Ausgabe von *Aktivierungs- und Vermittlungsgutscheinen* (§ 45 SGB III) ermöglicht.[50] Im SGB II erfolgt eine Neuregelung der *Leistungsgrundsätze* (§ 3 SGB II Abs. 2), wodurch junge erwerbsfähige Leistungsberechtigte (die das 25. Lebensjahr noch nicht vollendet haben) nach Antragstellung auf SGB-II-Leistungen nicht mehr unverzüglich auch in Arbeitsgelegenheiten, sondern ausschließlich in Ausbildung oder Arbeit vermittelt werden sollen. Des Weiteren werden Anpassungen im Bereich der *öffentlich geförderten Beschäftigung* (§§ 16d-e) vorgenommen und ihre Nachrangigkeit wird gegenüber anderen Leistungen betont (Dietz et al. 2013: 334). Zudem werden die Regelungen zur *Freien Förderung* (§ 16f) gelockert.

Weitere zentrale Änderungen am spezifischen arbeitsmarktpolitischen Instrumentarium des SGB II erfolgten u. a. durch die Neufassung des § 16e (*Eingliederung von Langzeitarbeitslosen*)[51] und die Einführung der *Teilhabe am*

[49] Wie auch die Arbeitsgelegenheiten (AGH), gehören die ABM zum Bereich der öffentlich geförderten Beschäftigung. Für eine Abgrenzung von ABM und AGH vgl. Bernhard et al. (2006).

[50] Mit einem Aktivierungs- und Vermittlungsgutschein können gewisse Maßnahmen sowie eine erfolgsbezogen vergütete Arbeitsvermittlung in versicherungspflichtige Beschäftigung bei Trägern oder Arbeitgebern in Anspruch genommen werden.

[51] *Zehntes Gesetz zur Änderung des Zweiten Buches Sozialgesetzbuch – Schaffung neuer Teilhabechancen für Langzeitarbeitslose auf dem allgemeinen und sozialen Arbeitsmarkt* (Teilhabechancengesetz – 10. SGB II-ÄndG) vom 20.12.2018 (Inkrafttreten am 01.01.2019).

Arbeitsmarkt (§16i)[52] im Jahr 2019 sowie durch die Einführung der *Förderung schwer zu erreichender junger Menschen* (§16h)[53] im Jahr 2016 und des *Bürgergeldbonus* sowie der *Ganzheitlichen Betreuung* (§§16j und 16k) im Jahr 2023.[54] 16k SGB II sieht eine ganzheitliche und gegebenenfalls aufsuchende Betreuung vor, die in der Gesetzesbegründung als „Coaching" (Deutscher Bundestag 2022b) bezeichnet wird und den Aufbau der Beschäftigungsfähigkeit zum Ziel hat. Die Leistung kann durch die Jobcenter selbst oder durch beauftragte Dritte erbracht werden. Für Rübner handelt es sich bei der Zielgruppe des neuen Instruments um ELB, „die vielfältige und komplexe Problemlagen aufweisen, die ihre Beschäftigungsfähigkeit grundlegend beeinträchtigen" (Rübner 2023: 38). Trotz der offensichtlichen Berührungspunkte zum Fallmanagement (vgl. Abschn. 2.3.4.2), hat der Gesetzgeber eine Klärung zum Verhältnis der beiden Leistungen zueinander unterlassen (vgl. DGCC 2022; Rübner 2023).

Die beiden zentralen **administrativen Instrumente** des SGB II stellen der *Kooperationsplan* (§ 15 SGB II, bis zur Bürgergeldreform als *Eingliederungsvereinbarung* bezeichnet)[55] und die sog. *„Sanktionen"* (§§ 31–32 SGB II, im Gesetzestext als *Leistungsminderungen* bezeichnet) dar. 2016 wurden die Regelungen zur Eingliederungsvereinbarung (EGV) zunächst um das bereits aus dem SGB III bekannte, vorgelagerte Instrument der Potenzialanalyse (Profiling) erweitert.[56] Mit der Potenzialanalyse wird eine Einschätzung zu den individuellen Fertigkeiten und Kompetenzen und persönlichen Verhältnissen der ELB durchgeführt (BA 2023c: 1). Weitere substanzielle Änderungen wurden dann durch die Bürgergeldreform implementiert: Im Gegensatz zur EGV ist der Kooperationsplan nicht mehr rechtlich bindend und erhält daher keine Rechtsfolgenbelehrung (BA 2023d: 9). Zudem kann der Plan nicht wie die EGV durch einen Verwaltungsakt[57] ersetzt werden (§ 15 Abs. 3 S. 3 SGB II a. F.).

---

[52] Teilhabechancengesetz, s. Fn. 51, Kap. 2.

[53] 9. SGB-II-Änderungsgesetz, s. Fn. 41, Kap. 2.

[54] *Zwölftes Gesetz zur Änderung des Zweiten Buches Sozialgesetzbuch und anderer Gesetze – Einführung eines Bürgergeldes* (Bürgergeld-Gesetz) vom 20.12.2022 (Inkrafttreten größtenteils am 01.01. und 01.07.2023).

[55] Die EGV gilt als Kernelement aktivierender Arbeitsmarktpolitik, da in ihr der SGB-II-Grundsatz des „Förderns und Forderns" auf individueller Ebene konkretisiert wird (Senghaas et al. 2020: 1), wenn auch in der Umsetzungspraxis eher das Fordern überwiegt (Senghaas et al. 2020: 1; Göckler/Rübner 2019: 132 f.).

[56] 9. SGB-II-Änderungsgesetz, s. Fn. 41, Kap. 2.

[57] Ein Verwaltungsakt ist jede Verfügung, Entscheidung oder andere hoheitliche Maßnahme, die eine Behörde zur Regelung eines Einzelfalles auf dem Gebiet des öffentlichen Rechts trifft und die auf unmittelbare Rechtswirkung nach außen gerichtet ist (§ 31 SGB X).

Die im Gesetzestext verankerten Möglichkeiten zur Sanktionierung sind das wohl am kontroversesten diskutierte Instrument des SGB II. Prinzipiell ist hier zwischen *Pflichtverletzungen* und *Meldeversäumnissen* zu unterscheiden. Während erstere z. B. die mangelnde Einhaltung von im Kooperationsplan festgehaltenen Absprachen oder das Weigern eine zumutbare Arbeit, Ausbildung oder ein gefördertes Arbeitsverhältnis aufzunehmen bzw. fortzuführen umfassen, beziehen sich letztere auf das Nicht-Einhalten vereinbarter Termine. Zunächst wurden 2007 die Regelungen für die Minderung der ALG-II-Leistungen verschärft.[58] Mit der ersten Pflichtverletzung wurde der Regelbedarf des ALG II um 30 Prozent gemindert, mit der zweiten um 60 Prozent und mit der dritten um 100 Prozent.[59] Bei unter 25-Jährigen (U25) galt zudem die strengere Regelung, dass bereits die erste Pflichtverletzung dazu führt, dass die Regelleistungen des ALG II um 100 Prozent gemindert werden. Eine wiederholte Pflichtverletzung führte dann dazu, dass auch die Leistungen für Unterkunft und Heizung (KdU) gestrichen werden. Meldeversäumnisse waren hingegen mit einer Minderung um jeweils 10 Prozent verbunden, die sich aber ebenfalls kumulieren konnten.

In seiner Entscheidung vom 5. November 2019 urteilte das BVerfG jedoch, dass die bis dahin geltenden Sanktionsregeln teilweise verfassungswidrig sind (BVerfG 2019). Bis zum Inkrafttreten einer Neuregelung gab es die Maßgaben heraus, dass eine Leistungsminderung aufgrund von Pflichtverletzung nicht erfolgen muss, wenn dies im Einzelfall zu einer außergewöhnlichen Härte führen würde, dass die Leistungsminderung aufgrund von Pflichtverletzungen nicht über 30 Prozent des maßgebenden Regelbedarfs hinausgehen darf und, dass Leistungen wieder in vollem Umfang erbracht werden können bzw. die Minderung nicht länger als einen Monat andauern darf, wenn die Mitwirkungspflicht erfüllt wird oder sich die Leistungsberechtigten nachträglich ernsthaft und nachhaltig bereit erklären, ihren Pflichten nachzukommen.

Im Zuge der Corona-Pandemie wies die BA die gemeinsamen Einrichtungen an, die Sanktionen von April bis Ende Juni 2020 vollständig auszusetzen (BRH 2022: 9), womit sie auf pandemiebedingte Einschränkungen im Betrieb der Jobcenter reagierte. Ab Juli 2022 wurden die Leistungsminderungen bei Pflichtverletzungen dann befristet bis zum Jahresende 2022 gänzlich außer Kraft gesetzt (sog. „*Sanktionsmoratorium*“).[60] Der Gesetzentwurf verweist darauf, dass das

---

[58] *Gesetz zur Fortentwicklung der Grundsicherung für Arbeitsuchende* vom 25.07.2006 (Inkrafttreten größtenteils am 01.08.2006).

[59] Es handelt sich um eine wiederholte Pflichtverletzung, wenn sie innerhalb eines Jahres seit Beginn des vorangegangenen Minderungszeitraums liegt (§ 31a SGB II).

[60] *Elftes Gesetz zur Änderung des Zweiten Buches Sozialgesetzbuch* vom 22.06.2022 (Inkrafttreten am 01.07.2012).

durch die Koalition von SPD, Grünen und FDP beabsichtigte *Bürgergeld* (s. u.) die Mitwirkungspflichten neu regeln wird (Deutscher Bundestag 2022a: 1).

Hinsichtlich der Zuständigkeiten für die Leistungsträgerschaft, Finanzierung und Umsetzung des SGB II ergibt sich ein komplexes System. Grundlegend sind die BA und die Kommunen **Leistungsträger** für jeweils spezifische Leistungen des SGB II (§ 6 Abs. 1 SGB II). Die Kommunen verantworten die Kommunalen Eingliederungsleistungen (§ 16a), die KdU, die Leistungen für Erstausstattungen für die Wohnung und für Bekleidung und Erstausstattungen bei Schwangerschaft und Geburt sowie die BuT-Leistungen. Die BA ist wiederum Träger der übrigen Leistungen, also v. a. der arbeitsmarktbezogenen Eingliederung, des Bürgergelds und Mehrbedarfs. Abweichend hiervon sind die zugelassenen kommunalen Träger (zkT) mit Ausnahme weniger Aufgaben auch Träger für die ansonsten durch die BA getragenen Leistungen.

Die **Finanzierung** der Leistungen erfolgt entsprechend der jeweiligen Trägerschaft durch Bund oder Kommune, beide Träger übernehmen jedoch anteilig die KdU sowie die Verwaltungskosten. Im Zeitverlauf haben sich sowohl die Höhe als auch die Struktur, Berechnung und der Zweck der KdU verändert (vgl. Boettcher et al. 2021). Bis 2010 existierte allein eine Sockelbeteiligung des Bundes (anfänglich 29,1 %), welche dann durch weitere Komponenten ergänzt wurde (Boettcher et al. 2021: 553 ff.): Hierbei handelt es sich um die Erstattung der BuT-Leistungen (ab 2011), die Kommunalentlastung in Folge der Verabschiedung des Bundesteilhabegesetzes (ab 2015) und die Erstattung der sog. „Asyl-KdU“ (2016–2021). Aufgrund variierender Höhen der Komponenten im Zeitverlauf, schwankte die durchschnittliche Bundesbeteiligung an den KdU seit 2005 zwischen 29,1 Prozent (2005) und 72,5 Prozent (2022) und liegt im Jahr 2023 bei 70,4 Prozent, wobei die Prozentsätze leicht zwischen den Bundesländern variieren (z. B. 66,8 % für Berlin und 78,1 % für Rheinland-Pfalz).[61] Im Bundeshaushalt 2024 sind hierfür 11 Mrd. Euro vorgesehen (BMF 2024: 10).

Von den Gesamtverwaltungskosten trägt der Bund insgesamt 84,8 Prozent. 2024 sind für diesen Zweck 5,05 Mrd. Euro im Bundeshaushalt eingeplant (BMF 2024: 11). Der Haushalt der BA umfasst 2024 gut 43.000 Personalstellen für

[61] Die Beteiligung des Bundes ist auf höchstens 74 % der bundesweiten Ausgaben für KdU gedeckelt (Korte/Thie 2024a: 1461). Ursprünglich lag der Wert bei 49 %, um zu verhindern, dass es bei der Ausführung des SGB II zu einer Bundesauftragsverwaltung kommt (ebd.). Für die Anhebung des Wertes in Folge der Corona-Pandemie wurde Art. 104a GG angepasst, sodass eine Bundesauftragsverwaltung bei der Gewährung der KdU-Leistungen im SGB II erst eintritt, wenn der Bund drei Viertel der Ausgaben oder mehr trägt (ebd.).

die gemeinsamen Einrichtungen (vgl. BA 2023b).[62] Bis Ende 2007 musste die BA einen *Aussteuerungsbetrag* an den Bund für jene Personen erstatten, die im Vorjahr innerhalb von drei Monaten nach dem Bezug von Arbeitslosengeld einen Anspruch auf Arbeitslosengeld II erworben haben. Dieser Betrag wurde 2008 durch den *Eingliederungsbeitrag* abgelöst, der die BA verpflichtete, die Hälfte der jährlichen vom Bund zu tragenden Aufwendungen für Leistungen zur Eingliederung in Arbeit (Eingliederungsleistungen) und Verwaltungskosten an jenen zu zahlen. 2013 wurde schließlich auch der Eingliederungsbeitrag, bei gleichzeitigem Wegfall der Beteiligung des Bundes an den Kosten der Arbeitsförderung (SGB III), abgeschafft.[63]

Für die Eingliederungsleistungen sind im Bundeshaushalt 2024 4,15 Mrd. Euro eingeplant (BMF 2024: 12). Sowohl die Regelungen zur Verteilung der Eingliederungsleistungen als auch der Verwaltungskosten auf die Jobcenter werden jährlich in einer *Eingliederungsmittel-Verordnung* festgelegt. Über die Finanzierung der Eingliederungsleistungen kann das Bundesministerium für Arbeit und Soziales (BMAS) unmittelbar in die Ausgestaltung der Arbeitsförderung des SGB II eingreifen, indem es einen Teil der im Bundeshaushalt veranschlagten Eingliederungsmittel für Sonderprogramme (in der Vergangenheit z. B. „Perspektive 50 plus" und „Soziale Teilhabe am Arbeitsmarkt") abzieht, um diese Mittel „später nach programmspezifischen Logiken auf Antrag der Jobcenter neu zu verteilen" (Kaps et al. 2017: 49). In der Praxis werden die Eingliederungsmittel weitergehend reduziert, indem die Jobcenter von dort Umschichtungen in ihr Verwaltungskostenbudget vornehmen. Von 2019 bis 2022 waren dies jährlich zwischen rund 0,8 Mrd. und 1,0 Mrd. Euro, wobei trotzdem jährlich freie Mittel in Höhe von rund 0,4 Mrd. bis 0,6 Mrd. Euro bei den vom Bund pauschalierten Eingliederungsleistungen übrig blieben (BRH 2023b: 16).[64]

Den höchsten Anteil an den Ausgaben des Bundes nimmt das Bürgergeld ein, welches 2024 mit 26,5 Mrd. Euro veranschlagt wurde (BMF 2024: 11). In Kontrast zu den Bundesmitteln, existiert kein systematischer Überblick zu

---

[62] Aktuelle Angaben zur Anzahl des kommunalen Personals der Jobcenter werden nicht veröffentlicht.

[63] *Haushaltsbegleitgesetz 2013* (HBeglG 2013) vom 27.12.2012 (Inkrafttreten größtenteils am 01.01.2013).

[64] Die Jobcenter setzen die Eingliederungsmittel nach Einschätzung des BRH sehr unterschiedlich ein (BRH 2023b: 16). So geben einige Jobcenter die Eingliederungsmittel, ohne umzuschichten vollständig aus und andere schichten um, im Einzelfall bis zu 71 % (BRH 2023b: 16 f.). Interessant ist hier die Beobachtung, dass „die Situation beim jeweiligen Jobcenter oft über mehrere Jahre unverändert" (BRH 2023b: 17) bleibt.

den Aufwendungen der Kommunen, insbesondere hinsichtlich der kommunalen Eingliederungsleistungen (vgl. Kaps et al. 2017).

Die **Umsetzung** des SGB II obliegt den Jobcentern. Zum Stand Januar 2025 gliedert sich das Bundesgebiet in 404 Jobcenterbezirke, die weitestgehend dem Zuschnitt der kreisfreien Städte und Landkreise entsprechen.[65] Abbildung 2.1 zeigt auf, dass es sich bei der Mehrheit der Jobcenter (300) um *gemeinsame Einrichtungen* (gE) handelt, in denen die BA und die jeweilige Kommune die Aufgaben des SGB II gemeinsam erbringen. 104 Jobcenter werden durch *zugelassene kommunale Träger* (zkT, auch „Optionskommunen") betrieben, die die Aufgaben des SGB II ohne Beteiligung der BA erbringen. Größere Änderungen hinsichtlich der Umsetzung ergaben sich in den Jahren 2010 und 2011 durch das *Gesetz zur Weiterentwicklung der Organisation in der Grundsicherung für Arbeitsuchende*, welches in Folge des Urteils des BVerfG zur Verfassungskonformität der Mischverwaltung aus dem Jahr 2007 verabschiedet wurde (vgl. Abschn. 2.3.2).

Über die Jahre kam es auch zu einigen Anpassungen bezüglich der **Leistungsberechtigten des SGB II bzw. der Zuständigkeiten der Jobcenter**. So ging beispielsweise 2017 die Zuständigkeit im Hinblick auf die Leistungen der aktiven Arbeitsmarktpolitik für Personen, die neben dem Arbeitslosengeld auch Leistungen der Grundsicherung für Arbeitsuchende beziehen (sog. „Arbeitslosengeld-Aufstocker"), auf die Agenturen für Arbeit über.[66]

Im März 2020 wurde im Zuge der Corona-Pandemie mit dem *Sozialschutz-Paket* neben anderen temporären Anpassungen (s. u.) ein erleichterter Zugang zur Grundsicherung für Arbeitsuchende geschaffen.[67] Der entsprechende § 67 SGB II sieht u. a. vor, dass nicht erhebliches Vermögen (60.000 €) für die Dauer von sechs Monaten nicht berücksichtigt wird und die tatsächlichen Aufwendungen für Unterkunft und Heizung für die gleiche Dauer als angemessen gelten. Diese befristete Regelung wurde mehrfach durch Rechtsverordnungen der Bundesregierung sowie durch weitere Gesetze für Bewilligungszeiträume, die bis zum 31. Dezember 2022 beginnen, verlängert.[68]

---

[65] In einzelnen Fällen wird ein Jobcenter durch mehrere Kommunen betrieben bzw. teilen sich kommunale Gebietskörperschaften in mehrere Jobcenterbezirke.

[66] 9. SGB-II-Änderungsgesetz, s. Fn. 41, Kap. 2.

[67] *Gesetz für den erleichterten Zugang zu sozialer Sicherung und zum Einsatz und zur Absicherung sozialer Dienstleister aufgrund des Coronavirus SARS-CoV-2 (Sozialschutz-Paket)* vom 28.03.2020 (Inkrafttreten größtenteils am 28.03.2020).

[68] Zuletzt handelte es sich um die *Verordnung zur Verlängerung des Zeitraums für das vereinfachte Verfahren für den Zugang zu den Grundsicherungssystemen und für den Mehrbedarf für die gemeinschaftliche Mittagsverpflegung für Menschen mit Behinderungen aus Anlass der COVID-19-Pandemie* vom 10. März 2022.

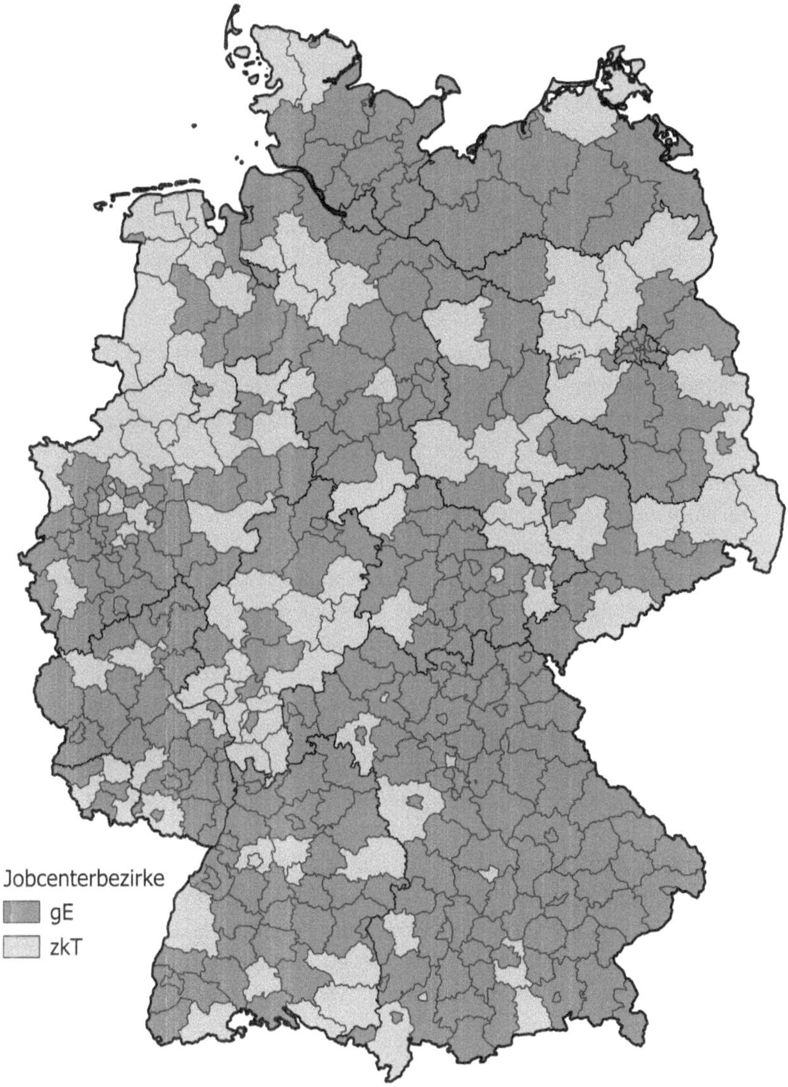

Abbildung 2.1 Regionale Verteilung der Jobcenter nach Organisationsmodell (gE/zkT). (Quelle: Eigene Darstellung. Datensatz der Verwaltungsgebiete von Bund und Ländern: © GeoBasis-DE / BKG (2024), dl-de/by-2–0 (https://www.govdata.de/dl-de/by-2-0), https://gdz.bkg.bund.de/index.php/default/digitale-geodaten/verwaltungsgebiete/verwaltungsgebiete-1-5-000-000-stand-01-01-vg5000-01-01.html. Datensatz der Jobcenterbezirke: Bundesagentur für Arbeit (2024), https://statistik.arbeitsagentur.de/DE/Navigation/Grund-lagen/Klassifikationen/Regionale-Gliederungen/Gebietsstruktur-Traeger-Grundsicherung-Nav.html.)

Eine quantitativ bedeutende Zuständigkeitsverlagerung fand zum Juni 2022 durch den Rechtskreiswechsel statt, der für den Personenkreis der ukrainischen Geflüchteten den Übergang vom Asylbewerberleistungsgesetz (AsylbLG) zum SGB II regelte.[69] Hierdurch erhalten Inhaber eines Aufenthaltstitels nach § 24 AufenthG das gegenüber dem AsylbLG höhere Bürgergeld. Sie sind damit außerdem in der gesetzlichen Krankenversicherung pflichtversichert, im Hinblick auf weitere Leistungen (Kindergeld, Unterhaltsvorschuss und BAföG) deutschen Staatsangehörigen gleichgestellt, unterliegen keinem Beschäftigungsverbot, und sind unmittelbar in die Unterstützungsstrukturen der Jobcenter eingebunden (Janda 2023: 13; Kosyakova et al. 2023: 1 f.).

Zum anderen verlieren die Jobcenter ab 2025 aufgrund von fiskalpolitischen Erwägungen ihre Zuständigkeit für die Förderung der beruflichen Weiterbildung und der Maßnahmen der beruflichen Rehabilitation der SGB-II-Leistungsbeziehenden. Dieser Schritt wurde mit dem *Haushaltsfinanzierungsgesetz 2024* beschlossen und soll den Bundeshaushalt 2025 um 900 Mio. Euro entlasten. Die Jobcenter identifizieren infolgedessen nur noch Weiterbildungs- und Rehabilitationsbedarfe und verweisen die Leistungsberechtigten dann an die Agenturen für Arbeit. Ursprünglich hatte das BMAS vorgesehen den Entlastungsbetrag durch eine Verlagerung der Zuständigkeit für die Berufsberatung und die aktive Förderung des Personenkreis U25 auf die Agenturen für Arbeit zu realisieren. Nach umfangreicher Kritik wurde dieses Vorhaben jedoch verworfen.

Seit Inkrafttreten des SGB II wurde immer mal wieder über die grundlegende Ausrichtung dieses sozialen Sicherungssystems diskutiert, Vorschläge reichten bis zur Einführung eines bedingungslosen Grundeinkommens (vgl. u. a. Heinze/Schupp 2023; Walwei et al. 2019). Trotz der zuvor aufgezeigten Gesetzesentwicklung blieb die Grundsicherung für Arbeitsuchende hinsichtlich ihrer Instrumente, Ziele und Paradigmen stabil (Beckmann 2023: 56). Der erleichterte Zugang zur Grundsicherung und der Verzicht auf Sanktionen im Zusammenspiel mit der Vereinfachung von Verwaltungsprozessen[70] in Jobcentern im Rahmen der Corona-Pandemie können als Schritte in Richtung einer „bedingungsarmen Grundsicherung" interpretiert werden (vgl. Beckmann et al. 2021a; Schupp 2020). Die Pandemie fungierte damit als „wichtiger Beschleuniger des SGB

---

[69] *Gesetz zur Regelung eines Sofortzuschlages und einer Einmalzahlung in den sozialen Mindestsicherungssystemen sowie zur Änderung des Finanzausgleichsgesetzes und weiterer Gesetze* vom 27.05.2022 (Inkrafttreten größtenteils am 01.06.2022).

[70] Die Jobcenter wurden durch § 67 SGB II um Prüfregelungen entlastet, z. B. wurde befristet für den Zeitraum 31.03.2020 bis 31.08.2020 eine Weiterbewilligung der Leistungen ohne Stellung eines neuen Antrags ermöglicht. Hierdurch galt der zuletzt gestellte Antrag einmalig für einen weiteren Bewilligungszeitraum fort.

II-Reformdiskurses in Richtung des Bürgergeldes (‚window of opportunity')" (Beckmann 2023: 65). Flankiert durch weitere begünstigende Faktoren, zielten die Reformen des **Bürgergeldgesetzes** darauf ab, „Härten des ‚alten' Hartz IV-Systems in der Tendenz zu entschärfen und so die Machtasymmetrie zwischen Jobcentern und Leistungsbeziehenden abzuschwächen" (Beckmann 2023: 67). Durch den angerufenen Vermittlungsausschuss wurden einige Elemente der von der Regierungskoalition im Gesetzentwurf vorgesehenen Regelungen abgeschwächt (kürzere Karenzzeit, geringeres Schonvermögen und Änderungen beim Wohneigentum) bzw. gestrichen (sechsmonatige Vertrauenszeit, in der bei Pflichtverletzungen keine Sanktionen verhängt werden sollten). Letztlich zeichnet sich das verkündete Bürgergeldgesetz durch folgende Kernelemente aus:

- Fortschreibung der Regelbedarfe spiegelt die Preisentwicklung zeitnaher wider (durch ergänzende Fortschreibung) und deutliche Erhöhung der Regelbedarfe (für eine alleinstehende Person von 449 € auf 502 €)
- Arbeitslosengeld II und Sozialgeld werden durch das Bürgergeld abgelöst (§ 19 Abs. 1 SGB II)
- Karenzzeiten für die zu übernehmenden Kosten der Unterkunft und Heizung und für die Berücksichtigung von Vermögen im ersten Jahr des Bürgergeldbezugs:
  - Aufwendungen für Unterkunft und Heizung werden in tatsächlicher Höhe anerkannt (§ 22 SGB II Abs. 1)
  - nicht erhebliches Vermögen (bis zu 40.000 €) wird bei der Bedürftigkeitsprüfung nicht berücksichtigt (§ 12 Abs. 4 SGB II)
- selbst genutztes Wohneigentum wird bis zu einer gewissen Wohnfläche (Haus: 140 m2; Eigentumswohnung: 130 m2) von der Vermögensberücksichtigung ausgenommen (§ 12 Abs. 1 Nr. 5 SGB II)
- weitere Freibeträge werden angehoben (§ 12 SGB II)
- Einführung einer Bagatellgrenze für Rückforderungen (§§ 40 Abs. 1, 41a Abs. 6 SGB II)
- Eingliederungsvereinbarung wird durch den Kooperationsplan abgelöst
- Schaffung eines unabhängigen Schlichtungsmechanismus für Konfliktfälle im Zusammenhang mit der Erarbeitung, Durchführung und Fortschreibung des Kooperationsplans (§ 15a SGB II)
- Neuregelung der Leistungsminderungen (Sanktionen):

- ○ Leistungsminderungen wegen wiederholter Pflichtverletzungen und Meldeversäumnisse betragen höchstens 30 Prozent des maßgebenden monatlichen Regelbedarfs (§ 31a Abs. 4 S. 1 SGB II)
- ○ Kosten der Unterkunft und Heizung werden nicht gemindert (§ 31a Abs. 4 S. 2 SGB II)
- ○ Eine Leistungsminderung erfolgt nicht, wenn sie im Einzelfall eine außergewöhnliche Härte bedeuten würde (§ 31a Abs. 3 SGB II)
- ○ Die bisherigen verschärften Sonderregelungen für die unter 25-jährigen Hilfeempfänger entfallen (§ 31a Abs. 2 SGB II a. F.); die Jobcenter sollen nunmehr im Fall einer Minderung für diesen Personenkreis ein Beratungs- und Unterstützungsangebot machen (§ 31a Abs. 6 SGB II)

- Abschaffung des impliziten Vermittlungsvorrangs zugunsten von Ausbildung und Weiterbildung (§ 3 Abs. 1 SGB II)
- Einführung des Instruments der ganzheitlichen Betreuung (§ 16k SGB II)
- Teilnehmende von gewissen Maßnahmen (u. a. berufliche Weiterbildung und berufsvorbereitende Bildungsmaßnahmen) erhalten einen Bürgergeldbonus in Höhe von monatlich 75 Euro (§ 16j SGB II)
- Die bisher befristete Regelung zur „Teilhabe am Arbeitsmarkt" nach § 16i SGB II wird als Regelinstrument in das SGB II aufgenommen

Selbst der in einigen Punkten weitreichendere Referentenentwurf des Bürgergeldgesetzes stellt für Beckmann lediglich eine „schleichende, graduelle wohlfahrtsstaatliche Transformation" (Beckmann 2023: 70) dar, die die Balance von Fördern und Fordern neu austariert und das Fördern stärker als zuvor gewichtet (ebd.). Gleichzeitig bestehen „alte" Paradigmen der Grundsicherung für Arbeitsuchende fort, weshalb die Einführung des Bürgergeldes nicht die Einführung eines bedingungslosen Grundeinkommens bedeutet (ebd.). Auch Börner und Kahnert gelangen in ihrer historisch-institutionalistischen Analysen zur Schlussfolgerung, dass der Übergang zum Bürgergeld keinen Paradigmenwechsel darstellt (Börner/Kahnert 2024: 33 f.).

Zu erwähnen ist überdies, dass die Regierungskoalition aus SPD, Grünen und FDP mit dem *Zweiten Haushaltsfinanzierungsgesetz 2024* gewisse Regelungen des Bürgergeldgesetzes bereits wieder verworfen hat: Zum einen wurde der Bürgergeldbonus gestrichen und zum anderen besteht nunmehr, befristet auf zwei Jahre, die Möglichkeit der Leistungsminderung in Höhe des Regelbedarfes für maximal zwei Monate, wenn eine leistungsberechtigte Person sich wiederholt willentlich weigert, eine zumutbare Arbeit anzunehmen oder aufzunehmen.

Festzuhalten bleibt abschließend noch, dass die Bürgergeldreform an der grundsätzlichen Implementationsstruktur des SGB II in Form der Jobcenter sowie ihrer Steuerung (vgl. Abschn. 2.3.3) *keine* Änderungen hervorgerufen hat.

2.3.2 Genese des SGB II und Verfassungskonformität der Mischverwaltung

Bis zum Inkrafttreten des SGB II bestand das System sozialer Sicherung für Arbeitslose in Deutschland aus drei Komponenten: (1.) Das beitragsfinanzierte *Arbeitslosengeld* (SGB III) als zeitlich befristete Kernleistung der Arbeitslosenversicherung, dessen Höhe sich prozentual am vorherigen Arbeitsentgelt der anspruchsberechtigten Person bemisst.[71] (2.) Die überwiegend aus Mitteln der Länder bzw. Kommunen steuerfinanzierte *Sozialhilfe* (BSHG), die eine Bedürftigkeit voraussetzt und als Fürsorgeleistung das „letzte Netz" der sozialen Sicherung darstellt (Sell 1999: 24), weshalb sich ihre Leistungen nach der Besonderheit des Einzelfalles richten. Arbeitslosigkeit stellte hier nur eine der möglichen Ursachen für Hilfebedürftigkeit dar. (3.) Die aus Bundesmitteln steuerfinanzierte *Arbeitslosenhilfe* (SGB III), die eine „Zwitterstellung" (Sell 1999: 27) zwischen dem Arbeitslosengeld und der Sozialhilfe einnahm bzw. als ein „hybrides System" dieser beiden betrachtet werden kann (Knuth 2006: 162). Wie beim Arbeitslosengeld musste für ihre Beanspruchung eine vorherige versicherungspflichtige Beschäftigung vorliegen und ihre Höhe wurde, wenn auch mit niedrigeren Sätzen, entsprechend dem vorherigen Arbeitsentgelt berechnet.[72] Gleichzeitig setzte sie wie die Sozialhilfe eine Bedürftigkeit voraus und wurde unbefristet gewährt.[73] Somit konnten Bedürftige Arbeitslosenhilfe beziehen, wenn nach Auslaufen des Arbeitslosengeldes weiterhin Arbeitslosigkeit bestand. Wurde hierdurch keine existenzsichernde Leistungsqualität erreicht, verschränkten sich die Arbeitslosen-

[71] Die wesentliche Voraussetzung ist, dass ein Versicherungspflichtverhältnis für eine gewisse Dauer (Anwartschaftszeit) innerhalb eines bestimmten Zeitraumes (Rahmenfrist) bestand.

[72] Zuletzt lagen die Leistungssätze bei 53 Prozent (ohne Kind) bzw. 57 Prozent (mit Kind) des vorherigen Netto-Einkommens.

[73] Prinzipiell ist zwischen zwei Arten der Arbeitslosenhilfe zu unterscheiden: Neben der unbefristet gewährten „Anschluss"-Arbeitslosenhilfe bestand bis Ende 1999 auch ein Anspruch auf sog. „originäre" Arbeitslosenhilfe, die befristet gewährt wurde. Wenn für einen gewissen Zeitraum eine versicherungspflichtige Beschäftigung bestand, zuletzt waren dies fünf Monate, konnte für maximal ein Jahr diese Form der Arbeitslosenhilfe bezogen werden. Quantitativ spielte sie jedoch eine untergeordnete Rolle; im Jahr 1997 lag ihr Anteil an allen Arbeitslosenhilfebeziehenden in Westdeutschland bei 5,6 Prozent (Sell 1999: 26).

und Sozialhilfe, indem die Betroffenen ergänzende Sozialhilfe beziehen konnten. Hieraus resultierten dann „erhebliche Doppelarbeiten in der Sozial- und Arbeitsverwaltung" (Sell 1999: 27). Denn während i. d. R. die kreisfreien Städte und Kreise die Träger der Sozialhilfe sind, wurde die Arbeitslosenhilfe durch die BA und somit die Arbeitsämter umgesetzt.

Aufgrund dieser Konstruktionsprinzipien der Sicherungssysteme wurden Risikoverlagerungen zwischen den Ebenen beobachtet, die als eine „Politik der ‚Verschiebebahnhöfe'" (Sell 1999: 28) bezeichnet werden können.[74] So wurde einerseits von einer „Kommunalisierung der Arbeitslosigkeit" (Empter/Frick 2000: 7) gesprochen. Hiermit gemeint ist das drastische Wachstum der kommunalen Sozialhilfeausgaben seit den 1980er Jahren, das sich zum einen aus der zunehmenden Langzeitarbeitslosigkeit und zum anderen aus den Einschränkungen hinsichtlich des Bezugs, der Höhe und Bezugsdauer u. a. der Lohnersatzleistung der Arbeitslosenversicherung ergab (Buchegger-Traxler et al. 2003: 42). Andererseits konnten die Kommunen mittels versicherungspflichtiger Maßnahmen der *Hilfe zur Arbeit* arbeitsfähige Sozialhilfeempfänger aus der Sozialhilfe heraus in das vorgelagerte Sicherungssystem aus Arbeitslosengeld und Arbeitslosenhilfe überführen, wenn die Laufzeit der konzipierten versicherungspflichtigen Maßnahme mindestens ein Jahr betrug und so die Voraussetzungen für das Arbeitslosengeld erfüllt wurden (vgl. Sell 1999).

Mit der Zusammenlegung der Arbeitslosen- und Sozialhilfe sollten die bestehenden Brüche überwunden und die „aktive Arbeitsförderung durch Einbeziehung von ‚flankierenden' sozialen Dienstleistungen der Kommunen ganzheitlich und damit für Langzeitarbeitslose mit multiplen Vermittlungshemmnissen wirksamer gestaltet werden" (Knuth 2012: 71).[75] Während sich die politischen Akteure trotz erheblichen gesellschaftlichen Widerstands frühzeitig auf die grundsätzliche Gestaltung der neuen passiven Grundsicherungsleistungen als bedürftigkeitsabhängige steuerfinanzierte Fürsorgeleistungen geeinigt hatten, waren die Fragen

[74] Zu den fiskalischen Verschiebungen, auch im Hinblick auf andere Zweige wie die Rentenversicherung, vgl. Trampusch (2002).

[75] Die Reformdebatte fokussierte auf Fragen der „Verwaltungsorganisation, der ‚Bürgernähe' öffentlicher Arbeitsmarkt-Dienstleistungen, der fiskalischen Lastenverteilung, der Leistungshöhe und der Problematik von Anreizen zur Arbeitsaufnahme" (Knuth 2006: 163). Für Knuth wurde dabei das Nebeneinander von Arbeitslosen- und Sozialhilfe als „anachronische Zufälligkeit" (ebd.) betrachtet, weshalb kaum thematisiert wurde, dass es sich hierbei um zwei grundsätzlich unterschiedliche soziale Sicherungsregime handelt, die für unterschiedliche Problemlagen geschaffen worden waren (Knuth 2006: 164).

nach den für die Umsetzung verantwortlichen Institutionen sowie der Finanzierung Gegenstand langwieriger politischer Verhandlungen (Kaps 2008: 401).[76]

Wie in Abschnitt 2.1 aufgezeigt, bildeten die Ergebnisse der Hartz-Kommission im Kontext der umfangreichen und vielschichtigen politischen Reformdiskussionen (vgl. hierzu Hassel/Schiller 2010; Spohr 2015) den zentralen Referenzpunkt für die anschließende Gesetzgebung. Mit der Einschränkung der anstehenden Reform nicht vorzugreifen, wurde der Kommission bezüglich der Zusammenlegung von Arbeitslosen- und Sozialhilfe durch die Bundesregierung ein recht begrenzter Auftrag erteilt: Sie sollte Organisationsmodelle vorlegen,

> „die eine wirksame Zusammenführung in den Strukturen moderner Arbeitsmarktdienstleister ermöglichen. Dabei ist anzustreben, dass für alle arbeitsuchenden Menschen die erforderlichen Beratungs-, Vermittlungs- und Arbeitsförderungsleistungen sowie die Leistungen zur Sicherstellung des Lebensunterhalts im Rahmen eines ‚one-stop-center' gebündelt erbracht werden." (Hartz et al. 2002: 16)

Der daraufhin ausgearbeitete Vorschlag der Kommission beinhaltete die Umgestaltung der Arbeitsämter in „JobCenter", welche als einheitliche Anlaufstelle für *alle* Erwerbsfähigen zuständig sein sollten (Hartz et al. 2002: 68). Hiermit war also beabsichtigt die Verwaltungsstrukturen der Arbeitslosenversicherung und des neuen Sozialleistungssystems unter einem Dach zu bündeln. Die Verantwortung für das Arbeitslosengeld I und II sollte bei der BA liegen und die Betreuung der „Kunden" ebenso einheitlich durch die JobCenter erfolgen (Hartz et al. 2002: 125).[77] Nur das neue *Sozialgeld*, das der bisherigen Sozialhilfe für nicht erwerbsfähige Personen entspräche, sollte nach den Vorstellungen der Kommission bei den kommunalen Sozialämtern verbleiben (ebd.).[78] „Personen mit erheblichen Vermittlungshemmnissen" (sog. „Betreuungskunden") sollten dem

---

[76] Umstritten war auch die Höhe der neuen Leistung. Hierzu lagen verschiedene Vorschläge vor, letztendlich definierte dann der damalige Bundeskanzler Gerhard Schröder in seiner Regierungserklärung zur *Agenda 2010* am 14. März 2003, dass „die Höhe der neuen Grundsicherungsleistung etwa der Leistungshöhe der Sozialhilfe entsprechen sollte" (Kaps 2008: 417). Für Knuth wurde dadurch, dass die Diskussion zunehmend von der Frage der Anreize zur Arbeitsaufnahme dominiert worden sei, die Sozialhilfe als nach allgemeiner Vorstellung niedrigere der beiden Leistungen zum Referenzpunkt der Zusammenführung (Knuth 2006: 164).

[77] Im Kommissionsbericht wurde zudem festgehalten, dass das ALG II „eine steuerfinanzierte bedürftigkeitsabhängige Leistung" (Hartz et al. 2002: 27) ist.

[78] Hiermit ist nicht die Sozialleistung gemeint, welche für nicht erwerbsfähige Leistungsberechtigte in einer Bedarfsgemeinschaft gewährt wird und von 2005 bis 2022 als „Sozialgeld" bezeichnet wurde (vgl. Abschn. 2.3.1).

Konzept zufolge einem Fallmanager zugeordnet werden, der „die Gesamtheit des im individuellen Falle erforderlichen Dienstleistungsangebotes des JobCenter[s]“ (Hartz et al. 2002: 74) steuert. Zusätzlich sollten in den JobCentern auch weitere Dienstleistungen wie u. a. aus den Bereichen Jugendamt, Wohnungsamt, Drogen-, Sucht- und Schuldnerberatung eingebunden werden (Hartz et al. 2002: 70). Die Kundensteuerung in diesem One-Stop-Shop obliege dabei einer *Clearingstelle* (Hartz et al. 2002: 74).[79]

Hinsichtlich der Klärung der Finanzbeziehungen verwies die Hartz-Kommission auf die ebenfalls durch die rot-grüne Bundesregierung eingesetzte *Kommission zur Reform der Gemeindefinanzen*, die beauftragt wurde, Vorschläge zur Zukunft der Gewerbesteuer zu entwickeln sowie die finanziellen Auswirkungen der Zusammenlegung von Arbeitslosen- und Sozialhilfe zu prüfen (Kaps 2008: 402). Die Kommission arbeitete von Mai 2002 bis April 2003 und richtete je Themenbereich jeweils eine Arbeitsgruppe ein (ebd.). Die Arbeitsgruppe *Arbeitslosenhilfe/Sozialhilfe*, die aus Vertretern von Bundesministerien, kommunalen Spitzenverbänden, der Länder, der BA, der Wirtschaft und der Gewerkschaften bestand, diskutierte letztlich zwei Varianten der Trägerschaft (AG Arbeitslosenhilfe/Sozialhilfe 2003: 44 f.): (1.) Die Leistungsträgerschaft der Kommunen in Selbstverwaltung; als Position insbesondere vom Deutschen Landkreistag (DLT), den Ländern Hessen und Schleswig-Holstein sowie der Bundesvereinigung der Deutschen Arbeitgeberverbände (BDA) vertreten. (2.) Die Leistungsträgerschaft der BA im Auftrag des Bundes; als Position insbesondere durch den Deutschen Städtetag (DST), den Deutschen Städte- und Gemeindebund (DStGB), die Gewerkschaften sowie die Länder Berlin, Brandenburg, Bremen und Nordrhein-Westfalen vertreten.

Zwar bot der Vertreter des DLT an, dass die Landkreise bereit seien, die Trägerschaft für die neue Leistung zu übernehmen, jedoch sprachen sich die

---

[79] Bei der Erarbeitung ihrer Vorschläge konnte die Kommission auf die Ideen eines bei der Bertelsmann Stiftung angesiedelten Arbeitskreises, der aus reformorientierten Vertretern des Bundesministeriums für Arbeit und Sozialordnung (BMA), der Länder, Kommunen und BA bestand, zurückgreifen (Hassel/Schiller 2010: 212). Dieser hatte in seinem Positionspapier „Eckpunkte einer Reform von Arbeitslosen- und Sozialhilfe“ eine Zielvorstellung formuliert, die u. a. ein Fallmanagement und eine Leistungsgewährung, die „‚aus einer Hand‘ erfolgt und nicht in verschiedene behördliche Strukturen bzw. Zuständigkeiten aufgeteilt ist“ (Bertelsmann Stiftung 2002: 4), vorsieht. Inwiefern das BMA hier Einfluss auf die Kommissionsergebnisse nahm bzw. nehmen konnte, wird unterschiedlich interpretiert (vgl. u. a. Fleckenstein 2008; Hassel/Schiller 2010; Siefken 2006; Spohr 2015). Unstrittig ist hingegen, dass sich das Konzept grundlegend an den britischen *Jobcentre Plus* orientierte (vgl. u. a. Kaps 2008; Spohr 2015; Fleckenstein 2008). Zur Rolle der Bertelsmann Stiftung im Reformprozess vgl. u. a. Pautz (2008).

Vertreter des DST und des DStGB entschieden gegen eine kommunale Leistungsträgerschaft aus (ebd.). Die BA wiederum sah ihren eigenen Reformprozesses (vgl. Abschn. 2.2) gefährdet, sollte sie zusätzlich zu den ehemaligen Arbeitslosenhilfebeziehenden auch die erwerbsfähigen Sozialhilfebeziehenden betreuen müssen (AG Arbeitslosenhilfe/Sozialhilfe 2003: 45). Aufgrund dieser Positionen der Vertreter der beiden potenziellen Leistungsträger und dem mit den Modellen verbundenen erheblichen finanziellen Verteilungsvolumen, konnte die Arbeitsgruppe keinen Konsens über die Leistungsträgerschaft erzielen (vgl. Kaps 2008). Gleichwohl wurden drei administrative Modelle diskutiert, von denen eines eine geteilte Zuständigkeit von BA und Kommunen vorsah, wogegen der Vertreter des DLT jedoch verfassungsrechtliche Bedenken vorbrachte und eine entsprechende Prüfung anmahnte (AG Arbeitslosenhilfe/Sozialhilfe 2003: 46).

In ihrem Gesetzentwurf vom 5. September 2003 sah die Bundesregierung schließlich die Umsetzung der *Grundsicherung für Arbeitsuchende* alleinig durch die BA vor, finanziert durch Bundesmittel (Deutscher Bundestag 2003a).[80] Ebenso wurde der Vorschlag der Hartz-Kommission zur Einrichtung von „Job-Centern" (in den Gesetzestexten nunmehr mit Bindestrich) aufgegriffen. Abweichend von den Kommissionsvorstellungen sah der Gesetzesentwurf jedoch nicht die Umgestaltung der ehemaligen Arbeitsämter an sich vor, sondern dass durch die Agenturen für Arbeit Job-Center gebildet werden. Zwar sollten diese ebenfalls eine einheitliche Erstanlaufstelle für *alle* erwerbsfähigen Arbeitslosen darstellen, die Entscheidung über die genaue Ausgestaltung inkl. der Frage, ob und welche Back-Office-Bereiche das Job-Center umfassen soll, sollte allerdings den örtlichen Agenturen für Arbeit obliegen. Ausgehend von einem Zurückhaltungsgebot, sollten Leistungen zur Eingliederung primär durch Dritte wie u. a. Kommunen und freie Träger erbracht werden, mit denen die Agenturen für Arbeit entsprechende Vereinbarungen schließen.

Drei Tage später legte die CDU/CSU-Bundestagsfraktion den Entwurf für ein Existenzgrundlagengesetz (EGG) vor, das die Trägerschaft für alle Vermittlungs-, Beratungs- und Leistungsaufgaben den kreisfreien Städten und Landkreisen zuweisen wollte (Deutscher Bundestag 2003b).[81] Diese sollten örtliche Vermittlungsagenturen errichten, über deren Aufsicht und Finanzierung Landesrecht entscheiden sollte. Der Bund sollte dabei die Leistungen der Existenzsicherung

---

[80] Auf die weiteren Vorhaben des Gesetzesentwurfs wie die Wohngeldreform, die Einführung des Kindergeldzuschlags und die Erhöhung des Bundesanteils an der Umsatzsteuer wird im Folgenden nicht eingegangen (vgl. hierzu Kaps 2008).

[81] Auch hier werden Aspekte der Finanzierung sowie die geplante Einführung eines flächendeckenden Kombilohns zur Förderung des Niedriglohnsektors in der Beschreibung des Gesetzesentwurfs ausgespart (vgl. hierzu Kaps 2008).

weitgehend bezahlen und gewisse Kompetenzen der BA sollten über Vereinbarungen zwischen Agenturen für Arbeit und den kommunalen Trägern der Existenzsicherung eingebunden werden.

Mit den Stimmen von SPD und Grünen wurde am 17. Oktober 2003 Hartz IV vom Bundestag beschlossen. Am selben Tag stimmte der Bundesrat, in dem die unionsgeführten Länder die Mehrheit besaßen, dafür, das EGG in den Bundestag einzubringen. Da sich beide Seiten in den Verhandlungen weder hinsichtlich der Leistungsträgerschaft noch der Finanzierung näherkamen, rief der Bundesrat den Vermittlungsausschuss an (Kaps 2008: 407). Seine Änderungsvorschläge nahmen sowohl Bundestag als auch Bundesrat am 19. Dezember 2003 an. Hierzu gehörten u. a., dass BA und Kommunen Träger für jeweils spezifische Leistungen des SGB II sind, eine gemeinsame Aufgabenwahrnehmung von BA und Kommunen durch Arbeitsgemeinschaften (ARGEn) erfolgt und ein Optionsrecht der Kommunen eingeführt wird, was es ihnen ermöglicht, auf Antrag anstelle der BA als Träger zugelassen zu werden.

Erneute Differenzen traten dann im Zuge des separaten sog. „Kommunalen Optionsgesetzes“[82] auf, das die nähere Umsetzung des Optionsrechts regeln sollte. So sah die Regierungskoalition vor, „die optierenden Kommunen im Rahmen einer Organleihe mit der Leistung zu beauftragen und sie damit formal der Bundesagentur für Arbeit zuzuordnen“ (ebd.). Die betroffenen Kommunen hätten in der vorgesehenen Konstruktion Zielvereinbarungen mit den Regionaldirektionen der BA schließen sollen, wodurch sie der Steuerungslogik der BA unterworfen worden wären, um den wirtschaftlichen Einsatz von Bundesmitteln sicherzustellen (Kaps 2008: 407 f.). Diese Lösung wurde v. a. durch Union und die kommunalen Spitzenverbände kritisiert, die der Bundesregierung vorwarfen, sich über den im Vermittlungsausschuss getroffenen Kompromiss der kommunalen Trägerschaft hinwegzusetzen (vgl. Kaps 2008). Zudem kündigten die Kommunalen Spitzenverbände an, dass nur sehr wenige Kommunen unter den Bedingungen der Organleihe das Optionsrecht nutzen würden, womit die „Hauptlast der Einführung des SGB II bei der BA gelegen [hätte], die diese Last aber auch nicht tragen wollte“ (Kaps 2008: 409).

Am 29. April 2004 wurde das Optionsgesetzt dennoch mit den Stimmen der Regierungskoalition beschlossen, woraufhin der Bundesrat erneut den Vermittlungsausschuss anrief. Dem Kompromiss, der das Optionsrecht als sechsjähriges

[82] *Gesetz zur optionalen Trägerschaft von Kommunen nach dem Zweiten Buch Sozialgesetzbuch* (Kommunales Optionsgesetz) vom 30.07.2004 (Inkrafttreten größtenteils am 01.08.2004).

Experiment in kommunaler Trägerschaft für die Anzahl von 69 Kommunen vorsah, bei Übernahme der Kosten für die zugelassenen kommunalen Träger durch den Bund, stimmten Bundestag und Bundesrat Anfang Juli 2004 mehrheitlich zu.

Simulationsrechnungen des Instituts für Arbeitsmarkt- und Berufsforschung zeigen auf, dass ein Sechstel der ehemaligen Arbeitslosenhilfebezieher keinen Anspruch auf Leistungen der Grundsicherung für Arbeitsuchende hatten (Blos/Rudolph 2005: 2). Unter den restlichen Haushalten hält sich das Verhältnis der Haushalte, deren Einkommenssituation gleichgeblieben ist oder sich verbessert hat, zu den Haushalten, die Einbußen verzeichneten, in etwa die Waage (47 % zu 53 %) (ebd.).[83] Parallel zum SGB II trat am 1. Januar 2005 das Zwölfte Buch Sozialgesetzbuch (SGB XII), das die neue Sozialhilfe regelt, in Kraft. Hierdurch gingen die erwerbsfähigen Hilfebedürftigen aus dem Rechtskreis des BSHG in den des SGB II über. In kommunaler Zuständigkeit verblieben somit u. a. diejenigen hilfebedürftigen Personen, die Grundsicherung im Alter und bei Erwerbsminderung beziehen. Mehr als 90 Prozent der ehemaligen Sozialhilfeempfänger seien durch die „medizinische Minimaldefinition von Erwerbsfähigkeit“ (Konle-Seidl/Lang 2006: 44) in das SGB II übergegangen.[84]

Mit Inkrafttreten des SGB II sollte die Umsetzung der Grundsicherung für Arbeitsuchende im Regelfall durch die ARGEn als gemeinsame Einrichtung von BA und Kommunen, also in Form einer Mischverwaltung (vgl. Worms 2012), sowie durch 69 Landkreise und kreisfreie Städte als zugelassene kommunale Träger erfolgen. Daneben existierte jedoch noch eine dritte, nicht intendierte Organisationsform, die sog. *„getrennte Aufgabenwahrnehmung“* (gAw). In den Fällen, in denen sich die jeweilige Kommune und die BA nicht auf die Bildung einer ARGE verständigen konnten bzw. eine solche wieder auflösten, erbrachten beide Träger ihre Leistungen getrennt voneinander, was offensichtlich der Idee der Leistungserbringung „aus einer Hand“ widersprach und Doppelstrukturen sowie Ineffizienzen förderte. Ende 2007 lag die Anzahl der gAw bei 21 (IAW/ZEW 2008: 37).

[83] Goebel und Richter kommen hinsichtlich der Einkommensänderungen der Arbeitslosenhilfe- und Sozialhilfebezieher auf Basis von SOEP-Daten zu dem Ergebnis, dass 34 % der Haushalte als „Gewinner“ (bedarfsgewichtetes Einkommen des Jahres 2005 ist um mehr als 5 % gestiegen) und 51 % als „Verlierer“ (bedarfsgewichtetes Einkommendes Jahres 2005 ist um mehr als 5 % gesunken) zu betrachten sind (vgl. Goebel/Richter 2007).

[84] Erwerbsfähig ist, wer nicht wegen Krankheit oder Behinderung auf absehbare Zeit außerstande ist, unter den üblichen Bedingungen des allgemeinen Arbeitsmarktes mindestens drei Stunden täglich erwerbstätig zu sein.

Da der Rechtskreis des SGB II auch eigene Organisationsformen nach sich zog, wurde die Idee der gemeinsamen Anlaufstelle für *alle* erwerbsfähigen Arbeitslosen (SGB II und III) in Form von „Job-Centern“ bei den Agenturen für Arbeit recht schnell wieder aufgegeben. Mit dem *Gesetz zur Fortentwicklung der Grundsicherung für Arbeitsuchende* vom 20. Juli 2006 wurden die Job-Center nach 18 Monaten aus dem SGB III gestrichen.

Die Implementationsstrukturen des SGB II wurden von verschiedenen Seiten kritisiert. Hervorgehobene Stellung nimmt dabei der Deutsche Landkreistag ein, unter dessen Federführung Ende 2004 elf Landkreise Klage gegen die Aufgabenzuweisung an die Kommunen, die Finanzierungsstrukturen und die ARGEn als verpflichtend einzurichtende Institutionen vor dem Bundesverfassungsgericht (BVerfG) einreichten (Kaps 2008: 411). Zwar gab das BVerfG der Klage in den ersten beiden Punkten in seinem Urteil vom 20. Dezember 2007 nicht statt, es erklärte jedoch die ARGEn wegen eines Verstoßes gegen Art. 28 Abs. 2 GG in Verbindung mit Art. 83 GG für mit dem Grundgesetz unvereinbar und forderte eine Neuregelung bis zum 31. Dezember 2010. Demnach widersprachen die ARGEn „dem Grundsatz eigenverantwortlicher Aufgabenwahrnehmung, der den zuständigen Verwaltungsträger verpflichtet, seine Aufgaben grundsätzlich durch eigene Verwaltungseinrichtungen, also mit eigenem Personal, eigenen Sachmitteln und eigener Organisation wahrzunehmen“ (BVerfG 2007: 1). Das BVerfG sah somit in der Verwaltung des SGB II einen Verstoß gegen das grundsätzliche Verbot der Mischverwaltung (Worms 2012: 335).

Infolgedessen wurden wieder verschiedene Lösungen diskutiert, bis auf einer Sonderkonferenz der Arbeits- und Sozialministerkonferenz im Juli 2008 einstimmig der Beschluss gefasst wurde, über den Weg einer Verfassungsänderung eine Lösung im Sinne der ARGEn *sowie* der kommunalen Option zu suchen (Wagner 2010: 40 f.). Das Bundesministerium für Arbeit und Soziales (BMAS) erarbeitete daraufhin ein Eckpunktepapier, welches darauf abzielte, die Arbeit der ARGEn in einer weiterentwickelten Form als „Zentren für Arbeit und Grundsicherung“ (ZAG) verfassungskonform fortzusetzen sowie Zahl und Umfang der Optionskommunen beizubehalten (Wagner 2010: 41 f.). Nach weiteren Debatten und Anpassungen, einigten sich das BMAS und das CDU-Präsidium auf einen Kompromiss, der jedoch durch die CDU/CSU-Bundestagsfraktion abgelehnt wurde (Wagner 2010: 43 f.). Der Koalitionsvertrag der neuen Bundesregierung aus CDU, CSU und FDP präferierte wiederum eine getrennte Aufgabenwahrnehmung, wobei eine Zusammenarbeit der Träger auf freiwilliger Basis im Rahmen von Kooperationsvereinbarungen möglich gewesen wäre (Wagner 2010: 44).

Nach weiteren Diskussionen erzielte schließlich eine interfraktionelle Bund-Länder-Arbeitsgruppe unter Leitung des BMAS einen Kompromiss, der in der

Einführung des Art. 91e in das Grundgesetz lag und die gemeinsame Ausführung der Grundsicherung für Arbeitsuchende durch Bund und Länder bzw. Kommunen grundgesetzlich ermöglicht (Ruschmeier/Oschmiansky 2010: 169 f.). Mit dem *Gesetz zur Änderung des Grundgesetzes (Artikel 91e)* vom 21. Juli 2010 wurde die Mischverwaltung schließlich legalisiert (vgl. Worms 2012), auch die Optionslösung wurde im Art. 91e verankert. Parallel dazu verabschiedete der Bundestag das *Gesetz zur Weiterentwicklung der Organisation der Grundsicherung für Arbeitsuchende* vom 3. August 2010, wodurch einige Änderungen im SGB II vorgenommen wurden. Die zentralen Aspekte der Neuorganisation lassen sich wie folgt zusammenfassen (vgl. u. a. Ruschmeier/Oschmiansky 2010):

- Die ARGEn werden fortan als „gemeinsame Einrichtungen" (gE) bezeichnet.[85]
- Das Optionsmodell wird für die zkT entfristet und zum 1. Januar 2012 auf bis zu 25 Prozent aller bisherigen kommunalen Träger der Grundsicherung ausgeweitet.
- Die gAw ist nach einem Übergangszeitraum ab dem 1. Januar 2012 nicht mehr zulässig.
- Alle Grundsicherungsstellen tragen die einheitliche Bezeichnung „Jobcenter".
- Es erfolgen Anpassungen der Steuerungsmodelle der beiden Organisationsformen gE (vgl. Abschn. 2.3.3) und zkT.

2.3.3 Steuerung der gemeinsamen Einrichtungen

Die gemeinsamen Einrichtungen (gE) sind Behörden der Mischverwaltung, bei denen sich die beiden Träger nicht in einem hierarchisch geprägten Verhältnis, sondern gleichrangig gegenüberstehen (Korte 2024a: 1430). Die gE sind *öffentlich-rechtliche Gesellschaften sui generis* und kraft Gesetzes geschaffen, weshalb es keines Einrichtungsaktes bedarf (ebd.). Wie Abbildung 2.2 aufzeigt, gestaltet sich das Steuerungsmodell der gE äußerst komplex, da eine Reihe von Akteuren der verschiedenen Verwaltungsebenen mittelbar oder unmittelbar auf die Aufgabenwahrnehmung der gE Einfluss nehmen können.[86] Die gE verfügt über kein eigenes **Personal**, sondern die beiden Träger weisen ihr

[85] In ihrer Ausgestaltung sind das ehemalige Modell der ARGEn und das Modell der gemeinsamen Einrichtungen nahezu identisch (vgl. Worms 2012).

[86] Das Steuerungsmodell der zkT fällt wesentlich übersichtlicher aus (vgl. Ruschmeier/Oschmiansky 2010).

Personal zu. Hieraus resultiert innerhalb der Behörde ein geteiltes Tarif- und Personalentwicklungssystemen (Kaps et al. 2017: 60).

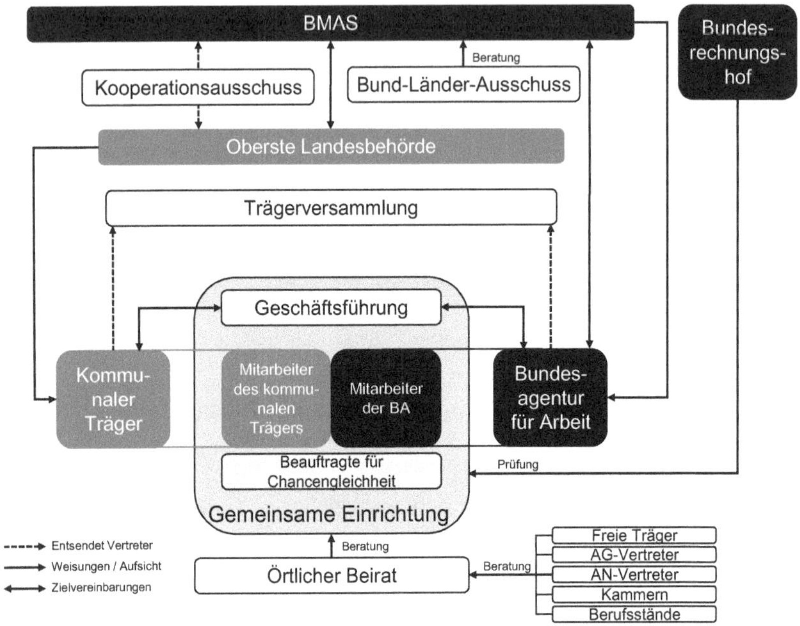

Abbildung 2.2 Steuerungsmodell der gemeinsamen Einrichtungen. (Quelle: Ruschmeier und Oschmiansky (2010: 171): Die Würfel sind gefallen! Organisationsnovelle des SGB II – Die Neuregelungen im Überblick. © 2010, Richard Boorberg Verlag GmbH & Co KG. Dieses Material ist nicht unter CC BY lizenziert, sondern wird mit Genehmigung des Richard Boorberg Verlags verwendet)

Die §§ 44a bis 44k SGB II umfassen grundlegende Vorgaben zur **Organisation** der gE, wobei die Träger „den Standort sowie die nähere Ausgestaltung und Organisation der gemeinsamen Einrichtung durch Vereinbarung" (§ 44b Abs. 2 S. 1 SGB II) bestimmen. Gleichzeitig enthält das Gesetz die Maßgabe, dass die Trägerversammlung (s. u.) über „organisatorische, personalwirtschaftliche, personalrechtliche und personalvertretungsrechtliche Angelegenheiten der gemeinsamen Einrichtung" (§ 44c Abs. 2 S. 1 SGB II) entscheidet. Im Sinne einer strikten Zuständigkeitstrennung „besteht Raum für Vereinbarungen der Träger nur insoweit, als keine Zuständigkeit der Trägerversammlung [...] besteht"

(Korte 2024e: 1439). In Bezug auf die interne Organisation legt das SGB II einzig fest, dass die Jobcenter *Beauftrage für Chancengleichheit am Arbeitsmarkt* bestellen müssen, die unmittelbar dem Geschäftsführer zugeordnet sind (§ 18e SGB II).

Das Gesetz räumt den Trägern ein **Weisungsrecht** gegenüber der gE für ihren jeweiligen nach § 6 Abs. 1 SGB II definierten Aufgabenbereich ein (Korte 2024a: 1434). Es bezieht sich jedoch lediglich auf Entscheidungen zur Erbringung der ihnen obliegenden Leistungen und nicht auf die Organisation der Aufgabenwahrnehmung: Die Weisung eines der Träger kann sich dabei – vereinfacht ausgedrückt – nur auf das „Ob" ihrer jeweiligen Leistungserbringung beziehen, während über das „Wie" der organisatorischen Ausgestaltung die Trägerversammlung entscheidet (Korte 2024a: 1435).

Zusätzlich zum Weisungsrecht bestehen auf Seiten der BA zwei weitere bedeutende Verflechtungen zu den gE: Zum einen prüft die BA durch eine Innenrevision ob durch die gE, sofern sie Aufgaben der BA wahrnehmen, Leistungen nicht hätten erbracht werden dürfen oder zweckmäßiger oder wirtschaftlicher hätten eingesetzt werden können (§ 49 Abs. 1). Zum anderen ist für die gE die Nutzung zentral verwalteter Verfahren der Informationstechnik der BA vorgesehen (§ 50 Abs. 3 SGB II).[87]

Die **Trägerversammlung** (§ 44c SGB II) der gE setzt sich zur Hälfte aus Vertretern der Agentur für Arbeit und des kommunalen Trägers zusammen. In der Regel entsenden die Träger jeweils drei stimmberechtigte Vertreter, die aus ihrer Mitte einen Vorsitzenden mit einer Amtszeit von bis zu fünf Jahren bestimmen. Bei Stimmengleichheit entscheidet die Stimme des Vorsitzenden, sofern nicht bestimmte Angelegenheiten wie u. a. die Bestellung des Geschäftsführers betroffen sind, wofür Konsenszwang besteht (Korte 2024e: 1439). Die Zuständigkeiten der Trägerversammlung werden durch einen nicht abschließenden Aufgabenkatalog konkretisiert, der neben zuvor Genanntem u. a. Entscheidungen bezüglich des Verwaltungsablaufs und der Organisation umfasst. Außerdem berät die Trägerversammlung zu gemeinsamen Betreuungsschlüsseln,[88] stellt einheitliche Grundsätze der Qualifizierungsplanung und Personalentwicklung auf und stimmt diese mit den Trägern ab, zudem wird in ihr das örtliche Arbeitsmarkt- und Integrationsprogramm (Policy-Ebene) abgestimmt. Letzteres soll eine auf die

[87] Zudem ist die BA für die Statistik im SGB II zuständig. Die gE und zkT übermitteln ihr hierfür entsprechende Daten (§ 53 SGB II).

[88] Für die Gewährung der Leistungen zur Eingliederung in Arbeit sieht das SGB II im Regelfall einen Betreuungsschlüssel von 1:75 (U25) bzw. 1:150 (Ü25) vor, wobei letztlich die Trägerversammlung zu gemeinsamen Betreuungsschlüsseln berät (§ 44c Abs. 4 SGB II).

örtlichen Besonderheiten zugeschnittene gemeinsame inhaltliche und programmatische Planung von Eingliederungsmaßnahmen ermöglichen (Korte 2024e: 1441). Unter Beachtung der Zielvorgaben der Träger (s. u.) kann die Trägerversammlung insbesondere festlegen „welche *Schwerpunkte* beim Einsatz von *Eingliederungsleistungen* gesetzt werden oder welche Zielgruppen [...] besonders gefördert werden sollen“ (Korte 2024e: 1441, Hervorhebung im Original).

Nach Einschätzung von Kaps et al. sind die Kommunen den AA in den Trägerversammlungen „strukturell fachlich unterlegen“ (Kaps et al. 2017: 61). Wegen des Personalübertrags an die gE müssten die Kommunen außerhalb des Jobcenters mit zusätzlichen Mitteln entsprechende Kompetenzen aufbauen, was in Anbetracht von Haushaltsnotlagen nicht immer möglich ist (vgl. Kaps et al. 2017). Demgegenüber kann die AA auf „einen ganzen Stab an Führungsunterstützungskräften in der [sic!] Regionaldirektionen und diverse Planungsstäbe in der BA-Zentrale“ (Kaps et al. 2017: 61) zurückgreifen. Gleichsam handle es sich, falls die AA den Vorsitz in der Trägerversammlung innehat, stets um eine arbeitsmarktpolitische Fachkraft (i. d. R. ein Mitglied der Geschäftsführung der AA), während die Kommune die Position mit einer Führungskraft der kommunalen Sozialverwaltung besetze, „deren Alltagsgeschäft gerade nicht das SGB II oder SGB III sind“ (ebd.). Auch wenn die Reichweite der BA-Vorgaben also insgesamt geringer ausfällt als im SGB III, dominiere ihre Prozesslogik auch die gE (ebd.).

Der **Geschäftsführer** führt die Geschäfte der gE eigenverantwortlich sofern keine Zuständigkeit der Trägerversammlung gegeben ist, dabei unterliegt er aber dem Weisungsrecht der Träger sowie der Dienstaufsicht des Trägers, mit dem sein Beschäftigungsverhältnis besteht (Korte 2024b: 1442 ff.). Er wird für fünf Jahre durch die Trägerversammlung bestellt und kann durch sie vorzeitig abberufen werden. Für das der gE zugewiesene Personal gehen die dienst-, personal- und arbeitsrechtlichen Befugnisse sowie die (Dienst-)Vorgesetztenfunktion auf den Geschäftsführer des Jobcenters über (Korte 2024a: 1431). Ausnahmen bilden die Befugnisse zur Einstellung oder Entlassung von Personal, die bei den Trägern verbleiben. Die bestehenden Dienst- und Arbeitsverhältnisse mit den jeweiligen Trägern der Beschäftigten bleiben durch die Zuweisung zur gE unberührt (Korte 2024f: 1449).

Eine unmittelbare **Aufsicht** über die gE existiert nicht, es bestehen jedoch Regelungen zur Aufsicht über die Träger und die Trägerversammlung (Korte 2024a: 1435). So hat das BMAS die Rechts- und Fachaufsicht über die BA in dem Bereich, in dem die BA gegenüber den gE weisungsberechtigt ist (Korte 2024c: 1464). Weitergehend kann das BMAS der BA Weisungen erteilen und somit verbindlich vorgeben wie Vorschriften anzuwenden sind, auch kann sie in die

Verwaltungsstruktur der BA eingreifen und organisatorische Maßnahmen treffen (ebd.). Damit sind die Rechte des Bundes gegenüber der BA im Rechtskreis SGB II deutlich stärker ausgeprägt als SGB III, da die BA in ersterem „lediglich als Verwaltungseinheit und Zahlstelle des Bundes tätig [wird]“ (Korte 2024c: 1465). Ausschließlich dem BMAS obliegt darüber hinaus die Rechtsaufsicht im Aufgabenbereich der Trägerversammlung, es muss jedoch vor einer beabsichtigten Aufsichtsmaßnahme das Einvernehmen mit dem jeweiligen Landesministerium herstellen (ebd.). Die Regelungen zur Aufsicht über die kommunalen Träger sind Ländersache (Korte 2024d: 1466).

Über einen **Örtlichen Beirat** (§ 18d SGB II) sollen die Akteure des örtlichen Arbeitsmarktes (u. a. Vertreter von Trägern der freien Wohlfahrtspflege, der Arbeitgeber, der Arbeitnehmer, der Kammern und berufsständischen Organisationen) die gE bei der Auswahl und Gestaltung der Eingliederungsinstrumente und -maßnahmen beraten. Der Beirat gibt sich selbst eine Geschäftsordnung, in welcher seine Strukturen und Verfahren geregelt werden.

Als weiterer relevanter Akteur wird auch der **Bundesrechnungshof** (BRH) im Gesetz genannt, der die Leistungsgewährung der gE prüfen soll (§ 46 Abs. 1 SGB II). Weitergehend befasst sich der BRH anlassbezogen auch mit anderen Aspekten der Aufgabenwahrnehmung der Jobcenter wie z. B. hinsichtlich des Einsatzes der Eingliederungsmittel (BRH 2023b), der Integration von Personen mit verfestigtem Leistungsbezug (BRH 2023a), der Integrationsarbeit mit Geflüchteten (BRH 2020) oder dem Fallmanagement (vgl. Abschn. 2.3.4.2). Seine Prüfberichte werden dem Rechnungsprüfungsausschuss des Bundestages vorgelegt und dort diskutiert. Es ist davon auszugehen, dass sich der Kontrolleffekt erhöht, wenn Berichte veröffentlicht und von den Medien kritisch aufgenommen werden (Kaps et al. 2017: 71).

Darüber hinaus bestehen im Rechtskreis des SGB II zwei spezifische überörtliche Gremien: Hierbei handelt es sich zum einen um die **Kooperationsausschüsse** (§ 18b SGB II), die durch das BMAS und die jeweiligen Ministerien der Länder gebildet werden und die Umsetzung der Grundsicherung für Arbeitsuchende auf Landesebene koordinieren sollen. Ihnen obliegt beispielsweise auch ein Entscheidungsrecht bei Meinungsverschiedenheiten über die Weisungszuständigkeit (§ 44e SGB II). Zur Beilegung können die Träger, die Trägerversammlung und der Geschäftsführer den Kooperationsausschuss anrufen.

Das zweite Gremium ist der **Bund-Länder-Ausschuss** (§ 18c SGB II), der im Grunde genommen aus zwei Ausschüssen besteht: Der „große“ Ausschuss (§ 18c Abs. 2 SGB II), bestehend aus Bundesregierung, den Ländern, den kommunalen Spitzenverbänden und der BA, befasst sich mit zentralen Fragen der Umsetzung der Grundsicherung für Arbeitsuchende sowie Fragen der Zielsteuerung, des Kennzahlenvergleichs und der zu erhebenden Daten. Der „kleine“ Ausschuss (§ 18c Abs. 3 SGB II), bestehend aus Bundesregierung und den Aufsichtsbehörden der Länder, berät Fragen der Aufsicht. Die kommunalen Spitzenverbände und die Bundesagentur können einvernehmlich von Bund und Länder eingeladen werden.

Zusätzlich zu den für öffentliche Verwaltungen „klassischen“ Steuerungsinstrumenten (Aufsichts- und Weisungsbefugnisse) zwischen der gE und ihren Trägern bzw. der Trägerversammlung und dem BMAS, greift der Gesetzgeber auf das bereits im SGB III genutzte Instrument der **Zielvereinbarungen** zurück. Die Vereinbarungen werden jährlich im Hinblick auf die Erreichung der Ziele des SGB II getroffen. Tabelle 2.1 veranschaulicht die Ziele sowie die korrespondierenden Kennzahlen und Ergänzungsgrößen.[89] Im Zielsteuerungsprozess werden lediglich die Kennzahlen der Ziele 2 und 3 mit einem Zielwert quantifiziert.[90]

Der Ermittlung der quantifizierten Zielwerte liegt ein aufwendiges Planungsverfahren zugrunde, das sich in vier Planungsphasen unterteilt (vgl. BMAS 2023).[91] In der letzten Phase erfolgt der Abschluss der Zielvereinbarungen: Das BMAS schließt im Einvernehmen mit dem Bundesministerium der Finanzen Zielvereinbarungen mit der BA. Innerhalb der BA werden wiederum Zielvereinbarungen zwischen der Zentrale und den Regionaldirektionen (RD) sowie zwischen den RD und den Agenturen für Arbeit (AA) geschlossen (Brülle et al. 2016: 11). Die AA sowie die kommunalen Träger schließen dann Zielvereinbarungen mit den Geschäftsführern der gE ab. Die Zielvereinbarungen können sich dabei stets nur auf den jeweiligen Verantwortungsbereich des Trägers beziehen (vgl. Korte/Thie 2024b). Hieraus resultieren in der Praxis zwei getrennte Vereinbarungen, obwohl die Gesetzesintention nach Brülle et al. eher einer dreiseitigen Vereinbarung zwischen Geschäftsführer, AA und kommunalem Träger entspreche, was in NRW seit 2013 praktiziert werde (Brülle et al. 2016: 11). Für Kaps et al. hängt die Wirksamkeit der Zielvereinbarungen u. a. davon ab,

[89] 2011 wurde die „Verbesserung der sozialen Teilhabe“ zwar nachträglich in § 48b Abs. 3 SGB II als vierte Zieldimension aufgenommen, jedoch fand sie keinen Eingang in das dargestellte Zielsystem der SGB II–Zielsteuerung (Brussig et al. 2023: 57).

[90] Seit 2012 wird bei Ziel 1, der „Verringerung der Hilfebedürftigkeit“, auf eine Quantifizierung der Kennzahl verzichtet; auch die Ergänzungsgrößen sind nicht mit Zielwerten hinterlegt und dienen lediglich der Beobachtung und der Analyse im Zielnachhaltungsprozess (Brussig et al. 2023: 58).

[91] (1.) Bekanntgabe der Gemeinsamen Planungsgrundlage und Zusammenstellung des Datenmaterials zur Unterstützung der Planung durch die Jobcenter, (2.) Planung und Abgabe der Angebotswerte durch Jobcenter, (3.) Plausibilisierungs- und ggf. Nachverhandlungsphase, (4.) Abschluss und Veröffentlichung der Zielvereinbarung (vgl. BMAS 2023).

Tabelle 2.1 SGB-II-Zielsystem

Ziel	Verringerung der Hilfebedürftigkeit	Verbesserung der Integration in Erwerbstätigkeit	Vermeidung von langfristigem Leistungsbezug
Kennzahl	K1: Veränderung der Summe der Leistungen zum Lebensunterhalt	K2: Integrationsquote	K3: Veränderung des Bestands an Langzeitleistungsbeziehenden
Ergänzungsgrößen	Veränderung der Summe der Leistungen für Unterkunft und Heizung Veränderung der Zahl der Erwerbsfähigen Leistungsberechtigten (ELB) Durchschnittliche Zugangsrate der ELB Durchschnittliche Abgangsrate der ELB	Quote der Eintritte in geringfügige Beschäftigung Quote der Eintritte in öffentlich geförderte Beschäftigung Kontinuierliche Beschäftigung nach Integration Integrationsquote der Alleinerziehenden	Integrationsquote der Langzeitleistungsbeziehenden Aktivierungsquote der Langzeitleistungsbeziehenden Durchschnittliche Zugangsrate der Langzeitleistungsbeziehenden Durchschnittliche Abgangsrate der Langzeitleistungsbeziehenden

Quelle: Eigene Zusammenstellung nach Brussig et al. (2023: 58)

ob die AA und Kommune „vor Ort in den gemeinsamen Zielvereinbarungen mit dem gE-Jobcenter tatsächlich eine gemeinsame Steuerungsstrategie entwickeln" (Kaps et al. 2017: 65 f.).[92]

Darüber hinaus findet ein Vergleich der Leistungsfähigkeit der Jobcenter durch **Kennzahlenvergleiche** statt (§ 48a SGB II). Mit dem Ziel die Leistungsfähigkeit der örtlichen Aufgabenwahrnehmung der Jobcenter festzustellen und zu fördern, erstellt das BMAS Kennzahlenvergleiche und veröffentlicht die Ergebnisse monatlich.[93] Entsprechend der *Verordnung zur Festlegung der Kennzahlen nach § 48a des Zweiten Buches Sozialgesetzbuch* werden Kennzahlen und Ergänzungsgrößen in den drei Kategorien *Verringerung der Hilfebedürftigkeit*, *Verbesserung*

---

[92] In Bezug auf die Zielvereinbarungen ist interessant, dass durch das BMAS und die BA, abgeleitet aus der Arbeitsweise der BA im SGB III, bereits zwischen 2006 und 2010 eine wirkungsorientierte Zielsteuerung der Jobcenter stattfand, obwohl es hierzu keinen gesetzlichen Auftrag gab (Kaps et al. 2017: 65). Die Zielsteuerung in ihrer jetzigen Form wurde erst mit dem *Gesetz zur Weiterentwicklung der Organisation der Grundsicherung für Arbeitsuchende* vom 03.08.2010 (Inkrafttreten größtenteils am 01.01.2011) implementiert.

[93] Die Kennzahlen sind über folgenden Link abrufbar: https://www.sgb2.info/DE/Kennzahlen/kennzahlen.html.

der Integration in Erwerbstätigkeit und *Vermeidung von langfristigem Leistungsbezug* verglichen. Um die unterschiedlichen Rahmenbedingungen der Jobcenter zu berücksichtigen, wurden Vergleichstypen gebildet, die die Jobcenterbezirke anhand verschiedener Typisierungsvariablen clustern (Dauth et al. 2013).[94] Dabei stehen die Zielvereinbarungen und Kennzahlenvergleiche in einem Wechselverhältnis. So werde Brülle et al. zufolge erwartet, „dass Jobcenter, die im Ranking ihres Vergleichstyps unten stehen, höhere Zielwerte anbieten, um den Abstand zu anderen Jobcentern zu verringern" (Brülle et al. 2016: 14).

Zusammenfassend unterliegen die Jobcenter einem *komplexen Steuerungsmodell*, das eine Vielzahl von Akteuren einbindet und sowohl klassische als auch „neuere" Steuerungsinstrumente kombiniert. Diese Konstruktion eröffnet lokale Handlungsspielräume, wobei dem Gesetzgeber zufolge die „Entscheidungsträger der gemeinsamen Einrichtungen [...] der Geschäftsführer und die Trägerversammlung [sind]" (Deutscher Bundestag 2010: 16). Die geteilte Leistungsträgerschaft führt jedoch zu einer besonders intensiven Politik- und Verwaltungsverflechtung, was bedeutet, dass im SGB II sowohl zwischen den politischen Institutionen als auch im Verwaltungsvollzug ausgeprägte Interdependenzen zwischen allen drei Verwaltungsebenen bestehen.[95] Aus diesem Grund gestaltet sich „die demokratische Kontrolle der Umsetzung des SGB II schwierig [...], da einerseits Informationen schwer zu gewinnen sind, und andererseits Bund, Länder und Kommunen die Zuständigkeit für spezielle Einzelfragen häufig von sich weisen" (Kaps et al. 2017: 72).

2.3.4 Die ausgewählten Aufgabenbereiche

Eine wesentliche Gemeinsamkeit der beiden für die vorliegende Untersuchung ausgewählten Aufgabenbereiche liegt darin, dass es sich, im Gegensatz zur arbeitnehmerorientierten Beratung und Vermittlung (hier im Folgenden auch als

---

[94] Das Set besteht aus 17 Typisierungsvariablen anhand derer die Jobcenter 15 Vergleichstypen zugeordnet werden. Das wesentliche Unterscheidungskriterium stellt die ELB-Quote dar, wodurch sich folgende Einteilung ergibt: Jobcenter mit unterdurchschnittlicher ELB-Quote (Vergleichstypen Ia-e), mit durchschnittlicher ELB-Quote (Vergleichstypen IIa-e) und mit überdurchschnittlicher ELB-Quote (Vergleichstypen IIIa-e).

[95] Im Unterschied zur Politikverflechtung, die die Abstimmung zwischen den Regierungen eines Bundesstaates in Bezug auf die Gesetzgebung und die Politikformulierung umfasst, zielt der Begriff der Verwaltungsverflechtung auf die Koordination administrativer Prozesse im Rahmen der Gesetzesausführung ab. Zur Politikverflechtung vgl. Scharpf et al. (1976) und zur Verwaltungsverflechtung vgl. Bogumil und Gräfe (2024) sowie Benz (1997).

„reguläre Arbeitsvermittlung" bezeichnet), um soziale Dienstleistungen handelt, die durch die Adressaten *freiwillig* in Anspruch genommen werden können.[96] Zum anderen sind die Vermittlungs- und Beratungsaufgaben, im Vergleich zur Leistungsgewährung, in deutlich geringerem Maße *rechtlich normiert.* In Abschnitt 2.3.4.1 werden zunächst die eine solche Dienstleistung strukturierenden Zusammenhänge anhand des Dienstleistungsdreiecks aufgezeigt. Anschließend werden das Beschäftigungsorientierte Fallmanagement in Abschnitt 2.3.4.2 und die Arbeitgeberbetreuung in Abschnitt 2.3.4.3 beschrieben.

2.3.4.1 Das Dienstleistungsdreieck

Wie Abbildung 2.3 verdeutlicht, ist für beide betrachteten Aufgabenbereiche charakteristisch, dass sich ein Dienstleistungsdreieck zwischen dem Jobcenter als Dienstleistungsorganisation, der Dienstleistungsfachkraft (Fallmanager oder arbeitgeberorientierte Fachkraft) und dem Dienstleistungsadressaten (Klient im Fallmanagement oder Arbeitgeber) ergibt. Dienstleistungen im Allgemeinen zeichnen sich entsprechend des sog. „IHIP-Modells" durch Nichtgreifbarkeit (‚intangibility'), Heterogenität (‚heterogeneity'), Untrennbarkeit (‚inseparability') und Vergänglichkeit (‚perishability') aus, was sie von materiellen Gütern unterscheidet (Bieber/Geiger 2014: 13). Sie werden in *Koproduktion* durch direkten oder indirekten Kontakt zwischen Dienstleistungserbringer und Dienstleistungsnehmer erbracht, ihre Produktion und ihr Konsum fallen sowohl zeitlich wie auch räumlich zusammen, sie „vergehen" im Moment der Produktion, können nicht gelagert werden und sind in Folge unterschiedlicher Kundenbedürfnisse sehr heterogen (ebd.).[97]

In diesem Dienstleistungsdreieck hat jede Akteursgruppe eigene Interessen und Sichtweisen ausgebildet (Brülle et al. 1998: 69). Da die Leistungserbringung nicht durch den Adressaten bezahlt wird, wird sie auch nicht allein von seinen Bedürfnissen gesteuert werden können (ebd.). Aus Sicht des Kosten- bzw. Leistungsträgers einer öffentlichen Dienstleistung zählt, neben dem individuellen Adressaten, auch die Allgemeinheit zum Adressatenkreis, woraus Budgetrestriktionen resultieren (Brülle et al. 1998: 69 f.). Die Fachkraft wiederum ist eingebettet in das Geschäftssystem des Jobcenters und muss sich mit dem Adressaten über einen individuellen Auftrag verständigen (Bartelheimer et al. 2014:

---

[96] Dabei weist der Begriff „sozial" einerseits auf den Umstand, dass die Empfänger der Dienstleistungen diese nicht bezahlen müssen, und andererseits auf die Gemeinwohlorientierung (Klatetzki 2010: 8) hin.

[97] Bieber und Geiger (2014: 14 f.) verdeutlichen jedoch auch, dass die Nutzung von Informations- und Kommunikationstechnologien (IuK) teils zur Aufweichung der vier Charakteristika führen kann.

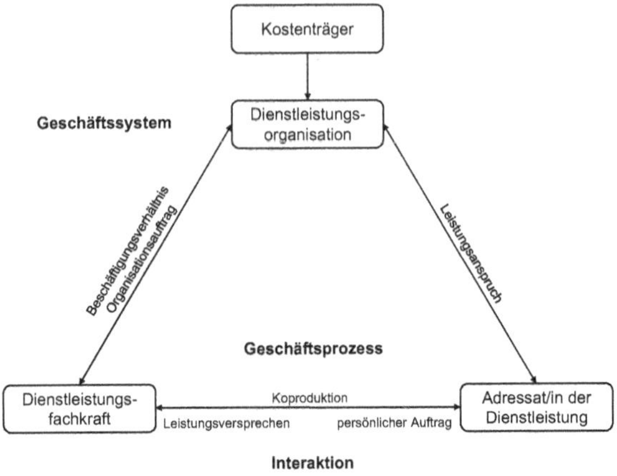

Abbildung 2.3 Dienstleistungsdreieck. (Quelle: Bartelheimer et al. (2014: 60): Qualitative Studie Arbeitgeberservice der Bundesagentur für Arbeit. Endbericht © 2014, Soziologisches Forschungsinstitut an der Universität Göttingen e. V. (SOFI). Dieses Material ist nicht unter CC BY lizenziert, sondern wird mit Genehmigung des SOFI verwendet)

59 f.). In diesem Zusammenhang können Zielkonflikte auftreten, die in der arbeitgeberorientierten Vermittlung z. B. anhand der Ziele der Herstellung von Transparenz am Arbeitsmarkt und der Ermöglichung rascher Stellenbesetzung einerseits und der Schaffung eines Nachteilsausgleichs zugunsten des eigenen Bewerberpools andererseits deutlich werden (Bartelheimer et al. 2014: 60).

In der bewerberorientierten Vermittlung stehen sich dagegen eine Kontrollfunktion und Unterstützungsfunktion der Fachkraft gegenüber (ebd.). Dieses Spannungsverhältnis wird im Kontext der Sozialen Arbeit als „doppeltes Mandat" bezeichnet (vgl. Böhnisch/Lösch 1973; Thieme 2017). Staub-Bernasconi erweitert diese Betrachtungsweise um ein drittes Mandat, das sich auf die Profession als solche bezieht und auf das wissenschaftlich und ethisch geleitete Handeln abstellt (Staub-Bernasconi 2007). In eine ähnliche Richtung zeigen auch die sich auf die Arbeitsverwaltung beziehenden Begriffspaare Handlungsautonomie und Steuerungsnotwendigkeit (Reis/Siebenhaar 2015: 64) sowie Professions- und Steuerungsansprüche (Bender/Brandl 2017: 88 f.). Heisig fasst es etwas allgemeiner, indem er erläutert, dass professionelle Tätigkeiten in bürokratischen Organisationen „immer in einem Spannungsverhältnis zwischen Organisationszielen einerseits und professionellen Erwartungen und Interessen" (Heisig 2015:

321) stehen, wobei sich die Professionellen individuell für ein Verhältnis beider Orientierungen entscheiden müssten (ebd.).[98]

Auch wenn der Begriff der Profession recht unterschiedlich verstanden wird, handelt es sich allgemein betrachtet um Berufe, „die sich durch besondere Erwerbs-, Qualifikations- und Kontrollchancen auszeichnen und deshalb oft ein ausgeprägtes Sozialprestige genießen“ (Demszky/Voß 2018: 489). Häufig werden mit diesem Begriff lange (akademische) Ausbildungszeiten sowie eine Gemeinwohlorientierung assoziiert (Demszky/Voß 2018: 490). Zwar befinden sich Ludwig-Mayerhofer et al. folgend Fachkräfte von Sozialverwaltungen in „einer Handlungskonstellation, die derjenigen von Professionellen analog ist“ (Ludwig-Mayerhofer et al. 2007: 12), sie werden jedoch aus verschiedenen Gründen nur als „semi-professionell“ beschrieben (vgl. Büchner 2023). Dies hängt u. a. damit zusammen, dass sie in administrativ-bürokratische Strukturen eingebunden sind. Unter Rückgriff auf eine Typologie von Scott (1965), können Sozialverwaltungen als „heteronome“ Organisationen kategorisiert werden, da die Professionellen der „Kontrolle durch administrative Instanzen unterworfen“ (Klatetzki/Tacke 2005: 15 f.) sind. Die Fachkräfte büßen hierdurch Autonomie ein und es resultiere ein bürokratisch-professioneller Konflikt (Klatetzki/Tacke 2005: 16).[99]

Neben dieser Einbindung in bürokratische Organisationen sind „Semi-Professionen“ für Etzioni unter anderem auch dadurch gekennzeichnet, dass sie im Vergleich zu traditionellen Professionen eine kürzere Ausbildung sowie weniger Spezialwissen aufweisen und ihr Status weniger legitimiert ist (Etzioni 1969: v). Zudem führt Büchner diesbezüglich ins Feld, dass die Fachkräfte in Sozialverwaltungen Problemlagen nicht wie klassische Professionen exklusiv bearbeiten

[98] Die Fachgruppe Arbeitsmarktintegration der DGCC erläutert ihre Standpunkte in einem Positionspapier zum beschäftigungsorientierten Fallmanagement anhand von fünf Spannungsfeldern: Kundenauftrag und Organisationsauftrag, Soziale Teilhabe und Arbeitsmarktintegration, Handlungsautonomie und Vorgabe, Wert und Kosten sowie Qualität und Quantität (Dahms et al. 2017: 4 ff.). Deutlich wird, dass sich diese Spannungsfelder nicht nur auf die Interaktion zwischen Fallmanagern und Klienten, sondern gleichermaßen auf die organisationale und Makroebene beziehen.

[99] Das Spannungsverhältnis zwischen bürokratischen und professionellen Strukturelementen von Organisationen wird erstmals von Blau (1955) thematisiert. Besonders prominent ist auch die Typenbildung von Mintzberg (1979), aus der fünf Organisationsformen resultieren (‚Simple Structure‘, ‚Machine Bureaucracy‘, ‚Professional Bureaucracy‘, ‚Divisionalized Form‘ und ‚Adhocracy‘). Die ‚professional bureaucracy‘ bezeichnet Organisationen, die zwar bürokratische Regeln aufweisen, ohne aber dadurch zentralisiert zu sein (Klatetzki 2023: 353). In diesen werde die Handlungsautonomie der Professionen trotz des bürokratischen Rahmens gewahrt (ebd.).

und sich anders als beispielsweise in der Sozialen Arbeit eher mit enger definierten Problemlagen beschäftigen (Büchner 2023: 268). Während Etzioni (1969) gerade diese Berufsgruppe als ein idealtypisches Beispiel für Semi-Professionen nennt, stellt für Büchner (2023) Soziale Arbeit offenbar eine Profession dar, was die unterschiedlichen Auffassungen zu Professionen veranschaulicht.[100]

Zusätzlich zu professionellen Aspekten, wird das Dienstleistungsdreieck im Aufgabenbereich des bFM dadurch komplexer, dass es sich hierbei um *personenbezogene* Dienstleistungen handelt. Diese zeichnen sich dadurch aus, dass sie sich auf den Dienstleistungsnehmer als „Arbeitsgegenstand" beziehen, der somit Koproduzent und Adressat zugleich ist (Bieber/Geiger 2014: 15). Hierbei kann es sich um Dienstleistungen handeln, die Klienten (weiter-)vermitteln, die den Zustand und/oder das Wohlergehen der Klienten zu erhalten suchen und die die persönlichen Eigenschaften der Klienten verändern, um deren Wohlergehen zu erhöhen (Klatetzki 2010: 9). Entsprechende Organisationen operieren „mit einem konstitutiven Technologiedefizit" (Büchner 2023: 259), da sie, anders als bei der Produktion von Gütern, aus einem bestimmten Input nicht kausal einen vordefinierten Output hervorbringen können (ebd.).[101] Für die Dienstleistungserbringung ist daher ein „Arbeitsbündnis" zwischen Klienten und Fachkraft notwendig. Innerhalb dieser „Bearbeitungsbeziehung" müssen sich beide Seiten kontinuierlich „über die Ziele, die konkrete Ausgestaltung, den Verlauf und die Weiterentwicklung der Dienstleistungsbeziehung verständigen" (Bieber/Geiger 2014: 15). Gleichzeitig herrscht jedoch eine Machtasymmetrie, da eine Mitwirkungspflicht der Klienten verankert ist und Sanktionsmöglichkeiten bestehen (vgl. Büchner 2023).

2.3.4.2 Beschäftigungsorientiertes Fallmanagement

Abschnitt 2.3.4.2.1 verschafft zunächst einen Überblick zum allgemeinen Konzept des Case Managements und zu seiner handlungsfeldspezifischen Variante in Form des beschäftigungsorientierten Fallmanagements (bFM) aus professioneller Perspektive. Nachfolgend zeichnet Abschnitt 2.3.4.2.2 wichtige Entwicklungslinien des beschäftigungsorientierten Fallmanagements im SGB II nach. Für beide Unterkapitel gilt, dass der Fokus der Darstellungen auf der Umsetzung des bFM als organisationales Handlungskonzept und nicht auf dem Handeln von Fallmanagern bzw. ihrer faktischen Interaktion mit den Klienten liegt.

---

[100] Für eine knappe Diskussion der Einordnung der Sozialen Arbeit und des Case Managements in der Professionssoziologie vgl. Abschnitt 2.3.4.2.1.

[101] Zu personenbezogenen Dienstleistungen bzw. „Human-Service-Organisationen" im Allgemeinen vgl. u. a. Hasenfeld (2010).

2.3.4.2.1 bFM als (semi-)professionelles Verfahren

Case Management[102] ist ein relativ offener (Handlungs-)Ansatz, es gibt somit nicht *das eine* Case-Management-Konzept (Gissel-Palkovich 2010: 122). Die „Deutsche Gesellschaft für Care und Case Management" (DGCC)[103] definiert Case Management als

> „eine Verfahrensweise in Humandiensten und ihrer Organisation zu dem Zweck, bedarfsentsprechend im Einzelfall eine nötige Unterstützung, Behandlung, Begleitung, Förderung und Versorgung von Menschen angemessen zu bewerkstelligen. Der Handlungsansatz ist zugleich ein Programm, nach dem Leistungsprozesse in einem System der Versorgung und in einzelnen Bereichen des Sozial- und Gesundheitswesens effektiv und effizient gesteuert werden können." (DGCC 2020)

Über den Kontext der Beschäftigungsförderung hinaus findet es in verschiedenen Bereichen des Sozial- und Gesundheitswesens Anwendung.[104] Es handelt sich um eine individuelle Hilfeleistung, die in einem längerfristigen Prozess erbracht wird und bei komplexen Problemlagen, die der Beteiligung mehrerer unterschiedlicher Stellen bedürfen, angezeigt ist. Dabei wird die „manageriale Steuerung" (Wendt

---

[102] Die Begriffe „Case Management" und „Fallmanagement" können für Göckler und Rübner (2019: 19) auf zwei Arten in Beziehung zueinander gesetzt werden: Zum einen können beide Begriffe weitgehend synonym verwendet werden, indem Fallmanagement als deutsche Übersetzung für Case Management dient. Zum anderen kann der Terminus Fallmanagement als eng mit den Hartz-Reformen verknüpft betrachtet werden, sodass er sich auf das beschäftigungsorientierte Fallmanagement, welches in den Jobcentern umgesetzt wird, beschränkt. Dem Fokus der vorliegenden Arbeit folgend, ist, wenn im weiteren Verlauf von Fallmanagement gesprochen wird, dies stets im Sinne der zweiten Variante zu interpretieren. Somit wird hier einerseits zwischen einem allgemeinen Konzept Case Management und andererseits dem spezifischen, im Wirkungsbereich des SGB II verorteten, Fallmanagement unterschieden.

[103] Die DGCC ist ein eingetragener Verein und fördert die Verbreitung und Entwicklung von Case Management (DGCC 2024b). Die Anerkennungskommission für zertifizierte Case-Management-Weiterbildungen ist seit 2006 unter dem Dach der DGCC integriert (DGCC 2024a). Träger der Kommission sind die Deutsche Gesellschaft für Soziale Arbeit, der Deutsche Berufsverband für Soziale Arbeit, der Deutsche Berufsverband für Pflegeberufe und die Bundesagentur für Arbeit (ebd.).

[104] Weitere Varianten sind u. a. Disease-Management-Programme für chronisch Kranke, das Versorgungs- und Entlassmanagement bei stationärer Krankenbehandlung, das Teilhabemanagement in der Hilfe bei Behinderung, das Besorgungsmanagement in der rechtlichen Betreuung sowie das Straffälligen- und Übergangsmanagement bei Sozialdiensten der Justiz (Wendt 2018b: 15). Für eine Abgrenzung verschiedener Dienstleistungsbegriffe vgl. Göckler und Rübner (2019: 20 f.). Für eine Synopse der in den Sozialgesetzbüchern enthaltenen Case-Management-relevanten Regelungen vgl. Mennemann und Klie (2023).

2019: 74) von Versorgungsprozessen mit „sozialarbeiterischen Handlungsprinzipien und -formen" (Gissel-Palkovich 2010: 125) verknüpft. Hiermit verbunden sind verschiedene Grundannahmen, u. a. eine Effizienz- und Effektivitätssteigerung, eine Erhöhung der Zufriedenheit der Klienten und auch der Beschäftigten in den beteiligten Institutionen, wobei es nach Gissel-Palkovich noch an ausreichender Wirkungsforschung im deutschsprachigen Raum fehle (Gissel-Palkovich 2010: 123). Im Hinblick auf die Effektivität und Effizienz von Case Management im Allgemeinen kommt Schmid vor dem Hintergrund des begrenzten Forschungsstands und der mit den Studien verknüpfen methodischen Probleme zu den Schlussfolgerungen, dass Hinweise auf eine schwach bis moderat ausgeprägte bessere Wirksamkeit gegenüber weniger strukturierten Ansätzen bestehen, wobei zwischen verschiedenen Settings, Case-Management-Modellen und Erfolgskriterien unterschieden werden müsse, und dass Kostenvorteile, wenn sie überhaupt ausgewiesen werden, eher gering ausfielen (Schmid 2018: 346).[105]

Konzeptionell hat Case Management seinen Ausgang in der Einzelfallhilfe (‚casework') der Sozialen Arbeit genommen (Wendt 2018a: 17; vgl. auch Wendt 2019; Belardi 2017) und ist als eine Weiterentwicklung dessen zu betrachten. Während Einzelfallhilfe eine durch die Verwendung systemischer Beratungsansätze stärker ausgeprägte Tiefendimension der Begleitung aufweist (Göckler/Rübner 2019: 20), hat Case Management die Koordination von Sach- und Dienstleistungen als Aufgabe, wodurch Hilfe „nicht (nur) direkt erbracht, sondern vermittelt" (Reis 2020: 189) wird. Hierdurch trägt Case Management eher der Sichtweise Rechnung, dass soziale Problemlagen stets multiperspektivisch sind, was die „Inanspruchnahme unterschiedlicher Sichtweisen und Hilfestellen (Multiperspektive)" (Belardi 2017: 74) erfordert. Ebenso kann Case Management als Reaktion auf sich ausdifferenzierende Sozial- und Gesundheitsleistungen, also die Fragmentierung der Angebotsstruktur, begriffen werden (Klie 2011: 501). Belardi fasst die Unterschiede zwischen den beiden Konzepten wie folgt zusammen:

> „Neu am Case-Management sind vor allem die Elemente Koordination unterschiedlicher Hilfequellen und Institutionen, niedrigschwellige Vernetzung, Hilfeplanung, Controlling und Evaluation. In der Phase des klassischen Casework ging es vorwiegend um Gesprächsführung, Beratung, Unterstützung sowie die Anwendung von Rechtskenntnissen und Vermittlung von Hilfequellen." (Belardi 2017: 75)

[105] Die Zielsteuerung und der Leistungsvergleich erfolgen im SGB II einheitlich nach § 48a SGB II (vgl. Abschn. 2.3.3). Das bFM kann durch die vorhandenen Verfahren jedoch nur unzureichend abgebildet werden (Göckler/Rübner 2019: 286 ff.). Alternative Ansätze, die neben der Arbeitsmarktintegration auch stärker die soziale Teilhabe berücksichtigen, werden z. B. von Brülle et al. (2016) vorgelegt.

Trotz der engen historischen Verbindung zwischen Sozialer Arbeit und Case Management ist jedoch umstritten, inwiefern das beschäftigungsorientierte Fallmanagement ihren professionellen Ansprüchen genügt und damit überhaupt als Verfahren der Sozialen Arbeit betrachtet werden kann (vgl. Michel-Schwartze 2009, 2010). Die aus dem Feld der Sozialen Arbeit geäußerte Kritik im Speziellen am Fallmanagement der Beschäftigungsförderung fassen Göckler und Rübner wie folgt zusammen: Es sei u. a. „ein politisch opportunes Instrument im Gefüge wirtschafts- und sozialpolitischer Strategien des Neo-Liberalismus" (Göckler/Rübner 2019: 316), es sei zu stark arbeitsmarktfixiert und die Jobcenter-Beschäftigten handelten fremdgesteuert (ebd.). Für manche Autoren sei das bFM daher nicht mit den Ansprüchen und Standards der Sozialen Arbeit vereinbar (Göckler/Rübner 2019: 315), woraus sich eine Dichotomie ergebe:

> „Hiernach gibt es also ein ‚gutes' Case Management, welches sich ausschließlich klientenorientiert versteht, die Bedürfnisse der Person in den Mittelpunkt stellt, ressourcenorientiert arbeitet und individuelle Hilfeziele festlegt, fest auf die Motivation der Klienten vertraut, mit sensiblen Daten vertraulich umgeht und lebensweltorientiert und adressatengerecht vorgeht. Hingegen sei das ‚schlechte' Fallmanagement problemfixiert, nur auf die Marktbedürfnisse ausgerichtet, bewerte Arbeitslosigkeit dysfunktional und ist ausschließlich am Ziel der schnellstmöglichen Arbeitsmarktintegration ausgerichtet." (Göckler/Rübner 2019: 316)

Dem entgegen Göckler und Rübner u. a., dass z. B. die Rollenambiguität ein Teil des fachlichen Standards und für das US-amerikanische Verständnis von Case Management selbstverständlich sei (ebd.). Auch die skizzierten Dilemmata „zwischen Hilfe und Kontrolle, zwischen Standardisierung und Individualisierung, zwischen Norm und Lebenswelt" (Göckler/Rübner 2019: 317), seien für die Soziale Arbeit im Allgemeinen typisch (für weitere Entgegnungen vorgebrachter Kritik s. Göckler/Rübner 2019: 317 ff.). Trotz dieser Einbettung in bürokratische Strukturen, folge das beschäftigungsorientierte Fallmanagement eigenen Maßstäben und Regeln, weshalb Reis und Siebenhaar es zumindest als „Semi-Profession" bezeichnen (Reis/Siebenhaar 2015: 67). Kleve formuliert sogar, wenn auch bewusst zugespitzt, dass gerade die Implementierung von Case Management in der öffentlichen Verwaltung die sozialarbeiterische und sozialpädagogische Fachlichkeit in Sozialverwaltungen wie Sozialämtern, Arbeitsagenturen und Jobcentern fördere, in denen die Strukturen und Verfahren oft sozialarbeitsferner erscheinen (vgl. Kleve 2014).[106]

---

[106] Göckler dreht die Argumentation um und erläutert, dass das bFM, da es interdisziplinär und interorganisatorisch angelegt sei, zurecht nicht ausschließlich von der Sozialen Arbeit

Börner et al. zeigen anhand von qualitativen Erhebungen, dass „die Praktiken des beschäftigungsorientierten Fallmanagements große Strukturähnlichkeiten mit der Sozialen Arbeit aufweisen“ (Börner et al. 2017: 232) und sich die interviewten Fallmanager teilweise selbst als Sozialarbeiter verstehen „und sich in ihren Erzählungen über die ‚KundInnen‘ und deren Problemlagen explizite und implizite Verweise auf Konzepte der Sozialen Arbeit (bspw. Lebensweltorientierung) finden lassen“ (ebd.). Auch eine quantitative Befragung von Vermittlern und Fallmanagern im Rechtskreis SGB II im Jahr 2009 verdeutlicht, dass sich immerhin 37 Prozent der Befragten selbst als Sozialarbeiter begreifen (Osiander/Steinke 2011: 24).[107]

Case Management ist auf der Ebene des Einzelfalls den personenbezogenen Dienstleistungen zuzuordnen.[108] Göckler und Rübner folgend besteht weitgehend Einigkeit über die Eigenschaft von Case Management als Mehrebenenkonzept (Göckler/Rübner 2019: 18). Sie unterscheiden diesbezüglich drei miteinander verbundene Handlungsebenen (Göckler/Rübner 2019: 18 f.): Auf der *Einzelfallebene* geht es um die *problematische Lebenssituation* des Klienten (Mennemann et al. 2020: 2) – der Begriff „Fall“ steht somit nicht für den Menschen selbst (Göckler/Rübner 2019: 79). Die *Organisationsebene* beinhaltet die Rahmenbedingungen, die durch die Aufbau- und Ablauforganisation gesetzt werden und die *institutionelle Netzwerkebene* umfasst die Unterstützungs- und Leistungsangebote der Netzwerkakteure. Ähnlich formuliert es Wendt, indem er von „Case Management als methodischem Konzept auf der personalen Handlungsebene und [...] als

beansprucht werden könne, obwohl es viele Gründe gebe, „davon überzeugt zu sein, dass Soziale Arbeit mit diesem Verfahren besonders wirkungsvoll arbeiten kann“ (Göckler 2012: 30).

[107] 41 Prozent betrachten sich als „Berater/Dienstleister für den Kunden“, 12 Prozent als „Sachbearbeiter für das Sozialrecht“ und 5 Prozent als „Makler bzw. Verkäufer auf dem Arbeitsmarkt“ (5 % „weiß nicht“ bzw. keine Angaben, N = 254) (Osiander/Steinke 2011: 24).

[108] Case Management kann weiterführend auf institutioneller Ebene den sozialen Diensten zugeordnet werden, welche einen Teilbereich der personenbezogenen Dienstleistungen darstellen und sich aus unterschiedlichen Perspektiven von diesen abgrenzen lassen (Evers et al. 2011: 11 f.): Soziale Dienste sind personenbezogene Dienstleistungen, die (1.) aus rein privaten Zusammenhängen herausgelöst sind und deren Institutionalisierung in einer sozialen Beziehung erfolgt, „die durch einen dritten Akteur jenseits des Produzenten und Konsumenten der Dienstleistung vorangetrieben wird“ (Evers et al. 2011: 11), (2.) an deren Erbringung der Staat ein öffentliches Interesse entwickelt und Vorkehrungen getroffen hat, damit es als ein öffentliches bzw. meritorisches Gut erbracht werden kann und (3.) von Dienstleistungen in anderen Sektoren (z. B. Gesundheit oder Bildung) abgegrenzt werden können (ebd.).

Organisations- oder Systemkonzept in administrativer Funktion" (Wendt 2018b: 14) spricht.

Zur Differenzierung wird mitunter auf das Begriffspaar Case und Care Management zurückgegriffen: So bezieht sich ersteres auf die Steuerung des Falles und zweiteres auf die Steuerung des Versorgungssystems (Monzer 2018: 56; ähnlich Klie 2011: 500). Wesentliches Abgrenzungsmerkmal zu anderen Beratungsansätzen ist somit, dass Case Management die Kopplung von Fall- und Angebotssteuerung vorsieht, indem fehlende bzw. qualitativ unzureichende Angebote der entsprechenden strategischen Ebene zurückgemeldet werden, um so eine Verbesserung des Hilfesystems herbeizuführen (Klie 2011: 501 f.). Hierfür agieren Case Manager im regionalen Netzwerk, „besuchen Einrichtungen, halten Kontakte zu den leistungserbringenden Akteuren, nehmen an Regionalkonferenzen teil und bringen ihre Kenntnisse und Erkenntnisse in die fallübergreifende Planung ein" (Gissel-Palkovich 2010: 126).

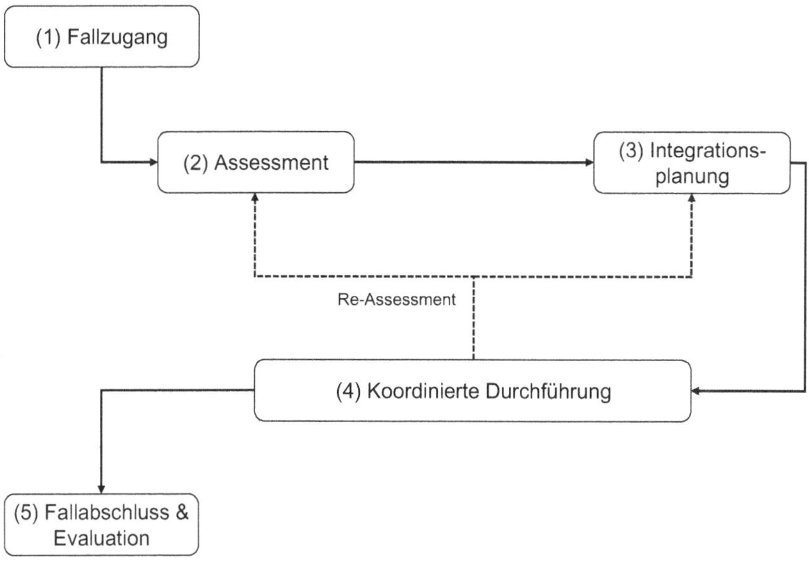

Abbildung 2.4 Rekursives Phasenmodell des beschäftigungsorientierten Fallmanagements. (Quelle: Göckler und Rübner (2019: 65): Beschäftigungsorientiertes Fallmanagement. © 2019, Walhalla u. Praetoria Verlag GmbH & Co. KG, Regensburg. Dieses Material ist nicht unter CC BY lizenziert, sondern wird mit Genehmigung des Walhalla Fachverlags verwendet)

Wenn auch in der Literatur zum Case Management die Phasen des methodischen Konzepts auf der Einzelfallebene unterschiedlich differenziert und mit verschiedenen Begrifflichkeiten verknüpft werden (siehe u. a. Hansen 2006: 18; Wendt 2018a: 128 f.), so besteht laut Wendt (2018a: 128) dennoch Einigkeit über die Kernfunktionen des Konzepts: *assessment, planning, intervention, monitoring, evaluation* (Moxley 1989: 18 ff.). Wie Abbildung 2.4 aufzeigt, unterscheiden Göckler und Rübner idealtypisch fünf Phasen im Prozess des beschäftigungsorientierten Fallmanagements, wobei die Handlungsform *Beratung* selbst keine eigenständige Phase darstellt, sondern vielmehr als Prozess übergreifende Querschnittausaufgabe anzusehen ist (Göckler/Rübner 2019: 66): (1.) *Fallzugang und Einstiegsberatung*, (2.) *Assessment*, (3.) *Integrationsplanung*, (4.) *Koordinierte Durchführung* (Linking, Monitoring) und (5.) *Fallabschluss und Evaluation* (Göckler/Rübner 2019: 64 ff.).

In der Phase des **Fallzugangs und der Einstiegsberatung** geht es zunächst um die Identifizierung möglicher Fälle für das Fallmanagement (‚case finding'), sofern nur bestimmte Personen Case Management erhalten sollen (spezialisierter Fallmanagementansatz) – andernfalls erhalten alle Klienten Zugang zum Case Management (generalisierter Fallmanagementansatz). Der spezialisierte Ansatz wird mitunter als Voraussetzung betrachtet, um ein „qualifiziertes" bzw. der Komplexität und fachlichen Tiefe angemessenes Case Management umsetzen zu können (u. a. BA 2005: 9; DV 2004: 1, 5; Gissel-Palkovich 2010: 129; Göckler et al. 2014: 10; Göckler/Rübner 2019: 171 ff.; Monzer 2018: 98 f.), weshalb dieser Aspekt zu den organisationalen Grundsatzentscheidungen bei der Umsetzung des bFM gehöre (Göckler/Rübner 2019: 51 ff.). Hierfür sind verbindliche Kriterien hilfreich, auf die im Rahmen einer ersten Überprüfung (‚screening'), i. d. R. durch dem Fallmanagement (‚second level') vorgelagerte Organisationseinheiten (Regelgeschäft, ‚first level') vorgenommen, zurückgegriffen wird. Handlungsfeldübergreifend erachtet die DGCC Case Management auf der Einzelfallebene als indiziert, wenn gleichzeitig:

- eine komplexe Bedarfslage besteht bzw. mehrere interagierende Faktoren vorliegen,
- mehrere Leistungsanbieter zu beteiligen sind, die aufeinander abgestimmt werden müssen,
- Regelversorgungspfade nicht greifen,
- entsprechende Ressourcen bei der jeweiligen Person fehlen, sodass professionelle Hilfe notwendig ist und
- die betroffene Person in das Case Management einwilligt (Mennemann et al. 2020: 5).

Im sog. „Intaking“ wird dann zum einen geklärt, ob Case Management im vorliegenden Fall zur Anwendung kommt, zum anderen geht es „um die Verständigung über die Aufgaben, Arbeitsweisen und Strukturen in der Zusammenarbeit“ (Göckler/Rübner 2019: 75). Das Erstgespräch soll dabei eine Übersicht zum Fall ermöglichen und die Grundlage für ein erstes Arbeitsbündnis schaffen.

Im **Assessment** geht es dann, unter Rückgriff auf verschiedene Erhebungsmethoden (Göckler/Rübner 2019: 110 f.), um die Ermittlung einerseits von Unterstützungsbedarfen und Problemlagen sowie andererseits von Ressourcen der Leistungsberechtigten. Neben fachlich-professionell festgestellten Bedarfen sind auch subjektive Bedarfe des Klienten wie z. B. Erwartungen und Wünsche einzubeziehen (Mennemann et al. 2020: 19). Zusammenfassend ist das Assessment als „eine fallorientierte, ganzheitliche, personen- und angebotsorientierte Analyse, die auch mehrfach und prozessbegleitend erfolgen kann“ (Göckler/Rübner 2019: 80) zu betrachten. Nach Göckler und Rübner kann das Assessment dabei nicht allein auf einen konkreten Zielberuf fokussieren, vielmehr gilt es auf seiner Grundlage Zielperspektiven zu erarbeiten, die neben dem Beruf auch die Versorgungsintegration und soziale Teilhabe betreffen (ebd.). Eine wesentliche Herausforderung stellt in diesem Zusammenhang der Datenschutz dar (Göckler/Rübner 2019: 81 ff.). Es können die fünf Assessmentkategorien *Motivation, soziale Sicherung, soziale Beziehungen, gesundheitliche Situation* und *Bildung, Beruf und Beschäftigung* unterschieden werden, innerhalb derer wiederum verschiedene Merkmalsgruppen differenziert werden können (Göckler/Rübner 2019: 85). Situative Faktoren (u. a. Vorkenntnisse zum Klienten, kognitive und gesundheitliche Möglichkeiten des Klienten, Komplexität des Falls und zeitnahe Verfügbarkeit von Erhebungsverfahren) bestimmen Art und Umfang des Assessments (Göckler/Rübner 2019: 86).

Die im Assessment gewonnen Erkenntnisse werden in der mittel- und langfristig ausgerichteten **Integrationsplanung** (auch „Hilfeplanung“ oder „Serviceplanung“ genannt) „in Form eines dialogischen und strukturierten Ziel- und Planungsprozesses“ (Göckler/Rübner 2019: 116) verwertet. Hier geht es um die Entwicklung von Lösungsstrategien für die festgestellten Bedarfe und Hindernisse. Jene orientieren sich an den Bedürfnissen, Bedarfen und Fähigkeiten des Klienten, institutionellen Erwartungen und Rahmenbedingungen sowie der bestehenden Versorgungs- und Arbeitsmarktlage. Damit geht die Integrationsplanung deutlich über den im SGB II prinzipiell mit jeder erwerbsfähigen leistungsberechtigten Person abzuschließenden Kooperationsplan hinaus (Göckler/Rübner 2019: 135). Letzterer stellt im Fallmanagement vielmehr ein „Kondensat der Gesamtplanung dar“ (Göckler/Rübner 2019: 136).

Bei der vierten und zeitlich längsten Phase des Fallmanagementprozesses, der **koordinierten Durchführung**, handelt es sich um die Umsetzung der Integrationsplanung. Diese beinhaltet Göckler und Rübner folgend drei Komponenten: Erstens geht es um die Vermittlung passender Unterstützungsangebote (‚linking'), wozu „neben der Ermittlung der richtigen Leistungsanbieter und ökonomisch vertretbarer Angebote auch die Vorbereitung zur Kontaktaufnahme und ggf. die Begleitung der Person zum Angebot" (Mennemann et al. 2020: 24 f.) gehören. Diese Angebote und Leistungen sind im Fallmanagement, im Gegensatz zur „regulären" Vermittlung, zunächst nicht auf eine unmittelbare Beschäftigungsanbahnung und -aufnahme ausgerichtet. Sie setzen sich im SGB II aus „kommunalen Eingliederungsleistungen, niedrigschwelligen Aktivierungsmaßnahmen und Beschäftigung schaffenden Maßnahmen (Arbeitsgelegenheiten, Teilhabe am Arbeitsmarkt)" (Göckler/Rübner 2019: 149) sowie Leistungen anderer Sozialleistungsträger oder Akteure zusammen (ebd.). Hinzu treten eigene Leistungen des Jobcenters, wie die spezifischen Beratungs- und Vermittlungsleistungen, was einen deutlichen Unterschied zum „Idealtypus eines sich rein als steuernde Aufgabe verstehenden Case Managements" (Göckler/Rübner 2019: 22) darstellt. Zweitens erfolgt in dieser Phase ein Monitoring, welches die „Absicherung, Prüfung sowie die kontinuierliche quantitative und qualitative Bewertung der vermittelten bzw. organisierten Angebote und Unterstützungen" (Mennemann et al. 2020: 27) umfasst und auch auf das Case Management selbst sowie die vom Adressaten erbrachten Beiträge gerichtet ist. Drittes Element der koordinierten Durchführung ist die Steuerung, die sich als Fallsteuerung auf das „Binnenverhältnis von Fachkraft und leistungsberechtigter Person" (Göckler/Rübner 2019: 152) richtet, als Leistungssteuerung auf die Mikroebene abzielt und als Systemsteuerung die Meso- und Makroebene adressiert (vgl. Abbildung 2.5).

Die Beendigung des Case Managements in Form von **Fallabschluss und Evaluation** ist dann angezeigt, wenn die Ziele der Integrationsplanung „in angemessener Weise erreicht wurden bzw. ihre Weiterverfolgung eingestellt wird – z. B. auf Wunsch der Person oder aus ökonomischen Gründen der Case Management-Einrichtung" (Mennemann et al. 2020: 31) oder, wenn durch die Klienten selbst bzw. das Regelsystem die Steuerung der weiteren Unterstützung erfolgt (ebd.). Bewertungsgrundlage für die Entscheidung, ob ein Fallmanagement weiterhin erforderlich ist, stellt das Monitoring dar. Im Rahmen des beschäftigungsorientierten Fallmanagements bietet sich der für den Kooperationsplan gesetzlich als Soll-Regelung festgeschriebene Überprüfungszeitraum von spätestens sechs Monaten an. „Ein geschäftspolitisch vordefinierter Endzeitpunkt der Betreuung ohne Ausnahmeregelung" (Göckler/Rübner 2019: 166) sei nach

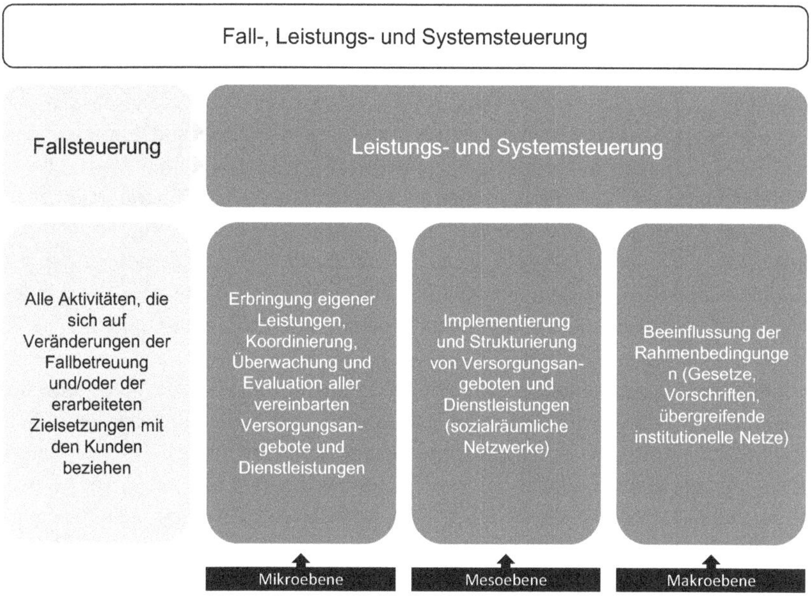

Abbildung 2.5 Fall-, Leistungs- und Systemsteuerung. (Quelle: Göckler und Rübner (2019: 153): Beschäftigungsorientiertes Fallmanagement. © 2019, Walhalla u. Praetoria Verlag GmbH & Co. KG, Regensburg. Dieses Material ist nicht unter CC BY lizenziert, sondern wird mit Genehmigung des Walhalla Fachverlags verwendet)

Göckler und Rübner kritisch zu bewerten, da bei besonders komplexen Problemlagen (z. B. Suchterkrankungen) zwei Jahre Fallmanagement selten ausreichen würden. Dennoch kann es aus organisatorischen Gründen, z. B. um die Neuaufnahme von Fällen zu ermöglichen, sinnvoll sein, eine zeitliche Richtgröße zu bestimmen, bei deren Überschreitung die weitere Betreuung im Fallmanagement im Rahmen eines Re-Assessments begründet werden müsste. Letztlich sei vor der vollständigen Beendigung zu prüfen, „ob im Sinne einer Nachbetreuung für einen vorher festgelegten Zeitraum eine generelle Ansprechbarkeit die Nachhaltigkeit der erreichten Ziele sichern kann" (Göckler/Rübner 2019: 167). Die fallübergreifende Auswertung und Evaluation kann schließlich anhand eines strukturierten, IT-gestützten Muster-Fallmanagementberichts erfolgen, der die Kategorien des Assessments sowie der Integrationsplanung beinhaltet und auswertbar macht.

2.3.4.2.2 Konzeptionelle Entwicklungslinien des bFM im SGB II

Aufgrund der in Abschnitt 2.3.4.2.1 genannten mit Case Management einhergehenden Erwartungen sowie der „marktlichen“ Steuerungselemente, kann es in Anlehnung an Buestrich und Wohlfahrt (2006) prinzipiell als ein „Baustein der sozialinvestiven Reorganisation des Systems sozialer Dienste und Einrichtungen in dem Kontext der Modernisierung wohlfahrtsstaatlicher Regime“ (Klie 2011: 509) verstanden werden. Bedient wird sich dabei der Logik neoliberal orientierter Staaten wie den USA, in denen Case Management seinen Ursprung hat (Hansen 2006: 19). Gleichermaßen sieht auch Gissel-Palkovich die Implementierung des bFM eng mit den mit dem Begriff des „aktivierenden Sozialstaats“ verbundenen sozialstaatlichen Innovationsbestrebungen verknüpft (Gissel-Palkovich 2010: 127 f.).

Die konkrete Notwendigkeit für das bFM im deutschen Kontext resultierte für Klie dann aus der Zusammenlegung der Arbeits- und Sozialhilfe, um zusätzlich zur Arbeitsvermittlung „ein Instrument vorzuhalten, mit dem Menschen unterstützt werden können, die nicht ohne Weiteres in der Lage sind, eine Arbeit aufzunehmen“ (Klie 2011: 507).[109] Wie Monzer erläutert, sei nicht bekannt, dass die Einführung von Fallmanagement in der Arbeitsverwaltung auf einer systematischen Sichtung unterschiedlicher Handlungskonzepte gründe, sondern wahrscheinlich einzelnen Experten zuzuschreiben sei, „die bei der eiligen Einführung des SGB II in der Lage waren ein fertiges Konzept vorzulegen“ (Monzer 2018: 53).

Zu den Ereignissen, die für die Entwicklung des beschäftigungsorientierten Fallmanagements in Deutschland von besonderer Bedeutung waren, zählen Göckler und Rübner zunächst die im Zuge des *Gesetzes zur Verbesserung der Zusammenarbeit von Arbeitsämtern und Trägern der Sozialhilfe* implementierten Modellprojekte, in denen auch in unterschiedlicher Ausformung Fallmanagement zur Anwendung kam, welches im Abschlussbericht der wissenschaftlichen Begleitforschung (Hess et al. 2004) positiv hervorgehoben wurde (Göckler/Rübner 2019: 26).[110] Bereits seit Mitte der 1990er-Jahren wurde in der Sozialhilfe bzw. kommunalen Beschäftigungsförderung vermehrt auf – Elemente

---

[109] Auch andere Staaten wenden Case Management im Bereich der Arbeitsmarktintegration an, vgl. Poetzsch (2007).

[110] Gesetz zur Verbesserung der Zusammenarbeit von Arbeitsämtern und Trägern der Sozialhilfe vom 20.11.2000 (Inkrafttreten am 01.12.2000). Im Rahmen des „Modellversuchs zur Verbesserung der Zusammenarbeit von Arbeitsämtern und Trägern der Sozialhilfe“ (MoZArT) wurden bundesweit 33 Modellvorhaben an 30 Standorten durch das Bundesministerium für Wirtschaft und Arbeit gefördert, um Best Practice zu identifizieren (Hess et al. 2004: 7 f.).

von – Case Management zurückgegriffen (Reis/Kolbe 2005: 5).[111] Eine Befragung von Kolbe und Reis gibt Aufschluss darüber, dass knapp zehn Prozent der befragten Sozialhilfeträger im Jahr 2003 ein „vollständiges" Case Management angewendet haben, das sowohl die einzelfallorientierten Prozessschritte als auch die feldorientierte Angebotssteuerung umfasst (Kolbe/Reis 2005: 63 f.).[112] Bei den übrigen Trägern wurden nur einzelne Bestandteile von Case Management identifiziert (ebd.).

Erste prominente Erwähnung findet der Begriff „Fallmanager" in der Beschäftigungsförderung dann im Jahr 2002 im von der *Kommission Moderne Dienstleistungen am Arbeitsmarkt* („Hartz-Kommission") vorgelegten Bericht, in dem sie Vorschläge zum Abbau der Arbeitslosigkeit und zur Umstrukturierung der Bundesanstalt für Arbeit formuliert. Demnach sollen „Kunden mit weitergehendem Beratungs- und Betreuungsbedarf (Betreuungskunden) [...] einem Fallmanager zugeordnet" (Hartz et al. 2002: 74) werden, dem die Steuerung der Gesamtheit „des im individuellen Falle erforderlichen Dienstleistungsangebotes des JobCenter" (ebd.) obliegen soll.

Auch in der Gesetzesbegründung zum SGB II wird der Begriff des Fallmanagements aufgriffen und dieses als „Kernelement der neuen Leistung" (Deutscher Bundestag 2003a: 44) bezeichnet. Weiter heißt es, dass die „Agentur für Arbeit [...] jedem erwerbsfähigen Hilfebedürftigen einen Fallmanager als persönlichen Ansprechpartner" (Deutscher Bundestag 2003a: 46) benennt und „ein Verhältnis zwischen Fallmanagern und Leistungsempfängern von 1: 75" (Deutscher Bundestag 2003a: 5) angestrebt wird. Im Gesetzestext selbst jedoch findet sich die Bezeichnung des Fallmanagers nicht wieder, es wird lediglich auf den „persönlichen Ansprechpartner" (§ 14 Abs. 3 SGB II) abgestellt. Trotz der intendierten zentralen Stellung des Fallmanagements im SGB II hat der Gesetzgeber

---

[111] In Nordrhein-Westfalen gab es Ende der 1990er-Jahre bzw. Anfang der 2000er-Jahre mit den durch das Land initiierten Projekten „Integrierte Hilfe zur Arbeit" und „Sozialagenturen – Hilfe aus einer Hand" erste Versuche Case Management durch eine wissenschaftliche Begleitung in der Sozialhilfe zu implementieren (Reis/Kolbe 2005: 7). In Rahmen von zwei weiteren Projekten wurden in NRW die Zusammenarbeit von Agenturen für Arbeit und Sozialhilfeträgern in Kreisen als „Job-Center" und die Konstruktion der Arbeitsgemeinschaften (ARGEn) erprobt (vgl. Reis 2005).

[112] Befragt wurden 543 Kommunen mit einem Fokus auf NRW: Bundesweit 139 kreisfreie Städte sowie 31 Kreise und 373 kreisangehörige Gemeinden in NRW (Kolbe/Reis 2005: 63). Die Rücklaufquote lag etwas oberhalb von 28 Prozent (ebd.).

darauf verzichtet, das Ob und Wie der Leistungserbringung gesetzlich zu normieren, wodurch die konkrete Ausgestaltung den Verantwortlichen vor Ort überlassen wird (Göckler/Rübner 2019: 37).[113]

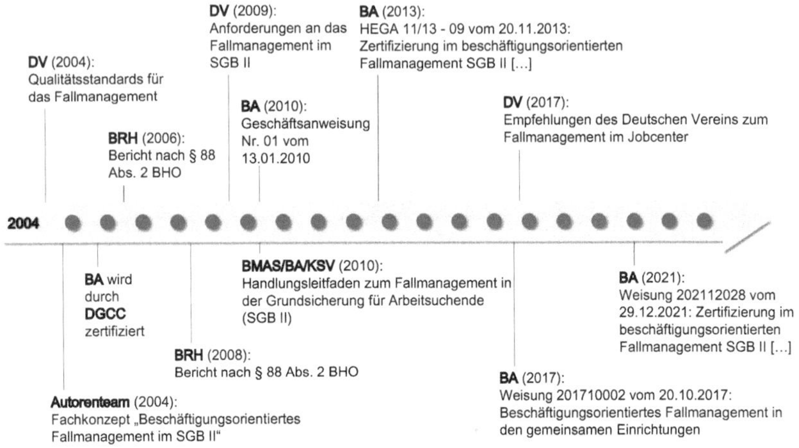

Abbildung 2.6 Zeitstrahl der Empfehlungen und Weisungen zur Ausgestaltung des bFM. (Quelle: Eigene Abbildung)

Zwar sind aus der Gesetzesbegründung die o. g. politischen Zielvorstellungen zu entnehmen, auf gesetzlicher Ebene ist das bFM im SGB II jedoch bis heute nicht normiert. Bedeutsam für die Entwicklung des Fallmanagements in der Beschäftigungsförderung waren aus Sicht von Göckler und Rübner die Empfehlung zu den „Qualitätsstandards für das Fallmanagement" des Deutschen Vereins für öffentliche und private Fürsorge (DV) sowie das Fachkonzept zum beschäftigungsorientierten Fallmanagement im SGB II, das von einer Autorengemeinschaft erarbeitet und 2005 von der BA verabschiedet wurde (Göckler/Rübner 2019: 29 f.).

Der DV gab als erste Organisation Handlungsempfehlungen für das Fallmanagement in der Beschäftigungsförderung heraus (vgl. Abbildung 2.6). Je Prozessschritt werden in dem Dokument Ziele, benötigte individuelle (der Fachkräfte) und institutionelle (der Organisation) Ressourcen sowie Standards

[113] Ebenfalls stellt der Bundesrechnungshof fest: „Der Gesetzgeber hat offen gelassen, unter welchen Voraussetzungen und in welchem Umfang ein Fallmanagement anzuwenden ist" (BRH 2008: 11).

beschrieben. Tabelle 2.2 gibt einen Überblick zu den enthaltenen Zielen und korrespondierenden institutionellen Ressourcen.[114] Übergreifendes Ziel des Gesamtprozesses stelle die Arbeitsmarktintegration dar, auch wenn zunächst andere Teilziele hierfür zu realisieren sind (DV 2004: 1 f.). Zu den wesentlichen organisationalen Standards gehört, dass sich das Fallmanagement nicht an den gesamten Personenkreis, sondern nur an jene Klienten mit multiplen Vermittlungshemmnissen richtet und entsprechende Kriterien für die Entscheidung über die Aufnahme in das Fallmanagement definiert werden sollen (DV 2004: 1, 5). Darüber hinaus soll die Leistungssteuerung in eine einzelfallunabhängige Angebotsplanung und -steuerung eingebunden sein, ein kontinuierlicher fallspezifischer und fallübergreifender Austausch stattfinden, nachgehende Betreuung erfolgen, ein organisationsübergreifendes Dokumentationssystem existieren, Verfahren der Erfolgskontrolle und Wirkungsanalyse festgelegt und alle Fälle nach einem einheitlichen Muster evaluiert werden (DV 2004: 5 ff.).

In den Jahren 2009 und 2017 legte der DV dann erneut Empfehlungen zur Umsetzung des Fallmanagements im SGB II vor (DV 2009, 2017). Innerhalb des ersten Dokumentes sind v. a. die Hinweise darauf, dass „ein klares Konzept für Ausrichtung, Ausgestaltung und Umsetzung von Fallmanagement und Integration erforderlich" (DV 2009: 9) sei, eine nachgehende Betreuung erfolgen (DV 2009: 8) und die entsprechenden qualitativen und quantitativen Personalressourcen gewährleistet werden sollten (DV 2009: 3, 9), von besonderer Relevanz für die Verwaltungsorganisation der Jobcenter. Vor allem mit seinen Empfehlungen aus 2017 spannt der Deutsche Verein einen größeren Bogen und weist auch auf Verbesserungspotenziale außerhalb der Jobcenter hin: So bedürfe es einer regelmäßigen Forschung zum Fallmanagement und eines Instrumentes, „das das Fallmanagement in der Arbeit mit den Leistungsberechtigten unterstützt und ermöglicht, die Performance der Fallarbeit zu evaluieren und zu verbessern" (DV 2017: 12).

Auch das von Autoren aus Kommunalverwaltungen, der BA und der Wissenschaft erarbeitete Fachkonzept „Beschäftigungsorientiertes Fallmanagement im SGB II" ist – obwohl 2005 von der BA veröffentlicht – wie die Empfehlungen des DV nicht als verbindlich einzustufen, da es sich explizit „als ein Angebot, mit dem die Arbeitsgemeinschaften, aber auch die optierenden Kommunen vor Ort prüfen können, ob sie ihr regionales Fallmanagement mit den gegebenen Hinweisen optimieren können" (BA 2005: 3) versteht.

[114] Die individuellen Ressourcen der Fallmanager werden hier ausgespart, da die Jobcenter diese nur indirekt über Rekrutierungsprozesse und das Anbieten von Fort- bzw. Weiterbildungen beeinflussen können.

Tabelle 2.2 Ziele und benötigte institutionelle Ressourcen des bFM entsprechend den Empfehlungen des DV (2004)

Prozess	Ziele	Benötigte institutionelle Ressourcen
Prozessschritt 1: Beraten und Herstellen eines Arbeitsbündnisses	– Herstellung eines Arbeitsbündnisses – Entscheidung, ob Fallmanagement stattfinden soll	– Bereitstellung geeigneter Infrastruktur (Räumlichkeiten, personelle Ausstattung) – Hinreichend Zeit für adäquate Fallbearbeitung – Bereitstellung von Gelegenheiten systematischer Selbstreflexion (z. B. Supervision) – Bereitstellung von Kriterien für die Entscheidung, wann Fallmanagement stattfinden soll
Prozessschritt 2: Probleme erkennen und verorten	– Zielorientierte Gewinnung eines differenzierten Bildes von Problemen und Ressourcen der Klientinnen und Klienten	– Entwicklung/Übernahme geeigneter Diagnoseinstrumente und Dokumentationssysteme unter Beachtung datenschutzrechtlicher Grundsätze
Prozessschritt 3: Ziele vereinbaren	– Für beide Seiten verbindliche Festlegung, was wie in welchem Zeitraum erreicht werden soll	– Gewährung von Entscheidungskompetenzen für die Fallmanagerinnen und Fallmanager – Bereitstellung eines Dokumentationssystems, das geeignet ist, unterschiedliche Zielebenen festzuhalten
Prozessschritt 4: Hilfsangebote planen	– Gemeinsame Planung des Einsatzes von Hilfeangeboten und Ressourcen	– Gewährung von Entscheidungskompetenzen für die Fallmanagerinnen und Fallmanager über den Einsatz von Hilfeangeboten – Festlegen von verbindlichen Kooperationsstrukturen – aktueller Überblick über formelle und informelle Hilfeangebote – einheitliches Formular- und Berichtswesen

(Fortsetzung)

Tabelle 2.2 (Fortsetzung)

Prozess	Ziele	Benötigte institutionelle Ressourcen
Prozessschritt 5: Leistungen Dritter einzelfallbezogen steuern	– Das benötigte Leistungsangebot wird bedarfsgerecht erbracht	– Bedarfsgerechtes, zeitnah bereitstehendes Angebot – Einbindung der Leistungsanbieter in das Konzept (Aufbau eines Netzwerks) – Festlegen von Schnittstellen, Klärung von Verantwortlichkeit – Gewährung von Entscheidungskompetenzen für die Fallmanagerinnen und Fallmanager über den Einsatz von Hilfeangeboten
Den Einzelfall begleitend und abschließend: Beobachten und Bewerten	– Gewinnung von Informationen über den Fallverlauf, um ggf. rechtzeitig intervenieren zu können – Bewertung des Falles und des Fallverlaufs	– Aussagekräftiges, organisations-übergreifendes Dokumentations- und Controllingsystem – Fall- und trägerübergreifendes Evaluationsraster Erhebung und Aufbereitung der für Monitoring und Evaluation benötigten Daten

Quelle: Eigene Zusammenstellung nach DV (2004: 5 ff.)

Ebenso wie der DV benennt die Autorengemeinschaft klar die Arbeitsmarktintegration als primäre Zielsetzung des SGB II, der auch das Fallmanagement unterliegt (BA 2005: 5). Im Vergleich zu den vom DV kurz zuvor veröffentlichten Standards, welche als Richtschnur bei der Erstellung des Fachkonzepts fungiert haben (ebd.), fallen die im Fachkonzept aufgeführten Empfehlungen teils deutlich detaillierter aus und werden durch umfangreiche Anlagen, die sich weiterführend mit spezifischen Fragestellungen auseinandersetzen, ergänzt. Übereinstimmend mit dem DV empfiehlt die Autorengemeinschaft das bFM spezialisiert auszuüben, „um der Komplexität und fachlichen Tiefe gerecht zu werden" (BA 2005: 9). Die Entscheidung über die Aufnahme in das Fallmanagement sollte durch die Fallmanager anhand einer handlungsleitenden Definition erfolgen, die als Voraussetzungen drei schwerwiegende Vermittlungshemmnisse und die Tatsache, dass „eine Beschäftigungsintegration *ohne Prozessunterstützung* durch ein Fallmanagement nicht erreicht oder erheblich verzögert würde" (BA 2005: 12,

Hervorhebung im Original), vorsieht. Eine Abweichung hiervon sei möglich, wenn sich auf Grundlage des Profilings das Risiko einer Langzeitarbeitslosigkeit zeige und die Wahrscheinlichkeit ihres Eintritts durch das bFM im Sinne einer Prophylaxe verringert werden könne (ebd.). Letztlich entscheide der Fallmanager nach fachlichen Kriterien der Zugangsdefinition über die Übernahme des Falles, eine „ausschließliche Zuordnung nach ‚Checklistenverfahren' ist unzulässig" (BA 2005: 13). Des Weiteren führt das Fachkonzept aus, dass sich die Fallmanager „in ihrem Selbstverständnis an berufsethischen Standards, rechtlichen Notwendigkeiten und wirtschaftlichen Effizienzkriterien" (ebd.) orientieren.

Für die Entscheidung über die Beendigung des Fallmanagements werden verschiedene Kriterien vorgeschlagen: erfolgreiche Arbeitsmarktintegration und damit Unabhängigkeit von SGB-II-Leistungen, Überführung in ein anderes Sicherungssystem oder falls „die Integrationsleistung intern wirtschaftlicher erbracht werden kann (Subsidiarität der Dienstleistung Fallmanagement)" (ebd.). Zudem ist die Sinnhaftigkeit und Wirtschaftlichkeit des Fallmanagements regelmäßig, spätestens bei Anpassung der Eingliederungsvereinbarung, zu prüfen, starre zeitliche Begrenzungen des Fallmanagements werden jedoch als unzweckmäßig bezeichnet (ebd.). Bei einer Rücküberweisung und Weiterleitung wird eine „warme" Übergabe, also eine Begleitung durch den Fallmanager zu beteiligten Fachkräften, empfohlen (ebd.).

Weitergehend wird angeraten, das bFM organisatorisch dem Bereich „Beratung / Vermittlung" zuzuordnen und aufgrund möglicher Fallübergaben – in beide Richtungen – das Fallmanagement in Teams von Beratern und Vermittlern zu integrieren (BA 2005: 40). Zusätzlich zur generellen Spezialisierung legt die Autorengemeinschaft nahe, „dass sich Fallmanager in einem bestimmen Umfang spezialisieren" (ebd.), da bestimmte Zielgruppen besondere Kompetenzen und Kontakte zu spezifischen Trägern und Kooperationspartnern erfordern (BA 2005: 40 f.). Bei Vorliegen gewisser Umstände halten die Autoren es auch für angebracht, das Fallmanagement bei Dritten anzusiedeln, v. a. wenn intern qualifizierte Mitarbeiter fehlen „oder wenn für bestimmte Spezialaufgaben intern nur eine unterkritische Zahl von Fällen vorhanden ist" (BA 2005: 41). Im Rahmen einer solchen Beauftragung seien jedoch gewisse Standards zu berücksichtigen (BA 2005: 41 f.). Nicht zuletzt wird im Fachkonzept die Bedeutung der Ebene der Gesamtorganisation für die Bewertung, Entwicklung und Steuerung der Angebotsstruktur hervorgehoben (BA 2005: 43 f.).

In den Jahren 2005 und 2006 führte der Bundesrechnungshof (BRH) Schwerpunktprüfungen zu ausgewählten Fragen der Organisation und der Aufgabenerledigung im SGB II durch und stellte erhebliche Mängel fest (BRH 2006). Im Hinblick auf das Fallmanagement wird berichtet, dass häufig wesentliche Teile dessen, wie Profiling und die Zuweisung zu Arbeitsgelegenheiten, Maßnahmeträgern überlassen werden (BRH 2006: 4). Dieser Praxis widerspricht der BRH, indem er erklärt, dass maßgebliche Teile des Fallmanagements „als Kernaufgabe der Vermittlungstätigkeit nicht Maßnahmeträgern übertragen werden" (BRH 2006: 4 f.) dürfen.[115]

Nachfolgend zum am 1. August 2006 in Kraft getretenen *Gesetz zur Fortentwicklung der Grundsicherung für Arbeitsuchende*, führte der BRH im Jahr 2007 erneut Schwerpunktprüfungen durch, die darauf abzielten, ob sich die Integrationstätigkeit und der Einsatz arbeitsmarktpolitischer Instrumente durch die Grundsicherungsstellen wesentlich verbessert haben (BRH 2008). In Bezug auf das Fallmanagement gelangt der BRH zu folgender Erkenntnis:

> „Einzelne Grundsicherungsstellen hatten aus Kostengründen auf die Einrichtung eines Fallmanagements verzichtet. Sie hielten es für wirtschaftlicher, sich um integrationsnahe Kunden zu kümmern. Grundsicherungsstellen, die ein Fallmanagement vorhielten, definierten hierfür unterschiedliche Zugangsvoraussetzungen. Nur einzelne Stellen hatten präzise personenbezogene Merkmale (z. B. familiäre Probleme, Schulden mit existenzieller Bedeutung oder Suchtprobleme) bestimmt. Viele Stellen stellten das Fallmanagement ungeachtet eines messbaren Integrationsfortschritts nach Ablauf bestimmter im Vorfeld festgelegter Zeiträume ein, ohne hierfür Gründe zu dokumentieren." (BRH 2008: 12)

Nach Ansicht des BRH verstieß dieser Zustand „gegen die Pflicht der Grundsicherungsstellen, erwerbsfähige Hilfebedürftigen umfassend zu betreuen" (BRH 2008: 4), weshalb er das BMAS auffordert, in Abstimmung mit der BA und den kommunalen Spitzenverbänden, Kriterien für den Zugang und die Beendigung des Fallmanagements „einvernehmlich und für alle Grundsicherungsstellen verbindlich" (BRH 2008: 14) zu definieren. Weiterhin führt der BRH aus, dass „sich die gravierenden Mängel bei der Vermittlungstätigkeit und beim Fallmanagement nicht durch bloße ‚Angebote' an die Grundsicherungsstellen und unverbindliche Arbeitshilfen beseitigen" (BRH 2008: 15) lassen, sondern die Erteilung bindender Weisungen und die Überprüfung ihrer Einhaltung im Rahmen der Fachaufsicht unverzichtbar sei (ebd.).

---

115 Vor dem Hintergrund der Uneindeutigkeit des Gesetzgebers und der vielfältigen Auslegung von Fallmanagement in der Praxis, ist in diesem Zusammenhang zumindest fraglich, welches Verständnis der BRH zum Zeitpunkt der Anfertigung seines Berichtes vom Fallmanagement im SGB II hatte. Nicht unwahrscheinlich scheint, dass der BRH auch die „klassische" Beratung und Vermittlung unter „Fallmanagement" verbuchte.

In seiner Stellungnahme zum BRH-Bericht lehnt das BMAS die Festlegung zentraler Vorgaben in diesem Bereich ab und begründet dies mit einer unzulässigen Beschneidung der Gestaltungsfreiheit der Grundsicherungsstellen (BRH 2008: 14). Zudem weist das Bundesministerium darauf hin, dass in gewissen Fällen, z. B. bei Verweigerung von Hilfebedürftigen, die Beendigung des Fallmanagements nicht vermeidbar sei, wodurch aber die „Vermittlungstätigkeit [...] auch dann nicht zum ‚Erliegen' [käme], da die ‚normale' Vermittlung fortgesetzt werde (BRH 2008: 15). Beiden Einschätzungen widerspricht hingegen der BRH:

> „Mit Blick auf die weitreichenden Konsequenzen, die sich aus der Teilnahme am Fallmanagement oder seiner Beendigung ergeben, kann nicht davon abgesehen werden, die dafür notwendigen Voraussetzungen verbindlich und bundeseinheitlich festzulegen. Das Fallmanagement entscheidet bei dem in Rede stehenden Kundenkreis über die Chance zur Teilhabe am Erwerbsleben. Den Hinweis des Bundesministeriums, dass die klassischen Vermittlungsbemühungen nach vergeblichem Fallmanagement ‚wiederaufleben' würden, hält der Bundesrechnungshof nicht für zielführend. Wenn bei einem arbeitsmarktfernen erwerbsfähigen Hilfebedürftigen bereits das Fallmanagement erfolglos bleibt, wird auch ‚normale' Vermittlungstätigkeit mit hoher Wahrscheinlichkeit scheitern." (BRH 2008: 16)

Bezugnehmend auf diesen Bericht des BRH, forderte der Rechnungsprüfungsausschuss des Haushaltsausschusses des Deutschen Bundestages 2008 das BMAS und die BA u. a. dazu auf, *„in Absprache mit den kommunalen Trägern Mindeststandards für die Aufnahme und Beendigung des Fallmanagements festzulegen*" (Deutscher Bundestag 2008a: 23, Hervorhebung im Original). Daraufhin erarbeiteten BMAS, BA und die Kommunalen Spitzenverbände den gemeinsamen „Handlungsleitfaden zum Fallmanagement in der Grundsicherung für Arbeitsuchende (SGB II)" (BMAS et al. 2010), der von diesen Akteuren allen Grundsicherungsstellen zur Umsetzung empfohlen wurde.

Der Handlungsleitfaden hält fest, „dass jede Grundsicherungsstelle ein qualifiziertes Fallmanagement vorzuhalten hat" (BMAS et al. 2010: 2) und arbeitsmarktferne Personen, die einer Unterstützung des Fallmanagements bedürfen, „in allen Grundsicherungsstellen gleichermaßen grundsätzlich Zugang zum Fallmanagement haben müssen" (ebd.). Des Weiteren werden Kernelemente des Fallmanagements aufgezählt: ein *systematischer Problemlösungsprozess* (beinhaltet die Prozessschritte Erstberatung, Assessment, Hilfe- bzw. Integrationsplanung/ Eingliederungsvereinbarung und Leistungssteuerung), eine *einzelfallbezogene Koordinationsleistung* (um das Dienstleistungsangebot aufeinander abzustimmen), die notwendige *Interaktion mit den Hilfebedürftigen* (zur Identifikation von Bedarfen usw., im Rahmen eines angemessenen Betreuungsschlüssels) und die *kooperative Angebotssteuerung* (mithilfe von Netzwerkpartnern) (BMAS et al. 2010: 3 f.). Zudem wird auf das 2005 veröffentlichte Fachkonzept im Hinblick auf eine Orientierung für die fachliche Arbeit im bFM verwiesen (ebd.).[116]

Vor diesem Hintergrund soll jede Grundsicherungsstelle eine verbindliche lokale Umsetzungsstrategie erarbeiten, die zumindest die folgenden fünf Bestandteile enthält: Analyse, Ziele, Methodik, Organisation und Nachhaltung (BMAS et al. 2010: 4). Hieraus sollen dann entsprechend der lokalen Gegebenheiten konkrete Mindeststandards abgeleitet werden (ebd.). Bei der Erarbeitung der Umsetzungsstrategien „sollten auch die Empfehlungen des Deutschen Vereins für öffentliche und private Fürsorge ‚Anforderungen an das Fallmanagement im SGB II' vom 17.6.2009 berücksichtigt werden" (ebd.).

Weitere zentrale Aspekte des Handlungsleitfadens stellen die formulierten Mindestkriterien für die Aufnahme von Fallmanagement und die Kriterien für die Beendigung des Fallmanagements dar. Erstere bestehen aus dem Vorliegen von mindestens drei vermittlungs- bzw. integrationsrelevanten Handlungsbedarfen (in folgenden Bereichen: persönliche Rahmenbedingungen, Wohnsituation, familiäre Situation und Betreuung, finanzielle Situation, Mobilität, intellektuelle Leistungsfähigkeit, gesundheitliche Leistungsfähigkeit oder Arbeits- und Sozialverhalten) und der „Einschätzung, dass die Betreuung im Fallmanagement zu konkreten Integrationsfortschritten mit dem Ziel der mittel- bis langfristigen Beseitigung des Hilfebedarfs durch Integration in Beschäftigung führt" (BMAS et al. 2010: 6). Die Beendigung des Fallmanagements soll erfolgen, wenn die o. g. Voraussetzungen nicht mehr vorliegen „und eingeschätzt werden kann, dass der Hilfebedürftige auch ohne Betreuung im Fallmanagement Integrationsfortschritte erzielen bzw. in Beschäftigung integriert werden kann" (ebd.). Weiterhin soll die Prüfung der Fortführung des Fallmanagements alle sechs Monate erfolgen und eine Gesamtdauer der Betreuung im Fallmanagement von i. d. R. zwei Jahren nicht überschritten werden (BMAS et al. 2010: 6 f.).

2010 gab die BA dann erstmals eine – zumindest für die gE – verbindliche Geschäftsanweisung zum Fallmanagement in der Grundsicherung für Arbeitsuchende heraus. Hierin legt sie auf Basis des gemeinsamen Handlungsleitfadens

[116] Die noch im selben Jahr von der BA erlassene Geschäftsanweisung (GA) enthält den Hinweis, dass das Fachkonzept 2010 „weiterentwickelt und u. a. an die Inhalte dieser GA angepasst" (BA 2010a: 2) wird. Bis heute ist es nach Kenntnisstand des Autors der vorliegenden Arbeit nicht zu einer Aktualisierung des Fachkonzeptes gekommen.

Kernelemente sowie Kriterien für den Zugang und die Beendigung des Fallmanagements fest und schreibt die verbindliche Nutzung der in VerBIS[117] enthaltenen Prozessschritte „Fallzugang“ und „Fallabgang“ (Aufnahme und Beendigung des Fallmanagements) für das Fallmanagement vor (BA 2010a). Sowohl die Beschreibung der Kernmerkmale als auch die Kriterien für die Beendigung des Fallmanagements entsprechen, bis auf kleinere Abweichungen, weitestgehend den Formulierungen des kurz zuvor entwickelten Handlungsleitfadens. Gleichermaßen orientiert sich die Weisung hinsichtlich der Zugangskriterien am Leitfaden, auch wenn die Abweichungen hier etwas größer ausfallen: Voraussetzung für die Aufnahme in das Fallmanagement ist die Zuordnung der Klienten in eine komplexe Profillage (Entwicklungsprofil, Stabilisierungsprofil oder Unterstützungsprofil) sowie mindestens drei Handlungsbedarfe „in den Schlüsselgruppen ‚Rahmenbedingungen‘ und/oder ‚Leistungsfähigkeit‘“ (BA 2010a: 3).

Entsprechend des Handlungsleitfadens werden die ARGEn und Agenturen für Arbeit mit gAw dazu aufgefordert, lokale Umsetzungsstrategien zu implementieren und dazu angehalten, erforderliche Qualifizierungsmaßnahmen anzubieten (BA 2010a: 4). In diesem Kontext sei erwähnt, dass sich die Führungsakademie der BA bereits Ende 2005 nach den Richtlinien der Deutschen Gesellschaft für Care und Case Management (DGCC) hat zertifizieren lassen, um die Zertifizierung von Fallmanagern auch selbst vornehmen zu können (BA 2008: 37 f.). 2013 wurde darüber hinaus eine Dienstvereinbarung zur Zertifizierung im beschäftigungsorientierten Fallmanagement SGB II sowie in der Integrationsberatung SGB III in der Bundesagentur für Arbeit geschlossen (vgl. BA 2013a). Seit Mitte 2012 erhalten Fallmanager, denen formal die Dienstposten „Fallmanager/in (U25/Ü25) im Bereich SGB II“ oder „persönliche/r Ansprechpartner/in mit Fallmanagement-Aufgaben (U25/Ü25) im Bereich SGB II“ übertragen wurden, eine tarifvertraglich festgelegte Zulage (bei der BA als sog. „Funktionsstufe 1“ bezeichnet), sofern sie erfolgreich an einer Qualifizierung mit abschließender Zertifizierung nach den Richtlinien der DGCC teilgenommen haben (ebd.). Grundlage hierfür ist eine Handlungsempfehlung der BA für den Bereich SGB II zur Zertifizierung im Fallmanagement, die die BA 2013 (ebd.) herausgegeben und 2021 (BA 2021) überarbeitet hat.

Auch im Studienprogramm der Hochschule der BA (HdBA) findet sich das Fallmanagement seit 2006 wieder (Bender/Brandl 2017: 81). 2016 wurde der bis dahin bestehende Bachelorstudiengang „Beschäftigungsorientierte Beratung und

[117] Die Abkürzung steht für „Vermittlungs-, Beratungs- und Informationssystem“. Hierbei handelt es sich um das IT-Fachverfahren der Bundesagentur für Arbeit, welches auch in den gemeinsamen Einrichtungen zur Anwendung kommt.

Fallmanagement“ umstrukturiert und heißt seitdem „Beratung für Bildung, Beruf und Beschäftigung“. Innerhalb des Studiengangs kann zwischen drei Schwerpunkten, worunter „Fallmanagement in der Beschäftigungsförderung“ einer ist, gewählt werden. Drei Module dieses Studienschwerpunkts, Studienmodule „Fallmanagement I“ und „II“ sowie „Netzwerke und Netzwerkarbeit“, werden als Äquivalent zu den Inhalten einer zertifizierten DGCC-Weiterbildung anerkannt (HdBA 2021).

Die letzte Weisung zum bFM hat die BA im Jahr 2017 herausgegeben (BA 2017c). Die Angaben zu den Kernelementen sowie zu den Kriterien für die Beendigung des Fallmanagements entsprechen dort wieder weitestgehend dem Handlungsleitfaden und der Weisung aus 2010. Der erste Teil der Zugangskriterien wird wiederum leicht abgewandelt wie folgt gefasst:

> „Kunden, die mindestens 3 Handlungsbedarfe in den Schlüsselgruppen Leistungsfähigkeit und / oder Rahmenbedingungen haben und die nach dem Ergebnis des Profilings voraussichtlich nicht innerhalb von 12 Monaten in den Arbeitsmarkt integriert werden können“ (BA 2017a: 1 f.).[118]

Hinsichtlich der Qualifizierung wird ergänzend zum Hinweis, dass Maßnahmen im Rahmen der Personalentwicklung initiativ angeboten werden sollten, auf die 2013 geschlossene Dienstvereinbarung verwiesen (BA 2017a: 3). Des Weiteren wird in der Weisung erstmals auf die Rolle der örtlichen Fachaufsicht eingegangen, die „die Einhaltung der Zugangs- und Beendigungsgründe sowie die Betreuung im bFM risikoorientiert zu überprüfen“ (ebd.) hat.

Resümierend kann konstatiert werden, dass das Fallmanagement im SGB II

> „in seinen ersten Jahren vielfältigen Vereinnahmungen, regionalen Eigenheiten und Missverständnissen ausgesetzt war. Erst durch die Entscheidung der Deutschen Gesellschaft für Care und Case Management (DGCC), die Agentur für Arbeit als Träger zertifizierter Weiterbildung zu akkreditieren, wurde dem Fallmanagement im SGB II eine fachlich unabhängige Messlatte angelegt.“ (Monzer 2018: 53)

Trotzdem sei, so Monzer, aufgrund der zentral vorgegebenen Engführung des SGB II, keine kontinuierliche Entwicklung fachlicher Standards möglich, weshalb

[118] „Das arbeitnehmerorientierte Integrationskonzept der Bundesagentur für Arbeit (SGB II und SGB III)“ (BA 2023a) unterscheidet hinsichtlich der Handlungsbedarfe und Handlungsstrategien, die im Rahmen des 4-Phasen-Modells der Integrationsarbeit (vgl. Kap. 4) identifiziert bzw. ausgewählt werden können, die vier Schlüsselgruppen *Qualifikation*, *Leistungsfähigkeit* (gesundheitlich/intellektuell), *Motivation* und *Rahmenbedingungen* (u. a. örtliche Mobilität, familiäre und finanzielle Situation) (BA 2023a: 20).

es auch nicht zu einer Durchmischung der beiden „Kulturen“, also dem Case Management vertreten durch die DGCC und dem bFM im SGB II, komme (ebd.).

2.3.4.3 Arbeitgeberbetreuung

Der Arbeitgeberbetreuung liegt im Gegensatz zum bFM kein (semi-) professionelles Verfahren zugrunde, weshalb entsprechende Diskussionen durch Professionen oder ähnliche Akteure ausbleiben. Zudem sind die Vorgaben der Bundesagentur für Arbeit für die Arbeitgeberbetreuung, insbesondere im Kontext des SGB II, nur begrenzt vorhanden und vage, weshalb dieses Kapitel wesentlich kürzer ausfällt als jenes zum bFM. Zum einen werden in Abschnitt 2.3.4.3.1 die grundsätzlichen Charakteristika der Arbeitgeberbetreuung herausgestellt. Zum anderen gibt Abschnitt 2.3.4.3.2 Aufschluss über die Positionierungen der BA zur Arbeitgeberbetreuung im SGB II.

2.3.4.3.1 Charakteristika der Arbeitgeberbetreuung

Die arbeitgeberorientierte Beratung und Vermittlung (hier im Folgenden auch knapp als „Arbeitgeberbetreuung“ bezeichnet) umfasst jene Aufgaben, die die Jobcenter gegenüber der zweiten sog. „Marktseite“ erbringen. Während im SGB III explizit beide Marktseiten (Arbeitnehmer und Arbeitgeber) als Adressaten der gesetzlichen Leistungen genannt werden (u. a. § 2 SGB III), enthält das SGB II keinen derartigen Auftrag (Domschke 2015: 608 f.). Die Jobcenter sind nicht dem Marktausgleich, sondern der Chancenverbesserung ihrer Klienten verpflichtet (Bartelheimer et al. 2014: 207): Hier wird die notwendige Arbeitgeberorientierung der Jobcenter durch die BA am in § 1 SGB II formulierten Ziel der Vermeidung, Beseitigung, Verkürzung oder Verringerung der Hilfebedürftigkeit festgemacht (vgl. BA 2011). Diese unterschiedliche Ausrichtung der Rechtskreise spiegle sich auch in ihren geschäftspolitischen Zielsystemen wider, da in den Agenturen für Arbeit der Erfolg der Arbeitgeberbetreuung v. a. an der Anzahl erfolgreich besetzter Stellen und in den Jobcentern an den gleichen Steuerungszielen wie in der bewerberorientierten Vermittlung gemessen werden (Bartelheimer et al. 2014: 108): „Erfolg muss sich für sie in den Leistungen zum Lebensunterhalt, in Integrationen und im Bestand an Langzeitarbeitslosen abbilden“ (ebd.). Hieraus resultieren Unterschiede im Dienstleistungsprofil zwischen den beiden Organisationen, da Jobcenter weniger Ressourcen für Beratungsangebote ohne Vermittlungsauftrag (s. u.) einsetzen und ihren Personaleinsatz auf die bewerberorientierte Stellenakquise konzentrieren (Bartelheimer et al. 2014: 109).

Prinzipiell umfasst das Aufgabenspektrum der Arbeitgeberbetreuung Leistungsprozesse im Rahmen der Stellenbesetzung bei Arbeitgebern sowie arbeitgeberorientierte und bewerberorientierte Aktivitäten ohne Vermittlungsauftrag

(Bartelheimer et al. 2014: 110). Im Zuge der **Stellenbesetzung** können drei Intensitätsstufen der Einschaltung der Arbeitgeberbetreuung unterschieden werden (im Folgenden Bartelheimer et al. 2014: 112 ff.): Arbeitgeber können in der ersten Stufe („Selbstinformation“) offene Stellen selbst über die „Jobbörse“ der Bundesagentur für Arbeit einstellen oder durch das Jobcenter einstellen lassen. In der zweiten Stufe („Vorschlag“) wird eine gemeldete Stelle aufgenommen, ein Stellensuchlauf durchgeführt und es ergeht ggf. ein Vermittlungsvorschlag an geeignete Bewerber. Flankierend findet entsprechend des jeweiligen Auftrags ein kontinuierlicher Kontakt zum Arbeitgeber statt. In der dritten Stufe („Intervention“) schalten sich die Beschäftigten des Jobcenters noch direkter in die Suche und die Bewerberauswahl ein und können Einfluss auf die Entscheidungen zur Stellenbesetzung nehmen. Arbeitgeber lassen hier zu, dass die Fachkräfte des Jobcenters eigene Bewerbervorschläge machen, um bestimmte Bewerber in der Bewerberschlange weiter vorn zu platzieren. Ziel ist dabei

> „einen Nachteilsausgleich für Bewerber/innen zu schaffen, die aus Sicht der Fachkräfte motiviert sind und eine grundsätzliche Eignung für die betreffende Stelle aufweisen, aber beim Stellensuchlauf nicht auf den ersten Plätzen erscheinen, da sie bestimmte Suchkriterien (z. B. in Bezug auf die formale Qualifikation oder die Berufserfahrung) nicht erfüllen.“ (Bartelheimer et al. 2014: 123 f.)

Ein solches Vorgehen wird oftmals mit dem Angebot von Förderleistungen als „Überzeugungshilfen“ verbunden. Infrage kommen in solchen Fällen z. B. eine Einstiegsqualifizierung (EQ, § 54a SGB III, Zuschuss zur Vergütung eines sozialversicherungspflichtigen Praktikums für potenzielle Auszubildende) oder ein Eingliederungszuschuss (EGZ, § 88 SGB III, Zuschuss zum Arbeitsentgelt für Arbeitskräfte, deren Vermittlung wegen in ihrer Person liegender Gründe erschwert ist). Ebenso kann in diesem Zusammenhang die persönliche Begleitung von Bewerbern zum Arbeitgeber sowie das Angebot einer Beratung zum Anforderungsprofil und einer Sichtung von Bewerbern („Vorauswahl“) erfolgen.

Zu den **arbeitgeberorientierten Aktivitäten ohne Vermittlungsauftrag** (im Folgenden Bartelheimer et al. 2014: 126 ff.) gehört zum einen die Stellenakquise. Unterschieden werden kann hier zwischen einer Neuakquise von bisher nicht veröffentlichten Stellen und Verfahren, bei denen Arbeitgebern Bewerber für bereits bekannte Stellen ohne Vermittlungsauftrag angeboten werden sollen. Eine aktive Akquise ist v. a. für solche Branchen sinnvoll, in denen das Jobcenter über potenzielle Bewerber verfügt. Zum anderen zählen Beratungsleistungen zu den arbeitgeberorientierten Aktivitäten ohne Vermittlungsauftrag. Dies sind

u. a. die Arbeitsmarktberatung, die die Arbeitsmarktbedingungen, Löhne, Stellenbesetzungen und Förderangebote betrifft, sowie die Qualifizierungsberatung, die auf eine Professionalisierung der Personalentwicklung abzielt.

Die **bewerberorientierten Aktivitäten ohne Vermittlungsauftrag** (im Folgenden Bartelheimer et al. 2014: 132 ff.) im Arbeitgebergeschäft umfassen Arbeitsformen, in denen die Arbeitgeberbetreuung Bewerber mitbetreut oder ihre Betreuung übernimmt. Die Intensität reicht hierbei von der Arbeitgeberansprache auf Basis der Bewerberdaten bis zur intensiven persönlichen Integrationsbegleitung. Bei der Zielgruppe kann es sich sowohl um aussichtsreiche Bewerber als auch Bewerber mit Vermittlungshemmnissen handeln.

Je nach Ausmaß der funktionalen Trennung der Bearbeitung der beiden Marktseiten, ergeben sich Schnittstellen zwischen stellen- und bewerberorientierter Vermittlung. Die Ausgestaltung des Schnittstellenmanagements hängt von der technischen Unterstützung (gemeinsame Nutzung von IT-Fachverfahren wie VerBIS), dem gegenseitigen Teilen von Stellen- und Bewerberlisten, formellen Interaktionsformaten (Benennung von Multiplikatoren, gemeinsame Besprechungen der stellen- und bewerberorientierten Fachkräfte, Hospitationen etc.), informellem Austausch, Schulungen zur Berufskunde für bewerberorientierte Vermittler sowie Regelungen zu Arbeitgeberkontakten außerhalb der Arbeitgeberbetreuung und zur Bearbeitung von Förderanfragen (Zuständigkeiten) ab (Bartelheimer et al. 2014: 144 ff.).

2.3.4.3.2 Positionierungen der BA zur Arbeitgeberbetreuung im SGB II

Im Gegensatz zum beschäftigungsorientierten Fallmanagement, das ein spezifisches Instrument im SGB II darstellt und u. a. durch seine enge Verbindung zur Sozialen Arbeit einem breiteren professionell-fachlichen Diskurs ausgesetzt ist, stellt die Arbeitgeberbetreuung einen Aufgabenbereich dar, der prinzipiell in beiden Rechtskreisen verortet ist, wobei bundesweite fachliche Impulse ausschließlich durch die BA entwickelt werden. Ein weiterer Unterschied besteht darin, dass für die Arbeitgeberbetreuung im Rechtskreis des SGB II keine zum bFM vergleichbaren Weisungen existieren. Orientierung für die gE dürften daher (rechtskreisübergreifende) Positionierungen der BA zur Arbeitgeberbetreuung sein.

Zwei zentrale Dokumente sind das „Rechtskreisübergreifende Leitkonzept für den gemeinsamen Arbeitgeber-Service" (BA 2011) und der „Servicekompass für unsere Arbeitgeber-Arbeit" (BA 2022b) der BA. In Bezug auf das SGB II wird in beiden Papieren deutlich, dass sich die BA für eine rechtskreisübergreifende Zusammenarbeit ausspricht. Im Leitkonzept aus dem Jahr

2011 erfolgt dies besonders explizit, indem von einem rechtskreisübergreifenden gemeinsamen Arbeitgeber-Service (gAG-S) gesprochen wird und die Vorsitzenden der Geschäftsführung der Agenturen ohne gAG-S gebeten werden „die Vorteile der Einrichtung im Rahmen einer Trägerversammlung zu behandeln" (BA 2011: 9). Zudem wird die Integration der Ausbildungsstellenvermittlung der Jobcenter in den gAG-S empfohlen (ebd.). Nachdem die Chancen und Potenziale für die regionalen Akteure (BA 2011: 11 f.) sowie das Leitbild für einen gAG-S (ein persönlicher Ansprechpartner, unmittelbare Erreichbarkeit, schneller, kompetenter und zuverlässiger Service, Branchenexpertise, Arbeits- und Ausbildungsstellenvermittlung im gAG-S, professionelle Arbeitsmarkt- und Personalberatung) (BA 2011: 12 f.) skizziert werden, wird im Leitkonzept auf die „Grundsätze für eine partnerschaftliche und erfolgreiche Zusammenarbeit" eingegangen (BA 2011: 13 f.). Den weiteren Ausführungen wird dabei Folgendes vorangestellt: „Für eine erfolgreiche und gleichwertige Partnerschaft ist ein gemeinsames und einheitliches Aufgabenverständnis unter Führung des VG [Vorsitzende der Geschäftsführung; Anmerkung J. H.] der AA unabdingbar" (BA 2011: 13). Demgegenüber spricht der aktuellere Servicekompass defensiver von einer aus Kundensicht anzustrebenden rechtskreisübergreifenden Zusammenarbeit zwischen den Agenturen für Arbeit und gE sowie von einer „auf Augenhöhe und an gegenseitigen Interessenlagen ausgerichtete[n] partnerschaftliche[n] Zusammenarbeit" (BA 2022b: 7), durch die Synergieeffekte entstehen.

2.4 Zusammenfassung

Bereits ab den 1990er Jahren sind in Deutschland erste Züge einer aktivierenden Arbeitsmarktpolitik, die durch das Prinzip des Förderns und Forderns gekennzeichnet ist, zu beobachten. Unverkennbar stellen schließlich die in Folge des Vermittlungsskandals der damaligen Bundesanstalt für Arbeit beschlossenen Hartz-Reformen einen Paradigmenwechsel zu einer aktivierenden Arbeitsmarktpolitik dar, da Fürsorgeleistungen stärker von Gegenleistungen der Hilfebedürftigen abhängig gemacht werden und auf die Verbesserung der Beschäftigungsfähigkeit der Arbeitnehmer abgezielt wird.

Ein zentrales Reformelement, die Zusammenlegung der Arbeitslosen- und Sozialhilfe zum neuen Arbeitslosengeld II, war dabei keine Idee der Hartz-Kommission, sondern eine Vorgabe der rot-grünen Bundesregierung. Erstere sollte lediglich Organisationsmodelle erarbeiten, wobei eine einheitliche Anlaufstelle für alle arbeitsuchenden Menschen im Sinne eines One-Stop-Shops anzustreben war. Die Kommission legte daraufhin in ihrem Bericht das Konzept der

„JobCenter“ vor, wodurch die Verwaltungsstrukturen der Arbeitslosenversicherung und des neuen Sozialleistungssystems unter einem Dach gebündelt werden sollten.

Im politischen Raum herrschte jedoch kein Konsens hinsichtlich der Implementierungsstrukturen und erst recht nicht in Bezug auf die Leistungsträgerschaft bzw. die Finanzierungsverantwortung. Der Kompromiss des Vermittlungsausschusses sah schließlich vor, dass die Bundesagentur für Arbeit und die Kommunen Träger für jeweils spezifische Leistungen des SGB II sind, eine gemeinsame Aufgabenwahrnehmung von BA und Kommunen durch Arbeitsgemeinschaften (ARGEn) erfolgt und ein Optionsrecht der Kommunen eingeführt wird, was es ihnen ermöglicht, auf Antrag anstelle der BA als Träger zugelassen zu werden. Erneut kam es dann im Zuge des separaten sog. „Kommunalen Optionsgesetzes“ zu Konflikten, woraufhin der Vermittlungsausschuss einen Kompromiss erarbeitete, der das Optionsrecht als sechsjähriges Experiment in kommunaler Trägerschaft vorsah, und zwar bei Übernahme der Kosten für die zugelassenen kommunalen Träger durch den Bund.

Gegen die Implementationsstrukturen des SGB II, konkret die Aufgabenzuweisung an die Kommunen, die Finanzierungsstrukturen und die ARGEn als verpflichtend einzurichtende Institutionen, reichten Ende 2004, unter Federführung des Deutschen Landkreistags, elf Landkreise Klage vor dem Bundesverfassungsgericht ein. Dieses sah in der Verwaltung des SGB II einen Verstoß gegen das grundsätzliche Verbot der Mischverwaltung, woraufhin, nach weiteren politischen Diskussionen, der Gesetzgeber Mitte 2010 die gemeinsame Ausführung der Grundsicherung für Arbeitsuchende durch Bund und Länder bzw. Kommunen grundgesetzlich mit der Einführung des Art. 91e ermöglichte und dort ebenfalls die Optionslösung verankerte.

Insgesamt ergibt sich hinsichtlich der Zuständigkeiten für die Leistungsträgerschaft, Finanzierung und Umsetzung des SGB II ein komplexes System. Grundlegend sind die BA und die Kommunen Leistungsträger für jeweils spezifische Leistungen des SGB II, woraus sich gleichzeitig die jeweilige Finanzierungsverantwortung ergibt. Beide Träger übernehmen jedoch anteilig die Kosten der Leistungen für Unterkunft und Heizung sowie die Verwaltungskosten der Jobcenter. Bei der Mehrheit der Jobcenter handelt es sich um gemeinsame Einrichtungen, in denen die BA und die jeweilige Kommune die Aufgaben des SGB II gemeinsam erbringen. 104 Jobcenter werden durch zugelassene kommunale Träger betrieben, die die Aufgaben des SGB II ohne Beteiligung der BA erbringen.

In das Steuerungsmodell der gE sind eine Vielzahl von Akteuren eingebunden und es kombiniert klassische Steuerungsinstrumente wie Weisungen mit

„neueren“ Instrumenten wie Zielvereinbarungen. Es orientiert sich dabei an der im Rahmen von Hartz III angestoßenen Reorganisation der Bundesagentur für Arbeit, deren Handlungslogik stärker betriebswirtschaftlich bzw. kennzahlenbasiert ausgerichtet wurde. Der verstärkte Rückgriff auf Zielvereinbarungen im SGB II soll lokale Handlungsspielräume für die Entscheidungsträger, die jeweilige Geschäftsführung und Trägerversammlung, eröffnen.

Den beiden in der vorliegenden Arbeit betrachteten Aufgabenbereichen, dem beschäftigungsorientierte Fallmanagement und der Arbeitgeberbetreuung, ist gemein, dass es sich, im Gegensatz zur „regulären“ arbeitnehmerorientierten Beratung und Vermittlung, um soziale Dienstleistungen handelt, die durch die Adressaten freiwillig in Anspruch genommen werden können. Zudem sind die Vermittlungs- und Beratungsaufgaben, im Vergleich zur Leistungsgewährung, in deutlich geringerem Maße rechtlich normiert. Die Aufgabenbereiche unterscheiden sich jedoch erheblich in dem Ausmaß, in welchem ihre operative Ausgestaltung normativen Diskursen sowie untergesetzlichen Vorgaben unterliegen. So ist mit der Arbeitgeberbetreuung, im Unterschied zum beschäftigungsorientierten Fallmanagement, kein (semi-)professionelles Verfahren verbunden, weshalb in diesem Aufgabenbereich keine durch Professionen, andere Verbände oder weitere Akteure vorangetriebenen Diskurse zu beobachten sind. Zwar sind auch die expliziten Vorgaben der BA zum beschäftigungsorientierten Fallmanagement eher rudimentär, doch im Vergleich zur Arbeitgeberbetreuung umfangreicher.

Kapitel 2 zeigt somit zum einen auf, dass kontroverse Diskussionen im SGB II nicht nur entlang der Politikinhalte verlaufen (u. a. Austarieren des Verhältnisses von „Fördern und Fordern“), sondern gerade auch die verwaltungsseitige Umsetzung betreffen (u. a. Kritik an der Mischverwaltung, professionsgetriebene Diskussionen um die Ausgestaltung des bFM). Zum anderen wird deutlich, dass die lokalen Entscheidungsträger der gE einer breiten Palette an Anforderungen ausgesetzt sind. Neben gesetzlichen Vorgaben und untergesetzlichen Weisungen und Empfehlungen der Träger, unterliegen sie aufgrund der Zielvereinbarungsprozesse sowie der stärker betriebswirtschaftlich bzw. kennzahlenbasierten Handlungslogik der BA prinzipiell auch ökonomischen Anforderungen. Im Hinblick auf das beschäftigungsorientierte Fallmanagement treten zudem noch fachlich-professionelle Erwägungen hinzu.

3 Theoretischer Rahmen

In diesem Kapitel wird die theoretische Einbettung der vorliegenden Untersuchung vorgenommen. Zunächst wird auf konzeptionelle Grundlagen für die organisationstheoretische und verwaltungswissenschaftliche Auseinandersetzung mit Organisationen der öffentlichen Verwaltung eingegangen (Abschn. 3.1). Anschließend werden die beiden hier verwendeten zentralen Theorien zur Erklärung der Verwaltungsorganisation, der *Situative Ansatz* (Abschn. 3.2) sowie der *Soziologische Neo-Institutionalismus* (Abschn. 3.3), vorgestellt. Während erstere die Anpassung von Organisationen an ihre Umwelt aufgrund von Performancebestrebungen betont, rückt letztere die Bedeutung institutionalisierter Erwartungen der Umwelt als Ursache für Organisationsanpassungen in den Fokus. Sodann wird die Kompatibilität beider Theorien in den Blick genommen (Abschn. 3.4). Abschließend werden am Ende des Kapitels die wesentlichen theoretischen Ableitungen für den Fortgang der Untersuchung zusammengefasst (Abschn. 3.5).

3.1 Konzeptionelle Grundlagen

In Abschnitt 3.1.1 wird zu Beginn ein grundlegendes Verständnis des Konzeptes „Organisation“ geschaffen, indem auf verschiedene Perspektiven auf Organisationen sowie ihre Kernelemente eingegangen wird. Anschließend wird der Begriff „Verwaltungsorganisation“ anhand der vorangegangenen Erläuterungen spezifiziert. Abschnitt 3.1.2 stellt daran anknüpfend die Spezifika von öffentlichen (Sozial-)Verwaltungen heraus und grenzt diese von anderen Organisationen ab.

J. Hafner, *Variationen in der Verwaltungsorganisation der Jobcenter*, Interdisziplinäre Organisations- und Verwaltungsforschung,
https://doi.org/10.1007/978-3-658-51047-3_3

3.1.1 Kernelemente von Organisationen

Je nach wissenschaftlicher Disziplin und Erkenntnisinteresse werden Organisationen recht unterschiedlich definiert. Als Ausgangspunkt dient daher die breite Definition von Aldrich und Ruef, die Organisationen als „goal-directed, boundary-maintaining, and socially constructed systems of human activity“ (Aldrich/Ruef 2006: 4) beschreiben. Sie greifen damit drei grundsätzliche Perspektiven auf, aus denen Organisationen betrachtet werden können (vgl. Preisendörfer 2016). Nach Scott und Davis können Organisationen nämlich je nach Theoriestrang als (1.) *rationale Systeme*, die als stark formalisierte Kollektive bestimmte Ziele verfolgen, (2.) *natürliche Systeme*, wobei auf das soziale Gebilde der Organisation fokussiert wird, und (3.) *offene Systeme*, die als Aktivitäten von Akteuren mit unterschiedlichen Interessen, welche in eine größere Umwelt eingebettet sind, gefasst werden (vgl. Scott/Davis 2016).

Aus diesen drei Betrachtungsweisen heraus lassen sich Kernelemente von Organisationen ableiten, die in Abbildung 3.1 dargestellt werden (Scott/Davis 2016: 19 ff.): Die **Umwelt** kann sich auf physikalische, technologische, kulturelle sowie soziale Aspekte beziehen, beinhaltet die verschiedenen Stakeholder und „can be seen as a store of resources as well as a source of opportunities and constraints, demands and threats“ (Scott/Davis 2016: 19 f.). Die **Strategie** beschreibt allgemein die Entscheidungen, die Organisationen treffen. Dabei sind sie gewissen Rahmenbedingungen unterworfen, innerhalb derer sie jedoch bestimmen, welche und wie sie ihre **Ziele** verfolgen. Unter **Personen** fallen die individuellen Charakteristika von Organisationsmitgliedern wie z. B. demographische Merkmale, Kenntnisse, Fähigkeiten, Bedürfnisse und Präferenzen, sowie der Einfluss von Führungskräften bzw. „Leadern“[1] auf die Organisation. Die **Arbeit** von Organisationen umfasst die für die Zielerreichung notwendigen Aufgaben und der Begriff **Technologie** fokussiert auf den Mechanismus der Transformation von Input in Output, welcher sich beispielsweise auf materielle und immaterielle Güter sowie Individuen beziehen kann. In diesem Sinne bezieht sich dieses Element auf die Arbeitsprozesse einer Organisation, einschließlich des damit verbundenen Wissens (Rainey et al. 2021: 207). Für Preisendörfer fällt hierunter auch die räumlich-sachliche Ausstattung der Organisation (Preisendörfer 2016: 61 f.).

[1] Leadership kann definiert werden als „process (act) of influencing the activities of an organized group in its efforts toward goal setting and goal achievement“ (Stogdill 1950: 3). In späteren Werken sprechen Autoren dann verstärkt von Leadern als ‚manager of meaning‘ und Leadership als ‚symbolic action‘, was verdeutlicht, dass Leader die organisationale Realität für andere definieren (Parry/Bryman 2006: 447).

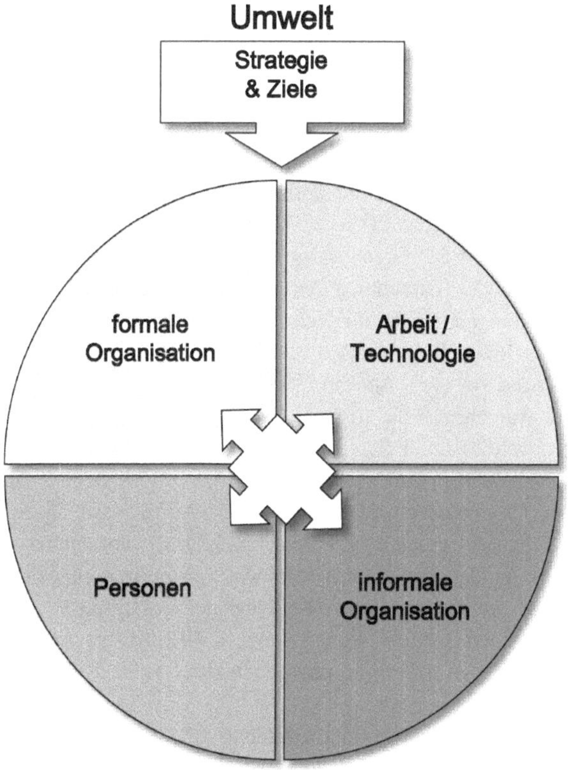

Abbildung 3.1 Kernelemente von Organisationen. (Quelle: Eigene Darstellung in Anlehnung an Scott und Davis (2016: 20))

Die **formale Organisation** meint die Normen bzw. Regeln und Verhaltensmuster, die losgelöst von Eigenschaften der einzelnen Individuen existieren sollen (Scott/Davis 2016: 62). Hierzu zählen beispielsweise Praktiken des Personalmanagements, die Arbeits- bzw. Stellengestaltung (‚job design') und die „overall organization structure" (Scott/Davis 2016: 22). Dabei schließt der Begriff der „Struktur" auch Prozesse ein, wenn diese durch Regeln definiert sind.[2]

[2] Scott und Davis explizieren: „we equate formal structures with those norms and behavior patterns that are designed to operate independently of the characteristics of the individual actors" (Scott/Davis 2016: 62).

Daher wird der vielfach in der organisationstheoretischen Literatur vorzufindende Begriff der „formalen Organisationsstruktur" nachfolgend synonym zum Begriff der „formalen Organisation" verwendet. Diese umfasst alle Regeln, die im Hinblick auf die Zielerreichung gesetzt, unpersönlich (unabhängig von einzelnen Individuen gültig) und offiziell (wurden von der Kerngruppe autorisiert) sind (Kieser/Walgenbach 2010: 157). Blau und Scott verwenden hierfür den Begriff des „offiziellen Bauplans" bzw. der „offiziellen Blaupause" (‚offical blueprint') einer Organisation (Blau/Scott 2003: 5). Diese Regeln dienen der „Steuerung von Leistung und Verhalten der Organisationsmitglieder" (Kieser/Walgenbach 2010: 21). Häufig steht bei der Betrachtung der formalen Organisation der *Umfang* organisatorischer Regeln und nicht ihr *Inhalt* im Vordergrund (Kieser/Walgenbach 2010: 169; Scott/Davis 2016: 39). Vor allem auf Grundlage der aus dem Kontext des Situativen Ansatzes (vgl. Abschn. 3.2) hervorgegangenen Arbeiten, unterteilen Kieser und Walgenbach die formale Organisation in fünf Hauptdimensionen (Kieser/Walgenbach 2010: 71 ff.):

Unter *Spezialisierung bzw. Arbeitsteilung* ist zu verstehen, dass die zur Erreichung der Organisationsziele notwendigen Aufgaben z. B. aufgrund von Wirtschaftlichkeitsüberlegungen (vgl. Abschn. 3.2), Erwartungen in der Umwelt (vgl. Abschn. 3.3) oder weil dies eine eindeutige Zuordnung von Verantwortlichkeiten erlaubt, auf die einzelnen Mitglieder der Organisation verteilt werden. Unterschieden werden können der Umfang sowie die Art (nach Verrichtung bzw. Funktion, Objekten bzw. Produkten/Dienstleistungen, Kundengruppen bzw. Regionen) der Spezialisierung.

Bei entsprechender Arbeitsteilung entstehen arbeitsbezogene Abhängigkeiten (Interdependenzen), weshalb es notwendig ist, die einzelnen Aktivitäten im Sinne der Organisationsziele durch *Koordination* aufeinander abzustimmen. Grundlegend können sechs Koordinationsinstrumente unterschieden werden: Während *persönliche Weisungen* und *Selbstabstimmung* als „personenorientiert" bezeichnet werden, da sie auf einer unmittelbaren persönlichen Kommunikation der Beteiligten beruhen, werden *Programme* (legen Vorgaben auf Dauer fest), *Pläne* (legen Vorgaben für eine bestimmte Periode fest)[3] und *organisationsinterne Märkte* „in den Augen der Betroffenen zu einer *Institution*" (Kieser/Walgenbach 2010:

[3] Programme sind dauerhafte, verfahrensorientierte Vorgaben, die festlegen, wie Aufgaben zu erledigen sind, während Pläne zeitlich begrenzte, zielorientierte Vorgaben sind, die, i. d. R. ausgehend von institutionalisierten Planungsprozessen, spezifizieren, was innerhalb bestimmter Perioden erreicht werden soll und sich von Zeit zu Zeit ändern können (Kieser/Walgenbach 2010: 111 f.).

101, Hervorhebung im Original),[4] weshalb sie als „unpersönlich“ bzw. „technokratisch“ bezeichnet werden. Auch die *Organisationskultur* ist für Kieser und Walgenbach ein Koordinationsinstrument. Sofern Organisationsmitglieder „übereinstimmende Werte und Normen ‚verinnerlicht‘ haben [...] können sie ihre Aktivitäten auch ohne strukturelle Vorgaben aufeinander abstimmen“ (Kieser/Walgenbach 2010: 120). Hier zeigt sich das Problem, dass sich die verschiedenen Elemente einer Organisation bzw. ihre Dimensionen nicht immer scharf voneinander trennen lassen (vgl. Abschn. 6.1.1). Hinsichtlich der Organisationskultur sind zum einen Überschneidungen zu anderen Koordinationsinstrumenten festzustellen, da auch sie Ausdruck bzw. Ergebnis einer Organisationskultur sein können. Zum anderen subsumieren Scott und Davis (2016) im Gegensatz zu Kieser und Walgenbach (2010) die Organisationskultur unter das Element der *informalen* Organisation (s. u.).

Ausgehend von Weisungsbefugnissen bildet sich eine hierarchische Ordnung innerhalb der Organisation, wodurch die beteiligten Personen sich einander über-, unter- oder nebengeordnet werden. Diese als *Konfiguration bzw. Leitungssystem* bezeichnete Dimension umfasst die äußere Form des Stellengefüges. Oft wird diese Struktur in Organisationsschaubildern bzw. Organigrammen abgebildet. Differenziert werden können unterschiedliche Konfigurationen anhand der *Gliederungstiefe* (auch „vertikale Spanne“), die für die Zahl der hierarchischen Ebenen steht, der *Leitungsspanne* (auch „Kontrollspanne“), die sich auf die Anzahl einer Stelle direkt untergeordneten Stellen bezieht, sowie der *Stellenrelation*, die ein Verhältnis zwischen bestimmten Arten von Stellen wiedergibt.

Im Gegensatz zu Weisungsbefugnissen bezieht sich die *Entscheidungsdelegation bzw. Kompetenzverteilung* auf die Verteilung von Entscheidungsbefugnissen. Hierdurch wird den entsprechenden Mitgliedern ermöglicht, für die Organisation im Innen- und/oder Außenverhältnis verbindliche Entscheidungen zu treffen. Mit Entscheidungskompetenzen sind somit auch *Macht* und *Einfluss* verbunden.[5]

---

[4] Zum der vorliegenden Arbeit zugrunde gelegten Begriffsverständnis von Institutionen vgl. Abschn. 3.3.1.1.

[5] Unter Bezug auf Crozier und Friedberg (1979), bedeutet für Kieser und Walgenbach Macht, „eigenes Verhalten für andere unvorhersehbar und das anderer vorhersehbar zu machen“ (Kieser/Walgenbach 2010: 53). Macht geht hierbei von Organisationsmitgliedern aus, die Ungewissheitsquellen kontrollieren (ebd.).

Hinsichtlich der *Formalisierung* können die schriftliche Fixierung von organisatorischen Regeln (*Strukturformalisierung*), beispielsweise mittels Schaubildern, Handbüchern und Richtlinien, des auf den Einzelfall bezogenen Informationsflusses (*Aktenmäßigkeit*) sowie der Leistungserfassung und -beurteilung der Organisationsmitglieder (*Leistungsdokumentation*) unterschieden werden. Im Hinblick auf die bereits vorgenommene Bestimmung des Begriffs „formal" ist festzuhalten, dass formale Regelungen formalisiert sein können, aber nicht müssen.

Demgegenüber basiert die **informale Organisation** auf den persönlichen Eigenschaften sowie Beziehungen der beteiligten Akteure, worunter für Scott und Davis (2016) beispielsweise so etwas wie die Organisationskultur und soziale Netzwerke fallen. Dieses Element fokussiert somit auf die informalen Normen und Verhaltensmuster, die durch die Organisationsmitglieder geschaffen werden: „status and power systems, communication networks, sociometric structures–patterns of attraction and conflicts–and working arrangements" (Scott/Davis 2016: 63). Diese Perspektive verdeutlicht, dass Regeln auch dadurch entstehen können, dass sich Organisationsmitglieder untereinander explizit oder, beispielsweise ausgehend von kollektiven Lernprozessen, unterbewusst auf bestimmte Regelungen einigen – die mitunter den „offiziellen" Regeln widersprechen können (Kieser/Walgenbach 2010: 19 f.). Die formalen Regeln sind also nicht zwangsläufig kongruent mit den *geltenden* Regeln.

Abbildung 3.2 berücksichtigt die Gleichzeitigkeit von formaler und informaler Organisation, indem beide als *normative* Struktur einer Organisation zusammengefasst werden (Preisendörfer 2016: 135). Davon zu unterscheiden ist das *faktische Organisationsgeschehen*, die Verhaltensstruktur der Organisation, die durch die normative Struktur beeinflusst wird. Zu betonen ist, wie Blau und Scott konstatieren, dass die Unterscheidung zwischen formal und informal nur eine analytische ist: „there is only one actual organization" (Blau/Scott 2003: 6).

In der vorliegenden Arbeit wird die normative sowie die Verhaltensstruktur der Jobcenter insgesamt unter dem Begriff der „Verwaltungsorganisation" zusammengefasst. Dies geschieht zum einen, da unterschiedliche Konzeptualisierungen und Begriffsabgrenzungen zwischen der formalen und informalen Organisationsstruktur in der Literatur vorzufinden sind. Zum anderen lässt sich „von außen" nicht immer eindeutig zwischen den offiziellen und geltenden Regeln sowie zwischen der normativen und Verhaltensstruktur differenzieren (vgl. Kap. 6).

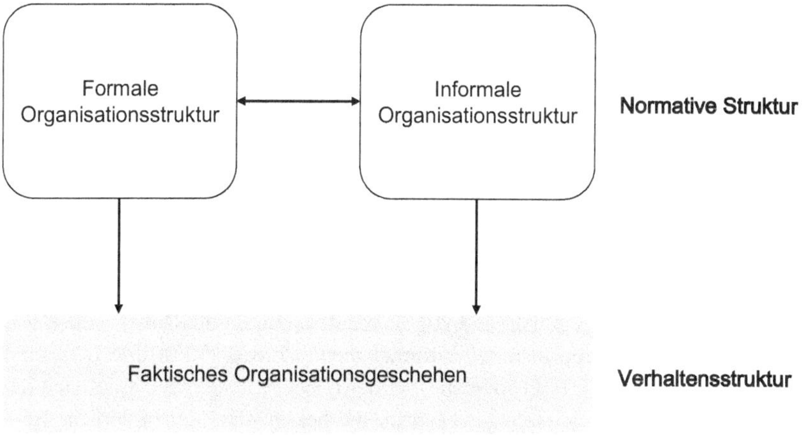

Abbildung 3.2 Formale und informale Organisationsstruktur als Bestimmungsfaktoren des faktischen Organisationsgeschehens. (Quelle: Preisendörfer (2016: 135): Organisationssoziologie. © 2016, Springer Fachmedien Wiesbaden. Dieses Material ist nicht unter CC BY lizenziert, sondern wird mit Genehmigung des Springer Nature Verlags verwendet)

3.1.2 Spezifika von öffentlichen (Sozial-)Verwaltungen

Bei der Herausstellung spezifischer Charakteristika von öffentlichen Verwaltungen als eine spezielle Organisationsform, kann ein knapper Rekurs auf Max Webers *Bürokratietheorie* nicht unterbleiben. In seinem Werk „Wirtschaft und Gesellschaft" entwickelt er drei Idealtypen der Herrschaft (charismatische, traditionale und legale), wobei er einzig der legalen Herrschaft einen *zweckrationalen* Charakter zuschreibt (Weber 1921/1972: 124).[6] Der „reinste Typus der legalen Herrschaft" (Weber 1921/1972: 126, Hervorhebung im Original) stellt für ihn die Bürokratie dar, deren Rationalität vor allem durch Fachlichkeit, Unpersönlichkeit und Berechenbarkeit gekennzeichnet sind (Bogumil/Jann 2020: 174).

Von ihren Merkmalen hebt Weber besonders das hauptamtliche Personal, die Fachlichkeit und Professionalisierung, die Arbeitsteilung und Spezialisierung, die hierarchische Über- und Unterordnung, die Regelgebundenheit sowie die Schriftlichkeit und Aktenmäßigkeit hervor (ebd.). Diese bürokratische Organisation stellt

[6] Das zweckrationale Handeln grenzt Weber vom traditionalen, das sich an „eingelebte[r] Gewohnheit" (Weber 1921/1972: 12) orientiert, vom affektuellen, das sich auf „aktuelle Affekte und Gefühlslagen" (ebd.) bezieht und vom wertrationalen Handeln, welchem z. B. ethischer, ästhetischer oder religiöser Glaube zugrunde liegt, ab (ebd.).

für ihn eine Errungenschaft dar, da sie „überkommene feudale, willkürliche Herrschaftsformen ersetzt“ (ebd.). Wichtig ist hierbei jedoch, dass es sich um einen *Idealtypus* der Bürokratie handelt, eine analytische Beschreibung, die weder den Anspruch erhebt, ein allgemeingültiges Abbild der Realität zu sein, noch als normative Vorschrift für öffentliche Organisationen verstanden werden sollte (Bogumil/Jann 2020: 174 f.).

Insbesondere durch Reformen im Zuge des *New Public Managements* (NPM), hat sich die organisationale Gestalt der öffentlichen Verwaltung mitunter gewandelt. Der Sammelbegriff NPM steht für Reformvorhaben des öffentlichen Sektors, die seit Anfang der 1980er Jahre, insbesondere in englischsprachigen Ländern, durchgeführt wurden (vgl. Lægreid 2015). Vor dem Hintergrund einer breiten und kontroversen Diskussion über seine Kernelemente, fassen Pollitt und Bouckaert NPM als ein zweistufiges Phänomen: Auf der höheren Ebene handelt es sich um eine allgemeine Theorie oder gar Doktrin, die besagt, dass der öffentliche Sektor durch die Übernahme privatwirtschaftlicher Konzepte, Techniken und Werte verbessert werden kann (Pollitt/Bouckaert 2017: 10). Auf der eher „banaleren“ Ebene stellt NPM ein Bündel von spezifischen Konzepten und Praktiken dar (ebd.). Zu diesen gehören eine stärkere Betonung von Performance, insbesondere durch Ergebnismessung, eine Präferenz für „lean, flat, small, specialized (disaggregated) organizational forms“ (ebd.), das Ersetzen von hierarchische Beziehungen durch Verträge, die Einführung von marktähnlichen Mechanismen wie wettbewerbsorientierter Ausschreibungen, Leistungsvergleiche und leistungsbezogene Vergütung sowie die Betonung der Behandlung von Dienstleistungsnutzern als „Kunden“ und die Anwendung allgemeiner Qualitätsverbesserungstechniken (ebd.).[7]

Während NPM in der deutschen Variante in Form des *Neuen Steuerungsmodells* (NSM) durchaus Verbreitung auf kommunaler Ebene fand (vgl. Bogumil et al. 2007), wurden auf Bundesebene kaum NPM-Elemente eingeführt, die Bundesagentur für Arbeit gilt hier als Ausnahme (vgl. Bach et al. 2010; Jann 2004; Proeller/Siegel 2009). Dennoch weisen öffentliche Verwaltungen in Deutschland, insbesondere auf Ebene der Ministerien und Kommunen, auch heute noch in hohem Maß die „klassischen“ bürokratischen Merkmale auf (Bogumil/Jann 2020: 175).[8] Die Kombination klassischer und neuerer Merkmale fassen Pollitt und Bouckaert für Kontinentaleuropa unter dem Begriff des ‚Neo-Weberian State‘ zusammen, der gleichsam klassische Merkmale wie Rechtsstaatlichkeit sowie

[7] Ferlie (2017) fasst die zentralen Eigenschaften von NPM anhand der drei Begriffe ‚*markets*‘, ‚*management*‘ und ‚*measurement*‘ zusammen.

[8] Zur Diskussion über post-NPM-Reformtrends vgl. u. a. Christensen und Lægreid (2022).

neuere Merkmale wie Marktmechanismen und Bürgerorientierung betont (Pollitt/Bouckaert 2017: 121 ff.).

Anhand der knappen Beschreibung des weberschen Bürokratiemodells wird unter Rückgriff auf die in Abschnitt 3.1.1 dargestellten Hauptdimensionen formaler Organisation bereits deutlich, dass nicht nur öffentliche Verwaltungen, sondern Organisationen im Allgemeinen auf bürokratische Elemente zurückgreifen. Strittig ist, inwiefern sich öffentliche und private Organisationen hinsichtlich des Ausmaßes von Bürokratie unterscheiden (vgl. Rainey et al. 2021). Rainey et al. schlussfolgern, dass „the heavier dose of rules and regulations in public organizations originates mostly from external sources and not from the bureaucrats within the agencies" (Rainey et al. 2021: 237). Dies verweist auf die für parlamentarische Demokratien typische Delegationskette (‚chain of delegation'), die sich in vier Schritten von den Wählern, über die gewählten Vertreter, die Exekutive (insbesondere der Regierungschef) und Behördenleitungen bis hin zu den Beamten bzw. im öffentlichen Dienst beschäftigten Personen erstreckt (Strøm 2000: 266 ff.).

Ein zentraler Unterschied zwischen öffentlichen und privaten Organisationen liegt somit darin, dass öffentliche Verwaltungen „einer demokratisch legitimierten politischen Steuerung und Kontrolle unterliegen" (Bogumil 2021: 681). Zudem üben öffentliche Organisationen als Teil des politischen-administrativen Systems Staatsgewalt über die in ihrem Zuständigkeitsgebiet lebenden Bürger aus, der sich diese nicht entziehen können, und sie haben potenziell großen Einfluss auf die Politikinhalte und deren Implementation (Christensen et al. 2020: 7). Außerdem seien sie im Gegensatz zu privaten Organisationen häufig mit einem breiten Spektrum von (teils konfligierenden) Anforderungen konfrontiert und operieren trotz erwähnter Reformprozesse nicht auf einem freien und wettbewerbsorientierten Markt (Christensen et al. 2020: 8 f.).[9] Gleichberechtigte Rationalitätskriterien der öffentlichen Verwaltung sind die Legalität, Legitimität, Effizienz und Effektivität (Bogumil/Jann 2020: 52 f.).

Ergänzend dazu zeichnen sich für Büchner (2023: 262 ff.) Sozialverwaltungen im Speziellen durch fünf spezifische, gemeinsam auftretende organisationale Herausforderungen aus: So verfügen die Organisationsmitglieder von Sozialverwaltungen in ihren Entscheidungen über gewisse Handlungsspielräume (‚discretion'). Als sog ‚*street-level bureaucrats*' entscheiden sie letztlich über die konkrete

---

[9] Zur Rolle der Verwaltung im politischen Prozess vgl. u. a. Bogumil und Jann (2020: 7 ff.). Zur breiteren Diskussion hinsichtlich der Frage, ob öffentliche und private Organisationen mehr Gemeinsamkeiten oder Unterschiede aufweisen, vgl. u. a. Christensen et al. (2020) sowie Rainey et al. (2021).

Politikimplementierung gegenüber den Bürgern (vgl. Lipsky 2010).[10] Außerdem besteht in Sozialverwaltungen nicht nur punktueller Bürgerkontakt, sondern es erfolgt eine mittel- bis langfristige Bearbeitung von Fällen (*Fallförmigkeit*).[11] Wie bereits in Abschnitt 2.3.4.1 aufgezeigt, ist dieser Organisationstyp darüber hinaus auf *Koproduktion* der Adressaten angewiesen und durch *Semi-Professionalität* gekennzeichnet. Schließlich sind Sozialverwaltungen in besonderem Maße *widersprüchlichen Umwelterwartungen* ausgesetzt und stehen im Gegensatz zu anderen Verwaltungen unter einer stärkeren gesellschaftlichen Beobachtung, da „ihre Entscheidungen verhältnismäßig tief und in großer Breite in Lebenswelten eingreifen und zugleich einen hohen Anteil an staatlichen Ausgaben ausmachen" (Büchner 2023: 270). Dieses Spannungsfeld, in dem sich Fachkräfte von Sozialverwaltungen bewegen, veranschaulicht das in Kapitel 2 erläuterte Dienstleistungsdreieck.

3.2 Situativer Ansatz

Dem Situativen Ansatz (auch: Kontingenztheorie/-ansatz, ‚contingency theory/approach') liegen die drei zentralen Annahmen zugrunde, dass (1.) die formale Organisationsstruktur die Effizienz einer Organisation stark beeinflusst, (2.) es keine universell effizienten Organisationsstrukturen gibt und (3.) Organisationen, um effizient sein zu können, „ihre *Strukturen* an ihre jeweiligen *Situationen* anpassen" (Kieser 2019: 168, Hervorhebung im Original) müssen. Donaldson (2001: 7) bezeichnet diesen Zusammenhang als *Fit-Performance-Beziehung*, welche er als Kernparadigma der Theorie betrachtet. Demnach gebe es den Zustand eines ‚fit', in welchem eine Organisation dadurch eine höhere

[10] ‚Discretion' geht über den rechtlich definierten Ermessensspielraum hinaus und schließt auch informelle und pragmatische Entscheidungen ein, die durch Arbeitsbelastung, Ressourcenknappheit oder individuelle Überzeugungen beeinflusst werden. Hier wird der Fokus stärker auf die praktische Ausübung und die Herausforderungen der Entscheidungsfindung gelegt, die sich aus der Ungewissheit und Komplexität der Realität ergeben.

[11] Ein Fall kann als „ein Komplex von Problemen verstanden werden, der an eine konkrete Person zurückgebunden ist" (Büchner 2023: 265).

Performance[12] erreiche, indem sie ihre Organisationsstruktur an den spezifischen Kontext anpasse, wohingegen ein ‚misfit' zu einer geringeren Performance führe (Donaldson 2001: 7 ff.).[13] Im Mittelpunkt steht dabei die Ablehnung von Auffassungen wie ‚one fits it all' bzw. ‚one best way' in Bezug auf die Organisationsstruktur. Der Situative Ansatz ist somit als Antwort auf die Vorstellungen von Vertretern der klassischen Managementlehre wie beispielsweise Taylor (1911) und Fayol (1916), die allgemein gültige Prinzipien für die organisationale Performance propagierten, zu verstehen. Dennoch stellt die situative Betrachtungsweise eher eine Modifikation als eine Abkehr von dieser Annahme dar, da in einer bestimmten Situation eben doch stets *eine* überlegene Organisationsstruktur existiert, was als „situativer Determinismus" (Staehle et al. 1999: 50) bezeichnet werden kann.

Zusammengefasst beeinflusst der spezifische Kontext die formale Organisationsstruktur, welche sich dann auf das Verhalten der Organisationsmitglieder und die Zielerreichung auswirkt (vgl. Abbildung 3.3). Für die vorliegende Arbeit wird sich ausschließlich auf den Zusammenhang zwischen der Situation und der formalen Organisationsstruktur konzentriert, Rückwirkungen auf die Performance werden daher nicht berücksichtig.

---

[12] In der Literatur zum Situativen Ansatz wird das Fit-Kriterium unterschiedlich gefasst. Teils wird einzig auf die Effizienz von Organisationen abgestellt (u. a. Kieser 2019; Bea/Göbel 2019) oder es wird vom Organisationserfolg gesprochen, der sich aus Effizienz und Effektivität zusammensetzt (u. a. Scherm/Pietsch 2007). Donaldson und Pennings wiederum verwenden die Begriffe ‚organizational effectiveness' und ‚performance' synonym und verstehen hierunter z. B. Effizienz, Kapitalrentabilität und Kundenzufriedenheit (Donaldson 2001: 6; Pennings 1992: 274). Mit Bezug auf Nullmeier (2004) wird in der vorliegenden Arbeit der Begriff „Performance" als allgemeine Bezeichnung für die Leistungsfähigkeit einer Organisation verwendet.

[13] Organisatorischer Wandel wird hier also als organisatorisch-rationaler Prozess zur Wiedererlangung eines zufriedenstellenden Performanceniveaus verstanden, weshalb es sich beim Situativen Ansatz um eine funktionalistische Theorie handelt (Donaldson 2001: 10 ff.).

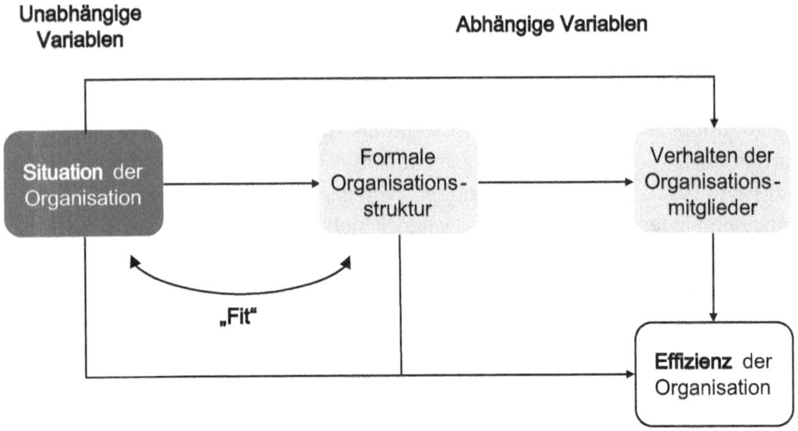

Abbildung 3.3 Erweitertes Grundmodell der analytischen Variante des Situativen Ansatzes. (Quelle: Vahs (2019: 43): Organisation. © 2019, Schäffer-Poeschel Verlag für Wirtschaft · Steuern · Recht GmbH. Dieses Material ist nicht unter CC BY lizenziert, sondern wird mit Genehmigung des Schäffer-Poeschel Verlags verwendet)

Die Situation der Organisation unterteilt Child in zwei Ebenen: (1.) die *Umwelt*, in die eine Organisation als Ganzes eingebettet ist, „its product and supply markets, the field of relevant technical knowledge, its political and socio-cultural environments" (Child 1970: 381 f.), sowie (2.) der *unmittelbare Organisationskontext*, „organization's size, its operating and information technologies, policies, history, pattern of ownership and control, and the type of employees it has" (Child 1970: 382). Mit dieser Einteilung geht eine Abstufung der Beeinflussbarkeit der situativen Einflüsse aus Sicht der Organisation einher (Kieser/Walgenbach 2010: 199). Tabelle 3.1 gibt einen Überblick zu den verschiedenen in der Literatur vorzufindenden Hauptkomponenten der Situation von Organisationen. Von einem *Kontingenzfaktor* sei jedoch nur zu sprechen, wenn sich durch ihn nicht nur die Organisationsstruktur ändere, sondern auch die Performance der Organisation (Donaldson 2001: 89). Wie in Abschnitt 3.2.3 erläutert wird (s. u.), kann die vorgenommene Einteilung in Variablen der Situation (unabhängige Variablen) und der Organisationsstruktur (abhängige Variablen) durchaus kritisiert werden.

Tabelle 3.1 Hauptkomponenten der Situation von Organisationen

Interne Situationsvariablen	Externe Situationsvariablen
Gegenwartsbezogene Faktoren – Leistungsprogramm – Unternehmensgröße – Fertigungstechnologie – Informationstechnologie – Aufgabenkomplexität – Rechtsform und Eigentumsverhältnisse – Unternehmensinterne Krisensituationen	*Aufgabenspezifische Umwelt* – Konkurrenzverhältnisse – Kundenstruktur – Technologische Dynamik
Vergangenheitsbezogene Faktoren – Alter der Organisation – Art der Gründung – Entwicklungsstadium der Organisation	*Globale Umwelt* – Gesellschaftlich-kulturelle Bedingungen – Gesamtwirtschaftliche oder branchenspezifische Krisensituationen

Quelle: Vahs (2019: 44)

Eine Vielzahl von konzeptionell-empirischen Studien, v. a. in den 1960er und 1970er Jahren, hat sich mit dem Einfluss der Situation von Organisationen auf die formale Organisationsstruktur auseinandergesetzt. Dabei wurde häufig ein Fokus auf bestimmte situative Faktoren gelegt. Donaldson zufolge lassen sich die in den Studien identifizierten Kontextfaktoren auf drei distinkte Konzepte herunterbrechen: Hierzu zählt er als erstes die *Aufgabenunsicherheit* (‚task uncertainty'), welche auf technologischen Wandel und Umweltveränderungen zurückzuführen sei (Donaldson 2001: 18). So weist beispielsweise Woodward (1965) auf die besondere Bedeutung der Technologie hin, indem sie sich mit dem Einfluss der Komplexität der Fertigungstechnik auf die Organisationsstruktur und den Unternehmenserfolg befasst und aufzeigt, dass branchenspezifische Unterschiede bestehen und erfolgreiche Unternehmen recht ähnliche Managementstrukturen aufweisen. Burns und Stalker (1961) wiederum schlussfolgern aus ihrer Untersuchung, dass erfolgreiche Unternehmen, deren Umwelt durch hohe Stabilität gekennzeichnet ist, ein *mechanistisches* und jene in mit einer unsicheren Umwelt ein *organisches* (flexibleres and adaptiveres) Managementsystemen aufweisen.

Die *Aufgabeninterdependenz* (‚task interdependence'), also die Art und Weise, in welcher die Aktivitäten innerhalb einer Organisation miteinander verbunden sind (indirekt oder sequentiell- bzw. reziprok-direkt), stellt das zweite Konzept dar (Donaldson 2001: 19). Hier verdeutlichen zum Beispiel Lawrence und Lorsch (1967), dass verschiedene Bereiche innerhalb desselben Unternehmens mit verschiedenen Umwelten konfrontiert sind, woraus sich unternehmensintern

Unterschiede in der Organisationsstruktur und Herausforderungen für die Koordination der Bereiche ergeben. Als dritten Kontextfaktor führt Donaldson die *Größe* der Organisation (‚size‘) auf, welche idealerweise durch die Anzahl der Beschäftigten operationalisiert werde (Donaldson 2001: 21). Dieser Faktor nimmt v. a. in den Arbeiten von Blau (1974) bzw. Blau und Schoenherr (1971) sowie der *Aston-Gruppe* (vgl. Abschn. 3.2.1) eine hervorgehobene Stellung ein.

Darüber hinaus unterteilt Donaldson die sog. ‚structural contingency theory' (SCT) aufgrund differierender Auffassungen bezüglich der formalen Organisationsstruktur in zwei Theoriestränge (Donaldson 2001: 21 ff.):[14] Während die sog. *organische Theorie* Organisationsstrukturen entlang eines Kontinuums von organisch bis mechanistisch unterteilt, verortet die sog. *bürokratische Theorie* Organisationsstrukturen entlang eines Kontinuums von bürokratisch zu unbürokratisch. Die Stränge unterscheiden sich demnach v. a. hinsichtlich ihrer Annahmen in Bezug auf die Zusammenhänge zwischen den Ausprägungen der einzelnen Dimensionen der Organisationsstruktur (vgl. Abschn. 3.2.1.1). So geht die organische Theorie von einem positiven Zusammenhang zwischen der Zentralisierung auf der einen und der Spezialisierung und Formalisierung auf der anderen Seite aus, während die bürokratische Theorie einen negativen Zusammenhang postuliert.[15] Darüber hinaus sieht die organische Theorie die Aufgabenunsicherheit und -interdependenz einer Organisation als größte Kontextfaktoren, wohingegen die bürokratische Theorie die Organisationsgröße als entscheidenden Kontextfaktor betrachtet.

Tabelle 3.2 kombiniert die beiden erläuterten Betrachtungsweisen (Kontextfaktoren und Theoriestränge) und ordnet die wichtigsten korrespondierenden Autoren in das sich ergebende Raster ein. Da sowohl hinsichtlich der Aufgabenunsicherheit als auch der Aufgabeninterdependenz keine größeren Unterschiede zwischen den Jobcentern zu erwarten sind, wird sich im Folgenden auf jenen

[14] Im Folgenden wird ausschließlich die SCT in den Blick genommen. Wie Donaldson (2001: 4) ausführt, gibt es noch weitere Kontingenztheorien, die auf andere organisationale Charakteristika fokussieren, z. B. Leadership (Fiedler 1967), Personalwesen (Delery/Doty 1996) und strategische Entscheidungsfindungsprozesse (Fredrickson 1984).

[15] Demzufolge weisen mechanische Organisationsstrukturen einen hohen Grad sowohl an Zentralisierung als auch an Spezialisierung und Formalisierung auf, während für organische Organisationsstrukturen das Gegenteil gilt. Bürokratische Organisationsstrukturen weisen demgegenüber zwar einen hohen Grad an Spezialisierung und Formalisierung, jedoch nur einen geringen Grad an Zentralisierung auf. Für unbürokratische Strukturen gilt wiederum das Gegenteil. Zu beachten ist dabei jedoch, dass zwischen der organischen und bürokratischen Theorie ein gewisser Unterschied dahingehend besteht, was sie unter Zentralisierung bzw. Dezentralisierung verstehen. So wird das Konzept der Dezentralisierung in der organischen Theorie weiter gefasst (Donaldson 2001: 24 f.).

Tabelle 3.2 Unterteilung der verschiedenen Theoriestränge innerhalb der SCT

Contingencies	Theories	
	Organic	*Bureaucracy*
Task Uncertainty	Burns & Stalker Hage Lawrence & Lorsch Perrow Woodward	
Task Interdependence	Lawrence & Lorsch Thompson	Chandler Grinyer & Ardekani
Size		Aston Group Blau

Quelle: Donaldson (2001: 29)

Literaturbestand fokussiert, der der Organisationsgröße einen hohen Einfluss zuschreibt. Vor dem Hintergrund dessen befasst sich Abschnitt 3.2.1 ausführlicher mit den Arbeiten der Aston-Gruppe, da aus ihr heraus weitreichende konzeptionelle und methodische Spezifikationen entstanden. In Abschnitt 3.2.2 wird daraufhin auf Studien eingegangen, die sich auf Grundlage des Situativen Ansatzes explizit mit Organisationen der öffentlichen Verwaltung beschäftigten. Abschnitt 3.2.3 wirft abschließend einen kritischen Blick auf den Situativen Ansatz.

3.2.1 Die Aston-Gruppe

Das Forschungsprogramm der interdisziplinären Aston-Gruppe[16] erstreckt sich auf drei unterschiedliche Analyseebenen und ihre Wechselbeziehungen, da die Forscher davon ausgehen, dass eine adäquate Betrachtung der jeweiligen Ebene

[16] Ausgangspunkt für die Forschergruppe, die sich aus verschiedenen Fachrichtungen, u. a. der Psychologie, Soziologie, Wirtschafts- und Politikwissenschaft zusammensetzte, bildet die 1961 gegründete Industrial Administration Research Unit des Birmingham College of Advanced Technology (später Aston University). Die Aufzählungen der der Aston-Gruppe zuzuordnenden Wissenschaftler variieren je nach Quelle, unzweifelhaft setzt sich jedoch die erste Generation der Aston-Gruppe aus Derek Pugh, David Hickson und Christopher R. (Bob) Hinings zusammen (vgl. Greenwood/Devine 1997; Pugh 2013). Im weiteren Verlauf kamen u. a. John Child, Lex Donaldson, Kerr Inkson, Charles McMillan, Roy Payne und Diane Pheysey hinzu.

die Berücksichtigung der übergeordneten Ebene(n) voraussetzt: „(1) organizational structure and functioning, (2) group composition and interaction, and (3) individual personality and behavior“ (Pugh 1981: 136). Entsprechend der Fragstellung der vorliegenden Arbeit werden im Folgenden ausschließlich die Erkenntnisse in Bezug auf die erste Analyseebene dargestellt.

In ihrer grundlegenden Ausarbeitung „A Conceptual Scheme for Organizational Analysis“ beschäftigen sich Pugh et al. (1963) mit zwei zentralen Elementen des Situativen Ansatzes. Zum einen plädieren die Autoren für die Berücksichtigung kontextueller Faktoren bei der Erklärung von organisationalen Strukturen und Aktivitäten und bezeichnen ein derartiges Vorgehen als „comparative factorial approach“ (Pugh et al. 1963: 292). Hierbei zeigt sich, dass ihr Analyserahmen ausnahmslos auf den unmittelbaren Organisationskontext (vgl. Abschn. 3.2.1.2) abzielt. Sie betrachten die folgenden Kontextfaktoren von Organisationen als relevant: *Entstehung und Entwicklungsgeschichte, Eigentumsverhältnisse und Kontrolle, Größe, Leistungspolitik bzw. -programm, Technologie, Standort, Ressourcen sowie Abhängigkeit von anderen Organisationen.*

Zum anderen setzen sich Pugh et al. mit Webers Idealtyp der Bürokratie auseinander. Die idealtypische Konzeptualisierung sei zwar für didaktische Zwecke exzellent, stelle die Forscher aber vor einige Herausforderungen (Pugh et al. 1963: 293). Unter Verweis auf vorangegangene Untersuchungen anderer Wissenschaftler konstatieren sie: „But the general view appears to be that the bureaucratic form is a particular *type* rather than a variable: an organization is or is not a bureaucracy, a subunit is or is not a bureaucracy, rather than either being more or less bureaucratic“ (Pugh et al. 1963: 296, Hervorhebung im Original).

Um sich von diesem, von ihnen als konzeptionelle Schwäche identifizierten Umstand, zu lösen, entwerfen Pugh et al. sechs Dimensionen der formalen Organisationsstruktur: *Spezialisierung, Standardisierung, Formalisierung, Zentralisierung, Konfiguration* und *Flexibilität* (vgl. Tabelle 3.3), wobei jedoch letztere außerhalb des grundlegenden Papiers keine Berücksichtigung findet. Hierbei orientieren sie sich eng an Webers Merkmalen der Bürokratie (vgl. Pugh et al. 1963; Weber 1921/1972). Als Variablen konstruiert ermöglichen sie es, eine Organisation entlang des jeweiligen Kontinuums zu verorten und sie in der Gesamtschau der Ausprägungen aller Dimensionen anhand des sich daraus ergebenden Strukturprofils zu charakterisieren (Pugh et al. 1963: 298). Mit diesem Schema, bestehend aus Kontextfaktoren und Strukturvariablen, wollen sich die Autoren von den bis zu diesem Zeitpunkt üblicherweise a priori postulierten Annahmen bzgl. der Zusammenhänge zwischen den einzelnen Bürokratieelementen sowie von dem meist auf Einzelfallstudien begrenztem Vorgehen anderer Forscher lösen (Pugh et al. 1963: 291).

Tabelle 3.3 Dimensionen der formalen Organisationsstruktur

Dimension	Beschreibung
Spezialisierung	Grad, in dem die Tätigkeiten in den Organisationen in spezialisierte Rollen aufgeteilt sind.
Standardisierung	Grad, in dem die Tätigkeiten von Routineverfahren bestimmt werden.
Formalisierung	Grad, in dem Verfahren, Regeln, Aufgaben, Weisungen usw. schriftlich formuliert sind.
Zentralisierung	Grad, in dem die Autorität, Entscheidungen zu treffen, zentralisiert ist.
Konfiguration	Die ‚Gestalt' der Struktur, wie sie durch eine Anzahl von Dimensionen angedeutet wird, zum Beispiel ihrer ‚Höhe' (die Zahl der Positionen zwischen dem ‚leitenden Direktor' und der Ausführungsebene), dem Prozentsatz ihres ‚nichtfertigungsbezogenen' (d. h. indirekten) Personals, dem Prozentsatz der Bürokräfte etc.

Quelle: Zusammenstellung nach Pugh und Hickson (1971: 82 f.)

Hieran anknüpfend bemängeln die Autoren um Pugh (vgl. Hinings et al. 1967) die oftmals unzureichende konzeptionelle Präzision in der Soziologie und betonen, bezugnehmend auf Kerlinger (1964), die Bedeutung der Unterscheidung zwischen „constitutive and operational definitions" (Hinings et al. 1967: 63). Erstere definieren ein bestimmtes Konzept vermittels anderer Konzepte, während Letztere spezifizieren, wie ein Konzept in einer bestimmten Situation begriffen oder gemessen werden kann (Hinings et al. 1967: 62). Angewandt auf den Situativen Ansatz sind die sechs Dimensionen der Organisationsstruktur als ‚*constitutive*'- und die mit ihnen verbundenen Skalen als ‚*operational*'-Definitionen zu werten (Pugh et al. 1968: 66). Mit ihrem Forschungsansatz versuchen sie „to move away from unitary conceptualization, to the idea of dimensions as variables" (Hinings et al. 1967: 63), um Konzepte testbar machen und Variation messen zu können (Hinings et al. 1967: 63 f.).

Empirische Grundlage und Ausgangspunkt weiterer Untersuchungen bilden die mittels Interviews mit Managern zwischen 1962 und 1964 erhobenen Daten zu 52 im Raume Birmingham ansässigen Arbeitsorganisationen (sog.

‚Aston Study'). [17] 46 dieser Organisationen bilden eine nach Größe und Branche geschichtete Zufallsstichprobe. [18] Diese umfasst u. a. Produktionsfirmen, kommunale Behörden, große Einzelhandelsgeschäfte, kleine Versicherungsgesellschaften, wobei bezogen auf die Eigentümerschaft unabhängige Familienbetriebe wie auch Aktiengesellschaften, eine Genossenschaft, Zweigbetriebe großer Konzerne sowie kommunale und staatliche Organisationen vertreten sind (Pugh et al. 1968: 67; Pugh/Hickson 1971: 83). Die Aston-Gruppe geht demzufolge davon aus, dass ein Vergleich der Strukturen unterschiedlichster Organisationen möglich ist (Pugh et al. 1963: 299), weshalb sie nur jene Items verwenden, die auf *alle* Arbeitsorganisationen anwendbar sind (Pugh et al. 1968: 69). Die kurze Zeitspanne, die die Forscher zwecks Datenerhebung in den jeweiligen Organisationen verbrachten, ermöglichte es ihnen jedoch nicht, adäquate Daten für die sechste Variable (Flexibilität) zu erheben, sodass diese Dimension unberücksichtigt bleibt (Pugh et al. 1968: 68). Stattdessen führen sie eine weitere Dimension (Traditionalismus) ein, die Auskunft darüber geben soll, ob das Ausmaß der Standardisierung innerhalb einer Organisation eher auf Gewohnheiten oder festgeschriebenen Regeln beruht. Überwiegen Erstere, spricht dies nach Pugh et al. für Webers traditionellen Herrschaftstypus, im Vergleich zum bürokratischen Herrschaftstypus, der vorliege, wenn Letztere überwiegen (Pugh et al. 1968: 79 ff.). Aber auch diese Variable findet in den weiteren Ausarbeitungen der Aston-Gruppe keine weitere Beachtung.

In den folgenden Kapiteln werden die zentralen konzeptionellen Überlegungen der Aston-Gruppe dargestellt. Abschnitt 3.2.1.1 befasst sich mit der formalen Organisationsstruktur und Abschnitt 3.2.1.2 blickt auf die Situation der Organisation. In Abschnitt 3.2.1.3 wird anschließend eine Erweiterung des Ansatzes, die strategische Wahl, aufgegriffen.

3.2.1.1 Die formale Organisationsstruktur

Das zentrale Interesse der Aston-Gruppe richtet sich unverkennbar auf die *formale* Organisationsstruktur: „The project deals with what is officially expected *should* be done, and what is in practice *allowed* to be done; it does not include

[17] Hierunter fallen jene Organisationen, deren Mitglieder Beschäftigte der Organisation sind und für ihre Tätigkeiten entlohnt werden.

[18] Die Grundgesamtheit besteht aus 293 Organisationen, welche zum Zeitpunkt der Datenerhebung im Raume Birmingham angesiedelt waren und mehr als 250 Mitarbeitende beschäftigten. Während die Daten aller 52 Organisationen genutzt wurden, um Skalen zu konstruieren, wurden für die Korrelationsanalysen zwischen den einzelnen Skalen und zwischen den Strukturvariablen und Kontextvariablen lediglich die aus 46 Organisationen bestehende Stichprobe genutzt (Pugh et al. 1968: 67).

what is *actually* done, that is, what ‚really' happens in the sense of behavior beyond that instituted in organizational forms" (Pugh et al. 1968: 69, Hervorhebung im Original). Diese Struktur wollen sie, soweit möglich, mit „objektiven" Daten erfassen und daher die subjektive Wahrnehmung der Beschäftigten weitestgehend ausklammern (ebd.).

Insgesamt entwerfen die Aston-Forscher 64 Skalen, die entweder ganze Dimensionen bzw. Teile einer solchen abbilden oder anhand von Hauptkomponentenanalysen verschiedene Skalen im Hinblick auf eine Dimension zusammenfassen (Pugh et al. 1968: 70 ff.). Hieraus wählen sie anhand von Interkorrelationen 16 Skalen aus, die die Variablen am besten abbilden (Pugh/Hickson 1971: 86). Es zeigt sich, dass viele Strukturmaße hoch miteinander korrelieren (Skalen der Spezialisierung, Standardisierung, Formalisierung und Konfiguration), einzig die Skalen der Zentralisierung heben sich hiervon ab, da die Korrelationen zwischen ihnen und den anderen Hauptskalen negativ und deutlich geringer ausfallen. Die Forschergruppe sieht damit ihre Interpretation von Webers Bürokratietheorie, wonach „Bürokratien die Verantwortung nach oben abschieben [...] [und] Spezialisierung, Standardisierung, Formalisierung und Zentralisierung stark positiv miteinander korrelieren" (ebd.) widerlegt.[19] Gleichzeitig erachten sie daher ihre Annahme, dass Bürokratie nicht ein eindimensionales, sondern ein multidimensionales Konzept ist, bestätigt (Donaldson/Luo 2014: 87).

Auf Basis der 16 Skalen führen Pugh et al. eine Hauptkomponentenanalyse durch und erhalten vier Faktoren (vgl. Tabelle 3.4), die 33, 19, 13 und acht Prozent der Varianz erklären (Pugh et al. 1968: 85 f.): Den ersten Faktor nennen sie „Strukturierung der Tätigkeiten", da dieser die höchsten Ladungen auf den Variablen der Spezialisierung, Standardisierung und Formalisierung aufweist.[20] Der zweite Faktor, welcher besonders hoch auf den Variablen der Zentralisierung und Autonomie lädt, wird von ihnen als „Konzentration der Autorität" benannt. Aus den Wirkungsrichtungen der Skalen innerhalb dieses Faktors schließen die Forscher, dass zunehmende Spezialisierung zur Verteilung der Autorität unter den Spezialisten führt. Die letzten beiden Faktoren zeichnen sich durch hohe Ladungen auf den Skalen der Konfiguration aus und werden als „Linienkontrolle des Fertigungsprozesses" (Kontrolle der fertigungsbezogenen Tätigkeiten durch das

[19] Einzig für den Teilaspekt der Standardisierung von Personalauswahlprozessen wird eine positive Korrelation mit der Zentralisierung festgestellt (Pugh/Hickson 1971: 84).

[20] Pugh et al. bevorzugen den Begriff der „Strukturierung" gegenüber Webers Bürokratiebegriff, da „man ihn ohne Schwierigkeit auf irgendeinen Teil oder alle Teile der Organisation anwenden kann, während es eine Quelle des Streites ist, ob der Bürokratiebegriff außerhalb der administrativen Hierarchie auf die fertigungsbezogenen Arbeitskräfte angewandt werden kann oder nicht" (Pugh/Hickson 1971: 88 f.).

Personal innerhalb der Linienorganisation) und als „unterstützende Komponente" (Ausmaß der Hilfstätigkeiten, die nicht kontrollierender Natur sind) bezeichnet (vgl. Pugh et al. 1968; Pugh/Hickson 1971). Pugh et al schlussfolgern aus diesen Ergebnissen: „It is demonstrated here that bureaucracy is not unitary, but that organizations may be bureaucratic in any of a number of way" (Pugh et al. 1968: 88).

Tabelle 3.4 Ergebnis der Hauptkomponentenanalyse der Aston-Gruppe

Factor	Component Scales
Structuring of Activities The degree of employee behavior which was defined by specialist jobs, routines, procedures, and formal written records	Specialization Standardization Formalization
Concentration of Authority The degree of decision-taking authority which was concentrated at the top or outside the organization, if it was part of a larger company	Centralization Degree of autonomy of chief executive
Line Control of Work Flow The degree of control which was exercised by line personnel versus impersonal procedures	Number of subordinates per supervisor (few versus many) Degree to which written records of role performance were collected (low versus high)
Relative Size of Supportive Component The relative number of nonproductive personnel or auxiliary support to main workflow	% of clerks % of non-workflow personnel

Quelle: Payne/Pugh (1976: 1133)

Hieran anknüpfend entwerfen Pugh, Hickson und Hinings (1969) unter Verwendung der ersten drei Faktoren der Strukturvariablen eine Taxonomie von Organisationsstrukturen und clustern die 52 Arbeitsorganisationen in sieben unterschiedliche Typen: ‚full bureaucracy', ‚nascent full bureaucracy', ‚workflow bureaucracy', ‚nascent workflow bureaucracy', ‚preworkflow bureaucracy', ‚personnel bureaucracy' und ‚implicitly structured organization'. Interessanterweise zeigt sich, dass nur eine einzige Organisation dem Typus der ‚full bureaucracy' (hohe Werte für „Strukturierung der Tätigkeiten" und „Konzentration der Autorität", niedriger Wert für „Linienkontrolle des Fertigungsprozesses") zugeordnet werden kann. In einer darauffolgenden Replikationsstudie finden Inkson, Pugh und Hickson (1970) immerhin sechs unter 40 Organisationen, die die Kriterien diesen Typus erfüllen.[21]

Im Rahmen der sog. „National Study", ebenfalls eine Replikation der Aston-Studie, kann Child auf Grundlage einer anderen Stichprobe und unter Zuhilfenahme der von der Aston-Gruppe verwendeten Messmethoden, das Ergebnis der hohen Korrelationen zwischen Spezialisierung, Standardisierung, Formalisierung und Konfiguration weitestgehend bestätigen (Child 1972a: 168 ff.).[22] Auch Hinings und Lee kommen in ihrer kleineren Replikation zu dem Schluss, dass Spezialisierung, Standardisierung und Formalisierung eng zusammenhängen (Hinings/Lee 1971: 86).[23]

Im Vergleich zu Pugh et al. findet Child indes teils stärker ausgeprägte negative Korrelationen dieser Variablen mit jener der Zentralisierung, was er auf die Unterschiede in der Zusammensetzung der Stichproben zurückführt (Child 1972a: 170 f.).[24] Zudem erhält er als Ergebnis seiner Hauptkomponentenanalyse einen einzigen Faktor, der alle fünf Strukturvariablen umfasst. Für Child sind somit, entgegen der oben erläuterten Ansicht von Pugh et al., die Variablen Spezialisierung, Standardisierung, Formalisierung und Konfiguration nicht als unabhängig von der Zentralisierung zu betrachten.[25] Vielmehr sieht er die Zentralisierung

[21] Die Autoren greifen im Rahmen ihrer Untersuchung auf eine vereinfachte Messung der Kontextfaktoren *Technologie* und *Abhängigkeit* sowie der Strukturfaktoren *Strukturierung der Tätigkeiten* und *Konzentration der Autorität* zurück, indem sie, basierend auf den Daten der Aston-Studie, diese vier Faktoren anhand weniger bzw. einzelner Skalen, die jedoch jeweils hoch mit dem betreffenden Faktor korrelieren, abbilden. Die Stichprobe besteht aus 40 Organisationen, die ihren Sitz in Mittelengland haben.

[22] Die Stichprobe der National Study besteht aus 82 Arbeitsorganisationen. Sie unterscheidet sich in vier Punkten von der Aston-Studie: (1.) Sie beinhaltet Organisationen aus ganz Großbritannien, (2.) es handelt sich ausschließlich um ganze Organisationen – Standorte oder Filialen allein werden nicht berücksichtigt, (3.) es werden nur Wirtschaftsorganisationen einbezogen und (4.) die Stichprobe ist nach Unternehmensgröße geschichtet und beinhaltet Unternehmen aus sechs ausgewählten Branchen (Child 1972a: 165).

[23] Ihre Stichprobe besteht aus neun Produktionsunternehmen für technische/elektronische Güter, die in Coventry angesiedelt und Tochtergesellschaften anderer Organisationen sind (Hinings/Lee 1971: 85).

[24] Child verweist darauf, dass die Stichprobe der Aston-Studie im Gegensatz zur National Study viele Filialen bzw. Zweigstellen von Organisationen enthält und dies zu Verzerrungen bei der Messung der Zentralisierung geführt haben kann (Child 1972a: 171). Donaldson und Aldrich schließen hingegen aus, dass die unterschiedliche Zusammensetzung der Stichproben für die divergierenden Ergebnisse verantwortlich ist; alternative Erklärungsansätze können sie jedoch nicht vorbringen (vgl. Donaldson et al. 1975).

[25] Für Child entspricht genau dies dem von Weber beschriebenen Idealtyp der Bürokratie, den er abweichend zu Pugh et al. (1968) wie folgt interpretiert: „The bureaucratic strategy

und die Strukturierung der Tätigkeiten als alternative Steuerungsmodelle (vgl. Abschn. 3.2.1.3).[26]

Wie Hinings und Lee erläutern, ist die Wirkungsrichtung des Zusammenhangs zwischen Zentralisierung und den anderen Strukturvariablen durchaus umstritten, da immerhin in einigen Studien positive Korrelationen identifiziert werden können (Hinings/Lee 1971: 87). Einen möglichen Erklärungsansatz für diese gegenläufigen Ergebnisse bieten Blau, Heydebrand und Stauffer auf Basis ihrer Untersuchung von 156 Personalämtern der öffentlichen Verwaltung in den USA und Kanada (Blau et al. 1966). Sie gehen davon aus, dass die Spezialisierung, welche typischerweise in größeren Organisationen vorzufinden sei, nur dann zur Zentralisierung der Entscheidungsgewalt führe, wenn das Personal nicht *professionell* sei. Professionalisierung führe Blau, Heydebrand und Stauffer zufolge zur Dezentralisierung der Entscheidungsgewalt. Eine dezentralisierte Entscheidungsgewalt machen sie an einem hohen Anteil an Managern fest (Blau et al. 1966: 184):

> „Obwohl Konflikte zwischen professionellen und administrativen Interessen unvermeidlich sind, liegt die größte Chance für einen vorteilhaften Kompromiß wahrscheinlich in extensiver Kommunikation zwischen den Beamten, die für die professionellen, und denjenigen, die für die administrativen Entscheidungen verantwortlich sind. Je höher der Anteil der Manager mit jeweils wenigen Untergebenen ist, desto größer sind die Möglichkeiten für häufige Diskussionen, in denen Probleme aufgedeckt, Unzufriedenheiten zum Ausdruck gebracht und Konflikte geschlichtet werden können." (Blau et al. 1971: 101)

---

of control may be expressed by the statement that the locus of decision-making authority on operational matters is decentralized down to the incumbents of official roles. These roles are structured by virtue of their specialized prescribed duties, and particularly by a system of procedure and documentation designed to limit areas of discretion, as well as provide information on role performance. This interpretation of Weber's analysis provides the proposition that specialization, rules and procedures, paperwork, and an extended hierarchy will be positively related, and that all these structuring will be negatively related to the centralization of decision making. Weber added the further observation that among modern institutions, the bureaucratic systems of control typifies the larger and more complex organization." (Child 1972a: 163).

[26] Greenwood und Hinings (1976a) können Childs Hypothese anhand ihrer Daten jedoch nicht stützen. Walton findet hingegen in seiner Meta-Analyse einen weitgehend signifikanten positiven Zusammenhang (durchschnittliches $r = 0.54$) zwischen den Variablen Differenzierung (Aufgabenspezialisierung, vertikale und horizontale Differenzierung), Standardisierung, Dezentralisierung und Formalisierung (Walton 2005). Auch Mansfield findet in seiner Neuauswertung der Aston und National Study einen, wenn auch schwachen, aber negativen Zusammenhang zwischen Skalen der Strukturierung und der Zentralisierung (Mansfield 1973).

Hage und Aiken arbeiten diesbezüglich mit dem Konstrukt *Komplexität*, welches Spezialisierung mit Professionalisierung verbindet, wobei sich der Komplexitätsgrad durch die Anzahl der beruflichen Fachrichtungen, den Umfang der Berufsausbildung und den Umfang der professionellen Aktivitäten der Befragten ergibt (Hage/Aiken 1967).[27] In ihrer Untersuchung finden sie einen starken Zusammenhang zwischen der Komplexität und der Dezentralisierung. Dort wo die Tätigkeit von Spezialisten als professionell bezeichnet werden kann, ergeben sich höhere Werte für die Partizipation in Entscheidungsprozessen und niedrigere Werte für die Bedeutung von Hierarchie (Hage/Aiken 1967: 80 ff.; ähnlich Child 1973: 176 ff.).[28]

3.2.1.2 Die Situation der Organisation

In Bezug auf die Kontextfaktoren halten Pugh et al. fest, dass die Berücksichtigung des Kontextes bei der Erklärung der Organisationsstruktur zwar nicht neu sei, Forscher in der Vergangenheit aber davon ausgegangen seien, dass „ein einzelnes Merkmal des Kontextes allein in wesentlichem Maße die Struktur bestimmt" (Pugh et al. 1978: 211). Diese Annahme stellen sie mithilfe multivariater Verfahren in Frage. Hinsichtlich der Skalenkonstruktion für die Kontextfaktoren verfahren sie ähnlich wie im Falle der Strukturvariablen. Während sie für die „Ressourcen"-Variable keine adäquaten Daten ausfindig machen können (Pugh/Hickson/Hinings/Turner 1969: 93), konstruieren sie für die Abbildung der restlichen Dimensionen 37 Primärskalen, die auf 14 empirisch voneinander abgrenzbare Elemente reduziert werden (ebd.).

---

[27] Unter „professionelle Aktivitäten" fassen sie, wenn die Befragten Mitglied in einem Berufsverband sind, wenn sie zuletzt Tagungen des Berufsverbandes besucht haben und wenn sie dort einen Vortrag gehalten haben oder ein Amt innerhalb des Berufsverbandes innehaben (Hage/Aiken 1967: 80). Für Blau, Heydebrand und Stauffer stellt Professionalisierung hingegen eine Unterkategorie von Spezialisierung dar (Blau et al. 1966: 181). Sie messen die Professionalisierung als den bei 50 Prozent dichotomisierten „Anteil des Sachbearbeiterstabes (operating staff) (d. h. Manager und reproduktive Bürokräfte sind ausgeschlossen), von dem mindestens ein Collegegrad mit einem bestimmten Hauptfach verlangt wird" (Blau et al. 1971: 97).

[28] Während Hage und Aiken Komplexität anhand der Anzahl der in einer Organisation ausgeübten Berufe, der Mitgliedschaft und Aktivität der Befragten in Berufsverbänden sowie deren Ausbildungshintergrund festmachen (Hage/Aiken 1967: 79 f.), operationalisiert Child Komplexität unter Verwendung von funktioneller und Rollenspezialisierung sowie des Qualifikationsniveaus bestimmter Gruppen von Spezialisten (Child 1973: 177).

Tabelle 3.5 Multiple Korrelationen zwischen den Kontext- und Strukturfaktoren

Contextual Predictors of Structural Factors	Single Correlation	Multiple Correlation	F Ratio	Degrees of Freedom	Level of Confidence
Structuring of activities					
Size	0.69	0.69	39.6	1:44	>99 %
Workflow integration	0.34	0.75	8.2	1:43	>99 %
Size of parent organization	0.39	0.76	1.9	1:42	NS
Concentration of authority					
Dependence	0.66	0.66	34.2	1:44	>99 %
Location (number of operating sites)	0.39	0.75	12.5	1:43	>99 %
Age of organization	−0.38	0.77	2.5	1:42	NS
Operating diversity	−0.30	0.78	3.0	1:41	NS
Workflow integration	−0.30	0.78	0.0	1:40	NS
Size of parent organization	0.39	0.79	0.4	1:39	NS
Line control of workflow					
Operating variability	−0.57	0.57	20.7	1:44	>99 %
Workflow integration	−0.46	0.59	1.7	1:43	NS
Number of sites	0.39	0.59	0.1	1:42	NS

Quelle: Pugh/Hickson/Hinings/Turner (1969: 110). Interpretation der Tabelle: Die erste Spalte enthält den Wert der einfachen Korrelation zwischen dem jeweiligen Kontextfaktor und dem strukturellen Faktor. Die zweite Spalte enthält die multiple Korrelation zwischen, die sich aus der Hinzunahme der vorherigen Kontextfaktoren ergibt

Erwähnenswert in Bezug auf die Ergebnisse der Korrelationen zwischen den verschiedenen Kontextfaktoren ist insbesondere die enge Verbindung zwischen den Variablen Leistungspolitik, Technologie und Standort (Pugh/Hickson/Hinings/Turner 1969: 104). Nach Durchführung einfacher und multipler Korrelationen zwischen den Skalen der Kontextfaktoren und den o. g. Faktoren der Strukturvariablen, kommen Pugh et al. zu der Erkenntnis, dass für die Erklärung des ersten strukturellen Hauptfaktors („Strukturierung der Tätigkeiten") die Kontextfaktoren Größe und Technologie ($r = 0{,}75$; $\alpha = 0{,}01$)[29] und für die Erklärung

[29] r: Korrelationskoeffizient und α: Signifikanzniveau.

des zweiten strukturellen Hauptfaktors („Konzentration der Autorität“) die Kontextfaktoren Abhängigkeit von anderen Organisationen und Standort ($r = 0{,}75$; $\alpha = 0{,}01$) von besonderer Bedeutung sind, wobei Größe und Abhängigkeit jeweils die meiste Erklärungskraft zukommt (vgl. Tabelle 3.5).[30]

Die Ergebnisse von Inkson, Pugh und Hickson (1970) decken sich hiermit weitestgehend. Auch Hinings und Lee können in ihrer Untersuchung mittels einfacher Korrelationen v. a. den starken Zusammenhang zwischen dem Kontextfaktor Größe und den Strukturvariablen (positiver Zusammenhang im Hinblick auf Spezialisierung, Standardisierung und Formalisierung; negativer Zusammenhang im Hinblick auf Zentralisierung) bestätigen (Hinings/Lee 1971: 90).[31] Metaanalysen bestätigen die hohen Korrelationen zwischen Größe, Spezialisierung, Standardisierung und Formalisierung (Miller 1987; Donaldson 1986). Child stellt darüber hinaus fest, dass die Strukturierung zwar mit der Größe der Organisation steigt, jedoch in abnehmender Rate im Verhältnis zur Größe (Child 1973: 172 ff.).[32] Hinsichtlich des Zusammenhangs zwischen der Größe und der Zentralisierung, sind die Studienergebnisse jedoch nicht konsistent. Donaldson sieht in den unterschiedlichen Organisationstypen eine Erklärung hierfür: So seien öffentliche Organisationen eher zentralisiert, während für private Organisationen das Gegenteil gelte (Donaldson 2001: 67 f.). Für diese Interpretation spräche auch der generell hohe Einfluss der Abhängigkeit auf die Zentralisierung: „organizations often concentrated decision-taking authority at the top when they were dependent on or owned by *some* other organization“ (Payne/Pugh 1976: 1134, Hervorhebung im Original).

Hickson, Pugh und Pheysey (1969) setzen sich zudem in einem separaten Aufsatz ausschließlich mit dem Einfluss des Kontextfaktors Technologie auf die Organisationsstruktur auseinander. Entgegengesetzt zu Woodwards Ergebnissen,

---

[30] Wirkungsrichtungen: Größe der Organisation (+) / integrierte, automatisierte und rigide Technologien (+) → Strukturierung der Tätigkeiten (+) | Abhängigkeit von anderen Organisationen (+) / Anzahl der Betriebsstätten → Konzentration der Autorität (+). Der dritte Faktor („Linienkontrolle des Fertigungsprozesses“) findet in den Untersuchungen von Pugh, Hickson, Hinings und Turner (1969) kaum Beachtung, der vierte Faktor wird gänzlich außen vor gelassen.

[31] Durch die Zusammensetzung ihrer Stichprobe versuchen sie für die Faktoren Abhängigkeit und Technologie zu kontrollieren.

[32] Auf Basis einer kleinen Stichprobe ($N = 14$) betrachten Inkson et al. (1970) die Veränderungen hinsichtlich der Kontext- und Strukturfaktoren nach vier bis fünf Jahren. Dabei identifizieren sie eine Art Ratschenmechanismus, der sich wie folgt darstellt: „increases in size would bring increasing structuring although decreasing size would not result in decreasing structure“ (Inkson et al. 1970: 324).

kommen die Forscher zu folgendem Schluss: „*On this sample, the broad 'technological imperative' hypothesis that operations technology is of primary importance to structure, is not supported*" (Hickson et al. 1969: 388, Hervorhebung im Original). Ausgehend hiervon vermuten die Autoren, dass der Einfluss der Technologie auf die Organisationsstruktur mit zunehmender Größe der Organisation abnimmt:

> „In the smaller organizations, everyone is closer to the 'shop-floor,' and structural responses to the problems of size (for example) have not begun to show. In larger organizations, managers and administrators are buffered from the technology itself by the specialist departments, standard procedures, and formalized paperwork that size brings with it." (Hickson et al. 1969: 395)

Auf Basis der Daten der National Study finden Child und Mansfield Anhaltspunkte, die für die Richtigkeit dieser Annahme sprechen (Child/Mansfield 1972: 388). Des Weiteren problematisieren sie die Konstruktion des Faktors Technologie und führen aus, dass die enge Verknüpfung zwischen Branche und Technologie den Zusammenhang zwischen technologischen und strukturellen Variablen verzerren könne, sodass vielmehr Einflüsse, die auf die jeweilige Branche zurückgeführt werden können (‚environmental variables' und ‚managerial ideologies'), für unterschiedliche Ausprägungen der Strukturvariablen verantwortlich sein könnten (Child/Mansfield 1972: 389 ff.).

3.2.1.3 Die strategische Wahl

Bezugnehmend auf den von Child beschriebenen negativen Zusammenhang zwischen Zentralisierung und den anderen Strukturvariablen (vgl. Abschn. 3.2.1.2), plädiert er für die Sichtweise, dass Manager,[33] begrenzt durch die Situation der Organisation, eine organisatorische Wahl (‚organizational choice') besitzen und so zwischen zwei verschiedenen Kontrollstrategien (‚strategies of control') wählen können: Die Zentralisierung einerseits sowie die Strukturierung der Tätigkeiten andererseits (Child 1970: 378 ff.).

Die Idee der organisatorischen Wahl entwickelt Child in den beiden Aufsätzen „Organizational Structure, Environment and Performance: The Role of Strategic Choice" (Child 1972b) und „Strategic Choice in the Analysis of Action, Structure, Organizations and Environment: Retrospect and Prospect" (Child 1997) weiter. In diesen spricht er sich gegen die u. a. von Pugh et al. eingenommene Sichtweise aus, dass Kontextfaktoren die Organisationsstruktur *determinieren* würden.

---

[33] Child bezieht sich grundsätzlich auf „management structures", nicht Organisationsstrukturen, und stellt damit die Rolle der Organisationsgestalter in den Mittelpunkt seines Interesses (vgl. Child 1970).

Stattdessen lenkt er den Fokus auf die Rolle der organisationalen Entscheidungsträger (‚organizational descision-makers'). Diese verfügen laut Child aufgrund von Handlungsspielräumen über *eine strategische Wahl* (‚strategic choice'), welche sich nicht nur auf die Ausgestaltung der Organisationsstruktur, sondern auch über die Umwelt, innerhalb derer die Organisation agiert, sowie über die relevanten Leistungsstandards, erstreckt (Child 1972b: 2). Das Ausmaß der Wahl sieht Child durch die Umwelt *und* akteursbezogene Phänomene begrenzt, wobei letztere in gewissem Umfang aus Umweltbedingungen resultieren können (Child 1997: 49 ff.). Dabei spricht er der Umwelt von Organisationen durchaus einen institutionellen Charakter zu: „people inside and outside the formal limits of an organization may share institutionalized norms and relationships" (Child 1997: 55).

Der Prozess der strategischen Wahl ist für Child ein *politischer* (Child 1972b: 14). Hierbei evaluieren die Entscheidungsträger zuerst, beeinflusst durch ihre grundsätzlichen Werte, Erfahrungen und ihre Ausbildung (Child 1997: 46 f.), die Situation der Organisation: "what expectations are presented by resource providers such as business shareholders, what is the trend of events in the environment, what has been the organization's recent performance, the congeniality of its present internal configuration, and so on" (Child 1972b: 17). Hieran anknüpfend werden Organisationsziele gewählt und in eine Strategie übersetzt. Strategien können sich dabei sowohl auf externe (z. B. Eintritt in neue Märkte), als auch auf interne Variablen (z. B. die Organisationsstruktur) beziehen (ebd.); in der Praxis sind derartige Prozesse oft als jährliche Planungsrunden o. ä. formalisiert (Child 1997: 48). Letztlich determiniert die *Güte der Anpassung* (‚goodness of fit') die Effizienz der Organisation, welche – die Effizienz – wiederum die nächste Bewertung der Situation der Organisation beeinflusst (Child 1972b: 17). Dieser Prozess stellt für Child ein Beispiel für den u. a. von Giddens geprägten Begriff der *Strukturation* (vgl. Giddens 1984) dar:

> „That is, action is bounded by the cognitive, material and relational structures existing within organizations and their' networks, but at the same time it impacts upon those structures. Through their actions, agents endeavour to modify and redefine structures in ways that will admit of different possibilities for future action. The process is a continuing one. Strategic choice thus presents a dynamic rather than a static perspective on organizations and their environments." (Child 1997: 60)

Für seine Argumentation greift Child zum einen auf das Modell der dominanten Koalition (‚dominant coalition') von Cyert und March (1963) zurück. In einer solchen sieht er die „immediate source of major structural variation in organizations" (Child 1972b: 13). Hierbei handelt es sich nicht zwangsläufig um jene Akteure, denen formal die Entscheidungsgewalt zugesprochen wird. Vielmehr verweist dieser Terminus auf diejenigen, die kollektiv über die meiste Macht innerhalb eines bestimmten Zeitraumes verfügen, was aber nicht ausschließt, dass es mehr als eine dominante Koalition geben kann (ebd.). Zudem macht Child deutlich, dass auch Organisationsmitglieder außerhalb der dominanten Koalition eine gewisse Macht besitzen können, Pläne und Entscheidungen zu modifizieren (Child 1972b: 13 f.).

Zum anderen verweist er auf Chandler (1962), der Strategie wie folgt definiert:

> „Strategy can be defined as the determination of the basic long-term goals and objectives of an enterprise, and the adoption of courses of action and the allocation of resources necessary for carrying out these goals. Decisions to expand the volume of activities, to set up distant plants and offices, to move into new economic functions, or become diversified along many lines of business, involve the defining of new basic goals." (Chandler 1962: 13)

Somit stelle das Modifizieren von organisationalen Zielen eine zentrale Quelle für den Wandel von Kontextfaktoren (Größe, Technologie, Standorte) dar (Child 1972b: 15). Gleiches gelte für die Organisationsstruktur, die, Effizienzgründen folgend, ebenfalls angepasst werden müsse, falls sich die Strategie ändere (Chandler 1962: 15). Chandler fasst dementsprechend zusammen: „Unless structure follows strategy, ineffeciency results" (Chandler 1962: 134).[34]

3.2.2 Empirische Studien zur öffentlichen Verwaltung

In ihrem Buch „The Structure of Organizations" präsentieren Blau und Schoenherr (1971) die Ergebnisse einer Studie, in der die Autoren die Arbeitsverwaltungen der US-amerikanischen Bundestaaten (‚state employment security agencies') untersuchen. Indem sie ihre Analysen auf eine homogene Stichprobe stützen, versuchen sie Brancheneinflüsse auszuschließen (Blau/Schoenherr 1971: 10 f.). Aus

[34] Hall" und Saias „postulieren demgegenüber, dass gleichermaßen von „strategy follows structure" (Hall/Saias 1980: 162) gesprochen werden könne. Zum einen könne die Organisationsstruktur die Einführung und Entwicklung strategischer Planung erschweren (z. B. wenn die Strukturen zu „bürokratisch" sind), zum anderen wirke die Organisationsstruktur wie ein Filter, der die Wahrnehmung der Umwelt und sogar der internen Realität beeinflusse bzw. begrenze, was sich wiederum auf die Strategie auswirke (Hall/Saias 1980: 153 ff.). Daher sprechen sie sich dafür aus, die Beziehung zwischen Strategie und Struktur als komplex und interaktiv zu erfassen, und Chandlers Aussage wie folgt zu deuten: „Unless structure matches strategy, inefficiency results" (Hall/Saias 1980: 162).

ihren empirischen Ergebnissen leiten Blau und Schoenherr eine „formal theory of the formal structure of formal organizations“ (Blau/Schoenherr 1971: 318) ab.[35] Eine der beiden Hauptaussagen der Theorie lautet, dass mit zunehmender Organisationsgröße (Beschäftigtenzahl) auch die strukturelle Differenzierung zunimmt, was bedeutet, dass größere Organisationen tendenziell mehr Unterteilungen, Hierarchieebenen etc. aufweisen (Blau/Schoenherr 1971: 301 ff.). Allerdings nimmt der Zuwachs an Differenzierung bei steigender Organisationsgröße ab (ebd.). Die Autoren weisen jedoch auch darauf hin, dass die Organisationsgröße selbst durch Gegebenheiten der Umwelt (u. a. Struktur der Klientel und Arbeitsmarkt) beeinflusst werde (Blau/Schoenherr 1971: 140 ff.). Die zweite Hauptaussage bezieht sich darauf, dass mit der Größe der Organisation auch der Bedarf an Managementpersonal steigt, da eine größere Differenzierung einen höheren Koordinationsaufwand erfordert (Blau/Schoenherr 1971: 312 ff.). Eine Überprüfung der Theorie anhand einer Stichprobe von 416 US-amerikanischen Finanzbehörden der lokalen Ebene und der Bundesstaaten bestätigt ihre postulierten Hypothesen (Blau/Schoenherr 1971: 330 ff.).

Beyer und Trice (1979) versuchen die Ergebnisse von Blau und Schoenherr anhand einer Stichprobe von US-amerikanischen Bundesbehörden zu replizieren.[36] Dabei finden sie jedoch nicht durchgehend signifikante, direkte Zusammenhänge zwischen der Organisationsgröße und der strukturellen Differenzierung, sondern gelangen zu dem Schluss, dass mediierende Effekte von der Arbeitsteilung und Spezialisierung ausgehen und diese sich zusätzlich in Abhängigkeit von der Aufgabenart der Behörden unterscheiden:[37]

---

[35] Ihr Forschungsdesign basiert quasi auf einer Vollerhebung, da ihre Stichprobe alle 53 staatlichen Behörden (50 Bundesstaaten sowie Behörden des District of Columbia, von Puerto Rico und der Jungferninseln), 387 Hauptverwaltungen (‚major functional divisions‘) und 1.201 lokale Standorte (‚local offices‘) umfasst (Blau/Schoenherr 1971: 11). Letztere sind alle Standorte mit insgesamt mindestens fünf Beschäftigten und einem Vorgesetzten zwischen dem Geschäftsführer und der operativen Ebene (Blau/Schoenherr 1971: 175). Grundlage für die Analyse bilden Interviews, Fragebögen und weitere Dokumente wie z. B. nahezu 3.000 Organigramme (Blau/Schoenherr 1971: 12 ff.).

[36] Die Stichprobe setzt sich aus 71 Bundesbehörden zusammen, die ein breites Aufgabenspektrum abdecken wie beispielsweise Gebäudeinstandhaltung, Aufgaben im Bereich der Einwanderung, Ermittlungsbehörden, Patientenversorgung, Forschung, Bereitstellung von Freizeiteinrichtungen oder die Bearbeitung von Sozialversicherungsansprüchen (Beyer/Trice 1979: 50).

[37] Unter Arbeitsteilung verstehen sie, dass Aufgaben so unterteilt werden, dass die Qualifikationsanforderungen der betroffenen Stelle sinken (Beispiel: Fließbandarbeit) (Beyer/Trice 1979: 48 f.). Bei der Spezialisierung geschieht das Gegenteil, wodurch die betroffenen Stellen komplexere Aufgaben übernehmen (Beispiel: Fachkräfte/Professionals) (ebd.).

> „In routine organizations, size generates division of labor, which in turn stimulates structural differentiation along both horizontal and vertical dimensions. In nonroutine organizations, increasing size also generates division of labor, which in turn stimulates only vertical differentiation. Horizontal differentiation in nonroutine organizations is generated by increasing levels of personal specialization." (Beyer/Trice 1979: 62)

In einer Studie von Greenwood, Hinings und Ranson (1975; Hinings et al. 1975) untersuchen die Autoren die Organisationsstruktur von lokalen Behörden in England and Wales nach Durchführung einer umfassenden Verwaltungsreform auf lokaler Ebene.[38] Dabei operationalisieren sie die Organisationsstruktur durch die Konzepte der Differenzierung und Integration, wobei ersteres durch die Anzahl und Art der Organisationseinheiten (u. a. Anzahl und Art der Komitees sowie Behörden)[39] gefasst und letzteres durch Mechanismen wie z. B. die Existenz von Koordinierungskomitees gemessen wird (Greenwood et al. 1975: 6 ff.). Als situative Faktoren berücksichtigen sie die *Größe* (Fläche der Gebietskörperschaft, Bevölkerungsanzahl und Anzahl der gewählten Ratsmitglieder), die *soziodemografische Umwelt* (Bevölkerungsdichte und Wohlstand), den *Typ der Gebietskörperschaft* (als Maß für die Breite des Aufgabenspektrums), die *Interdependenz* zwischen staatlichen Behörden aufgrund von sich überschneidenden Funktionen und Zuständigkeiten, einen *politischen Faktor* (Dominanz einer Partei in der Kommunalvertretung), das Ausmaß der Wichtigkeit von drei *Ideen bzw. Ideologien* (‚corporate planning'[40], Partizipation der Ratsmitglieder und

[38] Grundlage ist der *Local Government Act 1972*, der darauf abzielte eine zweistufige Verwaltungsgliederung auf lokaler Ebene in England und Wales einzuführen. Die Stichprobe der Studie umfasst alle damaligen ‚county authorities', 83 Prozent der ‚metropolitan county authorities', 91 Prozent der 'metropolitan district authorities' sowie 64 Prozent der ‚county district authorities' (Greenwood et al. 1975: 1). Die Auswertungen basieren auf Daten, die die entsprechenden Behörden den Autoren anhand von Berichten und weiteren Dokumenten zur Verfügung gestellt haben (ebd.).

[39] In England ist die kommunale Ebene „historisch von einem *monistischen* Handlungsmodell bestimmt" (Wollmann 2008: 78, Hervorhebung im Original): Die gewählten Kommunalvertretungen sind hinsichtlich der kommunalen Aufgabenerfüllung umfassend zuständig, was bedeutet, dass sie nicht nur die politischen Entscheidungen treffen, sondern auch über die nach Aufgabenfeldern eingesetzten Ausschüsse (‚committees') die Leitung und Kontrolle der Kommunalverwaltung wahrnehmen (*‚government by committees'*) (Wollmann 2008: 80). Durch eine Reform im Jahr 2000 kam es zu weitreichenden Veränderungen der kommunalpolitischen Entscheidungs- und Leitungsstrukturen (vgl. Wollmann 2008).

[40] Der Ansatz „Corporate Planning" betont in diesem Kontext die Notwendigkeit einer integrierten bzw. ganzheitlichen Betrachtung der Aktivitäten und Policies: „a concern with the

Öffentlichkeit sowie administrative Effizienz) sowie die *Anzahl der fusionierten Verwaltungseinheiten* (Hinings et al. 1975: 170 ff.).[41]

Ein wesentlicher Beitrag der Studie liegt darin, dass die Autoren abseits der allgemein verwendeten Kontingenzvariablen, in Bezug auf die Untersuchungsobjekte, mögliche spezifische Einflussfaktoren berücksichtigen. So verzichten sie darauf, die Organisationsumwelt durch die in klassischen Studien verwendete Aufgabenunsicherheit abzubilden und beziehen sich stattdessen auf die soziodemografische Umwelt der Verwaltungseinheiten als Bezugsrahmen. Auch den Aspekt der Technologie sparen sie aus, da sie die diesbezügliche Variation zwischen den Verwaltungseinheiten als zu gering einschätzen (Greenwood et al. 1975: 2). Besonders erwähnenswert sind zudem die Berücksichtigung politischer Mehrheitsverhältnisse in den Kommunalvertretungen sowie von Ideen bzw. Ideologien. Letztere könnten aus Sicht der Autoren in kommunalen Behörden eine größere Rolle spielen, da dort keine Profitorientierung vorherrsche (Greenwood et al. 1975: 3 f.). Sie behandeln diese Ideen bzw. Ideologien zwar als situative Faktoren, sind sich aber ihrer Bedeutung als Glaubenssysteme (‚belief systems') bewusst, wodurch sich ein Anknüpfungspunkt zum soziologischen Neo-Institutionalismus (vgl. Abschn. 3.3) ergibt: „That is, we believe that the ideas […] operate as external contingencies impinging upon the organization, with internalized belief systems operating as filters to shape choices" (Greenwood et al. 1975: 4).

Die Ergebnisse der Studie zeigen zunächst, dass größere Verwaltungseinheiten tendenziell eine stärkere Differenzierung und Integration aufweisen und bestätigt damit grundlegende Annahmen der Kontingenztheorie (Hinings et al. 1975: 184). Zudem wirken sich besonders der Typ der Gebietskörperschaft und die beiden Ideologien zum ‚corporate planning' sowie zur Partizipation auf die Organisationsstruktur aus (ebd.). Eher geringere bis keine Wirkungen gehen jedoch von der soziodemografischen Umwelt und dem politischen Faktor aus, wobei sie hinsichtlich letzterem stärkere Effekte durch eine bessere Messung erwarten (Hinings et al. 1975: 184 ff.). Diese Ergebnisse decken sich mit einer weiteren Studie von Greenwood und Hinings (1976b), in der sie keinen Einfluss von politischen

general wellbeing of an area or community, the co-ordinated use of resources and planning through environmental analysis, assessment of need, explicit delineation of purpose or objectives, and the review of policy impacts" (Greenwood et al. 1975: 4).

[41] Außerdem plädieren die Autoren für die Berücksichtigung von Macht im Rahmen kontingenztheoretischer Arbeiten, auch wenn sie u. a. aufgrund der ihnen zur Verfügung stehenden Daten diesen Aspekt in der vorliegenden Studie nicht aufgreifen können (Greenwood et al. 1975: 3).

Faktoren auf die Organisationsstruktur lokaler Behörden feststellen können.[42] In einer erneuten und angepassten Auswertung der Daten gelangt Greenwood (1978) dann zu der Erkenntnis, dass die Organisationsstruktur einzelner Teilbereiche von (bestimmten) Behörden[43] durchaus von politischen Faktoren beeinflusst werden.

3.2.3 Kritik

Der Situative Ansatz sieht sich einiger Kritik ausgesetzt. Nachfolgend wird auf die wesentlichen Ansatzpunkte eingegangen, wobei – trotz Interdependenzen – zunächst Aspekte, die eher das Theoriegerüst betreffen, und anschließend methodisch Einwände sowie forschungspraktische Implikationen betrachtet werden: Ganz grundlegend wird der Aston-Gruppe, wenn nicht dem Situativen Ansatz im Allgemeinen, eine Theorielosigkeit vorgeworfen, da die Methode das Forschungsziel und das Erhebungskonzept dominiere (Staehle et al. 1999: 53). Problematisch kann v. a. gesehen werden, dass die Wirkungsrichtung des Zusammenhangs zwischen der Situation und der Organisationsstruktur lediglich postuliert wird, ohne eine theoretische Rückbindung aufzuweisen bzw. den dahinter liegenden Mechanismus zu spezifizieren (Loveridge 2013: 395; Kieser 2019: 187 f.). Dass auch der entgegengesetzte Zusammenhang möglich ist und die Organisation ihren Kontext verändern kann, wird im Situativen Ansatz weitestgehend ignoriert (Schreyögg 1980: 310 f.; Staehle et al. 1999: 53). Clegg und Dunkerly (2013: 261) bezeichnen das zugrunde gelegte Vorgehen als Empirismus und sprechen ihm sogar die Wissenschaftlichkeit ab.

---

[42] Die Studie basiert auf Daten von einer Stichprobe von 84 Behörden, die je einem von sechs verschiedenen Aufgabenbereichen (‚social welfare', ‚engineering services', ‚financial services', ‚legal and administrative services', ‚land-use planning' und ‚architectural services') zugeordnet sind, und zu kreisfreien Städten (‚county boroughs') gehören (Greenwood/Hinings 1976b: 96 f.). Als politische Variablen verwenden sie zum einen die *Volatilität des Wahlverhaltens* (‚electoral volatility'), die sie anhand der Anzahl der Zeitpunkte messen, in denen eine Mehrheitspartei über einen Zeitraum von 12 Jahren ihre Mehrheit verloren hat (Greenwood/Hinings 1976b: 97). Zum anderen messen sie *politische Organisation* anhand einer Skala, die folgende Items umfasst: „(a) political patronage, i.e. party control over council machinery; (b) voting behaviour; (c) party formalization, i.e. the degree of structuring within the parties; and (d) formal recognition of the parties by the administrative authority" (ebd.).

[43] Die betroffenen Behörden werden wie folgt charakterisiert: „It is those agencies dealing with activities linking individuals with laws of general form which become increasingly bureaucratized as political pressures intensify" (Greenwood 1978: 417).

Weitergehend herrscht Skepsis bzgl. anderer Annahmen des Ansatzes. So wird der situative Determinismus in Frage gestellt, indem vorgebracht wird, dass es je Situation nicht nur *eine* passende Organisationsstruktur gebe (Kieser 2019: 186; Schreyögg 1980: 309 f.; Staehle et al. 1999: 53). Es ergeben sich demnach Entscheidungsspielräume, innerhalb derer die „Organisationsentscheider" eine gewisse Wahl besitzen (vgl. Abschn. 3.2.1.3 und 3.4.2). Außerdem wird kritisiert, dass dem Ansatz das Konzept des rational handelnden Entscheiders innewohnt, obwohl bestenfalls von einer *begrenzten Rationalität* auszugehen sei (Kieser 2019: 186). Zwar wurde sich in ein paar Ausarbeitungen auch mit der Bedeutung der individuellen Ebene in Organisationen auseinandergesetzt, insgesamt wird dem Ansatz vorgeworfen, die Analyse auf dieser Ebene weitgehend zu ignorieren (vgl. Pennings 1992).

Darüber hinaus verschleiere der Situative Ansatz die Ausübung von Herrschaft in Organisationen, indem Organisationsstrukturen lediglich als funktionale Erfordernisse der Situation interpretiert werden (Kieser 2019: 188). So könne nicht ausgeschlossen werden, dass Teile der Organisationsstruktur aus dem Bestreben des Managements nach Herrschaftssicherung resultieren und hierdurch Handlungsspielräume der anderen Organisationsmitglieder beschnitten werden sollen (ebd.). Auch propagiere der Ansatz eine konservative Organisationsgestaltung, da er lediglich erfassen könne, welche organisatorischen Lösungen *bisher* gefunden wurden (Kieser 2019: 189 f.). Zudem wird problematisiert, dass sich Organisationsstrukturen nicht „objektiv", also „unabhängig von Wahrnehmungen, Intentionen und Handlungen der Organisationsmitglieder konzipieren und erfassen" (Kieser 2019: 189; ähnlich Starbuck 1981: 170) lassen und die Beziehungen zwischen der Situation und Organisationsstruktur nicht allgemeingültig seien, sondern sich kulturelle Unterschiede zeigen (Kieser 2019: 189 f.). Letztlich hinterfragt Starbuck (1981: 193) unter Verweis auf Meyer und Rowan (1977), inwiefern die Organisationsstruktur überhaupt Rückschlüsse auf das tatsächlich Organisationsverhalten zulässt (vgl. Abschn. 3.3.1.3).

In Bezug auf das methodische Vorgehen lassen sich die diskutierten Schwächen wie folgt zusammenfassen: Insgesamt wirkt die Klassifizierung von unabhängigen (Situation) und abhängigen (Organisationsstruktur) Variablen recht beliebig (vgl. Brown 1992; Staehle et al. 1999; Starbuck 1981). Des Weiteren werden nicht alle relevanten Situations- und Strukturmerkmale erfasst (Kieser 2019: 183) bzw. es werde nur das gemessen, was anhand der Bürokratieforschung messbar erscheine, wodurch moderierende „Faktoren, wie Macht, Persönlichkeitsstruktur, Führungsverhalten, zwischenmenschliche Beziehungen, gruppendynamische Prozesse" (Staehle et al. 1999: 53) ausgeklammert werden würden. Hinzu kommt, dass, wie Kimberly (1976) anhand des Faktors *Größe* zeigt, die verwendeten Konzepte entgegen ihrer tatsächlichen Operationalisierung wesentlich komplexer sind. Auch unterscheiden sich häufig die Operationalisierungen der Variablen zwischen jenen Studien, die aufeinander Bezug nehmen (Kieser 2019: 183).

Daneben werden die statistischen Verfahren der Aston-Gruppe kritisiert, da beispielsweise „each macro variable appears to incorporate disparate items and scales, and [...] [different] macro variables include some identical or very similar items“ (Starbuck 1981: 176; ähnlich Donaldson 2001; Kieser 2019: 184). Auch wird darauf hingewiesen, dass die Art der Durchführung der Hauptkomponentenanalyse für die Faktoren der Organisationsstruktur durch Pugh et al. (1968) bzw. ihre Annahmen über den Untersuchungsgegenstand die Ergebnisse wesentlich beeinflusst haben (Starbuck 1981: 182). Kieser (2019: 184) fügt diesen Einschränkungen hinzu, dass die verwendeten Korrelations- und Regressionsmethoden nur lineare und keine nicht-linearen Zusammenhänge erfassen können.

In der Gesamtbetrachtung leidet der Situative Ansatz v. a. an seiner übergeordneten Zielsetzung, die darin besteht, allgemeingültige Aussagen über Organisationen zu treffen (vgl. Kieser 2019; Starbuck 1981): Um dies zu realisieren, beinhalten die Stichproben meist ganz unterschiedliche Organisationen und zwecks Vergleichbarkeit wurde sich bei der Erhebung von Merkmalen auf die „umfangs- und intensitätsmäßigen Aspekte beschränkt“ (Kieser 2019: 184) und somit auf die Erfassung der *Inhalte* struktureller Regelungen verzichtet (ebd.).

3.3 Soziologischer Neo-Institutionalismus

Der „Neo-Institutionalismus“ an sich stellt keine in sich geschlossene Theorie dar, sondern besteht aus verschiedenen Ansätzen, die in unterschiedlichen sozialwissenschaftlichen Disziplinen verortet sind. Hall und Taylor (1996) unterscheiden drei zentrale „neue“ Institutionalismen, nämlich den *Historischen Institutionalismus*, den *Rational-Choice-Institutionalismus* sowie den *Soziologischen Institutionalismus.* Diese Theoriestränge variieren in diversen Aspekten, z. B. hinsichtlich der Auffassung, was unter Institution bzw. Institutionalisierung zu verstehen ist. Sie verbindet jedoch „a common skepticism toward atomistic accounts of social processes and a common conviction that institutional arrangements and social processes matter“ (DiMaggio/Powell 1991: 3). Diese neuen Institutionalismen können somit als Reaktion auf Betrachtungsweisen eingeordnet werden, die Institutionen lediglich als aggregierte Folgen von individuellem Handeln fassen (vgl. March/Olsen 1984).

Für die vorliegende Arbeit wird auf den sog. „soziologischen Neo-Institutionalismus" bzw. im Wesentlichen auf seine Mesoperspektive zurückgegriffen.[44] Dieser Neo-Institutionalismus weicht systematisch von früheren soziologischen Zugängen zu den Konzepten „Organisation" und „Institution", wie sie beispielsweise bei Selznick (1949, 1957) zu finden sind, ab (DiMaggio/Powell 1991: 11 ff.): Zentrale Unterschiede zwischen dem „alten" Institutionalismus (a. I.) und dem „neuen" (n. I.) sind z. B. differierende Auffassungen über den Kontext, in dem Institutionalisierung stattfindet (a. I.: innerhalb der Organisation; n. I.: organisationale Felder, die Gesellschaft), über die Quellen von Institutionen (a. I.: Werte, Normen, Einstellungen; n. I.: Klassifizierungen, Routinen, kognitive Skripte, Schemata), die Konzeptionalisierung der Umwelt von Organisationen (a. I.: lokale Gemeinschaften; n. I: vs. nicht-lokale Umwelten wie organisationale Felder, Branchen, die Gesellschaft) und die im Vordergrund der Betrachtung stehenden Strukturen (a. I.: informale Strukturen; n. I.: symbolische Rolle formaler Strukturen).

DiMaggio und Powell (1991: 11) datieren die Geburtsstunde des Neo-Institutionalismus in der Organisationssoziologie auf das Jahr 1977, in welchem der Aufsatz „Institutionalized Organizations: Formal Structure as Myth and Ceremony" von Meyer und Rowan (1977) veröffentlicht wurde. Dieser beinhaltet die Grundidee des Ansatzes, wonach formale Organisationsstrukturen nicht nur durch Effizienzbestrebungen bedingt, sondern ebenso durch institutionelle Regeln, also soziale Erwartungsstrukturen, beeinflusst werden. Organisationen passen sich demnach diesen institutionellen Regeln bzw. Rationalitätserwartungen an und übernehmen entsprechende Elemente, welche nach Meyer und Rowan als „Mythen" funktionieren, in ihre formale Organisationsstruktur. Kieser und Walgenbach (2010: 43) bezeichnen jene als „Rationalitätsmythen", wobei es sich um Regeln und Annahmen handle, die rational in dem Sinne sind, dass sie plausible soziale Ziele bestimmen und in sinnvoll erscheinender Weise festlegen, welche Mittel zur rationalen Verfolgung dieser Zwecke angemessenen sind. Sie sind jedoch Mythen in dem Sinne, dass ihre Wirklichkeit und Wirksamkeit von einem geteilten Glauben an sie abhängt, sie also nicht einer „objektiven", d. h. empirischen Prüfung unterzogen werden, bzw. werden können (ebd.). Trotz der Verwendung des Begriffs der Rationalitätsmythen ist zu konstatieren,

---

[44] Im soziologischen Neo-Institutionalismus können drei Perspektiven voneinander unterschieden werden: In einer Mikroperspektive wird die Organisation selbst als Institution gefasst, welche auf ihre Mitglieder einwirkt (Zucker 1977). Die Mesoperspektive betrachtet den Einfluss der Umwelt auf eine Organisation (Meyer/Rowan 1977; DiMaggio/Powell 1989) und die World-Polity-Perspektive befasst sich mit Institutionen auf der globalen bzw. gesellschaftstheoretischen Ebene (Meyer et al. 1997).

dass sich der soziologische Neo-Institutionalismus in seiner Grundform gerade gegen (begrenzt-)rational handelnde Akteure ausspricht, da er die unhinterfragte Übernahme institutioneller Elemente in die Organisationsstruktur betont.

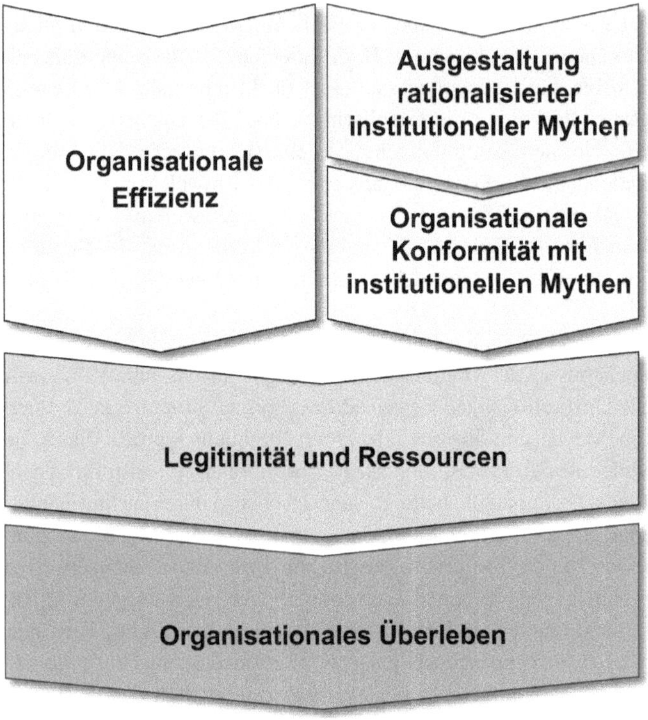

Abbildung 3.4 Postulierter Mechanismus des soziologischen Neo-Institutionalismus in Bezug auf das organisationale Überleben. (Quelle: Eigene Darstellung in Anlehnung an Meyer und Rowan (1977: 353))

Die Elemente der formalen Organisation resultieren demzufolge aus institutionalisierten, also in der Umwelt der Organisation nicht mehr hinterfragten Regeln und Erwartungen (Walgenbach 2019: 300 f.). Die Übernahme von Elementen geschieht, ungeachtet ihrer Effektivität bzw. Effizienz, um „legitimacy, resources, stability, and enhanced survival prospects" (Meyer/Rowan 1977: 340) zu erhalten (vgl. Abbildung 3.4). Organisationale *Legitimität* ist nach Deephouse et al. „the perceived appropriateness of an organization to a social system in terms of rules, values, norms, and definitions“ (Deephouse et al. 2017: 32). Sie unterscheiden vier generelle Kategorien von Kriterien, anhand derer Legitimität beurteilt werden kann: regulatorische, pragmatische (Effektivität), moralische und kulturell-kognitive (Deephouse et al. 2017: 39 ff.).[45] Im Kontext des Neo-Institutionalismus wird Legitimität als Grundbedingung sozialer Existenz und nicht „nur“ als eine spezifische Ressource betrachtet (Scott 2014: 72). Meyer und Scott stellen zudem heraus, dass die Legitimität einer Organisation mit zunehmender Anzahl der ihr übergeordneten Instanzen sowie der Vielfalt oder Widersprüchlichkeit ihrer Anforderungen negativ beeinflusst wird (Scott 2014: 73).

Aufgrund der besonderen Bedeutung institutioneller Erwartungen, sind die Präferenzen von Akteuren im soziologischen Neo-Institutionalismus über die Analyse ihres institutionellen Kontextes zu bestimmen (Orban et al. 2018: 120). Nach Meyer und Rowan sind alle Organisationen grundsätzlich mit beiden Arten von Anforderungen, Effizienz *und* Institutionen, konfrontiert, der Grad der Abhängigkeit variiert jedoch (Meyer/Rowan 1977: 353). So lassen sich Organisationen entlang eines Kontinuums verorten: An einem Ende sind Organisationen zu finden, deren Erfolg maßgeblich durch ihre Effizienz bestimmt wird, während dem anderen Ende „institutionalisierte“ Organisationen zuzuordnen sind, deren Erfolg auf Vertrauen und Stabilität beruht, welche durch die Isomorphie mit institutionellen Regeln erreicht werden (Meyer/Rowan 1977: 354). Aus dieser Perspektive besteht somit ein substituierendes Verhältnis zwischen beiden Arten von Anforderungen.

Entgegen der Betrachtung von Meyer und Rowan (1977), sieht Scott (2003) statt der Gegensätzlichkeit eine Gleichzeitigkeit der beiden Dimensionen gegeben. Organisationen sind also auch hier immer technischen und institutionellen Gegebenheiten unterworfen, jedoch variiert die Bedeutung beider Dimensionen (vgl. Tabelle 3.6). Zwar wird auch diese Sichtweise mitunter kritisiert, da die institutionellen Anforderungen als die fundamentalen betrachtet werden, da sie „auch den technischen zugrunde liegen“ (Walgenbach/Meyer 2008: 70), dennoch erweist sich eine analytische Trennung für empirische Beobachtungen als sinnvoll (Walgenbach/Meyer 2008: 71).

Nachfolgend wird zunächst auf die grundlegenden Konzepte und Begriffsverständnisse im soziologischen Neo-Institutionalismus eingegangen (Abschn. 3.3.1). Sodann werden die Ergebnisse einschlägiger empirischer Studien, die auf Organisationen der öffentlichen Verwaltung fokussieren und

[45] Deephouse et al. unterscheiden zudem vier Stadien von organisationaler Legitimität: „accepted, proper, debated and illegitimate“ (Deephouse et al. 2017: 33).

Tabelle 3.6 Matrix zur Bedeutung technischer und institutioneller Kriterien von spezifischen Organisationen

<table>
<tr><td colspan="2"></td><td colspan="4">Institutional Controls</td></tr>
<tr><td rowspan="3">Technical Controls</td><td rowspan="2">Stronger</td><td colspan="2">Stronger</td><td colspan="2">Weaker</td></tr>
<tr><td>utilities
banks
general hospitals</td><td colspan="2">pharmaceuticals</td><td>general manufacturing</td></tr>
<tr><td>Weaker</td><td colspan="2">mental health clinics
schools; legal agencies
churches</td><td colspan="2">restaurants
health clubs
child care</td></tr>
</table>

Quelle: Scott (2003: 140)

einen Bezug zum soziologischen Neo-Institutionalismus aufweisen, vorgestellt (Abschn. 3.3.2). Abschließend werden die wesentlichen kritischen Anmerkungen zu dieser Theorie zusammengefasst dargestellt (Abschn. 3.3.3).

3.3.1 Grundlegende Konzepte und Begriffsverständnisse

Zu Beginn geht Abschnitt 3.3.1.1 auf das hier zugrunde gelegte Verständnis von Institutionen und Institutionalisierung ein. Anschließend beschreibt Abschnitt 3.3.1.2 die Konzepte des organisationalen Feldes und der Isomorphie. Abschließend werden in Abschnitt 3.3.1.3 die Entkopplung und weitere strategische Reaktionsmöglichkeiten von Organisationen beschrieben.

3.3.1.1 Institutionen und Institutionalisierung

Prinzipiell handelt es sich bei Institutionen um beständige Sozialstrukturen, sie können sich unter gewissen Bedingungen mit der Zeit jedoch auch wandeln (Scott 2014: 57 f.). Institutionen können gleichsam Verhalten kontrollieren bzw. beschränken *und* Aktivitäten bzw. Akteure unterstützen und stärken:

> „Most treatments of institutions emphasize their capacity to control and constrain behavior. Institutions impose restrictions by defining legal, moral, and cultural boundaries, distinguishing between acceptable and unacceptable behavior. But it is equally important to recognize that institutions also support and empower activities and actors. Institutions provide stimulus, guidelines, and resources for acting as well as prohibitions and constraints on action." (Scott 2014: 58)

Scott schlägt ein breites Verständnis von Institutionen vor, womit er ökonomische, politische und soziologische Überlegungen verbindet, aber dennoch analytisch Unterschiede zwischen verschiedenen Elementen herausgearbeitet werden können: Ihm zufolge umfassen Institutionen „regulative, normative, and cultural-cognitive elements that, together with associated activities and resources, provide stability and meaning to social life" (Scott 2014: 56). Tabelle 3.7 gibt einen Überblick zu den drei verschiedenen Elementen, die Institutionen bilden bzw. stützen und daher als ihre Säulen bezeichnet werden können sowie zu ihren jeweiligen Prämissen. Hierbei handelt es sich um ein Kontinuum, welches von links nach rechts knapp wie folgt beschrieben werden kann: „from the conscious to the unconscious, from the legally enforced to the taken for granted" (Hoffman 1997: 36).

Tabelle 3.7 Drei Säulen von Institutionen

	Regulative	Normative	Cultural-Cognitive
Basis of compliance	Expedience	Social obligation	Taken-for-grantedness Shared understanding
Basis of order	Regulative rules	Binding expectations	Constitutive schema
Mechanisms	Coercive	Normative	Mimetic
Logic	Instrumentality	Appropriateness	Orthodoxy
Indicators	Rules Laws Sanctions	Certification Accreditation	Common beliefs Shared logics of action Isomorphism
Affect	Fear Guilt/Innocence	Shame/Honor	Certainty/Confusion
Basis of legitimacy	Legally sanctioned	Morally governed	Comprehensible Recognizable Culturally supported

Quelle: Scott (2014: 60)

Die erste Säule steht für die regulativen Aspekte von Institutionen (Scott 2014: 59 ff.): Sie bezieht sich u. a. auf das Setzen von Regeln, das Erlassen von Gesetzen, die Überwachung der Vorgaben und die Sanktionierung bei Nicht-Einhaltung. Sanktionierung kann dabei einerseits durch informelle Mechanismen wie Beschämung (‚shaming') und Ächtung (‚shunning') und andererseits durch formelle Mechanismen, deren Ausführung beispielsweise der Polizei oder Gerichten obliegt, erfolgen. Dem liegt die Ansicht zugrunde, dass Akteure (Individuen und Organisationen) Regelsysteme konstruieren oder Konformität mit ihnen herstellen, um ihre eigenen Interessen zu verfolgen, weshalb sie sich instrumentell und zweckmäßig verhalten. Der wesentliche Kontrollmechanismus stellt dabei Zwang (‚coercion') dar. Eine besondere Bedeutung nimmt in diesem Kontext der Staat als „rule maker, referee, and enforcer" (Scott 2014: 62) ein. Auf affektiver Ebene wirken sich regulative Aspekte negativ auf die Angst vor Schuldgefühlen oder positiv auf das Gefühl von Unschuld aus.

Die zweite Säule bezieht sich auf die normativen Aspekte von Institutionen (Scott 2014: 64 ff.): Im Zentrum steht hier die präskriptive, bewertende und verpflichtende Dimension von normativen Systemen. Diese Systeme umfassen Werte sowie Normen und definieren nicht nur Ziele, sondern benennen auch „angemessene" Wege für die Zielerreichung. Normen und Werte beziehen sich mitunter ausschließlich auf bestimmte Akteure oder Positionen, woraus Rollenerwartungen resultieren. Sie werden von relevanten Akteuren vertreten und dadurch von den handelnden Akteuren als externer Druck erlebt. Ein wichtiges Beispiel hierfür stellen Professionen bzw. Berufsverbände dar, indem sie durch Akkreditierungen und Zertifizierungen Normen vorgeben.

Die dritte Säule stellt auf die kulturell-kognitiven Aspekte von Institutionen ab (Scott 2014: 66 ff.): Diese Säule betont die Bedeutung von ‚cognitive frames' bei der Informationsverarbeitung von Individuen. Jene beeinflussen, „what information will receive attention, how it will be in encoded, how it will be retained, retrieved, and organized into memory, to how it will be interpreted, thus affecting evaluations, judgments, predictions, and inferences" (Scott 2014: 67). Hervorgehoben wird, dass diese internen Interpretationsprozesse durch externe *kulturelle* Rahmenbedingungen geprägt werden. Konformität wird hierbei durch den Umstand erreicht, dass alternative Verhaltensweisen nicht denkbar sind bzw. Routinen als selbstverständlich (‚taken for granted') betrachtet werden. Aus dieser Perspektive entstehen Rollen dadurch, dass ein gemeinsames Verständnis davon herrscht, dass bestimmte Handlungen mit bestimmten Akteuren verbunden sind. Durch sich habitualisierende Handlungsmuster können sich differenzierte Rollen in lokalen Kontexten entwickeln, gleichzeitig existieren aber auch größere institutionelle Rahmen, „that provide prefabricated organizing models and scripts" (Scott 2014: 69). Zwar nehmen Arbeiten, die dem soziologischen Neo-Institutionalismus zuzurechnen sind, häufig die auch hier beschriebene breite Perspektive entsprechend der drei Säulen ein, aber gerade die kulturell-kognitiven Aspekte von Institutionen finden im soziologischen Neo-Institutionalismus eine besondere Beachtung (Scott 2014: 67). So formulieren DiMaggio und Powell: „Not norms and values but taken-for-granted scripts, rules, and classifications are the stuff of which institutions are made" (DiMaggio/Powell 1991: 15).

In empirischen Beobachtungen würden jedoch meist Kombinationen dieser Elemente zu beobachten sein (Scott 2014: 70 f.). Häufig würde dabei aber eine der Säulen im Vordergrund stehen, in manchen Situationen wird hingegen eine einzige Säule allein die soziale Ordnung stützen (ebd.). Ebenso ist von Bedeutung, dass die Säulen gegensätzlich zueinander ausgerichtet sein und dadurch unterschiedliche Entscheidungen und Verhaltensweisen unterstützen können (ebd.). Auch können Institutionen zunächst von einer Säule und im Laufe der Zeit sowie unter veränderten Bedingungen, von anderen Säulen getragen werden (Scott 2014: 62).

Institutionalisierung ist sowohl ein Prozess als auch ein Zustand (Zucker 1977: 728). Hinsichtlich des Prozesses unterscheidet Scott (2014: 144 ff.), anknüpfend and die drei Säulen, drei Mechanismen, die zu Institutionalisierung führen: Das erste Konzept stellt eine ökonomische Perspektive dar, indem auf Pfadabhängigkeiten abgestellt wird, die aufgrund von positivem Feedback dazu führen, dass weitere Entwicklungen in dieselbe Richtung belohnt werden, während Kosten für einen Wechsel zu Alternativen mit der Zeit zunehmen (Scott 2014: 144 f.). Demgegenüber betont das zweite Konzept die Rolle von Identität und stellt als Mechanismus ‚commitment' heraus, welches aus Normen und Werten resultiert (Scott 2014: 146).

Das dritte Konzept betrachtet zunehmende ‚objectification' von gemeinsamen Überzeugungen als Mechanismus (Scott 2014: 147 f.). Instruktiv ist hierfür das sequenzielle Modell der Institutionalisierung von Tolbert und Zucker (1999), in welchem sie drei Phasen unterscheiden (vgl. Abbildung 3.5). Im Stadium der *Vor-Institutionalisierung* erfolgt die Entwicklung neuer Organisationsstrukturen weitgehend als isolierte Aktivität und Antwort auf spezifische organisationale Probleme (Tolbert/Zucker 1999: 181). Organisationen können sich im Rahmen der Problemlösung auch der in anderen Organisationen gefunden Innovationen bedienen, wobei hier maßgeblich ist, ob die Veränderung technisch sowie wirtschaftlich rentabel ist und ob die internen „politischen" Konstellationen die Organisation mehr oder weniger empfänglich für Veränderungsprozesse machen (Tolbert/Zucker 1999: 181 f.). In diesem Stadium beschränkt sich die Übernahme von Innovationen auf eine vergleichsweise geringe Anzahl von ähnlichen und möglicherweise miteinander verbundenen Organisationen, die sich in einer ähnlichen Situation befinden (Tolbert/Zucker 1999: 182). Die Form der Innovationsumsetzung wird sich dabei erheblich interorganisational unterscheiden (ebd.).

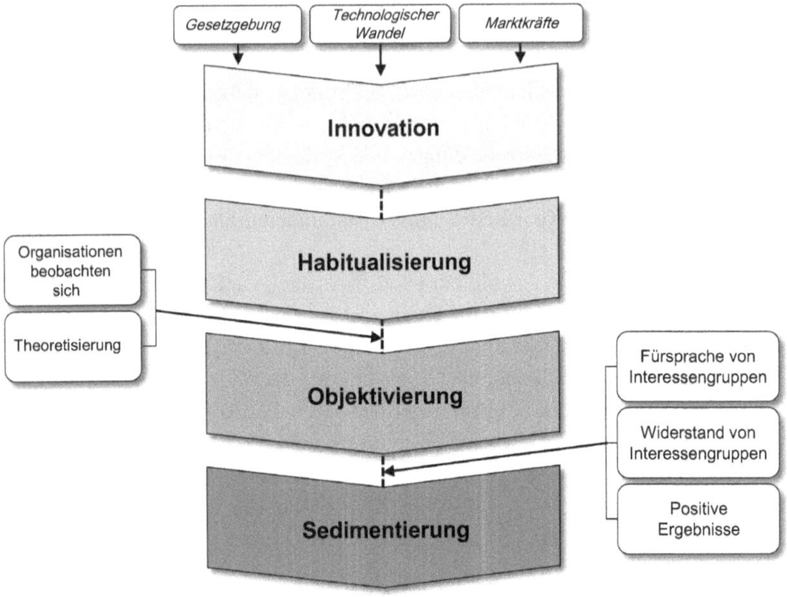

Abbildung 3.5 Sequenzielles Modell der Institutionalisierung. (Quelle: Eigene Darstellung in Anlehnung an Tolbert und Zucker (1999: 182))

Das Stadium der *Semi-Institutionalisierung* ist dadurch gekennzeichnet, dass sich unter den organisationalen Entscheidungsträgern ein gewisser sozialer Konsens über den Nutzen einer Organisationsstruktur herausbildet und die Struktur auf dieser Grundlage zunehmend durch andere Organisationen übernommen wird (ebd.). Dies kann einerseits dadurch erfolgen, dass Organisationen ihre Wettbewerber beobachten und ausgehend von ihrer Bewertung der ihnen zur Verfügung stehenden Informationen Organisationsstrukturen im Sinne einer ‚low-cost strategy' übernehmen, anstatt selbst neue Organisationsstrukturen zu entwickeln (ebd.). Andererseits können Akteure auch aktiv ‚theorizing' betreiben: „creation of a definition of a generic organizational problem […] and justification of a particular formal structural arrangement as a solution to the problem on logical or empirical grounds" (Tolbert/Zucker 1999: 183).

Das letzte Stadium, die *vollständige Institutionalisierung*, zeichnet sich dadurch aus, dass die Organisationsstruktur von nahezu allen von der Problemdefinition des ‚theorizing' eingeschlossenen Organisationen für einen längeren

Zeitraum übernommen wurde (Tolbert/Zucker 1999: 184). Hier geht es also um die Weite und Tiefe der Diffusion, wobei mit Tiefe das Überleben der Strukturen über Generationen von Organisationsmitgliedern hinweg gemeint ist (ebd.). Eine vollständige Institutionalisierung ist jedoch abhängig von „the conjoint effects of relatively low resistance by opposing groups, continued cultural support and promotion by advocacy groups, and positive correlation with desired outcomes“ (ebd.). Abbildung 3.6 verdeutlicht, dass nach der Institutionalisierung eine Phase der Stabilität eintritt, welche dann in eine Phase der De-Institutionalisierung übergehen kann.

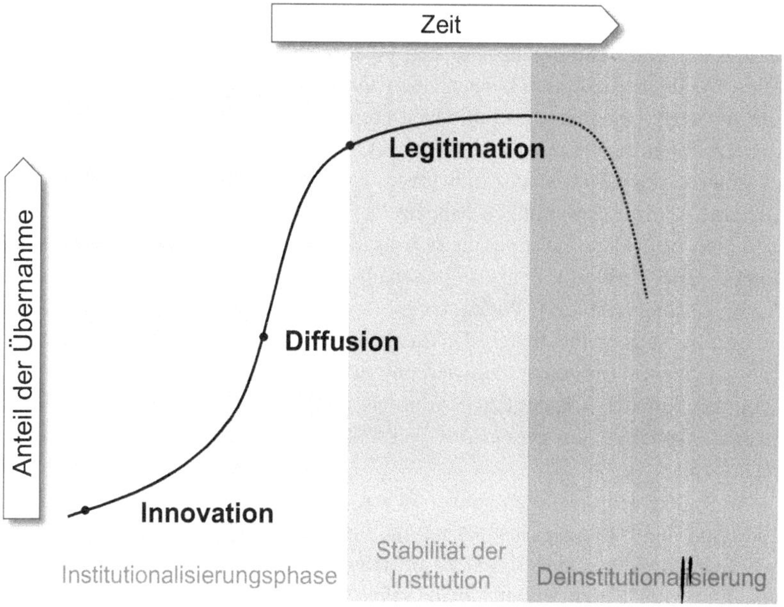

Abbildung 3.6 Institutionalisierungskurve. (Quelle: Eigene Darstellung in Anlehnung an Lawrence et al. (2001: 626))

Veränderungsimpulse können durch exogene Schocks wie Kriege und Krisen sowie durch endogene Prozesse wie Konflikte und Widersprüche zwischen institutionellen Elementen hervorgerufen werden (Scott 2014: 58). Während Krisen Debatten über die Legitimität bestehender Institutionen auslösen, „sodass dominante kulturelle Vorstellungen aufbrechen und alternative Ideen gedacht werden können" (Orban et al. 2018: 124), kann endogener Wandel durch zwei neuere Ansätze erklärt werden: Zum einen können *institutionelle Unternehmer* (‚institutional entrepreneurs') mit bestehenden Regeln brechen und zum anderen entstehen durch mehrdeutige und widersprüchliche institutionelle Regeln Spielräume, die von Akteuren durch *institutionelle Arbeit* (‚institutional work') genutzt werden können.

Institutionelle Unternehmer stellen nach DiMaggio (1988) Schlüsselakteure dar, die innerhalb von organisationalen Feldern (vgl. Abschn. 3.3.1.2) institutionellen Wandel herbeiführen können: „new institutions arise when organized actors with sufficient resources (institutional entrepreneurs) see in them an opportunity to realize interests that they value highly" (DiMaggio 1988: 14). Diesen Akteuren, bei denen es sich sowohl um Individuen, Organisationen, den Staat, Netzwerke oder auch soziale Bewegungen handeln kann, werden spezifische Eigenschaften bzw. eine besondere Position im organisationalen Feld zugeschrieben (Hardy/Maguire 2017: 262 ff.). Impulse innerhalb von Feldern wie Unsicherheit, Probleme, Spannungen und Widersprüche sowie bestimmte Feldstadien können Gelegenheitsfenster darstellen, die durch die institutionellen Unternehmer aber auch als solche wahrgenommen werden müssen (Hardy/Maguire 2017: 264 ff.). Um institutionellen Wandel herbeizuführen, müssen sie „mobilize and recombine materials, symbols and people in novel and even artful ways" (Hardy/Maguire 2017: 270).

Das Konzept der institutionellen Arbeit wurde von Lawrence und Suddaby (2006) mit ihrem Beitrag „Institutions and Institutional Work" eingeführt und zielt darauf ab, das Verständnis davon zu vertiefen, wie Akteure gezielt auf die Schaffung (‚creating'), den Erhalt (‚maintaining') und die Zerstörung (‚disrupting') von Institutionen einwirken. Während das Konzept des institutionellen Unternehmers „hypermuscular institutional entrepreneurs" (Lawrence et al. 2009a: 1) hervorhebt, die mittels visionärer Führung und strategischer Ressourcennutzung aktiv grundlegende Veränderungen des institutionellen Settings anstreben, liegt der institutionellen Arbeit ein umfassenderes Verständnis zugrunde: Hier wird davon ausgegangen, dass eine breite Palette von Akteuren, „auch ohne über Macht und die nötigen (materiellen) Ressourcen zu verfügen" (Kirchner et al. 2015:

196), vielfältige Formen von institutioneller Arbeit strategisch nutzen kann, welche sowohl radikalen Wandel als auch die inkrementelle Anpassung bestehender Institutionen einschließen.

Durch diese beiden Betrachtungsweisen, die im Rahmen der Prozesse von De- und Re-Institutionalisierung die Möglichkeit von strategischem Handeln verorten, wird jedoch eine Grundannahme des soziologischen Neo-Institutionalismus infrage gestellt (Orban et al. 2018: 124): Vor dem Hintergrund des Kulturdeterminismus wird die Frage aufgeworfen, wie Akteure, die tief in bestehende institutionelle Strukturen eingebettet sind, dennoch in der Lage sind, diese Strukturen zu verändern. Diese Kontradiktion wird als „paradox of embedded agency" bezeichnet (Battilana/D'Aunno 2009; Seo/Creed 2002). Walgenbach und Meyer begegnen dieser Problematik, indem sie formulieren, „dass soziale Akteure und ihre Interessen institutionell definiert sind" (Walgenbach/Meyer 2008: 122). Daran anknüpfend, setzt sich Abschnitt 3.4.2 explizit mit dem Gegensatz zwischen Struktur und Handlungsfähigkeit auseinander.

3.3.1.2 Organisationale Felder, Isomorphie und institutionelle Logiken

In ihrem Aufsatz „The Iron Cage Revisited: Institutional Isomorphism and Collective Rationality in Organizational Fields" machen DiMaggio und Powell (1983) das Konzept des *organisationalen Felds* für den soziologischen Neo-Institutionalismus fruchtbar. Diese Felder stellen die Räume dar, in welchen der Prozess der Institutionalisierung von Organisationsstrukturen abläuft. Sie umfassen jene Organisationen, „die gemeinsam einen abgegrenzten Bereich des institutionellen Lebens konstituieren" (DiMaggio/Powell 2000: 149). Damit ist die Gesamtheit der für eine Organisation relevanten Akteure gemeint, worunter neben wichtigen Zulieferern und Kunden auch Regulierungsbehörden und andere Organisationen mit ähnlichen Produkten oder Dienstleistungen fallen (ebd.). Diese Organisationen stehen in einem engeren Kontakt zueinander als mit Organisationen außerhalb des Feldes: „a community of organizations that partakes of a common meaning system and whose participants interact more frequently and fatefully with one another than with actors outside of the field" (Scott 1994: 207 f.). Nach DiMaggio und Powell lassen sich organisationale Felder nicht a priori ermitteln, sie müssen auf Basis empirischer Untersuchungen definiert werden:

> „The process of institutional definition, or ‚*structuration,*' consists of four parts: an increase in the extent of interaction among organizations in the field; the emergence of sharply defined interorganizational structures of domination and patterns of coalition;

> an increase in the information load with which organizations in a field must contend; and the development of a mutual awareness among participants in a set of organizations that they are involved in a common enterprise." (DiMaggio/Powell 1983: 148, Hervorhebung durch J. H.)

Solch ein Feld konstituiert sich über eine gewisse Zeit, weshalb in frühen Stadien teils erhebliche Unterschiede zwischen den Organisationen festgestellt werden können. Ist ein organisationales Feld jedoch weitgehend etabliert, kommt es „zu einem unerbittlichen Homogenisierungsschub" (DiMaggio/Powell 2000: 148). Die im selben organisationalen Feld befindlichen Organisationen gleichen sich demnach an, was als *Isomorphismus* bezeichnet wird, da sie denselben Institutionen bzw. institutionalisierten Erwartungshaltungen ausgesetzt sind. Wie Koch richtigerweise konstatiert, erweitern DiMaggio und Powell (1983) den Gedanken der Isomorphie, den Meyer und Rowan (1977) nur auf die formalen Organisationsstrukturen beziehen, auf die gesamte Organisation (Koch 2009: 119).

Analytisch können drei Prozesse, die zur *institutionellen Isomorphie* führen, unterschieden werden, auch wenn sie empirisch nicht immer distinkt voneinander sind (DiMaggio/Powell 1983: 150), weshalb Studien sich nicht nur auf eine dieser Formen beschränken sollten (vgl. Mizruchi/Fein 1999). Zum einen handelt es sich um den *erzwungenen Isomorphismus*, welcher v. a. die Folge formalen oder informalen Drucks auf Organisationen ist und aus ihrer Abhängigkeit von anderen Organisationen resultiert (DiMaggio/Powell 1983: 150). Beispielhaft hierfür sind u. a. staatliche Vorgaben, z. B. in Form von Gesetzen und Verordnungen, unternehmensinterne Vorgaben, die sich auf die verschiedenen Unternehmenseinheiten auswirken, aber auch weniger explizite Aspekte, wie die Notwendigkeit, die eigene Organisation hierarchisch aufzubauen, um mit anderen hierarchischen Organisationen interagieren zu können (DiMaggio/Powell 1983: 151). Dieser Form der Isomorphie wird jedoch teils ihre institutionalisierende Eigenschaft abgesprochen: So argumentiert beispielsweise Zucker, dass Zwang darauf hindeute, dass andere attraktive Alternativen existieren, weshalb sie derartige Formen gar als de-institutionalisierend bezeichnet (Zucker 1987: 444).

Die zweite Form, der *normative Isomorphismus*, ist hauptsächlich auf den Einfluss von Professionen zurückzuführen. Universitäten und Ausbildungseinrichtungen sowie professionelle Netzwerke bzw. Berufsverbände, definieren und verbreiten normative, organisationale Regeln (DiMaggio/Powell 1983: 152). Über den Mechanismus der Personalauswahl bedienen sich die Organisationen innerhalb eines organisationalen Feldes aus demselben Personalpool bzw. beschäftigen

Personal mit demselben professionellen Hintergrund, wodurch sie sich einander angleichen (DiMaggio/Powell 1983: 152 f.).

Der *mimetische Isomorphismus* beschreibt hingegen das Nachahmen bzw. Imitieren der Strukturen anderer Organisationen. Dieser Prozess ist insbesondere im Falle hoher Unsicherheit vorzufinden. So neigen Organisationen dazu, sich andere Organisationen zum Vorbild zu nehmen, „wenn die eigene Organisationstechnologie nicht ausgereift ist (March/Olsen 1976), wenn ihre Ziele nicht eindeutig sind oder ihre Umwelt symbolische Unsicherheit produziert" (DiMaggio/Powell 2000: 155). Hierdurch diffundieren organisationale Elemente, die als besonders erfolgreich und legitim wahrgenommen werden, als „Blaupause" im organisationalen Feld und bewirken eine Konvergenz der Organisationen (Hasse/Krücken 2009: 240). Zusammenfassend lässt sich festhalten, dass erzwungener Isomorphismus meist aus regulativem Druck von vertikal übergeordneten Akteuren induziert wird, während normativer und mimetischer Druck häufig von horizontal gleichgestellten Organisationen ausgeht (Boxenbaum/Jonsson 2017: 79).

Von diesen Formen des *institutionellen Isomorphismus* ist der *kompetitive Isomorphismus* zu unterscheiden, der v. a. in solchen Feldern vorzufinden ist, in denen ein „freier und ungehinderter Wettbewerb herrscht" (DiMaggio/Powell 2000: 152), wo somit Effizienzanforderungen im Vordergrund stehen. Zudem kann in sich entwickelnden organisationalen Feldern kompetitiver Isomorphismus eine Vorstufe des institutionellen Isomorphismus darstellen, indem Organisationsstrukturen durch Organisationen erst im Hinblick auf eine Leistungsverbesserung übernommen werden, bevor durch die weitere Verbreitung dieser „organisationalen Innovation [...] schnell ein Punkt erreicht [wird], ab dem die schablonenhafte Übernahme der Innovation statt Leistungsverbesserung Legitimität verspricht" (Walgenbach 2019: 310). Diesbezüglich belegen empirische Arbeiten zu Reformen im öffentlichen Dienst, dass eine frühe Übernahme von Reformelementen durch interne Erfordernisse bedingt und von situativen Faktoren (sozioökonomische Beschaffenheit und Größe der Kommune) beeinflusst werde, während die Übernahme von Reformelementen in späteren Phasen nicht mehr durch diese Faktoren bestimmt werde, sondern vielmehr abhängig von institutionellen Faktoren (z. B. der Definition von angemessenen kommunalen Verwaltungsstrukturen) sei (vgl. DiMaggio/Powell 1983; Tolbert/Zucker 1983). Institutioneller Isomorphismus ist von kompetitivem Isomorphismus somit dadurch zu unterscheiden, dass die Übernahme von organisationalen Elementen aufgrund von Legitimitätsbestrebungen und nicht aufgrund eines „rationalen" Lernprozesses erfolgt; wichtig für die Beurteilung sind also die der Entscheidung zugrundeliegenden Motivationen der Entscheidungsträger (Greenwood et al. 2008: 11 f.).

Das Konzept des organisationalen Feldes ist u. a. der Kritik ausgesetzt, dass bei hohem Strukturierungsgrad weiterer Wandel nicht erklärt werden könne, ebenso könne Heterogenität nicht erfasst werden (Walgenbach/Meyer 2008: 72). An die erste Kritik knüpft Hoffmans Verständnis von organisationalen Feldern an, welche sich für ihn nicht um bestimmte Technologien oder Märkte, sondern um kontroverse Themen (‚issues') formen (Hoffman 1999: 351; Walgenbach/Meyer 2008: 74): „Field formation is not a static process; new forms of debate emerge in the wake of triggering events that cause a reconfiguration of field membership and/or interaction pattern" (Hoffman 1999: 351). Organisationale Felder werden damit nicht als statisch, „sondern als im Fluss befindliche soziale Räume" (Walgenbach/Meyer 2008: 74) definiert. Da die Zusammensetzung eines organisationalen Feldes an Diskurse geknüpft wird, sind Organisationen nur für einen abgrenzbaren Zeitraum Mitglied des Feldes, was Wandel innerhalb des Feldes ermöglicht. Gleichartige Organisationen sind daher kein organisationales Feld, „sondern nur eine ‚community of organizations' innerhalb eines Feldes" (ebd.).

Hinsichtlich des zweiten Kritikpunktes, der die mögliche Heterogenität von organisationalen Feldern betrifft, halten Walgenbach und Meyer zunächst fest, dass *Strukturangleichung* nicht mit *Strukturgleichheit* gleichgesetzt werden dürfe, da Institutionen zwar die Anwendung abstrakter Regeln bedingen, sich die jeweils konkrete Umsetzung aber unterscheiden könne (Walgenbach/Meyer 2008: 75). Um dennoch unterschiedliche organisationale Reaktionen auf institutionalisierte Anforderungen erklären zu können, ist zwischen der Beschaffenheit der institutionellen Struktur und organisationalen Faktoren zu unterscheiden (Walgenbach 2019: 345 ff.). Vier Erklärungsansätze beschäftigen sich mit der **Beschaffenheit der institutionellen Struktur** (Walgenbach 2019: 345 ff.):

- *Wirkungsintensität institutionalisierter Strukturelemente*: Die Wirkungsintensität hängt davon ab, inwiefern ein Strukturelement in einem organisationalen Feld als rational angesehen wird. Hierdurch können Strukturelemente weniger und stärker verbreitet sein.
- *Institutionelle Struktur organisationaler Felder* (Scott 1994): Scott identifiziert drei Dimensionen, die die Unterschiede in organisationalen Feldern bestimmen: *Regelungsdichte* (Eindeutigkeit, Klarheit und Grenzen der institutionalisierten Vorstellungssysteme), *Natur des Kontrollsystems* (insbesondere Einfluss des Staates) und *Grad der Strukturation* des Feldes (s. o.).[46]

[46] Indikatoren für das Ausmaß der Strukturation seien die Bewusstheit in Organisationen darüber, dass sie ein gemeinsames Sinnsystem mit anderen Organisationen teilen und gleiche oder aufeinander bezogene Aktivitäten ausführen sowie die Interaktion der Organisationen im organisationalen Feld (Walgenbach 2019: 346).

- *Flexibilität institutionalisierter Regeln* (Clemens/Cook 1999): Dieser Ansatz hebt hervor, dass gewisse institutionalisierte Regeln wandlungsfähiger sind als andere. Es wird zwischen Muss-Regeln, Darf-nicht-Regeln und Kann-Regeln unterschieden, die jeweils ein unterschiedliches Potenzial bieten entweder Stabilität oder Wandel zu ermöglichen.
- *Interaktion übergeordneter institutionalisierter Regelsysteme* (Friedland/Alford 1991; Ocasio et al. 2017; Thornton/Ocasio 1999): Dieser Ansatz bezieht sich auf das Zusammenspiel und die Konflikte zwischen verschiedenen *institutionellen Logiken* (‚institutional logics'). Demnach besitzen die Kerninstitutionen der Gesellschaft wie Markt, Staat, Familie und Religion jeweils eine zentrale Logik. Diese Logiken bieten zwar einerseits eine Grundlage für das Verhalten von Individuen, Organisationen und Staat, andererseits bieten die Widersprüche und Konflikte innerhalb und zwischen den Logiken und die hieraus resultierende institutionelle Komplexität Ansatzpunkte für Heterogenität.

Diese Logiken können definiert werden als „socially constructed, historical pattern of material practices, assumptions, values, beliefs, and rules by which individuals produce and reproduce their material subsistence, organize time and space, and provide meaning to their social reality" (Thornton/Ocasio 1999: 804). Im Gegensatz zum Drei-Säulenmodell von Scott (2014) werden hierbei die strukturelle, normative und symbolische Dimension von Institutionen nicht als separat voneinander betrachtet (Thornton et al. 2012: 51), weshalb je Logik auch verschiedene Formen der Isomorphismen auftreten können. Stattdessen wird davon ausgegangen, dass die Institutionen einer Gesellschaft in Subsystemen verortet sind, die als institutionelle Ordnungen (‚institutional order') bezeichnet werden und jeweils sowohl strukturelle als auch normative und symbolische Bestandteile aufweisen (Thornton et al. 2012: 51 ff.).

Tabelle 3.8 Idealtypen des interinstitutionellen Systems

Y-Axis:	X-Axis: Institutional Orders					
Categories	Family	Christian religion	State	Market	Profession	Corporation
Root Metaphor	Family as firm	Temple as bank	Redistribution mechanism	Transaction	Relational network	Hierarchy
Sources of Legitimacy	Unconditional loyalty	Sacredness in society	Democratic participation	Share price	Personal expertise	Market position of firm
Sources of Authority	Patriarchal domination	Priesthood charisma	Bureaucratic domination	Shareholder activism	Professional association	Top management
Sources of Identity	Family reputation	Association with deities	Social & economic class	Faceless	Association with quality of craft Personal reputation	Bureaucratic roles
Basis of Norms	Household membership	Congregational membership	Citizenship membership	Self-interest	Associational membership	Firm employment
Basis of Attention	Status in household	Relation to supernatural	Status of interest group	Status in market	Status in profession	Status in hierarchy
Basis of Strategy	Increase family honor	Increase religious symbolism of natural events	Increase community good	Increase profit	Increase personal reputation	Increase size of firm
Informal Control Mechanisms	Family politics	Worship of calling	Backroom politics	Industry analysts	Celebrity professionals	Organization culture
Economic System	Family capitalism	Occidental capitalism	Welfare capitalism	Market capitalism	Personal capitalism	Managerial capitalism

Quelle: Leicht abgewandelt nach Thornton et al. (2012: 56)

Tabelle 3.8 gibt einen Überblick über die von Thornton et al. identifizierten institutionellen Ordnungen, die zusammengenommen als interinstitutionelles System bezeichnet werden. Jede der institutionellen Ordnungen wird als eine unterschiedliche Domäne von Institutionen definiert, die um eine zentrale Kerninstitution der Gesellschaft (‚key cornerstone institution of society') herum aufgebaut ist, welche die kulturellen Symbole und materiellen Praktiken repräsentiert, die einen allgemein anerkannten Lebensbereich regeln:

> „Each institutional order represents a governance system that provides of a frame of reference that preconditions actors' sensemaking choices. The cornerstone institution connotes the root symbols and metaphors through which individuals and organizations perceive and categorize their activity and infuse it with meaning and value." (Thornton et al. 2012: 54)

Wie Tabelle 3.8 aufzeigt, umfassen die institutionellen Ordnungen gewisse symbolische Bedeutungen und materielle Praktiken, aus denen jeweils ein spezifisches kulturelles Glaubenssystem bzw. spezifische Organisationsprinzipien hervorgehen (Thornton et al. 2015: 2). Die kategorialen Elemente auf der vertikalen Y-Achse repräsentieren somit, wie Individuen und auch Organisationen, wenn sie von einer bestimmten institutionellen Ordnung beeinflusst werden, wahrscheinlich ihr Selbstverständnis und ihre Identität wahrnehmen: „that is, who they are, their logics of action, how they act, their vocabularies of motive, and what language is salient" (Thornton et al. 2012: 54). Innerhalb dieser institutionellen Ordnungen können verschiedene institutionelle Logiken existieren, wie Thornton et al. (2015: 5 f.) am Beispiel der institutionellen Ordnung der Profession erläutern: So kann beispielsweise zwischen auf Vertrauen und auf Expertise basierenden Modellen unterschieden werden.

Diese Ausführungen zeigen auf, dass eine mangelnde Konvergenz im organisationalen Feld nicht zwangsläufig auf das Fehlen institutioneller Prozesse hinweist (Greenwood et al. 2008: 12). Darüber hinaus können Organisationen in mehreren organisationalen Feldern gleichzeitig verortet sein (vgl. Greenwood et al. 2014). Den zweiten Strang der Erklärungsfaktoren, der sich auf **organisationsspezifische Eigenschaften** bezieht und stärker empirisch ausgerichtet ist, interpretiert Walgenbach als „eine Art ‚Kontingenztheorie' der Übernahme oder Aufgabe institutionalisierter Strukturelemente" (Walgenbach 2019: 349). So wird z. B. auf die Größe von Organisationen, aufgabenbedingte Anforderungen, die interne Dynamik von Organisationen, die Unterscheidung zwischen frühen und späten Adoptoren, die Art der Beziehungen zu und den Umgang mit Stakeholdern, soziale Netzwerke und Ausmaß der globalen Orientierung verwiesen (Walgenbach 2019: 347 ff.).

Greenwood et al. (2011) führen verschiedene der zuvor genannten Aspekte in einem übergreifenden Framework zusammen, in dessen Mittelpunkt das Konzept der *institutionellen Komplexität* steht (vgl. Abbildung 3.7). Diese ergibt sich nicht nur aus der Anzahl der (betrachteten) institutionellen Logiken, sondern auch aus deren relativen Inkompatibilität, wobei hier das Ausmaß und die Quellen der Inkompatibilität sowie jeweilige Spezifität der Logiken zu berücksichtigen sind (Greenwood et al. 2011: 324 ff.).[47] Art und Umfang der institutionellen Komplexität werden maßgeblich durch die spezifische Feldstruktur beeinflusst:

> „It is at this level that overarching sets of meaning and normative criteria become encoded in 'local' logics that are manifested in rituals, practices and day-to-day behavior […] [and] that referent audiences, such as accreditation agencies and professional associations, are especially active." (Greenwood et al. 2011: 334)

Für die Charakterisierung von organisationalen Feldern bietet es sich zum einen an zwischen „entwickelten" (‚mature') und „sich entwickelnden" (‚emerging') Feldern zu unterscheiden. Erstere zeichnen sich durch regelmäßige interorganisationale Beziehungen in Verbindung mit „articulated institutional infrastructure" (Greenwood et al. 2011: 335) aus, worunter beispielsweise Berufsverbände, Regulierungsbehörden, aber auch Wettbewerbsrituale wie Preisverleihungen oder die Existenz von Informationsmittlern (‚infomediaries') wie Medien und Beratern fallen. Diese Strukturiertheit führt zu einer höheren Stabilität und geringeren institutionellen Komplexität, da Konflikte zwischen konkurrierenden Logiken bereits auf Feldebene gelöst wurden. Selbst wenn mehrere Logiken koexistieren, kann Stabilität erreicht werden, solange die Beziehungen zwischen den Logiken verstanden und vorhersagbar sind (Greenwood et al. 2011: 335 f.).

[47] Für die Beurteilung der Inkompatibilität kann auf die Unterschiede zwischen den durch die institutionellen Logiken vorgegebenen Ziele und Mittel geschaut werden (Greenwood et al. 2011: 333). Die Spezifizität einer Logik bezieht sich auf die Mehrdeutigkeit der Ziele und Praktiken, die ihr innewohnen (ebd.).

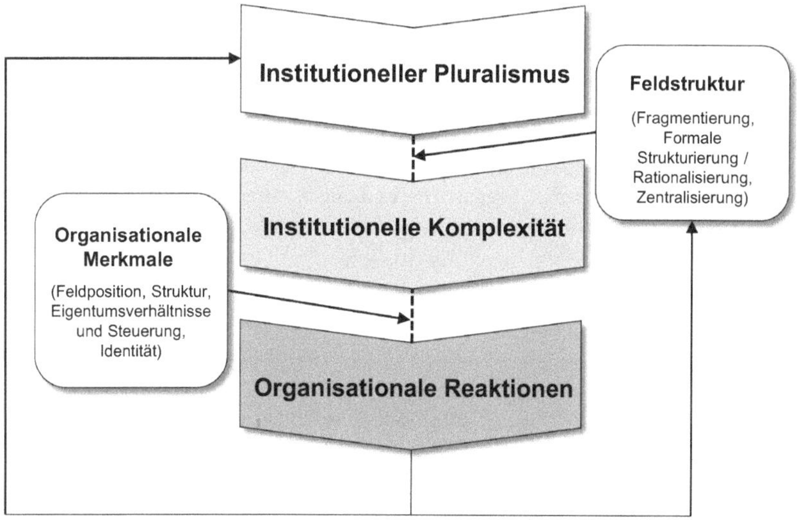

Abbildung 3.7 Institutionelle Komplexität und organisationale Antworten. (Quelle: Eigene Darstellung in Anlehnung an Greenwood et al. (2011: 324))

Sich entwickelnde Felder sind demgegenüber durch eine hohe Unsicherheit in ihren institutionellen Arrangements gekennzeichnet, da die Regeln, die legitime Aktivitäten, Mitgliedschaft und Grenzen definieren, oft unklar, durchlässig oder wenig verstanden sind (Greenwood et al. 2011: 336). Diese Unklarheit und der Mangel an festen Strukturen können zunächst zu einer scheinbar geringeren institutionellen Komplexität führen, jedoch erlaubt die Durchlässigkeit der Feldgrenzen leicht den Eintritt neuer Akteure mit unterschiedlichen Logiken, was die Balance innerhalb des Feldes erschwert und letztendlich die institutionelle Komplexität erhöht (ebd.). Entstehende Felder sind daher oft dynamisch und fragmentiert, was Organisationen vor größere Herausforderungen in der Handhabung von institutioneller Komplexität stellt.

Um Unterschiede zwischen entwickelten Feldern herausstellen zu können, sind nach Greenwood et al. drei Dimensionen zu betrachten (Greenwood et al. 2011: 336 ff.):

- *Fragmentierung* bezieht sich auf die Anzahl unkoordinierter Akteure, von denen eine Organisation hinsichtlich Legitimität und Ressourcen abhängig ist. Fragmentierung steigt somit durch das separate Vorhandensein mehrerer institutioneller Logiken, die jeweils von unkoordinierten Organisationen oder Referenzgruppen vertreten werden, was zu höherer institutioneller Komplexität führt.

- *Formale Strukturierung / Rationalisierung* beschreibt, inwiefern die Anforderungen an Organisationen formal oder informal organisiert sind. Eine hohe Formalisierung bedeutet, dass die eine Organisation umgebenden Interessen, Akteure etc. formal organisiert sind, im Gegensatz zu weniger formal organisierten Gruppen, Gemeinschaften oder Verbänden. Die Formalisierung kann die Art und Weise beeinflussen, wie eine Organisation auf Anforderungen reagiert, da formal organisierter Druck spezifischer und sichtbarer ist. Allerdings ist der zu erwartende empirische Zusammenhang zwischen der Formalisierung auf Feldebene und der erlebten Komplexität durch Organisationen für die Autoren uneindeutig.
- *Zentralisierung* betrifft die hierarchische Machtstruktur der institutionellen Akteure. Ein hohes Maß an Zentralisierung führt zu einer Standardisierung organisationaler Formen und einer Reduzierung der institutionellen Komplexität. Im Gegensatz dazu erhöht das Fehlen eines zentralen Akteurs die institutionelle Komplexität, da Organisationen konkurrierenden, institutionellen Anforderungen ausgesetzt sind.

Pache und Santos (2010) argumentieren in diesem Kontext, dass institutionelle Komplexität in jenen organisationalen Feldern besonders hoch sei, die durch die Kombination von hoher Fragmentierung und moderater Zentralisierung geprägt sind: Diese Felder sind "characterized by the competing influence of multiple and misaligned players whose influence is not dominant yet is potent enough to be imposed on organizations" (Pache/Santos 2010: 458). Greenwood et al. ergänzen, dass bei einer solchen Betrachtung zu berücksichtigen sei, dass Felder mehrere Knotenpunkte zentralisierter Autorität mit jeweils unterschiedlichen Durchsetzungsmechanismen aufweisen können (Greenwood et al. 2011: 338 f.).

Innerhalb eines organisationalen Feldes werden institutionelle Logiken dann durch Eigenschaften der Organisation gefiltert. Diese bestimmen, wie Organisationen die institutionelle Komplexität wahrnehmen und welche organisationalen Reaktionsmöglichkeiten für sie in Frage kommen (Greenwood et al. 2011: 339 ff.):

- Die *Feldposition* bezieht sich auf die strukturelle Position einer Organisation innerhalb eines organisationalen Feldes. Organisationen, die im „Zentrum" eines Feldes positioniert sind, sind tief in bestehende institutionelle Arrangements eingebettet und neigen dazu, gegenüber neu entstehenden Komplexitäten unempfindlich zu sein. Im Gegensatz dazu befinden sich Organisationen an der „Peripherie" des Feldes in einer weniger festgelegten Umgebung und sind weniger durch institutionalisierte Beziehungen und Erwartungen gebunden, was ihnen mehr Flexibilität und die Möglichkeit gibt, von etablierten Praktiken abzuweichen. Diese Organisationen sind oft weniger dem institutionellen Druck ausgesetzt, den zentralere Organisationen erfahren, und haben daher einen größeren Spielraum, um auf die Komplexität zu reagieren. Indikatoren für „zentrale" Organisationen sind ihre Größe (oft in Verbindung mit ihrem Alter) sowie ihr Status. Hieraus lassen sich zwei gegensätzliche Annahmen ableiten: (1.) Der Handlungsspielraum zentralerer Organisationen ist eingeschränkter, da sie mehr (öffentliche) Aufmerksamkeit auf sich ziehen. (2.) Aufgrund ihrer Größe können sie eher immun gegenüber institutionellen Erwartungen sein und können daher leichter von ihnen abweichen. Eine besondere Stellung nehmen auch Organisationen ein, die sich an den Schnittstellen verschiedener institutioneller Logiken befinden oder in mehreren organisationalen Feldern verorten sind.

- Die *Struktur* einer Organisation schafft unterschiedliche intraorganisationale „Gemeinschaften", die jeweils eigene professionelle Logiken repräsentieren bzw. in die Organisation importieren, was je nach Umfang die institutionelle Komplexität für eine Organisation erhöhen kann. Entscheidend sind die Stärke der Verbindungen zwischen einzelnen Mitgliedern einer Organisation und externen, feldspezifischen institutionellen Infrastrukturen (Teilnahme an Konferenzen, Mitgliedschaft in Verbänden, Weiter-/Fortbildungen), die Motivation und Fähigkeit von Feldakteuren, ihre Forderungen durchzusetzen, die Charakteristik der jeweiligen Organisationseinheit, wobei Greenwood et al. Einheiten im Kern einer Organisation eine geringere Responsivität zuschreiben, als übergreifenden Einheiten wie dem Marketing oder Customer-Relationship-Management, sowie die Fähigkeit zentraler Organisationen aufgrund ihrer Immunität die Mitarbeiter von ihrem professionellen Kontext abzuschirmen (z. B. durch ihren organisationsinternen Sozialisationsprozess).
- Die *Eigentumsverhältnisse und Steuerung* von und innerhalb von Organisationen sind von Bedeutung, da sie den Aspekt der Macht berücksichtigen. So wird der Einfluss institutioneller Logiken auf eine Organisation von ihrer Abhängigkeit von institutionellen Akteuren (z. B. Staat oder Kirche) sowie von der Organisationsform abhängen. Letztere bestimmt, über welche Wege (z. B. Aufsichtsrat) Interessen und Präferenzen von Stakeholdern repräsentiert werden. Neben den Eigentumsverhältnissen sind die für die organisationale

Steuerung relevanten Positionen und Gruppen von Bedeutung. Hier kommt es auf die beruflichen Hintergründe von Entscheidungsträgern und ihre Sensibilität für eine bestimmte Logiken an. Hinsichtlich dieser Aspekte vermuten Greenwood et al. Unterschiede zwischen verschiedenen Arten von Logiken:

> „We suspect that the ownership structure is particularly significant for the institutionalized importation of societal logics (family, religion, markets) because these may be more formally embedded into the very institutions of ownership. In contrast, contestation fuelled by field-level logics— such as professional logics—are perhaps more usually resolved through the 'representation' or 'absence' of occupational groups within the formal organizational structure." (Greenwood et al. 2011: 346)

- Die *Identität* einer Organisation trägt ebenfalls dazu bei, wie sie mit institutioneller Komplexität umgeht. Von Bedeutung ist, ob die organisationalen Akteure die Identität als positiv oder negativ bewerten und wie die Stärke der Identität wahrgenommen wird.

3.3.1.3 Entkopplung und weitere strategische Reaktionsmöglichkeiten

Meyer und Rowan (1977: 355 f.) führen aus, dass die von ihnen als „institutionalisiert" bezeichneten Organisationen mit zwei Problemen konfrontiert sind. Zum einen können institutionelle Regeln im Konflikt mit technischen Anforderungen und Effizienzbestrebungen stehen. Zum anderen können sich institutionelle Regeln aber auch untereinander widersprechen, wenn sie beispielsweise unterschiedlichen institutionellen Umwelten entspringen. Im Umgang mit diesen Problemen können Organisationen auf vier mögliche Teillösungen zurückgreifen (Meyer/Rowan 1977: 356): Sie können (1.) die Anforderungen ignorieren, (2.) starr an institutionellen Vorschriften festhalten, indem sie externe Beziehungen kappen, (3.) „zynisch" anerkennen, dass ihre Struktur nicht mit den Anforderungen übereinstimmt oder (4.) Reformen versprechen. Nachteilig ist jedoch, dass diese Teillösungen nicht langfristig aufrechterhalten werden können und mitunter negative Rückwirkungen auf die Legitimität der Organisation verbunden sind.

Anstatt sich also auf eine Teillösung zu verlassen, können Organisationen derartige Konflikte durch die Anwendung zweier miteinander verknüpfter Instrumente, nämlich der *Entkopplung* (‚decoupling') und der *Logik des Vertrauens und guten Glaubens* (‚logic of confidence and good faith'), lösen (Meyer/Rowan 1977: 356 ff.). Entkopplung bedeutet, dass institutionalisierte Organisationen ihre formalen Strukturen von den tatsächlichen organisationalen Aktivitäten lösen. Sie errichten eine nach außen kommunizierte „zeremonielle Fassade" (Meyer/Rowan 2009: 51) bzw. „Schauseite", wodurch sie weiterhin Responsivität im Hinblick auf die institutionellen Anforderungen demonstrieren und ihre Legitimität gesichert wird. Gleichzeitig können sie ihre Aktivitäten an eher praktischen Erwägungen ausrichten, was dazu beiträgt, dass Konflikte in der Organisation vermieden werden können. Koordination innerhalb der Organisation wird dann z. B. stärker informal betrieben.

Im Kontext der Entkopplung wird auf die Logik des Vertrauens und guten Glaubens zurückgegriffen, um das Vertrauen der internen und externen Akteure in die Organisationsstruktur aufrechtzuhalten. Unter Verweis auf Goffman (Goffman 1967: 12 ff.), nennen Meyer und Rowan mögliche Praktiken zur „Gesichtswahrung": Vermeidung, Diskretion und Wegsehen. Um die Transparenz hinsichtlich ihrer Organisationsstrukturen zu verringern, können Organisationen u. a. auch intern Organisationseinheiten voneinander entkoppeln und versuchen, Anlässe für „Inspektionen" oder Evaluationen zu minimieren (Meyer/Rowan 1977: 357 ff.).

Zwischen den verschiedenen Vertretern des soziologischen Neo-Institutionalismus herrscht jedoch Uneinigkeit bzgl. der Idee der Entkopplung. So argumentieren DiMaggio und Powell (1983) gegensätzlich zu Meyer und Rowan (1977), dass sich die Aktivitäten einer Organisation zwangsläufig ändern, wenn eine Organisation institutionelle Elemente übernimmt. Die Idee der Entkopplung unterstelle nach Koch einen „‚institutionenfreien Raum' der Organisation und etabliere implizit ein Modell des ungebundenen rationalen Entscheidens und Handelns im Kernbereich von Organisationen" (Koch 2009: 121), was einer wesentlichen Annahme des soziologischen Neo-Institutionalismus widerspricht. Anhand empirischer Studien ist Entkopplung für Scott zum einen v. a. bei regulativem und weniger bei normativem und kulturell-kognitivem Druck zu erwarten (Scott 2014: 187). Zum anderen sei Entkopplung wahrscheinlicher, wenn sowohl der Legitimitätsgewinn als auch die mit der Übernahme organisationaler Merkmale verbundenen Implementationskosten hoch sind (ebd.).

Insgesamt besteht unter den verschiedenen Autoren des soziologischen Neo-Institutionalismus im Allgemeinen kein Konsens darüber, in welchem Ausmaß Organisationen über strategische Reaktionsmöglichkeiten auf institutionelle Umwelteinflüsse verfügen. Eine Systematisierung des möglichen Spektrums legt Oliver (1991) in ihrem Aufsatz „Strategic Responses to Institutional Processes“ vor. Auf Grundlage von übereinstimmenden Annahmen des soziologischen Neo-Institutionalismus sowie des Ressourcenabhängigkeitsansatzes,[48] unterscheidet sie fünf Strategien organisationaler Akteure, denen sie jeweils drei Taktiken zuordnet. Tabelle 3.9 stellt die Strategien, in aufsteigender Reihenfolge von Passivität bis zu Widerstand, die korrespondierenden Taktiken und Beispiele dar. Die *Duldung* entspricht weitestgehend der in Abschnitt 3.3.1.2 dargestellten Isomorphie. Beim *Kompromiss* erfolgt institutionelle Konformität nur partiell und Organisationen verfolgen stärker ihre eigenen Interessen. Im Gegensatz dazu liegt *Vermeidung* die Motivation zugrunde, die Umweltbedingungen, die ein konformes Verhalten erforderlich machen, zu umgehen. Sowohl der Kompromiss als auch die Vermeidung können in unterschiedlicher Abstufung mit dem oben skizzierten Konzept der Entkopplung gleichgesetzt werden. Bei den beiden letzten Strategien *Trotz* und *Manipulation*, zeigen Organisationen eine deutlich sichtbare Ablehnung gegenüber bestimmten institutionellen Regeln bzw. „organizations actively alter, re-create, or control the pressures themselves or the constituents that impose them“ (Oliver 1991: 159).

[48] Nach Oliver (1991: 146 ff.) betonen beide Ansätze, dass organisatorische Entscheidungen durch externe Beschränkungen der Umwelt begrenzt sind und dass Organisationen Stabilität und Legitimität anstreben. Die institutionelle Perspektive fokussiert auf Konformität mit externen Regeln, Erwartungen und Normen, wobei Organisationen oft unbewusst institutionalisierten Elementen folgen. Im Gegensatz dazu betont der Ressourcenabhängigkeitsansatz die Anpassung an Umweltunsicherheiten und die aktive Steuerung von Ressourcenflüssen zur Erreichung von Stabilität. Während die institutionelle Perspektive Konformität als Schlüssel zur Stabilität sieht, hebt die Ressourcenabhängigkeitstheorie die Vorteile der Nichtkonformität hervor.

Tabelle 3.9 Strategische Antworten auf institutionelle Prozesse

Strategies	Tactics	Examples
Acquiesce	Habit	Following invisible, taken-for-granted norms
	Imitate	Mimicking institutional models
	Comply	Obeying rules and accepting norms
Compromise	Balance	Balancing the expectations of multiple constituents
	Pacify	Placating and accommodating institutional elements
	Bargain	Negotiating with institutional stakeholders
Avoid	Conceal	Disguising nonconformity
	Buffer	Loosening institutional attachments
	Escape	Changing goals, activities, or domains
Defy	Dismiss	Ignoring explicit norms and values
	Challenge	Contesting rules and requirements
	Attack	Assaulting the sources of institutional pressure
Manipulate	Co-opt	Importing influential constituents
	Influence	Shaping values and criteria
	Control	Dominating institutional constituents and processes

Quelle: Oliver (1991: 152)

3.3.2 Empirische Studien zur öffentlichen Verwaltung

Ausgehend von einer Typologie von Arbeitsagentur-Modellen (sozialorientiertes Modell, Sanktionsmodell, arbeitgeberorientiertes Modell und Balancemodell) mit Fokus auf der Strategie der Arbeitsvermittlung (Arbeitgeberorientierung, Förderorientierung und Sanktionsorientierung),[49] legen die Studienergebnisse von Schütz auf Basis verschiedener Daten und Analysemethoden nahe, dass die Agenturen einem isomorphen Prozess unterliegen und daher die Modellvielfalt im Untersuchungszeitraum (2000–2006) abnimmt (Schütz 2008: 221 f.). Eine zweite zentrale Erkenntnis ist, dass eine Verschiebung hinsichtlich der vorherrschenden

[49] Sozialorientiertes Modell: besonders hohes Maß an zielgruppenorientierter Vermittlung und bedarfsorientierter Förderung; Sanktionsmodell: in besonders hohem Maß Umsetzung von Instrumenten der fordernden Aktivierung; arbeitgeberorientiertes Modell: Stellenbesetzung und Dienstleistungsorientierung gegenüber Arbeitgebern dominieren; Balancemodell: fördernde und fordernde Aktivierung sowie die Arbeitgeberorientierung sind gleichermaßen wichtig (vgl. Schütz 2008).

Vermittlungsstrategien stattgefunden hat: Während 2000–2004 die Förderorientierung und Balance der drei Vermittlungsstrategien deutlicher nachweisbar sind, verschiebt sich die Ausrichtung 2005/2006 in Richtung Arbeitgeberorientierung (ebd.).

Ashworth et al. (2007) untersuchen, inwiefern sich lokale englische Behörden im Zuge eines NPM-Reformprogramms („Best Value") zwischen 2001 und 2004 angeglichen haben.[50] Sie betrachten hierfür neben der Organisationsstruktur die Organisationskultur, den Prozess der Strategieplanung sowie die Strategieinhalte, da sie davon ausgehen, dass sich institutionelle Konformität auf alle organisationalen Elemente auswirken, wobei die Organisationskultur sowie Strategie gegenüber der Organisationsstruktur resistenter gegenüber isomorphem Druck seien (Ashworth et al. 2007: 170 f.).[51] Interessant ist hier, dass die Autoren hinsichtlich der Konformität eine Unterscheidung zwischen *Befolgung* (‚compliance') und *Konvergenz* (‚convergence') vornehmen, wobei Befolgung gegeben sei, wenn Anpassungen in Richtung des „offiziellen" bzw. vom Reformprogramm beabsichtigten Drucks erfolgen (Ashworth et al. 2007: 169). Konvergenz bezeichnet hingegen das Ausmaß der Anpassungen bzw. Variation, die sich zwischen Organisationen in einem organisationalen Feld über Zeit ergeben, mit oder ohne Befolgung (ebd.). Die Befolgung messen die Autoren anhand der Veränderung der durchschnittlichen Zustimmung zu einem jeweiligen Item zwischen 2001 und 2004; dabei müssen die Veränderungen statistisch signifikant sein (Ashworth et al. 2007: 176). Für die Konvergenz ziehen sie die Veränderung des Variationskoeffizienten der Items als Kriterium heran (Ashworth et al. 2007: 180).[52]

---

[50] Datengrundlage bildet eine Befragung von Führungskräften in 101 lokalen Behörden zur wahrgenommenen Veränderung von organisationalen Charakteristika im Zuge der Reform.

[51] Die Organisationsstruktur wird anhand von Kriterien der Bürokratisierung, Dezentralisierung und Integration gemessen. In Bezug auf die Organisationskultur werden die Orientierung hinsichtlich von Unternehmertum, der Dienstleistungsverbesserung, der Verbraucherinteressen und der Beziehungen zwischen Führungskräften und Mitarbeitenden erfasst. Bezüglich der Strategieplanung ist von Bedeutung, ob die Prozesse eher rational oder inkremental erfolgen. Im Hinblick auf die strategischen Inhalte wird auf Innovationen und den Einbezug externer Akteure abgestellt.

[52] Für jedes Item erfassen sie die Zustimmung der Befragten auf einer siebenstufigen Likert-Skala (1: starke Ablehnung; 7: starke Zustimmung). Beispielsweise liegt die Zustimmung für die Aussage „Zentralisierung ist ein wichtiger Teil unseres Ansatzes für die Organisationsstruktur" (‚centralization is a major part of our approach to organizational structure') im Jahr 2001 durchschnittlich bei 2,83 und 2004 bei 3,51. Im gleichen Zeitraum ist der Variationskoeffizient dieses Items von 0,32 auf 0,28 gesunken. Die gestiegene, durchschnittliche Zustimmung stellt eine Veränderung entgegen der Zielsetzung des Reformprogramms dar.

Die Auswertung der Daten ergibt, dass sich 20 der 33 Organisationsmerkmale im Sinne der Befolgung verändert haben (‚compliant'), bei sieben Organisationsmerkmalen ist jedoch eine Veränderung entgegen der Zielsetzung des Reformprogramms (‚defiant') eingetreten (ebd.). Bei insgesamt 15 Organisationsmerkmalen ist eine Konvergenz festzustellen, die Schnittmenge von Merkmalen, die sowohl der Befolgung als auch der Konvergenz zuzuordnen sind, beträgt elf (Ashworth et al. 2007: 181). Zudem zeigt sich, dass die stärksten Veränderungen, entgegen der Annahme von Ashworth et al., nicht die Organisationsstruktur, sondern die Organisationskultur und die Strategieinhalte betreffen (Ashworth et al. 2007: 182).

Während die Autoren die insgesamt vergleichsweise geringe Angleichung der Behörden auf die bereits vor der Reform stark ausgeprägte Homogenität zurückführen, ergeben sich hinsichtlich der unterschiedlichen Betroffenheit der Organisationsmerkmale drei mögliche Interpretationen (Ashworth et al. 2007: 182 f.): So könne die stärkere Veränderung der Organisationsskultur und Strategieinhalte (1.) aus dem stärkeren institutionellen Druck, der im Zuge der Reform auf diese Elemente ausgeübt wurde, resultieren. Sie könne aber auch (2.) darauf hindeuten, dass das in der Managementliteratur vertretene Argument, dass im Hinblick auf die Beeinflussung zwischen organisationalen Kern- (u. a. Organisationskultur und Strategie) und peripheren Merkmalen (Organisationsstruktur) zu unterscheiden ist, aufgrund der Spezifika der öffentlichen Verwaltung nicht auf Behörden zu übertragen ist. In Anlehnung an Meyer und Rowan (1977) könne (3.) zudem eine Rolle spielen, dass die Organisationskultur und Strategie durch ihre geringere objektive Überprüfbarkeit, i. S. der Entkopplung, eher von den Befragten als konform dargestellt werden können, als andere organisationale Elemente.

Frumkin und Galaskiewicz (2004) betrachten am Beispiel der Bürokratisierung des Personalmanagements die unterschiedliche Anfälligkeit von privaten, Non-Profit- und öffentlichen Organisationen im Hinblick auf institutionellen Druck.[53] Hierbei unterscheiden sie regulative (unterliegt die Organisation einer regelmäßigen Überprüfung durch eine externe Akkreditierungs- oder Zulassungsorganisationen?), normative (gehört die Organisation einem Verband ähnlicher Organisationen an?) und mimetische (Inwieweit wird bei der Bewertung der Performance der Organisation auf die Praktiken anderer ähnlicher Organisationen

---

Der gesunkene Variationskoeffizient zeigt ergänzend an, dass die betrachtet Organisationen sich in ihrer Einschätzung insgesamt ähnlicher geworden sind.

[53] Datengrundlage bildet die US-amerikanische National Organizations Study von 1991 (Kalleberg et al. 1996; Knoke/Kalleberg 1994). Befragt wurden Personalverantwortliche aus 688 Organisationen.

geachtet?) Aspekte (Frumkin/Galaskiewicz 2004: 296). Neben den Tatsachen, dass öffentliche Organisationen stärker bürokratisiert sind (Frumkin/Galaskiewicz 2004: 297 f.) und den verwendeten Kontrollvariablen (u. a. Organisationsgröße, Eigenschaft einer Organisation als Zweigstelle/Filiale)[54] eine hohe Erklärungskraft zukommt (Frumkin/Galaskiewicz 2004: 298), zeigt sich, dass öffentliche Organisationen zwar anfälliger für institutionellen Druck sind als private Organisationen, die Unterschiede zwischen jenen und Non-Profit-Organisationen aber nicht eindeutig sind (Frumkin/Galaskiewicz 2004: 298 ff.). Außerdem wird deutlich, dass von den drei Formen des institutionellen Drucks unterschiedliche Effekte je nach Organisationstyp ausgehen: Vor allem regulativer und in geringerem Maße normativer Druck führen bei privaten und Non-Profit-Organisationen zu stärkerer Bürokratisierung, während bei öffentlichen Organisationen ein gegenteiliger Effekt zu beobachten ist (Frumkin/Galaskiewicz 2004: 301 f.). Mimetischer Druck verursacht hingegen bei allen drei Organisationstypen eine stärkere Bürokratisierung (Frumkin/Galaskiewicz 2004: 302).

3.3.3 Kritik

Palmer et al. kommen zu dem Schluss, dass der soziologische Neo-Institutionalismus „appears to be one of the most general and comprehensive theories plied by organizational scholars today“ (Palmer et al. 2008: 760). Ein zentraler Kritikpunkt betrifft jedoch die mangelnde Geschlossenheit der Theorie (Walgenbach 2019: 332; ähnlich Scherm/Pietsch 2007: 75 f.). Dies zeigt sich beispielsweise darin, dass in der Mikroperspektive die Organisation selbst als Institution betrachtet wird (Zucker 1977), während in der Mesoperspektive der Fokus auf die institutionelle Organisationsumwelt gelegt wird (DiMaggio/Powell 1983; Meyer/Rowan 1977). Divergierende Ansichten bestehen auch im Hinblick auf den von DiMaggio und Powell (1988) beschriebenen erzwungenen Isomorphismus, dem Zucker (1987) seine institutionalisierende Eigenschaft abspricht. Kritisiert wird darüber hinaus die Unschärfe grundlegender Begriffe (Scherm/Pietsch 2007: 75).

Auch bestehen unterschiedliche Auffassungen darüber, wie stark der institutionelle Determinismus ausgeprägt ist und welche Handlungsmöglichkeiten für Organisationen bzw. Akteure innerhalb von Organisationen bestehen (vgl.

[54] Frumkin und Galaskiewicz (2004) beziehen damit in ihr Modell, ohne dies explizit zu machen, Überlegungen des situativen Ansatzes ein bzw. berücksichtigen wie von Greenwood et al. (2011) vorgeschlagen, zusätzlich zu institutionellen, auch organisationale Aspekte, in ihrer Analyse.

Abschn. 3.3.1.2 und 3.3.1.3). Die wahrgenommenen Defizite der Theorie, z. B. hinsichtlich der Vernachlässigung von Akteuren, Macht und Interessen (Clegg 2010; DiMaggio 1988), führten im zeitlichen Verlauf zu vielfältigen Antworten und einer breiten Ausdifferenzierung der Theorie (Alvesson/Spicer 2019), wodurch in unterschiedlicher Intensität Grundannahmen in Frage gestellt wurden. Gleichzeitig ergibt sich beispielsweise durch das Konzept der institutionellen Komplexität von Greenwood et al. (2011) eine gewisse Öffnung gegenüber anderen Theorien wie dem Situativen Ansatz.

Weitere Kritik betrifft hingegen die weiterhin als ausbaufähig betrachtete Mikrofundierung der Theorie auf Individualebene (Kirchner et al. 2015: 198 f.; Palmer et al. 2008: 760), welche ursprünglich aus der bewussten Abgrenzung zum Rational-Choice-Ansatz zu erklären ist (Senge 2011: 163), wodurch ein *„übersozialisiertes Bild von Organisationen*" (Scherm/Pietsch 2007: 75, Hervorhebung im Original) gezeichnet wird. Forschungspraktisch ist zudem hervorzuheben, dass die drei Formen institutionellen Drucks nach DiMaggio und Powell (1988) in empirischen Studien recht unterschiedlich und teils beliebig gegeneinander austauschbar operationalisiert werden (Mizruchi/Fein 1999). Zudem finde im Neo-Institutionalismus, mit wenigen Ausnahmen, keine Methodendiskussion statt (Senge 2011: 164).

3.4 Integrationsmöglichkeiten der Theorien

Der Situative Ansatz und der soziologische Neo-Institutionalismus weisen sowohl Gemeinsamkeiten als auch Unterschiede auf. Die grundlegende Gemeinsamkeit liegt entsprechend der Differenzierung von Organisationskonzepten nach Scott und Davis (2016: 112) darin, dass beide Theoriestränge Organisationen als „offene Systeme" betrachten und daher dem Einfluss der Umwelt auf die Organisation eine zentrale Bedeutung zuschreiben. Während der Situative Ansatz jedoch eher auf „physische" Bedingungen des Organisationskontextes (interne Situationsvariablen) und der Umwelt (externe Situationsvariablen) fokussiert, konzentriert sich der soziologische Neo-Institutionalismus auf institutionelle Einflüsse und betont insbesondere die Bedeutung kulturell-kognitiver Elemente von Institutionen. Zudem treffen die Theorien unterschiedliche Annahmen bezüglich der Rationalität von Organisationen bzw. Akteuren: Der Situative Ansatz geht davon aus, dass Organisationen ökonomisch-rationale Entscheidungen treffen, um ihre Strukturen und Prozesse an die spezifischen Anforderungen ihrer Umwelt anzupassen, um ihre Effizienz bzw. Effektivität zu erhöhen. Im Gegensatz dazu enthält der soziologische Neo-Institutionalismus die Annahme, dass Organisationen oft Strukturen und Praktiken aus Gründen der Legitimität übernehmen, selbst wenn diese nicht unbedingt ihre Effizienz bzw. Effektivität steigern. Rationalität wird hier als sozial konstruiert und oft symbolisch gesehen, um den Erwartungen der Umwelt zu entsprechen. Eine weitere Gemeinsamkeit der beiden Ansätze liegt darin, dass sie Anknüpfungspunkte für das strategische Handeln von Akteuren entahlten. Dieses kann sowohl die Wahlmöglichkeit zwischen verschiedenen Organisationsstrukturen als auch das Durchsetzen von individuellen oder kollektiven Zielen und Interessen umfassen, auch wenn bestimmte Vertreter der jeweiligen Theorie eher eine deterministische Perspektive vertreten.

Neben der unabhängigen Variable unterscheidet sich ebenfalls die Betrachtung der abhängigen Variabel zwischen beiden Ansätzen, da der Situative Ansatz zumindest in seiner Grundkonzeption ausschließlich auf die formale Organisationsstruktur blickt. Im soziologischen Neo-Institutionalismus weiten DiMaggio und Powell (1983) hingegen den Gedanken der Isomorphie, den Meyer und Rowan (1977) nur auf die formalen Organisationsstrukturen beziehen, auf die gesamte Organisation aus. Beide Theorien unterscheiden sich darüber hinaus in der Stoßrichtung ihres Erkenntnisinteresses: So zielt der Situative Ansatz maßgeblich auf die Erklärung organisationaler Variation, meist unter Berücksichtigung einer Vielzahl von möglichen Variablen, ab. Demgegenüber wird mit dem neo-institutionalistischen Ansatz eher versucht, die Ähnlichkeit von Organisationen anhand einer begrenzten Zahl bedeutender institutioneller Einflüsse zu erklären. Dabei ist die Genese beider Theoriestränge eng mit der Durchführung empirischer Forschung verknüpft.

In den beiden nachfolgenden Unterkapiteln werden zwei der zentralen Konfliktpunkte der beiden Theorien herausgegriffen und es wird versucht eine Integration der Perspektiven vorzunehmen. Zunächst werden in Abschnitt 3.4.1 die unterschiedlichen Rationalitätsvorstellungen betrachtet und in Einklang miteinander gebracht. Anschließend werden in Abschnitt 3.4.2 die intra- und intertheoretischen Positionen zu (strategischem) Handeln gegenübergestellt und eingeordnet.

3.4.1 Organisationen zwischen Performance- und Legitimitätsbestrebungen

Um die divergierenden Vorstellungen hinsichtlich der Rationalität zu verbinden, bieten sich mehrere Wege an. So führt Donaldson analog zum ‚contingency fit‘

des Situativen Ansatzes, bei welchem aufgrund der Passung zwischen Organisationsstruktur und den Kontingenzvariablen das höchste Performancelevel erreicht wird, das Konzept des ‚institutional fit' ein (Donaldson 2008b): Es beschreibt den Zustand, in dem eine Organisation das höchste Maß an Legitimität erreicht, da ihre Organisationsstruktur mit der institutionellen Umwelt korrespondiert. Da die Organisationsstruktur, die zu einem ‚contingency fit' führe, nicht zwangsläufig – und in den meisten Fällen nicht – identisch mit der Organisationsstruktur sei, die zu einem ‚institutional fit' führe, ergebe sich ein Trade-Off zwischen beiden Anforderungen (vgl. ebd.).

Dieses Dilemma könne aufgelöst werden, indem die optimale Organisationsstruktur anhand eines ‚meta fit' bestimmt werde, welcher ausgehend von einer gemeinsamen Bewertungsgrundlage erreicht werden könne (Donaldson 2008a). Diese Bewertungsgrundlage stellen die gemeinsamen finanziellen Auswirkungen dar, die sich für eine Organisation aus der Wahl zwischen dem ‚contingency fit' und ‚institutional fit' ergeben (Donaldson 2008a: 22). Der ‚meta fit', also die optimale Organisationsstruktur, kann somit prinzipiell beides sein, jedoch meist nicht beides gleichzeitig. Dass auch institutionelle Elemente finanzielle Auswirkungen nach sich ziehen, macht Donaldson an folgendem Beispiel deutlich: "For instance, a business corporation that has a legitimate structure [...] is more likely to win the confidence of investors, so that there is demand for its shares that are, consequently, more highly priced. Thus institutional fit leads to higher share price" (Donaldson 2008a: 23). Ebenso machen DiMaggio und Powell deutlich, dass mit als „legitim" erachteten organisationalen Elementen auch Effizienzgewinne einhergehen können (DiMaggio/Powell 1991: 33): Fraglich ist zunächst, ob organisationale Anpassungen, die aufgrund von institutionellem Druck vorgenommen werden, überhaupt einen Einfluss auf die Performance haben, außerdem können sie durchaus Effizienzvorteile bringen. Des Weiteren müsse auch der ökonomische Effekt gesteigerter Legitimität berücksichtigt werden: „it may be highly efficient for a school district to spend a million dollars on ceremonial activities if the resulting legitimacy induces voters to endorse a $15 million bond issue" (ebd.).

Donaldsons Betrachtungsweise fokussiert offenkundig primär auf private Organisationen. Wie in Abschnitt 3.1.2 aufgezeigt, unterscheiden sich öffentliche und private Organisationen jedoch in einigen Punkten. Insbesondere der Marktmechanismus nimmt eine untergeordnete und die (politische) Legitimität eine stärker ausgeprägte Stellung ein. Vor diesem Hintergrund weisen die Überlegungen von Meyer und Rowan (1977) sowie Scott (2003) grundsätzlich eine Kompatibilität mit dem Situativen Ansatz auf, wobei Scotts zweidimensionale Betrachtungsweise (vgl. Tabelle 3.6) realitätsnäher erscheint. Auch kann in

Anlehnung an Tolbert und Zucker (1983) sowie DiMaggio und Powell (1983) die Perspektive eingenommen werden, dass die Übernahme von organisationalen Elementen aufgrund von Effizienzbestrebungen eine Vorstufe des institutionellen Isomorphismus darstellen kann.

Die komplementäre Erklärungskraft beider „Arten" von Umwelteinflüssen verdeutlichen empirische Studien (anschaulich u. a. Volberda et al. 2012; George et al. 2019). Wie Greenwood et al. darlegen, wird letztlich erst durch die Berücksichtigung beider Theorien die Erklärung des gleichzeitigen Auftretens von Variation und Angleichung möglich:

> „Thus, the impact of generic contingent factors – such as size and geographical scope – is both mediated by beliefs as well as 'put into play' by them. In other words, it is the interaction between the institutional environment and traditional contingency variables that requires exploration because of their independent and joint effects on organizational form and vice versa. Put another way, even when faced with the same institutional pressures, there will be organizational heterogeneity because of the play of contingency factors. And we need to understand it." (Greenwood et al. 2014: 1216)

In diese Richtung deutet auch das von Greenwood et al. (2011) vorgeschlagene und in Abschnitt 3.3.1.2 vorgestellte Framework. Dort wird die Bedeutung feldspezifischer institutioneller Komplexität mit organisationsspezifischen Charakteristika verbunden. Damit wird die sowohl im Situativen Ansatz als auch im soziologischen Neo-Institutionalismus teils vertretene deterministische Perspektive in der vorliegenden Arbeit nicht eingenommen.

3.4.2 Akteure zwischen Struktur und Handlungsfähigkeit

Die Debatte um ‚structure' vs. ‚agency'[55] bzw. ‚determinism' vs. ‚voluntarism' beleuchtet eine grundlegende Fragestellung in vielen theoriegeleiteten soziologischen Diskursen: In welchem Ausmaß sind individuelles bzw. organisationales

---

[55] „Agency" an sich ist ein deutungsoffener Begriff und kann mit „Handlungsfähigkeit" oder „Handlungsmacht" übersetzt werden (vgl. Helfferich 2012). Für Emirbayer und Mische besteht sie aus drei zusammenhängenden konzeptuellen Komponenten, da sie einen zeitlich eingebetteten Prozess sozialen Engagements darstellt, der von der Vergangenheit geprägt, aber auch auf die Gegenwart und Zukunft ausgerichtet ist: "We define it as *the temporally constructed engagement by actors of different structural environments – the temporalrelational contexts of action – which, through the interplay of habit, imagination, and judgment, both reproduces and transforms those structures in interactive response to the problems posed by changing historical situations*" (Emirbayer/Mische 1998: 970, Hervorhebung im Original).

Handeln und Entscheidungen durch Strukturen vorbestimmt und inwiefern können Individuen oder Organisationen unabhängig und strategisch innerhalb dieser Strukturen agieren? Reed (2005) unterscheidet vier Perspektiven, aus denen heraus diese Frage beantwortet werden kann:

Reduktionismus bezeichnet eine methodologische Herangehensweise, die komplexe soziale und organisationale Phänomene auf einfache individuelle Verhaltensweisen reduziert (Reed 2005: 291). Diese Vorgehensweise marginalisiert bzw. schließt die erklärende Bedeutung von Struktur aus, indem sie kollektive Einheiten und emergente Eigenschaften auf die Dispositionen und somit physiologischen sowie biologischen Merkmale einzelner Individuen zurückführt (Reed 2005: 291 f.). Handlungsfähigkeit wird so wie im Rational-Choice-Ansatz auf rationale Kalkulationen reduziert und interpretative sowie interaktive Elemente der Agency werden ignoriert (Reed 2005: 292). Dieser Ansatz betrachtet Organisationen und soziale Strukturen als quasi nicht-intentionale Konsequenzen isolierter individueller Entscheidungen, wobei kollektives Verhalten lediglich als Aggregation dieser Einzelhandlungen angesehen wird (ebd.). Diese Sichtweise fördere ein Verständnis von Agency, „in which the active identification, consideration, and manipulation of 'alternative action options' are redefined as the mechanical operation of a utilitarian means-ends calculus that dispenses with the need to engage with history, context, values, and conflict" (Reed 2005: 294).

Determinismus wird als eine Perspektive verstanden, die eine dominante Rolle struktureller Bedingungen im sozialen und organisationalen Kontext betont, wobei individuelle oder kollektive Agency als weitgehend durch diese Strukturen bestimmt angesehen wird (ebd.). Strukturen werden in diesem Kontext als eigenständige, vorherrschende Kräfte verstanden, die das Handeln von Individuen und Gruppen nicht nur rahmen, sondern tiefgreifend bestimmen (Reed 2005: 295). In dieser Sichtweise wird Agency nahezu irrelevant; sie erscheint lediglich als eine Begleiterscheinung struktureller Determinanten, die unabhängig von individuellen oder kollektiven Akteuren operieren, ohne eigene wesentliche Erklärungskraft (ebd.). Demnach prägen und regulieren Strukturen das soziale Leben in einem Maß, das den Handelnden kaum Raum lässt, ihre Situation und die sie umgebenden Bedingungen zu gestalten oder zu verändern (Reed 2005: 295 f.). Determinismus versucht letztlich soziale Phänomene durch universelle Prinzipien und Gesetze der strukturellen Kausalität zu erklären (Reed 2005: 296 f.).

Der *Konflationismus*, vertreten durch Soziologen wie Anthony Giddens und Pierre Bourdieu, stellt eine Antwort auf die Begrenzungen von reduktionistischen und deterministischen Ansätzen dar (Reed 2005: 297). Diese Denkrichtung kritisiert die klare Trennung zwischen Agency und Struktur und betont stattdessen ihre untrennbare Verbindung und gegenseitige Abhängigkeit (ebd.). Hier wird argumentiert, dass Agency und Struktur sich nicht nur gegenseitig bedingen, sondern gemeinsam durch soziale Praktiken entstehen, die sowohl ermöglichende als auch beschränkende Bedingungen für das Handeln schaffen (Reed 2005: 297 f.). Strukturen sind demzufolge als dynamische Muster zu verstehen, die fortlaufend durch soziale Praktiken bestätigt und angepasst werden (Reed 2005: 298 f.). Der Konflationismus geht letztlich davon aus, dass soziale Praktiken Strukturen hervorbringen und modifizieren, welche wiederum das soziale Leben formen und definieren. Insgesamt bietet er ein flexibleres und prozessorientierteres Verständnis sozialer Dynamik, welches jedoch die Macht der individuellen und kollektiven Handlungsfähigkeit zur Gestaltung gesellschaftlicher Strukturen betont.

Der *Relationismus* bzw. *Realismus* hebt im Gegensatz zum Konflationismus die ontologische und analytische Trennbarkeit von Struktur und Handlungsfähigkeit hervor und fokussiert auf das Zusammenspiel beider (Reed 2005: 299). Es wird argumentiert, dass die dynamische Wechselwirkung zwischen Agency und Struktur eine „doppelte Konstitution" von Agency und Struktur erfordert, die sowohl die ermöglichenden als auch die einschränkenden Komponenten von beiden anerkennt (Reed 2005: 300). Hierbei wird sich dagegen ausgesprochen, Agency und Struktur ineinander zu reduzieren oder als deterministisch miteinander verbunden zu betrachten (ebd.). Daher hängen Strukturen sowohl von den Kräften der Agency ab, ermöglichen diese aber auch, wenn die räumlichen und zeitlichen Bedingungen dies zulassen:

> „Agency depends on actors having practical access to and control over the spatially embedded and temporally located relational positions that structures objectively make available. […] Structures depend on the creative and generative powers that agency can develop and exploit, if the conditions and relations in which it is spatially and temporally situated allow them to emerge and flourish. But the changing relationship between agentic creativity and structural constraint cannot be understood if the development of institutional and organizational forms over time is reduced to evolutionary determinism or historical voluntarism." (Reed 2005: 300 f.)

Sowohl die Handlungsfähigkeit als auch die Struktur besitzen unabhängige kausale Eigenschaften, die den Verlauf und die Ergebnisse des sozialen und organisationalen Lebens erheblich beeinflussen können (Reed 2005: 301). Die verschiedenen Möglichkeiten, wie Handlungsfähigkeit und Struktur kausal wirken können, lassen sich nur im Zusammenspiel dieser beiden Konzepte in spezifischen institutionellen Kontexten verstehen und erklären, wobei bestehende strukturelle Bedingungen und Beziehungen die Rahmenbedingungen für soziale Interaktionen und ihre organisatorischen Ergebnisse festlegen (Reed 2005: 301 f.). Soziale

Praktiken sind demnach immer in bestehende soziale Strukturen eingebettet, die ihre Möglichkeiten zur kreativen Umgestaltung vorgeben (Reed 2005: 302).

Eine vollständige Auflösung des Gegensatzes von Struktur und Handlungsfähigkeit scheint nicht möglich. Vielmehr gilt es ihre Dualität bzw. Gleichzeitigkeit anzuerkennen: Strukturen ermöglichen Handlungen, beschränken sie jedoch auch. Sie bieten einen Rahmen, innerhalb dessen (strategisches) Handeln stattfinden kann, gleichzeitig definieren sie gewisse Grenzen dieses Handlungsspielraums. Eine relationale Ausrichtung nimmt genau diese Perspektive ein und plädiert für eine analytisch getrennte Betrachtung beider Komponenten, ohne dabei zu stark vereinfachend vorzugehen. Sowohl der soziologische Neo-Institutionalismus als auch der Situativen Ansatz scheinen ein solches Vorgehen prinzipiell zu ermöglichen. Zwar wohnt beiden Ansätzen zunächst, wenn auch verschieden stark ausgeprägt und von unterschiedlichen Vertretern unterschiedlich beurteilt, eine deterministische Betrachtung des Einflusses der Umwelt auf Organisationen inne. Jedoch werden sowohl im Situativen Ansatz mittels der strategischen Wahl (Child 1972a, 1997) als auch im soziologischen Neo-Institutionalismus mit den Konzepten der Entkopplung (Meyer/Rowan 1977) bzw. dem gesamten Spektrum der strategischen Reaktionsmöglichkeiten (Oliver 1991) sowie des institutionellen Unternehmers (DiMaggio 1988) und der institutionellen Arbeit (Lawrence/Suddaby 2006) Handlungsspielräume für Akteure gewährt. Diese beziehen sich nicht nur auf die Organisationsstruktur, sondern auch auf den Organisationskontext bzw. die Umwelt im Ganzen.

3.5 Zusammenfassung

Ganz allgemein können Organisationen als zielgerichtete, grenzerhaltende und sozial konstruierte Systeme menschlichen Handelns definiert werden. Analytisch können verschiede Kernelemente von Organisationen (Umwelt, Strategie und Ziele, Personen, Arbeit und Technologie, formale und informale Organisation) unterschieden werden. Zwar steht die formale Organisation im Fokus der vorliegenden Untersuchung, da jedoch unterschiedliche Konzeptualisierungen und Begriffsabgrenzungen zwischen der formalen und informalen Organisationsstruktur in der Literatur vorzufinden sind und „von außen" nicht immer eindeutig zwischen den offiziellen und geltenden Regeln sowie zwischen der normativen und Verhaltensstruktur differenziert werden kann, werden die normative sowie die Verhaltensstruktur hier unter dem Begriff der „Verwaltungsorganisation" zusammengefasst.

Als spezielle Organisationsform zeichnen sich Organisationen der öffentlichen Verwaltung durch ihre vergleichsweise ausgeprägte Bürokratisierung aus. Insbesondere durch Reformen im Zuge des New Public Managements hat sich die organisationale Gestalt der öffentlichen Verwaltung jedoch mitunter gewandelt, was in Kapitel 2 anhand der dargestellten Reorganisation der Bundesagentur für Arbeit und des Steuerungsmodells der gE deutlich wird. Dennoch weisen öffentliche Verwaltungen in Deutschland, insbesondere auf Ebene der Ministerien und Kommunen, auch heute noch in hohem Maß die „klassischen" bürokratischen Merkmale auf, wenn auch ein Wandel hin zum ‚Neo-Weberian State' diskutiert wird.

Ein zentraler Unterschied zwischen öffentlichen und privaten Organisationen liegt darin, dass öffentliche Verwaltungen „einer demokratisch legitimierten politischen Steuerung und Kontrolle unterliegen" (Bogumil 2021: 681). Auch kann konstatiert werden, dass sie im Gegensatz zu privaten Organisationen häufig mit einem breiten Spektrum von (teils konfligierenden) Anforderungen konfrontiert sind. Gleichberechtigte Rationalitätskriterien von Organisationen der öffentlichen Verwaltung sind die Legalität, Legitimität, Effizienz und Effektivität. Zusätzlich dazu zeichnen sich Sozialverwaltungen im Speziellen u. a. dadurch aus, dass sie in besonderem Maße widersprüchlichen Umwelterwartungen ausgesetzt sind und im Gegensatz zu anderen Verwaltungen unter einer stärkeren gesellschaftlichen Beobachtung stehen, da „ihre Entscheidungen verhältnismäßig tief und in großer Breite in Lebenswelten eingreifen und zugleich einen hohen Anteil an staatlichen Ausgaben ausmachen" (Büchner 2023: 270).

Dies vorausgeschickt, erweist es sich für die Beantwortung der übergeordneten Forschungsfrage der vorliegenden Arbeit aus zwei Gründen als hilfreich auf den Situativen Ansatz zurückzugreifen. Zum einen wurde sich in den frühen Ausarbeitungen, die dem Situativen Ansatz zuzurechnen sind, umfangreich mit der Konzeptionierung der formalen Organisation auseinandergesetzt. So wurde das Konzept der Bürokratie mehrdimensional entlang von fünf Dimensionen (Spezialisierung, Standardisierung, Formalisierung, Zentralisierung und Konfiguration) derart operationalisiert, dass unterschiedlichste Organisationen miteinander verglichen werden konnten. Diese Vorarbeiten leiten daher die Operationalisierung der abhängigen Variable (Verwaltungsorganisation) in der vorliegenden Studie an. Darüber hinaus wurden die für das Kapitel 4 herangezogenen empirischen Studien danach ausgewertet, ob sie Aussagen zu diesen fünf Dimensionen aufweisen.

Zum anderen formuliert der Situative Ansatz einen Erklärungsansatz für Variationen in der Verwaltungsorganisation: Er postuliert, dass die Situation einer Organisation (Umwelt und unmittelbarer Organisationskontext) die formale

Organisation beeinflusst, da sich Organisationen aufgrund von Performancebestrebungen situativen Faktoren anpassen müssen. Diese ökonomische Perspektive bezieht sich zwar eher auf private Organisationen, eine Übertragung auf die Jobcenter erscheint jedoch aufgrund ihres NPM-geprägten Steuerungsmodells, das quantitativen Kennzahlen ein hohes Gewicht zukommen lässt, nicht abwegig. Insgesamt legen die Ausführungen zum Situativen Ansatz nahe, dass der bedeutendste Faktor für die Erklärung von Variationen in der Verwaltungsorganisation der Jobcenter die Organisationsgröße ist.

Aus den Forschungen zum Situativen Ansatz lassen sich zudem wichtige Implikationen für die vorliegende Arbeit ableiten: Im Zentrum des Interesses der Forschenden stand, möglichst allgemeingültige Aussagen über Organisationen zu treffen, weshalb die Stichproben meist ganz unterschiedliche Organisationen beinhalteten. Da sich die vorliegende Ausarbeitung ausschließlich auf eine homogene Gruppe von Organisationen, nämlich gE-Jobcenter, beschränkt, sind spezifischere Aussagen als bei den vorgestellten Studien zu erwarten (vgl. Pugh 1981). Auch deuten einige Autoren und Studienergebnisse auf die Sinnhaftigkeit hin, nicht (nur) die Organisation als Ganzes, sondern (ihre) Teilbereiche in den Blick zu nehmen (vgl. Child 1970; Hall 1962; Lawrence/Lorsch 1967).

In Abgrenzung zum Situativen Ansatz fokussieren v. a. die frühen Ausarbeitungen im Kontext des soziologischen Neo-Institutionalismus auf die Erklärung der zunehmenden Angleichung von Organisationen. Verantwortlich hierfür werden institutionalisierte Erwartungen bzw. Regeln gemacht, die in gleicher Weise auf alle jene Organisationen einwirken, die in dasselbe organisationale Feld eingebunden sind. Dieser Ansatz verspricht eine gute Kompatibilität mit Organisationen der öffentlichen Verwaltung, da er die Bedeutung der organisationalen Konformität mit institutionalisierten Regeln zur Erlangung von Legitimität betont. Des Weiteren ergibt sich durch diese Betrachtungsweise die Möglichkeit, mangelnde Variation trotz unterschiedlicher organisationaler Situationsbedingungen zu erklären. Mithilfe neuerer Erweiterungen des soziologischen Neo-Institutionalismus können zudem auch Variationen zwischen Organisationen im selben organisationalen Feld erklärt werden. Zum einen wird hierzu auf das Konzept der institutionellen Logiken zurückgegriffen, das davon ausgeht, dass in einem Feld mehrere unterschiedliche Logiken existieren und miteinander interagieren können. Zum anderen rücken, eigentlich entsprechend der Intention des Situativen Ansatzes, organisationale Eigenschaften bei der Interpretation von organisationalen Reaktionen auf institutionalisierte Anforderungen stärker in den Fokus.

Die Kombination beider theoretischer Ansätze erscheint daher gewinnbringend und, wie Abschnitt 3.4 aufzeigt, trotz teils unterschiedlicher Annahmen, praktikabel. Sowohl die Ausführungen zu Jobcentern im Speziellen (vgl. Abschn. 2. 3) als auch zu Organisationen der öffentlichen Verwaltung im Allgemeinen (vgl. Abschn. 3.1) verdeutlichen, dass institutionalisierte Anforderungen *und* ökonomische Erfordernisse Auswirkungen auf die Verwaltungsorganisation haben können. Darüber hinaus lässt sich aus beiden Ansätzen die hervorgehobene Bedeutung der organisationalen Entscheidungsträger als Verbindung zwischen Organisationsumwelt und Verwaltungsorganisation ableiten. Letztlich sind somit sowohl übergeordnete Bedingungen (Struktur: Situation der Organisation und institutionelle Regeln bzw. Logiken) als auch die Handlungsfähigkeit bzw. -macht von Akteuren (Agency) bei der Erklärung von (Nicht-)Variation von Relevanz.

4 Forschungsstand zur Variation in der Aufgabenwahrnehmung der Jobcenter

Insgesamt existiert zwar ein breiter Literaturbestand zur Aufgabenwahrnehmung der Jobcenter, eine dezidierte Betrachtung der Verwaltungsorganisation erfolgt hingegen nur in sehr wenigen Ausarbeitungen. Die bestehende Forschung zur Implementation des SGB II bzw. zur Aufgabenwahrnehmung der Jobcenter stellt sich sowohl hinsichtlich der verfolgten Fragestellungen als auch in Bezug auf die verwendeten Methoden als überaus vielfältig dar.[1] Studien fokussieren in diesem Forschungsfeld häufiger auf die Umsetzung und Wirkungen von SGB-II-Instrumenten. Implementationsstudien nehmen sowohl die sozialintegrativen Instrumente, also die *Kommunalen Eingliederungsleistungen* (u. a. Aurich-Beerheide/Zimmermann 2017; Ludwig 2014; Zimmermann/Rice 2016), als auch die arbeitsmarktbezogenen Instrumente wie beispielsweise die *Förderinstrumente nach § 16e und § 16i* (u. a. Bauer et al. 2021; Englert et al. 2023), das *Einstiegsgeld* (u. a. Pongratz et al. 2013) und die als *„Ein-Euro-Jobs"* bezeichneten Arbeitsgelegenheiten (u. a. Harrer/Stockinger 2019) in den Blick.

Hinzu kommen Evaluationsstudien zu Bundesprogrammen wie *„Perspektive 50plus"* (Knuth et al. 2012) und *„Soziale Teilhabe am Arbeitsmarkt"* (Brussig et al. 2019) sowie zum *ESF-Bundesprogramm zur Eingliederung langzeitarbeitsloser Leistungsberechtigter* (Boockmann et al. 2021). Nicht zuletzt sind auch Berichte zu Modellprojekten/-vorhaben wie zur *frühzeitigen Arbeitsmarktintegration von Asylbewerbern* (Büschel et al. 2015), zur *„Berliner Joboffensive"*

[1] Die nachfolgende Darstellung der Themenbereiche mit SGB-II- bzw. Jobcenter-Bezug basiert auf einer systematischen Auswertung der Publikationsdatenbanken des IAB (https://iab.de/publikationen) und des BMAS (https://www.bmas.de/DE/Service/Publikationen/publikationen.html), die um eine punktuelle Recherche in weiteren wissenschaftlichen Datenbanken ergänzt wurde.

J. Hafner, *Variationen in der Verwaltungsorganisation der Jobcenter*, Interdisziplinäre Organisations- und Verwaltungsforschung,
https://doi.org/10.1007/978-3-658-51047-3_4

(Bauer et al. 2011) und zur *nachhaltigen Steuerung für die Vermeidung von Langzeitleistungsbezug* (Freier et al. 2019) zu nennen.

Darüber hinaus befasst sich die SGB-II-Forschung umfangreicher mit Analysen zur Rolle der Jobcenter im Kontext der Arbeitsmarktintegration einzelner Klientengruppen, beispielsweise hinsichtlich *alleinerziehender Mütter* (u. a. Achatz et al. 2013), *Bedarfsgemeinschaften* (u. a. Bähr et al. 2019), *Langzeitarbeitsloser* (u. a. Klingert/Lenhart 2017), *Geflüchteter* (u. a. Bähr et al. 2017; Bonin et al. 2021; Boockmann/Scheu 2019; Brussig et al. 2022; Dietz et al. 2018) und *psychisch Kranker* (u. a. Oschmiansky et al. 2017). Betrachtet werden daneben auch öfter die Integrationskräfte sowie die Interaktion zwischen diesen und den Klienten aus Perspektive der *street-level buraucracy* (u. a. Bähr 2023; Baethge-Kinsky et al. 2007; Boockmann et al. 2013; Osiander/Steinke 2011; Vogel 2017), die *Einstellungen von Jobcenter-Beschäftigten* (u. a. Osiander/Ramos Lobato 2022) sowie die *Sichtweise der Klienten auf die Leistungserbringung* (u. a. Beckmann et al. 2021b; Stockinger/Zabel 2020). In diesem Kontext findet insbesondere auch eine intensivere Auseinandersetzung mit den beiden zentralen administrativen Instrumenten des SGB II, den *Sanktionen* (vgl. für eine Übersicht Knize et al. 2022) und *Eingliederungsvereinbarungen* (u. a. Bernhard et al. 2019; Bernhard et al. 2022), statt.[2] Außerdem sind aktuelle Studien zu erwähnen, die die Auswirkungen der Corona-Pandemie (u. a. Rübner 2022; Kirchmann et al. 2022; Beckmann et al. 2021a) beleuchten oder eine Bewertung der Bürgergeldreform zum Ziel haben (vgl. Bähr et al. 2023; Beckmann et al. 2024).

Des Weiteren lassen sich Studien finden, die stärker auf die Jobcenter als Arbeitsorganisationen fokussieren und sich z. B. mit den *Arbeitsbedingungen* (u. a. Matiaske et al. 2015; Salmon 2018) und der *Digitalisierung* (u. a. Altendorf/Kuhlmann 2024; Löbel et al. 2018) auseinandersetzen. Eng damit verknüpft sind nicht zuletzt auch Untersuchungen zur *(politischen) Steuerung bzw. „Governance" der Jobcenter* (u. a. ISG/SMC 2013; Kaltenborn/Kaps 2013; Noe 2010), zur *interorganisationalen Kooperation bzw. Verwaltungsverflechtung* (u. a. Becker/Sackmann 2024) sowie zu ihrer organisationalen *Performance* (u. a. Deutscher Bundestag 2008b; Mergele/Weber 2020; Stegmann 2014).

Letztere zu untersuchen war ein zentraler Auftrag der breit angelegten Evaluation im Zusammenhang mit der Experimentierklausel nach § 6c SGB II a. F. (nachfolgend kurz „Evaluation der Experimentierklausel"). Durch jene sollte die Umsetzung des SGB II durch die sog. „Arbeitsgemeinschaften" (ARGEn, heutige „gemeinsamen Einrichtungen") und die „zugelassenen kommunalen Träger"

[2] Für einen Überblick zu den Wirkungen verschiedener Elemente des Beratungs- und Vermittlungsprozesses auf die Integration in Arbeit vgl. Hofmann et al. (2014).

(zkT) erfasst, die Wirkungen der beiden Modelle analysiert und Ursachen für Unterschiede in der Leistungsfähigkeit herausgearbeitet werden – kurz: „Wer kann es besser und warum?“ (Deutscher Bundestag 2008b: 13). Hierfür wurde die Evaluation in vier Untersuchungsfelder (UF) unterteilt:[3]

- *Deskriptive Analyse und Matching* (UF 1): Dreimalige flächendeckende Organisationsbefragung (31.12.2005, 31.12.2006, 31.12.2007) zur Umsetzung des SGB II in allen Grundsicherungsstellen sowie Erarbeitung weiterer konzeptioneller Grundlagen für den Forschungsverbund (IAW/ZEW 2008).[4]
- *Implementations- und Governanceanalyse* (UF 2): Vertiefte Governance- und Implementationsanalyse v. a. anhand von Fallstudien bei einer Stichprobe von 154 Grundsicherungsstellen (ISR et al. 2008).[5]
- *Wirkungs- und Effizienzanalyse* (UF 3): Mikroökonomische Wirkungs- und Effizienzanalyse auf der Basis von Individualdaten für die o. g. Stichprobe (ZEW et al. 2008).
- *Makroanalyse und regionale Vergleiche* (UF 4): Makroanalyse der Wirkungen der unterschiedlichen Trägermodelle (ARGE, zkT und gAw) auf regionaler Ebene unter Berücksichtigung regionaler Besonderheiten und gesamtwirtschaftlicher Wirkungszusammenhänge, teils flächendeckend, teils für die o. g. Stichprobe (ifo/IAW 2008).[6]

[3] Zur Datengrundlage vgl. zusammenfassend Deutscher Bundestag (2008b). Für eine Kritik zur Datengrundlage der Evaluation vgl. Hesse (2009): Aufgrund der Konsolidierungsprozesse in den ARGEn und Optionskommunen könne erst ab 2007 von einer weithin routinisierten Aufgabenerledigung ausgegangen werden (Hesse 2009: 102). Auch stellt sich für Hesse die Frage nach der adäquaten Messung der Effektivität, also ob es vorrangig um die Reduzierung der Zahl der Anspruchsberechtigten oder in gleichem Maße auch um die sozialintegrativ ausgerichtete Reduzierung dauerhafter Hilfebedürftigkeit gehe (Hesse 2009: 98).

[4] „Grundsicherungsstellen“ ist ein Oberbegriff für die drei Trägermodelle ARGE, zkT und gAw, die bis zur Neuorganisation des SGB II durch das *Gesetz zur Weiterentwicklung der Organisation der Grundsicherung für Arbeitsuchende* existierten.

[5] Die Stichprobe umfasst 97 ARGEn, 51 zkTn und sechs Einheiten mit gAw (IAW/ZEW 2006: 164).

[6] Neben ARGEn und zkTn bestand zu diesem Zeitpunkt in wenigen Fällen (2006: n = 19) eine getrennte Aufgabenwahrnehmung (gAw), da sich die BA und die jeweiligen Kommunen nicht auf eine gemeinsame Aufgabenwahrnehmung in Form einer ARGE einigen konnten (Wollmann 2008: 167; Ombudsrat 2006: 18). Das nicht intendierte Organisationsmodell der gAw wurde mit dem *Gesetz zur Weiterentwicklung der Organisation der Grundsicherung für Arbeitsuchende* ab dem 1. Januar 2012 als unzulässig erklärt.

Abschnitt 4.1 zeigt anhand der vorliegenden Literatur zunächst auf, dass Unterschiede zwischen Grundsicherungsstellen bzw. Jobcentern auch abseits der Verwaltungsorganisation bestehen. In Abschnitt 4.2 wird sodann auf allgemeinere Erkenntnisse zur Variation der Verwaltungsorganisation eingegangen, bevor der Forschungsstand zum beschäftigungsorientierten Fallmanagement und zur Arbeitgeberbetreuung in den Abschnitten 4.3 und 4.4 dargestellt wird. Anschließend wird in Abschnitt 4.5 gebündelt ein Überblick zu den in der Literatur diskutierten Einflussfaktoren auf die Verwaltungsorganisation der Jobcenter gegeben. Abschnitt 4.6 fasst schließlich die die Erkenntnisse zum Forschungsstand im Hinblick auf die unabhängigen und abhängigen Variablen dieser Arbeit zusammen.

4.1 Variationen abseits der Verwaltungsorganisation

Zu Beginn wirft Abschnitt 4.1.1 einen Blick auf die (finanzielle) Ressourcenausstattung der Jobcenter. Nachfolgend wird in Abschnitt 4.1.2 auf die Erkenntnisse zur Steuerung der Jobcenter eingegangen, wobei sich extern auf den Einfluss der beiden Träger der gE und intern auf den Einfluss der Geschäftsführung konzentriert wird. In Abschnitt 4.1.3 wird dann die strategische Ausrichtung der Jobcenter (organisationale Policy-Ebene) betrachtet, indem ein Überblick zu ihrer grundlegenden Gewichtung der arbeitsmarktpolitischen Ziele, dem Maßnahmeneinsatz und der Kundensegmentierung gegeben wird. Abschnitt 4.1.4 befasst sich abschließend mit Unterschieden in der Performance der Grundsicherungsstellen bzw. Jobcenter.

4.1.1 Input: Ressourcen

Nachdem in Abschnitt 2.3.1 erläutert wurde, dass die Verteilung der Bundesmittel auf die Jobcenter grundsätzlich entsprechend spezifischer Verteilschlüssel erfolgt, geht es nun um, auch daraus resultierende, Unterschiede in der Ressourcenausstattung der Jobcenter. Die *Verwaltungsmittel* werden auf Grundlage der Anzahl der Bedarfsgemeinschaften verteilt. Die Zuteilung der *Eingliederungsmittel* erfolgt grundsätzlich anhand der Anzahl der erwerbsfähigen Leistungsberechtigten (ELB), die ein Jobcenter betreut (BRH 2023b: 11 f.). Zusätzlich werden zwei weitere Indikatoren herangezogen, die diesen Grundsatz ergänzen. Zum einen erhalten Jobcenter, die einen überdurchschnittlich hohen Anteil an ELB an der Bevölkerung im erwerbsfähigen Alter aufweisen einen prozentualen

Zuschlag bzw. solche mit einer niedrigeren Quote einen prozentualen Abschlag (sog. „Problemdruckindikator") (BRH 2023b: 12). 2022 erhielten 140 Jobcenter einen Aufschlag und 265 Jobcenter einen Abschlag, wobei die Spannweite von einem Aufschlag von 18,9 Prozent bis zu einem Abschlag von 13,6 Prozent reicht (ebd.). Insbesondere große Jobcenter (über 300 Beschäftigte) profitierten von dieser Umverteilung (ebd.).

Zum anderen erhalten Jobcenter, deren Anteil von Personen im Langzeitleistungsbezug über dem Bundesdurchschnitt liegt, einen prozentualen Aufschlag bzw. im gegenläufigen Fall einen prozentualen Abschlag (sog. „Strukturindikator") (BRH 2023b: 13). Einen Aufschlag erhielten 2022 147 Jobcenter, darunter 107 Jobcenter, die bereits aufgrund des Problemdruckindikators einen Aufschlag erhielten, und 258 Jobcenter erhielten einen Abschlag (ebd.). Hier lag die Spannweite zwischen einem Aufschlag von 4,3 Prozent und einem Abschlag von 9,2 Prozent (ebd.).

Tabelle 4.1 Prozentualer Anteil zusätzlicher Fördermittel zum Eingliederungstitel

	ARGEn		zkT		gAw	
	2006	*2007*	*2006*	*2007*	*2006*	*2007*
Keine	26	27	10	12	33	33
< 10 %	59	57	62	59	62	67
11–20 %	10	13	14	14	5	0
21–30 %	4	2	6	4	0	0
> 30 %	1	1	7	10	0	0
Mittelwert	6,3	6,0	11,0	12,1	4,3	3,8

Quelle: ISR et al. (2008: 27)

Neben diesen Zuweisungen des Bundes, können die Jobcenter Mittel aus Sonderprogrammen des Bundes und der Länder (z. B. „Perspektive 50plus") einwerben. Tabelle 4.1 veranschaulicht die im Rahmen der Evaluation der Experimentierklausel erhobenen Daten zu zusätzlichen Fördermitteln zum Eingliederungstitel (EGT). Es zeigt sich, dass die zusätzlichen Fördermittel in den Jahren 2006 und 2007 in den ARGEn nur einen vergleichsweise geringen Anteil am EGT ausmachten, im Durschnitt 6,3 Prozent bzw. 6,0 Prozent des EGT.

Die Kommunen tragen prinzipiell 15,2 Prozent der Gesamtverwaltungskosten. Zwar liegen keine empirischen Daten zur darüberhinausgehenden Finanzierung vor, jedoch ist davon auszugehen, dass Jobcenter, an denen finanzstärkere

Kommunen beteiligt sind, finanziell und personell besser als andere Jobcenter ausgestattet sind.

4.1.2 Steuerung

Abschnitt 2.3.3 nimmt die formell für die Steuerung der Jobcenter verantwortlichen Akteure in den Blick und beschreibt ihre Kompetenzen. Hier sollen nun die tatsächlichen, empirisch feststellbaren, Steuerungsaktivitäten der Akteure betrachtet werden. Im besonderen Fokus stehen dabei die örtlichen Agenturen für Arbeit (bzw. die BA insgesamt) sowie die Kommunen als Träger der gE. Die im Rahmen der Evaluation der Experimentierklausel geführten Interviews weisen für die damaligen ARGEn in „ausgeprägter Weise auf Konflikte zwischen überregionalen und lokalen Geltungsansprüchen hin" (ISR et al. 2008: 75). Hauptgegenstand kritischer Einlassungen sei der „Zentralismus" der BA, wobei sich ihre Einflussmöglichkeiten entweder über die Trägerversammlungen oder auf direktem Wege, z. B. mittels Arbeitshilfen und „verbindlichen Empfehlungen" entfalten (ebd.). Dem gegenüber stehe die Position der „Dezentralität", der Anspruch auf lokale Kompetenz von Sozialdezernenten, die die Trägerversammlung als „Konfrontation mit einem ‚starken Partner' beschreiben'" (ebd.), der gerade bei geschäftspolitischen Schwerpunkten und Zielen häufiger seine Vorstellungen durchsetze.

Die Studie von ISG und SMC zeigt hieran anknüpfend jedoch auf, dass nicht bei allen Jobcentern ein eigenständiger Gestaltungswille des kommunalen Partners zu beobachten ist. Nur in der Hälfte der acht Fallstudienstandorte war ein solcher, der über die haushälterische Diskussion um die Höhe der Kosten der Unterkunft (KdU) hinausgeht, festzustellen (ISG/SMC 2013: 151). Nehmen die kommunalen Träger Einfluss auf das Jobcenter, betrifft dieser meist die kommunalen Leistungen inkl. KdU sowie Bildungs- und Teilhabeleistungen, die Zielerreichung, das Personal, den Haushalt und die Organisation sowie das lokale Arbeitsmarktprogramm (ISG/SMC 2013: 157). Der Einfluss der BA ist hingegen umfassender und betrifft praktisch „alle" Bereiche des Jobcenters, insbesondere auch die Zielerreichungen bzw. geschäftspolitischen Ziele: Ihr wird von den gE-Geschäftsführungen „ein starker Kontrollimpetus zugeschrieben, der nicht nur strategische Fragestellungen umfasst, sondern auch operative Aspekte der Arbeit des Jobcenters abdeckt" (ISG/SMC 2013: 156).

Insgesamt wird der Einfluss der BA durch die befragten Geschäftsführungen der Jobcenter deutlich höher durch die gE eingeschätzt als der der Kommunen (vgl. Abbildung 4.1). Während 97 Prozent der gE der BA einen sehr hohen bzw.

hohen Einfluss zusprechen, wird der Einfluss der Kommunen nur von 28 Prozent der gE gleich hoch eingeschätzt. Der Einfluss der Trägerversammlung wird im Vergleich zur BA als moderat und im Vergleich zu den Kommunen als deutlich höher bewertet.[7] Interessant ist zudem, dass nur 54 Prozent der gE der Auffassung sind, dass die an den Kennzahlen orientierte Steuerung der Jobcenter angemessen ist (bei den zkT sind es 73 Prozent) (ISG/SMC 2013: 152).[8]

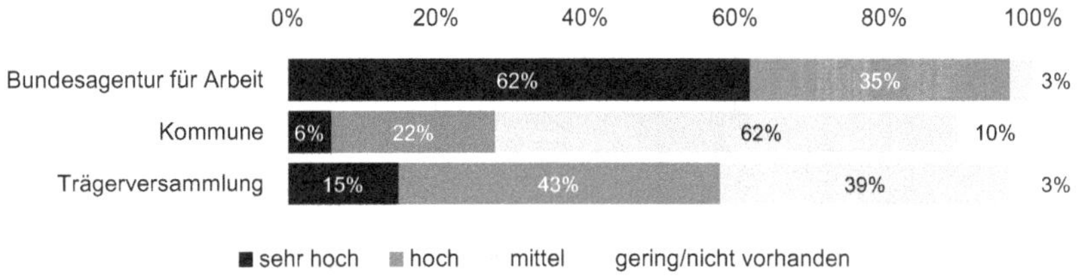

Abbildung 4.1 Durch gE wahrgenommene Intensität der Einflussnahme der Träger und Trägerversammlung. (Quelle: Eigene Abbildung anhand von ISG und SMC (2013: 158 f.). Fragetext: „Bitte bewerten Sie den Einfluss der BA, des Landes sowie der Trägerversammlung auf die Arbeit in Ihrem Jobcenter." Items: Der Einfluss… „der BA auf unser JC ist", „der Kommune auf unser JC ist", „der Trägerversammlung auf unser JC ist" und „des Landes auf das JC ist". Kategorien: „sehr hoch", „hoch", mittel" und „gering/nicht vorhanden")

Hinsichtlich der internen Steuerung gibt die Evaluation der Experimentierklausel Aufschluss über die subjektiv wahrgenommenen Entscheidungskompetenzen der Leitungen der Grundsicherungsstellen. Im Vergleich der drei Trägermodelle wird deutlich, dass die Leitungen der zkT ihren Einfluss in nahezu allen abgefragten Aspekten höher, z. T. mit großem Abstand, einschätzen als die Leitungen der ARGEn und gAw (vgl. Abbildung 4.2). Im Hinblick auf die ARGEn zeigt sich, dass die Geschäftsführungen ihren Einfluss bei strategischen Entscheidungen („Arbeitsmarktprogramm/Strategische Zielsetzung") und kleineren organisationalen Veränderungen („Umgestaltung von Details der Organisationsstruktur") deutlich höher verorten als bei grundlegenderen organisationalen Veränderungen („Grundsätzliche Umgestaltung der Organisationsstruktur").

[7] Der Einfluss der Länder und Regionaldirektionen wird durch die befragten Jobcenter sehr unterschiedlich beurteilt (ISG/SMC 2013: 179).

[8] Summierte Antwortkategorien „trifft zu" und „trifft eher zu" zur Aussage „Die an den Kennzahlen orientierte Steuerung der JC empfinde ich als angemessen".

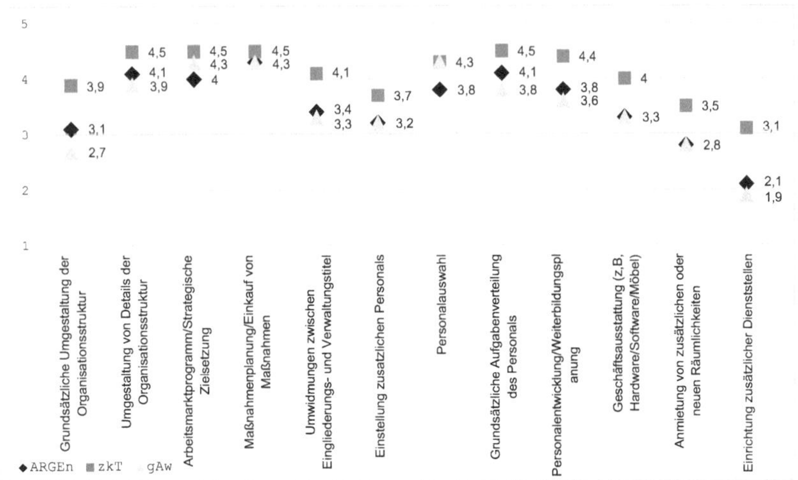

Abbildung 4.2 Entscheidungskompetenzen der SGB-II-Leitungen im Jahr 2006. (Quelle: IAW (2007b: 144): Jahresbericht 2007 an das Bundesministerium für Arbeit und Soziales. © 2007, Institut für Angewandte Wirtschaftsforschung (IAW) Tübingen. Dieses Material ist nicht unter CC BY lizenziert, sondern wird mit Genehmigung des IAW verwendet. Anmerkung: Skala von 1 (sehr gering) bis 5 (sehr groß), arithmetisches Mittel)

4.1.3 Strategische Ausrichtung

Gerade im Hinblick auf die Aspekte der strategischen Ausrichtung, weisen Studien auf Unterschiede zwischen den Grundsicherungsstellen bzw. Jobcentern hin. Beispielsweise kommen IAW und ZEW zu dem Ergebnis, dass die Grundsicherungsstellen den übergeordneten arbeitsmarktpolitischen Zielen und den zur Verfügung stehenden Instrumenten unterschiedliche Stellenwerte zukommen lassen. So ist beispielsweise im Vergleich der beiden Trägermodelle ARGE und zkT u. a. auffällig, dass die sozialintegrativen Leistungen (kommunale Eingliederungsleistungen), die sozialen Dienstleistungen (Unterstützung bei Kinderbetreuung und Pflege) sowie die Förderung von fachlichen und Schlüsselqualifikationen (Bewerbungstraining und EDV-Schulungen) jeweils eine wesentlich größere Bedeutung bei den zkTn als bei den ARGEn einnehmen (IAW/ZEW 2008: 77). Als mögliche Gründe werden aufseiten der zkT „die 'Sozialhilfe-Prägung' und die institutionelle Nähe zu den durchführenden Trägern" (ebd.) gesehen. Speziell hinsichtlich des Einsatzes der kommunalen Eingliederungsleistungen durch die Integrationsfachkräfte kommt Ludwig zu dem Schluss, dass dieser vor Ort von der strategischen und organisatorischen Ausrichtung des Jobcenters abhänge (Ludwig 2014: 262):[9] „Je strikter das Jobcenter an der Eingliederung in Arbeit ausgerichtet ist – und je weniger an sozialer Stabilisierung –, desto schwieriger und weniger wahrscheinlich ist es, dass die Lebenssituation insgesamt und auch soziale Probleme besprochen werden" (Ludwig 2014: 262 f.).

Auch Hesse (2009) findet unter Verwendung einer Typologie unterschiedliche Schwerpunktsetzungen bei den beiden Trägermodellen. Unterschieden werden die Strategien der Grundsicherungsstellen dabei entlang der Fragestellungen, ob die grundlegende Herangehensweise eher bewerber- oder stellenorientiert ist und ob die praktizierten Maßnahmen eher aus dem Verwaltungsbudget (Personaleinsatz) oder aus dem Eingliederungsbudget (Ressourceneinsatz) bestritten werden (Hesse/Götz 2007: 78 f.). Demzufolge ist zwischen einem *Förderansatz* (personalintensive Betreuung der ELB unter besonderer Berücksichtigung ihrer individuellen Anforderungen), *Vermittlungsansatz* (personalintensive Vermittlungstätigkeit bezogen auf die vorhandenen Beschäftigungsangebote und Arbeitgeberanforderungen), *Beschäftigungsansatz* (primär aus Eingliederungsbudget finanzierte und auf die Fähigkeiten der ELB ausgerichtete Arbeitsmöglichkeiten) und *Subventionsansatz* (durch das Eingliederungsbudget abgesicherte Lohnsubventionen bei Aufnahme einer Beschäftigung auf dem Ersten Arbeitsmarkt) zu differenzieren (ebd.). Die höchste Relevanz besäßen insgesamt der Förder- und Vermittlungsansatz, „wobei Optionskommunen hier häufiger Schwerpunkte setzen, während ARGEn eher gemischte Strategien wählen" (Hesse 2009: 73).[10]

---

[9] Zwischen 2009 und 2011 wurden als vergleichende qualitative Fallstudie Dokumentenanalysen, Interviews, Gruppendiskussionen und Workshops in zwei Kommunen (Stadt-zkT und Kreis-ARGE) durchgeführt (Ludwig 2014: 28). Neben Interviews mit Integrationsfachkräften der beiden Grundsicherungsstellen wurden darüber hinaus Interviews mit Beratungsfachkräften der in den Handlungsfeldern des § 16a SGB II tätigen Einrichtungen (Schuldnerberatung, Suchtberatung, psychosoziale Betreuung und Kinderbetreuung), mit Führungskräften der Grundsicherungsstellen, der kommunalen Sozialverwaltungen und der Trägerverbände der Einrichtungen sowie mit Adressaten der Eingliederungsleistungen geführt (Ludwig 2014: 28 ff.).

[10] Aus dem Datenanhang wird ergänzend ersichtlich, dass immerhin 59 % der ARGEn und 48 % der zkT mehrere dieser Ansätze gleichermaßen verfolgen (Hesse 2009: 262).

Ebenfalls identifizieren Kaltenborn et al. anhand der Auswertung von lokalen Arbeitsmarktprogrammen drei Grundstrategien (Zielgruppen, Herausforderungen des regionalen Umfelds und Erreichung übergeordneter Zielsetzungen), an denen sich die Jobcenter unterschiedlich intensiv ausrichten (Kaltenborn et al. 2008: 10 ff.).[11] Zudem führen sie anhand einer Clusteranalyse eine Typisierung der betrachteten Jobcenter durch und identifizieren vier Cluster (Kaltenborn et al. 2008: 36 f.), die die Jobcenter hinsichtlich ihrer jeweils formulierten arbeitsmarktpolitischen Strategien unterteilen: *Lethargische Grundsicherungsstellen* (15 %) lassen nur wenige arbeitsmarktpolitische Strategien erkennen, *zurückhaltende Grundsicherungsstellen* (23 %) haben eine unterdurchschnittliche Vielfalt an arbeitsmarktpolitischen Strategien, *fokussierte Grundsicherungsstellen* (21 %) planen ein beachtliches Spektrum zielgruppenbezogener Maßnahmen strategisch und *pluralistische Grundsicherungsstellen* (41 %) sehen für Jugendliche und benachteiligte Personengruppen ein breites Maßnahmenspektrum strategisch vor und setzen Maßnahmen für spezifische Konstellationen überdurchschnittlich häufig strategisch ein (ebd.).

Einen zentralen Aspekt stellen in diesem Kontext auch Zielgruppendefinitionen der Jobcenter dar, die sich unmittelbar oder mittelbar auf die Aufgabenwahrnehmung auswirken können. Zimmermann und Rice folgend wird die Existenz von Zielgruppendefinitionen durch die einheitlichen Performanceindikatoren (Kennzahlen), Bundesprogramme und spezifischen SGB-II-Regelungen befördert (Zimmermann/Rice 2016: 180).[12] Anknüpfend hieran veranschaulicht die Untersuchung von Dittmar (2016), welchen Einfluss derartige strategische Ausrichtungen auf die organisationale Politikimplementierung haben können. Anhand eines qualitativen Vorgehens fokussiert sie sich auf die Handlungsspielräume von Jobcenter-Akteuren (Geschäftsführung, Teamleitung, Arbeitsvermittler und Migrationsbeauftragte) und die Einflussfaktoren auf die Ausgestaltung der Spielräume in drei Jobcentern hinsichtlich der Zielgruppe der Klienten mit Migrationshintergrund. Sie betrachtet die Ausgestaltung von Spielräumen in der strategischen Ausrichtung (Definition von eigenständigen Zielgruppen, Hierarchieebene der Migrationsbeauftragten), den Umweltbeziehungen und weiterer Bereiche, die sie unter „Organisationspraxis" zusammenfasst. Hierzu zählen u. a.

[11] Hierfür wurden 217 lokale Arbeitsmarktprogramme des Jahres 2008 ausgewertet (Kaltenborn et al. 2008: 40).

[12] Beispielsweise sei auf die beiden Kennzahlen „Integrationsquote der Alleinerziehenden" (K2E4) sowie „Integrationsquote der Alleinerziehenden" (K3E1), das ehemalige Bundesprogramm „Perspektive 50plus" und die (ehemaligen) U25-spezifischen Regelungen im SGB II (s. u.) verwiesen.

die Strukturierung von Teams (Spezialisierung der Teams auf verschiedene Klientengruppen), das Personalmanagement (Rekrutierung und Weiterbildung), die Bedeutung von Sprache und Sprachmittlern im Beratungsgespräch, die Bedeutung von Sonderprogrammen mit integrativem Charakter (migrationsspezifische Maßnahmen), die Bedeutung von Kompetenzdienstleistungen (K-DL),[13] die Erfolgskontrolle durch Controlling sowie diskriminierende Praktiken (Dittmar 2016: 187 ff.). Als „überraschendes Ergebnis" (Dittmar 2016: 246) hält die Autorin fest, dass trotz gleicher institutioneller Rahmenbedingungen in den Jobcentern sehr vielfaltige Förderstrategien zu beobachten seien (ebd.). So wurde in zwei der drei beforschten Jobcenter jeweils durch die Geschäftsführung die strategische Entscheidung getroffen, Personen mit Migrationshintergrund als spezifische Zielgruppe zu definieren, woraus sich die Implementierung migrationsbezogener Organisationselemente („Migra-Team", Sonderprogramme etc.) ergebe, was zusammengenommen dazu führe, dass die Ausgestaltung der Spielräume der Jobcenter-Akteure migrationsspezifisch beeinflusst werde (ebd.).[14]

Darüber hinaus sind zwischen den Grundsicherungsstellen Unterschiede bei der sog. Kundensegmentierung und den für sie vorgesehenen arbeitsmarktpolitischen Maßnahmen zu erkennen (Kaltenborn et al. 2008: 15 ff.). 2007 führen 97 Prozent der ARGEn und 87 Prozent der zkT eine Kundensegmentierung für den Personenkreis Ü25 entsprechend der Arbeitsmarktnähe durch (IAW/ZEW 2008: 81). Dabei orientierten sich nahezu ausnahmslos alle ARGEn (99 %) am Betreuungsstufenkonzept der BA für das SGB II, während 58 Prozent der zkT mit Kundensegmentierung eine eigene Einteilung vornehmen, 30 Prozent sich an der genutzten Integrationssoftware orientieren und 12 Prozent das BA-Modell für das SGB III verwenden (IAW/ZEW 2008: 81 f.).[15] Die 2007 durch die BA in den ARGEn eingeführte Einteilung der Klienten umfasste fünf Betreuungsstufen und darauf aufbauende Integrationsstrategien (vgl. BA 2007). Sie wurde 2009 durch

[13] Hierbei handelt es sich um Dienstleistungen des Berufspsychologischen Services der Bundesagentur für Arbeit. Mithilfe der K-DL können überfachliche Kompetenzen der Klienten identifiziert werden, wodurch eine passgenaue Vermittlung und gezielte Förderung ermöglicht werden soll (vgl. Oschmiansky et al. 2014).

[14] Zur Unterschiedlichkeit der Aktivierung von Klienten mit Migrationshintergrund durch die Grundsicherungsstellen vgl. Brussig und Dittmar (2010).

[15] Im SGB III existierte zu dieser Zeit das Konzept der „Handlungsprogramme". Im Gegensatz zum Betreuungsstufenkonzept, das die Klienten lediglich hinsichtlich ihrer Integrationsnähe klassifizierte, wurden den Integrationskräften durch die Handlungsprogramme „handlungsstrategische Entscheidungen vorgegeben" (Reis/Ludwig 2011: 67). Dennoch war bei den Integrationsfachkräften im SGB III weiterhin die Orientierung am Individualbedarf stark ausgeprägt (Hielscher/Ochs 2009: 110).

eine für das SGB II und SGB III einheitliche, also rechtskreisübergreifende, Segmentierung in sechs Profillagen inkl. darauf aufbauender Handlungsstrategien mit dem 4-Phasen-Modell (4PM) abgelöst (Kaltenborn et al. 2010: 51).[16] 2016 wurden die Profillagen dann unter Beibehaltung des 4PM abgeschafft, um Aufwände zu reduzieren und „Freiräume für komplexe Kundenanliegen zu schaffen“ (BA 2016: 2). Hinsichtlich der Integrationsprognose wird seitdem nur noch zwischen „marktnah“ und „nicht marktnah“ unterschieden (BA 2017b: 9).

Unterschiede zwischen den Grundsicherungsstellen bestehen des Weiteren hinsichtlich der Frage, ob schriftlich fixierte Betreuungs- und Maßnahmeempfehlungen für Gruppen der zu aktivierenden Hilfebedürftigen existieren oder ob die Integrationsfachkräfte eigenständig entscheiden dürfen, welche Maßnahmen zu veranlassen sind. Ersteres trifft im Jahr 2007 auf 71 Prozent der zkT und auf 44 Prozent der ARGEn zu (IAW/ZEW 2008: 83). Zudem unterschieden sich die Grundsicherungsstellen darin, inwiefern nicht zur Arbeit verpflichtete und bereits erwerbstätige ELB in die Aktivierung mit einbezogen werden, welche Vorgehensweisen sie in Bezug auf zu aktivierende ELB wählen, die auf absehbare Zeit nicht in den ersten Arbeitsmarkt vermittelt werden können und inwiefern sie davon Gebrauch machen, ganze Bedarfsgemeinschaften zu Terminen einzubestellen (IAW/ZEW 2008: 84 ff.).

Die strategische Ausrichtung der Jobcenter unterscheidet sich somit einerseits zwischen den beiden Trägermodellen. Andererseits bestehen offenbar auch innerhalb der beiden Gruppen Unterschiede. ISR et al. finden beispielsweise für den Einsatz bestimmter Maßnahmegruppen (Qualifizierung, Förderung der Existenzgründung und Arbeitsgelegenheiten) neben der Art des Trägermodells teils weitere statistisch signifikante Effekte bestimmter Bedingungen der Makro- und Organisationsebene (ISR et al. 2008: 234 ff.): Von Bedeutung sind u. a. der Kommunaltyp und die Arbeitslosenquote (ISR et al. 2008: 235 f.). Deutlich wird letztlich aber auch, dass die strategische Ausrichtung und die Verwaltungsorganisation nicht immer trennscharf voneinander zu betrachten sind, wenn sich z. B. Förderstrategien, wie oben dargestellt, in schriftlich fixierten Betreuungs- und Maßnahmeempfehlungen niederschlagen.

[16] Das 4PM gliedert den Integrationsprozess in die Phasen „Profiling“, „Ziele festlegen“, „Strategie(n) auswählen“ und „Umsetzen und Nachhalten“ und enthält die für die Integrationsarbeit erforderlichen Regelungen (vgl. BA 2017b).

Auch Bauer et al. verdeutlichen anhand ihrer Untersuchung zur Umsetzung des § 16i SGB II (Teilhabe am Arbeitsmarkt), dass an organisatorischen Maßnahmen mitunter die beabsichtigte sozial- oder arbeitsmarktpolitische Ausrichtung von Instrumenten abgelesen werden kann:

> „Dort, wo eher auf Integration in den ersten Arbeitsmarkt gesetzt wird, ist die Organisation des Teilhabechancengesetzes im untersuchten Sample oft beim Arbeitgeberservice angesiedelt, wohingegen es bei den teilhabeorientierten Jobcentern folgerichtig im beschäftigungsorientierten Fallmanagement verortet ist. […] An der organisatorischen Ansiedlung ist zuweilen auch ablesbar, ob die Jobcenter sich eher an den Erwartungen der Arbeitgeber ausrichteten oder eher die Problemhintergründe der Geförderten und der Teilhabeaspekt im Vordergrund stehen. Ersteres kann sogar so weitgehende Auswirkungen auf die organisatorische Umsetzung der Instrumente haben, dass das Coaching ebenfalls rein auf die Interessen der Arbeitgeberinnen und Arbeitgeber fokussiert ist und eher für deren Beratung eingesetzt wird.“ (Bauer et al. 2021: 31)

Beim selben Instrument gelangen Englert et al. (2023) zu der Erkenntnis, dass die Umsetzungsvarianten (Auswahl der Geförderten, Akquise der Arbeitgebenden und Matching und Ausgestaltung der ganzheitlichen beschäftigungsbegleitenden Betreuung) von drei Kontextfaktoren beeinflusst werden (vgl. Abbildung 4.3): Hierzu zählen die regionale Arbeitsmarktlage sowie die jobcenterinterne und -externe „Governance“.[17]

[17] „Governance“ ist in diesem Kontext mit dem in der vorliegenden Arbeit verwendeten Begriff der „Steuerung“ gleichzusetzen.

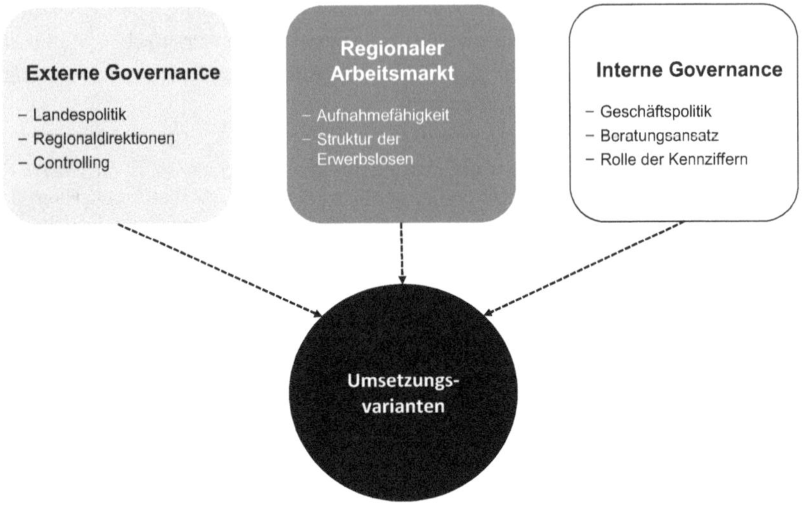

Abbildung 4.3 Kontextfaktoren der Umsetzungsvarianten des § 16i SGB II. (Quelle: Eigene Bearbeitung nach Englert et al. (2023: 6): Zwischen Sozialem Arbeitsmarkt und Integrationsinstrument. Lizenz: CC BY-SA 4.0 (https://creativecommons.org/licenses/by-sa/4.0/deed.de))

4.1.4 Output: Performance

Hinsichtlich des Leistungsvergleichs zwischen den beiden Trägermodellen (ARGE und zkT) ist festzuhalten, dass die gesetzliche Evaluation der Experimentierklausel keine einheitlichen Wirkungen identifizieren konnte (Deutscher Bundestag 2008b: 20). Demzufolge weisen „beide Modelle in jeweils unterschiedlicher Ausprägung Vor- oder Nachteile in den Wirkungen auf individueller und gesamtwirtschaftlicher Ebene" (ebd.) auf. In der Tendenz schneiden die ARGEn jedoch hinsichtlich der Arbeitsmarktintegration besser ab, nur im Hinblick auf die Integration in nicht-bedarfsdeckende Beschäftigung liegen die zkT vorne. Auch andere Studien finden – wenn auch teils nur für bestimmte Klientengruppen – höhere Übergangsquoten für die ARGEn bzw. gemeinsamen Einrichtungen (Boockmann et al. 2015; Holzner/Munz 2013; ISG/SMC 2013;

Mergele/Weber 2020; Walter 2013).[18] Die Leistungsunterschiede bzw. die dahinterliegenden Mechanismen können jedoch weder durch die Evaluation noch durch die soeben genannten Studien abschließend erklärt werden. Zwar lassen sich spezifische Organisationsmerkmale identifizieren, die die Arbeitsmarktintegration positiv beeinflussen, diese „Erfolgsfaktoren" finden sich jedoch, mit unterschiedlichen Schwerpunkten, sowohl bei den ARGEn als auch bei den zkTn (Deutscher Bundestag 2008b: 22):[19] So seien die durch die ARGEn gewählten Aktivierungsstrategien (frühe Erstgespräche, stärker durchgreifende Sanktionspolitik, Förderung einer bedarfsdeckenden Beschäftigung am allgemeinen Arbeitsmarkt) von Vorteil, während die zkT häufiger auf die wirkungsvollere Variante des Fallmanagements (generalisiertes Fallmanagement) sowie längere Erstgespräche setzen und der Kinderbetreuung einen hohen Stellenwert beimessen (ebd.).

Als mögliche Erklärung wird daher durch die Autoren der Evaluation der Experimentierklausel ein eigenständiger „Modelleffekt" zur Diskussion gestellt. Dieser könne theoretisch in unterschiedlichen traditionellen Kulturen und normativen Orientierungen (die eher auf Matching und Vermittlung ausgerichteten

---

[18] Die Untersuchungen von Boockmann und Walter et al. (2015), Holzner und Munz (2013) sowie Walter (2013) basieren vollständig bzw. teilweise auf den im Rahmen der Evaluation der Experimentierklausel erhobenen Daten und berücksichtigen Organisationsmerkmale auf Grundlage der IAW-SGB-II-Organisationserhebung (vgl. IAW/ZEW 2008). Mergele und Weber (2020) hingegen verwenden aggregierte Arbeitsmarktdaten sowie die Stichprobe der Integrierten Arbeitsmarktbiografien (SIAB) und die PASS-Befragungsdaten verknüpft mit den administrativen Daten des IAB (PASS-ADIAB) für die Zeiträume 2007 bis 2014 (SIAB) bzw. 2016 (PASS-ADIAB). Sie betrachten ausschließlich den Unterschied zwischen ARGEn und jenen zkTn, die in der zweiten Welle 2012 optierten, wodurch ihre finale Stichprobe 334 Landkreise und kreisfreie Städte umfasst, von denen 40 zkT sind. Weitere Organisationsmerkmale fließen nicht in ihren Analysen ein. ISG und SMC (2013) stützen ihre Analysen auf verschiedene SGB-II-Kennzahlen, u. a. K1 (Veränderung Leistungen zum Lebensunterhalt), K2 (Integrationsquote) sowie K3 (Veränderung Langzeitleistungsbezug) und berücksichtigen das Trägermodell, den SGB-II-Vergleichstyp und das Bundesland als Erklärungsvariablen. Neben der einzelnen Betrachtung der Kennzahlen erstellen sie Verbundindizes aus den Kennzahlen, auch hier schneiden die gE besser ab (ISG/SMC 2013: 36 f.).

[19] Im Hinblick auf die Integration in Beschäftigung und die Überwindung der Hilfebedürftigkeit erweist sich der Evaluation zufolge insbesondere eine *ganzheitliche* (generalisiertes Fallmanagement, inkl. Vermittlung), *intensive* (günstige Betreuungsrelation, frühe und ausführliche Erstgespräche, ggf. inklusive Sofortangebote, und dichte Folge an Beratungsgesprächen) *aktivierende* (Kinderbetreuung erhält hohen Stellenwert, Einsatz von Trainingsmaßnahmen und stärker durchgreifende Sanktionspolitik) und *qualifizierte* (Qualifikation des Personals) Betreuung (Deutscher Bundestag 2008b: 22). Negativ wirken eine *Kundensegmentierung* (innerhalb der ARGEn insbesondere diejenige der Bundesagentur für Arbeit) und im Vergleich der ARGEn untereinander ein *gemeinsamer Arbeitgeberservice* mit der Bundesagentur für Arbeit (Deutscher Bundestag 2008b: 22 f.).

Agenturen für Arbeit und die mehr an Fürsorgeprinzipien orientierten Kommunen), der konstitutiven Eigenschaft des Modells ARGE (institutionalisierte Verbindung von Vermittlungskompetenzen und kommunalen Leistungen, die Synergien schafft) und der stärker zentralisierten Zielsteuerung oder Regelsteuerung durch die Bundesagentur für Arbeit in den ARGEn liegen (Deutscher Bundestag 2008b: 22 ff.). Zusammenfassend lautet das Ergebnis der Evaluation daher, dass die zkT insgesamt „eine durch das aus der Sozialhilfetradition stammende Fallmanagement geprägte sozialintegrative Strategie" (Deutscher Bundestag 2008b: 24) verfolgen und weniger die Aufnahme von Beschäftigung subventionieren. Demgegenüber aktivieren die ARGEn schneller und vermittlungsorientierter, wobei sie darauf achteten v. a. in bedarfsdeckende Beschäftigung zu integrieren (ebd.).

Ergänzend zur gesetzlichen Evaluation hat der Deutsche Landkreistag das Internationale Institut für Staats- und Europawissenschaften mit einer gesonderten Untersuchung der „administrativen, organisatorischen und staats- wie kommunalpolitischen Auswirkungen der unterschiedlichen Trägermodelle" (Hesse 2009: 23) beauftragt (u. a. Hesse/Götz 2007; Hesse 2009). Datengrundlage der Analysen bilden Fallstudien in 20 Landkreisen und kreisfreien Städten sowie drei flächendeckende Befragungen aller Landkreise (ARGEn und zkT) und Optionsstädte (nur zkT), inkl. der jeweiligen Grundsicherungsstellen.[20] In der Studie werden die Vorteile der zkT hervorgehoben, die u. a. in einer „deutlich problem- und klientelnähere[n] Gestaltung von Abläufen und Eingliederungsstrategien" (Hesse 2009: 16), einer stärkeren Bemühung „um eine operative Berücksichtigung von Schnittstellen und sozialintegrativen Leistungen" (Hesse 2009: 17) und ausgeprägteren operativen Handlungs- und Gestaltungsmöglichkeiten (Hesse 2009: 17 f.) liegen. Da für Hesse der Erfolg der jeweiligen Grundsicherungsstelle unabhängig vom Trägermodell „von der örtlichen Organisationsgestaltung und Vollzugspraxis" (Hesse 2009: 18) abhängt, plädiert er aufgrund der „schwierigen Klientelanforderungen" (ebd.) für die kommunale Trägerschaft bzw. zumindest für eine vollständige und dauerhafte Option (Hesse 2009: 19).

Unabhängig von der Trägerschaft der betrachteten Jobcenter, befasst sich Stegmann (2014) mit der Umsetzung und Wirkung des Bundesprogramms „Perspektive 50plus".[21] Im Rahmen des Programms wurden den beteiligten

[20] Acht Landkreise der Fallstudien sind aufgrund einer parallelen Beauftragung einer Evaluation durch den Landkreistag Baden-Württemberg in eben diesem Bundesland verortet (Hesse 2009: 29).

[21] Grundlage bildet eine standardisierte Befragung der Jobcenter. Von den zum Befragungszeitpunkt (2010) am Bundesprogramm beteiligten 347 Jobcentern nahmen 317 an der Befragung teil (Stegmann 2014: 34).

Jobcentern finanzielle Mittel zur Verfügung gestellt, die für die Arbeitsmarktintegration von „über 50-jährigen Langzeitarbeitslosen relativ frei verausgabt werden konnten" (Stegmann 2014: 28). In Anlehnung an die Politikfeldbezogene Verwaltungsanalyse (Grunow 2017) unterscheidet Stegmann zwischen sechs (Sub-)Dimensionen der Umsetzung: *Adressaten, geschäftspolitische Ziele des Jobcenters, teilnehmerseitige* und *arbeitgeberseitige operative und instrumentelle Elemente, verwaltungsstrukturelle und prozedurale Elemente* sowie *beteiligte Umsetzer* (Stegmann 2014: 31 ff.). Dabei findet er einerseits je Dimension eine unterschiedliche Anzahl von Clustern (n = 3–5), denen die Jobcenter zugeordnet werden können. Letztlich stellt er einen begrenzten Zusammenhang zwischen der Zugehörigkeit von Jobcentern zu Clustern und ihrer Leistungsfähigkeit, gemessen an der Beschäftigungswahrscheinlichkeit der am Bundesprogramm teilnehmenden Klienten, fest (Stegmann 2014: 34 f.).[22] Auch wenn sie teils abweichende Cluster identifizieren, kommen Brussig et al. (2014) für das Teilprogramm „Impuls 50plus" zu ähnlichen Ergebnissen.

Der Zusammenhang zwischen Ergebnisgrößen (sozialversicherungspflichtige Beschäftigung mit und ohne Förderung, Stabilität der aufgenommenen sozialversicherungspflichtigen Beschäftigungen sowie Leistungsbezug nach SGB II)

---

[22] Stegmann greift zur Schätzung der Beschäftigungsfähigkeit im Wesentlichen auf den im Rahmen der Evaluation der Experimentierklausel entwickelten Beschäftigungsfähigkeitsindex zurück (Stegmann 2014: 39). Grundlage hierfür bildet eine telefonische Befragung von 890 Teilnehmern zu zwei Zeitpunkten, mit einem zeitlichen Abstand von etwa neun Monaten (Stegmann 2014: 40). Insgesamt lassen sich in drei Dimensionen Cluster mit einem statistisch signifikanten Einfluss auf die Veränderung der Beschäftigungsfähigkeit finden. In der Dimension „verwaltungsstrukturelle und prozedurale Elemente" hat eine *gemischt-spezialisierte Umsetzung* (die Umsetzung erfolgt häufig im Jobcenter und zusätzlich durch externe Strukturen, die verantwortlichen Mitarbeiter des Jobcenters sind ausschließlich für die Umsetzung zuständig und die Steuerung erfolgt auf der Geschäftsführungs- sowie der Teamleitungs- und Arbeitsebene) einen negativen Einfluss (Stegmann 2014: 43 f.). Demgegenüber haben eine *gemeinsame Umsetzung* (die Mitarbeiter des Jobcenters arbeiten in gemeinsamen Teams mit den Mitarbeitern der beauftragten Maßnahmeträger zusammen, die Steuerung erfolgt durch ein gemeinsames Steuerungsgremium auf der Geschäftsführungs- sowie auf der Teamleitungs- und Arbeitsebene) sowie eine *interne Umsetzung mit externem Sachverstand und ext. Vermittlung* (die Umsetzung erfolgt im Jobcenter, häufig werden externe Vermittler einbezogen, die Umsetzung wird durch einen Paktbeirat begleitet und die Steuerung erfolgt v. a. auf der Geschäftsführungsebene, teilweise auch auf der Teamleitungs- und Arbeitsebene) einen positiven Einfluss (ebd.). Bei der Interpretation der Effekte innerhalb dieser Dimension gibt Stegmann jedoch zu bedenken, dass „es im Verlauf des Bundesprogramms zu einer Internalisierung von Strukturen gekommen ist und möglicherweise auf Erfahrungen aufgebaut werden konnte, die zu einem früheren Zeitpunkt im Rahmen einer gemischten oder externalisierten Umsetzung gewonnen werden konnten" (Stegmann 2014: 44).

und verschiedenen Organisationsvarianten wird auch in der Implementationsstudie zur „Berliner Joboffensive" (BJO), einem Modellprojekt mit einer Laufzeit von zwei Jahren (Juni 2011 bis Mai 2013), betrachtet (Fertig 2015). Mithilfe der BJO sollte die Integrationsquote von marktnahen ELB in den ersten Arbeitsmarkt durch einen günstigeren Betreuungsschlüssel erhöht werden (Fertig 2015: 11). Die empirischen Befunde deuten darauf hin, dass jene Berliner Jobcenter mit einer engeren Verzahnung zwischen den BJO-Projektteams und den für marktferne Klienten zuständigen Basisteams besser als die übrigen Jobcenter abschneiden (Fertig 2015: 73).[23]

Fokussieren die bisher aufgegriffenen Studien vorrangig auf die Dimension der Arbeitsmarktintegration als Performancemaß, befassen sich ISG und SMC (2013) auch mit der „Rechtmäßigkeit" der Leistungsgewährung anhand Daten zu Widersprüchen und Klagen (Bestand an Widersprüchen und Klagen relativ zur Anzahl der Bedarfsgemeinschaften sowie Stattgabequote bei Widersprüchen).[24] Unter Berücksichtigung des Trägermodells, des SGB-II-Vergleichstyps, des Bundeslands und von SGB-II-Kennzahlen (Performanceindikatoren) als Erklärungsvariablen, finden Sie einen statistisch signifikanten höheren relativen Bestand an Widersprüchen und einen geringeren relativen Bestand an Klagen bei den zkTn (ISG/SMC 2013: 37 ff.). Hinsichtlich der Stattgabequote bei Widersprüchen sind hingegen keine Unterschiede zwischen den Trägermodellen festzustellen (ISG/SMC 2013: 40 f.). In der Gesamtschau gelangen die Autoren zu dem Ergebnis, dass „kein durchgängiger und als systematisch zu erachtender Zielkonflikt zwischen den beiden betrachteten Dimensionen der Ergebnisqualität zu bestehen" (ISG/SMC 2013: 42) scheinen.

Die aufgeführten Studien, insbesondere die gesetzliche Evaluation, verdeutlichen, dass die ARGEn bzw. gE und zkT jeweils spezifische Stärken und Schwächen aufweisen. Hinsichtlich der Integration in bedarfsdeckende Beschäftigung scheinen die gE besser abzuschneiden, wobei nicht abschließend die

[23] In Berlin existieren insgesamt zwölf Jobcenter, hierbei handelt es sich ausschließlich um gE. Verzahnung bedeutet hier, dass die Jobcenter gemeinsame Bereiche für BJO-Projektteams und Basisteams und/oder feste Verbünde zwischen BJO- und Basisteams (d. h., dass nur innerhalb dieser Verbünde ein Austausch von Klienten zwischen BJO- und Basisteams stattfindet) gebildet haben (Fertig 2015: 17).

[24] Daten zum Anteil erfolgreicher Klagen lagen für den Beobachtungszeitraum nicht in geeigneter Form vor (ISG/SMC 2013: 21). Die den Analysen zugrunde gelegten Daten zu Widersprüchen und Klagen beziehen sich auf den Zeitraum November bis Dezember 2012 und die Daten zu den Performanceindikatoren erstrecken sich auf den Zeitraum Januar 2011 bis Oktober 2012, womit die Annahme getroffen wird, dass die „Performance der Vergangenheit möglicherweise einen Zusammenhang zur Rechtmäßigkeit der Gegenwart aufweist" (ISG/SMC 2013: 37).

verantwortlichen Mechanismen aufgedeckt werden können. Letztlich werden immerhin gewisse Organisationsmerkmale identifiziert, die einen Einfluss auf die Performance haben.

4.2 Variationen in der Verwaltungsorganisation

Zu Beginn geht Abschnitt 4.2.1 auf die grundlegenden organisatorischen Gemeinsamkeiten und Unterschiede zwischen den beiden Trägermodellen (ARGEn bzw. gE und zkT) ein. Anschließend werden in Abschnitt 4.2.2 die Erkenntnisse zu den Bürokratiedimension skizziert, wobei zur Spezialisierung die meisten empirischen Befunde in der Literatur vorzufinden sind.

Prinzipiell hält die Evaluation der Experimentierklausel fest, dass eine „erhebliche Varianz in der Ausgestaltung der Kernprozesse zwischen und innerhalb“ (ISR et al. 2008: 121) der beiden Trägermodelle existiert. Übereinstimmend kommen auch Kaltenborn und Kaps (2013) in ihrer Studie zu den kommunalen Eingliederungsleistungen zu der Erkenntnis, dass nicht nur die Organisation der Einbeziehung der kommunalen Eingliederungsleistungen sowie der Leistungen für Bildung und Teilhabe, sondern auch die Organisation der Leistungserbringung im SGB II allgemein eine „hohe lokale Varianz“ (Kaltenborn/Kaps 2013: 76) aufweise.[25] Auch ISG und SMC konstatieren, dass aus ihren 15 Fallstudien ersichtlich wird, „dass bei der Ausgestaltung der Kern- und Stützprozesse in der Praxis eine große Heterogenität hinsichtlich des konkreten Vorgehens, der damit verbundenen Ziele und damit auch des zugrunde liegenden Verständnisses von hoher Qualität vorherrscht“ (ISG/SMC 2013: 191). Für die Organisation des Betreuungsprozesses konstatieren Boockmann und Osiander et al. (2013), dass „es weitaus größere Unterschiede im Bereich des SGB II als im SGB-III-Bereich“ (Boockmann et al. 2013: 85) gebe, wobei im Letzteren stärkere Vorgaben bestünden (ebd.).

Trotz dieser größeren Organisationsvielfalt im SGB II ist zu konstatieren, dass

> „die BA bei den ARGEn und gAw zunächst stark darauf gedrängt [hat], dass diese das Geschäftsmodell der Arbeitsagenturen (Kundenzentrum der Zukunft; ‚KuZ‘) mit seinen stark standardisierten Organisationsformen und Abläufen [...] übernehmen. Dies führte dazu, dass die gAw und die ARGEn viele Organisationselemente aus der

[25] Ihre Datengrundlage bilden Fallstudien in elf Jobcentern, eine standardisierte Befragung der Jobcenter (Ausschöpfungsquote: 57 %) sowie Gespräche mit lokalen und überregionalen Experten (Kaltenborn/Kaps 2013: 36, 305).

gerade reformierten Agentur für Arbeit übernommen haben: einen zentralen Empfang, eine Eingangszone, in der einfache Anliegen sofort bearbeitet werden, die Trennung von Leistungssachbearbeitung und Fallmanagement bzw. Vermittlung, Beratung an verbindlich festgelegten Terminen sowie einen speziellen Bereich, der Arbeitgeberanliegen beantwortet und Vermittlungsvorschläge unterbreitet." (ISR et al. 2008: 35)

4.2.1 Grundlegende Gemeinsamkeiten und Unterschiede der Trägermodelle

Die beiden Trägermodelle vergleichend, fasst die gesetzliche Evaluation zusammen, dass das Muster bei zkTn „in einer geringeren Einheitlichkeit und Standardisierung der Aufgabenwahrnehmung in größerer regionaler Vielfalt [bestehe], verbunden mit einer geringeren systemischen Vergleichbarkeit der Verfahren und höherer lokaler Handlungsautonomie" (Deutscher Bundestag 2008b: 19). Hierbei blieben organisatorische Traditionen der Sozialämter erhalten (ebd.). Im Gegensatz dazu zeigen sich bei den ARGEn eine höhere Einheitlichkeit und Standardisierung, eine eingeschränktere lokale Handlungsautonomie und organisatorische Elemente der Arbeitsverwaltung (ebd.).

Eine übergreifende Gemeinsamkeit der Grundsicherungsstellen bzw. Jobcenter, unabhängig vom Trägermodell, stellt hingegen die organisatorische bzw. personelle Trennung zwischen der Gewährung der materiellen Leistungen und der Integrationsleistungen (Aktivierung und Vermittlung) dar. Die empirische Verteilung einer von ISR et al. (2008) entwickelten Typologie verdeutlicht dies. In dieser werden die vier zentralen Prozessschritte (Zugangssteuerung, Gewährung materieller Leistungen, Aktivierung[26] bzw. Fallmanagement und Arbeitsvermittlung) der Grundsicherungsstellen in einen Gesamtzusammenhang gebracht. Zu unterscheiden sind grundlegend folgende Typen (ISR et al. 2008: 135 ff.), wobei teils auch mehrere weitere Untertypen beobachtet werden (vgl. ISR et al. 2007, 2008):[27]

---

[26] „Aktivierung" steht hier für die Gewährung verschiedener Leistungen nach § 16 SGB II. An den 154 untersuchten Standorten zeigte sich, dass „Aktivierung" jedoch fast durchgängig mit „Fallmanagement" assoziiert wurde (ISR et al. 2008: 132).

[27] Da die Organisation der Zugangssteuerung, also die Steuerung des Zugangs zu Leistungen über eine Eingangszone oder die örtlichen Sozial- oder Bürgermeisterämter (ISR et al. 2008: 126), nur für die Differenzierung von Untertypen relevant ist, wird sie in der Typenbeschreibung ausgeklammert.

- *Funktionale Spezialisierung* (Typ A): Separate Organisation von Leistungssachbearbeitung, Aktivierung und Arbeitsvermittlung, während die „Aktivierung" aufgespalten und zwischen Personen mit multiplen Vermittlungshemmnissen und Personen mit keinen bzw. wenigen Vermittlungshemmnissen unterschieden wird. „Fallmanagement" stellt somit eine speziell organisierte Aufgabe dar.
- *Integration von Aktivierung und Arbeitsvermittlung* (Typ B): Separate Organisation der Leistungssachbearbeitung, jedoch kaum Spezialisierung der Aktivierung und Arbeitsvermittlung, da beide Aufgaben i. d. R. von derselben Fachkraft ausgeführt werden.
- *Partielle Integration der Gewährung materieller Leistungen und Eingliederungsleistungen* (Typ C): Organisatorische Trennung von Aktivierung und Arbeitsvermittlung sowie Verbindung der Gewährung materieller Leistungen mit generellen Aktivierungsleistungen für ELB.
- *Vollständige Integration der Gewährung materieller Leistungen und Eingliederungsleistungen* (Typ D): Eine Person ist sowohl für die Bearbeitung und Gewährung materieller Leistungen als auch von Eingliederungsleistungen zuständig, unabhängig von der jeweiligen Dienstbezeichnung.

Im Jahr 2007 sind die untersuchten ARGEn überwiegend dem Typ A zuzuordnen und die zkT wenden am häufigsten den Typ B an, auch wenn die bei den zkTn beobachteten Organisationsformen breiter streuten (ISR et al. 2008: 139 f.). Zusammenfassend halten die Autoren fest, dass sich „eine deutliche Tendenz zur Vereinheitlichung der Leistungsprozesse, insbesondere im Hinblick auf ARGEn und gAw" (ISR et al. 2008: 147) zeige. Weiterführend sei eine „deutliche Polarisierung in zwei ‚Produktionsmodelle'" (ebd.) zu beobachten: Einerseits die ARGEn mit einer hohen Spezialisierung der o. g. Funktionen und andererseits die zkT mit einer weitgehenden Integration der Eingliederungsleistungen und teilweise auch der Gewährung von materiellen Leistungen (ebd.).

Während die Spezialisierung der Leistungssachbearbeitung bei beiden Trägermodellen 2007 die dominierende Praxis darstellt, wurden integrierte Modelle immerhin bei 17 Prozent der zkT und nur bei 5 Prozent der gE praktiziert (IAW/ZEW 2008: 65).[28] Aus neueren Untersuchungen geht einerseits hervor, dass es

[28] Hierunter fallen sowohl Verzahnungen, in denen beide Bereiche durch dieselbe Person abgedeckt werden (enge Definition) als auch jene, in denen die für die Eingliederungsleistungen bzw. das Fallmanagement zuständige Person zumindest auch im Hinblick auf die materiellen Leistungen als Ansprechperson für die Klienten fungiert (weite Definition) (IAW/ZEW 2008: 63). Hesse beobachtet für das Jahr 2008 bei 99 Prozent der ARGEn und 90 Prozent der zkT eine personelle Trennung zwischen der Zuständigkeit für materielle Hilfen/

sich um ein beständiges Charakteristikum der überwiegenden Mehrheit der Jobcenter handelt. So berichten 94,5 Prozent der von Molle und Vaudt befragten Jobcenter-Beschäftigten, dass die Erbringung aktiver und passiver Leistungen personell getrennt erfolge (Molle/Vaudt 2023: 23). Andererseits scheint die Trennung von Eingliederung und Leistungssachbearbeitung bzw. die Spezialisierung des Personals (getrennte Organisationseinheiten, Teams etc.) bei gE (ca. 96 %), im Gegensatz zu zkT (rund 79 %), weiterhin zu überwiegen (ISG/SMC 2013: 17).[29]

Verantwortlich hierfür werden zum einen Vorgaben seitens der BA gemacht, die 2004 die Trennung der beiden Leistungsbereiche „zu den ‚Essentials' bei der Bildung von ARGEn erklärt hatte" (ISR et al. 2008: 131). Zum anderen hätte die Existenz zweier getrennter Fachanwendungen ein organisatorisches Hindernis für eine integrierte Leistungsgewährung dargestellt (ebd.). Auch wird die Komplexität des Leistungs- und des Förderrechts im Allgemeinen als Hürde genannt, die der Erbringung durch eine Person entgegenstünden (ISR et al. 2008: 99). Mitunter wird in den Jobcentern mittels „gemischter" Teams und/oder gemeinsamer Fallbesprechungen versucht Leistungsgewährung und Arbeitsmarktintegration enger zu verzahnen (ISR et al. 2008: 131).[30]

Im Hinblick auf das mit den Funktionsbezeichnungen verbundene Aufgabenprofil bestehen hingegen größere Unterschiede zwischen den Trägermodellen. So sind bei den zkTn insbesondere die Persönlichen Ansprechpartner (pAp), aber auch die Fallmanager, wesentlich häufiger für materielle Hilfen und förderrechtliche Angelegenheiten zuständig als in den Vergleichs-ARGEn (ISR et al. 2008: 96 f.).[31] Demgegenüber führen Leistungssachbearbeiter bei den zkTn häufiger

---

Leistungssachbearbeitung und dem Vermittlungs-/Integrationsbereich auf Mitarbeiterebene (Hesse 2009: 207).

[29] Datengrundlage ist eine Onlinebefragung der Geschäftsführungen von Jobcentern im Jahr 2013 (ISG/SMC 2013: 6 f.). Insgesamt haben sich 260 Jobcenter an der Befragung beteiligt, hiervon sind 194 gE (Rücklaufquote 64,0 %) und 67 zkT (Rücklaufquote 63,8 %) (ebd.). Darüber hinaus wurden in insgesamt 15 Jobcentern (acht gE und sieben zkT) in Bayern, Berlin, Bremen, Hessen, Sachsen und Schleswig-Holstein Fallstudien durchgeführt (ISG/SMC 2013: 9).

[30] Hesse (2009: 208) zufolge erfolgte 2008 in 44 Prozent der ARGEn und 70 Prozent der zkT eine Teambildung (Mitarbeiter in der Leistungssachbearbeitung und im Vermittlungs-/Integrationsbereich sind für den gleichen Klientennkreis zuständig).

[31] Die Ergebnisse dieser Studie werden für fünf „relativ homogene Trägerformen" (ISR et al. 2008: 13) ausgewiesen: Im Zentrum des Interesses steht der Vergleich zwischen den 51 untersuchten zkT sowie den 56 sog. „Vergleichs-ARGEn", die hinsichtlich ihrer strukturellen Rahmenbedingungen als unmittelbar vergleichbare „nächste Nachbarn" identifiziert wurden. Die Ergebnisse der übrigen 46 ARGEn der Stichprobe werden jeweils für die 15 Kreis-

als bei den Vergleichs-ARGEn auch Profiling und Anamnese durch (ISR et al. 2008: 97). Darüber hinaus sind die Arbeitsvermittler bei den Vergleichs-ARGEn vorrangig mit der Betreuung der ELB betraut, während sie bei den zkT stärker auch für Kontakt, Beratung und Betreuung von Betrieben zuständig sind (ebd.). Insgesamt betrachtet fallen somit die Unterschiede hinsichtlich der Fachkräfte unterschiedlicher Funktionsbezeichnungen im Bereich Aktivierung und Vermittlung (Arbeitsvermittler, Fallmanager und pAp) bei den zkTn größer als bei den Vergleichs-ARGEn aus. Dies liege darin begründet, dass „die Aufgabenteilung in den ARGEn nicht entlang der Aufgaben verläuft, sondern entlang der Zuständigkeit für bestimmte Zielgruppen“ (ISR et al. 2008: 98):[32] So obliegen Fallmanagern in ARGEn grundsätzlich ähnliche Aufgaben wie Arbeitsvermittlern, sie sind jedoch meist für eine andere Zielgruppe, nämlich ELB mit multiplen Vermittlungshemmnissen zuständig (ebd.). Dieser Aspekt wird auch dadurch verdeutlicht, dass die Integrationsfachkräfte der zkT häufig für alle Klientengruppen zuständig sind, während die Integrationskräfte der ARGEn zu einem größeren Anteil auf bestimmte Klientengruppen spezialisiert sind (ISR et al. 2008: 200 f.).

Hinsichtlich der Zuständigkeit für die bewerberorientierte Vermittlung zeigen die Ergebnisse der gesetzlichen Evaluation auf, dass jene bei den untersuchten ARGEn am häufigsten den Arbeitsvermittlern obliegt, gefolgt von den Fallmanagern (ISR et al. 2008: 218). Nur in wenigen Fällen sind die Mitarbeitenden des Arbeitgeberservice an der Bewerbervermittlung beteiligt (ebd.). Bei den zkTn sind hingegen häufiger die Fallmanager mit der bewerberorientierten Vermittlung betraut und auch der Arbeitgeberservice wirkt häufiger an der Vermittlung mit (ebd.). Allgemein ist zudem festzuhalten, dass im Gegensatz zu den meisten ARGEn, in denen zwischen stellenorientierter und bewerberorientierter Vermittlung unterschieden wird, die pAp und Fallmanager bei den zkTn stärker in das Arbeitgebergeschäft involviert sind (ISR et al. 2008: 227).

Eine weitere Gemeinsamkeit zwischen ARGEn bzw. gE und zkTn stellt wiederum die Tatsache dar, dass sich nahezu durchgehend die besondere Stellung des

---

und 26 Stadt-ARGEn differenziert ausgewiesen. Die sechs Grundsicherungsstellen mit gAw bilden die sechste Trägerform.

[32] Nach Hesse und Götz fallen bei den von ihnen befragten Jobcentern (n = 201) zu 69 % Vermittler, zu 65 % Fallmanager und zu 34 % Leistungssachbearbeiter unter den Begriff „Persönlicher Ansprechpartner“ (pAp) (Hesse/Götz 2007: 256). Die Erhebung von Molle und Vaudt gibt Aufschluss darüber, dass ca. 65 % der Befragten Jobcenter-Beschäftigten angeben, eine der folgenden Funktionen innezuhaben: Tätigkeit als Fallmanager (n = 42), als Arbeitsvermittler (n = 22), in der Leistungsabteilung (n = 13), in sonstigen Funktionsbereichen (n = 13) oder als persönliche Ansprechperson (n = 3) (Molle/Vaudt 2023: 23) Die restlichen Befragten (35 %) geben an, zwei oder mehr Funktionen wahrzunehmen (ebd.).

Personenkreises der unter 25-Jährigen (U25) im SGB II in der Verwaltungsorganisation der Jobcenter niederschlägt.[33] Im Jahr 2006 erfolgte in 98 Prozent der ARGEn und bei 78 Prozent der zkT eine separate Betreuung der U25-Klienten (IAW 2007b: 47). Meist handelte es sich dabei um separate Teams (ARGEn. 47 %; zkT: 49 %) oder separate Mitarbeitende (ARGEn 44 %; zkT: 17 %), in den weiteren Fällen bestanden separate Organisationseinheiten oder gemeinsame Teams mit dem SGB-III-Bereich (ebd.). Auch ISG und SMC (2013: 67) finden an allen Fallstudienstandorten verschiedene Spezialisierungen im U25-Bereich. Auch hier zeigt sich wieder die bereits oben (vgl. Abschn. 4.1.3) angedeutete Verwobenheit zwischen strategischer Ausrichtung und Verwaltungsorganisation.

4.2.2 Bürokratiedimensionen

Generell lassen sich vor allem hinsichtlich des Ausmaßes der Spezialisierung in den Jobcentern einige Erkenntnisse in der Literatur finden. Neben der in fast allen Jobcentern vorzufindenden spezialisierten Betreuung des Personenkreises U25 (s. o.), lassen sich weitere Personengruppen identifizieren, für die spezielle Stellen oder Teams in Jobcentern existieren. So verfügen drei der 15 von ISG und SMC untersuchten Jobcenter über Spezialisierungen für Selbständige und zwei Jobcenter betreuen Alleinerziehende durch spezialisierte Mitarbeitende (ebd.).

Auch Brussig et al. stellen bei der Umsetzung des Bundesprogramms „Soziale Teilhabe am Arbeitsmarkt" fest, dass die Jobcenter der Fallstudien „überwiegend intern spezialisierte Zuständigkeiten für die Teilnehmer- und Arbeitgeberbetreuung festgelegt" (Brussig et al. 2019: 48) haben.[34] Entsprechend der Anzahl der Teilnehmend wurden entweder ganze Teams eingerichtet oder einzelne Fachkräfte

[33] Für die Zielgruppe der Jugendlichen und jungen Erwachsenen sieht der Gesetzgeber „im Regelfall" (§ 44c Abs. 4) einen deutlich besseren Betreuungsschlüssel (1:75) im Vergleich zu den übrigen ELB (1:150) vor. Des Weiteren räumte das SGB II den Jobcentern bis zum Inkrafttreten des Bürgergeld-Gesetzes (01.01.2023) ein, diese Zielgruppe bei Pflichtverletzungen weitreichender zu sanktionieren als die über 25-Jährigen (§ 31a Abs. 2 SGB II a. F.) und es bestand bis 2016 die Regelung, dass Jugendlichen und jungen Erwachsenen „unverzüglich nach Antragstellung auf Leistungen" (§ 3 Abs. 2 SGB II a. F.) in Ausbildung oder Arbeit zu vermitteln sind.

[34] Das Bundesprogramm zielte auf eine verbesserte soziale Teilhabe von arbeitsmarktfernen Langzeitleistungsbeziehenden ab, die entweder mit Kindern in einer Bedarfsgemeinschaft leben und/oder auf Grund von gesundheitlichen Einschränkungen besonderer Förderung bedürfen (Brussig et al. 2019: 16). Datengrundlage bilden u. a. eine in zwei Wellen durchgeführte Jobcenter-Befragung sowie Fallstudien in 16 teilnehmenden Jobcentern in den Jahren 2017 und 2018 (ebd.).

mit der Umsetzung – teils zusätzlich zu ihren sonstigen Aufgaben – beauftragt (ebd.). Gleichermaßen finden Oschmiansky et al. in ihrer Studie zur Situation und Betreuung psychisch Kranker im SGB II „vielfältige Organisationsvarianten" (Oschmiansky et al. 2017: 140) in den acht Fallstudien-Jobcentern. Die Varianten reichen von keiner Spezialisierung über einzelne Rehabilitations-Spezialisten bis hin zu ganzen Rehabilitations-/Schwerbehinderten-Teams (ebd.).[35]

Dietz et al. beobachten Ähnliches für den Personenkreis der Geflüchteten: In einer 2017 durchgeführten Erhebung geben 50 Prozent der befragten Jobcenter-Beschäftigten an, dass ihre Organisation über spezialisierte Teams für die Beratung und Vermittlung von Geflüchteten verfügt (Dietz et al. 2018: 6).[36] Weitere 38 Prozent der Beschäftigten arbeiten in Jobcentern, in denen in den regulären Teams zumindest einzelne auf den Personenkreis spezialisierte Vermittlungsfachkräfte angesiedelt sind (ebd.). Brussig et al. (2022: 129) gelangen auf Grundlage einer quantitativen Befragung zu ähnlichen Werten für das Jahr 2018. Sie ergänzen jedoch, dass die spezialisierten Teams zum Zeitpunkt der Durchführung der Fallstudien (September 2018 bis September 2019)größtenteils bereits wieder reduziert oder sogar vollständig aufgelöst worden waren (Brussig et al. 2022: 133). Selbst dort, wo es noch Spezialisierungen gab, bestand die Absicht, jene aufgrund der sinkenden Fallzahlen aufheben zu wollen (ebd.). Nach der Aufhebung würden die betroffenen Beschäftigten in den Jobcentern „weiterhin als spezialisierte Fachkräfte für die flüchtlingsbezogene Sprachkurs- und Maßnahmenkoordination sowie Arbeitsvermittlung" (ebd.) eingesetzt werden. Zusammenfassend kommen Boockmann und Scheu (2019) in ihrer Studie zur Arbeitsmarktintegration von Geflüchteten zu dem Schluss, dass sich die „interne Organisation und Spezialisierung von Aufgaben in den Jobcentern […] erheblich [unterscheidet]" (Boockmann/Scheu 2019: 399).

Pongratz et al. (2013) beschäftigen sich mit der Handhabung des Einstiegsgeldes in Jobcentern und schlussfolgern, dass der Spielraum hinsichtlich der Organisation der Einstiegsgeldförderung „aufgrund der rechtlichen Vorgaben, der Umsetzungsrichtlinien der Bundesagentur für Arbeit und der Komplexität

[35] Die Fallstudien wurden 2015 durchgeführt und enthalten sowohl gE als auch zkT (Oschmiansky et al. 2017: 13). In vier Jobcentern gab es keine auf Rehabilitationsfragen spezialisierten Fachkräfte (Oschmiansky et al. 2017: 14).

[36] Befragt wurden, ausgehend von einer Stichprobe der gE (n = 136), diejenigen Mitarbeiter, die für die Beratung und Vermittlung von Geflüchteten zuständig sind (Dietz et al. 2018: 2).

der Aufgabe groß“ (Pongratz et al. 2013: 45) sei.[37] Die betrachteten Jobcenter unterscheiden sich hinsichtlich der Gründungsförderung v. a. darin, ob alle oder gewisse Teilaufgaben von spezialisierten Integrationsfachkräften wahrgenommen werden (Pongratz et al. 2013: 56). Zurückzuführen ließe sich eine derartige Spezialisierung weniger auf eine strategische Planung, denn auf persönliche Interessen und fachliche Erfahrungen einzelner Führungs- oder Fachkräfte (ebd.). Die organisatorische Umsetzung resultiere dann aus individuellen Vorstellungen dieser Akteure und spezifischen Rahmenbedingungen, z. B. der Größe des Jobcenters und der Verteilung der Standorte (ebd.). Die Praxis der Einstiegsgeldvergabe vergrößere sich demnach durch verschiedene Spezialisierungsstrategien zwischen den Jobcentern und verringere sich innerhalb dieser (Bernhard/Pongratz 2014: 223).

Auch Bauer et al. stellen im Zwischenbericht zur Evaluation der Förderinstrumente nach §16e und §16i SGB II einen Bezug zur Organisationsgröße als Kontextfaktor her, indem sie ausführen, dass das Teilhabechancengesetz (THCG) in größeren Jobcentern oft in Spezialteams und in kleineren Jobcentern eher über „die Fläche“ (Bauer et al. 2021: 31), also alle Integrationsfachkräfte, organisiert werde (ebd.). Einen Bezug zur Größe des Jobcenters stellen auch Boockmann et al. her: Sie beobachten, dass die im Rahmen des ESF-Bundesprogramms zur Eingliederung langzeitarbeitsloser Leistungsberechtigter (LZA-Programm) eingesetzten Betriebsakquisiteure (BAK) zwar mehrheitlich dem Bereich Markt und Integration zugeordnet wurden (53 %), jedoch „in einem weiteren knappen Viertel in eigenständigen Projektteams agierten, was vor allem größere Jobcenter betraf“ (Boockmann et al. 2021: 52).[38]

Explizite empirische Erkenntnisse zu den weiteren Bürokratiedimensionen sind nahezu kaum zu finden. Spezifische Ansatzpunkte bieten v. a. Studien, die sich mit den Beratungs- und Vermittlungsprozessen beschäftigen. Im Allgemeinen wird in diesem Kontext den vonseiten der BA entwickelten Konzepten wie u. a. dem 4-Phasen-Modell (4PM) der Integrationsarbeit und der Beratungskonzeption (BeKo) SGB II sowie den zentral durch die BA eingeführten IT-Fachverfahren eine standardisierende Wirkung zugeschrieben (Boockmann/Scheu 2019: 398;

[37] 22 Jobcenter wurden telefonisch zu ihrer Förderpraxis und -strategie befragt (Pongratz et al. 2013: 38). Auf dieser Grundlage wurden sechs Jobcenter für Fallstudien ausgewählt, darunter zwei zkT (ebd.).

[38] Sowohl die am LZA-Programm teilnehmenden als auch nicht-teilnehmenden Jobcenter wurden 2016 für die Evaluation befragt (Boockmann et al. 2021: 34). Von den am Programm teilnehmenden Jobcentern haben sich 90 % der gE (n = 243) und 92 % der zkT (n = 57) an der Befragung beteiligt (ebd.). In 16 Prozent der Jobcenter wurden die BAK beim AG-S angesiedelt (Boockmann et al. 2021: 52).

ähnlich Klingert/Lenhart 2017: 20).[39] Ähnlich fassen es Kaps et al., indem sie davon sprechen, dass in den gE die Ablauforganisation des KuZ „mit seinen Profillagen und Handlungsprogrammen aus dem SGB III über eine entsprechende Strukturierung der IT-Fachverfahren spätestens seit der Einführung des 4-Phasen-Modells als Normierung der Prozessorganisation im SGB II“ (Kaps et al. 2017: 61) wirkt. Welche Wirkung die Konzepte tatsächlich im Einzelfall entfalten bleibt jedoch fraglich, wenn Studienergebnisse beispielsweise auf Umsetzungsprobleme von 4PM u. a. aufgrund mangelnder Zeitressourcen der Integrationsfachkräfte und eines fehlenden Verständnisses für die Idee von 4PM bei Fach- und Führungskräften hinweisen (Egenolf et al. 2014: 56).

Aus einer Untersuchung von Fallverläufen im SGB II und SGB III schließen Schütz et al., dass „in beiden Rechtskreisen ein Übergewicht der einzelfallorientierten Elemente gegenüber den standardisierten Elementen klar zu erkennen“ (Schütz et al. 2011: 256) sei. Prägend sei standardisiertes Vorgehen aber beim Profiling, v. a. in Erstgesprächen, und bei stark vermittlungsorientierten Fallverläufen (ebd.). Sie konstatieren, dass die Vorgaben und Standardisierung von zentralen Themenblöcken, inkl. der typischen Sequenzfolge bestehend aus Profiling, Stellensuche und Eingliederungsvereinbarung, die Gesprächsverläufe sowie die thematische Dichte beeinflussen würden, aber dennoch keine völlig homogene Gesprächsstruktur vorliege (Schütz et al. 2011: 313).

In einer jüngeren Studie zu Bedarfsgemeinschaften und ihren Mitgliedern in der Beratungs- und Vermittlungsarbeit der Jobcenter, finden Bähr et al. (2019) einerseits bei der Zuweisung von Klienten zu Vermittlungsfachkräften unterschiedliche Vorgehensweisen. Andererseits identifizieren sie aber bei der Dauer und Terminierung der Beratungsgespräche sowie bei der Organisation der Erst- und Folgegespräche „allgemeine Muster der Regelmäßigkeit“ (Bähr et al. 2019: 69), wobei jedoch einzelne Ausprägungen von Fall zu Fall variieren. Die Dokumentation der Beratung sei wiederum in einem hohen Maße standardisiert (ebd.).[40]

Die Häufigkeit und Dauer von Beratungsgesprächen wird in den Agenturen für Arbeit und vielen Jobcentern in sog. Kontaktdichtekonzepten festgehalten, wobei

[39] Diese Aufzählung ließe sich mit Verweis auf die zahlreichen Weisungen und Empfehlungen der BA für den Rechtskreis SGB II weiter fortführen. Beispielhaft ist zudem das „Handbuch Neukundenprozess SGB II“ (BA 2010b, 2020) zu nennen.

[40] Für die Studie wurden qualitative Interviews in sechs Jobcentern sowie mit Regionaldirektionen und der Zentrale der BA geführt (Bähr et al. 2019: 19). Außerdem wurden Gespräche zwischen Vermittlungsfachkräften und Klienten teilnehmend beobachtet und eine standardisierte Befragung inklusive faktoriellem Survey von Vermittlungsfachkräften in 30 Jobcentern durchgeführt (ebd.).

die Vorgaben häufig nach den jeweiligen Problemlagen der Klienten differenziert werden (Boockmann et al. 2010: 5). Die Erhebungsdaten von Boockmann et al. zeigen diesbezüglich auf, dass die Angaben zur tatsächlichen Kontaktdichte die Vorgaben in der Tendenz zwar widerspiegeln, sich aber die Antworten im Einzelnen in einer relativ großen Bandbreite bewegen, was darauf hindeute, „dass die Regelungen zur Kontaktdichte, wenn es sie gibt, sehr unterschiedlich mit Leben gefüllt werden“ (ebd.).

Abseits der zumindest teilweise eher standardisierten Verfahren der „regulären“ Beratungs- und Vermittlungsarbeit scheint die Ausgestaltung der weiteren Prozesse zwischen den Jobcentern stärker zu variieren. Beispielhaft sei auf den Prozess der Gründungsförderung verwiesen, bei welchem die Auswahlstufen zwischen den von Bernhard und Pongratz untersuchten Jobcentern unterschiedlich angelegt sind, auch wenn sie typischerweise gewisse Schritte beinhalten (Bernhard/Pongratz 2014: 222). Die konkreten Verfahrensschritte seien meist „per ermessenslenkender Weisung oder per legitimierter Arbeitsroutine vorgegeben“ (ebd.), ließen aber Handlungsspielraum für die Integrationsfachkräfte.

4.3 Organisationale Umsetzung des beschäftigungsorientierten Fallmanagements

Trotz seiner zentralen Stellung in der Gesetzesbegründung zum SGB II, erfolgte bis dato keine umfassende Untersuchung der Umsetzung des beschäftigungsorientierten Fallmanagements in den Jobcentern. Die vorhandenen Studien lassen sich v. a. hinsichtlich ihrer Aktualität und ihres verfolgten Forschungsdesigns unterscheiden. Aus der frühen Implementationsphase der Grundsicherung für Arbeitsuchende resultieren einige quantitative (IAW/ZEW 2008; ISR et al. 2008; Hesse 2009; Hesse/Götz 2007) und qualitative Studien (Ludwig 2014; Kolbe/Reis 2008). Neuere Studien sind hingegen ausnahmslos qualitativ angelegt (Börner et al. 2017; Göckler et al. 2014; Kempkens/Passon 2020; Rübner 2020a, 2020b). Zwischen diesen neueren und den frühen Studien, ist die quantitativ-qualitative Untersuchung von ISG und SMC (2013) einzuordnen. Allen genannten empirischen Untersuchungen ist allerdings gemein, dass sie sich auf einige wenige Aspekte der Umsetzung des bFM beschränken, wodurch ein umfänglicher Blick unterbleibt. Tabelle 4.2 führt alle empirischen Studien auf, die sich explizit (auch) mit der Umsetzung des bFM im SGB II befassen und für das vorliegende Kapitel ausgewertet wurden. Bei der Darstellung der Forschungsergebnisse wird die unterschiedliche Aussagekraft der Studien berücksichtigt, sodass eher auf Studienergebnisse zurückgegriffen wird, die eine höhere Aktualität besitzen und denen eine höhere Fallzahl zugrunde liegt.

Tabelle 4.2 Empirische Studien zum beschäftigungsorientierten Fallmanagement

Autoren (Jahr)	Forschungsdesign	Datengrundlage / Erhebungszeitpunkt
Bender und Brandl (2017)	qualitativ	14 Fallstudien in den Bereichen „Interne ganzheitliche Integrationsberatung (Inga)“ (SGB III) und „Fallmanagement“ (SGB II); 2013–2015
Böner et al. (2017)	qualitativ	Leitfadengestützte Interviews mit 5 Fallmanagern (SGB II); 2013
Göckler et al. (2014)	qualitativ	Falldarstellungen und standardisierte Befragung zu organisations- und fallbezogenen Aspekten von 17 Case Managern aus 9 Jobcentern und von 3 freien Trägern der Beschäftigungsförderung; 2012
Hesse (2009) *Hesse/Götz (2007)*	qualitativ / quantitativ	Fallstudien in 20 Landkreisen und kreisfreien Städten sowie drei flächendeckende Befragungen aller Landkreise und Optionsstädte, inkl. der jeweiligen Grundsicherungsstellen; 2005–2008
IAW und ZEW (2008)	quantitativ	Dreimalige flächendeckende Organisationsbefragung bei allen Grundsicherungsstellen („IAW-SBG-II-Organisationserhebung“); 2005–2007
ISG und SMC (2013)	qualitativ / quantitativ	Onlinebefragung der Geschäftsführungen der Jobcentern (Rücklaufquoten: gE: 64,0 %; zkT: 63,8 %) und Fallstudien in 15 Jobcentern 2013

(Fortsetzung)

Tabelle 4.2 (Fortsetzung)

Autoren (Jahr)	Forschungsdesign	Datengrundlage / Erhebungszeitpunkt
ISR et al. (2008)	qualitativ / quantitativ	Fallstudien bei einer Stichprobe von 154 Grundsicherungsstellen; 2006–2008
Kempkens und Passon (2020)	qualitativ	Leitfadengestützte Experteninterviews mit 112 Fallmanagern (SGB II); k.A.
Kolbe und Reis (2008)	qualitativ	Fallstudien bei 4 Grundsicherungsstellen (3 ARGEn; 1 zkT); 2005–2006
Ludwig (2014)	qualitativ	Fallstudien in zwei Kommunen (Stadt-zkT; Kreis-ARGE); 2009–2011
Rübner (2020a, 2020b)	qualitativ	leitfadengestützte Interviews mit 77 Integrationsfachkräften und 82 Fallmanagern (SGB II); 2017–2018
Strotmann et al. (2011)	quantitativ / qualitativ	Auswertung der IAW-SBG-II-Organisationserhebung

Quelle: Eigene Zusammenstellung. Anmerkung: Teilweise ist das beschäftigungsorientierte Fallmanagement nur einer von mehreren Untersuchungsgegenständen der aufgeführten Studien. Die Unterscheidung, ob die Erkenntnisse auf qualitativen und/oder quantitativen Erhebungen basieren bezieht sich jedoch stehts auf den hier interessierenden Untersuchungsgegenstand, nämlich das beschäftigungsorientierte Fallmanagement

Was aus den aufgeführten Studien nicht hervor geht, sondern ein Revisionsbericht der BA aufzeigt, ist der Umstand, dass zwei der 20 dort untersuchten Jobcenter zum Prüfungszeitpunkt kein bFM angeboten haben (BA 2022a: 3). Abseits dessen verläuft die grundlegendste organisatorische Unterscheidung des in den Jobcentern implementieren bFM entlang der Frage nach der **angewendeten Fallmanagement-Variante**, also ob es sich um einen spezialisierten oder generalisierten Fallmanagement-Ansatz handelt. Bei einem spezialisierten Fallmanagement-Ansatz wird das Fallmanagement nur für den Teil der Klienten erbracht, der gewisse Anforderungen (Case-Finding-Kriterien, vgl. Abschn. 2.3.4.2) erfüllt. Hingegen erstreckt sich ein generalisierter Fallmanagement-Ansatz auf alle Klienten.

Erste Erkenntnisse hierzu lieferte die Evaluation der Experimentierklausel. Wie Zeile eins von Tabelle 4.3 für den Personenkreis Ü25 veranschaulicht, wurde

Tabelle 4.3 IAW-SGB-II-Organisationstypologie für die Organisation der Kundenbetreuung Ü25

Typ I:				**Typ II:**			
Spezialisierter Fallmanagement-Ansatz (67 %)				Generalisierter Fallmanagement-Ansatz (33 %)			
254 (77 %) ARGEn 13 (19 %) zkT 15 (71 %) gAw				77 (23 %) ARGEn 56 (81 %) zkT 6 (29 %) gAw			
Typ Ia		**Typ Ib**		**Typ IIa**		**Typ IIb**	
Unmittelbare Vermittlung auf den 1. AM ist nicht Teil des Fallmanagements (27 %)		Unmittelbare Vermittlung auf den 1. AM ist Teil des Fallmanagements (40 %)		Unmittelbare Vermittlung auf den 1. AM ist nicht Teil des Fallmanagements (9 %)		Unmittelbare Vermittlung auf den 1. AM ist Teil des Fallmanagements (24 %)	
99 (30 %) ARGEn 7 (10 %) zkT 6 (29 %) gAw		155 (47 %) ARGEn 6 (9 %) zkT 9 (43 %) gAw		16 (5 %) ARGEn 20 (29 %) zkT 0 (0 %) gAw		61 (18 %) ARGEn 36 (52 %) zkT 6 (29 %) gAw	
Typ Iaa	**Typ Iab**	**Typ Iba**	**Typ Ibb**	**Typ IIaa**	**Typ IIab**	**Typ IIba**	**Typ IIbb**
Leistungen zur Sicherung des LU nichtintegriert (25 %)	Leistungen zur Sicherung des LU integriert (2 %)	Leistungen zur Sicherung des LU nicht integriert (38 %)	Leistungen zur Sicherung des LU integriert (2 %)	Leistungen zur Sicherung des LU nicht integriert (8 %)	Leistungen zur Sicherung des LU integriert (1 %)	Leistungen zur Sicherung des LU nicht integriert (22 %)	Leistungen zur Sicherung des LU integriert (2 %)
93 (28 %) ARGEn 6 (9 %) zkT 6 (29 %) gAw	6 (2 %) ARGEn 1 (1 %) zkT 0 (0 %) gAw	149 (45 %) ARGEn 4 (6 %) zkT 9 (43 %) gAw	6 (2 %) ARGEn 2 (3 %) zkT 0 (0 %) gAw	14 (4 %) ARGEn 18 (26 %) zkT 0 (0 %) gAw	2 (0 %) ARGEn 2 (3 %) zkT 0 (0 %) gAw	58 (18 %) ARGEn 29 (42 %) zkT 6 (29 %) gAw	3 (1 %) ARGEn 7 (10 %) zkT 0 (0 %) gAw

Quelle: Eigene Darstellung in Anlehnung an IAW und ZEW (2008: 68), Stand: 31.10.2007. Abkürzungen: „AM“: Arbeitsmarkt; „LU“: Lebensunterhalt. Die Prozentangaben beziehen sich auf die jeweilige Zeile

2007 in zwei Drittel der Grundsicherungsstellen das bFM in der spezialisierten Variante erbracht.[41] Bei den zugelassenen kommunalen Trägern dominiert hingegen mit über 80 Prozent der generalisierte Fallmanagement-Ansatz. Zu berücksichtigen ist dabei, dass in der vom Institut für Angewandte Wirtschaftsforschung (IAW) entwickelten SGB-II-Organisationstypologie einerseits auch jene Fallmanagement-Ansätze der generalisierten Variante zugerechnet werden, bei denen das Fallmanagement zwar nur für einen Teil der Klienten erbracht wird, dasselbe Personal aber beide Gruppen betreut (IAW/ZEW 2008: 50). Dies war 2007 bei 12 Prozent der ARGEn und 19 Prozent der zkT der Fall (ebd.). Andererseits werden jene Fälle dem spezialisierten Ansatz zugeordnet, in denen alle Klienten Fallmanagement erhalten, aber zusätzliche Experten für ein (vertieftes) Fallmanagement zur Verfügung stehen (IAW/ZEW 2008: 51). Dieses Modell wurde von 13 Prozent der ARGEn und 56 Prozent der zkT verfolgt.

Eine etwas aktuellere quantitative Studie von ISG und SMC aus 2013 zeigt auf, dass 80 Prozent der befragten Jobcenter ein spezialisiertes, 16 Prozent ein generalisiertes und vier Prozent gar kein Fallmanagement anbieten (ISG/SMC 2013: 58). In der qualitativen Studie von Rübner, die sich auf 2017 und 2018 geführte leitfadengestützte Interviews mit Integrationsfachkräften (N = 77) und Fallmanagern (N = 82) in 52 gE stützt, zeigt sich wiederum, dass nahezu alle beforschten Jobcenter nach einem spezialisierten Ansatz arbeiten (Rübner 2020b: 207). Lediglich in einem Fall waren keine Fallmanagementstrukturen implementiert worden (ebd.). Von den befragten Fallmanagern sind 82 Prozent ausschließlich spezialisiert tätig und 17 Prozent betreuen auch Personen ohne Fallmanagementbezug (ebd.).[42]

Sowohl mit dem generalisierten als auch mit dem spezialisierten Fallmanagement-Ansatz sind nach Meinung der im Rahmen der Evaluation der Experimentierklausel befragten Experten der Grundsicherungsstellen spezifische Vor- und Nachteile verbunden. Ersterer ermögliche u. a. eine ganzheitliche Betrachtung der Klienten, wodurch komplexe Problemlagen besser entdeckt und berücksichtigt werden können (Strotmann et al. 2011: 205). Weitere Vorteile werden darin gesehen, dass durch den Ansatz eine integrierte Betreuung von Bedarfsgemeinschaften ermöglicht werde, der Betreuungsprozess ohne größeren Aufwand angepasst werden könne, falls sich die Notwendigkeit ergebe, und er das Risiko von Stigmatisierung vermeide (Strotmann et al. 2011: 205 f.). Wie aus

---

[41] Zum Vorgehen im Bereich U25 ergeben sich überwiegend keine Unterschiede (vgl. IAW/ZEW 2008).

[42] In beiden Studien wird jedoch nicht expliziert, woran die Einteilung festgemacht wird. Es ist jedoch davon auszugehen, dass die Einteilung in beiden Studien lediglich danach erfolgt, ob alle zu aktivierenden ELB oder nur ein Teil dieser Personen Fallmanagement erhält.

der Erhebung von ISG und SMC ersichtlich wird, wird mitunter auch im Hinblick auf das Personal ein generalisierter Ansatz verfolgt, um eine Frustration aufseiten der Integrationsfachkräfte „durch die ausschließliche Betreuung vermeintlich schwieriger Fälle und damit das weitgehende Ausbleiben von individuellen Integrationserfolgen zu vermeiden" (ISG/SMC 2013: 58).

Im Gegensatz dazu zeichne sich der spezialisierte Fallmanagement-Ansatz durch eine geringere Komplexität für das Betreuungspersonal aus, ermögliche Spezialisierungsvorteile bei den Fachkräften und führe je nach tariflicher Eingruppierung des Personals zu Kostenersparnissen, da nur ein Teil der Klienten durch die, häufig besser bezahlten, Fallmanager betreut wird (Strotmann et al. 2011: 206). Jobcenter, die den generalisierten Ansatz wählen, würden wiederum „oft schwierigen Debatte um die angemessene und vergleichbare Bezahlung" (Göckler/Rübner 2019: 174) entgehen.

Wird zwischen Fallmanagement- und Nicht-Fallmanagement-Klienten differenziert, ist danach zu unterscheiden, wann der **Zeitpunkt für die Entscheidung über die Anwendung von Fallmanagement** ist. 2007 erfolgte bei der Mehrheit der ARGEn (64 %) die Entscheidung über die Anwendung des bFM erst im weiteren Betreuungsprozess (bei zkT: 13 %) (IAW/ZEW 2008: 5 f.). In wenigen ARGEn fiel die Entscheidung bereits nach Antragstellung (3 %; bei zkT: 19 %) und etwas häufiger auf Grundlage des Erstgesprächs (33 %; bei zkT: 69 %) (ebd.). In der überwiegenden Mehrheit der Grundsicherungsstellen, die einen vollkommen spezialisierten Fallmanagement-Ansatz verfolgen, wurde zu diesem Zeitpunkt die Zuweisung zum Fallmanagement dezentral durch die Mitarbeitenden im Bereich Eingliederungsleistungen vorgenommen (IAW/ZEW 2008: 57 f.). Zentrale Clearingstellen und sonstige Vorgehensweisen bildeten die Ausnahmen (ebd.).

Der **Anteil der Fallmanagement-Klienten** derjenigen Grundsicherungsstellen, die einen spezialisierten Ansatz verfolgen, variiert auf organisationaler Ebene. Der Median des Anteils dieser Personen an allen Klienten lag 2007 in den ARGEn bei zehn Prozent und bei den zkT bei fast 58 Prozent (IAW/ZEW 2008: 45). In beiden Teilgruppen herrscht eine gewisse Streuung, die bei den zkT jedoch deutlich größer ausfällt: So beträgt der Abstand zwischen dem ersten und dem dritten Quartil bei den ARGEn etwa 15 Prozentpunkte und bei den zkT etwa 45 Prozentpunkte.[43] Für 2013 konstatieren ISG und SMC, dass ca. 15 Prozent aller zu aktivierenden eHb (Ü25) Fallmanagement erhielten (gE: ca. 13 %; zkT: gut

[43] Der exakte Wert ist der Studie nicht zu entnehmen. Die Angabe wurde vom Autor der vorliegenden Arbeit auf Grundlage eines Boxplots geschätzt (IAW/ZEW 2008: vgl.).

25 %), die Spannbreite jedoch von einem Prozent der Personen bis zu 90 Prozent reiche (ISG/SMC 2013: 17 f.).

Nach Rübner bilden die in der fachlichen Weisung der BA zum bFM genannten **Zugangskriterien** den Referenzrahmen (drei Handlungsbedarfe in den Schlüsselgruppen Leistungsfähigkeit und / oder Rahmenbedingungen), auch wenn in seiner Studie etwa die Hälfte der befragten Fallmanager angibt, „dass daneben auch Einzelfallentscheidungen möglich sind bzw. Personen einer bestimmten Zielgruppe (z. B. Wohnungslose, Haftentlassene, Frauen in Frauenhäusern) direkt ins Fallmanagement übergeben werden" (Rübner 2020b: 208). Neben der elektronischen Dokumentation der **Fallübergabe** erfolgt häufig eine Rücksprache zwischen den Integrationsfachkräften und Fallmanagern (ebd.). Nahezu alle im Rahmen der Studie von Kempkens und Passon befragten Fallmanager geben hinsichtlich der Fallübergabe an, dass sich die Form der „warmen Übergabe", wobei es sich um ein Sechs-Augen-Gespräch zwischen abgebender Integrationsfachkraft, Fallmanager und Klient handelt, weitgehend in der Praxis durchgesetzt habe (Kempkens/Passon 2020: 106 f.).

Tabelle 4.3 (Zeile 2) gibt auch Auskunft darüber, dass in der Mehrheit der Fälle die Vermittlung auf den ersten Arbeitsmarkt Teil des Fallmanagements ist und nicht z. B. durch spezialisiertes Vermittlungspersonal erfolgt. Die **Integration der Vermittlung in den Betreuungsprozess** ermögliche eine nahtlose Verbindung von Aktivierung und Vermittlung, was als „Betreuung aus einer Hand" bezeichnet wird (Strotmann et al. 2011: 206). Da die Arbeit des Fallmanagements unmittelbar in die Vermittlungstätigkeit einfließe, könne dies motivationsfördernd für die Fallmanager sein (ebd.). Des Weiteren könne sich in diesem Ansatz in stärkerem Maße ein Vertrauensverhältnis zwischen Klienten und Fachkraft aufbauen, das sich auch positiv auf die Vermittlungschancen auswirken könne (ebd.). Die Integration der Vermittlung könne zudem dazu führen, dass „persönliche Problemlagen, die im Betreuungsprozess erkannt werden, einfacher und umfassender bei der Vermittlung berücksichtigt werden können" (ebd.) und ein passgenaueres Matching durch eine bessere Kenntnis der Klienten erzielt werden könne (ebd.). In Verbindung mit dem generalisierten Ansatz führe die Integration der Vermittlung auch dazu, dass die Verantwortung für den gesamten Betreuungsprozess in einer einzigen Hand liege und Misserfolge somit nicht auf Kollegen abgewälzt werden können (Strotmann et al. 2011: 207).

Darüber hinaus bleibe das Ziel der Integration in den ersten Arbeitsmarkt während des gesamten Betreuungsprozesses präsent (ebd.). Göckler und Rübner plädieren dafür, dass die Fallmanager nicht von arbeitsmarktnahen Aufgaben befreit werden sollen, auch um Schnittstellen zu vermeiden (Göckler/Rübner

2019: 173) Wie Ludwig jedoch am Beispiel von einem ihrer beiden Fallstudienstandorte aufzeigt, könne dies dazu führen, dass Fallmanagement hinter das Erfordernis der Arbeitsmarktintegration zurücktrete, was folgendes bedeute: „Fallmanagement wurde als fachliches Handlungskonzept eingeführt, steht aber nur noch auf dem Papier“ (Ludwig 2014: 170).

Im Gegensatz dazu biete die Spezialisierung der Vermittlung die Vorteile, dass es eine Überforderung des Personals verhindere, sich große Kompetenz- und Spezialisierungsvorteile realisieren ließen und Arbeitgebern eine überschaubare Anzahl von Ansprechpersonen gegenüberstehe (Strotmann et al. 2011: 207). Auch wird hervorgehoben, dass die Vermittlung in den ersten Arbeitsmarkt somit einen festen Raum einnehme und somit nicht die Gefahr bestehe, dass die Vermittlung in der Fallarbeit zu kurz komme (ebd.). Im spezialisierten Ansatz geht die Spezialisierung der Vermittlung darüber hinaus mit einer besseren Verteilung der Kundenrisiken einher, sodass Reputationsprobleme der Fallmanager, da ihnen nur die „schlechten“ Risiken zur Verfügung stehen, gegenüber potenziellen Arbeitgebern vermieden werden (ebd.).

Schließlich ist anhand Tabelle 4.3 (Zeile 3) zu erkennen, dass die **Leistungen zur Sicherung des Lebensunterhalts** eher selten in das Fallmanagement integriert sind. Dies bedeutet, dass die zuständige Integrationsfachkraft entweder auch für die Leistungssachbearbeitung zuständig ist oder aber zumindest als Ansprechperson hinsichtlich der Leistungen zur Sicherung des Lebensunterhalts fungiert. 2007 war ersteres in vier Prozent (ARGEn: 2 %; zkT: 13 %) und letzteres in drei Prozent (ARGEn: 3 %; zkT: 4 %) der Grundsicherungsstellen der Fall (IAW/ZEW 2008: 64).

Die Integration der materiellen Leistungen biete den Vorteil einer einheitlichen Ansprechperson für die Kunden, was Schnittstellen vermeide und förderlich für ein enges Vertrauensverhältnis zwischen Klienten und Fachkraft sei (Strotmann et al. 2011: 208). Zudem bestehe im Fall von Sanktionen kein Abstimmungsbedarf zwischen der für die Vermittlung und der für die Leistungsgewährung verantwortlichen Person, sodass „besonders gut gewährleistet werden kann, dass die Sanktionierung im Sinne des Aktivierungsgedankens erfolgt“ (ebd.) und ein Zeitbedarf für Absprachen entfällt.

Die überwiegende Zahl der befragten Experten der Grundsicherungsstellen bewertet „eine Integration der Leistungssachbearbeitung in das Fallmanagement jedoch äußerst skeptisch“ (ebd.). Zentrale Argumente sind hier die Komplexität des Leistungsrechts und die regelmäßigen Änderungen der rechtlichen Bestimmungen, was zu einer Überforderung der Beschäftigten führen könne (ebd.). Dementsprechend reduziere die Spezialisierung das Risiko von Fehlauskünften und -berechnungen (ebd.). Auch werde vermieden, dass die Leistungssachbearbeitung im Verhältnis zu den Eingliederungsleistungen zu viel Zeit in Anspruch nehme (ebd.).

54 Prozent der in der Studie von Rübner befragten Personen betreuen eine bestimmte **Zielgruppe** (Rübner 2020b: 207 f.). Häufig handelt es sich um die Personengruppe U25, weitere Zielgruppen sind Frauen aus einem Frauenhaus, Alleinerziehende, Wohnungslose und Rehabilitanden sowie psychisch kranke Personen (Rübner 2020b: 208). Die Studie von Hesse zeigt ergänzend auf, dass die **Zuweisung der Klienten zu den Mitarbeitenden** im Fallmanagement am häufigsten nach Wohnort und/oder Merkmalen zugewiesen werden, gefolgt vom Anfangsbuchstaben (Hesse 2009: 211). Die Marktnähe und sonstige Kriterien spielen eher eine untergeordnete Rolle (ebd.).

Hinsichtlich der **Betreuungsrelation** geben die vorliegenden Studien Aufschluss darüber, dass das vom Gesetzgeber angestrebte Verhältnis von 1:75 in vielen Jobcentern verwirklicht wird, auch wenn häufiger nach oben, v. a. in den Bereich 1:100–200, und seltener nach unten, abgewichen wird (Göckler et al. 2014: 21; ISG/SMC 2013: 65; Kempkens/Passon 2020: 109; Rübner 2020b: 209). Diesbezüglich erläutert Rübner, dass bei den Überschreitungen durchgängig jene Fallmanager vertreten sind, die sowohl Personen mit als auch ohne Fallmanagementbezug betreuen (Rübner 2020b: 209).

Ein internes **Fallmanagement-Konzept** bzw. ein Organisationskonzept mit Verweis auf einschlägige Konzepte bzw. Empfehlungen existiert in allen neun Jobcentern, der von der Fachgruppe „Arbeitsmarktintegration" Süd/West der DGCC befragten Fallmanager, wobei die Qualität der Konzepte nicht geprüft wurde (Göckler et al. 2014: 19). Häufiger sind entweder dort Angaben zur Mindestkontaktdichte enthalten oder es liegen übergreifende **Kontaktdichtekonzepte** vor, die meist eine ein- bis zweimonatliche Einladung der Fallmanagement-Klienten vorsehen (Kempkens/Passon 2020: 107; Rübner 2020b: 209). Teils wird jedoch auf die Festlegung derartiger Maßstäbe verzichtet, sodass die Einladungen durch die Fallmanager eigenverantwortlich und bedarfsorientiert geplant werden (Rübner 2020b: 209; ISG/SMC 2013: 66). Außendienste bzw. Hausbesuche sind bei den Jobcentern eher selten oder gar nicht anzutreffen (Göckler et al. 2014: 28). Diese Form der Kontakte werde „in den Jobcentern teilweise durch organisationsinterne Regelungen erschwert und teilweise sogar offen untersagt" (ebd.).

Dem in der Weisung der BA genannten **Betreuungszeitraum** von 24 Monaten wird nach Studienlage weitestgehend gefolgt, wobei begründete Verlängerungen im Einzelfall häufig nicht ausgeschlossen werden (Göckler et al. 2014: 30; Kempkens/Passon 2020: 107; Rübner 2020b: 208; ISG/SMC 2013: 66 f.). Nachbetreuungsmöglichkeiten durch die Jobcenter, für den Fall, dass eine Beschäftigung aufgenommen wurde, scheinen eher die Ausnahme zu sein (Göckler et al. 2014: 29 f.).

Hinsichtlich der im Fallmanagement verwendeten **Software** geben dreizehn der von Göckler et al. befragten Fachkräfte an, dass jene vollumfänglich den Anforderungen des Case Managements genüge, nur drei Fachkräfte sehen eine lediglich partielle Passung gegeben (Göckler et al. 2014: 23). Einschränkend deuten die Autoren der Studie jedoch an, dass diesbezüglich unklar bleibe, ob die Einschätzungen der Integrationsfachkräfte auf einer geringen Erwartungshaltung oder einer tatsächlich den fachlichen Ansprüchen genügenden Softwarelösung beruhen (ebd.).

Zur **Qualifikation der Fallmanager** ist der Studie von Rübner zu entnehmen, dass gut ein Drittel eine Ausbildung in einer pädagogischen Disziplin absolvierte, ein knappes weiteres Drittel einen verwaltungsbezogenen Hintergrund besitzt, je zwölf Prozent einen sozialwissenschaftlichen bzw. kaufmännischen Abschluss und zehn Prozent einen technischen Abschluss besitzen (Rübner 2020b: 208). Jeweils 76 Prozent der im Rahmen der Studien von Rübner sowie von Kempkens und Passon befragten Fallmanager sind nach den Richtlinien der DGCC zertifiziert (ebd.; Kempkens/Passon 2020: 106) und 19 Prozent befanden sich zum Erhebungszeitpunkt in einer entsprechenden Weiterbildung (Rübner 2020b: 208). Mit 82 Prozent erfolgte die Weiterbildung weit überwiegend über das von der DGCC zertifizierte Ausbildungsinstitut der Bundesagentur für Arbeit und 63 Prozent der Befragten belegten darüberhinausgehende Qualifizierungsmodule mit Fallmanagementbezug (ebd.).

Auf Basis von fünf leitfadengestützten Interviews mit Fallmanagern gelangen Börner et al. zu der Schlussfolgerung, dass die „in Abhängigkeit vom Fall und der jeweiligen FallmanagerIn höchst unterschiedliche Nutzung der funktional notwendigen Handlungsspielräume“ (Börner et al. 2017: 232) Befunde bestätige, die die Vermittlungs- und Beratungstätigkeit im SGB II als „naturwüchsige Pädagogik“ (Behrend et al. 2010: 204) beschreiben würden (Börner et al. 2017: 233). Zumeist fehle „eine methodische Absicherung von Handlungskompetenz und deren normative Fundierung“ (ebd.).

In Bezug auf die **Unterstützungsstrukturen** für das Fallmanagement ist der Studie von ISG und SMC zu entnehmen, dass, beurteilt durch die jeweilige Jobcenter-Geschäftsführung, Fallkonferenzen im Fallmanagement in einem knappen Viertel der Fälle „immer/regelmäßig“ zum Einsatz kommen, in 61 Prozent der Fälle dagegen nur „teilweise/sporadisch“ und in knapp 15 Prozent „gar nicht“

(ISG/SMC 2013: 103). Ein fast identisches Bild ergibt sich für den Einsatz von Supervision in der Fallbearbeitung der Jobcenter (ebd.). In der von Göckler et al. durchgeführten Studie geben alle befragten Fachkräfte an, dass die Möglichkeit der kollegialen Fallbesprechung bzw. -beratung besteht, in drei Fällen konnte zudem in größeren Zeitabständen auf externe professionelle Supervision zurückgegriffen werden (Göckler et al. 2014: 23 f.).

Wie ISG und SMC konstatieren, wird den Fallmanagern in Jobcentern aufgrund der stärker pädagogisch ausgerichteten Arbeit im bFM eine größere Autonomie gewährt (ISG/SMC 2013: 66). Diese spiegele sich beispielsweise im „zumindest teilweisen Verzicht auf konkrete Vorgaben zur Kontaktdichte oder auch die Dokumentationspflichten, die hier weniger umfänglich sind und sich standardisierten Auswertungen weitgehend entziehen" (ebd.; ähnlich Bender/Brandl 2017: 95) wider, weshalb das Fallmanagement in einer Fallstudie auch als „blinder Fleck" der **Qualitätssicherung** bezeichnet wurde (ISG/SMC 2013: 66). Im Hinblick auf die Autonomie der Fallmanager ist auch die Schlussfolgerung von Bender und Brandl aufschlussreich, dass „die Vorgaben i. d. R. ausreichend Raum für professionell begründete Entscheidungen lassen" (Bender/Brandl 2017: 93).

Dass eine **Fachaufsicht** etabliert wurde, geben 90 Prozent der im Rahmen der Studie von Rübner befragten Fallmanager an (Rübner 2020b: 210). Diese erfolge hauptsächlich in Form der Auswertung von Prozesskennzahlen über festgelegte Prüfroutinen und weniger häufig durch Hospitationen der Teamleitung sowie eine stichprobenbasierte Auswertung von ausgewählten Kundendatensätzen (ebd.). Noch 2013 konstatierten ISG und SMC, dass die Fachaufsicht für das Fallmanagement kaum stattfinde (ISG/SMC 2013: 102), wobei diese unterschiedlichen Beurteilungen auch auf ein uneinheitliches Verständnis des Konzeptes „Fachaufsicht" zurückgeführt werden könnten. Bedeutsam ist jedoch die Einschätzung, dass die Bestimmung und Bearbeitung der meist multiplen und oftmals komplexen Vermittlungshemmnisse der Fallmanagement-Klienten „im Betreuungsprozess sich einer standardisierten Qualitätssicherung weitgehend entziehen" (ebd.). Eigene Strukturen (Organisationseinheiten, Stellen etc.) für die Qualitätssicherung im Bereich Vermittlung bzw. Fallmanagement finden sich – analog zum Leistungsbereich – nur in großen Jobcentern (ISG/SMC 2013: 100 ff.).

Die Ergebnisse der Studie von Göckler et al. stützen das skizzierte Bild einer mangelnden Qualitätssicherung im Fallmanagement. Zwar geben alle befragten Fachkräfte an, dass die Vorgesetzten als Qualitätssicherungsexperten fungieren würden, in keinem Jobcenter ist jedoch ein spezifisches Qualitätssicherungskonzept für das Fallmanagement vorhanden, in einigen existiert aber immerhin ein allgemeines Konzept, das das bFM mit erfasst (Göckler et al. 2014: 21).

Eine **Leistungsbewertung** des Fallmanagements findet vorwiegend über die Messung von Prozesskennzahlen (Kontaktdichte, Fallzahlen, abgeschlossene Eingliederungsvereinbarungen, Verringerung Handlungsbedarf, Dauer im Fallmanagement) und Integrationszahlen bzw. Eintritte in Maßnahmen statt (Rübner 2020b: 210). Immerhin 34 Prozent der im Rahmen der Studie von Rübner befragten Fallmanager geben an, dass keine Leistungsbewertung des Fallmanagements stattfinde bzw. eine solche nicht bekannt sei (ebd.). Eine strukturierte Rückmeldung der Klienten zum Betreuungsprozess (Fragebogen, abschließendes Bewertungsgespräch, Telefoninterview) scheint eher selten eingeholt zu werden (Göckler et al. 2014: 29).

Eine **Auslagerung** (von Teilen) des Fallmanagements an Dritte stellt entsprechend der gesetzlichen Evaluation eher die Ausnahme dar (ISR et al. 2008: 164 f.). Dies deckt sich mit Ergebnissen von Hesse, wonach fast alle ARGEn das Fallmanagement selbst durchführen und weniger als ein Viertel der zkT verselbstständigte kommunale Einrichtungen und/oder kreisangehörige Kommunen mit der Durchführung von Fallmanagement beauftragt hat (Hesse 2009: 197). Eine Auslagerung an Dritte ist anhand dieser Daten nicht zu beobachten (ebd.).

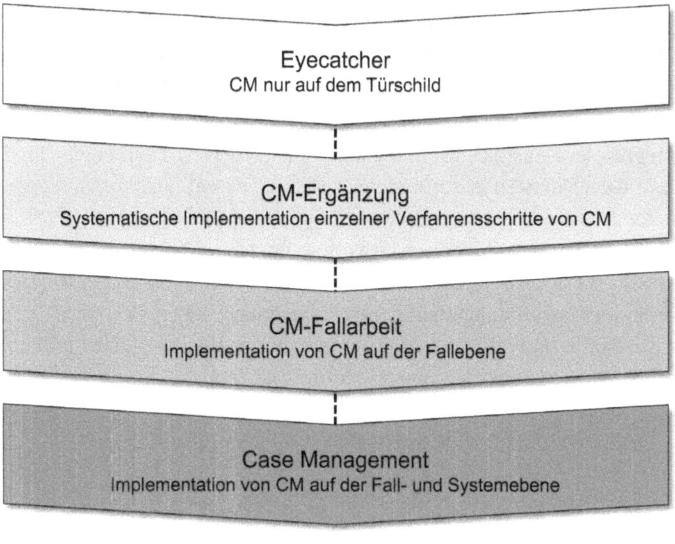

Abbildung 4.4 Implementierungsstufen von Case Management. (Quelle: Eigene Abbildung in Anlehnung an Göckler et al. (2014: 16))

Abschließend lassen sich anhand der Studie von Göckler et al. einige instruktive Aspekte zusammenfassen: Wird Case Management entlang verschiedener **Implementierungsstufen** (vgl. Abbildung 4.4) gedacht, so ließe sich die vorherrschende Praxis des beschäftigungsorientierten Fallmanagements zwischen den Stufen CM-Ergänzung und CM-Fallarbeit einordnen (Göckler et al. 2014: 46). Defizite, die gegen eine vollständige Implementierung sprechen, sehen die Autoren v. a. in einer mangelnden Durchsetzung von übergreifenden Steuerungs- und Netzwerkgedanken (ebd.). Hinsichtlich der fallspezifischen Rahmenbedingungen werden zwar durch die Einführung des bFM Fortschritte in der Betreuungsqualität und Netzwerkarbeit beobachtet, andererseits werden die ausgeprägte Komm-Struktur, die Mängel in der Qualitätssicherung und die unzureichende Verzahnung der Steuerungsebenen kritisch bewertet (Göckler et al. 2014: 47).

Zu einem ernüchternden Ergebnis gelangt auch die Interne Revision der BA, die im Rahmen ihrer sog. „Vertikalen Revisionen" im ersten Halbjahr 2022 zu dem Ergebnis gelangt, dass in zwei Drittel der geprüften Fälle kein Fortschritt und ebenfalls in zwei Drittel der Fälle kein zielführendes Handeln der gE (u. a. nicht angemessene Kontaktdichte) festzustellen sei (BA 2022a: 3 ff.).[44] Auch die Verweildauern im bFM seien teils auffällig. Beispielsweise wurden 42 Prozent der Klienten seit der letzten Übernahme mehr als zwei Jahre im Fallmanagement betreut, bei 69 Prozent von ihnen hatten die Fallmanager „nicht nachvollziehbar überprüft, ob die Betreuung im bFM fortgeführt werden sollte" (BA 2022a: 6).

Aufschlussreich ist zudem, dass einerseits Antworten zu den organisationalen Rahmenbedingungen von Befragten, die im selben Jobcenter arbeiten, nicht identisch ausfielen, was die Autoren auf Unterschiede zwischen unterschiedlichen Teams und Geschäftsstellen zurückführen (Göckler et al. 2014: 18). Andererseits ist auffallend, dass sich im Antwortverhalten der Befragten auch bei Single-Choice-Fragen häufiger Mehrfachantworten fanden (Göckler et al. 2014: 19). Auch dies sei für die Autoren ein Zeichen für die Flexibilität und eine heterogene Umsetzung des Case Managements (ebd.). Demnach ließen sich wohl „innerhalb einer Organisation und teilweise sogar innerhalb der Funktion eines Fallmanagers verschiedene Umsetzungsvarianten wiederfinden" (ebd.).

[44] In 18 gEn wurden aus einem Zeitraum von 18 Monaten Datensätze von 501 Fallmanagement-Klienten geprüft (BA 2022a: 3).

4.4 Organisationale Umsetzung der Arbeitgeberbetreuung

Die empirischen Erkenntnisse zur Umsetzung der Arbeitgeberbetreuung der Jobcenter sind äußerst spärlich. Tabelle 4.4 fasst die Studien zusammen, aus denen sich rudimentäre Erkenntnisse zu diesem Aufgabenbereich gewinnen lassen.

Tabelle 4.4 Empirische Studien zur Arbeitgeberbetreuung

Autoren (Jahr)	Forschungsdesign	Datengrundlage / Erhebungszeitpunkt
Bähr und Marquardsen (2019)	qualitativ	78 Experteninterviews, Hospitationen bei zwölf Fachkräften des AG-S und 29 Telefoninterviews mit Arbeitgebern in 13 Arbeitgeber-Services in sechs Arbeitsagenturbezirken, darunter zkT sowie gE mit und ohne gAG-S; k.A.
Bartelheimer et al. (2014)	qualitativ	u. a. 71 Experteninterviews, 12 Hospitationen, 29 Telefoninterviews mit Arbeitgebern und Dokumentenanalysen in sechs Agenturbezirken, darunter zkT sowie gE mit und ohne gAG-S; 2013–2014
Brussig und Schwarzkopf (2011)	qualitativ	69 leitfadengestützte Experteninterviews und Dokumentenanalysen in sieben Agenturbezirken inkl. Grundsicherungsstellen, darunter zwei zkT; 2010
Hesse (2009) *Hesse/Götz (2007)*	qualitativ / quantitativ	Fallstudien in 20 Landkreisen und kreisfreien Städten sowie drei flächendeckende Befragungen aller Landkreise und Optionsstädte, inkl. der jeweiligen Grundsicherungsstellen; 2005–2008
IAW und ZEW (2008)	quantitativ	Dreimalige flächendeckende Organisationsbefragung bei allen Grundsicherungsstellen („IAW-SBG-II-Organisationserhebung“); 2005–2007

(Fortsetzung)

Tabelle 4.4 (Fortsetzung)

Autoren (Jahr)	Forschungsdesign	Datengrundlage / Erhebungszeitpunkt
ISG und SMC (2013)	qualitativ / quantitativ	Onlinebefragung der Geschäftsführungen der Jobcentern (Rücklaufquoten: gE: 64,0 %; zkT: 63,8 %) und Fallstudien in 15 Jobcentern 2013
ISR et al. (2008)	qualitativ / quantitativ	Fallstudien bei einer Stichprobe von 154 Grundsicherungsstellen; 2006–2008

Quelle: Eigene Zusammenstellung. Anmerkung: Teilweise ist die Arbeitgeberbetreuung nur einer von mehreren Untersuchungsgegenständen der aufgeführten Studien. Die Unterscheidung, ob die Erkenntnisse auf qualitativen und/oder quantitativen Erhebungen basieren bezieht sich jedoch stehts auf den hier interessierenden Untersuchungsgegenstand, nämlich die Arbeitgeberbetreuung

Tabelle 4.5 zeigt, dass 77 Prozent der ARGEn im Rahmen der Evaluation der Experimentierklausel im Jahr 2007 angaben, einen **gemeinsamen Arbeitgeberservice** (gAG-S) mit der jeweiligen Agentur für Arbeit eingerichtet zu haben (IAW/ZEW 2008: 125). Hierbei wird jedoch nicht ersichtlich, was unter „Arbeitgeberservice“ verstanden wird, da im Fragebogen lediglich danach gefragt wird, ob und in welcher Form ein AG-S existiert. Im Jahr 2013 verfügten 96 Prozent aller von ISG und SMC befragten Jobcenter (gE und zkT) über eine Arbeitgeberbetreuung, wobei 30 Prozent ausschließlich über einen eigenen Bereich verfügten, 57 Prozent mit der Agentur für Arbeit kooperierten (nahezu ausschließlich gE) und neun Prozent beide Ansätze kombinierten (ISG/SMC 2013: 71). Nach Daten der BA lag der Anteil der gE, die Ende 2012 einen gAG-S mit der Agentur für Arbeit bildeten, bei 86 Prozent (Bartelheimer et al. 2014: 12).

Tabelle 4.5 Verbreitung und organisatorische Umsetzung des Arbeitgeberservices – Formen der Aufgabenwahrnehmung im Vergleich

	Arbeitgeberservice ausschließlich für die SGB-II-Einheit	Arbeitgeberservice ausschließlich zusammen mit dem SGB-III-Bereich der Agentur für Arbeit	Sowohl eigener als auch gemeinsamer Arbeitgeberservice mit dem SGB-III-Bereich	Arbeitgeberservice nicht vorhanden
ARGEn	14 %	77 %	3 %	5 %
zkT	88 %	0 %	1 %	10 %
gAw	0 %	100 %	0 %	0 %
insgesamt	28 %	66 %	3 %	6 %

Quelle: IAW/ZEW (2008: 125). Fragetext am Beispiel der ARGEn: „Gab es für Ihre ARGE zum 31.12.2006 einen Arbeitgeberservice?“ Antwortkategorien: „Ja, und zwar ausschließlich für die ARGE“; „Ja, und zwar gemeinsam mit dem Arbeitgeberservice des SGB III-Bereichs der zuständigen Agentur für Arbeit“; „Nein, es gab keinen Arbeitgeberservice“

Ein Verzicht auf einen eigenen Bereich für die Arbeitgeberbetreuung kann jedoch nicht zwangsläufig dahingehend interpretiert werden, dass keine Arbeitgeberansprache durch die Jobcenter erfolgt (ISG/SMC 2013: 71). So zeigt der Bericht von ISG und SMC auf, dass in zwei kleineren Jobcentern, in ländlich geprägten Regionen, die „Vermittler/innen gewissermaßen ‚en passant‘ im Rahmen ihrer Arbeit diese Kontakte aufbauen und pflegen sollen“ (ebd.). In einem dieser beiden Jobcenter existiert ergänzend ein Team „Sofortvermittlung“, das für eine schnelle Arbeitsmarktintegration von marktnahen Klienten zuständig ist und verstärkt Arbeitgeberkontakte pflegt (ebd.). Mit einer solchen Strategie sei die Annahme verbunden, „dass eine Kenntnis der Arbeitgeber für alle Vermittler/innen eine wichtige Grundlage ihrer Arbeit darstellt, so dass dies eher im Sinne einer Querschnittsaufgabe als in Form einer Spezialisierung einzelner Mitarbeiter/innen wahrgenommen wird“ (ebd.).

Aus den von Bähr und Marquardsen (2019) geführten Interviews geht hervor, dass Vorteile sowohl mit der eigenen Verantwortung als auch mit einem gAG-S verbunden sein können. So wird für letzteren argumentiert, dass hierdurch eine umfassende und einheitliche Dienstleistung für alle Arbeitsmarktakteure ermöglicht werden würde (Bähr/Marquardsen 2019: 22; ähnlich Bartelheimer et al. 2014: 164). Hingegen wird im Hinblick auf die getrennte Wahrnehmung der Arbeitgeberbetreuung als vorteilhaft beurteilt, dass so die Besonderheiten der jeweiligen Teilarbeitsmärkte und Klientel der beiden Rechtskreise besser berücksichtigt werden können (Bähr/Marquardsen 2019: 22; ähnlich Bartelheimer et al. 2014: 164). Bartelheimer et al. (2014: 164) fassen auf Grundlage ihrer Untersuchung zusammen, dass die an einem gAG-S beteiligten Jobcenter zwar geringere Ressourcen als die Agenturen für Arbeit in die Kooperation einbringen, sie aber gleichzeitig auf eine eigene Form der Arbeitgeberbetreuung und der Stellenakquise verzichten. Im Hinblick auf ihre Zielerreichung

> „waren sie von ihrem größeren Kooperationspartner abhängig und legten deshalb besonders viel Wert darauf, dass Kund/inn/en aus dem Rechtskreis des SGB II ebenso häufig Vermittlungsvorschläge durch den AG-S erhielten wie Bewerber/innen, die bei der Agentur betreut wurden. Im Interesse ihrer Zielerreichung war ihnen an einer stärkeren Bewerberorientierung gelegen, um (benachteiligten) Grundsicherungsempfänger/inne/n einen verbesserten Arbeitsmarktzugang zu ermöglichen.“ (ebd.)

Ergänzend kann hier auf Schlussfolgerungen der Studie von ISG und SMC verwiesen werden, die ein wesentliches Hindernis für die Qualitätssicherung der Arbeitgeberbetreuung bei gE darin sehen, dass fast überall ein gemeinsamer Arbeitgeberservice mit der AA besteht, „der oftmals durch deren Akteure dominiert wird“ (ISG/SMC 2013: 108). Fast alle untersuchten gE haben im Rahmen der Fallstudien angemerkt, „dass bisher kaum Möglichkeiten einer substanziellen Einflussnahme und Qualitätssicherung des Arbeitgeberservice bestehen“ (ebd.). Ähnlich problematisieren im Rahmen der BJO-Studie die Berliner Jobcenter, die alle in gemeinsame Arbeitgeber-Services mit jeweils einer der beiden AA eingebunden sind, dass „die Agentur gleichzeitig im AG-S und in der Trägerversammlung der Jobcenter dominiere, somit eine ‚gleiche Augenhöhe‘ de facto bei dieser Konstruktion gar nicht hergestellt werden kann“ (Egenolf et al. 2014: 169).

Besonders interessant ist, dass nach Einschätzung von Bartelheimer et al. (2014: 166 f.) die Bedingungen am Arbeitsmarkt Einfluss auf Kooperationsfragen oder -probleme haben können. So sei ein für beide Rechtskreise aufnahmefähiger Arbeitsmarkt vorteilhaft für eine Kooperation. Ebenso sei davon auszugehen, dass Agenturen von einem gAG-S profitieren, wenn der Arbeitsmarkt besonders aufnahmefähig für SGB-II-Klientel ist, da hierdurch das Bewerberpotenzial erhöht und die Stellenbesetzungschancen steigen würden (Bartelheimer et al. 2014: 167).

Neben der grundsätzlichen Frage nach der Einrichtung eines gAG-S, besteht eine weitere Kooperationsmöglichkeit im Bereich der Arbeitgeberbetreuung darin, dass die Jobcenter den AA auf der Grundlage von § 16 Abs. 4 SGB II die **Ausbildungsvermittlung** (auch sog. „Ausbildungsstellenvermittlung“) übertragen. Ende 2012 hatten 52 Prozent der Jobcenter die Ausbildungsstellenvermittlung an die AA übertragen, wobei die gE (69 %) hiervon deutlich häufiger

Gebrauch machten als die zkT (28 %) (Bartelheimer et al. 2014: 12); 2007 waren es 61 Prozent der ARGEn (ISR et al. 2008: 173). Die alleinige Zuständigkeit der AA wird hier im Hinblick auf das Ziel einer Chancengleichheit zwischen den Jugendlichen beider Rechtskreise als positiv bewertet (Bartelheimer et al. 2014: 175).

Bei der **Zuteilung von Arbeitgebern zu Mitarbeitenden** der Arbeitgeberbetreuung sind empirisch im Wesentlichen zwei Varianten zu beobachten (ISG/SMC 2013: 73 f.): Zum einen kann eine Zuordnung anhand von Branchen bzw. sog. „Wirtschaftsklassen" erfolgen, wodurch eine vertiefte Branchenkenntnis bei den Mitarbeitenden erreicht werden kann. Vor allem in ländlichen Regionen und bei einer stärker dezentralen Struktur des Jobcenters (mehrere Geschäftsstellen) verläuft die Abgrenzung hingegen nach Regionen.

Zuletzt kann die **Aufgabenverteilung zwischen bewerber- und arbeitgeberorientierten Mitarbeitenden** in den Blick genommen werden. So berichten sowohl Brussig und Schwarzkopf als auch ISG und SMC, dass in manchen Grundsicherungsstellen Mitarbeitende der Arbeitgeberbetreuung einige „marktnahe" Klienten (70–100) zugeteilt bekommen, für die sie die Vermittlung übernehmen (Brussig/Schwarzkopf 2011: 110 f.; ISG/SMC 2013: 74).

4.5 Einflüsse auf die Verwaltungsorganisation

Aus der Literatur lassen sich nur sehr abstrakt mögliche Faktoren identifizieren, die die Verwaltungsorganisation der Jobcenter beeinflussen. Naheliegend ist, dass *politische Programme* wie beispielsweise neue Arbeitsmarktinstrumente oder Förderprogramme Organisationsveränderungen hervorrufen können. Unterschiedliche Einschätzungen bestehen jedoch z. B. hinsichtlich des Einflusses der *Klientenstruktur*. So erläutern beispielsweise Bonin et al., dass das Ausmaß organisationaler Anpassungsprozesse zur Bewältigung der Fluchtmigration „insbesondere durch den Anteil der Geflüchteten an den jeweiligen SGB-II-Leistungsbeziehenden beeinflusst wurde" (Bonin et al. 2021: 50) und Brussig et al. zählen zu den Gemeinsamkeiten jener Jobcenter, die nur kleinere Anpassungen vorgenommen haben, eine geringe Personalstärke, relativ wenige Geflüchtete und wenig Vorerfahrungen in der Arbeit mit Geflüchteten oder mit spezialisierter Arbeitsorganisation (Brussig et al. 2022: 132). Auch Englert et al. (2023) weisen Aspekten des regionalen Arbeitsmarktes (Aufnahmefähigkeit und Struktur der Erwerbslosen) eine Bedeutung zu.

Im Gegensatz dazu führen Egenolf et al. aus, dass die grundsätzliche organisatorische Aufstellung der Berliner Jobcenter nur unwesentlich durch die jeweils zu betreuende Kundenstruktur geprägt werde:

> „Zwar waren den Führungskräften die zentralen Charakteristika ihrer Kundenstruktur, gemessen an Migrationshintergrund, Qualifikationsstruktur, Altersstruktur, Größe und Struktur der Bedarfsgemeinschaften, Länge des Leistungsbezugs sowie mit Blick auf motivationale Aspekte bekannt, dies hatte jedoch in keinem Fall Auswirkungen auf die organisatorische Aufstellung, obwohl hier zwischen den Berliner Jobcentern deutliche Unterschiede erkennbar wurden.“ (Egenolf et al. 2014: 134 f.)

Entscheidender seien vielmehr die Größe der Jobcenter und die Vorstellungen der zentralen Akteure (Egenolf et al. 2014: 134).[45] Die Klientenstruktur habe auch keinen wesentlichen Einfluss auf die organisatorische Umsetzung der Berliner Joboffensive gehabt, relevant seien die zentralen Vorgaben der Regionaldirektion und die bisherige Organisationsstruktur der Jobcenter gewesen (ebd.). Nur in drei der zwölf Jobcenter habe es an der Kundenstruktur ausgerichtete organisatorische Akzente gegeben (ebd.). Fraglich ist, ob diese unterschiedlichen Einschätzungen zum Einfluss der Klientenstruktur darauf zurückgeführt werden können, dass die Klientenstruktur der Berliner Jobcenter vermutlich ähnlicher ausfällt als im bundesweiten Vergleich zwischen Jobcentern.

Die für die vorangegangenen Unterkapitel ausgewerteten Studien legen darüber hinaus nahe, dass die *Größe des Jobcenters* ein relevanter Faktor ist. Dies zeigt sich nicht nur an der zuvor dargestellten Diskussion um den Einfluss der Klientenstruktur. Auch Bauer et al. (2021) sowie Boockmann et al. (2021) verweisen auf die Größe der Jobcenter als Erklärungsfaktor für die organisatorische Umsetzung. Ebenso ist der Studie von ISG und SMC (2013) zu entnehmen, dass die Größe der Jobcenter (eigenständige Strukturen für die Qualitätssicherung im Bereich Vermittlung bzw. Fallmanagement nur in großen Jobcentern; kein eigener Bereich für die Arbeitgeberbetreuung bei kleineren Jobcentern) von Relevanz für die Verwaltungsorganisation ist.

Ansätze zur Berücksichtigung akteursbezogener Faktoren liefert u. a. die Implementationsanalyse zu § 16e SGB II in Nordrhein-Westfalen. Bauer et al. (2011) gelangen im Rahmen dessen zu der Erkenntnis, dass einige Aspekte des Dienstleistungsprozesses in den acht beforschten Jobcentern eindeutig mit verschiedenen *Aneignungsformen* (Deutungen und Verarbeitungen von zentralen

[45] Die Klientenstruktur habe jedoch einen Einfluss auf die Maßnahmenplanung (Egenolf et al. 2014: 135).

Akteuren) des § 16e SGB II korrelieren (Bauer et al. 2011: 29).[46] Andere Aspekte seien zwar eher äußerlichen Gegebenheiten geschuldet, diesen exogenen Faktoren schreiben Bauer et al. demgegenüber jedoch bloß eine „sekundäre Relevanz" (Bauer et al. 2011: 38) zu.[47] Ähnlich führen Pongratz et al. (2013) Spezialisierungen auf persönliche Interessen und fachliche Erfahrungen einzelner Führungs- oder Fachkräfte zurück.

Einen weiteren interessanten Anknüpfungspunkt bietet eine Studie zu Digitalisierungsprozessen in Jobcentern, die aufzeigt, dass sich die unterschiedlichen Umgangsweisen zu drei Typen verdichten lassen (Altendorf/Kuhlmann 2024: 1 f.):[48] Bei „digitalen Vorreitern" werden Beschäftigte und Bürger dazu motiviert, digitale Angebote zu nutzen, bei Jobcentern mit einem „verhaltenen Umgang" herrscht Skepsis gegenüber der aus den digitalen Möglichkeiten resultierenden Qualität der Leistungserbringung und bei Jobcentern mit „pragmatischem Umgang" wird Digitalisierung entsprechend der technischen Möglichkeiten und praktischen Erfordernisse umgesetzt. Als prägende Rahmenbedingungen für die Digitalisierung werden dabei die heterogenen Akteure und Interessenlagen (u. a. Machtverhältnisse zwischen den Trägern und innerhalb der Trägerstruktur), die sozialräumliche Lage und Organisation (Erreichbarkeit des Jobcenters) sowie Eigenheiten und Anforderungen der verschiedenen Tätigkeiten der Jobcenter erachtet (Altendorf/Kuhlmann 2024: 2 f.). Ausgehend von diesen Rahmenbedingungen bilden sich *Arbeitslogiken* heraus, worunter Altendorf und Kuhlmann „kollektiv geteilte und institutionalisierte Verständnisse in Bezug auf Gegenstand, Inhalt, Ziel und Zweck der Arbeitstätigkeit" (Altendorf/Kuhlmann 2024: 3) verstehen. Demnach existiert eine Vielzahl unterschiedlicher Arbeitslogiken, die nebeneinander bestehen und sowohl miteinander vereinbar seien als auch im Widerspruch zueinander stehen können (ebd.). An diesen orientiere sich nicht

---

[46] Betrachtet wird das Instrument des „Beschäftigungszuschusses" (BEZ) bzw. der „JobPerspektive". Hierbei handelt es sich um einen potenziell unbefristeten Lohnkostenzuschusses (bis zu 75 %) für Arbeitgeber bei der Einstellung besonders arbeitsmarktferner langzeitarbeitsloser Personen. Datengrundlage bilden Interviews in acht Grundsicherungsstellen, wobei nicht ersichtlich ist, wie viele ARGEn und zkT jeweils in der Stichprobe enthalten sind (vgl. Bauer et al. 2011: 15 f.).

[47] Die Jobcenter der Stichprobe variieren hinsichtlich der Fallzahlen (Förderzahlen in der JobPerspektive), nordrhein-westfälischer Regionen, der IAB-Typisierung der SGB-II-Träger sowie des Trägertyps (ARGE/zkT). Innerhalb der ARGEn wurde zudem danach differenziert, welchem der beiden Träger die berufliche Karriere der Geschäftsführung zuzurechnen ist und ob die ARGE den Wunsch geäußert hat zu „optieren" (Bauer et al. 2011: 15).

[48] Die Studienergebnisse beziehen sich auf Fallstudien in Jobcentern. Es wird nicht ersichtlich um wie viele Fallstudien es sich handelt und wie sich die Jobcenter auf die beiden Trägermodelle gE und zkT verteilen.

nur das Arbeitshandeln, sondern „ebenso die Organisation, Ausgestaltung und Planung von Arbeitsabläufen und der Technikeinsatz“ (ebd.).

4.6 Zusammenfassung

Es lässt sich konstatieren, dass zwar ein breiter Literaturbestand zur Aufgabenwahrnehmung der Jobcenter existiert, eine dezidierte Betrachtung der Verwaltungsorganisation hingegen nur in sehr wenigen Ausarbeitungen erfolgt. Aus den Forschungsergebnissen zur Aufgabenwahrnehmung wird ersichtlich, dass sich die Jobcenter hinsichtlich ihrer Ressourcenausstattung, der Intensität der Einflussnahme ihrer Träger, ihrer strategischen Ausrichtung und auch in Bezug auf ihre Perfomance unterscheiden. Die aufgeführten Studien, insbesondere die Evaluation der Experimentierklausel, verdeutlichen, dass die ARGEn bzw. gE und zkT jeweils spezifische Stärken und Schwächen aufweisen. Hinsichtlich der Integration in bedarfsdeckende Beschäftigung scheinen die ARGEn bzw. gE besser abzuschneiden, wobei nicht abschließend die verantwortlichen Mechanismen aufgedeckt werden können. Zwar lassen sich spezifische Organisationsmerkmale identifizieren, die die Arbeitsmarktintegration positiv beeinflussen, diese „Erfolgsfaktoren“ finden sich jedoch, mit unterschiedlichen Schwerpunkten, sowohl bei den ARGEn als auch bei den zkTn (Deutscher Bundestag 2008b: 22). Als mögliche Erklärung wird daher durch die Autoren der Evaluation der Experimentierklausel ein eigenständiger „Modelleffekt“ zur Diskussion gestellt. Dieser könne theoretisch in unterschiedlichen traditionellen Kulturen und normativen Orientierungen (die eher auf Matching und Vermittlung ausgerichteten Agenturen für Arbeit und die mehr an Fürsorgeprinzipien orientierten Kommunen), der konstitutiven Eigenschaft des Modells ARGE (institutionalisierte Verbindung von Vermittlungskompetenzen und kommunalen Leistungen, die Synergien schafft) und der stärker zentralisierten Zielsteuerung oder Regelsteuerung durch die Bundesagentur für Arbeit in den ARGEn liegen (Deutscher Bundestag 2008b: 22 ff.).

Diese vagen Forschungsergebnisse können ein Hinweis darauf sein, dass, trotz der, im Vergleich zu anderen Untersuchungen, feineren Operationalisierung der Verwaltungsorganisation der Jobcenter im Rahmen der Evaluierung der Experimentierklausel, die Verwaltungsorganisation auch dort nicht in der notwendigen Tiefe erhoben wurde und in die statistischen Modelle eingeflossen ist. Eindeutig ist hingegen, dass ein einfacher Vergleich zwischen den beiden Trägermodellen (ARGE/gE und zkT), ohne Berücksichtigung weiterer Organisationsvariablen, keine validen Rückschlüsse auf die Performance ermöglichen kann, da, wie der

Forschungsstand zeigt, Unterschiede in der Verwaltungsorganisation nicht nur bzw. primär zwischen den Trägermodellen, sondern in erheblichem Maße auch innerhalb der Trägermodelle festzustellen sind. Allgemein lässt sich festhalten, dass je detaillierter bzw. tiefgreifender die Betrachtung der Verwaltungsorganisation vorgenommen wird, desto stärker treten Unterschiede zwischen, aber auch innerhalb der Trägermodelle der Jobcenter hervor.

Hinsichtlich der interessierenden abhängigen Variable dieser Arbeit, der Verwaltungsorganisation, lässt sich der Forschungsstand wie folgt zusammenfassen:

- In Bezug auf die in Kapitel 3 erörterten Bürokratiedimensionen lassen sich in den für das vorliegende Kapitel ausgewerteten Studien v. a. Angaben zu Spezialisierungen in den Jobcentern finden. In deutlich geringerem Umfang sind ihnen Erkenntnisse zu den Dimensionen Standardisierung und Formalisierung zu entnehmen. Bezüglich der Dimensionen Zentralisierung und Konfiguration lassen sich auf Grundlage des Forschungsstandes keine näheren Aussagen treffen.
- Einige Studien enthalten Hinweise auf die organisationale Umsetzung des beschäftigungsorientierten Fallmanagements in den Jobcentern, manche beschäftigen sich auch explizit bzw. ausschließlich mit diesem Aufgabenbereich. Breitere quantitative Erkenntnisse wurden durch die Evaluation der Experimentierklausel (IAW/ZEW 2008; ISR et al. 2008) für die Jahre 2005 bis 2007 und durch eine Untersuchung im Jahr 2013 (ISG/SMC 2013) generiert. Aktuellere Studien stützen sich ausschließlich auf qualitative Erhebungsdesigns (Börner et al. 2017; Göckler et al. 2014; Kempkens/Passon 2020; Rübner 2020a, 2020b).
- Mit der organisationalen Umsetzung der Arbeitgeberbetreuung befassen sich vergleichsweise wenige Studien. Auch hier sind breitere quantitative Erkenntnisse der Evaluation der Experimentierklausel sowie der o. g. Untersuchung aus ISG und SMC (2013) zu entnehmen. Hinzu kommt eine qualitative Erhebung zum Arbeitgeberservice der Bundesagentur für Arbeit aus dem Jahr 2014 (Bartelheimer et al. 2014).

Bezüglich der unabhängigen Variable dieser Arbeit, den Einflussfaktoren auf die Verwaltungsorganisation, lässt sich der Forschungsstand wie folgt zusammenfassen: Von Relevanz sind sicherlich politische Programme. Unterschiedliche Einschätzungen bestehen jedoch hinsichtlich des Einflusses der Klientenstruktur. Deutlicher tritt hingegen die Größe der Jobcenter als möglicher Erklärungsfaktor hervor, was kongruent mit den Schlussfolgerungen des Situativen Ansatzes ist.

Zudem könnten verschiedenen Aneignungsformen (Deutungen und Verarbeitungen von zentralen Akteuren), persönliche Interessen und fachliche Erfahrungen einzelner Führungs- oder Fachkräfte sowie organisationale Arbeitslogiken eine Rolle spielen.

5 Forschungsfragen und abgeleitetes Modell

Die übergeordnete Forschungsfrage der vorliegenden Arbeit lässt sich in die beiden folgenden Teilfragen untergliedern:

I. Welche Variationen zeigen sich in der Verwaltungsorganisation der Jobcenter-gemeinsamen Einrichtungen?
II. Wie können Gemeinsamkeiten und Unterschiede erklärt werden?

Während für die Beantwortung der ersten Teilfrage die Verwaltungsorganisation der gE in den beiden betrachteten Aufgabenbereichen deskriptiv darzustellen ist (vgl. Abschn. 7.1), zielt die zweite Teilfrage auf die Identifizierung von Faktoren ab, die die Verwaltungsorganisation beeinflussen. Abbildung 5.1 veranschaulicht das aus den vorangegangenen Kapiteln abgeleitete Modell möglicher Einflussfaktoren. Dargestellt sind lediglich die im Rahmen der vorliegenden Untersuchung im Fokus stehenden Zusammenhänge. Betrachtet werden demnach Einflüsse der Umwelt, des Organisationskontextes und des interinstitutionellen Systems auf die Verwaltungsorganisation und die damit verbundene Rolle der organisationalen Entscheidungsträger. Entgegengesetzte Zusammenhänge, also der Einfluss von organisationalen Entscheidungsträgern auf den Organisationskontext und die Umwelt (u. a. Child 1972b, 1997) sowie auf Institutionen (u. a. Lawrence et al. 2009b) wie auch der Einfluss der Organisationsstruktur auf organisationale Entscheidungsträger bzw. die strategische Ausrichtung (u. a. Hall/Saias 1980), werden ausgeblendet.

J. Hafner, *Variationen in der Verwaltungsorganisation der Jobcenter*, Interdisziplinäre Organisations- und Verwaltungsforschung, https://doi.org/10.1007/978-3-658-51047-3_5

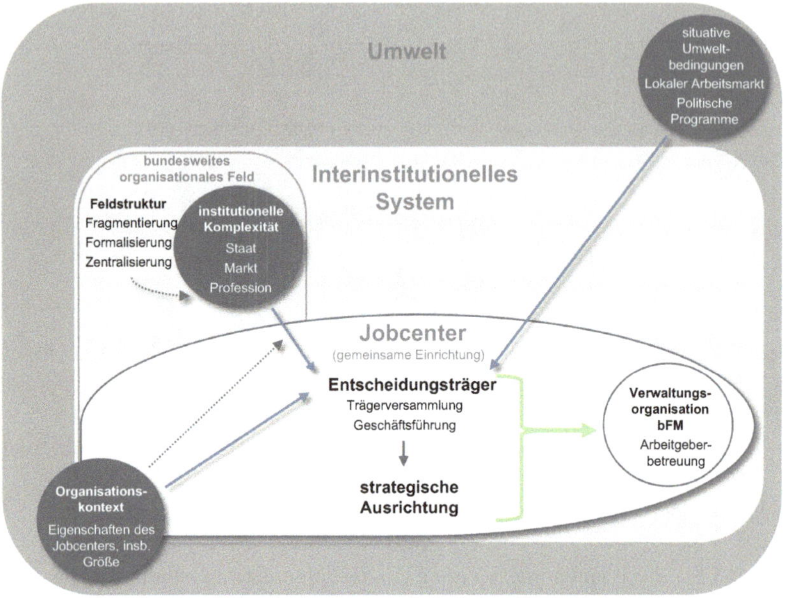

Abbildung 5.1 Abgeleitetes Modell der Einflussfaktoren auf die Verwaltungsorganisation der gemeinsamen Einrichtungen. (Quelle: Eigene Abbildung)

Grundlage für das vorliegende Modell bildet eine Kombination der beiden in Kapitel 3 dargestellten theoretischen Ansätze, des Situativen Ansatzes und des soziologischen Neo-Institutionalismus. Wie in Abschnitt 3.4 dargelegt, bestehen trotz sich unterscheidender Annahmen Möglichkeiten der Integration dieser Theorien. Aus Richtung des Situativen Ansatzes wird die Idee des ‚meta fit' eingebracht, welche versucht, die unterschiedlichen Anforderungen auf eine gemeinsame Bewertungsgrundlage, nämlich finanzielle Auswirkungen, zu stellen (vgl. Donaldson 2008a). Zwar sind finanzielle Auswirkungen für Organisationen der öffentlichen Verwaltung vermutlich weniger handlungsleitend als für privatwirtschaftliche Organisationen, sicherlich sind für öffentliche Verwaltungen aber auch ökonomische Effekte gesteigerter Legitimität von Relevanz, insbesondere wenn marktlichen Mechanismen, wie im Kontext des NPM, ein stärkeres Gewicht verliehen wird (vgl. Abschn. 3.1.2). Auch Ausarbeitungen, die dem soziologischen Neo-Institutionalismus zuzurechnen sind, weisen auf eine Kompatibilität beider Ansätze hin, indem die gleichzeitige Existenz institutioneller und

„technischer" bzw. performancebezogener Anforderungen postuliert wird und die Annahme vorgebracht wird, dass Organisationen sich hinsichtlich der Gewichtung der Anforderungsarten, mit denen sie konfrontiert sind, unterscheiden (vgl. Meyer/Rowan 1977). Andere Vertreter dieser Theorie betrachten die Übernahme von organisationalen Elementen aufgrund von Effizienzbestrebungen wiederum als eine Vorstufe des institutionellen Isomorphismus (vgl. Tolbert/Zucker 1983; DiMaggio/Powell 1983).

Entsprechend der im Situativen Ansatz gemeinhin vorgenommenen Unterteilung der Situation der Organisation in eine (weitgefasste) Umwelt und einen unmittelbaren Organisationskontext (vgl. Abschn. 3.2), werden auch im vorliegenden Modell prinzipiell diese zwei Ebenen unterschieden. Aus der Berücksichtigung der neo-institutionalistischen Perspektive folgt jedoch eine zusätzliche Unterteilung der Umwelt, wobei das interinstitutionelle System die institutionalisierten Anforderungen umfasst.

Wie Greenwood et al. (2014) erläutern, können Organisationen in mehreren organisationalen Feldern gleichzeitig verortet sein. Da diese Felder nach DiMaggio und Powell (1983) nicht a priori ermittelt werden können, sondern auf Basis empirischer Untersuchungen zu definieren sind, können vorab lediglich Annahmen hierzu getroffen werden. Folgt man dem Verständnis von Hoffman (1999), wonach sich organisationale Felder um kontroverse Themen (‚issues') formen, liegt es nahe, von einem **bundesweiten organisationalen Feld** auszugehen, in das die Jobcenter eingebunden sind. Neben den in Abschnitt 2.3.3 genannten unmittelbaren externen Steuerungsakteuren (BMAS, Landesbehörden, Kooperationsausschuss, Bund-Länder-Ausschuss, Bundesrechnungshof, kommunaler Träger, Bundesagentur für Arbeit), können hierunter eine Vielzahl weiterer Akteure fallen wie u. a. der Gesetzgeber in Form des Deutschen Bundestages, der Bundesrat, das Bundesverfassungsgericht, Gewerkschaften, Arbeitgeberverbände, Sozial- und Wohlfahrtsverbände, freie und privatwirtschaftliche Träger, Professionsverbände, wissenschaftliche Akteure und Medien. Infolgedessen zeichnet sich die **Feldstruktur** durch eine ausgeprägte *Fragmentierung* aus. Auch ihre *Formalisierung* ist als hoch einzuschätzen, da die Anforderungen an die Jobcenter in hohem Maße formell durch Gesetz und durch hierarchische Steuerung bestimmt werden. Die *Zentralisierung* kann als moderat bis erhöht betrachtet werden, da mit der Bundesagentur für Arbeit zwar ein zentraler Akteur existiert, formell aber die kommunalen Träger im Konstrukt der Trägerversammlung gleichberechtigte Steuerungsakteure sind, wobei sich die direkten Weisungskompetenzen der BA auf deutlich mehr Aufgabenbereiche beziehen als die der Kommunen. Auch ihre Verantwortung für zentral verwaltete Verfahren der Informationstechnik der gemeinsamen Einrichtungen spricht für eine zentralere Rolle der BA (vgl.

Abschn. 2.3.3). Eine abschließende Beurteilung der Feldstruktur scheint letztlich jedoch nur im Vergleich mit bzw. in Abgrenzung zu anderen organisationalen Feldern adäquat erfolgen zu können.

Die Feldstruktur wirkt als moderierender Faktor auf die **institutionelle Komplexität** des Feldes. Diese institutionelle Komplexität setzt sich aus der Interaktion der vorherrschenden institutionellen Logiken zusammen. Ausgehend von den durch Thornton et al. (2012) identifizierten institutionellen Ordnungen (Domänen), ist insbesondere ein Einfluss von institutionellen Logiken aus den Domänen Staat, Markt und Profession heraus zu erwarten. So führen die Jobcenter als Mischverwaltung öffentliche Aufgaben aus und unterliegen neben *politischen bzw. bürokratischen* Logiken, verstärkt durch Elemente des New Public Managements, auch *ökonomischen* Logiken sowie, insbesondere im Hinblick auf das beschäftigungsorientierte Fallmanagement, *professionellen* Logiken.

Entsprechend des Frameworks von Greenwood et al. (2011) wird der Einfluss dieser Logiken auf die organisationale Antwort, welche sich im vorliegenden Modell in der Verwaltungsorganisation in den beiden Bereichen des beschäftigungsorientierten Fallmanagements und der Arbeitgeberbetreuung niederschlägt, durch **Attribute des Organisationskontexts** moderiert. Aus institutioneller Perspektive spielen hier die *Feldposition der Organisation, ihre (personelle) Struktur, Eigentumsverhältnisse und Steuerung* sowie *Identität* eine Rolle. Die Annahme, dass lokal unterschiedliche „Aneignungsformen" (Bauer et al. 2011) oder „Arbeitslogiken" (Altendorf/Kuhlmann 2024) in den Jobcentern existieren, wird durch Studien gestützt (vgl. Abschn. 4.5). In Bezug auf die vorangegangenen Überlegungen lassen sich folgende Forschungsfragen formulieren:

(II. 1) Wie kann das bundesweite organisationale Feld der Jobcenter charakterisiert werden und existieren weitere organisationale Felder, in die die Jobcenter eingebunden sind? → Abschn. 7.2

(II. 2) Inwiefern lassen sich in den drei Domänen Staat, Markt und Profession institutionelle Logiken identifizieren, die einen Einfluss auf die Verwaltungsorganisation der Jobcenter haben könnten und inwiefern beeinflussen Attribute des jeweiligen Organisationskontexts der Jobcenter den Einfluss von institutionellen Logiken? → Abschn. 7.3

Aus Perspektive des Situativen Ansatzes ergeben sich auf Ebene der **situativen Umweltbedingungen** v. a. zwei plausible Einflussfaktoren: Ganz allgemein kann von einem Einfluss des *lokalen Arbeitsmarktes* ausgegangen werden, so legen es die Studienergebnisse von Blau und Schoenherr (1971) zur US-amerikanischen

Arbeitsverwaltung (vgl. Abschn. 3.2.2) sowie der Forschungsstand zu Einflüssen auf die Verwaltungsorganisation von Jobcentern (vgl. Abschn. 4.5) nahe. Insbesondere ist davon auszugehen, dass die Klientenstruktur einen Einfluss auf die Existenz spezialisierter Organisationseinheiten hat. Des Weiteren ist aufgrund der Steuerung der Jobcenter (vgl. Abschn. 2.3.3) sowie des Forschungsstandes (vgl. Abschn. 4.5) anzunehmen, dass *politische Programme* die Verwaltungsorganisation der Jobcenter beeinflussen.

Hinsichtlich des **situativen Organisationskontextes** kommt v. a. der Größe des Jobcenters, gemessen an der *Anzahl der Beschäftigten*, eine zentrale Erklärungskraft zu. So deuten viele empirische Studien darauf hin, dass eine zunehmende Organisationsgröße zu einer zunehmenden Bürokratisierung führt (vgl. Abschn. 3.2). In Bezug auf die vorangegangenen Überlegungen lassen sich daher folgende Forschungsfragen formulieren:

(II. 3) Welchen Einfluss haben Charakteristika des lokalen Arbeitsmarktes, insbesondere die Klientenstruktur, sowie politische Programme auf die Verwaltungsorganisation der Jobcenter und welche weiteren situativen Einflussfaktoren können identifiziert werden? → Abschn. 7.4

(II. 4) Welchen Einfluss hat die Anzahl der Beschäftigten auf die Bürokratisierung der Verwaltungsorganisation der Jobcenter? → Abschn. 7.5

Hinsichtlich des Handlungsspielraums von **Akteuren** existieren sowohl im Situativen Ansatz als auch im soziologischen Neo-Institutionalismus Theoriestränge, die eine allzu deterministische Sichtweise ablehnen. Daher wird in der vorliegenden Untersuchung, in Anlehnung an Reed (2005), eine relationale Sichtweise eingenommen, wodurch die Komponenten ‚structure' und ‚agency' analytisch getrennt voneinander betrachtet werden (vgl. Abschn. 3.4.2): Strukturen ermöglichen Handlungen, beschränken sie jedoch auch. Sie bieten einen Rahmen, innerhalb dessen strategisches Handeln stattfinden kann, gleichzeitig definieren sie gewisse Grenzen dieses Handlungsspielraums. Entsprechend der Ausführungen zur Steuerung der Jobcenter (vgl. Abschn. 2.3.3) werden die Trägerversammlung und die Geschäftsführungen als *interne organisationale Entscheidungsträger*, die die *strategische Ausrichtung* des Jobcenters und damit die Verwaltungsorganisation beeinflussen, betrachtet. In Bezug auf die vorangegangenen Überlegungen lassen sich daher folgende Forschungsfragen formulieren:

(II. 5) Inwiefern beeinflussen die Trägerversammlung und Geschäftsführung jeweils die Verwaltungsorganisation der Jobcenter und welche weiteren internen und externen Akteure bringen Impulse hinsichtlich der Verwaltungsorganisation ein? → Abschn. 7.6

Methodisches Vorgehen 6

Dieser Arbeit liegt ein erklärendes, sequenzielles Mixed-Methods-Design zugrunde (Hense/Schork 2017: 364). Abbildung 6.1 veranschaulicht das Forschungsdesign, welches sich aus einer quantitativen und einer qualitativen Teilstudie zusammensetzt. Die weiß hinterlegten Zahlen stehen auf Ebene der quantitativen Befragung für die Anzahl der vollständig ausgefüllten Fragebögen und auf Ebene der Experteninterviews für die Anzahl der durchgeführten Interviews. Insgesamt erstreckt sich die Erhebungsphase von Februar 2022 bis April 2024. Während dieses Zeitraumes waren die Jobcenter mit substanziellen Entwicklungen konfrontiert: Zunächst trat ab 1. Juni 2022 der Rechtskreiswechsel der ukrainischen Geflüchteten in Kraft, gefolgt von der Bürgergeldreform, die in zwei Schritten zum 1. Januar und zum 1. Juli 2023 vollzogen wurde. Zudem wurde während der Erhebungsphase der Interviews am 18. Oktober 2023 der „Job-Turbo zur Arbeitsmarktintegration von Geflüchteten" verkündet (vgl. Kap. 7).

Ergänzende Information Die elektronische Version dieses Kapitels enthält Zusatzmaterial, auf das über folgenden Link zugegriffen werden kann https://doi.org/10.1007/978-3-658-51047-3_6.

J. Hafner, *Variationen in der Verwaltungsorganisation der Jobcenter*, Interdisziplinäre Organisations- und Verwaltungsforschung,
https://doi.org/10.1007/978-3-658-51047-3_6

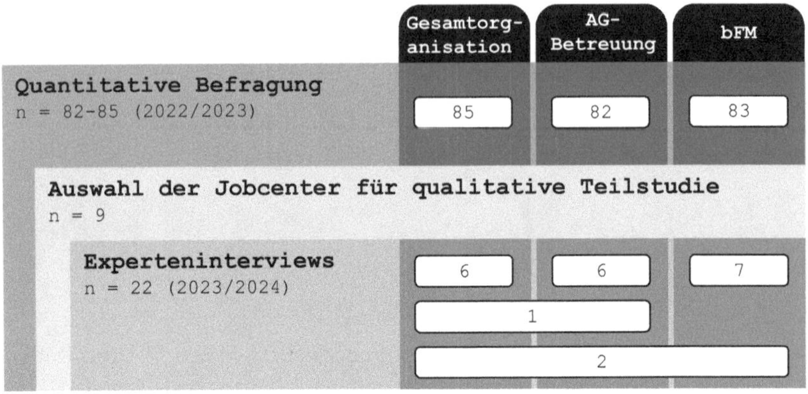

Abbildung 6.1 Forschungsdesign. (Quelle: Eigene Abbildung)

Ausgangpunkt der empirischen Grundlage bildet eine quantitative Befragung, welche v. a. auf die Erfassung der Variation der Verwaltungsorganisation der gemeinsamen Einrichtungen abzielte. Darauf aufbauend wurden Experteninterviews mit Beschäftigten der beforschten Jobcenter durchgeführt, welche zum einen die Ergebnisse der quantitativen Teilstudie ergänzen und zum anderen stärker die Rolle von institutionellen Mechanismen sowie externen und internen Akteuren im Rahmen von Organisationsveränderungen beleuchten sollten. Insbesondere vor dem Hintergrund des eher explorativen Charakters des Forschungsvorhabens sollen durch die Triangulation die jeweils grundlegend bestehenden Stärken der Vorgehensweisen kombiniert und die jeweiligen Schwächen abgemildert werden. So eröffnen die qualitativen Interviews die Möglichkeit, trotz intensiver Vorarbeiten im Rahmen der Entwicklung der Erhebungsinstrumente der quantitativen Teilstudie, Gemeinsamkeiten und Unterschiede in der Verwaltungsorganisation der Jobcenter zu identifizieren, die nicht durch die Fragebögen erfasst wurden. Andererseits können die Befunde der quantitativen Befragung dabei helfen, Aussagen der Interviewten, beispielsweise hinsichtlich der von ihnen wahrgenommenen Relevanz von Akteuren in einen größeren Kontext einzuordnen. Des Weiteren sprechen auch methodische Gründe für den Einsatz von Mixed Methods, z. B. zur Validierung von Daten. Konkret weist beispielsweise die qualitative Teilstudie auf fehlerhafte Angaben der Befragten in den quantitativen Daten hin (vgl. Abschn. 6.2.2 und 7).

Das methodische Vorgehen der quantitativen und qualitativen Teilstudien wird im vorliegenden Kapitel wie folgt erläutert: Zuerst werden die jeweilige Datenerhebung (Abschnitt 6.1.1 bzw. 6.2.1) sowie die realisierte Stichprobe beschrieben (Abschnitt 6.1.2 bzw. 6.2.2). Anschließend wird die Datenauswertung dargestellt (Abschnitt 6.1.3 bzw. 6.2.3) und es werden ein paar Hinweise zur Datendarstellung gegeben (Abschnitt 6.1.4 bzw. 6.2.4).

6.1 Quantitative Teilstudie

6.1.1 Datenerhebung

Um Organisationsmerkmale quantitativ zu erfassen, bestehen prinzipiell zwei Möglichkeiten (Meyermann et al. 2022: 1500 ff.): Einerseits können Mitarbeiter- bzw. Mitgliederbefragungen durchgeführt und die erhaltenen Informationen auf Ebene der Organisation aggregiert werden. Andererseits können einzelne Personen als sog. „Proxy-Informanten" stellvertretend Auskunft für die beforschte Organisation geben. Zwar liefern Organisationsbefragungen über Proxy-Informanten meist weniger detaillierte und präzise Informationen über Organisationsmerkmale als die Aggregierung von Mitarbeiterbefragungen, jedoch geht mit letzteren ein enormer Aufwand, insbesondere bei gleichzeitiger Betrachtung mehrerer Organisationen, einher. Forschungspraktisch bestand zudem im vorliegenden Forschungsprojekt hinsichtlich des Feldzugangs das Problem, dass für den Autor nicht die Möglichkeit bestand, alle Mitarbeitenden der gemeinsamen Einrichtungen z. B. über E-Mail-Adressen zu kontaktieren, weshalb das Verfahren via Proxy-Informanten gewählt wurde.

Um den Nachteil der Befragung via Proxy-Informanten abzumildern, wurden drei Fragebögen entwickelt, die unterschiedliche Aspekte der Verwaltungsorganisation der Jobcenter erfassen sollten (vgl. Anhang im elektronischen Zusatzmaterial): Der erste Fragebogen fokussiert auf den Organisationskontext, die Einschätzung der übergreifenden Verwaltungsorganisation („organisationale Ebene") sowie die Bedeutung zentraler Akteure für die Gestaltung der Verwaltungsorganisation eines jeweiligen Jobcenters. Die beiden weiteren Fragebögen dienen hauptsächlich der Erfassung der Verwaltungsorganisation in den beiden Aufgabenbereichen des beschäftigungsorientierten Fallmanagements und der arbeitgeberorientierten Beratung und Vermittlung. Des Weiteren wurden die Jobcenter im Rahmen der Kontaktierung (s. u.) darauf hingewiesen, dass die beiden Fragebögen für das bFM und die Arbeitgeberbetreuung am besten durch Mitarbeitende auszufüllen sind, die gute Kenntnisse über den jeweiligen Aufgabenbereich besitzen.

Die Entwicklung der Fragebögen erfolgte in einem iterativen Prozess, um sie so gut wie möglich an den jeweiligen Organisationszuschnitt anzupassen. Dies geschah vor dem Hintergrund, dass – im Gegensatz zur Individual-Surveyforschung – kaum zeitgemäße, erprobte und methodisch geprüfte Skalen oder Items zur Messung organisationaler Merkmale existieren (Meyermann et al. 2022: 1501; vgl. auch Ellguth/Kohaut 2017). Zudem stellte eine Herausforderung dar, dass seit der Evaluation der Experimentierklausel keine umfangreichen Erhebungen zur Verwaltungsorganisation der Jobcenter durchgeführt wurden. Daher mussten die Fragebögen weitgehend explorativ gestaltet werden, um eine möglichst umfassende Erhebung der antizipierten, vielfältigen organisationalen Variationen zu ermöglichen. Besonders in den beiden Aufgabenbereichen führten diese Anforderungen zu vergleichsweise ausführlichen und komplexen Erhebungsinstrumenten.

Als Ausgangspunkt diente der zum Zeitpunkt der Fragebogenentwicklung vorliegende Forschungsstand zur Verwaltungsorganisation der Jobcenter und zu potenziellen Einflussfaktoren. Ergänzend wurde je Aufgabenbereich ein problemzentriertes Interview mit einem Experten der Bundesagentur für Arbeit durchgeführt. Die auf dieser Basis entwickelten Fragebögen wurden sowohl mit diesen Experten als auch mit Verantwortlichen aus zwei Jobcentern diskutiert und kontinuierlich weiterentwickelt. Einige Fragen bzw. Items wurden in teils abgeänderter Form von anderen Befragungen übernommen, welche in Tabelle 6.1 aufgeführt werden.

Der Idee des Situativen Ansatzes folgend sollten möglichst objektive Kriterien für die Messung verwendet und subjektive Einschätzungsfragen so weit wie möglich vermieden werden. Letztlich konnten jedoch nicht für alle Bürokratiedimensionen in den beiden Aufgabenbereichen adäquate „objektive“ Items formuliert werden.[1] Aus diesem Grund wurden auch einige Einschätzungsfragen aufgenommen, deren Aussagekraft jedoch – wie vermutet – anzuzweifeln ist (vgl. Kap. 7).

[1] Welche Items für die Operationalisierung der Dimensionen herangezogen werden wird in den Abschnitten 7.1.2.4 und 7.1.3.4 erläutert.

Tabelle 6.1 Übernommene Fragen aus anderen Befragungen

Quelle (s. Literaturverzeichnis)	Fragebogen	Fragebogenteil / Fragennummer
IAW (2007a)	Organisationale Ebene	7
	bFM	0.5
		Fragebogenteil „Spezialisiertes Fallmanagement“: 6, 14, 16, 17, 19, 25, 26
		Fragebogenteil „Generalisiertes Fallmanagement“: 18, 20
	Arbeitgeberbetreuung	0.5
Hesse (2009)	bFM	Fragebogenteil „Spezialisiertes Fallmanagement“: 69
		Fragebogenteil „Generalisiertes Fallmanagement“: 67
	Arbeitgeberbetreuung	Fragebogenteil „Gemeinsamer AG-S“: 17
		Fragebogenteil „Alleinige Arbeitgeberbetreuung“: 25

Quelle: Eigene Zusammenstellung

Wie bereits in Kapitel 3 angedeutet, ist „von außen“ nicht immer eindeutig zwischen den offiziellen (formale Organisation) und geltenden Regeln (informale Organisation) sowie zwischen der normativen und Verhaltensstruktur einer Organisation zu differenzieren. Hinzu kommt zum einen, dass manche Regelungen nur in der Kommunikation nach außen gelten, weil sie – wie in Abschnitt 3.3.1.3 dargestellt – die „Funktion einer *Legitimationsfassade*“ (Kieser/Walgenbach 2010: 21; Hervorhebung im Original) erfüllen. Zum anderen gehen mit organisatorischen Regeln in unterschiedlichem Maß Interpretationsspielräume einher, welche sich beispielsweise entlang von Hierarchieebenen manifestieren können: „Oft stellen sich die Regeln aus der Sicht der zum Organisieren legitimierten Stellen anders dar als aus Sicht derjenigen, die von den Regeln betroffen sind“ (Kieser/Walgenbach 2010: 20). Für die Interpretation von Daten, die durch Proxy-Informanten bereitgestellt werden, ist somit zu berücksichtigen, dass Reglungen immer zu einem gewissen Grad interpretativ sind. Während Interpretationsspielräume bei Makroanalysen, die sich auf die vergleichende Untersuchung von Grundmustern konzentrieren, für Kieser und Walgenbach weitgehend zu vernachlässigen sind, müssen sie bei Mikroanalysen, die die detaillierte Untersuchung spezifischer organisatorischer Prozesse und Regelungen anstreben, explizit adressiert werden (Kieser/Walgenbach 2010: 165 f.).

Für die Datenerfassung wurden die drei Fragebögen in das Online-Befragungstool Unipark übertragen, wobei in Einzelfällen Jobcentern auch Papierfragebögen zur Verfügung gestellt wurden. Für die Kontaktierung der Jobcenter diente ein an die Geschäftsführungen gerichtetes Anschreiben, welches das Forschungsvorhaben und Eckdaten der Befragung erläutert. Dieses Anschreiben wurde im Februar 2022 durch die Zentrale der Bundesagentur für Arbeit via E-Mail an die Regionaldirektionen, mit der Bitte um Weiterleitung an die gemeinsamen Einrichtungen (gE), versendet. Bis Ende März 2022 hatten 37 Jobcenter den Fragebogen zur organisationalen Ebene, 35 den Fragebogen zum beschäftigungsorientierten Fallmanagement und 31 den Fragebogen zur Arbeitgeberbetreuung beantwortet. Insgesamt hatten zu diesem Zeitpunkt lediglich 28 Jobcenter alle drei Fragebögen beantwortet.

Da der Rücklauf unterhalb von zehn Prozent, gemessen an der Grundgesamtheit aller gemeinsamen Einrichtungen (N = 301 $N = 301$), lag, wurden die Regionaldirektionen im November 2022 erneut durch die Zentrale der BA über die Befragung informiert und gebeten, in dieser Sache auf die gemeinsamen Einrichtungen zuzugehen. Zusätzlich wurden von Mitte Dezember 2022 bis Anfang Februar 2023 bis zu diesem Zeitpunkt unterrepräsentierte Jobcenter-Gruppen (Kriterien waren hier die Teilnahmen nach Regionaldirektionsbezirk und SGB-II-Vergleichstyp, vgl. Abschn. 6.1.2) durch den Autor dieser Arbeit via E-Mail um Teilnahme an der Befragung gebeten. Je nach Auffindbarkeit der E-Mail-Adressen im Internet wurde die E-Mail direkt an die Geschäftsführung oder an eine allgemeine E-Mail-Adresse des jeweiligen Jobcenters verschickt. Durch das kombinierte Vorgehen konnte eine Ausschöpfungsquote von 28,2 Prozent realisiert werden (vgl. Abbildung 6.2).

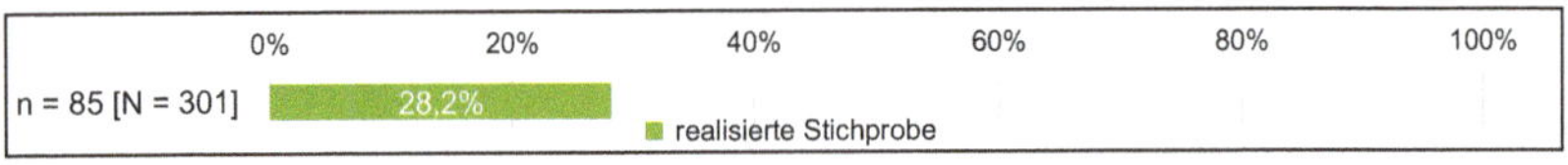

Abbildung 6.2 Anteil der quantitativen Stichprobe an der Grundgesamtheit. (Quelle: Eigene Abbildung. Daten: Bundesagentur für Arbeit / Statistik, Jobcenterbezirke nach der SGB-II-Typisierung 2014, Gebietsstand Januar 2022. Anmerkung: Jedes Jobcenter, das mindestens einen Fragebogen beantwortet hat, wird bei der Berechnung der Teilnahmequote berücksichtigt)

6.1.2 Stichprobe

Von den insgesamt 85 gemeinsamen Einrichtungen, die sich an der Befragung beteiligt haben, haben 81 Jobcenter alle drei Fragebögen vollständig ausgefüllt (vgl. Abbildung 6.3). Drei weitere Jobcenter haben zwei Fragebögen und ein Jobcenter hat einen Fragebogen vollständig ausgefüllt. Mit 85 Teilnahmen wurde der Fragebogen zur organisationalen Ebene am häufigsten beantwortet. Für das beschäftigungsorientierte Fallmanagement liegen 83 und für die Arbeitgeberbetreuung 82 Teilnahmen vor.

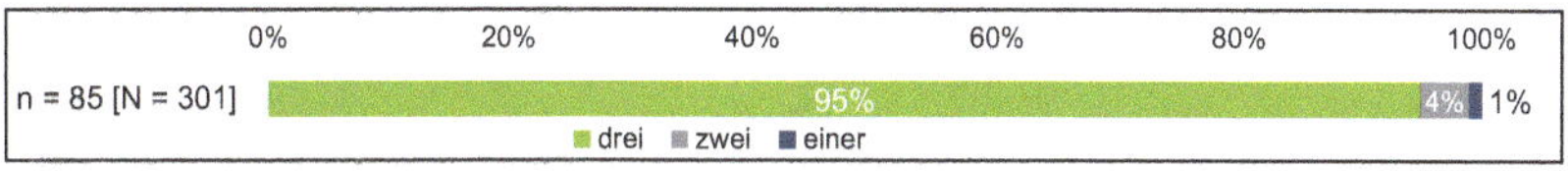

Abbildung 6.3 Anteil der ausgefüllten Fragebögen je Jobcenter. (Quelle: Eigene Abbildung)

Abbildung 6.4 verschafft einen Überblick über den Anteil der in der Stichprobe enthaltenen gE nach Regionaldirektionsbezirken. Deutlich wird eine ausgeprägte Überrepräsentation der sächsischen und nordrhein-westfälischen gE sowie in leichtem Ausmaß der gE aus Berlin und Brandenburg. Bis auf Hessen und Nord sind alle weiteren Regionaldirektionsbezirke unterrepräsentiert.

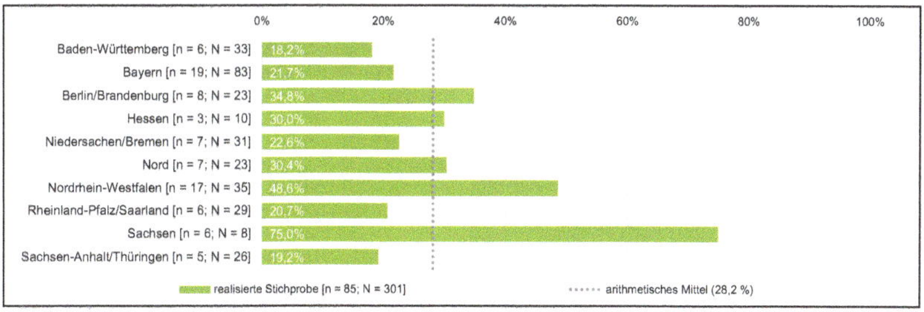

Abbildung 6.4 Anteil der quantitativen Stichprobe an allen gE nach Regionaldirektionsbezirken. (Quelle: Eigene Abbildung. Daten: Bundesagentur für Arbeit / Statistik, Jobcenterbezirke nach der SGB-II-Typisierung 2014, Gebietsstand Januar 2022)

Blickt man auf die Verteilung der gE der Stichprobe anhand der SGB-II-Vergleichstypen, zeigt sich eine etwas weniger verzerrte Verteilung (vgl. Abbildung 6.5). Die SGB-II-Vergleichstypen gliedern sich auf der erste Ebene nach der Quote der erwerbsfähigen Leistungsberechtigten (ELB). Jobcenter mit unterdurchschnittlicher ELB-Quote gehören der Gruppe I, Jobcenter mit durchschnittlicher ELB-Quote der Gruppe II und Jobcenter mit überdurchschnittlicher ELB-Quote der Gruppe III an. Auf zweiter Ebene werden diese Gruppen dann nochmals anhand eines umfangreichen Variablenkatalogs unterteilt (vgl. Dauth et al. 2013). Hierbei werden neben Indikatoren zur Arbeitslosigkeit und Unterbeschäftigung u. a. Daten zur Aufnahmefähigkeit des Arbeitsmarktes für Arbeitsuchende aus dem SGB II, zu Strukturmerkmalen der ELB und Bedarfsgemeinschaften sowie zur Bevölkerung und Sozialstruktur berücksichtigt (ebd.). Die hieraus resultierenden Vergleichstypen werden in Tabelle 6.2 knapp charakterisiert.

In der Stichprobe sind Jobcenter mit überdurchschnittlicher ELB-Quote, insbesondere der Vergleichstyp IIIc, welcher sich größtenteils aus Jobcenterbezirken im Ruhrgebiet zusammensetzt, überrepräsentiert. Eine vergleichsweise geringe Beteiligungsquote liegt in den Vergleichstypen IIc (v. a. nord-westdeutsche Landkreise) und IIe (v. a. Städte und verdichtete Landkreise in Westdeutschland) vor. Wie Abbildung 6.6 ergänzend aufzeigt, haben sich eher Jobcenter, die mit einer hohen bzw. sehr hohen ELB-Quote konfrontiert sind, an der Befragung beteiligt.

Werden die Charakteristika der Trägerkommunen der befragten Jobcenter betrachtet, ist zu berücksichtigen, dass sich die Anzahl der Trägerkommunen ($n = 82$) von der Anzahl der teilgenommenen Jobcenter ($n = 85$) unterscheidet, da in der Grundgesamtheit einerseits Jobcenter existieren, die durch mehrere Kommunen getragen werden und anderseits zwei Kommunen mehrere Jobcenter tragen. Hinsichtlich des Kommunaltyps der Trägerkommunen der teilgenommenen Jobcenter lässt sich konstatieren, dass entsprechend der Grundgesamtheit ein ausgeglichenes Verhältnis zwischen kreisfreien Städten und Landkreisen besteht (vgl. Abbildung 6.7). Der Anteil der Trägerkommunen nach Größenklassen offenbart, dass große kreisfreie Städte in der Stichprobe zulasten mittlerer und kleiner kreisfreier Städte überrepräsentiert sind (vgl. Abbildung 6.8). Außerdem wird deutlich, dass Trägerkommunen mit mittlerer Ländlichkeit unterrepräsentiert sind (vgl. Abbildung 6.9).

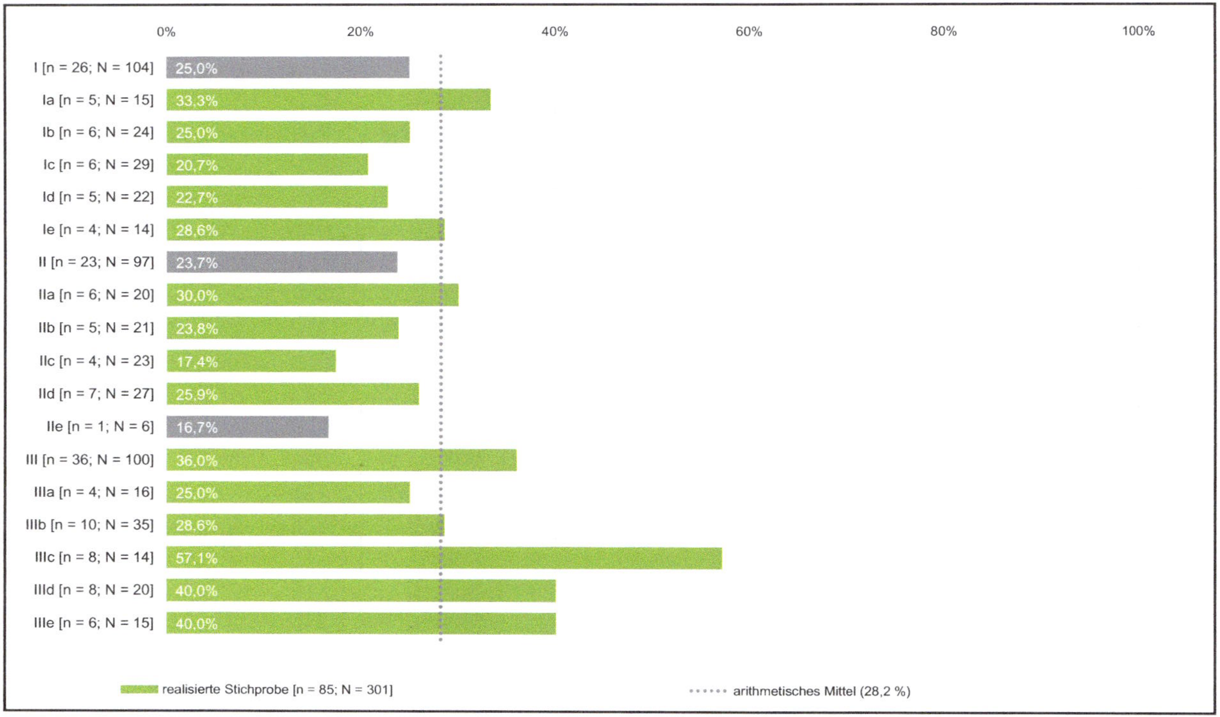

Abbildung 6.5 Anteil der quantitativen Stichprobe an allen gE nach SGB-II-Vergleichstypen. (Quelle: Eigene Abbildung. Daten: Bundesagentur für Arbeit / Statistik, Jobcenterbezirke nach der SGB-II-Typisierung 2014, Gebietsstand Januar 2022)

Tabelle 6.2 Übersicht zu den SGB-II-Vergleichstypen

Typ	Beschreibung der SGB-II-Vergleichstypen
Jobcenter mit unterdurchschnittlicher ELB-Quote	
Ia	Landkreise überwiegend in Bayern mit kleinbetrieblich geprägten Arbeitsmärkten, niedrigem Anteil an Geringqualifizierten, hohen Wohnkosten und hohem Bevölkerungszuwachs.
Ib	Landkreise überwiegend in Bayern mit gewerblich geprägtem Arbeitsmarkt, hoher Saisonalität, hoher Arbeitsplatzdichte und hohem Anteil an Kleinbetrieben.
Ic	Überwiegend Landkreise in Süddeutschland mit gewerblich geprägtem Arbeitsmarkt, hohem Beschäftigungspotenzial in einfachen Tätigkeiten und hohem Anteil Geringqualifizierter.
Id	Überwiegend Landkreise in Baden-Württemberg mit gewerblich geprägtem Arbeitsmarkt, hohem Beschäftigungspotenzial in einfachen Tätigkeiten und hohem Migrantenanteil.
Ie	Regionen abseits der Ballungsräume, oftmals an der früheren innerdeutschen Grenze, mit gewerblich geprägtem Arbeitsmarkt und hohem Anteil älterer ELB.
Jobcenter mit durchschnittlicher ELB-Quote	
IIa	Überwiegend Landkreise mit einem ausgeprägten Industriesektor und Niedriglohnbereich bei gleichzeitig hohem Anteil Geringqualifizierter und unterdurchschnittlichen Wohnkosten.
IIb	Städte mit eher geringer ELB-Quote im Vergleich zu anderen Städten, hohem Beschäftigungspotenzial in einfachen Tätigkeiten, günstigen allgemeinen Arbeitsmarktbedingungen im Umland sowie hohen Wohnkosten und hohem Migrantenanteil.
IIc	Regionen schwerpunktmäßig in Schleswig-Holstein und Niedersachsen mit einem sehr ausgeprägten Niedriglohnbereich und einem hohen Anteil an Kleinbetrieben.
IId	Überwiegend Landkreise mit Schwerpunkt in Nordrhein-Westfalen mit eher durchschnittlichen Rahmenbedingungen und geringer saisonaler Dynamik.
IIe	Städte und (hoch-)verdichtete Landkreise mit eher geringer ELB-Quote im Vergleich zu ähnlich verdichteten Räumen, sehr hohen Wohnkosten und sehr hohem Migrantenanteil sowie durch Großbetriebe gekennzeichneten Arbeitsmärkten mit gering ausgeprägtem Niedriglohnbereich.
Jobcenter mit überdurchschnittlicher ELB-Quote	
IIIa	Überwiegend Landkreise, meist im Einzugsbereich größerer Städte in den neuen Bundesländern, mit einem sehr hohen Anteil an erwerbstätigen SGB-II-Beziehern bei gleichzeitig geringem Beschäftigungspotenzial in einfachen Tätigkeiten.

(Fortsetzung)

Tabelle 6.2 (Fortsetzung)

Typ	Beschreibung der SGB-II-Vergleichstypen
IIIb	Überwiegend Städte bzw. verstädterte Regionen mit hohen Wohnkosten, Dienstleistungsarbeitsmärkten und geringer Arbeitsplatzdichte.
IIIc	Städte bzw. (hoch-)verdichtete Landkreise überwiegend im Agglomerationsraum Rhein-Ruhr mit sehr geringer Arbeitsplatzdichte, geringer saisonaler Dynamik bei gleichzeitig hohem Beschäftigungspotenzial in einfachen Tätigkeiten und hohem Migrantenanteil.
IIId	Überwiegend Landkreise in den neuen Bundesländern mit sehr geringem Beschäftigungspotenzial in einfachen Tätigkeiten bei gleichzeitig hoher saisonaler Dynamik und sehr hoher Tendenz zur Verfestigung des Langzeitleistungsbezugs.
IIIe	Überwiegend Städte in den neuen Bundesländern mit geringem Beschäftigungspotenzial in einfachen Tätigkeiten und hohem Risiko zur Verfestigung des Langzeitleistungsbezugs.

Quelle: Überblicksartige Charakterisierung entnommen aus Dauth et al. (2013)

Weitere Hinweise auf die Repräsentativität und Güte der erfassten Befragungsdaten liefert ein Blick auf die Befragtenmerkmale. So zeigt Abbildung 6.10, dass der Großteil der Befragten fünf oder mehr Jahre beim jeweiligen Jobcenter beschäftigt ist, wobei das Dienstalter der Befragten in den beiden Aufgabenbereichen beschäftigungsorientiertes Fallmanagement und Arbeitgeberbetreuung etwas höher ausfällt als beim Fragebogen zur organisationalen Ebene. Wie aus Abbildung 6.11 zu entnehmen ist, könnte dies mit dem höheren Anteil von Geschäftsführern an den Teilnehmenden des Fragebogens zur organisationalen Ebene zusammenhängen. Ursächlich mögen die befristete Amtszeit von Jobcenter-Geschäftsführern und spezifische Karrierepfade von Führungskräften, zumindest innerhalb der Bundesagentur für Arbeit, sein.

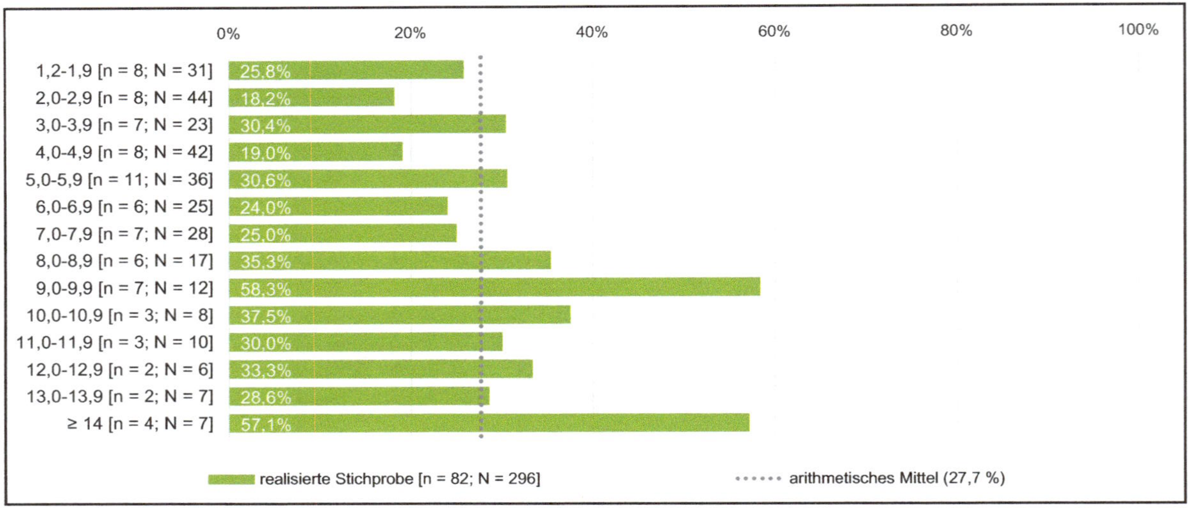

Abbildung 6.6 Anteil der quantitativen Stichprobe an allen gE nach ELB-Quote. (Quelle: Eigene Abbildung. Daten: Bundesagentur für Arbeit / Statistik, SGB II-Hilfequoten (Monats- und Jahreszahlen), Stand September 2024, Beobachtungszeitpunkt: November 2021. Anmerkung: n bezieht sich hier auf die Anzahl der Trägerkommunen der teilgenommenen Jobcenter.)

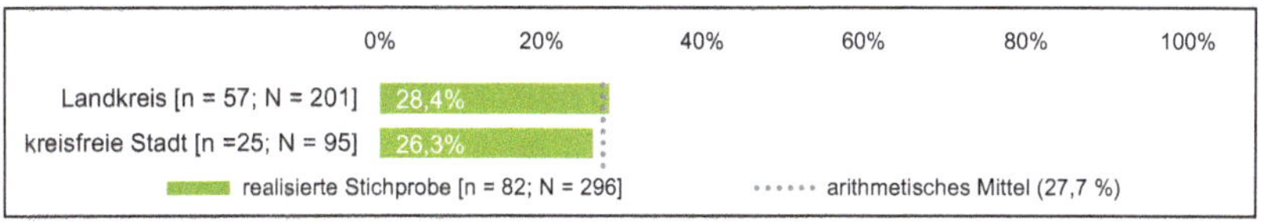

Abbildung 6.7 Anteil der quantitativen Stichprobe an allen Trägerkommunen nach Kommunaltyp. (Quelle: Eigene Abbildung. Daten: Destatis, Gemeindeverzeichnis, Stand September 2022. Anmerkung: n bezieht sich hier auf die Anzahl der Trägerkommunen der teilgenommenen Jobcenter.)

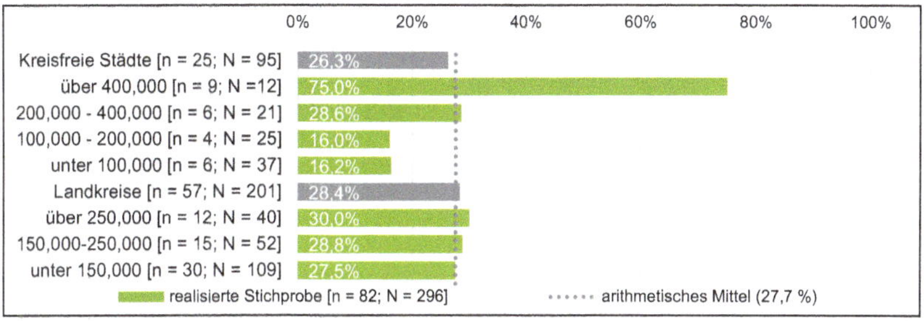

Abbildung 6.8 Anteil der quantitativen Stichprobe an allen Trägerkommunen nach Größenklasse (Einwohnerzahl). (Quelle: Eigene Abbildung. Daten: Destatis, Gemeindeverzeichnis, Stand September 2022. Anmerkung: n bezieht sich hier auf die Anzahl der Trägerkommunen der teilgenommenen Jobcenter.)

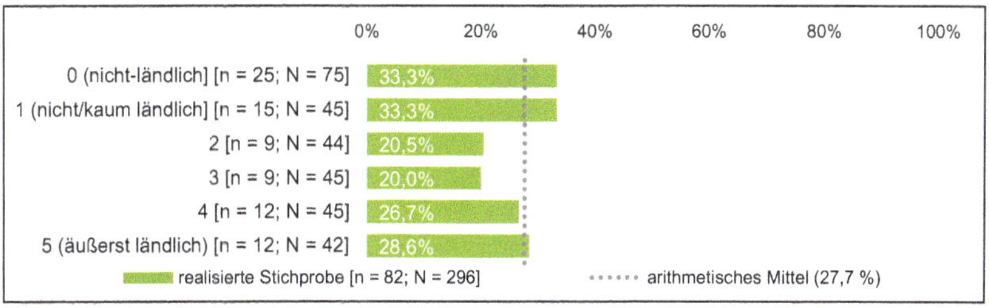

Abbildung 6.9 Anteil der quantitativen Stichprobe an allen Trägerkommunen nach Ländlichkeit. (Quelle: Eigene Abbildung. Daten Thünen-Landatlas, Ausgabe 22/03/2023. Hrsg.: Thünen-Institut Forschungsbereich ländliche Räume, Braunschweig (www.landatlas.de). Anmerkung: n bezieht sich hier auf die Anzahl der Trägerkommunen der teilgenommenen Jobcenter.)

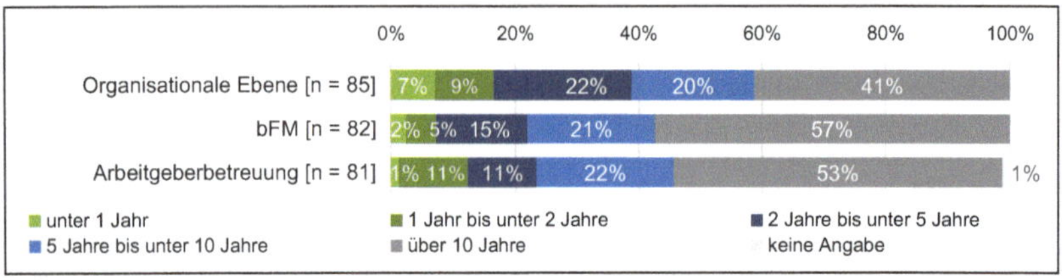

Abbildung 6.10 Dienstalter der Befragten beim jeweiligen Jobcenter. (Quelle: Eigene Abbildung. Fragetext: „Wie viele Jahre sind Sie ca. bei dem jetzigen Jobcenter beschäftigt?")

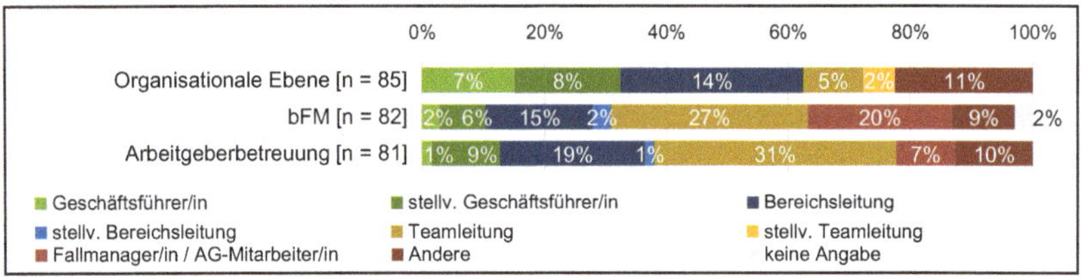

Abbildung 6.11 Position der Befragten. (Quelle: Eigene Abbildung. Fragetext: „Welche Position haben Sie in Ihrem Jobcenter inne?")

Abbildung 6.12 veranschaulicht, dass die weit überwiegende Mehrheit der Befragten bei der Bundesagentur für Arbeit angestellt ist. Abbildung 6.13 zeigt ergänzend auf, dass der Median des Anteils des BA-Personals in den befragten Jobcentern bei knapp Dreiviertel liegt (für die Interpretation von Boxplots vgl. Abschn. 6.1.4). Damit ist das Personal der BA unter den Befragungsteilnehmern etwas überrepräsentiert. Dies könnte, zumindest auf Ebene der Geschäftsführungen, auf eine gewisse Selektivität hinweisen, die – was nicht nachgeprüft werden kann – daraus resultieren könnte, dass die für das Bewerben der Befragung beauftragten Regionaldirektionen bezüglich der Befragung vor allem gemeinsame Einrichtungen mit BA-Geschäftsführung kontaktiert haben. Ein anderer Grund könnte darin liegen, dass sich BA-Geschäftsführungen, da die Befragung über ihren Anstellungsträger beworben wurde, eher verpflichtet gefühlt haben, an der Befragung teilzunehmen.

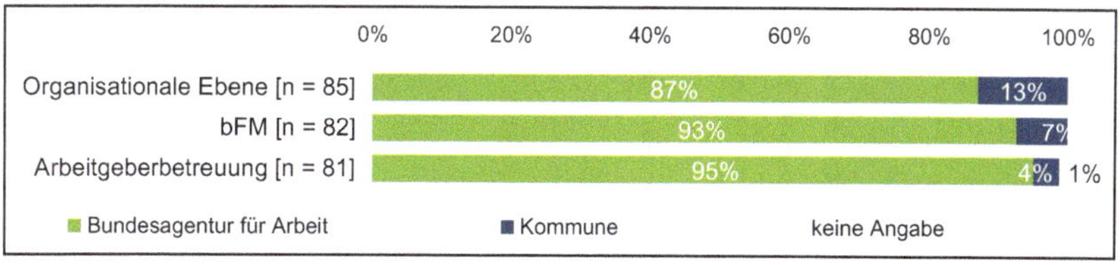

Abbildung 6.12 Anstellungsträger der Befragten. (Quelle: Eigene Abbildung. Fragetext: „Bei welchem Träger sind Sie beschäftigt?")

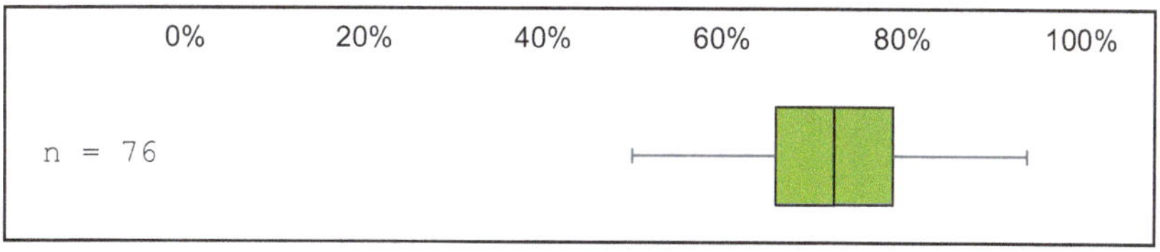

Abbildung 6.13 Anteil des Personals der BA in den Jobcentern der quantitativen Stichprobe. (Quelle: Eigene Abbildung)

6.1.3 Datenauswertung

Der Betrachtung der Variationen hinsichtlich der Bürokratie in den beiden Aufgabenbereichen sowie der Implementierungsstufen des bFM liegt die Berechnung verschiedener additiver Indizes zugrunde (vgl. Abschn. 7.1.2.4, 7.1.3.4 und 7.1.2.5). Durch die Indexbildung können Indikatoren, die unterschiedliche Dimensionen abbilden, zu einer neuen Variable zusammengefasst werden (Latcheva/Davidov 2022: 1169). Im Kontext der vorliegenden Untersuchung erweist sich dieses Verfahren als vorteilhaft, da u. a. möglichst viele relevante Aspekte eines theoretischen Konzepts berücksichtigt und Messungenauigkeiten, im Vergleich zur Nutzung von Einzelindikatoren, reduziert werden können (Latcheva/Davidov 2022: 1170 ff.).

Gleichzeitig birgt die Reduktion der Datenkomplexität auf einen einzigen Indexwert die Gefahr, dass relevante Unterschiede zwischen den Einzeldimensionen verloren gehen. Zudem stellt sich die Frage der Gewichtung der einzelnen Indikatoren. Für eine bestmögliche Transparenz wird daher, basierend auf der theoretischen Fundierung in Abschnitt 3.2.1.1, das jeweilige Vorgehen in den o. g. Unterkapiteln des Ergebniskapitels dargestellt.

Um Zusammenhänge zwischen den Bürokratiedimensionen, den Implementierungsstufen des bFM sowie der Größe des Jobcenters als Faktor des Organisationskontextes zu untersuchen, wird auf den Rangkorrelationskoeffizient nach Spearman (r_{sp}) zurückgegriffen. Da das Skalenniveau der entwickelten Indizes als metrisch betrachtet werden kann, spräche für eine bessere Ausnutzung des Informationsgehaltes der Daten die Verwendung des Korrelationskoeffizienten nach Pearson. Im Gegensatz zu diesem setzt der Rangkorrelationskoeffizient jedoch keine Normalverteilung der Daten und keinen linearen Zusammenhang zwischen den Variablen voraus (Eckstein 2016: 184 f.). Wie die Abbildungen in den entsprechenden Kapiteln verdeutlichen (vgl. Abschn. 7.1.2.4, 7.1.3.4 und 7.1.2.5), liegt bei keiner der betrachteten Variablen eine Normalverteilung vor. Zudem ist aus den theoretischen Überlegungen abzuleiten, dass zwar von einem monotonen, aber nicht zwangsläufig linearen Zusammenhang zwischen den Bürokratiedimensionen und der Organisationsgröße auszugehen ist (vgl. Abschn. 3.2.1.2).

Sowohl die deskriptiven Auswertungen als auch die bivariaten Analysen wurden mit der Software IBM SPSS Statistics (Version 29.0.0.0) berechnet.

6.1.4 Datendarstellung

Neben einfachen, gruppierten und gestapelten Balkendiagrammen, werden zur Visualisierung von Verteilungen in Kapitel 7 auch Boxplots verwendet. Ein Boxplot – auch „Kastengrafik" genannt – ist ein grafisches Werkzeug zur Darstellung von statistischen Verteilungen. Er besteht aus einer Box und zwei Linien, die als Whisker bezeichnet werden. Die Länge der Box repräsentiert den Interquartilsabstand (IQR), also den Bereich, in dem sich die mittleren 50 Prozent der Werte befinden. Die untere Kante der Box markiert die ersten 25 Prozent der Verteilung (erstes Quartil), während die obere Kante 75 Prozent der Verteilung (drittes Quartil) repräsentiert. Die Linien, die aus der Box hervorgehen, zeigen die Ausdehnung der Werte an. Werte, die das 1,5-fache des IQR überschreiten, werden als Ausreißer bezeichnet und als Punkte außerhalb der Whisker dargestellt. Darüber hinaus werden teils die in Tabelle 6.3 erläuterten statistischen Kennzahlen angegeben.

Tabelle 6.3 Überblick zu verwendeten statistischen Kennzahlen

Symbol / Abkürzung	Bezeichnung	Erläuterung
n	Stichprobengröße	Anzahl der betrachteten Fälle
N	Populationsgröße	Umfang der Grundgesamtheit
$\bar{x}$	Arithmetisches Mittel	Summiert Messwerte auf und teilt die Summe durch die Anzahl der Messwerte
$\tilde{X}$	Median	Teilt die aufsteigende Rangreihe der Messwerte in zwei gleich große Hälften und ist robust gegen Ausreißer
σ	Standardabweichung	Durchschnittliche Abweichung vom arithmetischen Mittel
min	Minimalwert	Niedrigster Wert
max	Maximalwert	Höchster Wert

Quelle: Eigene Zusammenstellung

6.2 Qualitative Teilstudie

6.2.1 Datenerhebung

Für die Datenerhebung der qualitativen Teilstudie wurde das leitfadengestützte *Experteninterview* (Meuser/Nagel 2009) gewählt, da diese Interviewform sowohl eine strukturiertere Abfrage als auch die Verwendung offener Fragen bzw. Erzählstimuli ermöglicht. Im Gegensatz zu offeneren Interviewformen ist das Experteninterview dann geeignet, wenn bereits umfassendere theoretische Grundlagen bestehen, die einen Rahmen für die Beantwortung der Forschungsfrage(n) liefern. Experteninterviews zeichnen sich durch ihre spezifische Fokussierung auf das Expertenwissen der Befragten aus (Meuser/Nagel 2009: 466). Experten besitzen demnach einen Wissensvorsprung, der sich auf das interessierende Handlungsfeld bezieht. Im Zentrum steht somit weniger die individuelle Lebenswelt des Interviewten, sondern das institutionelle bzw. organisationale Umfeld, in das die befragte Person z. B. aufgrund ihrer beruflichen Stellung eingebunden ist. Das Sonderwissen, welches der Experte besitzt, kann in das *Betriebswissen*, welches sich auf das eigene „Handeln und dessen institutionellen Maximen und Regeln" (Meuser/Nagel 2009: 470) im Untersuchungsfeld bezieht, und das *Kontextwissen*, welches sich aus Aussagen über Kontextbedingungen des Handelns anderer im Untersuchungsfeld zusammensetzt, unterteilt werden.

Grundlage für die Durchführung von Experteninterviews bildet die Entwicklung eines geeigneten *Leitfadens*, der thematische Schwerpunkte vorgibt, jedoch auch Raum für narrative Passagen geben kann (Meuser/Nagel 2009: 472 f.). Für die qualitative Teilstudie wurden drei Leitfäden, die auf die drei betrachtete Organisationszuschnitte angepasst wurden, erstellt (vgl. Anhang im elektronischen Zusatzmaterial). Die Leitfadenentwicklung erfolgte in Anlehnung an das Prinzip „So offen wie möglich, so strukturierend wie nötig" (Helfferich 2022: 883) und gliederte sich in vier Schritte (nachfolgend Helfferich 2022: 883 ff.): Zunächst werden möglichst viele Fragen und Aspekte des Forschungsinteresses gesammelt, ohne methodische Einschränkungen oder formale Vorgaben. Anschließend werden die Fragen daraufhin geprüft, ob sie relevante und neue Äußerungen ermöglichen, und gegebenenfalls angepasst, gestrichen oder in einen separaten Fragebogen ausgelagert. Abschließend werden die Fragen thematisch sortiert und in erzählgenerierende Hauptfragen subsumiert, wobei untergeordnete Aspekte als Nachfragestichworte dienen und bei Bedarf stärker strukturierte Fragen in den Abschlussteil integriert werden.

Die Interviewanfragen wurden an die ausgewählten Jobcenter (vgl. Abschn. 6.2.2) per E-Mail, entweder direkt an die Geschäftsführung oder an eine allgemeine E-Mail-Adresse, versendet. Die Durchführung der Experteninterviews erfolgte ausschließlich online, via Skype oder Zoom. Der Erhebungszeitraum erstreckt sich von Oktober 2023 bis April 2024.

Die Interviews wurden aufgezeichnet und in einem ersten Schritt konform mit der Datenschutz-Grundverordnung (DSGVO) durch das Online-Tool f4x automatisiert transkribiert. Anschließend wurden die Transkripte händisch überarbeitet und anonymisiert. Da der Inhalt der Interviews im Vordergrund steht, wurde einzig das gesprochene Wort transkribiert, wobei Unvollständigkeiten im Text belassen, längere Pausen gekennzeichnet, Stellen, in denen sich die Interviewten korrigiert haben, geglättet und Füllwörter gestrichen wurden.

6.2.2 Stichprobe

Die Zusammensetzung der Stichprobe der qualitativen Teilstudie folgt einer *kriteriengeleiteten Auswahl* zwecks theoretischer Generalisierbarkeit der Ergebnisse (Flick 2016: 155). Auf Basis der realisierten Stichprobe der quantitativen Teilstudie wurde daher eine Quotenstichprobe vorgenommen, die sich wie folgt zusammensetzt: Die an der quantitativen Teilstudie beteiligten Jobcenter wurden zunächst entsprechend des *Konzentrationsprinzips* (vgl. Akremi 2022: 415) entlang ihrer grundlegenden Struktur in den beiden Aufgabenbereichen des beschäftigungsorientierten Fallmanagements und der Arbeitgeberbetreuung geordnet. Die aus den Merkmalskombinationen resultierende Kreuztabelle wird in Tabelle 6.4 dargestellt, wobei die jeweils linke Zahl in den Zellen für die Anzahl der Jobcenter steht, auf die die jeweilige Merkmalskombination zutrifft. Anschließend wurden aus den gebildeten Gruppen Jobcenter für die Durchführung von Interviews angefragt. Ziel war es, falls es die Gruppengröße zuließ, je Gruppe Interviews in drei Jobcentern durchzuführen. Aufgrund unterschiedlicher Bereitschaft aufseiten der Jobcenter gelang dies nicht für die Gruppe „generalisiertes bFM / gemeinsamer AG-S"; für die Gruppe „spezialisiertes bFM / gemeinsamer AG-S" wurde die Quote hingegen übererfüllt. Die in Klammern stehende Zahl in Tabelle 6.4 gibt an, wie viele der Jobcenter der jeweiligen Zelle für die qualitative Teilstudie gewonnen werden konnten.

Tabelle 6.4 Erste Ebene der Stichprobenstrategie der qualitativen Teilstudie und Ausschöpfung

	Gemeinsamer AG-S	*Kein gemeinsamer AG-S*
Spezialisiertes bFM	55 (4)	10 (3)
Generalisiertes bFM	14 (1)	1 (1)

Quelle: Eigene Zusammenstellung

Während grundlegende Organisationsmerkmale für bestimmte Fälle anhand der o. g. Gruppenzuordnung konstant gehalten werden sollten, orientierte sich die Auswahl der Jobcenter auch an dem *Streuungsprinzip* (vgl. ebd.): Die jeweiligen Umweltbedingungen und Organisationskontexte der Jobcenter sollten möglichst heterogen gehalten werden. Dies wurde durch eine Variation der Ausprägungen der Merkmale SGB-II-Vergleichstyp und Regionaldirektion des Jobcenters sowie Kommunaltyp und Größenklasse der Trägerkommune versucht sicherzustellen. Die Kombination beider Prinzipien zielt darauf ab, identifizieren zu können, ob sich bestimmte Aussagen nur auf eine Teilgruppe von Jobcentern mit gleichen oder ähnlichen Merkmalen beziehen oder ob gewisse Aussagen eher eine generelle Gültigkeit besitzen könnten.

Tabelle 6.5 gibt einen Überblick zu den Charakteristika der Jobcenter der qualitativen Stichprobe. Anhand der Spalten zwei und drei zeigt sich außerdem, dass sich in der quantitativen Teilstudie nicht alle Jobcenter korrekt zugeordnet haben. So haben in der Online-Befragung zwei Jobcenter (ostdeutsche Großstadt und süddeutsche Großstadt) angegeben einen generalisierten Fallmanagement-Ansatz auszuüben, obwohl sich in den jeweiligen qualitativen Interviews herausstellte, dass tatsächlich ein spezialisiertes Fallmanagement vorliegt. Darüber hinaus zeigte die qualitative Studie auf, dass ein Jobcenter (süddeutsche Großstadt), entgegen der Angabe im Fragebogen, doch an einem gemeinsamen Arbeitgeber-Service beteiligt ist. Mögliche Gründe für die falsche Zuordnung der Jobcenter durch die Proxy-Informanten werden an den entsprechenden Stellen in Kapitel 7 erläutert.

Tabelle 6.5 Übersicht der qualitativen Stichprobe

Charakteristika der Jobcenter	Spez. / Gen. bFM	gAG-S / kein gAG-S
Norddeutsche Großstadt mit überdurchschnittlicher ELB-Quote	Spez. bFM	gAG-S
Norddeutscher Landkreis mit unterdurchschnittlicher ELB-Quote	Spez. bFM	gAG-S
Ostdeutsche Großstadt mit überdurchschnittlicher ELB-Quote	Spez. bFM (Gen. bFM)	gAG-S
Süddeutsche Großstadt mit durchschnittlicher ELB-Quote	Spez. bFM (Gen. bFM)	gAG-S (kein gAG-S)
Süddeutscher Landkreis I mit unterdurchschnittlicher ELB-Quote	Spez. bFM	kein gAG-S
Süddeutscher Landkreis II mit unterdurchschnittlicher ELB-Quote	Spez. bFM	gAG-S
Westdeutscher Landkreis I mit überdurchschnittlicher ELB-Quote	Spez. bFM	gAG-S
Westdeutscher Landkreis II mit durchschnittlicher ELB-Quote	Spez. bFM	kein gAG-S
Westdeutscher Landkreis III mit durchschnittlicher ELB-Quote	Spez. bFM	kein gAG-S

Quelle: Eigene Zusammenstellung

Aufgrund des Studiendesigns waren die Teilnehmenden der quantitativen Teilstudie für den Autor nicht unmittelbar identifizierbar, weshalb auch nicht darauf abgestellt werden konnte, in der qualitativen Teilstudie dieselben Personen zu befragen wie in der quantitativen Teilstudie. In sechs der neun Jobcenter konnte jeweils ein Interview mit einem Experten zur organisationalen Ebene, zum beschäftigungsorientierten Fallmanagement und zur Arbeitgeberbetreuung geführt werden. In einem weiteren Jobcenter fanden nur zwei Interviews statt, wovon sich eines auf die organisationale Ebene sowie die Arbeitgeberbetreuung und das andere auf das beschäftigungsorientierte Fallmanagement bezog. In den anderen beiden Jobcentern fand jeweils nur ein Interview statt, das alle drei

Bereiche abdeckte, wobei in einem dieser Interviews zwei Experten anwesend waren. Somit konnten für die qualitative Teilstudie 22 Interviews mit insgesamt 23 Expertinnen und Experten geführt werden.

6.2.3 Datenauswertung

Für die Auswertung der Experteninterviews wurde die *inhaltlich strukturierende qualitative Inhaltsanalyse* verwendet (Kuckartz/Rädiker 2024) und mithilfe der Software MAXQDA (Versionen 24.5 bis 24.7) durchgeführt. In diesem Verfahren kann die *deduktive* mit der *induktiven Kategorienbildung* kombiniert werden. Während die deduktive Kategorienbildung auf theoretischen Annahmen, Hypothesen oder bestehenden Modellen basiert, aus denen Kategorien vorab abgeleitet und anschließend auf das Datenmaterial angewendet werden können, erfolgt die induktive Kategorienbildung direkt aus dem Datenmaterial, indem durch dessen systematische Analyse neue Kategorien entwickelt werden, die bisher nicht berücksichtigt wurden.

Zu Beginn steht die initiierende Textarbeit, in der ein Überblick über das empirische Material hergestellt wird. Auffällige Textstellen werden markiert und durch Randnotizen sowie Memos, in denen erste Ideen festgehalten werden können, dokumentiert. Zudem kann es hilfreich sein, Fallzusammenfassungen zu erstellen. In der vorliegenden Auswertung wurde daher je Interview eine knappe Zusammenfassung (beruflicher Werdegang und aktuelle Position des Interviewten, behandelte Themen, Kernaussagen) angefertigt.

Das verwendete Kategoriensystem (vgl. Tabelle 6.6) setzt sich auf der ersten Ebene aus theoretischen Konstrukten zusammen, die deduktiv aus der theoretischen Ausarbeitung in Kapitel 3 abgeleitet wurden. Diesen Konstrukten werden Hauptkategorien zugeordnet, die größtenteils weiter in Unterkategorien gegliedert sind. Während sich auch die Hauptkategorien meist deduktiv aus den Erkenntnissen der Kapitel 2 bis 4 ergeben, sind einige der Unterkategorien induktiv gebildet worden.

In einem ersten Codierschritt wurde das Material den Hauptkategorien und – falls bereits vorhanden – einer entsprechenden Unterkategorie zugeordnet, wobei irrelevante Textstellen unberücksichtigt blieben. Im Rahmen dessen wurden auch induktiv entwickelte Kategorien in das Kategoriensystem aufgenommen. Anschließend wurde anhand der codierten Segmente geprüft, ob sich weitere Unterkategorien im empirischen Material abzeichnen. Mit dem überarbeiteten Kategoriensystem wurde dann ein zweiter Codierdurchlauf durchgeführt, in welchem die Unterkategorien angewendet wurden.

Tabelle 6.6 Kategoriensystem

Theoretisches Konstrukt	Hauptkategorie	Unterkategorie I	Unterkategorie II	Beispielhafter Materialauszug
Bundesweites organisationales Feld	Diskurse *(d)*			„Und jetzt ist das Thema Telefonie sehr groß. Nutzt man noch ein Servicecenter oder nicht? Macht man es selber? Es ist auch eine Kostenfrage."
	Dynamik *(i)*			„Ich kann es aber auch verstehen nach den letzten drei Jahren, wo irgendwie dauernd, also wenn du da mitbekommst, wie in diesem SGB II alle / Und inzwischen ist es, du kannst monatlich drauf warten, dass eine neue Veränderung kommt, dann kann ich es auch irgendwo nachvollziehen, dass man irgendwann mal sagt, ‚Ja, rutsch mir doch den Buckel runter'".
	Praktiken *(d)*			„Ich kann aber mal aus Erfahrung sagen, dass sich die Jobcenter auch austauschen, es gibt die Formate, es gibt den Jobcenter-Tag, die SGB-II-Servicestelle. Also ich sag mal, wir machen es auch, wir gucken auch in andere Häuser, wir haben unsere Netzwerke, wo wir Ideen unsere Ideen weitergeben, aber auch Ideen aufgreifen und sagen ‚Mensch, wäre das nicht auch was für uns?' Und ich glaube, das hat sich extrem weiterentwickelt."
	Feldstruktur *(d)*			„Wir haben auch teilweise von Unis, von Hochschulen heraus Expertise, die wir uns einholen."

(Fortsetzung)

Tabelle 6.6 (Fortsetzung)

Theoretisches Konstrukt	Hauptkategorie	Unterkategorie I	Unterkategorie II	Beispielhafter Materialauszug
	Institutionelle Logiken *(d)*	Profession *(d)*	Fachlichkeit *(i)*	„Fallmanagement, vielleicht noch ein Stichwort: Da ist natürlich Spezialisierung echt gut. Das finde ich in den kleinen Einheiten echt schwierig, wo du dann nur ein, zwei Fallmanager hast, weil ich glaube, dieses auch sich gegenseitig mit kollegialer Fallberatung und mit dem Thema, wie bleiben wir fachlich a jour?“
			Autonomie *(i)*	„Und ansonsten gibt uns eigentlich die Führungsebene schon auch recht freie Hand. Also, wir können auch viel rausfahren, können viel Beratung außerhalb machen, dürfen viel Netzwerkarbeit leisten, was natürlich auch ein fester Bestandteil ist vom Fallmanagement, aber das ist halt alles sehr offen gestaltet und wir werden da nicht so, ich sag jetzt mal kontrolliert oder irgendwie müssen immer fragen, ob wir das und das machen dürfen, sondern wir dürfen einfach machen.“
			Weiterentwick-lung *(i)*	„[…] wir versuchen einfach schon unser Fallmanagement dann eben auch professionell laufend zu verbessern durch Schulung.“
			Netzwerk *(i)*	„Also, da gibt es jetzt nichts, was wir sozusagen anders haben, außer, dass wir vielleicht als, sage ich mal, langjährige Fallmanager, halt einfach ein Netzwerk haben.“

(Fortsetzung)

Tabelle 6.6 (Fortsetzung)

Theoretisches Konstrukt	Hauptkategorie	Unterkategorie I	Unterkategorie II	Beispielhafter Materialauszug
			Erfahrung *(i)*	„Also, ich sage mal so, wir könnten, da bin ich fest davon überzeugt, wir könnten Menschen anders auch in Arbeit bringen, schneller in Arbeit bringen, andere Perspektiven mit denen entwickeln, wenn auch die Kollegen in der Arbeitsvermittlung (a), nicht diesen Zahlendruck hätten und (b), mehr Zeit. Da bin ich fest von überzeugt. Also das sagt mir meine Erfahrung."
		Markt *(d)*	Effizienz *(i)*	„Und dieses ständige irgendwelche Statistiken zu füllen […]. Ich meine, das ist auch einfach Arbeitszeit, die dann gebunden wird, nur damit mal wieder irgendwas stimmt, damit man irgendwie wieder sprachfähig ist, nach draußen."
			Ressourcen *(i)*	„Klar ist aber, ein Betreuungsschlüssel von 1 zu 60, 1 zu 70 hast du einfach in den einem normalen Team nicht. Du kannst priorisieren, klar, ja, das ist letztlich was, das jeder machen kann, ohne irgendjemanden auch auszuschließen. Aber du kannst das Konzept nicht komplett so umsetzen. Weder in der Intensität der Betreuung noch in der harten Netzwerkarbeit. Es braucht einfach Ressource."
			Wettbewerb *(i)*	„Also, ich denke, es ist so lange einvernehmlich, so lange man im oberen Drittel, auch was das Ranking angeht, mit spielt. Jeder, also, ich denke jeder Träger sagt, sobald man dieses obere Drittel auch verlässt, wir müssen irgendwo besser werden und dann guckt man natürlich auch sehr kritisch darauf […]."

(Fortsetzung)

Tabelle 6.6 (Fortsetzung)

Theoretisches Konstrukt	Hauptkategorie	Unterkategorie I	Unterkategorie II	Beispielhafter Materialauszug
		Staat *(d)*	Regelungen *(i)*	„Wir kriegen auch ab und zu mal […] die Auflage, dass wir gucken sollen und das auch wieder ungefähr so ins Verhältnis setzen sollen, dass es stimmt, 75 zu 25. Ich muss sagen, und ich kann da auch für meine Kollegen, mit denen ich mich sozusagen vertrete, sprechen, dass das uns über das Jahr eigentlich überhaupt nicht interessiert. Also ich pack das so rein, wie ich das für richtig halte. Und wenn ich irgendwann die Ansage kriege, ‚das Verhältnis stimmt nicht', dann, ja, *[Pause]* Statistiken sind dazu da /"
			Konformität *(i)*	„Also, da sehe ich schon auch, ich sage mal, wie da Einfluss genommen wird, wenn man es positiv nennen will. Wenn man es kritisch aussprechen würde, würde man sagen, da wird Druck aufgebaut. Also, man ist dann eben auch darüber nicht so frei in der sachlichen Argumentation: Was ist vielleicht das Beste für die Organisation? Weil es auch einen gewissen Selbsterhaltungstrieb gibt, der irgendwie systemimmanent ist. Und den zu durchbrechen ist manchmal nicht so einfach, glaube ich."
			Effektivität *(i)*	„Also die Teilergebnisse in den Häusern unterscheiden sich logischerweise immer, wie dann die Struktur auch aufgebaut ist […]."

(Fortsetzung)

Tabelle 6.6 (Fortsetzung)

Theoretisches Konstrukt	Hauptkategorie	Unterkategorie I	Unterkategorie II	Beispielhafter Materialauszug
		Übergreifend *(i)*	Arbeitsmarktintegration durch Klientenorientierung *(i)*	„Und genau diesen Prozess will ich angehen, um dann tatsächlich sozusagen die aktuelle Organisationsstruktur in eine neue zu überführen, weil ich glaube, sie ist veraltet. Sie passt aus meiner Sicht nicht mehr zu den Kundenbedürfnissen. Sie passt nicht mehr zu den digitalen Möglichkeiten, die wir mittlerweile haben, aber auch zu den Kundenbedürfnissen nicht mehr."
Weitere organisationale Felder				„Wir stimmen uns ab, wir treffen uns einmal im Monat alle und das ist die Landesarbeitsgemeinschaft."
Einfluss Organisationskontext (soz. Neo-Institutionalismus)	Identität *(d)*			„Also ich würde sagen, da sind wir schon relativ innovativ unterwegs, muss ich sagen."
	Eigentumsverhältnisse und Steuerung *(d)*			„Und was bei mir auch zum Beispiel jetzt mit hineinspielt, ist, ich habe einen relativ starken kommunalen Partner, oder Träger, der hier auch wirklich Arbeitsmarktpolitik betreibt, ganz aktiv."
	personelle Struktur *(d)*			„Also, ich habe einen Geschäftsführer kennengelernt, der sich eher gar nicht für das Thema interessiert hatte, der auch nicht so wirklich eine Idee davon hatte, wie / was das überhaupt ist und wie das umgesetzt wird."

(Fortsetzung)

Tabelle 6.6 (Fortsetzung)

Theoretisches Konstrukt	Hauptkategorie	Unterkategorie I	Unterkategorie II	Beispielhafter Materialauszug
	Feldposition *(d)*			„Also, die können jetzt halt von Nürnberg hergehen mit ihrem Integrationsturbo und machen und tun und eine Skype nach der anderen und sich gegenseitig überlaufen; alles gut. Ich beobachte das aus der Ferne und warte auf die Trägerversammlung."
Einfluss Organisationskontext (Situativer Ansatz)	Größe *(d)*			„Also, die größeren Jobcenter haben zum Beispiel auch einen Querschnittsbereich, wo zum Beispiel irgendwelche fachfremden Aufgaben wie Unterhaltsbeitreibung zum Beispiel im Unterhaltswesen oder Ordnungswidrigkeiten auch dazugehören, Außendienst etc."
	Finanzen *(i)*			„Aber du hast natürlich so Sachen wie München, also da habe ich immer gesagt, ‚keiner kann sich mit München vergleichen', weil München hat immer wahnsinnig viel Geld gehabt."
	Personal *(i)*			„Und dann hat sich so ergeben, dass die Teamleitung Fallmanagement sich tatsächlich weg beworben hatte. Und dann war eh die Frage da was machen wir?"
	(bundes-)politische Einflüsse *(d)*			„Gut, bei 16k waren wir auch letztes Jahr sehr früh mit sehr weitreichenden Überlegungen und Trägerbeschlüssen auch dabei, dass wir das über eine eigene Personalisierung abdecken können. Und das ist dem Turbo zum Opfer gefallen."

(Fortsetzung)

Tabelle 6.6 (Fortsetzung)

Theoretisches Konstrukt	Hauptkategorie	Unterkategorie I	Unterkategorie II	Beispielhafter Materialauszug
	Lokaler Arbeitsmarkt *(d)*	Anforderungen Arbeitgeber *(i)*		„Das sind so zwei Sonderteams, wo einfach dann wahnsinnig viel Bedarf an Personal war."
		Anforderungen Klienten *(i)*		„Also, man muss sagen, das Konzept, was wir vorher hatten, diese Dreiteilung, die hat sich durchaus bewährt, weil auch die Kundenstruktur das so hergegeben hat. Und wir sind da eigentlich einer Notwendigkeit gefolgt, die auch tatsächlich da war."
Einfluss Akteure	Extern *(d)*	Bundesagentur (allgemein/ Zentrale) *(d)*		„Wenn es da irgendwelche Änderungen gibt, die uns halt betreffen, dann wird natürlich sofort alles in Bewegung gesetzt, um das auch umzusetzen und da mitzugehen."
		Regionaldirektio-nen *(d)*		„Also ich weiß, dass da durchaus so eine Druckkulisse seitens der RD entstehen kann, die aber nicht die wirkliche inhaltliche Umsetzung allzu sehr beeinflussen, weil wir in dem, was wir da inhaltlich machen, einfach oft jegliche Parameter, die gesetzt werden würden, schon abgedeckt haben."
		Agentur für Arbeit *(d)*		„Wir selbst stellen einen Teamleiter und wir stellen [...] Mitarbeitende, die BA die entsprechenden anderen. Und die Teamleiter sind dann eben einer Bereichsleitung der Arbeitsagentur unterstellt. Und die hat natürlich die Steuerungsverantwortung, was auch richtig ist. Das heißt, wir sind immer darauf angewiesen, dass wir uns sozusagen inhaltlich strategisch immer abstimmen und einbringen [...]."

(Fortsetzung)

Tabelle 6.6 (Fortsetzung)

Theoretisches Konstrukt	Hauptkategorie	Unterkategorie I	Unterkategorie II	Beispielhafter Materialauszug
		Bundespolitik *(d)*		„Und da gab es eben ein Sonderprojekt vom Bund, vom Bundesarbeitsministerium und das war dann auch so ein Impuls, wo wir gesagt haben, das hört sich interessant an, wir haben, glaube ich, die Klientel dafür und dann ging es auch von uns aus los […].“
		Landespolitik *(d)*		*Kein Zitat zur Sicherstellung der Anonymität*
		Kommune *(d)*		„Die sind bei uns zum Glück nicht so ausgeprägt wie durch die BA insgesamt, aber natürlich auch da Anforderungen, die aufgrund irgendwelcher aktuellen Entwicklungen stattfinden.“
		Trägerversamm-lung *(d)*		„Insofern nimmt die Trägerversammlung natürlich maßgeblich Einfluss darauf. Und es ist einfach so schon kraft Gesetzes, dass wenn ich etwas ändern möchte in der Aufbauorganisation, brauche ich die Zustimmung der Trägerversammlung. Also ohne die geht es überhaupt nicht. Jetzt kann ich schon sagen, dass wenn ich Vorschläge mache und die gut begründe und hinterlege, dann habe ich da auch keine Probleme, das kann ich schon sagen.“
		Beirat, Vereine, Netzwerke etc. *(d)*		„Verbände, soziale Verbände, die prägen natürlich auch ein bisschen die Struktur der Jobcenter. Also man richtet sich dementsprechend auch ein Stück weit aus.“

(Fortsetzung)

Tabelle 6.6 (Fortsetzung)

Theoretisches Konstrukt	Hauptkategorie	Unterkategorie I	Unterkategorie II	Beispielhafter Materialauszug
		andere Jobcenter/ Vergleichstyp *(d)*		„Einige der Konzepte anderer Häuser stehen auch im Intranet. Es ist immer wieder erstaunlich, dass man in ähnliche Gedankenspuren kommt, was Fachkonzepte zu bFM angeht, Schuldnerberatung, Selbstständigenbetreuung. Es gibt sehr viele individuelle Impulse, die aber Schattierungen darstellen."
	Intern *(d)*	Geschäftsführung *(d)*		„Also es war schon mal Thema mit einer anderen Geschäftsführung, war es tatsächlich schon mal Thema, wie wir das weiter organisieren in der Zukunft, ja. Weil die Zufriedenheit nicht groß war. Das ist jetzt schon einige Jahre her und es war die Überlegung, ob man das Personal komplett rauszieht und das Ganze halt wirklich von Jobcenterseite her anders aufzieht. Diese Überlegung gab es. Nachdem aber dieser Geschäftsführer, nachdem dann die Geschäftsführung gewechselt hat, wollte sich die andere Geschäftsführung damit dann nicht mehr / Also für die war das dann so in Ordnung. Es ist alles wieder beim Alten geblieben und mit unserer derzeitigen Geschäftsführung gab es da jetzt zumindest noch keine Gespräche mit mir."
		Bereichsleitung *(i)*		„[…] weil von dem Jobcenter die neue Geschäftsführerin unsere alte Bereichsleitung war und dadurch natürlich so was wie Insiderwissen hatte."

(Fortsetzung)

Tabelle 6.6 (Fortsetzung)

Theoretisches Konstrukt	Hauptkategorie	Unterkategorie I	Unterkategorie II	Beispielhafter Materialauszug
		Mitarbeitende *(d)*		„Ab und zu kommen neue Ideen auch aus unserer Runde würde ich sagen, aber selten. Also ich würde mir das oft mehr wünschen, dass wir / Dass die Kollegen häufiger sagen, was so vielleicht gerade gut läuft, was vielleicht nicht so gut läuft, was sie für eine Idee haben, wie was verändert werden kann."
Verwaltungsorganisation	Grundsätzliches *(d)*			„Wir haben, also die Jobcenter mit dem Vorgänger, mit den ARGEn, gibt es seit 2005, also wir sind jetzt im 18. Jahr SGB II, gehen bald ins 19. Jahr und ich glaube, die meisten, zumindest gemeinsamen Einrichtungen, haben ihre Aufbauorganisation den damaligen Arbeitsagenturen entnommen. Es gibt eine Eingangszone, es gibt einen Bereich Leistungsgewährung. Es gibt einen Bereich Markt und Integration, der mag vielleicht auch anders heißen. Und dann gibt es irgendwie so Verwaltungsstrukturen."
	Variationen *(d)*	zwischen Jobcentern *(d)*		„Aber ich finde, dass die Leistungserbringung insgesamt, da mangelt es ein bisschen an Stringenz, weil einfach dieses Thema vom Kleinstjobcenter / Also, […] diese bayerischen Jobcenter, da war das kleinste, waren halt 25 Mitarbeiter und das größte ist München mit 800 Mitarbeitern. Und dazwischen ganz, ganz viel und ganz viel Blumen und Blüten."

(Fortsetzung)

Tabelle 6.6 (Fortsetzung)

Theoretisches Konstrukt	Hauptkategorie	Unterkategorie I	Unterkategorie II	Beispielhafter Materialauszug
		zwischen Standorten / innerhalb des JC *(i)*		„[…] dass das im Moment wirklich über die Regionalteams sehr heterogen gehaltene Fallmanagement in den einzelnen Teams […].“
	Spezialisierungen *(d)*			„Große Jobcenter haben eher die Möglichkeit, auch Aufgaben intern zu spezialisieren.“
	Organisationsveränderungen *(d)*	Stabilität *(i)*		„Also ich würde sagen, dass das grundlegende Thema oder grundlegend, wie die Organisation eines Jobcenters aufgebaut ist, da haben wir eigentlich keine großen Veränderungen gehabt.“
		Beispiele *(d)*		„Aufsuchende Beratung in dem Sinne, wir verlassen unsere Amtsräume und versuchen Kunden aufzusuchen, da wo sie sind, in ihrer Wohnung oder an Plätzen, wo die sind. Das ist vom beraterischen Ansatz her ein Novum gewesen und das hat die Praxis hier mal ausprobiert. Also das waren einige, einige Fallmanager, die einen sozialarbeiterischen Hintergrund hatten und dann einfach gesagt haben, ich sehe diese Kunden, die kommen nicht und ich kenne das noch aus meinem Job, ich probiere das jetzt einfach mal aus, ich fahr da mal hin, ich gehe mit denen mal einen Kaffee trinken. Das war etwas, was aus der Praxis gekommen ist und was wir aufgegriffen haben und wo wir ein Konzept draus gemacht haben.“

(Fortsetzung)

Tabelle 6.6 (Fortsetzung)

Theoretisches Konstrukt	Hauptkategorie	Unterkategorie I	Unterkategorie II	Beispielhafter Materialauszug
	bFM *(d)*	Interpretation *(d)*		„Also Fallmanagement ist für mich so eine Managertätigkeit, wenn ich das so beschreiben kann. Also, ich bin nicht dafür zuständig, die Probleme des Menschen zu lösen oder in Angriff zu nehmen. Also schon in gewisser Form. Aber eher bin ich jemand, der vernetzt und dem Menschen zeigt, wo er sich extern Hilfe holen kann, um diese Problemlagen zu lösen."
		Anerkennung / Wahrnehmung des bFM im Jobcenter *(i)*		„Also, ich möchte sie jetzt nicht anschwärzen, aber ich möchte mir wünschen, dass alle Teamleiter tatsächlich noch mal so ein Verständnis für Fallmanagement haben."
		Spez./gen. Ansatz *(d)*		„Dann wurde das erste und einzige Mal, dass ich mich in meinem beruflichen Werdegang erinnern kann, wurde wirklich abgestimmt, ob die Belegschaft das will oder nicht. Also unter den betroffenen Arbeitsvermittlern. Und es wurde sich dann für das spezialisierte Fallmanagement ausgesprochen."
		Organisationale Spezialisierungen *(d)*		„Also wir machen schon klassisches bFM, aber für Kunden, die eine längere Aktivierungsphase haben bzw. wo man sagt, in zwei Jahren ist da noch nichts wirklich erreicht, haben wir auch die Betreuungszeit im Fallmanagement für diese Art von Kunden auf Maximum drei Jahre gesetzt."

(Fortsetzung)

Tabelle 6.6 (Fortsetzung)

Theoretisches Konstrukt	Hauptkategorie	Unterkategorie I	Unterkategorie II	Beispielhafter Materialauszug
		Personelle Spezialisierung *(d)*		„Also wie gesagt, durch die momentane Situation, da eigentlich auch nur die halbe Stelle Fallmanagement ist, bin ich bei knapp 40 Kunden. Also es kommt ziemlich, ziemlich genau hin momentan. Also ich habe ungefähr knapp 40 Kunden im Fallmanagement und ungefähr 100 Kunden dazu aus der normalen Vermittlung."
		Standardisierung *(i)*		„Genau. Die Krux ist ja die, dass Fallmanagement gewünscht wird, aber vom System her, von der Zentrale oder von der RD her es nicht wirklich Vorgaben gibt, gemessen wird."
		Betreuungsschlüssel *(d)*		„Wir haben bei den Teams 1:75 Kunden, früher waren es mal 1:75 BGs, das heißt ein bisschen mehr Kunden. Aber jetzt sind wir wieder bei 1:75 Kunden. Wohlwissend, dass das eine Zahl ist, die sich vom Betreuungsschlüssel der Vermittlung sehr unterscheidet, aber auch gerechtfertigterweise unterscheidet. Und diese 1:75 haben wir im Grunde aus dem FM-Konzept von Göckler und anderen als Grundlage hergenommen."
		Betreuungsdauer *(d)*		„Wir haben ein Fallmanagement-Konzept, wo das alles niedergeschrieben ist, eigentlich. Und da steht auch drin, diese zwei Jahre / es ist immer schwierig. Man kann das eigentlich nicht an einem Zeitraum festmachen."

(Fortsetzung)

Tabelle 6.6 (Fortsetzung)

Theoretisches Konstrukt	Hauptkategorie	Unterkategorie I	Unterkategorie II	Beispielhafter Materialauszug
		Zertifizierung *(d)*		„Wir haben einen Kollegen, der ist noch in so einer Ausnahmeregelung, der hat alle Zertifizierungsmodule gemacht, aber die Zertifizierung, also die Abschlussarbeit, nicht geschrieben. Der läuft als Fallmanager. Aber ansonsten ist es vor allem bei den BA-Kollegen so, also bei den Kollegen von der Agentur für Arbeit, dass das auch an das Gehalt gekoppelt ist.“
	Arbeitgeberbetreuung *(d)*	Aufgaben *(d)*		„Das ist eine echt gute Frage. Also AGS ganz klar, die machen mehr Arbeitsmarktberatung. Das darf man natürlich auch nicht vergessen, wir sind hier SGB II, die sind SGB III, das heißt, wir sprechen noch mal von unterschiedlichen Förderungsmitteln.“
		Interpretation *(d)*		„Also für mich ist das halt auch mehr als nur die Vermittlung von Bewerbern. Das ist ein Element davon. Aber ich finde auch, wenn jetzt Arbeitgeber Stellen ausschreiben und man dann Kontakt aufnimmt ohne ein konkretes Anliegen, dass man da arbeitgeberorientiert handelt, also zum Beispiel, ich sehe die Stellenausschreibung, die klingt für mich sehr offengehalten und dann kontaktiere ich den Arbeitgeber und vereinbare Außentermine.“

(Fortsetzung)

Tabelle 6.6 (Fortsetzung)

Theoretisches Konstrukt	Hauptkategorie	Unterkategorie I	Unterkategorie II	Beispielhafter Materialauszug
		gAG-S *(d)*	Zielkonflikt JC/ AA *(i)*	„[…] weil ich finde, der gemeinsame Arbeitgeberservice ist eine gute Idee. Aber die Frage, wie ich dann die Bewerberseite auch wirklich berücksichtigen kann und wo sehe ich dieses kleine Leuchten, wo ich sage okay, mit dem traue ich mich jetzt zum Arbeitgeber, weil der hat zwar gar nichts auf dem Papier, aber das ist so ein prima Typ und der ist echt motiviert und mit dem gehe ich jetzt dahin.“
			Kooperation *(d)*	„Wir haben traditionell eine lange, echt gute Zusammenarbeit.“
			Schnittstellenre-gelung *(d)*	„Also haben wir – um das mal ganz einfach zu formulieren – gesagt, bei allem, wo Arbeitgeberanfragen auf uns zukommen und wo wir wissen, das ist wirklich eine ganz kurze Nummer, das können wir relativ schnell bedienen, treten wir als Jobcenter in Erscheinung, machen die Arbeitgeberkontakte, bestücken entsprechend die offenen Stellen mit Personal.“
		Kein gAG-S *(d)*	Kooperation *(d)*	„Wir haben letztes Jahr / Haben wir uns getroffen mit dem Arbeitgeberservice, das wurde zwischen Bereichsleiter und […] Teamleitung vom Arbeitgeberservice vereinbart, dass man sich einfach mal zusammensetzt und so schaut, wie ist die Zusammenarbeit, wie können wir in Zukunft weitermachen, sozusagen. Und wir haben uns dafür ausgesprochen, dass es mehr werden kann.“

(Fortsetzung)

Tabelle 6.6 (Fortsetzung)

Theoretisches Konstrukt	Hauptkategorie	Unterkategorie I	Unterkategorie II	Beispielhafter Materialauszug
			Schnittstellenre-gelung *(d)*	„Bisher ist es eben so, dass wir, wenn jetzt bei mir sich jemand meldet und gerne ein Stellenangebot schalten möchte, dass ich dann so die wesentlichen Infos aufnehme und dann den Arbeitgeberservice informiere, so dass die dann Kontakt aufnehmen und die Stelle aufgenommen wird."
			Sonderteams *(i)*	„Der Arbeitgeberservice hat rein arbeitgeberorientiert gearbeitet und wir hier im Jobcenter arbeiten rein bewerberorientiert [...]"
		Personelle Spezialisierung *(d)*		„Also bei uns im Team gibt es nur eine Stelle, die das macht. Das bin ich, also die Rucksackvermittlung, so nennen wir das. Und der Rest ist wirklich klassisch, sage ich mal, Integrationsfachkraft."
Wahrnehmung von Handlungsspielräumen	organisationale Ebene *(d)*			„Also zusammenfassend: Ich genieße es, dass mir wirklich nicht eins zu eins durchgesteuert / Ich sage immer, in jeder Besprechung, ‚Jobcenter ist keine Dienststelle der BA' und [...] wenn es kontroverse Themen gibt, dann muss man das eben in der Trägerversammlung ausmachen."

(Fortsetzung)

Tabelle 6.6 (Fortsetzung)

Theoretisches Konstrukt	Hauptkategorie	Unterkategorie I	Unterkategorie II	Beispielhafter Materialauszug
	Unterschiede zum SGB III *(i)*			„Aber Fakt ist eins, es ist eine Mischung aus Nürnberg übernimmt schon vieles für die Agenturen, weil es aus Nürnberg entschieden wird oder weil, ich meine jetzt nicht die operative Umsetzung, das ist mittlerweile wirklich mit vielen Freiheiten, auch im SGB III. Aber Finanzströme und solche Dinge, das muss ein VG überhaupt nicht groß / Er hat natürlich auch Verantwortung logisch, aber / Und diese Dinge / Und ich glaube, das macht schon den Unterschied. Und deswegen sage ich, das ist schon, wenn man es will / Ist das der Unterschied. Auch der, die Freiheit/Freiräume zu nutzen. Aber es ist auch mehr Verantwortung. Das wird nicht immer so gesehen. Ja, auch von Trägerversammlungen nicht unbedingt.“

Quelle: Eigene Zusammenstellung. Anmerkung: *(d)* steht für eine deduktive und *(i)* für eine induktive Kategorienbildung

6.2.4 Datendarstellung

Wird in Kapitel 7 auf ein bestimmtes Interview Bezug genommen, ist ein Kurzbeleg zu finden, welcher die der interviewten Person randomisiert zugewiesenen Nummer sowie den dazugehörigen Absatz im Interviewtext enthält, z. B.: (#2: Abs. 42). Tabelle 6.7 listet die vergebenen Personennummern auf und weist ihnen die jeweilige Funktion der interviewten Person zu. Ist in einem direkten Zitat ein Schrägstrich („/") zu finden, zeigt dies den Abbruch eines begonnenen Satzes an.

Tabelle 6.7 Übersicht zu den Funktionen der Interviewpartner der qualitativen Stichprobe

Personennummer	Funktion
#1	Geschäftsführung
#2	Geschäftsführung
#3	Geschäftsführung
#4	Geschäftsführung
#5	Geschäftsführung
#6	Stellv. Geschäftsführung, Geschäftsführung operativ
#7	Stellv. Geschäftsführung, Bereichsleitung (M&I)
#8	Stabsstelle (M&I, auch bFM)
#9	Bereichsleitung (M&I)
#10	Bereichsleitung (M&I)
#11	Stellv. Bereichsleitung (u. a. bFM), Teamleitung
#12	Stellv. Teamleitung, Arbeitgeberorientierte Vermittlung im gAG-S
#13	Arbeitgeberorientierte Vermittlung, kein gAG-S
#14	Arbeitgeberorientierte Vermittlung, außerhalb gAG-S
#15	Teamleitung, Arbeitgeberorientierte Vermittlung, außerhalb gAG-S
#16	Arbeitgeberorientierte Vermittlung im gAG-S
#17	Arbeitgeberorientierte Vermittlung im gAG-S
#18	Beschäftigungsorientiertes Fallmanagement
#19	Beschäftigungsorientiertes Fallmanagement
#20	Beschäftigungsorientiertes Fallmanagement
#21	Beschäftigungsorientiertes Fallmanagement
#22	Beschäftigungsorientiertes Fallmanagement
#23	Beschäftigungsorientiertes Fallmanagement

Quelle: Eigene Zusammenstellung

7 Empirische Ergebnisse

Im vorliegenden Kapitel werden die Ergebnisse der quantitativen und qualitativen Teilstudien gebündelt entlang der Fragestellungen aus Kapitel 5 dargestellt. Zu Beginn wird deskriptiv auf das *Ausmaß der Variationen in der Verwaltungsorganisation der Jobcenter* eingegangen (Abschn. 7.1). Anschließend werden die potenziellen Faktoren, die die Verwaltungsorganisation beeinflussen, untersucht. Hierzu werden in Anlehnung an die Perspektive des soziologischen Neo-Institutionalismus zunächst die *organisationalen Felder*, in die die Jobcenter eingebunden sind (Abschn. 7.2), sowie die identifizierten *institutionellen Logiken* (Abschn. 7.3) betrachtet. Danach wird aus Perspektive des Situativen Ansatzes auf den Einfluss der *Umweltbedingungen* (Abschn. 7.4) und des *Organisationskontextes* (Abschn. 7.5) der Jobcenter eingegangen. Zuletzt wird gesondert eine *akteurszentrierte Perspektive* eingenommen (Abschn. 7.6), bevor abschließend eine Zusammenfassung der wesentlichen Ergebnisse erfolgt (Abschn. 7.7).

Ergänzende Information Die elektronische Version dieses Kapitels enthält Zusatzmaterial, auf das über folgenden Link zugegriffen werden kann https://doi.org/10.1007/978-3-658-51047-3_7.

J. Hafner, *Variationen in der Verwaltungsorganisation der Jobcenter*, Interdisziplinäre Organisations- und Verwaltungsforschung,
https://doi.org/10.1007/978-3-658-51047-3_7

7.1 Ausmaß der Variationen in der Verwaltungsorganisation

Zuerst wird in Abschnitt 7.1.1 ein Überblick zum Stand und zur Entwicklung der organisationalen Ebene der betrachteten Jobcenter gegeben. Abschnitt 7.1.2 befasst sich anschließend mit der Verwaltungsorganisation im Aufgabenbereich des beschäftigungsorientierten Fallmanagements. Danach wird in Abschnitt 7.1.3 auf die Verwaltungsorganisation der arbeitgeberorientierten Beratung und Vermittlung eingegangen. Zuletzt wird in Abschnitt 7.1.4 ein Vergleich hinsichtlich der Bürokratisierung der beiden Aufgabenbereiche gezogen.

7.1.1 Organisationale Ebene

Die Interviewten der qualitativen Teilstudie nehmen im Hinblick auf die organisationale Ebene der Jobcenter sowohl Gemeinsamkeiten als auch Unterschiede wahr. Weitgehende Einigkeit besteht darin, dass die Jobcenter prinzipiell entlang der beiden Kernbereiche *Markt und Integration* (M&I) und *Leistung* strukturiert sind (#4: Abs. 16, #5: Abs. 16, #11: Abs. 4), wobei größere Jobcenter zusätzlich noch über einen eigenen Verwaltungs- bzw. Querschnittsbereich (z. B. bestehend aus Personalmanagement und -qualifizierung, Infrastrukturmanagement, Bearbeitung von Ordnungswidrigkeiten) verfügen würden (#2: Abs. 4, #3: Abs. 8, #10: Abs. 8).[1] Zwar gebe es Jobcenter, v. a. zugelassene kommunale Träger, bei denen die Aufgaben Leistung und Vermittlung durch ein und dieselbe Integrationsfachkraft erbracht werden würden, jedoch hätten die meisten Jobcenter hier eine Spezialisierung in der Aufgabenerledigung vorgenommen (#2: Abs. 4).

Die beiden Kernbereiche vergleichend, erläutert eine interviewte Person, dass die Leistungsbereiche der Jobcenter mehr Gemeinsamkeiten aufweisen würden, da dort der gesetzliche Rahmen deutlich enger sei und nicht so viel Spielraum zuließe (#7: Abs. 10). Demgegenüber sei die Welt im Bereich M&I ein „bisschen bunter“ (ebd.; ähnlich #3: Abs. 10). Aber auch hier sei eine gewisse Vergleichbarkeit gegeben,

> „weil es natürlich Vermittler geben muss, weil es in gewisser Weise Fallmanager geben muss. Jetzt muss es so was wie 16k-Coaches geben [entsprechend des § 16k

[1] Kleinere Jobcenter hätten solche Bereiche nur anteilig und würden entsprechende Dienstleistungen eher einkaufen, sei es bei der Bundesagentur für Arbeit oder beim kommunalen Träger (#3: Abs. 8).

SGB II; Anmerkung J. H.]. Aber wie das Jobcenter das dann selbst umsetzt, ist jedes frei.“ (ebd.)

Auffällig am vorangegangenen Interviewauszug ist die unterschiedliche Wortwahl in Bezug auf die „reguläre“ Arbeitsvermittlung und das Fallmanagement: Während es für die interviewte Person „natürlich“ Vermittler geben muss, muss es Fallmanager lediglich „in gewisser Weise“ geben. Zusammen mit der Äußerung einer anderen geschäftsführenden Person, die davon spricht, dass jedes Jobcenter „in der Regel“ (#4: Abs. 16) ein Fallmanagement habe, könnte dies darauf hinweisen, dass das Fallmanagement als weniger zentral bzw. standardisiert angesehen wird als die „reguläre“ Arbeitsvermittlung. Dies könnte einerseits auf den gesetzlichen Rahmen zurückzuführen sein, der das Fallmanagement in Gänze ausspart. Gleichzeitig könnte dies auch eine geringere Bedeutung widerspiegeln, die das Fallmanagement im Vergleich zur Vermittlung innerhalb der Verwaltungsorganisation der Jobcenter einnimmt.

Für einen andere geschäftsführende Person zählt zu den Kernbereichen fast aller Jobcenter, neben M&I sowie Leistung, auch die Eingangszone (#3: Abs. 8). Ihrer Einschätzung nach hätten die meisten Jobcenter, zumindest die gemeinsamen Einrichtungen, diese Strukturierung der Aufbauorganisation, also M&I, Leistung und Eingangszone, der der damaligen Arbeitsagenturen entnommen (#3: Abs. 4). Am Beispiel der Eingangszonen zeigt sich exemplarisch auch, welche Bedeutung individuellen Überzeugungen bzw. Präferenzen von Entscheidungsträgern zukommen kann (vgl. Abschn. 7.5): So führt eine geschäftsführende Person aus, dass sie ein Jobcenter kenne, das keine klassische, physische Eingangszone mehr habe, sondern „nur noch ihr digitales Zentrum“ (#2: Abs. 16). Zwar habe auch sie Prozesse in der Eingangszone ihres Jobcenters digitalisieren lassen, finde es aber weiterhin wichtig, „dass da noch drei, vier Leute von mir sind, wo auch einer mal ohne Termin kommen kann“ (ebd.).

Als einen weiteren abgrenzbaren Bereich innerhalb der Jobcenter, verweist eine interviewte Person auf die Vermittlung der unter 25-Jährigen (U25). Diese Zielgruppe weise besondere Anforderungen auf und ihre Vermittlung, die in der Regel getrennt von jener der über 25-Jährigen (Ü25) erfolge, sei gesetzlich besonders normiert (#5: Abs. 16): „Das [gemeint ist die getrennte Betreuung; Anmerkung J. H.] machen selbst wir in unserem kleinen Jobcenter“ (ebd.).

Generell wird der Größe der Jobcenter durch die Befragten eine zentrale Bedeutung zugeschrieben (vgl. Abschn. 7.5). Neben dem o. g. zusätzlichen Verwaltungs- bzw. Querschnittsbereich, verfügen größere Jobcenter demnach eher über die Möglichkeit, Spezialisierungen vorzunehmen (vgl. #2: Abs. 6, #5:

Abs. 16, #6: Abs. 9). Beispiele sind etwa spezialisierte Teams für Selbstständige, Rehabilitanden und Schwerbehinderte, Alleinerziehende sowie Geflüchtete. Dem Vorteil, dass so eine gewisse Expertise aufgebaut werden kann (#6: Abs. 9), steht jedoch der Nachteil gegenüber, dass krankheits- oder urlaubsbedingte Personalausfälle in kleineren Teams schwerer kompensiert werden können (vgl. #2: Abs. 4). Spezialisierten Teams bzw. „Sonderteams" kommt für einige Jobcenter aufgrund der hohen Dynamik des organisationalen Feldes, in das die Jobcenter eingebunden sind (vgl. Abschn. 7.2), eine besondere Bedeutung zu. Sie stellen mitunter eine geeignete Möglichkeit dar, auf neue operative bzw. thematische Schwerpunkte reagieren zu können. Einerseits können, wie eine Teamleitung nachfolgend schildert, bestehende Teams flexibler für die Bearbeitung neuer Schwerpunkte herangezogen werden:

> „Also, ich sage jetzt mal, bestimmte politische Entscheidungen, wie zum Beispiel der Job-Turbo, kann gut auch durch [das Team, das diese Person leitet; Anonymisierung durch J. H.] umgesetzt werden. Und ich könnte mir schon vorstellen, dass, wenn in den nächsten Jahren – und das weiß man ja wirklich nicht, wie Entwicklungen sein werden – / Hat eine Geschäftsführung sehr wohl die Möglichkeit, unser Team hier sehr gut dafür zu nutzen, ja. Und es könnte entsprechend auch angepasst werden. Sei es wir haben irgendwann mal den Schwerpunkt, dass sich ganz besonders um Frauen gekümmert werden muss oder um Alleinerziehende, ist dieses Team hier so flexibel aufgebaut, dass man es genau für einzelne Zielgruppen auch gut nutzen kann, um am Ende die Ziele für das Jobcenter zu erreichen." (#15: Abs. 36)[2]

Andererseits scheint die temporäre Einrichtung von neuen spezialisierten Teams bzw. Sonderteams eine durchaus gängige Bewältigungsstrategie für den Umgang mit neuen Anforderungen zu sein:

> „Ich würde schon sagen, dass wir einem regelmäßigen Veränderungsprozess unterliegen, in dem neue Teams oder neue Einheiten, wie groß die dann auch immer sein mögen, geschaffen werden oder halt auch wieder reduziert werden, indem man das

[2] Der Job-Turbo ist eine im Oktober 2023 von der Bundesregierung verkündete Initiative, die darauf abzielt, die Integration von Geflüchteten – insbesondere aus der Ukraine – in den deutschen Arbeitsmarkt zu verbessern bzw. beschleunigen (vgl. BMAS 2025; BPA 2024). Ziel ist es, die Beschäftigung von Bürgergeld beziehenden Geflüchteten zu erhöhen und einen Beitrag zur Fachkräftesicherung zu leisten. Hierzu werden von den Jobcentern und Arbeitsagenturen intensivere Betreuungsangebote bereitgestellt, branchenspezifische Matching-Aktionen und Jobmessen organisiert sowie berufsspezifische Sprachkurse angeboten, um die für den Arbeitsplatz erforderlichen Kenntnisse zu vermitteln.

> Ganze rückabwickelt. Beides passiert doch recht regelmäßig, begleitet durch mögliche Projektformen, die vom BMAS, vom Bund oder der EU dann halt eben implementiert werden. Die haben dann in der Regel sowieso eine Laufzeit und mit dem Auslaufen muss man dann natürlich die Mitarbeiter auch wieder in das bestehende Konstrukt integrieren. Und am Ende des Tages zwingt sowohl die Kundenentwicklung als auch die politische Anforderung uns schon auch natürlich darauf zu reagieren. Und ich würde schon sagen, dass der Veränderungsprozess doch die einzige Konstante ist.“ (#7: Abs. 26)

Unter anderem anhand solcher spezialisierten Teams bzw. Sonderteams wird deutlich, dass es für – gewisse – Akteure im Feld zumindest implizit eine „Sollstruktur“ der Jobcenter zu geben scheint, auch wenn sich diese anhand der Interviews nicht vollständig nachzeichnen lässt. Aus dieser „Sollstruktur“ resultiert, dass bestimmte organisationale Elemente nicht unmittelbar vorgesehen bzw. stärker begründungsbedürftig sind. Dies veranschaulichen die weiteren Ausführungen der bereits oben zitierten Teamleitung, die erläutert, dass man sich im Team nicht immer ganz sicher gewesen sei,

> „ob wir als eine Sondereinheit auch weiter bestehen bleiben, ja. Weil, ich sage jetzt mal, ganz normal / Prinzipiell ist ein Jobcenter mit Arbeitsvermittlungsteams und mit Leistungsteams sozusagen aufgestellt und das ist hier schon / Also, wir bezeichnen uns immer als ein Sonderteam [...]. Wir haben viel erreicht für die Ergebnisse im Jobcenter. Aber sicher, ob wir immer bestehen bleiben, waren wir uns nie.“ (#15: Abs. 32)

In eine ähnliche Richtung deutet die Bewertung einer geschäftsführenden Person, die von dem Umstand berichtet, dass in ihrem Jobcenter, relativ zeitnah nach der Neuantragsstellung, eine Profilerin Erstgespräche mit den Klienten führt: „Das ist Luxus, also muss man ganz klar sagen, normalerweise, eine Profilerin, ohne Fallbestand hinzustellen, sieht die Verwaltungsorganisation so nicht vor“ (#10 Abs. 14).

Während also die Grundorganisation der Jobcenter entsprechend der Wahrnehmung der Interviewten gewisse Gemeinsamkeiten erkennen lässt, zeigen sich Unterschiede deutlicher, wenn man den Detailgrad der Betrachtung erhöht. Neben der Sichtbarmachung von Unterschieden zwischen einzelnen Jobcentern, zeigt das Interviewmaterial auf, dass Variationen auch innerhalb von Jobcentern bzw. zwischen Standorten desselben Jobcenters auftreten. Abseits des üblichen Ermessensspielraums (‚discration‘) von ‚street-level-bureaucrats‘ (vgl. Abschn. 3.1.2), schildern die Interviewten z. B. hinsichtlich des beschäftigungsorientierten Fallmanagements, dass Betreuungsrelationen in Geschäftsstellen unterschiedlich ausgelegt (#19: Abs. 44) oder abstrakter, dass das Fallmanagement über die Teams „sehr heterogen" (#11: Abs. 24) gehalten werde.

Eine interviewte Person konstatiert, dass „in der ganzen Buntheit der Jobcenter, [...] das Thema Prozesse und Organisation manchmal ein bisschen kurz kommt" (#1: Abs. 10). So sei es im Sinne der Wirtschaftlichkeit, wenn es mehr Standards als Orientierungswerte geben würde (ebd.). Diesen Mangel führt sie auf die geteilte Trägerschaft der Jobcenter zurück:

> „Und ich finde, man merkt auch bis heute noch, die Geburts- [...] / Also, dieses, etwas Erzwungene, aus zwei Welten mach eins, mit vielleicht auch dem einen oder anderen Kompromiss und diesem Zusammenwurf von zwei Kulturen." (ebd.)

In der Gesamtschau vermitteln die geführten Interviews den Eindruck, dass sich die grundlegende Organisation der Jobcenter insgesamt sowie die Organisation der beiden näher betrachteten Aufgabenbereiche in den vergangenen Jahren kaum verändert haben. Dies fasst eine Bereichsleitung griffig zusammen:

> „grundlegend, wie die Organisation eines Jobcenters aufgebaut ist, da haben wir eigentlich keine großen Veränderungen gehabt. Wir haben eigentlich nur immer von diesen, ja, Novellen rechtlicher Natur / Da sind wir halt in diesem Veränderungsprozess auch. Aber grundsätzlich, ob es jetzt auch die Umstellung Thema Bürgergeld dann war, eben aus dem normalen umgangssprachlichen Hartz IV heraus, das hat ja unsere Organisation nicht verändert [...]. Aber grundständig würde ich schon fast sagen, seitdem ich jetzt in der Verwaltung, eben seit 2012, arbeite, hat sich diese Kernaufgabe nicht verändert. Wir nennen es immer ein Stück weit anders. Es hat andere Inhalte, rein vom Recht her. Die Programme sind immer mal wieder unterschiedlich, auch von der Optik, aber der Inhalt ist meistens der gleiche." (#10: Abs. 32)

Die geführten Interviews zeigen mögliche Gründe für einen geringen Wandel der grundsätzlichen Organisation auf. Neben der hohen Dynamik des organisationalen Feldes, auf die in Abschnitt 7.2 näher eingegangen wird, könnten hier zum einen die gründungsbegleitenden Vereinbarungen der jeweiligen Träger der ARGEn bzw. gEn eine Rolle spielen, die die Grundzüge der Verwaltungsorganisation festgehalten (#3: Abs. 14), und auf eine gewisse Pfadabhängigkeit hindeuten. Zum anderen könnte von Bedeutung sein, dass bei größeren Organisationsveränderungen viele Akteure in den Jobcentern zu beteiligen sind:

> „Also, man versucht alles zu vermeiden, was Umzüge und größere räumliche Verschiebungen des Personalkörpers angeht, weil das ist einfach immer mit Personalräten

und Mitbestimmung und mit / Also, das sind einfach Friktionen, die man nicht allzu oft eingeht. Also, mal schnell ein Team vom Süden in den Westen setzen, das machst du nicht, weil da hast du eine Gleichstellungsbeauftragte, die sagt, ‚die Frauen müssen doch die Kinder in den Kindergarten bringen früh und der Arbeitsweg passt nicht mehr'. Also, sowas geht nicht so einfach und das versucht man auch zu vermeiden und das finde ich auch im Sinne der Mitarbeiterschaft total nachvollziehbar. Also das machst du wirklich, wenn du einen großen Wurf hast, den es gilt umzusetzen." (#1: Abs. 32)

Die Aussagen der Interviewten der qualitativen Teilstudie legen jedoch durchaus nahe, dass es in den vergangenen Jahren unterhalb der grundsätzlichen Organisation der Jobcenter zu vielfältigen Organisationsveränderungen gekommen ist. Diese Änderungen scheinen allerdings nicht immer einen Einfluss auf das operative Handeln der Mitarbeitenden zu haben, wie die Äußerungen zweier interviewter Personen vermuten lassen:

„Ich mache das lange, seit 2006. Meine Arbeit ist bisher immer die gleiche geblieben. Ob ich jetzt die Geschäftsanweisung X oder Y habe, der Inhalt ist auch nicht groß unterschiedlich [...]. Aber das führt nicht dazu, dass ich irgendwie anders arbeite mit den Kunden." (#19: Abs. 56)

Sowie:

„Eigentlich haben wir ja eine Neuausrichtung im Arbeitgeberservice [...] [vgl. Abschn. 7.1.3.2; Anmerkung J. H.]. Aber im Kern hat sich eigentlich, also zumindest bei mir, die Arbeit nicht grundlegend verändert. Es sei denn wir haben jetzt Corona – ich muss KUG-Beratung machen – oder jetzt kommen immer mehr Leute aus dem Ausland und werden aus dem Ausland reingeholt, also, es verschiebt sich mal immer wieder der Fokus, aber, dass sich jetzt grundlegend / also, dass ich jetzt völlig anders arbeite, mit der Neuausrichtung Arbeitgeberservice, kann ich eigentlich nicht sagen. Oder es ist ein fließender Übergang und ich merke es nicht. Ja, das sind so lange, auch immer so schleichende Prozesse." (#17: Abs. 26)[3]

Interessant ist zudem, dass die grundlegende Organisation der Jobcenter von einer geschäftsführenden Person sehr kritisch betrachtet wird: „Aber ich glaube auch, dass die meisten Jobcenter zunehmend in ein Hinterfragen kommen: ‚Ist das eigentlich die richtige Organisationsstruktur?' (#3: Abs. 8). Zwar hätten die Strukturen der Jobcenter in den letzten „Krisen" gezeigt, dass sie die nötige Flexibilität bieten, um außergewöhnliche Situationen meistern zu können (#3: Abs. 30). Die Person bezweifelt aber, dass sie dauerhaft zu einer guten, klientenorientierten

[3] Die Abkürzung „KUG" steht für das Kurzarbeitergeld.

Dienstleistung beitragen würden und sieht daher eine Veränderungsnotwendigkeit (ebd.). Ausschlaggebend sei, dass sich die Rahmenbedingungen von einer Massenarbeitslosigkeit hin zu einem Fachkräftemangel geändert hätten, von dem auch das Jobcenter selbst betroffen sei (ebd.). Hinzu kämen Transformationsprozesse wie die Digitalisierung und Dekarbonisierung (ebd.). Zu möglichen konkreteren Veränderungsansätzen wird ausgeführt:

> „Ich glaube, heute sind wir einfach ganz stark gefordert, mit vielen anderen Netzwerkpartnerinnen und -partnern zusammenzuarbeiten und Dienstleistungen, ich sage mal, möglichst aus einer Hand oder zumindest sehr gut aufeinander abgestimmt zu erbringen. Und so ein bisschen ist für mich das Vorbild / Vorbild ist vielleicht falsch, aber so die Jugendberufsagenturen, wo dann auch organisatorisch und hier in [Name der Kommune; Anonymisierung durch J. H.] zumindest auch physisch unter einem Dach eben Mitarbeiterinnen und Mitarbeiter aus unterschiedlichen fachlichen Organisationen zusammenarbeiten, um ihre Expertise im Sinne der Jugendlichen einbringen. Und ich glaube, das brauchen wir in anderen Bereichen auch […]. Und ich glaube zum Beispiel, […] dass wir auf der einen Seite viel zentralisierter arbeiten können. Also, ich könnte mir gut vorstellen, den Leistungsbereich komplett zusammenzuziehen. Dann habe ich auch viel größere Vertretungsmöglichkeiten und klarere Steuerungsverantwortung. Gleichzeitig glaube ich aber auch, dass wir noch viel dezentraler als wir jetzt unterwegs sind, sein müssen [in der Beratung; Anmerkung J. H.] […]. Ich weiß es noch gar nicht so ganz genau, aber ich glaube sozusagen, dass wir Hürden abbauen müssen. Und wir bauen eben Hürden auf. Oder es sind Hürden da – wir bauen sie vielleicht gar nicht auf –, wenn Menschen zu uns kommen müssen." (#3: Abs. 32)

7.1.2 Beschäftigungsorientiertes Fallmanagement

Zunächst wird in einem Exkurs das Aufgabenverständnis, welches die interviewten Personen mit dem beschäftigungsorientierten Fallmanagement (bFM) verbinden, skizziert (Abschn. 7.1.2.1). Anschließend wird überblicksartig auf die Variationen der Organisation im bFM eingegangen (Abschn. 7.1.2.2). Danach wird ebenfalls im Rahmen eines Exkurses knapp der Ausbildungshintergrund der Fachkräfte im bFM betrachtet (Abschn. 7.1.2.3). Abschließend wird das bFM der Jobcenter anhand des Konzeptes der Bürokratie (Abschn. 7.1.2.4) und der Implementierungsstufen (Abschn. 7.1.2.5) verglichen.

7.1.2.1 Exkurs: Aufgabenverständnis

Danach gefragt, was der Begriff des beschäftigungsorientierten Fallmanagements beschreibt bzw. wofür es steht und was wesentliche Elemente dessen sind, fokussieren die interviewten Personen der qualitativen Teilstudie auf unterschiedliche Aspekte der Tätigkeit bzw. des Verfahrens. Insgesamt lässt sich kein Aspekt benennen, der in diesem Kontext durchweg von allen Befragten als zentral aufgegriffen wird. Gleichzeitig sind aber auch keine stark voneinander abweichenden Perspektiven oder gar Extrempositionen zu beobachten. So wird durch die Interviewten berichtetet, dass sich das Fallmanagement an Personen mit vielfältigen Hemmnissen richte, wobei unter den Klienten insbesondere auch gesundheitliche bzw. psychische Beeinträchtigungen eine wesentliche Stellung einnehmen.

Mitunter wird auch darauf verwiesen, dass die Zielsetzung des bFM die Wiederherstellung der Beschäftigungsfähigkeit bzw. die Eingliederung in den Arbeitsmarkt ist (#21: Abs. 6, #22: Abs. 10), auch wenn sich eine interviewte Person am „b“ des bFM, der „Beschäftigungsorientierung“, stört:

> „weil ich gemerkt habe, in der Arbeit im Fallmanagement, dass die Kunden zum Teil echt weit weg davon sind, von der Beschäftigung. Da ging es eher wieder darum, Alltagskompetenzen zu erwerben bzw. sie fit zu machen, stabil zu machen für den Arbeitsmarkt.“ (#8: Abs. 4)

Hervorgehoben werden zudem die Freiwilligkeit des bFM sowie die notwendige Motivation auf Seiten der Klienten. Die Fallmanagement-Fachkräfte selbst verstehen sich als „Lotse“ (#23: Abs. 8), „Lotse im Netz“ (#20: Abs. 34) bzw. „Netzwerker“ (ebd.) oder „Manager“, der die Probleme der Klienten nicht eigenständig bearbeitet, sondern vermittelnd, durch die Nutzung des Netzwerkes hilft zu bearbeiten (#21: Abs. 6, #22: Abs. 10).

Insgesamt besteht bei vielen Interviewten die Wahrnehmung, dass sich die Klientenstruktur der Jobcenter zusehends verändert. Eine geschäftsführende Person resümiert prägnant: „Ich würde mal sagen, ein Großteil der Menschen in den normalen Teams [„ reguläre“ Arbeitsvermittlung; Anmerkung J. H.] ist entweder dicht am Fallmanagement dran oder kurz davor oder schon vorbei“ (#2: Abs. 8). Hieraus ergebe sich eine zunehmende Wichtigkeit bzw. Notwendigkeit für das Fallmanagement in den Jobcentern (#21: Abs. 30).

7.1.2.2 Übersicht

Hinsichtlich der **grundsätzlichen Ausrichtung** des beschäftigungsorientierten Fallmanagements in den befragten Jobcentern der quantitativen Teilstudie ist zunächst zu konstatieren, dass sich unter den 83 gemeinsamen Einrichtungen immerhin ein Jobcenter befindet, in welchem es *kein* bFM gibt. Trotz fehlender rechtlicher Grundlagen besteht jedoch, wie in Abschnitt 2.3.4.2.2 dargestellt, die Maßgabe, dass jedes Jobcenter ein bFM vorzuhalten habe. Der Befund, dass auch fast 20 Jahre nach Inkrafttreten des SGB II nicht in allen Jobcentern ein bFM implementiert ist, deckt sich mit den bereits in Abschnitt 4.3 erwähnten Erkenntnissen eines Revisionsberichts der BA, wonach zwei der 20 dort untersuchten Jobcenter zum Prüfungszeitpunkt kein bFM angeboten haben (BA 2022: 3).

Unter den im Rahmen der vorliegenden Arbeit beforschten Jobcenter befindet sich zudem eines, in welchem es zwischenzeitlich kein bFM gab: So habe der damalige Geschäftsführer gemeint,

> „‚Fallmanager sind überflüssig' und hat einfach in eigener Hand Fallmanagement abgeschafft. […] Ich wusste gar nicht, dass das geht. Aber anscheinend darf man das machen, wie man will. Und dann kam zum Glück ein neuer Geschäftsführer, der also gesagt hat, ‚Ne, Fallmanagement ist vorgeschrieben, brauchen wir, machen wir.'" (#20: Abs. 4)

In einem weiteren, kleineren Jobcenter, betragen die Kapazitäten des Fallmanagements nur eine halbe Stelle; die andere halbe Stelle ist die für das Fallmanagement zuständige Person in der „regulären" Arbeitsvermittlung eingesetzt.

Abbildung 7.1 Anteil der Fallmanagement-Klienten an allen zu aktivierenden Klienten. (Quelle: Eigene Abbildung. Fragetext: „Ungefähr wie viel Prozent der zu aktivierenden erwerbsfähigen Kunden (Ü25) erhielten zum 31.12.2021 Fallmanagement?")

Von den restlichen 82 Jobcentern geben 67 (82 %) an, dass sie einen **spezialisierten Fallmanagement-Ansatz** verfolgen und daher nur ein Teil der zu aktivierenden erwerbsfähigen Kunden (Ü25) Fallmanagement erhält. Wie der Boxplot aufzeigt, handelt es sich dabei um 11 Prozent der zu aktivierenden erwerbsfähigen Klienten (vgl. Abbildung 7.1). In den weiteren 15 (18 %) Jobcentern kommt demzufolge ein **generalisierter Fallmanagement-Ansatz** zum Einsatz, weshalb dort alle zu aktivierenden erwerbsfähigen Klienten (Ü25) Fallmanagement erhalten. Aus der qualitativen Teilstudie wird jedoch ersichtlich, dass hinsichtlich der grundsätzlichen Ausrichtung des bFM, die korrekte Zuordnung des eigenen Jobcenters nicht allen Befragten gelang. So stellte sich im Rahmen der Durchführung der qualitativen Experteninterviews heraus, dass beide Jobcenter, die auf Grundlage der quantitativen Teilstudie für die Fallauswahl der qualitativen Teilstudie der Substichprobe „generalisiertes bFM" zugeordnet wurden (vgl. Abschn. 6.2.2), tatsächlich einen spezialisierten Fallmanagement-Ansatz verfolgen. Dies ist ein überraschendes Ergebnis, da für die Differenzierung der Ausrichtungen im quantitativen Fragebogen eine Frageformulierung übernommen wurde, die nahezu im Wortlaut bereits in der Evaluation der Experimentierklausel verwendet wurde.[4]

Weshalb die beiden Befragten hier nicht korrekt geantwortet haben, lässt sich nicht abschließend beurteilen. Dies ist v. a. dem Studiendesign geschuldet, durch welches die Teilnehmenden der quantitativen Teilstudie für den Autor nicht unmittelbar identifizierbar waren, weshalb auch nicht darauf abgestellt werden konnte, in der qualitativen Teilstudie dieselben Personen zu befragen wie in der quantitativen Teilstudie. In einem der beiden Fälle war der interviewten Person zwar bekannt, wer den Fragebogen ausgefüllt hatte, jedoch konnte diese Person aufgrund ihres derweil erfolgten Ausscheidens aus dem Jobcenter nicht zu ihren Beweggründen befragt werden.

Die Interviewten der beiden betroffenen Jobcenter halten es jedoch für plausibel, dass das jeweilige Verständnis bzw. die gewünschte Perspektive der im Rahmen der quantitativen Teilstudie befragten Personen, ursächlich für die nicht korrekten Angaben sein können (#18: Abs. 18, #8: Abs. 19). Entsprechend erläutert eine der interviewten Personen:

> „Also, ich glaube mich zu erinnern, dass unsere ehemalige Chefin das auch / ja, immer wieder auch ins Haus getragen hat, dass es [das Fallmanagement, Anmerkung J. H.] grundsätzlich jedem Kunden anzubieten ist, insbesondere / Also, weil, machen wir uns nichts vor, wir haben spätestens seit Corona, eher noch vorher, haben wir eigentlich nur noch Menschen, die im Jobcenter sind, ich sage mal, die / Also, da, bei denen, ist das Thema Arbeit, ich weiß nicht an welcher Stelle, aber definitiv nicht an erster. Also, die aller, aller wenigsten brauchen eigentlich wirklich bloß einen Schubs. Ich rede jetzt nicht von denen, die per se faul sind, die wirklich keinen Bock haben, sondern alle anderen. Das ist ja der überwiegende Teil. Und ich sage mal, deswegen hat unsere Chefin immer gesagt, im ganzen Haus: ‚Bitte bietet es allen an'. Aber wir können natürlich nicht alle betreuen. Zu [Anzahl der Fallmanager; Anonymisierung durch J. H.] plus Chefin. Also, das geht nicht." (#18: Abs. 18)

[4] Es handelt sich hierbei um Frage 0.5 des Fragebogens zum beschäftigungsorientierten Fallmanagement (vgl. Anhang im elektronischen Zusatzmaterial).

Warum sich in den Jobcentern für die Anwendung der jeweiligen Fallmanagement-Variante entschieden wurde, können nur zwei Interviewte rekonstruieren: In einem Fall wurden zunächst, nach Gründung der damaligen ARGE, aufgrund von Unsicherheiten bezüglich des Personaleinsatzes, alle Integrationsfachkräfte zu Fallmanagern ausgebildet (#11: Abs. 14). Dies habe sich nach gewisser Zeit aber als nicht tragbar herausgestellt, weshalb zwar zu einem spezialisierten Ansatz gewechselt wurde, aber auch heute noch ein Überschuss an zertifizierten und formal als Fallmanager eingestuften Integrationsfachkräften im betreffenden Jobcenter besteht (ebd.). Im anderen Fall erinnert sich die interviewte Person, dass die Integrationsfachkräfte darüber abstimmen durften, welche Fallmanagement-Variante das Jobcenter wählen soll, wobei sich für die spezialisierte Variante ausgesprochen wurde (#20: Abs. 2).

Eine andere interviewte Person erinnert sich, dass die Frage, ob von einem spezialisierten, auf einen generalisierten Ansatz umgestellt werden sollte, zwar „ab und zu mal" (#23: Abs. 22) im Jobcenter gestellt, jedoch von der Geschäftsführung bislang nicht weiterverfolgt wurde. Die Ursache für das Aufkommen dieses Themas sieht die Person darin begründet, dass jede „reguläre" Vermittlungskraft aufgrund der Klientenstruktur „von Haus aus schon mal zumindest ein Stück weit Fallmanagement mit" (#23: Abs. 24) mache, weshalb die Mitarbeitenden der Arbeitsvermittlung auch die entsprechende Zulage erhalten wollen würden (ebd.).

Neben fachlich-professioneller Kritik (#8: Abs. 23, #21: Abs. 16) und (vermuteten) finanziellen Erwägungen (#23: Abs. 24, #11: Abs. 14), die gegen einen generalisierten Fallmanagement-Ansatz sprechen und bereits aus der Literatur abgeleitet werden können, deutet das Interviewmaterial auf einen weiteren möglichen Grund für die ausgeprägtere Verbreitung des spezialisierten Ansatzes hin: So beschreibt eine interviewte Person, dass viele Mitarbeitende der Arbeitsvermittlung selbst kein Fallmanagement durchführen wollen würden, mit der Begründung, „ich möchte nicht so nah am Kunden sein" (#21: Abs. 16). Eine andere Person erläutert, dass sich Kollegen in der Arbeitsvermittlung wie folgt über das Fallmanagement geäußert hätten: „wir sind keine Sozialarbeiter, wir rennen nicht hinter den Leuten her" (#20: Abs. 2). In einem weiteren Jobcenter werde die Arbeit der Fallmanager „immer so belächelt mit ‚sozialpädagogisch' oder ‚diese Sozialarbeit', die wir da machen" (#18: Abs. 28).

Allgemeiner werfen diese Aussagen die Frage nach der Wahrnehmung des Fallmanagements durch die Mitarbeitenden in den Jobcentern auf. Den Schilderungen der Interviewten ist zu entnehmen, dass den Beschäftigten außerhalb des Fallmanagements mitunter ein fachliches Verständnis vom Verfahren des Fallmanagements fehlt. Es mangele an Kenntnis, was im Fallmanagement überhaupt passiere (#1: Abs. 16) oder es sei noch immer nicht bei allen bekannt, dass der Veränderungswille der Klienten eine wesentliche Voraussetzung ist: „die verstehen wirklich Fallmanagement noch immer so, dass das für die Menschen ist, die aggressiv sind, die laut werden, die einfach schwierig zu händeln sind“ (#22: Abs. 36).

Für zwei andere Jobcenter beschreiben die jeweils Interviewten, dass unter den Kollegen der Arbeitsvermittlung der Eindruck herrsche, dass sich die Fallmanager „nur die Rosinen 'raus[picken]“ (#18: Abs. 20) bzw. „sehr, sehr wählerisch“ (#8: Abs. 12) im Hinblick auf die Aufnahme von Klienten in das Fallmanagement sein würden. Da im letzteren Fall auch die Zuweisungen aus der Arbeitsvermittlung in das Fallmanagement geringer als das über VerBIS erfasste Potenzial ausfielen, wurden die Fallmanager zur Verbesserung der Zuweisungsquoten und des Images des Fallmanagements von einem zentralen bFM-Team auf die regionalen Teams der Arbeitsvermittlung aufgeteilt (ebd.). Begünstigt wurde die Entscheidung für diese Umstrukturierung dadurch, dass die Teamleitung des zentralen bFM-Teams das Jobcenter in der Zwischenzeit verlassen hatte. Nach Aussage der interviewten Person hat sich diese Maßnahme der Dezentralisierung insgesamt als zielführend herausgestellt (ebd.).

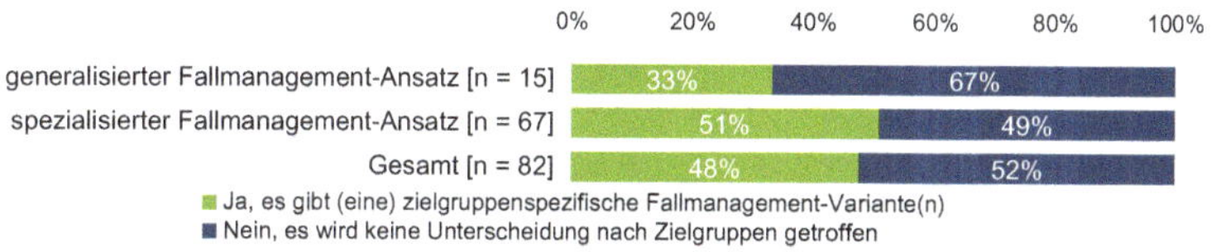

Abbildung 7.2 Existenz zielgruppenspezifischer Fallmanagement-Variante(n). (Quelle: Eigene Abbildung. Fragetext: „Gibt es für bestimmte Zielgruppen eine spezifische Fallmanagement-Variante (z. B. U25, 50 + , Migranten im Allgemeinen, Geflüchtete, Wohnungslose, Alleinerziehende, Rehabilitanden, psychisch kranke Personen, etc.), die in gewissen Punkten vom allgemeinen Fallmanagement (Ü25) abweicht, z. B. durch bessere Betreuungsschlüssel oder besonders geeignete Mitarbeiter/innen (z. B. in Bezug auf Fremdsprachenkenntnisse, Schulungen oder spezifische Kenntnisse der Zielgruppe)?“)

39 Jobcenter (48 %) verfügen über mindestens eine **zielgruppenspezifische Fallmanagement-Variante** (vgl. Abbildung 7.2). Während bei den gE mit spezialisiertem Fallmanagement gut die Hälfte über eine oder mehrere zielgruppenspezifische Varianten verfügt, sind es beim generalisierten Fallmanagement nur gut ein Drittel. Über die Hälfte der 61 erfassten Fallmanagement-Varianten bezieht sich auf die Gruppe der U25-Klienten (vgl. Abbildung 7.3). Eine weitere relevante Gruppe stellen Rehabilitanden und Schwerbehinderte dar.

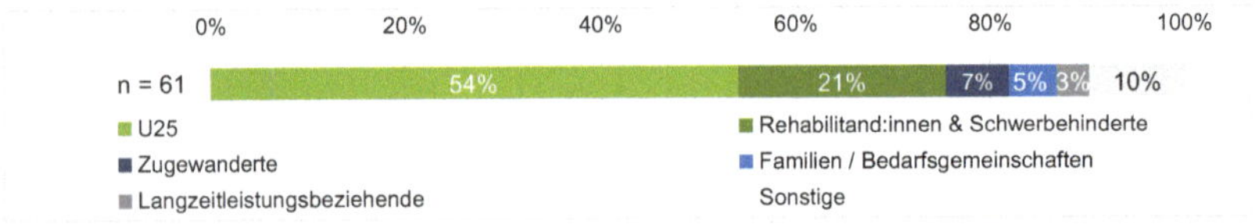

Abbildung 7.3 Häufigkeit der zielgruppenspezifischen Fallmanagement-Varianten insgesamt. (Quelle: Eigene Abbildung)

Zwei der Jobcenter der qualitativen Teilstudie differenzieren innerhalb des Fallmanagements nach Altersgruppen, wobei in einem die „klassische" Grenze von 25 Jahren zur Anwendung kommt und im anderen zwischen Klienten, die jünger bzw. älter als 30 Jahre sind, unterschieden wird, da es wenig Sinn ergebe, „die Leute auf einmal mit 25 abzugeben" (#18: Abs. 20). Gemein ist beiden Jobcentern, dass es sich nicht um starre Altersgrenzen handelt, sondern im Einzelfall entschieden wird, welche Zuordnung die bessere für die einzelnen Klienten bzw. die Bedarfsgemeinschaft ist (#18: Abs. 10, #21: Abs. 10).

Drei der größeren Jobcenter der Stichprobe der qualitativen Teilstudie haben bzw. hatten innerhalb des Fallmanagements eine Zielgruppendifferenzierung nach der (voraussichtlichen) Betreuungsintensität der Klienten bzw. haben in der Vergangenheit eine solche Differenzierung vorgenommen. Mit dem Fallmanagement in diesen zusätzlichen Varianten geht eine höhere Betreuungsintensität einher, die sich aus einer längeren Betreuungszeit (z. B. in einem Jobcenter bis zu fünf Jahre) und/oder einer höhere Kontaktdichte ergibt. Während eines dieser drei Jobcenter erst vor wenigen Jahren eine Zweiteilung der Fallmanagement-Klienten eingeführt hat, wurde die Differenzierung in den anderen beiden Jobcentern wieder reduziert. In einem der beiden Fälle wurde die Reduzierung von drei auf zwei Varianten vorgenommen, da man gemerkt habe, man sei das einzige Jobcenter mit einer dritten Variante (#19: Abs. 8). Im anderen Fall hat man zwei Varianten wieder zu einem einheitlichen Fallmanagement zusammengeführt, da sich die Klientenstruktur verändert habe (#9: Abs. 39). In beiden Jobcentern, die aktuell eine Differenzierung nach Betreuungsintensität vornehmen, sind für die Betreuung beider Klientengruppen dieselben Fallmanager zuständig und es wird ein Verhältnis von 75 % „reguläre" bFM-Klienten zu 25 % bFM-Klienten mit ausgeprägterem Unterstützungsbedarf angestrebt. Wie eine Fallmanagement-Fachkraft erläutert, spiele diese Maßgabe im operativen Geschäft aber eine untergeordnete Rolle:

„ja, es besteht auf einem Blatt Papier und es muss irgendwie erfüllt werden [...]. Ich muss sagen, und ich kann da auch für meine Kollegen, mit denen ich mich sozusagen vertrete, sprechen, dass das uns über das Jahr eigentlich überhaupt nicht interessiert. Also ich pack das so rein, wie ich das für richtig halte. Und wenn ich irgendwann die Ansage kriege, das Verhältnis stimmt nicht, dann, ja, *[Pause]* Statistiken sind dazu da /." (#19: Abs. 8)

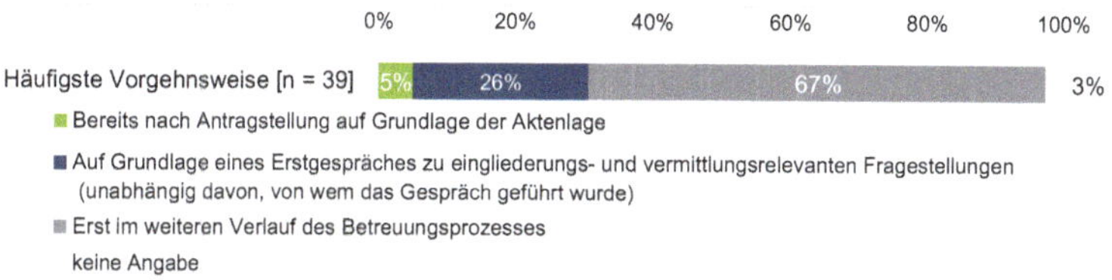

Abbildung 7.4 Entscheidungszeitpunkt für die Anwendung von Fallmanagement. (Quelle: Eigene Abbildung. Fragetext: „Zu welchem Zeitpunkt im Betreuungsprozess wird in Ihrem Jobcenter entschieden, ob ein zielgruppenspezifisches Fallmanagement verwendet werden soll?")

In den meisten Jobcentern der quantitativen Teilstudie wird erst im weiteren Verlauf des Betreuungsprozesses (67 %) entschieden, ob ein zielgruppenspezifisches Fallmanagement verwendet werden soll (vgl. Abbildung 7.4). In gut einem Drittel wird die Entscheidung auf Grundlage eines Erstgespräches zu eingliederungs- und vermittlungsrelevanten Fragestellungen getroffen und nur in fünf Prozent der Fälle bereits nach Antragstellung auf Grundlage der Aktenlage.

Tabelle 6.2 bildet die auf Basis des Datensatzes der quantitativen Teilstudie replizierte **IAW-SGB-II-Organisationstypologie** für das bFM ab (vgl. Abschn. 4.3). Neben der Unterteilung in einen spezialisierten und generalisierten Fallmanagement-Ansatz, gibt sie Aufschluss darüber, ob der Fallmanager auch für die unmittelbare Vermittlung von Fallmanagement-Klienten auf den Ersten Arbeitsmarkt zuständig ist (Zeile 2) und ob die Berechnung und Gewährung der Leistungen zur Sicherung des Lebensunterhalts (materielle Leistungen) in das Fallmanagement integriert sind (Zeile 3). Um eine Vergleichbarkeit mit der Organisationstypologie aus dem Jahr 2008 herzustellen, werden hier auch jene Fallmanagement-Ansätze der generalisierten Variante zugerechnet, bei denen zwar zwischen Fallmanagement- und Nicht-Fallmanagement-Klienten unterschieden wird, jedoch dasselbe Personal beide Klientengruppen betreut. Dies

Tabelle 7.1 Replizierte IAW-SGB-II-Organisationstypologie

<table>
<tr><td colspan="4">Typ I:
Spezialisierter Fallmanagement-Ansatz
2007: 254 (77 %)
2022/23: 62 (76 %)</td><td colspan="4">Typ II:
Generalisierter Fallmanagement-Ansatz
2007: 77 (23 %)
2022/23: 20 (24 %)</td></tr>
<tr><td colspan="2">Typ Ia
Unmittelbare Vermittlung auf den 1. AM ist nicht Teil des Fallmanagements
2007: 99 (30 %)
2022/23: 29 (35 %)</td><td colspan="2">Typ Ib
Unmittelbare Vermittlung auf den 1. AM ist Teil des Fallmanagements
2007: 155 (47 %)
2022/23: 33 (40 %)</td><td colspan="2">Typ IIa
Unmittelbare Vermittlung auf den 1. AM ist nicht Teil des Fallmanagements
2007: 16 (5 %)
2022/23: 14 (17 %)</td><td colspan="2">Typ IIb
Unmittelbare Vermittlung auf den 1. AM ist Teil des Fallmanagements
2007: 61 (18 %)
2022/23: 6 (7 %)</td></tr>
<tr><td>Typ Iaa
Leistungen zur Sicherung des LU nichtintegriert
2007:
93 (28 %)
2022/23:
29 (35 %)</td><td>Typ Iab
Leistungen zur Sicherung des LU integriert
2007:
6 (2 %)
2022/23:
0</td><td>Typ Iba
Leistungen zur Sicherung des LU nicht integriert
2007:
149 (45 %)
2022/23:
33 (40 %)</td><td>Typ Ibb
Leistungen zur Sicherung des LU integriert
2007:
6 (2 %)
2022/23:
0</td><td>Typ IIaa
Leistungen zur Sicherung des LU nicht integriert
2007:
14 (4 %)
2022/23:
14 (17 %)</td><td>Typ IIab
Leistungen zur Sicherung des LU integriert
2007:
2 (0 %)
2022/23:
0</td><td>Typ IIba
Leistungen zur Sicherung des LU nicht integriert
2007:
58 (18 %)
2022/23:
6 (7 %)</td><td>Typ IIbb
Leistungen zur Sicherung des LU integriert
2007:
3 (1 %)
2022/23:
0</td></tr>
</table>

Quelle: Eigen Zusammenstellung. Werte für 2007 entnommen aus IAW und ZEW (2008: 68) Abkürzungen: „AM“: Arbeitsmarkt; „LU“: Lebensunterhalt. Anmerkungen: Werte 2007 für ARGEn und 2022/23 für gE. Prozente zeilenweise betrifft fünf gemeinsame Einrichtungen, weshalb in Tabelle 24 62 gEn dem spezialisierten und 20 gEn dem generalisierten Ansatz zugerechnet werden.

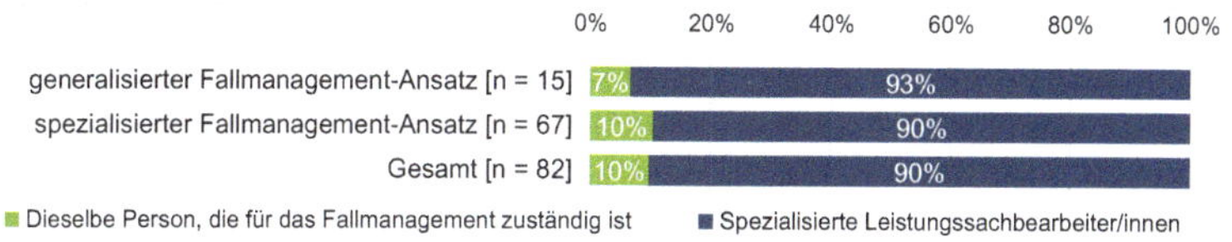

Abbildung 7.5 Zuständigkeit für die Beantwortung von Fragen der Fallmanagement-Klienten im Hinblick auf Leistungen zur Sicherung des Lebensunterhalts. (Quelle: Eigene Abbildung. Fragetext: „Wer beantwortet in Ihrem Jobcenter überwiegend Fragen der Fallmanagement-Kunden/innen im Hinblick auf Leistungen zur Sicherung des Lebensunterhalts?“)

Im Vergleich zu 2007 ergibt sich folgendes Bild: Die anteilsmäßigen Häufigkeiten der beiden Fallmanagement-Ansätze sind im Zeitverlauf nahezu identisch geblieben (Zeile 1). Eine leichte Verschiebung ist jedoch hinsichtlich der Vermittlung auf den Ersten Arbeitsmarkt zu beobachten (Reihe 2). 2022/23 fällt sowohl beim spezialisierten als auch beim generalisierten Fallmanagement-Ansatz der Anteil derjenigen Jobcenter, bei denen die Vermittlung auf den Ersten Arbeitsmarkt *nicht* Teil des Fallmanagements ist, etwas höher als noch 2007 aus. Als konstantes Strukturmerkmal erweist sich wiederum die Trennung zwischen Fallmanagement/Vermittlung und den materiellen Leistungen. Während 2007 nur in sehr wenigen ARGEn (n = 17) die Gewährung der Leistungen zur Sicherung des Lebensunterhaltes in das Fallmanagement integriert war, ist dies 2022/23 bei keiner der befragten gE der Fall. In immerhin zehn Prozent der Fälle ist für die Beantwortung von Fragen der Fallmanagement-Klienten im Hinblick auf Leistungen zur Sicherung des Lebensunterhalts überwiegend der Fallmanager zuständig (vgl. Abbildung 7.5).

Eine interviewte Person der qualitativen Teilstudie spricht sich jedoch explizit für eine ganzheitliche Fallbearbeitung aus:

> „Und dem trauere ich so ein bisschen nach, in all den Jahren schon. Weil es doch, obwohl wir *ein* [Hervorhebung durch J. H.] Jobcenter sind, ist es doch schwierig, die Kommunikation mit der Leistungsabteilung, also vor allen Dingen mit der Leistungsabteilung. Und der Kunde hat zwei Ansprechpartner, er muss mit zwei Menschen / In der Leistungsabteilung noch nicht mal mit Menschen, sondern eher mit einem Team,

wo man auch nie weiß, wer es ist, weil selten Namen oder Telefonnummern rausgegeben werden. Also, er hat im Jobcenter immer mit zwei Leuten die Angelegenheiten zu klären. Und das macht es mühsam, einfach.“ (#19: Abs. 50)

Zu den **Spezifika des generalisierten Fallmanagement-Ansatzes** gehört in neun der 15 Jobcenter mit diesem Ansatz, dass bei komplexeren Fällen eine intensivere Betreuung der Klienten vorgesehen ist. Bei vier Jobcentern erfolgt die Betreuung durch Integrationsfachkräfte, denen sowohl Klienten mit intensiverer Betreuung als auch Klienten ohne intensivere Betreuung zugeordnet sind. In fünf Jobcentern erfolgt eine Trennung, sodass die intensivere Betreuung durch Integrationsfachkräfte durchgeführt wird, denen ausschließlich Klienten mit intensiverer Betreuung zugeordnet sind.

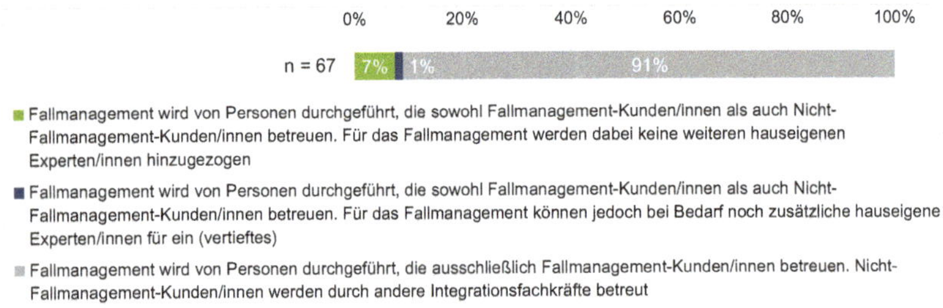

Abbildung 7.6 Klientenstruktur auf Fallmanagerebene. (Quelle: Eigene Abbildung. Fragetext: „Von wem wird in Ihrem Jobcenter das Fallmanagement überwiegend durchgeführt?“)

Beim **spezialisierten Fallmanagement** wird das Fallmanagement in 61 Jobcentern (91 %) von Personen durchgeführt, die ausschließlich Fallmanagement-Klienten betreuen (vgl. Abbildung 7.6). Nur in sechs Jobcentern wird das Fallmanagement von Personen durchgeführt, die sowohl Fallmanagement- als auch Nicht-Fallmanagement-Klienten betreuen. In einem dieser Jobcenter kann bei Bedarf auch noch ein zusätzlicher hauseigener Experte für ein vertieftes Fallmanagement hinzugezogen werden.

Wie bei den zielgruppenspezifischen Fallmanagement-Varianten ist auch beim spezialisierten Fallmanagement danach zu fragen, wie der **Intake** gestaltet ist. Auch hier wird in den meisten Jobcentern erst im weiteren Verlauf des Betreuungsprozesses (78 %) entschieden, ob eine Aufnahme in das Fallmanagement

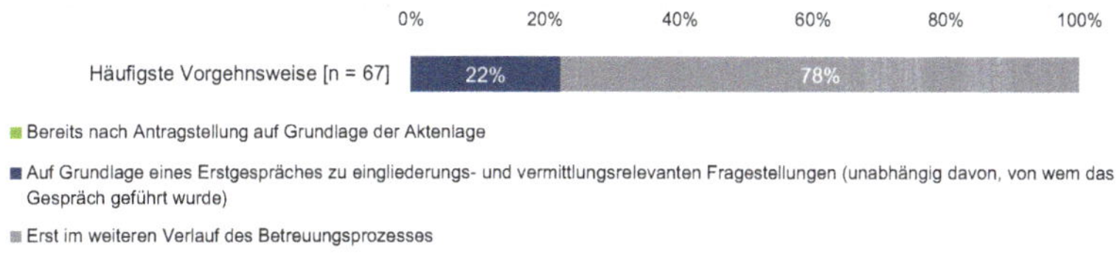

Abbildung 7.7 Entscheidungszeitpunkt für die Anwendung von Fallmanagement. (Quelle: Eigene Abbildung. „Zu welchem Zeitpunkt im Betreuungsprozess wird in Ihrem Jobcenter entschieden, ob Fallmanagement verwendet werden soll?")

erfolgen soll (vgl. Abbildung 7.7). Nur in 22 Prozent der gEn mit spezialisiertem Fallmanagement wird die Entscheidung bereits auf Grundlage eines Erstgespräches zu eingliederungs- und vermittlungsrelevanten Fragestellungen getroffen.

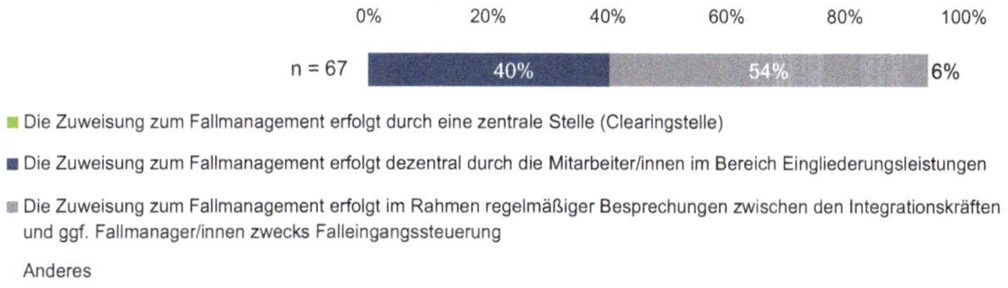

Abbildung 7.8 Art der Zuweisung zum Fallmanagement. (Quelle: Eigene Abbildung. Fragetext: „Ist die Funktion der Zuweisung der Kunden/innen zum Fallmanagement in Ihrem Jobcenter organisatorisch in Form einer zentralen Stelle (Clearingstelle) spezialisiert oder erfolgt die Zuweisung zum Fallmanagement dezentral durch die Mitarbeiter/innen im Bereich Vermittlung (Markt und Integration)?")

Wie Abbildung 7.8 veranschaulicht, geschieht die **Zuweisung** meist im Rahmen regelmäßiger Besprechungen zwischen den Integrationskräften und ggf. Fallmanagern zwecks Falleingangssteuerung (44 %) oder dezentral durch die Mitarbeitenden im Bereich der Eingliederungsleistungen (33 %). In keinem der befragten Jobcenter ist hierfür eine zentrale Clearingstelle zuständig. In den meisten Jobcentern ist dabei grundsätzlich vorgesehen, dass die verantwortliche Integrationsfachkraft dies vorab mit dem zuständigen Fallmanager abspricht (vgl. Abbildung 7.9). Seltener werden die Klienten beim Erstgespräch im Fallmanagement durch die für die Zuweisung verantwortliche Integrationskraft begleitet.

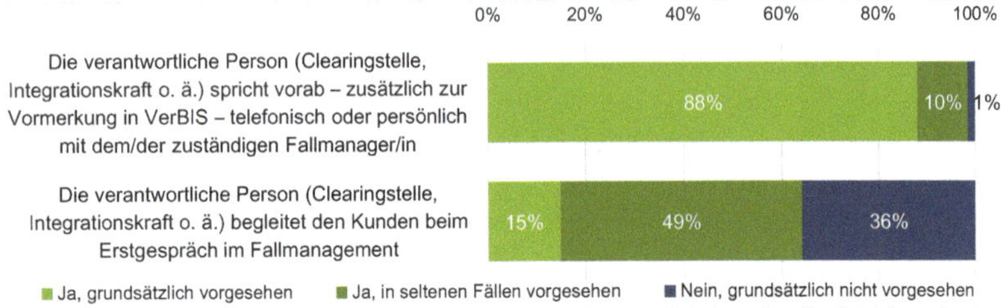

Abbildung 7.9 Ausgestaltung der Übergabe. (Quelle: Eigene Abbildung. n = 67. Fragetext: „Ist eine sog. ‚warme Übergabe' zwischen der für die Zuweisung verantwortlichen Person (ganz gleich, ob Clearingstelle oder Integrationskraft) und dem/der Fallmanager/in vorgesehen?")

Die BA-Weisung 201710002 vom 20.10.2017 definiert zwei **Zugangskriterien** für das beschäftigungsorientierte Fallmanagement (vgl. Abschn. 2.3.4.2.2): Zum einen müssen die Klienten mindestens drei Handlungsbedarfe in den Schlüsselgruppen Leistungsfähigkeit und / oder Rahmenbedingungen aufweisen und entsprechend des Profilings voraussichtlich nicht innerhalb von zwölf Monaten in den Arbeitsmarkt integriert werden können (BA 2017: 1 f.). Zum anderen muss im jeweiligen Fall die Einschätzung vorliegen, dass die Betreuung im Fallmanagement zu konkreten Integrationsfortschritten führt, mit dem Ziel der mittel- bis langfristigen Beseitigung bzw. Verringerung des Hilfebedarfs durch Integration in Beschäftigung (ebd.). Wie eine Fallmanagement-Fachkraft im Rahmen der qualitativen Teilstudie darlegt, weiche man das diesbezügliche Vorgehen in ihrem Jobcenter aber immer mehr auf, indem in Einzelfällen Personen auch dann in das Fallmanagement aufgenommen werden, wenn nur *ein* gravierender Handlungsbedarf vorliege und die Person bereit sei, hieran zu arbeiten (#18: Abs. 22).

Danach gefragt, ob dem Fallmanagement, neben den o. g. Zugangskriterien, ergänzend **weitere Kriterien** zugrunde liegen, geben 61 Prozent der Befragten an, dass in ihrem Jobcenter die Kriterien der Deutschen Gesellschaft für Care und Case Management (DGCC) als Vorgabe oder Empfehlung Anwendung finden (vgl. Abbildung 7.10). Interessant ist in diesem Zusammenhang, dass sechs der Befragten die Case-Finding-Kriterien der DGCC (vgl. Abschn. 2.3.4.2.1) nicht kennen. In immerhin 42 Prozent der Jobcenter werden (auch) eigens durch das

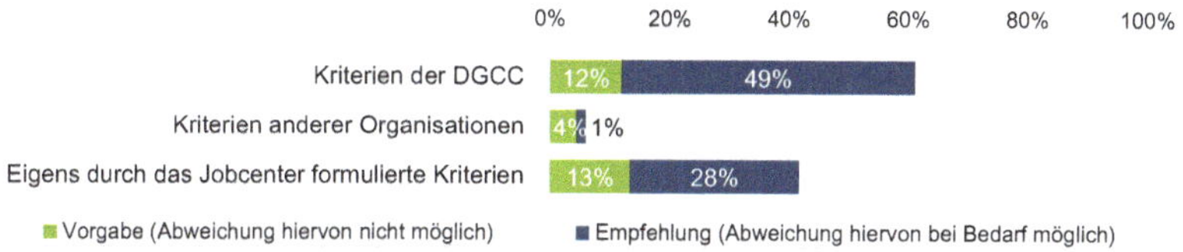

Abbildung 7.10 Ergänzende Zugangskriterien. (Quelle: Eigene Abbildung. n = 67. Fragetext: „Liegen dem Fallmanagement in Ihrem Jobcenter neben der in der Anlage der BA-Weisung 201710002 vom 20.10.2017 genannten Definition von Zugangskriterien ergänzend weitere Zugangskriterien zugrunde? Wenn ja, welche?“ (Mehrfachnennung möglich))

Jobcenter formulierte Kriterien angewendet, während Kriterien anderer Organisationen eine zu vernachlässigende Rolle spielen. Besonders häufig wurde im Freitextfeld, in welchem die eigenen Kriterien der Jobcenter eigetragen werden konnten, erwähnt, dass im Einzelfall auch ein Abweichen von den durch die BA formulierten „Standardkriterien“ möglich sei bzw. praktiziert werde.

In einem Jobcenter der qualitativen Teilstudie wurden beispielsweise Klientengruppen definiert, die automatisch in das Fallmanagement übergeleitet werden. Hierbei handelt es sich um Personen, die wohnungslos sind, aus der Haft entlassen wurden, in einer Einrichtung für psychisch Erkrankte waren oder in Einrichtungen wie z. B. einem Frauenhaus wohnen (#22: Abs. 12). Die Definition dieser Klientengruppen für das Fallmanagement ist nach Ansicht der interviewten Fallmanagement-Fachkraft sowohl auf Bedarfe der Klienten als auch auf interne Erfordernisse zurückzuführen:

> „Also, ich glaube, wir haben wirklich von anderen Jobcentern gehört, dass es da so einen speziellen Personenkreis gibt, der immer im Fallmanagement landet. Wir haben aber auch festgestellt, dass diese Personengruppe sowieso früher oder später im Fallmanagement landet und da betreut wird. Also, da schon allein aufgrund des Hintergrundes einfach Hilfe im Fallmanagement eigentlich ganz angemessen ist. Aber wir hatten auch tatsächlich eine kleine Zeit, wo wir zu wenig Menschen hatten, die von der allgemeinen Vermittlung fürs Fallmanagement vorgeschlagen wurden, sodass wir einfach dann gedacht haben, ‚okay, wie kommen wir an mehr Personen fürs Fallmanagement?‘ Und haben dann überlegt, ob wir einfach diese Spezialisierung dann machen.“ (#22: Abs. 26)

Knapp 90 Prozent der befragten gEn haben einen verbindlichen **Betreuungsschlüssel** (i. S. einer „Höchstgrenze“) für das Fallmanagement festgelegt (vgl.

Abbildung 7.11). Von diesen haben 41 gEn einen einheitlichen Betreuungsschlüssel für die U25- und Ü25-Klienten, welcher bei zwei Drittel dieser Jobcenter bei 1 zu 75 Personen liegt (vgl. Abbildung 7.12).

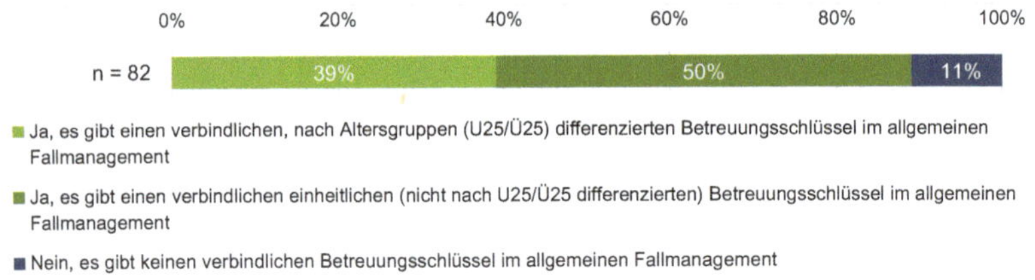

Abbildung 7.11 Existenz eines verbindlichen Betreuungsschlüssels im Fallmanagement. (Quelle: Eigene Abbildung. Fragetext: „Gibt es einen verbindlichen Betreuungsschlüssel (Obergrenze) im allgemeinen Fallmanagement?“)

32 gEn haben hingegen unterschiedliche Betreuungsschlüssel für den U25- und Ü25-Bereich festgelegt. Wie der Boxplot verdeutlicht (vgl. Abbildung 7.13), fallen hierbei die Betreuungsrelationen für die U25-Klienten insgesamt niedriger als für die Ü25-Klienten aus. Auch liegen die Werte näher beieinander, was das geringere Ausmaß der Standardabweichung (σ σ) aufzeigt. Während im U25-Bereich nur ein Jobcenter einen Betreuungsschlüssel aufweist, der über dem Medianwert von 75 liegt, sind es im Ü25-Bereich 14 Jobcenter.

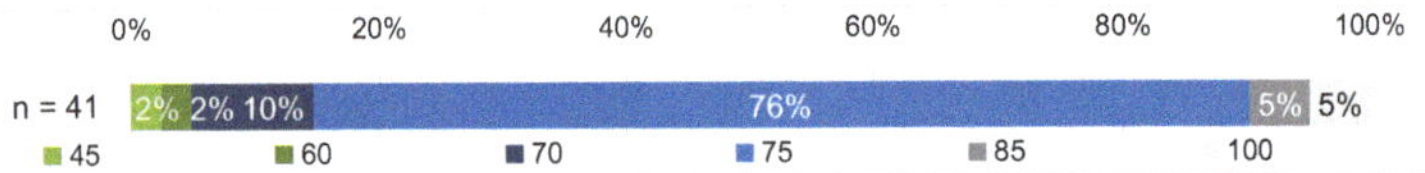

Abbildung 7.12 Höhe des einheitlichen Betreuungsschlüssels. (Quelle: Eigene Abbildung. Fragetext: „Wie hoch ist der Betreuungsschlüssel (Personen, nicht Bedarfsgemeinschaften) im allgemeinen Fallmanagement?“)

Eine interviewte Person der qualitativen Teilstudie verweist in diesem Kontext explizit auf das Fachkonzept, in welchem der im Begründungstext zum SGB II genannte Schlüssel von 1:75 als möglicher Orientierungswert genannt wird (BA 2005: 40), als Grundlage für den in ihrem Jobcenter festgelegten Betreuungsschlüssel (#8: Abs. 21). Die Fallmanagement-Fachkraft eines anderen Jobcenters erläutert, dass die Geschäftsanweisung ihres Hauses für einen Vollzeitfallmanager „bis zu 150 Kunden“ (#19: Abs. 44) vorsehe, was die höchste Anzahl in der gesamten Stichprobe der quantitativen Teilstudie darstellt, wobei dieser Wert „von Geschäftsstelle zu Geschäftsstelle anders ausgelegt“ (ebd.) werde: Während in ihrer jetzigen Geschäftsstelle als Soll tatsächlich die 150 Klienten angestrebt werden, werde der Betreuungsschlüssel in der Geschäftsstelle, in der sie vorher tätig war, durch den Zusatz „bis zu“ entsprechend der Belastung der Arbeitsvermittlung variable gehandhabt (ebd.). In einem anderen Jobcenter wiederum reduziert sich die Sollzahl der Klienten um bis zu 15 Prozent, wenn es sich um Fallmanager handelt, die aufsuchend arbeiten (#18: Abs. 30). Zuletzt ist auf ein Jobcenter zu verweisen, in welchem nicht die Anzahl der einzelnen Klienten, sondern die Anzahl von Bedarfsgemeinschaften für den Betreuungsschlüssel herangezogen wird: Dieser liegt dort bei 1:25 Bedarfsgemeinschaften (#20: Abs. 40).

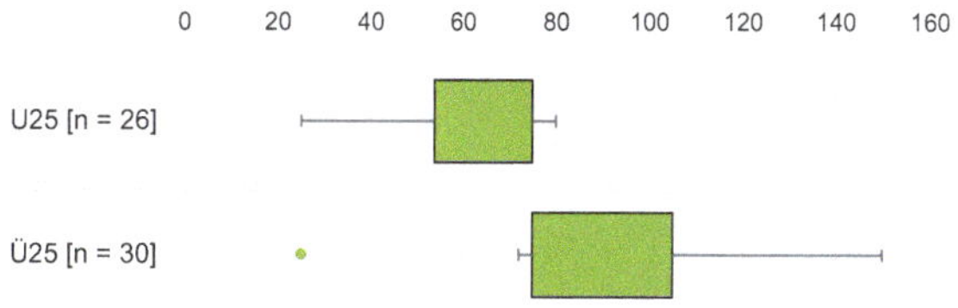

Abbildung 7.13 Höhe der nach U25/Ü25 differenzierten Betreuungsschlüsseln. (Quelle: Eigene Abbildung. Fragetext: „Wie hoch ist der Betreuungsschlüssel (Personen, nicht Bedarfsgemeinschaften) im allgemeinen Fallmanagement?“)

Ein weiterer wesentlicher Aspekt, der durch die BA-Weisung 201710002 normiert wird, ist die **zeitliche Maßgabe**, das Fallmanagement auf 24 Monate zu begrenzen. Dies wird jedoch in 14 Jobcentern mit spezialisiertem Fallmanagement (21 %) nicht umgesetzt, da es dort keine festgesetzte maximale Dauer gibt. In den anderen Jobcentern werden erwartungsgemäß meist 24 Monate angesetzt (vgl. Abbildung 7.14). Es gibt jedoch auch unter den befragten Jobcentern Einrichtungen, die auf kürzere oder sogar längere Laufzeiten setzen. Abbildung 7.14 gibt zudem Auskunft darüber, dass die Mehrheit der befragten Jobcenter, in denen eine maximale Dauer vorgesehen ist, diese als Empfehlung interpretieren (n = 45; 85 %).

Dieser Empfehlungscharakter wird durch die betroffenen Interviewten geschätzt, da die Erfahrung lehre, „du brauchst in der Regel mindestens drei Jahre“ (#18: Abs. 10), wie eine Fallmanagement-Fachkraft berichtet. Eine andere interviewte Person erläutert, dass es sich bei den Fällen, die länger betreut werden, um jene Personen handeln würde, mit denen eine gute Zusammenarbeit bestehe und bei denen Fortschritte erkennbar seien (#21: Abs. 18). In diesem

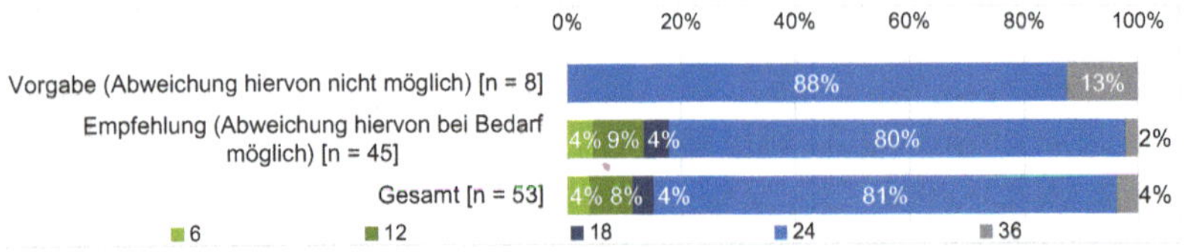

Abbildung 7.14 Maximale Dauer des Fallmanagements. (Quelle: Eigene Abbildung. Fragetext: „Wie hoch ist die Dauer und handelt es sich um eine Empfehlung oder Vorgabe?" (Freitext))

Jobcenter können die Fallmanager die Entscheidung über eine etwaige Verlängerung über die zwei Jahre hinaus eigenständig treffen, wobei es wichtig sei, dies gegenüber der Bereichsleitung begründen zu können (ebd.). In einem anderen Jobcenter wird dies ähnlich gelebt, auch wenn das formale Vorgehen ein anderes ist:

> „Wir können das noch um ein Jahr verlängern; in der Regel nach Rücksprache mit dem Teamleiter, wenn der denn Lust hat, darüber zu reden. Die haben natürlich nicht Lust, da jedes Mal irgendwie ihren Haken hinter zusetzen [...], sodass es meistens eine Entscheidung ist, die wir – sozusagen – alleine treffen." (#19: Abs. 8)

Zudem berichtet eine interviewte Person davon, dass sie wisse, dass die Regelung zur Dauer des Fallmanagements in anderen Jobcentern „ganz streng gehandhabt" (#18: Abs. 22) werde. Dort gebe es aber mitunter informell die Vereinbarung, dass die Klienten dann zwar zurück an die „reguläre" Arbeitsvermittlung abgegeben werden, diese aber nach einer kurzen Zeit wieder das Fallmanagement einschalte, „damit nicht die ganze Arbeit, die man geleistet hat, einfach für die Katz ist" (ebd.).

Die BA-Weisung 201710002 sieht vor, dass das Fallmanagement beendet werden soll, wenn die o. g. Zugangskriterien nicht mehr vorliegen und eingeschätzt werden kann, dass der Klient auch ohne Betreuung im Fallmanagement Integrationsfortschritte erzielt bzw. in Beschäftigung integriert werden kann. In einem Freitextfeld, in das weitere Kriterien, die die Beendigung des Fallmanagements induzieren, eingetragen werden konnten, wird v. a. eine fehlende Mitwirkung der Klienten genannt. Es wird jedoch teilweise auch, ergänzend zur Frage der maximalen Dauer des Fallmanagements, erwähnt, dass eine Verlängerung über die zwei Jahre hinaus in begründeten Einzelfällen möglich sei.

Zu den **weiteren grundsätzlichen Rahmenbedingungen** des Fallmanagements gehört zum einen die Frage, ob Bestandteile dessen durch Dritte (z. B.

Freie Träger, Unternehmen des privaten Sektors, kreisangehörige Kommunen) erbracht werden. Dies wird lediglich für sieben Jobcenter bejaht. Am häufigsten wird in diesen Fällen der Teilprozess der koordinierten Durchführung durch Dritte erbracht. Dieser Umstand könnte dadurch erklärt werden, dass das Fachkonzept hohe Anforderungen an die Beauftragung Dritter stellt (BA 2005: 41 f.) und der Bundesrechnungshof sich in einem Bericht aus 2006 gegen die Übertragung maßgeblicher Teile des Fallmanagements ausspricht (BRH 2006: 4 f.).

Zum anderen unterscheidet sich das durch die Jobcenter angebotene Fallmanagement darin, in welchem Ausmaß auf **aufsuchende Elemente** zurückgegriffen wird (vgl. Abbildung 7.15). Während Hausbesuche in den meisten Jobcentern zumindest in seltenen Fällen durchgeführt werden, sind, im Rahmen des Fallmanagements, Sprechzeiten an öffentlichen Orten bzw. Einrichtungen nur in 43 Prozent der Jobcenter grundsätzlich bzw. in seltenen Fällen vorgesehen.

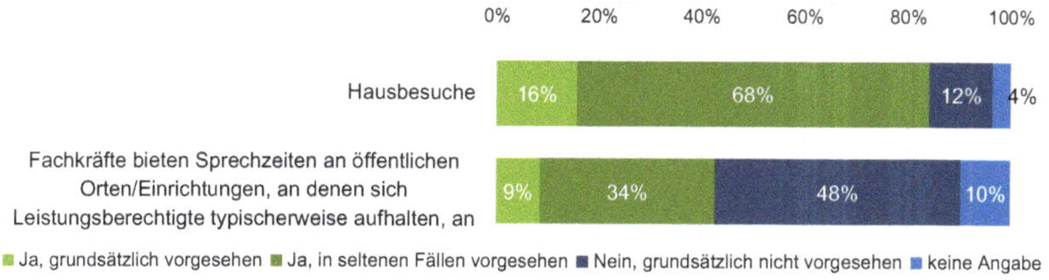

Abbildung 7.15 Aufsuchende Elemente im Fallmanagement. (Quelle: Eigene Abbildung. n = 82. Fragetext: „Beinhaltet das Fallmanagement in Ihrem Jobcenter aufsuchende Elemente?")

Abbildung 7.16 veranschaulicht, in welchem Ausmaß **hausinterne Vorgaben bzw. Empfehlungen zu einzelnen Prozessschritten** des beschäftigungsorientierten Fallmanagements in den befragten Jobcentern existieren. Auffällig ist zunächst, dass bei weitem nicht in allen gEn überhaupt Regelungen zu den aufgeführten Aspekten getroffen wurden. So schwanken die Anteile der Jobcenter, in denen Regelungen existieren, größtenteils im Bereich zwischen 55 und 80 Prozent. Über alle Prozessschritte hinweg, haben die meisten Jobcenter Vorgaben bzw. Empfehlungen zur Dokumentation der Prozesse erarbeitet. Bei diesen Items fällt auch der Anteil der Vorgaben an beiden Regelungsarten vergleichsweise hoch aus. Bei allen anderen Items überwiegen, falls überhaupt Regelungen getroffen wurden, Empfehlungen. Unter diesen Items weisen „Monitoring der Maßnahmen/ Leistungen" (im Rahmen der koordinierten Durchführung) und „organisatorischer Ablauf des Fallabschlusses" noch verhältnismäßig hohe Werte für die Existenz von Vorgaben auf. Heraussticht ebenfalls das Item „Evaluationskriterien“ (im Rahmen des Fallabschlusses). Nur in 48 Prozent der befragten Jobcenter gibt es Regelungen zu Evaluationskriterien im Rahmen des Fallabschlusses, wobei diese nur in zehn Prozent der Jobcenter als Vorgabe zu interpretieren sind.

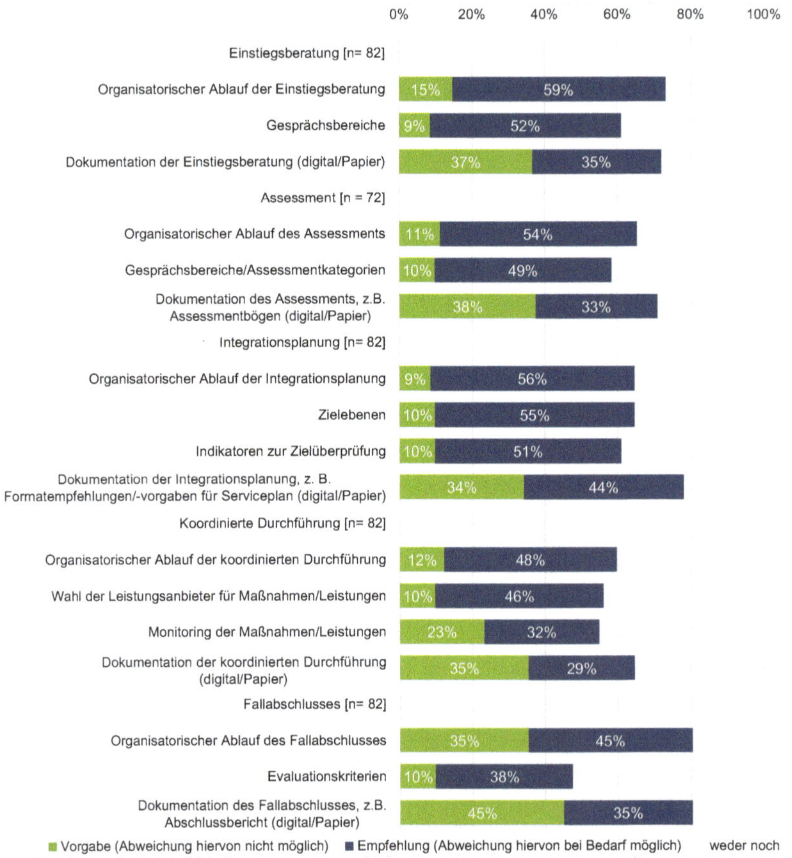

Abbildung 7.16 Vorgaben/Empfehlungen zu einzelnen Prozessschritten. (Quelle: Eigene Abbildung. Fragetext: „Zu welchen Aspekten *[des Prozessschrittes]* gibt es in ihrem Jobcenter hausinterne Vorgaben/Empfehlungen?“)

Nicht alle befragten gEn verfügen über ein eigenständiges, verschriftlichtes **Umsetzungskonzept** für das Fallmanagement (vgl. Abbildung 7.17). Neun Jobcenter arbeiten ausschließlich mit der BA-Weisung 201710002 und weitere 18 ergänzen die Weisung um hausinterne Weisungen und/oder Vorgaben bzw. Empfehlungen (ohne Weisungscharakter). Von den 55 gEn mit Umsetzungskonzept, geben nahezu alle (bis auf zwei) an, dass die Betreuungsrelation im Konzept festgehalten ist (vgl. Abbildung 7.18). Bei den zweit- und dritthäufigsten Aspekten, die in den Umsetzungskonzepten aufgegriffen werden, handelt es sich um die „Case-Finding-Kriterien" und die „Aufgaben-/Ablaufbeschreibung des Fallabschlusses". Den geringsten Wert weist das „fallübergreifende Controlling" auf.

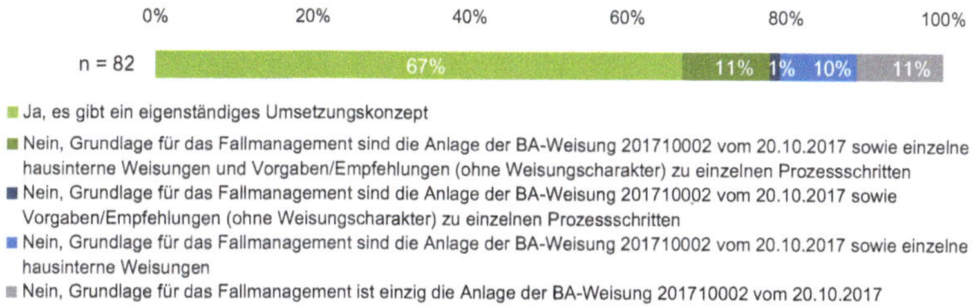

Abbildung 7.17 Umsetzungskonzept für das Fallmanagement. (Quelle: Eigene Abbildung. Fragetext: „Verfügt ihr Jobcenter über ein verschriftlichtes Umsetzungskonzept für das Fallmanagement?")

Wie auch bezüglich der Vorgaben bzw. Empfehlungen zu einzelnen Prozessschritten des Fallmanagements, ist die Verbindlichkeit der in den Umsetzungskonzepten getroffenen Regelungen recht unterschiedlich. Die meisten der hier betrachteten Aspekte werden in den Umsetzungskonzepten der Jobcenter mehrheitlich durch Empfehlungen geregelt. Lediglich beim „Datenschutz" und der „Personalqualifikation" überwiegend anteilsmäßig Vorgaben.

Insgesamt beschreiben die Interviewten der qualitativen Teilstudie, sowohl Führungskräfte als auch Fallmanager, dass im Fallmanagement größere Freiräume für die Mitarbeitenden bestehen. Eine Führungskraft, die selbst früher im Fallmanagement tätig war, habe sich in der Vergangenheit als „freischaffender Künstler" (#9: Abs. 41) bezeichnet, da, „wie sie auf den Kunden zugehen, wie sie mit dem [Kunden] arbeiten, welche Instrumente sie bei uns aus dem Instrumentenkasten, aus dem Werkzeugkoffer herausnehmen, das obliegt Ihnen" (ebd.). Mitunter

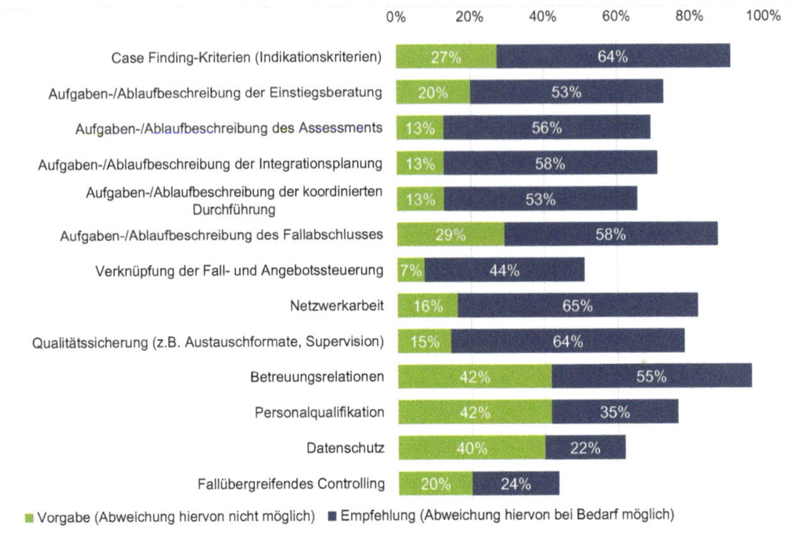

Abbildung 7.18 Vorgaben/Empfehlungen im Umsetzungskonzept. (Quelle: Eigene Abbildung. n = 55. „Zu welchen Aspekten enthält das Umsetzungskonzept Vorgaben/ Empfehlungen?")

werden fehlende Vorgaben aber auch kritisiert: „Die Krux ist ja die, dass Fallmanagement gewünscht wird, aber vom System her, von der Zentrale oder von der RD her, es nicht wirklich Vorgaben gibt" (#8: Abs. 11). Auch die örtlichen Konzepte sind nicht immer handlungsleitend: „Also es gibt im Prinzip eines [ein Umsetzungskonzept; Anmerkung J. H.] und ich muss zu meiner Schande gestehen, das war mir so / Das hatte für mich so wenig Aussage, dass ich es mir noch nicht mal gespeichert habe" (#20: Abs. 44). Eine andere interviewte Person weist zudem darauf hin, dass die Umsetzungsverantwortung für das Fallmanagement stärker bei den Teamleitungen der Regionalteams des betroffenen Jobcenters verortet ist, woraus eine gewisse Heterogenität des bFM innerhalb des Jobcenters resultiere (#11: Abs. 14, 24).

In den meisten befragten Jobcentern wird für die **Dokumentation** des Fallmanagements einzig auf VerBIS zurückgegriffen (vgl. Abbildung 7.19). Lediglich in vier Jobcentern wird im Rahmen des Fallmanagements ein eigenständiges EDV-System verwendet, mit welchem das ganze oder ein Großteil des Fallmanagements dokumentiert werden kann.

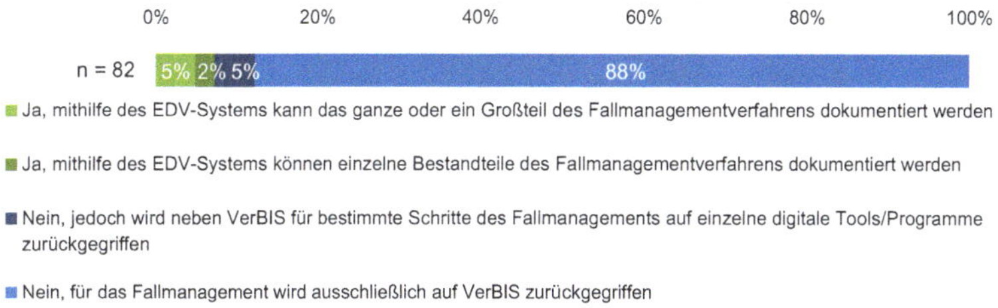

Abbildung 7.19 Existenz eines separaten EDV-gestütztes Dokumentationssystem. (Quelle: Eigene Abbildung. Fragetext: „Steht für das Fallmanagement ein eigenständiges EDV-gestütztes Dokumentationssystem zur Verfügung?")

Abbildung 7.20 gibt Aufschluss über die in den Jobcenter vorherrschende Interpretation der **Rolle der Fallmanager**. 63 Prozent der gEn geben an, dass die Fallmanager ihre Kulisse von Leistungsanbietern eigenständig gestalten. Außerdem wird deutlich, dass in über einem Drittel der befragten gEn die Fallmanager nicht für die fallübergreifende Netzwerkpflege/Angebotssteuerung zuständig sind. Aus Abbildung 7.21 wird wiederum ersichtlich, dass nur zwei Drittel der Jobcenter den Fallmanagern relevante Informationen, z. B. über die bestehende Angebotsstruktur von Netzwerkpartnern, zentral bereitstellen.

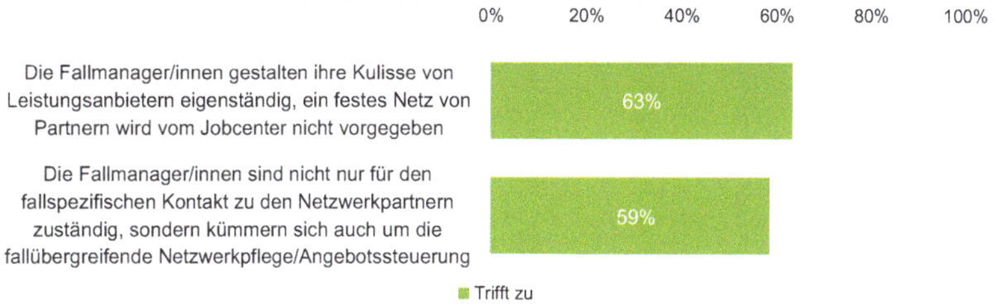

Abbildung 7.20 Rolle der Fallmanager. (Quelle: Eigene Abbildung. n = 82. Fragetext: „Welche Rolle nehmen die Fallmanager/innen in Ihrem Jobcenter in der Netzwerkarbeit ein?" (Trifft zu))

Hinsichtlich der genutzten **Austauschformate** geben nahezu alle Befragte an, dass in ihrem Jobcenter in der Regel auf das Instrument der kollegialen Fallberatung zurückgegriffen wird (vgl. Abbildung 7.22). Fallbesprechungen und Fallkonferenzen besitzen demgegenüber eine deutlich geringere Relevanz. Neben

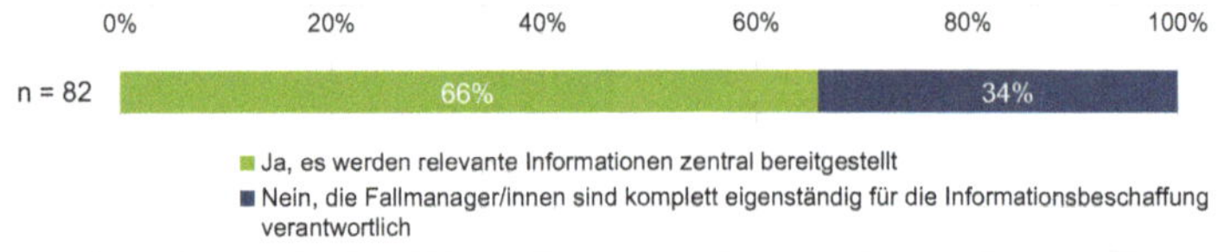

Abbildung 7.21 Bereitstellung von Informationen. (Quelle: Eigene Abbildung. Fragetext: „Werden für das Fallmanagement relevante Informationen zentral bereitgestellt (z. B. Wissensmanagement)?")

diesen einzelfallbezogenen Austauschformaten, wird in 89 Prozent der Jobcenter prinzipiell **Supervision** für die Fallmanager angeboten (vgl. Abbildung 7.23). Jedoch handelt es sich nur in sieben der gE um ein regelmäßiges, verpflichtendes Angebot.

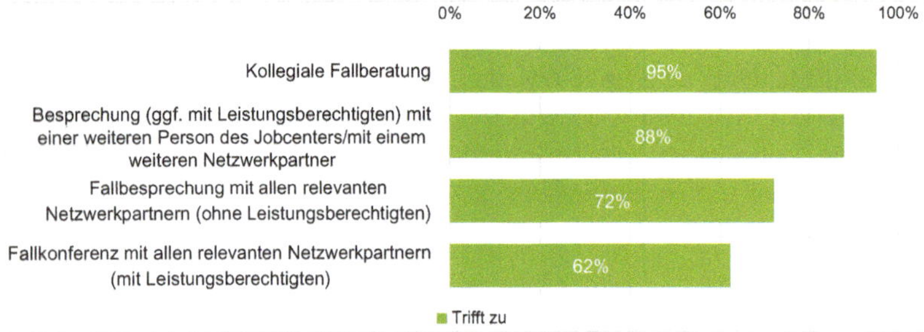

Abbildung 7.22 Austauschformate der Fallmanager. (Quelle: Eigene Abbildung. n = 82. Fragetext: „Auf welche Austauschformate unter den Fallmanager/innen und/oder zwischen den Fallmanager/innen und Dritten wird innerhalb des Fallmanagements in Ihrem Jobcenter i. d. R. zurückgegriffen?" (Trifft zu))

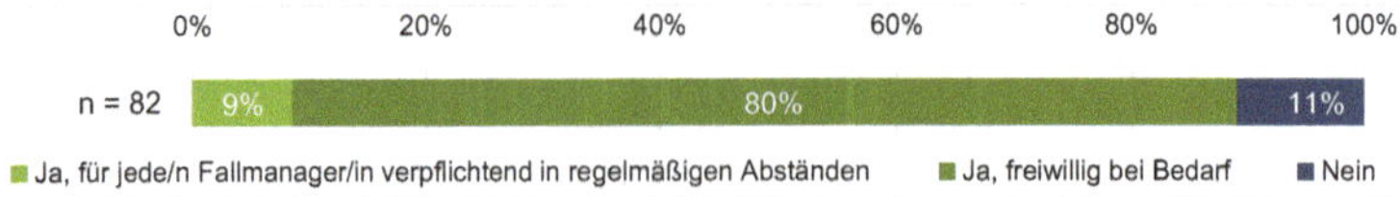

Abbildung 7.23 Supervision für Fallmanager. (Quelle: Eigene Abbildung. Fragetext: „Wird für die Fallmanager/innen in Ihrem Jobcenter eine Supervision angeboten?")

In den meisten Jobcentern (70 %) müssen die Fallmanager durch die Deutsche Gesellschaft für Care und Case Management (DGCC) oder eine andere Institution (6 %) **zertifiziert** sein (vgl. Abbildung 7.24). Nur in gut einem Viertel der gEn wird nicht auf eine Zertifizierung bestanden, auch wenn eine solche erwünscht ist. Wie die Interviews zeigen, ergibt sich hier ein gewisser Interpretationsspielraum, da nicht alle Fallmanagement-Fachkräfte, die an einer Fort- bzw. Weiterbildung teilgenommen haben, formal zertifiziert sind. Hierfür ist i. d. R. eine schriftliche Abschlussarbeit zu erstellen, die nicht alle Fallmanagement-Fachkräfte in den beforschten Jobcentern angefertigt haben (#23: Abs. 18, #8: Abs. 31, #20: Abs. 18). In einem Jobcenter wurde zudem erwähnt, dass entsprechende Personen angehalten werden, an Fort- bzw. Weiterbildung zum Thema „Fallmanagement für Führungskräfte" teilzunehmen (#8: Abs. 27).

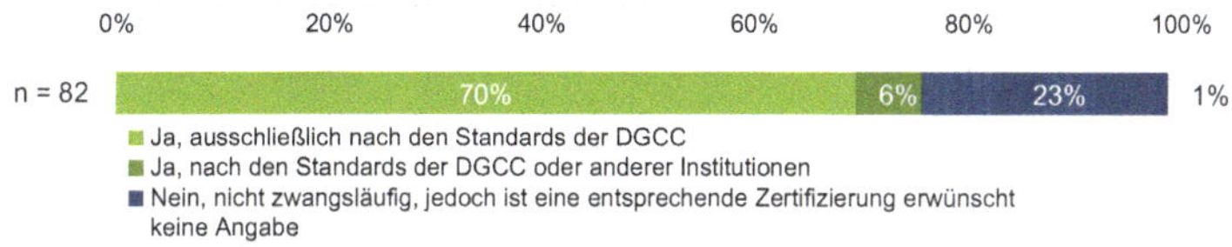

Abbildung 7.24 Zertifizierung der Fallmanager. (Quelle: Eigene Abbildung. Fragetext: „Müssen die in Ihrem Jobcenter tätigen Fallmanager/innen für das beschäftigungsorientierte Fallmanagement / Case Management zertifiziert sein?")

Nicht in allen befragten Jobcentern findet ein **systematischer Erkenntnistransfer von der Einzel- auf die Organisations- und Systemebene** statt. Die Hälfte der gEn gibt an, dass Erkenntnisse aus der Einzelfallarbeit systematisch zur Weiterentwicklung der internen Strukturen und Prozesse innerhalb des Jobcenters genutzt werden (vgl. Abbildung 7.25). In nahezu allen Jobcentern, die diese beiden Ebenen miteinander verknüpfen, erfolgt dies auf Grundlage regelmäßiger Rücksprachen zwischen Fallmanagern und zuständigen Führungskräften. Nur in 20 Prozent dieser gEn wird hierfür auf ein Jobcenter-internes Fallmanagement-Controlling zurückgegriffen. Auch ein Erkenntnistransfer von der Einzelfall- auf die Systemebene wird in gut der Hälft der befragten Jobcenter (52 %) betreiben (vgl. Abbildung 7.26). Ebenso sind hier Rücksprachen zwischen Fallmanagern und zuständigen Führungskräften der zentrale Mechanismus, während nur in sieben Prozent der gEn entsprechende Erkenntnisse in einem Jobcenter-internen Fallmanagement-Controlling gesammelt werden.

Hinsichtlich der **Fachaufsicht** geben 89 Prozent der Jobcenter an, eine stichprobenbasierte Auswertung von ausgewählten Klientendatensätzen vorzunehmen

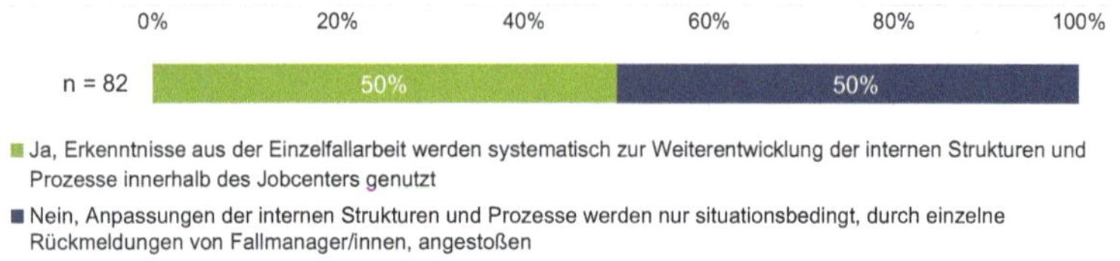

Abbildung 7.25 Erkenntnistransfer von der Einzel- auf die Organisationsebene. (Quelle: Eigene Abbildung. Fragetext: „Werden Erkenntnisse aus der Einzelfallarbeit systematisch zur Weiterentwicklung der internen Strukturen und Prozesse innerhalb Ihres Jobcenters genutzt?")

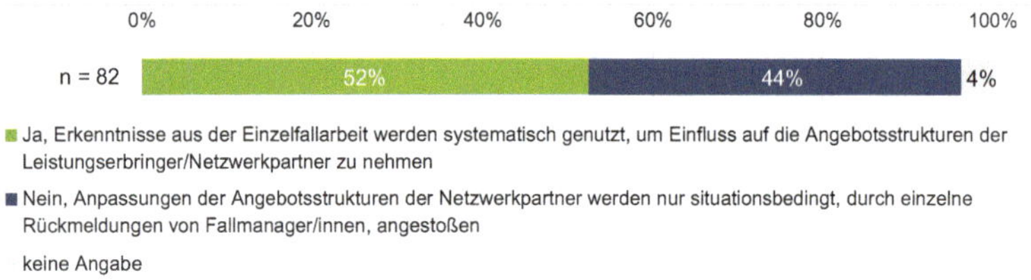

Abbildung 7.26 Erkenntnistransfer von der Einzel- auf die Systemebene. (Quelle: Eigene Abbildung. Fragetext: „Werden Erkenntnisse aus der Einzelfallarbeit systematisch genutzt, um Einfluss auf die Angebotsstrukturen der Leistungserbringer/Netzwerkpartner zu nehmen?")

(vgl. Abbildung 7.27). Weiterhin finden in mehr als zwei Drittel der Jobcenter Hospitationen statt und in etwas weniger als der Hälfte der Jobcenter wird eine Auswertung von Prozesskennzahlen über festgelegte Prüfroutinen vorgenommen. Nur in der Hälfte der Jobcenter wird auch eine **Leistungsbewertung** des Fallmanagements durchgeführt (vgl. Abbildung 7.28). Sofern eine solche stattfindet, wird hierfür in einem großen Teil Jobcenter auf Prozesskennzahlen zurückgegriffen (vgl. Abbildung 7.29). Nur in etwas mehr als einem Drittel der Jobcenter werden die Integrationszahlen als Grundlage herangezogen.

Im weit überwiegenden Teil der gEn sind die Fallmanager in eine teilweise integrative **Teamstruktur** eingebunden, die vorwiegend aus Arbeitsvermittlern und Fallmanagern besteht (vgl. Abbildung 7.30), was einer Empfehlung des Fachkonzeptes entspricht, „um sicherzustellen, dass die gegebenenfalls erforderliche Fallübergabe problemlos erfolgen kann" (BA 2005: 40). Nur in zwei Jobcentern ist eine vollständig integrative Teamstruktur implementiert worden, die

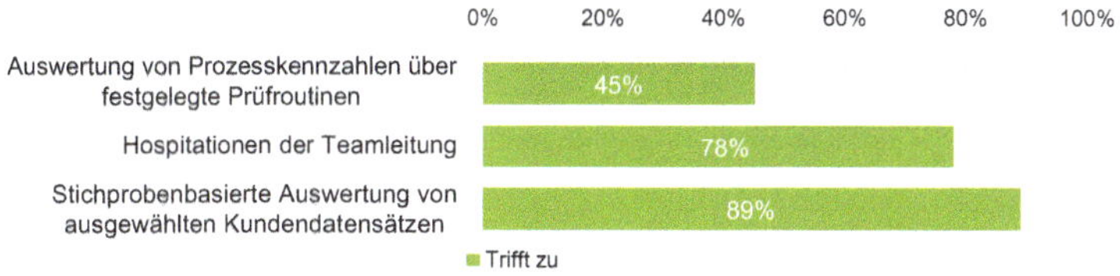

Abbildung 7.27 Instrumente der Fachaufsicht. (Quelle: Eigene Abbildung. n = 59. Fragetext: „Durch welche Instrumente erfolgt die Fachaufsicht für das Fallmanagement?“ (Trifft zu))

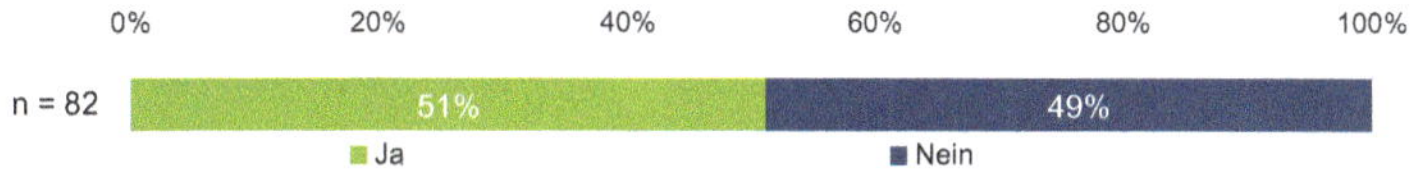

Abbildung 7.28 Leistungsbewertung des Fallmanagements. (Quelle: Eigene Abbildung. Fragetext: „Erfolgt eine Leistungsbewertung des Fallmanagements?“)

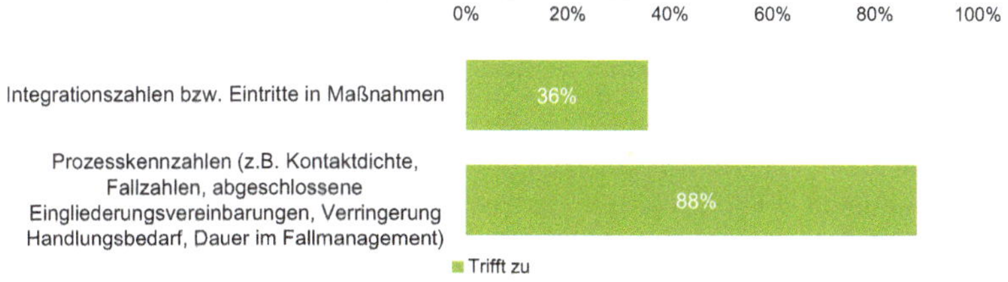

Abbildung 7.29 Instrumente der Leistungsbewertung. (Quelle: Eigene Abbildung. n = 42. Fragetext: „Falls eine Leistungsbewertung des Fallmanagements erfolgt: Mithilfe welcher Mittel erfolgt die Leistungsbewertung?“ (Trifft zu))

sowohl Leistungssachbearbeitung als auch Arbeitsvermittlung und Fallmanagement umfasst. In 13 der gEn wurde demgegenüber eine spezialisierte Einteilung vorgenommen, sodass die Fallmanager in eigenen Teams zusammenarbeiten. In vier gEn stellt das Fallmanagement sogar eine separate Organisationseinheit (Abteilung/Fachbereich) dar.

Wie Abbildung 7.31 aufzeigt, gibt es in 35 der gEn (43 %) keine eigenständige **Arbeitsplatzbeschreibung** für die Fallmanager. Lediglich zwölf der gEn (15 %) verfügen über ein eigenständiges **Personalentwicklungskonzept** für die

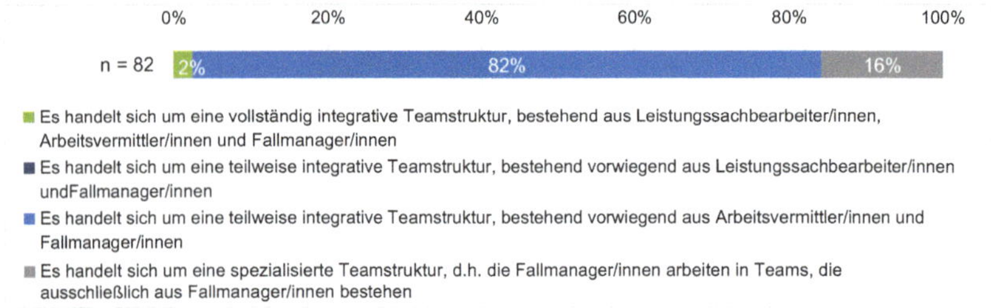

Abbildung 7.30 Teamstrukturen im Fallmanagement. (Quelle: Eigene Abbildung. Fragetext: „In welche Teamstrukturen sind die Fallmanager/innen in Ihrem Jobcenter überwiegend eingebunden?")

Fallmanager und immerhin 49 (60 %) haben ein allgemeines, Jobcenter-weites Personalentwicklungskonzept (vgl. Abbildung 7.32).

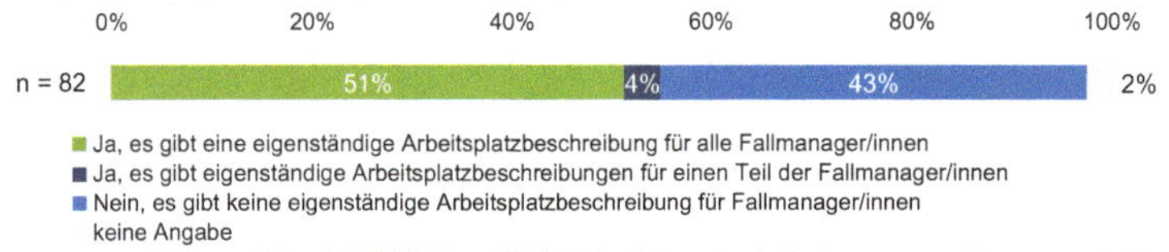

Abbildung 7.31 Arbeitsplatzbeschreibung für Fallmanager. (Quelle: Eigene Abbildung. Fragetext: „Gibt es in Ihrem Jobcenter eine eigenständige Arbeitsplatzbeschreibung für die Fallmanager/innen?")

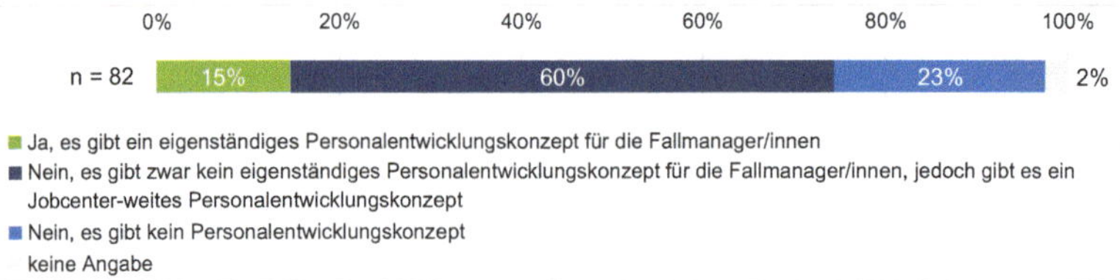

Abbildung 7.32 Personalentwicklungskonzept für Fallmanager. (Quelle: Eigene Abbildung. Fragetext: „Gibt es in Ihrem Jobcenter ein eigenständiges Personalentwicklungskonzept für die Fallmanager/innen?")

7.1.2.3 Exkurs: Personal

Zwar ist der Ausbildungshintergrund des für das Fallmanagement eingesetzten Personals kein Merkmal der Verwaltungsorganisation, dennoch ist er zur Beurteilung des Umsetzungsstandes des bFM in den befragten gEn von Interesse. So zeigt sich, dass durchschnittlich nur 20 Prozent der Fallmanager ein Studium der Sozialen Arbeit absolviert haben (vgl. Abbildung 7.33).[5] Weitere 16 Prozent haben ein Studium an der Hochschule der BA oder ein sonstiges Studium der Rechts-, Wirtschafts- und Sozialwissenschaften abgeschlossen. Interessant ist jedoch, dass im Durschnitt der Jobcenter 79 Prozent der Fallmanager zertifiziert sind (vgl. Abbildung 7.34). Der Median, der robuster gegen Ausreißer ist, liegt sogar bei 93 Prozent.

Abbildung 7.33 Fachlicher Hintergrund der Fallmanager. (Quelle: Eigene Abbildung. n = 72. Fragetext: „Welchen fachlichen Hintergrund haben die Fallmanager/innen in Ihrem Jobcenter?")

7.1.2.4 Bürokratie

Bei der Messung der Bürokratie im Aufgabenbereich des beschäftigungsorientierten Fallmanagements werden die drei Dimensionen Spezialisierung, Standardisierung und Formalisierung in den Blick genommen. Die Dimension der Konfiguration wird nicht betrachtet, da sie sinnvollerweise nur auf organisationaler Ebene Anwendung finden kann. Auch die Dimension der Zentralisierung bleibt unberücksichtigt, wobei hier ein forschungspraktischer Grund ausschlaggebend ist: Als Operationalisierung für diese Dimension sollten zwei Items

[5] Erfragt wurden die Anteilswerte je Jobcenter. Dargestellt sind in der entsprechenden Abbildung somit die durchschnittlichen Anteilswerte der Jobcenter, wobei die Streuung je Kategorie recht unterschiedlich ausfällt. Die Standardabweichungen bewegen sich zwischen 8,2 Prozentpunkten (Kaufmännische Ausbildung) und 27,9 Prozentpunkten (Studium Soziale Arbeit).

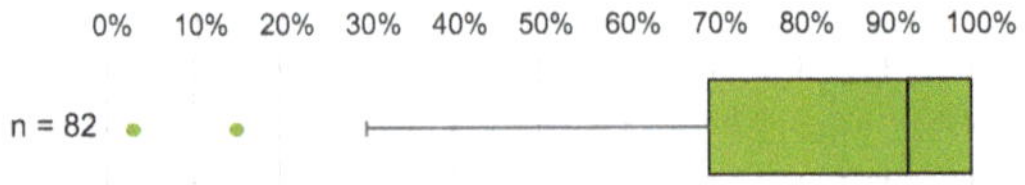

Abbildung 7.34 Zertifizierung der Fallmanager. (Quelle: Eigene Abbildung. Fragetext: „Wie hoch ist ca. der Anteil der in Ihrem Jobcenter tätigen Fallmanager/innen, die für das beschäftigungsorientierte Fallmanagement / Case Management zertifiziert sind?")

dienen, die die Autonomie von Fallmanagern im Hinblick auf Förderentscheidungen erfassen. In den qualitativen Interviews stellte sich jedoch heraus, dass die Fallmanager in manchen Jobcentern überhaupt nicht für Förderentscheidungen zuständig sind. Aufgrund der fehlenden Vergleichbarkeit findet im Folgenden auch die Dimension der Zentralisierung keine Berücksichtigung. Tabelle 7.2 gibt einen Überblick zu den Bestandteilen der Bürokratieindizes.

Tabelle 7.2 Übersicht zu den Bestandteilen der Bürokratieindizes des Fallmanagements

Index	Indikator
Spezialisierung	Anzahl der zielgruppenspezifischen Fallmanagement-Varianten
Standardisierung	Vorgaben zu einzelnen Prozessschritten Empfehlungen zu einzelnen Prozessschritten
Formalisierung	Formen von Umsetzungskonzepten Formen von Personalentwicklungskonzepten Formen von Arbeitsplatzbeschreibungen

Quelle: Eigene Abbildung

Da auch die Zusammenhänge zwischen den einzelnen Dimensionen betrachtet werden, werden für die Auswertungen in diesem Unterkapitel nur jene Jobcenter berücksichtigt, die bei keinem der nachfolgend verwendeten Items fehlende Werte aufweisen (n = 78 $n = 78$). Für jede der drei Dimensionen wird ein Index berechnet, wobei dieser für die Spezialisierung auf einem Item, der für die Standardisierung auf 14 Items und der für die Formalisierung auf drei Items beruht. Sowohl die Indizes als auch die einzelnen Komponenten der Indizes nehmen den Wert $x = 1$ an, wenn die höchste mögliche bzw. die höchste beobachtete Ausprägung vorliegt.

Für die Spezialisierung wird die Anzahl der zielgruppenspezifischen Fallmanagement-Varianten je Jobcenter herangezogen (vgl. Abbildung 7.3). Eines der Jobcenter verfügt über fünf Fallmanagement-Varianten, weshalb diesem der

Wert x = 1 zugeordnet wird (vgl. Abbildung 7.35). Auffällig ist, dass überhaupt nur drei Jobcenter mehr als drei zielgruppenspezifische Fallmanagement-Varianten besitzen. Die Mehrheit der Jobcenter (n = 40) verfügt über keine derartige Variante.

Abbildung 7.35
Häufigkeitsverteilung des Indexes für Spezialisierung. (Quelle: Eigene Abbildung)

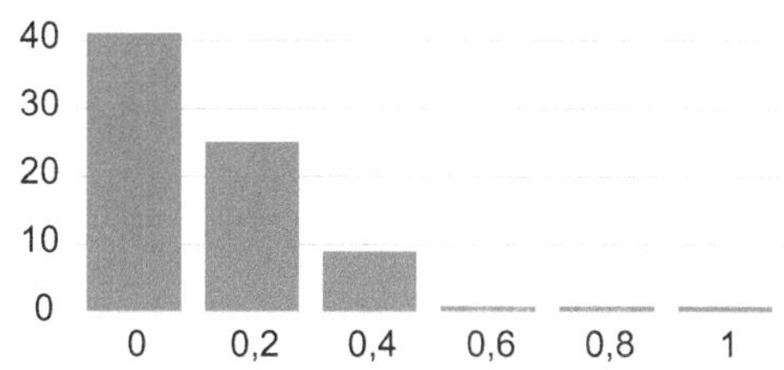

Für die Standardisierung wird die Existenz von Vorgaben bzw. Empfehlungen zu den einzelnen Prozessschritten des Fallmanagements herangezogen (vgl. Abbildung 7.16). Hierzu werden die Items der Einstiegsberatung, der Integrationsplanung, der koordinierten Durchführung und des Fallabschlusses herangezogen. Die Items des Assessments bleiben unberücksichtigt, da sie dem Online-Fragebogen erst während der Feldphase hinzugefügt und daher nicht durch alle Teilnehmenden beantwortet wurden. Für jede der genannten Vorgaben, die einem Jobcenter existieren, erhöht sich der Wert für das jeweilige Jobcenter um x = 1/14 (vgl. Abbildung 7.36). Empfehlungen werden aufgrund ihrer geringeren Standardisierungswirkung nur mit der Hälfte, also x = 1/28, gewichtet (vgl. Abbildung 7.37). Der Index der Standardisierung ergibt sich durch die Addition beider Indikatoren (vgl. Abbildung 7.38).[6]

Wie bereits in Abschnitt 7.1.2.2 erläutert, verfügen nur wenige Jobcenter über explizite Vorgaben zu den einzelnen Prozessschritten. Abbildung 7.36 gibt Aufschluss darüber, dass 33 Jobcenter zu keinem einzigen der genannten Aspekte Vorgaben formuliert haben. Der höchste erreichte Wert beträgt x = 0,86 und wird von drei Jobcentern erreicht. Diese haben somit zu zwölf der 14 genannten Aspekte Vorgaben entwickelt.

Im Vergleich zu den Vorgaben zeigt sich bei den Empfehlungen eine stärker differenzierte Häufigkeitsverteilung (vgl. Abbildung 7.37). Zwar gibt es auch

[6] Die Konstruktion eines Indexes auf Grundlage dieser Art der Items ist prinzipiell nicht unproblematisch, da eine fehlende Angabe zwar eine fehlende Vorgabe bzw. Empfehlung anzeigen, aber auch das Resultat eines partiellen Antwortausfalls (Item-Nonresponse) sein kann. Da die Häufigkeit von partiellen Antwortausfällen in den Datensätzen recht gering ist, werden fehlende Angaben hier als fehlende Vorgaben bzw. Empfehlungen gewertet.

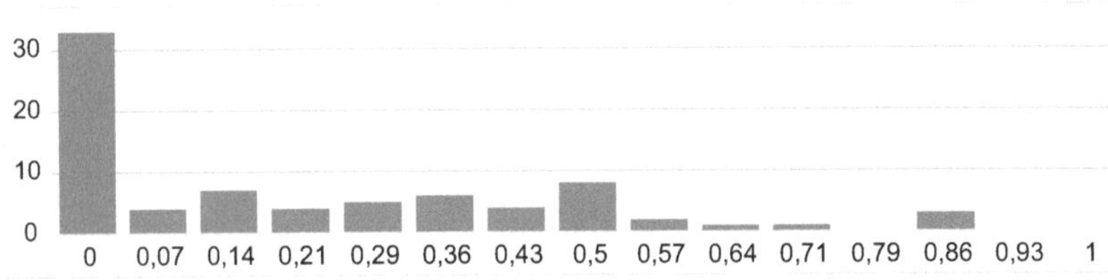

Abbildung 7.36 Häufigkeitsverteilung der Vorgaben zu einzelnen Prozessschritten je Jobcenter. (Quelle: Eigene Abbildung)

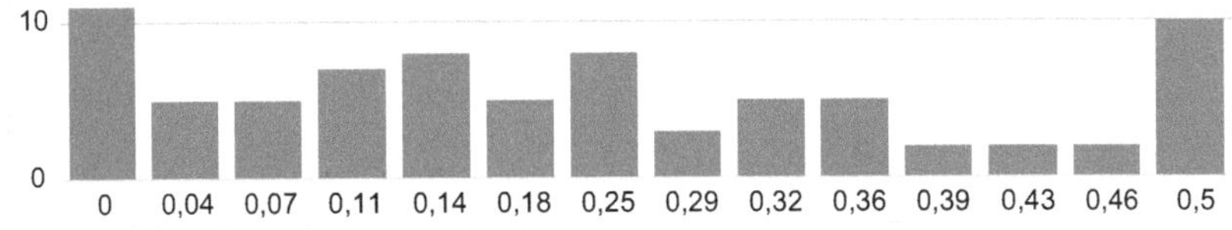

Abbildung 7.37 Häufigkeitsverteilung der Empfehlungen zu einzelnen Prozessschritten je Jobcenter. (Quelle: Eigene Abbildung)

hier Jobcenter, in denen keine einzige Empfehlung zu den genannten Aspekten existiert (n = 11), jedoch verfügt die deutliche Mehrheit über Empfehlungen zu mindestens einem der Aspekte. In zehn Jobcentern existieren sogar zu allen 14 Aspekten Empfehlungen.

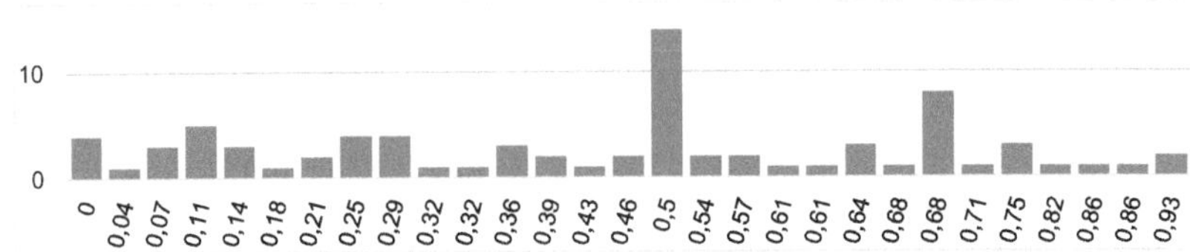

Abbildung 7.38 Häufigkeitsverteilung des Indexes für Standardisierung. (Quelle: Eigene Abbildung)

Werden die Werte beider Indikatoren addiert, ergibt sich die in Abbildung 7.38 dargestellte Verteilung. Die resultierende Spannweite der Werte reicht von x = 0 bis x = 0,93, wobei der Wert x = 0,5 mit einer Häufigkeit von 14 heraussticht. Den höchsten Wert von x = 0,93 erreichen nur zwei der 78 Jobcenter.

Abbildung 7.39
Häufigkeitsverteilung der Formen von Umsetzungskonzepten. (Quelle: Eigene Abbildung)

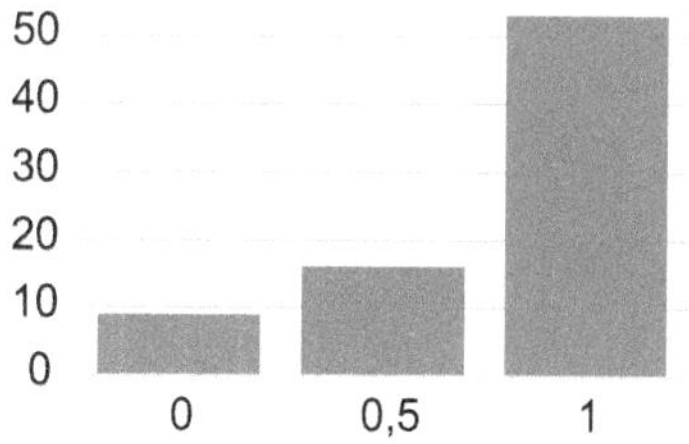

Für das Ausmaß der Formalisierung werden drei Aspekte berücksichtigt. Als erstes fließt hier die Art des Umsetzungskonzeptes ein (vgl. Abbildung 7.17). Die 53 Jobcenter, die über ein eigenständiges Umsetzungskonzept verfügen, erhalten den Wert x = 1 (vgl. Abbildung 7.39). Jene, die lediglich die BA-Weisung 201710002 vom 20.10.2017 als Grundlage für das Fallmanagement verwenden, erhalten den Wert x = 0. Die anderen Ausprägungen innerhalb dieses Spektrums erhalten den Wert x = 0,5. Die beiden weiteren Komponenten des Index berücksichtigen, inwiefern in den Jobcentern Personalentwicklungskonzepte (vgl. Abbildung 7.32 bzw. Abbildung 7.40) und Arbeitsplatzbeschreibungen (vgl. Abbildung 7.31 bzw. Abbildung 7.41) für das Personal des bFM existieren.

Abbildung 7.40
Häufigkeitsverteilung der Formen von Personalentwicklungskonzepten. (Quelle: Eigene Abbildung)

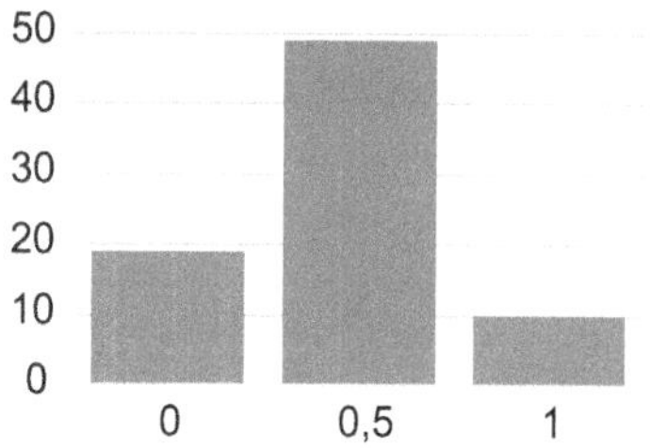

Der Index der Formalisierung (vgl. Abbildung 7.42) ergibt sich, indem die drei Indikatoren addiert und der Wert durch drei geteilt wird. Insgesamt sieben Jobcenter erreichen den Höchstwert von x = 1, was bedeutet, dass sie über ein eigenes Umsetzungskonzept für das bFM, ein eigenständiges Personalentwicklungskonzept für die Fallmanager und Arbeitsplatzbeschreibungen für alle Fallmanager

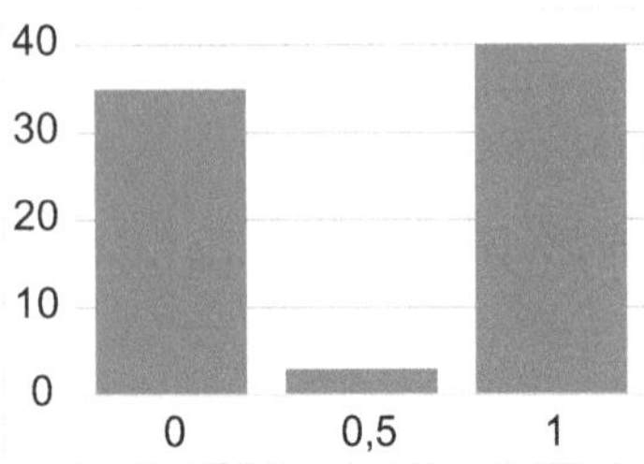

Abbildung 7.41 Häufigkeitsverteilung der Formen von Arbeitsplatzbeschreibungen. (Quelle: Eigene Abbildung)

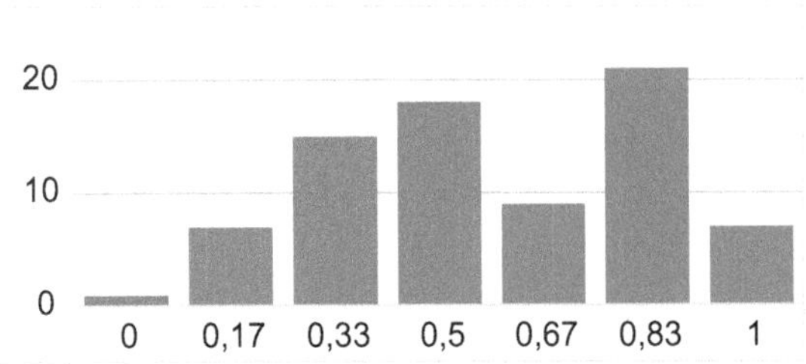

Abbildung 7.42 Häufigkeitsverteilung des Indexes für Formalisierung. (Quelle: Eigene Abbildung)

verfügen. Nur eines der 78 betrachteten Jobcenter erzielt einen Index-Wert von $x = 0$.

Tabelle 7.3 führt für jedes Jobcenter den jeweiligen Index-Wert für die Spezialisierung, Standardisierung und Formalisierung auf. Die Jobcenter sind aufsteigend nach der Höhe des Indexes der Standardisierung geordnet.

Zusammen mit Tabelle 7.3, verdeutlicht Tabelle 7.4, welche die Korrelationen zwischen den drei Bürokratiedimensionen abbildet, dass ein signifikanter mittlerer Zusammenhang zwischen der Standardisierung und Formalisierung besteht. Die gering ausgeprägten Zusammenhänge zwischen der Spezialisierung und Standardisierung sowie der Spezialisierung und Formalisierung sind hingegen nicht signifikant. Somit entspricht das vorgefundene Ergebnis nur in Teilen der aus dem Situativen Ansatz ableitbaren Hypothese, dass alle drei Dimensionen eng in Beziehung zueinander stehen.

Der fehlende Zusammenhang zwischen der Spezialisierung und den beiden anderen Dimensionen könnte zum einen damit zusammenhängen, dass überhaupt nur 37 der hier betrachteten Jobcenter, und damit weniger als die Hälfte, über mindestens eine zielgruppenspezifische Fallmanagement-Variante verfügen,

Tabelle 7.3 Übersicht der Bürokratieindizes für das bFM

J.	Spezialisierung	Standardisierung	Formalisierung	J.	Spezialisierung	Standardisierung	Formalisierung
1	0,2	0	0,17	*40*	0	0,5	1
2	0	0	0,17	*41*	0,4	0,5	0,83
3	0,2	0	0,83	*42*	0	0,5	0,5
4	0	0	0,17	*43*	0	0,5	0
5	0	0,04	0,83	*44*	0	0,5	0,67
6	0	0,07	0,33	*45*	0	0,5	0,5
7	0,4	0,07	0,33	*46*	0	0,5	0,33
8	0,2	0,07	1	*47*	0	0,5	0,5
9	0,2	0,11	0,33	*48*	0	0,5	0,33
10	0	0,11	0,83	*49*	0,2	0,5	0,67
11	0,2	0,11	0,67	*50*	0,2	0,5	0,33
12	0	0,11	0,67	*51*	0	0,5	0,5
13	0,2	0,11	0,83	*52*	0	0,54	0,83
14	0	0,14	0,5	*53*	0	0,54	0,33
15	0	0,14	0,17	*54*	0	0,57	0,33
16	0,2	0,14	0,33	*55*	0,2	0,57	1
17	0	0,18	0,5	*56*	0	0,61	0,5
18	0,2	0,21	0,5	*57*	0,2	0,61	0,33
19	0	0,21	0,5	*58*	0	0,64	0,83

(Fortsetzung)

Tabelle 7.3 (Fortsetzung)

J.	Spezialisierung	Standardisierung	Formalisierung	J.	Spezialisierung	Standardisierung	Formalisierung
20	0,2	0,25	1	*59*	0,4	0,64	0,67
21	0,4	0,25	0,17	*60*	0	0,64	1
22	0	0,25	0,83	*61*	0	0,68	0,5
23	0,4	0,25	0,33	*62*	0	0,68	0,83
24	0,2	0,29	0,83	*63*	0,4	0,68	0,83
25	0,2	0,29	0,17	*64*	0	0,68	0,83
26	0,2	0,29	0,33	*65*	0,2	0,68	0,83
27	0	0,29	0,5	*66*	0,8	0,68	0,5
28	0	0,32	0,83	*67*	0,2	0,68	0,67
29	0	0,32	0,5	*68*	0	0,68	0,83
30	0,2	0,36	0,83	*69*	0	0,68	0,33
31	0,2	0,36	0,83	*70*	0,4	0,71	0,5
32	0	0,36	0,67	*71*	0	0,75	0,67
33	0	0,39	1	*72*	1	0,75	0,83
34	0	0,39	0,17	*73*	0,4	0,75	0,5
35	0,2	0,43	0,5	*74*	0	0,82	0,67
36	0	0,46	0,33	*75*	0,4	0,86	0,83
37	0,6	0,46	0,33	*76*	0,2	0,86	0,5
38	0,2	0,5	1	*77*	0	0,93	0,83
39	0,2	0,5	0,5	*78*	0,2	0,93	0,83

Quelle: Eigene Zusammenstellung

Tabelle 7.4 Korrelation (Spearman-Rho) zwischen objektiven Bürokratiedimensionen des beschäftigungsorientierten Fallmanagements

	Standardisierung	Formalisierung
Spezialisierung	0,072	0,032
Sig. (2-seitig)	0,532	0,778
N	78	78
Standardisierung		*0,252**
Sig. (2-seitig)		0,026
N		78

Quelle: Eigene Zusammenstellung. *: Die Korrelation ist auf dem Niveau von 0,05 (zweiseitig) signifikant

woraus eine vergleichsweise geringe Varianz auf diesem Index resultiert. Zum anderen kann es auch möglich sein, dass die Einrichtung einer spezifischen Fallmanagement-Variante weniger funktionalistischen als vielmehr (geschäfts-) politischen Erwägungen folgt. Dies würde bedeutet, dass es hierbei eher um die Frage geht, welchen Zielgruppen aufgrund der geschäftspolitischen Ausrichtung spezifische Ressourcen zukommen sollen, als um die Frage, welche Anzahl an zielgruppenspezifischen Fallmanagement-Varianten, gemessen an der Situation des jeweiligen Jobcenters, adäquat wäre.

Neben den objektiven Bürokratiedimensionen wurde in der Befragung auch die subjektive Einschätzung der Teilnehmenden zum Ausmaß der Bürokratie erfasst.[7] Tabelle 7.5 zeigt die Zusammenhänge zwischen dem eher objektiven und dem subjektiven Ausmaß der Bürokratiedimensionen auf. Die Analyse zeigt zunächst einen starken und signifikanten Zusammenhang zwischen der von den Befragten wahrgenommenen Standardisierung und Formalisierung. Darüber hinaus weisen die objektive Standardisierung und die subjektive Formalisierung sowie die objektive Formalisierung und die subjektive Standardisierung jeweils mittlere, signifikante Zusammenhänge auf. Im Gegensatz dazu sind die Zusammenhänge zwischen den konzeptuell korrespondierenden Paaren (objektive und subjektive Standardisierung sowie objektive und subjektive Formalisierung) nicht signifikant und zudem schwächer ausgeprägt. Diese Ergebnisse legen nahe, dass es den Befragten – trotz erläuternder Hinweise – schwergefallen ist, die Konzepte der Formalisierung und Standardisierung in Bezug auf ihre Organisation klar voneinander zu trennen. Folglich erscheint die Aussagekraft der subjektiven Dimensionen von Bürokratie als deutlich eingeschränkt.

[7] Es handelt sich hierbei um Frage 73 des Fragebogens zum beschäftigungsorientierten Fallmanagement (vgl. Anhang im elektronischen Zusatzmaterial).

Tabelle 7.5 Korrelation (Spearman-Rho) zwischen objektiven und subjektiven Bürokratiedimensionen im Bereich des beschäftigungsorientierten Fallmanagements

	Standardisierung	Formalisierung	Standardisierung (subjektive Einschätzung)	Formalisierung (subjektive Einschätzung)
Spezialisierung	0,089	0,046	0,032	0,052
Sig. (2-seitig)	0,463	0,706	0,79	0,672
N	70	70	70	70
Standardisierung		*0,254**	0,226	*0,344***
Sig. (2-seitig)		0,034	0,059	0,004
N		70	70	70
Formalisierung			*0,246**	0,191
Sig. (2-seitig)			0,04	0,113
N			70	70
Standardisierung (subjektive Einschätzung)				*0,691***
Sig. (2-seitig)				<0,001
N				70

Quelle: Eigene Zusammenstellung. *: Die Korrelation ist auf dem Niveau von 0,05 (zweiseitig) signifikant. **: Die Korrelation ist auf dem Niveau von 0,01 (zweiseitig) signifikant

7.1.2.5 Implementierungsstufen

Göckler et al. (2014) erläutern, dass das beschäftigungsorientierte Fallmanagement in den Jobcentern nach Implementierungsstufen unterschieden werden kann. Dieser Logik, die auf die fachlich-organisationale Umsetzung des Verfahrens abzielt, folgt das vorliegende Unterkapitel. Anhand von acht Items wird für jedes Jobcenter ein Indexwert berechnet, der die jeweilige fachliche Implementierungsstufe darstellt. Mindestens zwei Einschränkungen können die Aussagekraft dieses Index mindern: Zum einen gibt es keine allgemeingültigen organisationalen Qualitätskriterien für das beschäftigungsorientierte Fallmanagement. Die Auswahl der Items basiert daher auf den Ausführungen in Abschnitt 2.3 und wird nachfolgend dargestellt. Es werden nur solche Items verwendet, die aus Sicht des Autors der vorliegenden Arbeit weithin unstrittig einen Bezug zur Qualität des implementierten Fallmanagements anzeigen. Zum anderen ist zu betonen, dass sich die verwendeten Kriterien ausschließlich auf die organisationale Ebene beziehen und keinen Hinweis auf die Qualität des Fallmanagements im Einzelfall liefern.

Vielmehr deutet ein vergleichsweise hoher Indexwert daraufhin, dass das jeweilige Jobcenter durch Rückgriff auf geeignete Strukturen und Prozesse versucht, fachlich-adäquate Rahmenbedingungen für das Fallmanagement im Einzelfall zu schaffen. Hervorzuheben ist zudem, dass der folgende Index lediglich einzelne Aspekte aufsummiert und somit nicht exakt dem von Göckler et al. (2014) vorgenommenen Vorgehen folgt, das vier aufeinander aufbauenden Entwicklungsstufen jeweils spezifische Merkmale zuschreibt, die für das Erreichen der jeweiligen Stufe erfüllt sein müssen (vgl. Abschn. 4.3). Wie auch zuvor, im Rahmen der Untersuchung der Bürokratiedimensionen geschehen, werden nur jene Jobcenter berücksichtigt, die bei keinem der im Folgenden verwendeten Items fehlende Werte aufweisen (n = 75). Tabelle 7.6 gibt einen Überblick zu den Bestandteilen des Indexes der Implementierungsstufen.

Tabelle 7.6 Übersicht zu den Bestandteilen der Implementierungsstufen des Fallmanagements

Index	Indikator
Implementierungsstufen	Fallmanagement-Variante Form des Umsetzungskonzeptes Zuständigkeit der Fallmanager für Netzwerkpflege Bedeutung des Erkenntnistransfers Ausgestaltung der Fachaufsicht Bedeutung von Supervision Relevanz der Zertifizierung

Quelle: Eigene Abbildung

Wie in Abschnitt 2.3.4.2.1 dargestellt, ist der Literatur zu entnehmen, dass eine Voraussetzung für ein „qualifiziertes“ bzw. der Komplexität und fachlichen Tiefe angemessenes Case Management die Erbringung in der spezialisierten Variante ist. Auch das von der Bundesagentur für Arbeit herausgegebene Fachkonzept zum bFM empfiehlt dies (BA 2005: 9). Die 62 Jobcenter, die dieser Maßgabe folgen, erhalten auf dem ersten Indikator den Wert x = 1 (vgl. Abbildung 7.43).

Existiert ein Umsetzungskonzept für das Fallmanagement, ist davon auszugehen, dass sich das betreffende Jobcenter intensiver mit dem professionellen Verfahren des Fallmanagements auseinandergesetzt hat als jene Jobcenter, die als konzeptionelle Grundlage allein auf die BA-Weisung 201710002 vom 20.10.2017 zurückgreifen. Wie bereits bei der Bürokratiedimension der Formalisierung geschehen (vgl. Abbildung 7.39), erhalten die 53 Jobcenter, die über ein eigenständiges Umsetzungskonzept verfügen, den Wert x = 1. Jene, die lediglich die BA-Weisung als Grundlage für das Fallmanagement verwenden, erhalten

Abbildung 7.43
Häufigkeitsverteilung der spezialisierten und generealisierten Fallmanagement-Varianten. (Quelle: Eigene Abbildung)

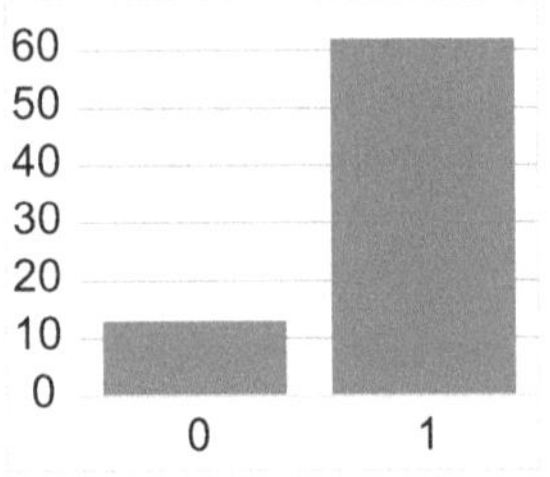

den Wert x = 0. Die anderen Ausprägungen innerhalb dieses Spektrums (vgl. Abbildung 7.17) erhalten den Wert x = 0,5.

Abbildung 7.44
Häufigkeitsverteilung der Zuständigkeit für Netzwerkpflege. (Quelle: Eigene Abbildung)

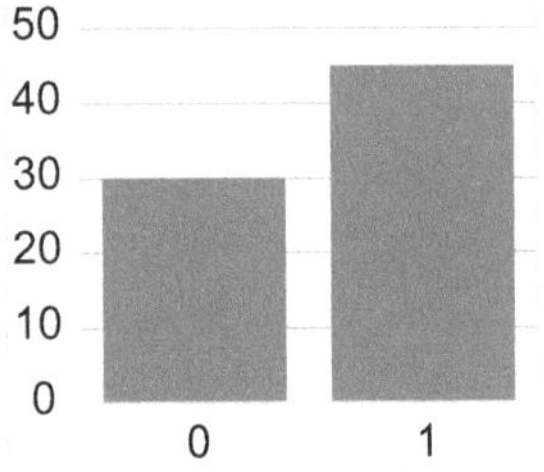

Als weiteres Qualitätskriterium wird herangezogen, ob die Fallmanager nicht nur für den fallspezifischen Kontakt zu den Netzwerkpartnern zuständig sind, sondern sich auch um die fallübergreifende Netzwerkpflege/Angebotssteuerung kümmern (vgl. Abbildung 7.20). Jobcenter, die der entsprechenden Aussage im Fragebogen zugestimmt haben, erhalten den Wert x = 1 (vgl. Abbildung 7.44). Dies ist bei 45 der betrachteten 75 Jobcenter der Fall.

Abbildung 7.45
Häufigkeitsverteilung zur Bedeutung des Erkenntnistransfers. (Quelle: Eigene Abbildung)

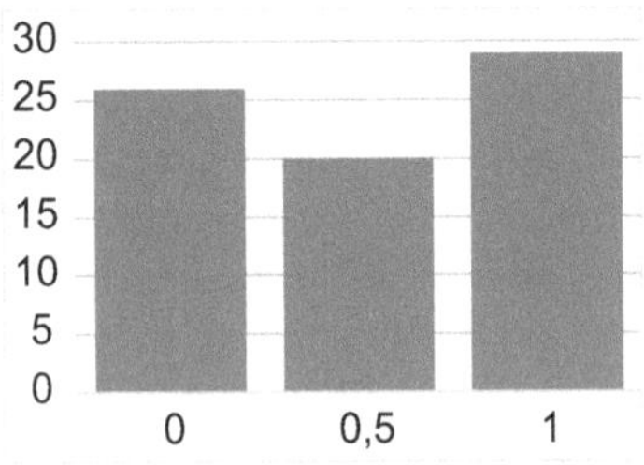

Anknüpfend an die Bedeutung der Netzwerkpflege, fließt als weiteres Kriterium die Bedeutung des Erkenntnistransfers von der Einzelfall- auf die Organisations- bzw. Systemebene in die Indexbildung ein (vgl. Abbildung 7.25 und Abbildung 7.26). Jobcenter, die Erkenntnisse aus der Einzelfallarbeit systematisch sowohl zur Weiterentwicklung der internen Strukturen und Prozesse innerhalb des Jobcenters nutzen als auch um Einfluss auf die Angebotsstrukturen der Leistungserbringer/Netzwerkpartner zu nehmen, erhalten bei diesem Indikator den Wert x = 1 (vgl. Abbildung 7.45). Sofern ein Jobcenter Erkenntnisse aus der Einzelfallarbeit nur für einen der beiden Zwecke nutzt, erhält es den Wert x = 0,5. Die zentrale Bedeutung der Verknüpfung von Fall- und Organisations-/ Systemebene heben auch Göckler et al. (2014: 9) hervor.

Abbildung 7.46
Häufigkeitsverteilung zur Ausgestaltung der Fachaufsicht. (Quelle: Eigene Abbildung)

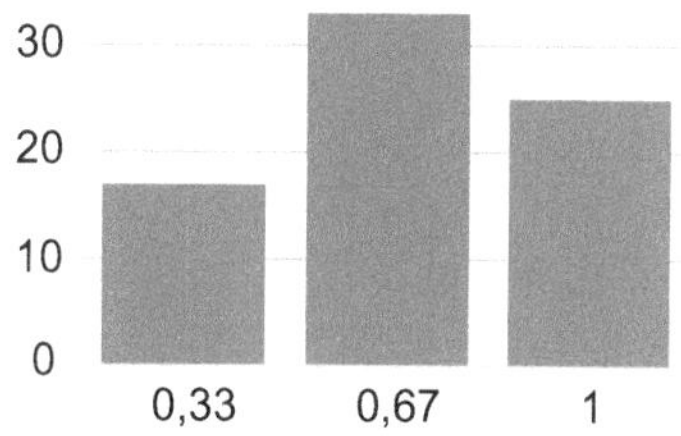

Das fünfte Kriterium stellt die Ausgestaltung der Fachaufsicht des Fallmanagements dar (vgl. Abbildung 7.27). Sofern das jeweilige Jobcenter alle drei der aufgeführten Instrumente anwendet, erhält es für diesen Indikator den Wert x = 1. Diese höchste Ausprägung wird in 25 Fällen erreicht (vgl. Abbildung 7.46). In weiteren 33 Jobcentern kommen zwei der Instrumente zur Anwendung und in den restlichen 17 jeweils eines.

Abbildung 7.47
Häufigkeitsverteilung der Bedeutung von Supervision. (Quelle: Eigene Abbildung)

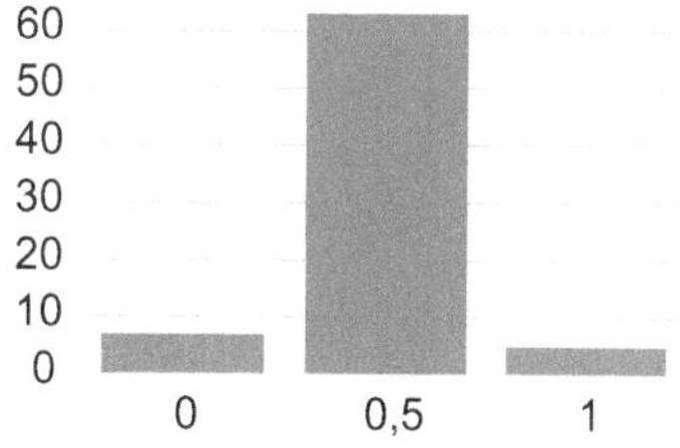

Des Weiteren wird die Ausgestaltung der Supervision berücksichtigt (vgl. Abbildung 7.23). Findet Supervision für jeden Fallmanager verpflichtend in regelmäßigen Abständen statt, erhält das jeweilige Jobcenter auf dem sechsten Indikator den Wert x = 1 (vgl. Abbildung 7.47). Dies betrifft fünf der 75 Jobcenter. Die Mehrheit der Jobcenter (n = 63) bietet Supervision freiwillig bei Bedarf an. In sieben Jobcentern wird nicht auf Supervision zurückgegriffen.

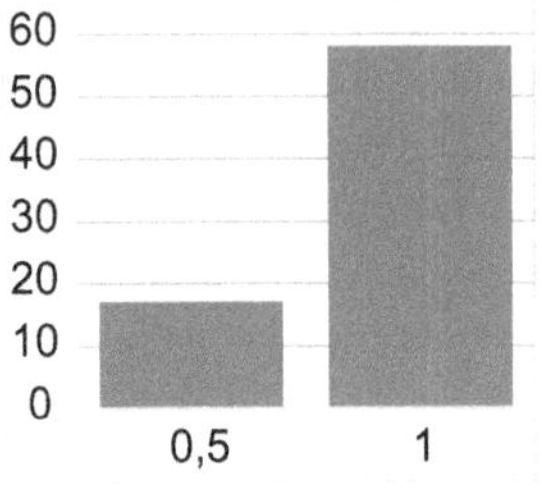

Abbildung 7.48 Häufigkeitsverteilung zur Relevanz der Zertifizierung. (Quelle: Eigene Abbildung)

Durch den letzten Indikator wird berücksichtigt, ob die Fallmanager im Jobcenter zertifiziert sein müssen oder eine Zertifizierung lediglich erwünscht ist (vgl. Abbildung 7.24). Im ersten Fall erhält das Jobcenter einen Wert von x = 1, im zweiten Fall von x = 0,5 (vgl. Abbildung 7.48). In der überwiegenden Zahl der Jobcenter ist eine Zertifizierung zwangsläufig vorgesehen (n = 58)($n = 58$). Nur in 17 Fällen ist eine solche nicht zwingend, aber erwünscht.

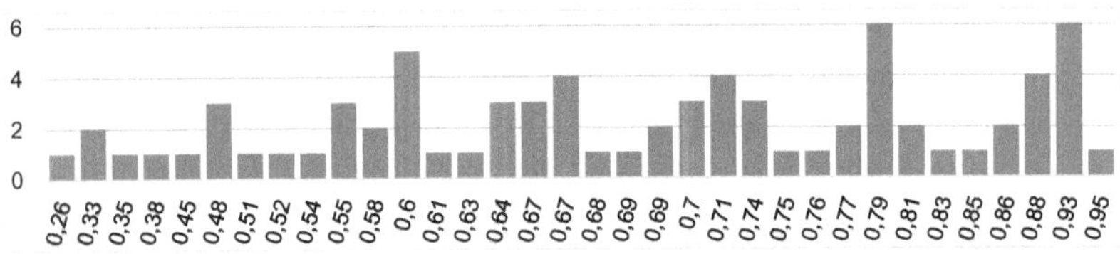

Abbildung 7.49 Häufigkeitsverteilung des Indexes für Implementierungsstufen. (Quelle: Eigene Abbildung)

Der Index für die Implementierungsstufen weist eine relativ breite Spannweite auf. Insgesamt besteht er aus 34 Stufen, die vom Wert x = 0,26 bis zum Wert x = 0,95 reichen (vgl. Abbildung 7.49). Das arithmetische Mittel und der Median sind mit Werten von knapp bzw. gut x = 0,69 nahezu identisch. Zwar vereinfacht die Verwendung eines solches Indexes die abgebildete Realität erheblich, dennoch hilft die Vereinfachung, einen ersten Eindruck zum Status quo der organisationalen Qualität des beschäftigungsorientierten Fallmanagements zu gewinnen.

Tabelle 7.7 Korrelation (Spearman-Rho) zwischen objektiven Bürokratiedimensionen und Implementierungsstufen des beschäftigungsorientierten Fallmanagements

	Standardisierung	Formalisierung	Implementierungsstufe
Spezialisierung	0,052	0,046	0,186
Sig. (2-seitig)	0,658	0,698	0,11
N	75	75	78
Standardisierung		*0,257**	*0,286**
Sig. (2-seitig)		0,026	0,013
N		75	75
Formalisierung			*0,499***
Sig. (2-seitig)			<0,001
N			75

*: Die Korrelation ist auf dem Niveau von 0,05 (zweiseitig) signifikant. **: Die Korrelation ist auf dem Niveau von 0,01 (zweiseitig) signifikant

Betracht man nun die in Tabelle 7.7 dargestellten Korrelationen zwischen der Implementierungsstufe und den Bürokratiedimensionen, zeigt sich, dass signifikante Zusammenhänge sowohl zwischen der Implementierungsstufe und der Standardisierung als auch, und zwar in deutlich höherem Maße, zwischen der Implementierungsstufe und der Formalisierung bestehen. Zu berücksichtigen ist dabei jedoch, dass der Aspekt des Umsetzungskonzeptes sowohl im Index der Formalisierung als auch im Index der Implementierungsstufe enthalten ist. Wird dieser Aspekt bei Berechnung des Indexes der Implementierungsstufe ausgelassen, verringern sich die Korrelationswerte auf $r_{sp} = 0{,}232$ (Standardisierung und Implementierungsstufe) und $r_{sp} = 0{,}342$ (Formalisierung und Implementierungsstufe), wobei das jeweilige Signifikanzniveau bestehen bleibt.

7.1.3 Arbeitgeberorientierte Beratung und Vermittlung

Zunächst wird in einem Exkurs das Aufgabenverständnis, welches die Jobcenter der quantitativen Teilstudie und die interviewten Personen mit der Arbeitgeberorientierten Beratung und Vermittlung verbinden, skizziert (Abschn. 7.1.3.1). Anschließend wird überblicksartig auf die Variationen der Organisation in der Arbeitgeberbetreuung eingegangen (Abschn. 7.1.3.2). Danach wird ebenfalls im Rahmen eines Exkurses knapp der Ausbildungshintergrund der Fachkräfte der

Arbeitgeberbetreuung betrachtet (Abschn. 7.1.3.3). Abschließend wird die Arbeitgeberbetreuung der Jobcenter anhand des Konzeptes der Bürokratie verglichen (Abschn. 7.1.3.4).

7.1.3.1 Exkurs: Aufgabenverständnis

Wie auch bezüglich des bFM, sind hinsichtlich der arbeitgeberorientierten Beratung und Vermittlung keine größeren Unterschiede im Aufgabenverständnis der Interviewten der qualitativen Studie zu konstatieren. Unter den interviewten Personen lassen sich jedoch zwei Perspektiven auf die Tätigkeit unterscheiden: Während für Mitarbeitende eines gemeinsamen Arbeitgeber-Services (gAG-S) eher der Arbeitgeber den Mittelpunkt des Interesses darstellt, richten die arbeitgeberorientierten Mitarbeitenden außerhalb eines gAG-S, sofern ein solcher vor Ort existiert, ihre Handlungen eher an den Klienten des Jobcenters aus bzw. nehmen eine Vermittlerrolle zwischen Arbeitgebern und Klienten ein (s. u. „weiteres arbeitgeberorientiertes Personal außerhalb des gAG-S").

Zwar wird die Sinnhaftigkeit der arbeitgeberorientierten Beratung und Vermittlung von den Interviewten prinzipiell nicht in Frage gestellt, dennoch weisen die geführten Interviews auf ein grundlegendes und sich scheinbar intensivierendes Spannungsverhältnis hin: Einige interviewte Personen nehmen Bezug auf einen durch die BA-Zentrale angestoßenen Weiterentwicklungsprozess, der die Neuausrichtung der Arbeitgeberservices betrifft. So solle sich der Tätigkeitsschwerpunkt perspektivisch von der „klassischen" Stellenbesetzung (vgl. Abschn. 2.3.4.3.1) auf eine stärkere Beratung der Arbeitgeber und Beschäftigten verlagern, um Fachkräfte z. B. innerbetrieblich durch Qualifizierungen zu gewinnen (#6: Abs. 44, #9: Abs. 45). Beratungsfreiräume sollen demnach durch eine verstärkte Nutzung von Künstlicher Intelligenz zur Automatisierung des Matching-Prozesses eröffnet werden (#9: Abs. 45). Zudem solle durch das arbeitgeberorientierte Personal „eigentlich [...] gar keine bewerberorientierte Arbeit" (#17: Abs. 3) mehr betrieben werden.

Interviewte der Jobcenter sehen diese Entwicklung aus zwei Gründen kritisch: Einerseits seien ihre Klienten häufig eher arbeitsmarktfern und würden daher kaum davon profitieren, wenn sich durch Qualifizierungen wieder freie Stellen bei Arbeitgebern ergeben würden (#6: Abs. 44): „Das heißt, der Kunde, den wir haben, [...] der findet dort nicht statt" (#9: Abs. 45). Zum anderen wird bezweifelt, dass ein automatisiertes Matching überhaupt effektiv für die Klienten der Jobcenter eingesetzt werden könne. Schon jetzt bestehe zwar die Möglichkeit, Klienten Stellenempfehlungen automatisch zukommen zu lassen, das Ergebnis sei momentan aber „eine mittlere Katastrophe" (#16: Abs. 72). Interviewte führen diesbezüglich an, dass das automatisierte Matching dann funktioniere, wenn es sich um klar umrissene Tätigkeiten oder Berufsbilder handele. Diese lägen bei den Klienten der Jobcenter aber meist nicht vor, da diese Personen häufig nicht über eine berufliche Ausbildung verfügen und in der Vergangenheit vielfältigen Tätigkeiten nachgegangen seien, weshalb eine interviewte Person schlussfolgert: „Sie müssen den kennen, Sie müssen mit dem gesprochen haben, Sie müssen den gesehen haben und Sie müssen dazu in der Lage sein, den wieder im Kopf zu haben, wenn Sie vielleicht mit einem Arbeitgeber sprechen" (#9: Abs. 45, ähnlich #15: Abs. 14).

Ein besonderer Umstand stellt bei der Arbeitgeberbetreuung der Jobcenter die Tatsache dar, dass nicht alle Jobcenter über den gleichen Aufgabenbestand verfügen. So geben beispielsweise 69 Prozent der Jobcenter mit gAG-S und 55 Prozent der Jobcenter ohne gAG-S an, dass sie die Ausbildungsstellenvermittlung an die örtliche Agentur für Arbeit abgegeben haben.

Blickt man ausschließlich auf die Jobcenter ohne gAG-S, stellt sich noch grundlegender die Frage, welche Aufgaben der Arbeitgeberbetreuung diese Jobcenter überhaupt übernehmen. Bis auf zwei Jobcenter bieten alle dieser gEn die Durchführung der Personalsuche, die Unterstützung bei der Bewerberauswahl und die Unterstützung bei der Stellenbesetzung an (vgl. Abbildung 7.50). In geringerem Maße betrachten die Jobcenter ohne gAG-S die Arbeitsmarkt- und Qualifizierungsberatung als durchzuführende Aufgaben. Die Bearbeitung von Förderleistungen deckt in fast allen betrachteten Jobcentern Eingliederungszuschüsse und Praktika ab. Eher seltener wird prinzipiell die Förderung der außerbetrieblichen Berufsausbildung angeboten.

7.1.3.2 Übersicht

81 der 82 Jobcenter, die sich an der quantitativen Teilstudie beteiligt haben, geben an, Aufgaben einer arbeitgeberorientierten Beratung und Vermittlung (Arbeitgeberbetreuung) wahrzunehmen. Von diesen 81 Jobcentern haben 70 (86 %) einen **gemeinsamen Arbeitgeber-Service** zusammen mit der örtlichen Agentur für Arbeit eingerichtet (vgl. Abbildung 7.51). Damit folgen diese Jobcenter dem „Rechtskreisübergreifenden Leitkonzept für den gemeinsamen Arbeitgeber-Service" der BA aus dem Jahr 2011 (BA 2011).

Ähnlich zum bFM, zeigt die qualitative Teilstudie auf, dass hier im quantitativen Fragebogen für ein Jobcenter eine falsche Aussage getroffen wurde. So stellte sich im Rahmen der qualitativen Interviews heraus, dass ein Jobcenter, für das angegeben wurde, dass kein gAG-S existiere, sehr wohl an einem gAG-S beteiligt ist. Als möglichen Grund für die falsche Zuordnung führt die interviewte Person aus, dass es herausfordernd sei, im Hinblick auf die Klienten des Jobcenters, eine Zusammenarbeit mit dem gAG-S herzustellen (#15: Abs. 14).

Abbildung 7.50 Aufgaben der Arbeitgeberbetreuung derjenigen Jobcenter ohne gAG-S. (Quelle: Eigene Abbildung. n = 11. Fragetext: „Welche Aufgaben der Arbeitgeberbetreuung (arbeitgeberorientierte Vermittlung und Beratung) übernimmt Ihr Jobcenter?" (Trifft zu). Vollständige Itemtexte: (1) Unterstützung bei der Bewerberauswahl (z. B. Entgegennahme der Bewerbungsunterlagen oder Testung potenzieller Arbeitskräfte und Auszubildender hinsichtlich ihrer Eignung für die angestrebte Tätigkeit bzw. Ausbildung); (2) Unterstützung bei der Stellenbesetzung (z. B. Beratung hinsichtlich Kinderbetreuung oder finanzieller Förderungen zum Ausgleich fachlicher/beruflicher Defizite oder bei behinderungsbedingten Einschränkungen))

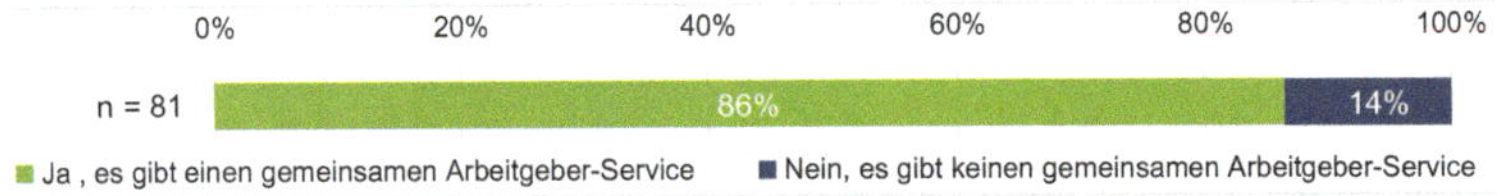

Abbildung 7.51 Anteil der Jobcenter mit einem gemeinsamen AG-S. (Quelle: Eigene Abbildung. Fragetext: „Besteht ein gemeinsamer Arbeitgeber-Service (AG-S) zwischen Ihrem Jobcenter und der örtlichen Agentur für Arbeit?")

Wie bereits im Zusammenhang mit der o. g. Neuausrichtung der Arbeitgeberservices von einer interviewten Person angerissen, verweist auch diese Person auf die vielseitigen Lebensläufe der Klienten:

> „Wir haben Lebensläufe mit ganz viel Personaldienstleistungen, mit befristeten Verträgen, mit Kurzbeschäftigung, mit anderen Brüchen in den Lebensläufen, mehrere Ausbildungen angefangen [...]. Und wir haben aber auch solche Lebensläufe, die halt studiert haben und reine Absolventen sind, weil sie halt nicht klassisch nach dem Studium gleich einen Job gefunden haben. Auch diese Menschen fallen auch halt in den Bürgergeldbezug, ja. Und ich sage mal, das war oftmals noch das Einfachste vom Matching her, aber mit vielen Lebenslaufbrüchen war es halt nicht so einfach. Und das ist auch die Unzufriedenheit der letzten Jahre, auch immer wieder mal gewesen, dass der Arbeitgeberservice ganz schwer auch einen Einblick in unsere Kundenklientel hatte und man das deswegen nicht immer unbedingt als gemeinsamen Arbeitgeberservice angesehen hat." (#15: Abs. 14)

Potenzielle Vorteile eines gAG-S wie z. B. die Bündelung von Wissen und Aktivitäten sowie die Vermeidung von Doppelarbeiten (#12: Abs. 24) oder auch das Auftreten als einheitlicher Ansprechpartner für Arbeitgeber im Sinne von „one face to the customer" (vgl. #9: Abs. 39), werden in den geführten Interviews kaum thematisiert. In größerem Ausmaß wird diese gemeinsame Konstruktion, gerade auch durch Geschäftsführende, deren Jobcenter an einem gAG-S beteiligt ist, grundlegend hinterfragt (vgl. u. a. #1, #3, #6). Gründe sind hier die als mangelhaft wahrgenommene Bewerberorientierung im gAG-S (#6: Abs. 44) und die unzureichende Wirkung des gAG-S in Bezug auf die Klienten der Jobcenter (#1: Abs. 12, #3: Abs. 36). Während letzteres durch eine geschäftsführende Person recht abstrakt mit der Unzufriedenheit über den „Ergebnisbeitrag" des gAG-S umschrieben wird (#3: Abs. 36), erläutert eine andere, in Abgrenzung zur Großkundenbetreuung der BA, dass man am Beispiel der Integration der ukrainischen Geflüchteten merke, dass „die kleineren Strukturen [...] im Moment etwas erfolgversprechender als die großen, komplizierten, mit vielen Schnittstellen und vielen Ansprechpartnern und vielen Regeln" (#1: Abs. 12) seien. Die Arbeitgeberbetreuung „selber zu machen ist zwar nicht so ressourcenschonend, aber vielleicht manchmal wird es schneller und erfolgreicher sein" (ebd.).

Insgesamt könne ihr Jobcenter den gAG-S „nur so mittelbar steuern" (#3: Abs. 36) wie eine geschäftsführende Person erläutert. Nichtsdestotrotz stellen die Jobcenter mitunter Forderungen an die Arbeit des gAG-S, z. B., dass auch dort Klienten mit in die Betreuung aufgenommen werden (#6: Abs. 44) oder, dass andere Tätigkeiten zusätzlich für das Jobcenter übernommen werden, was aus

Sicht einer arbeitgeberorientierten Integrationsfachkraft aufgrund des zusätzlichen Arbeitsvolumens auch kontraproduktiv sein kann (#12: Abs. 24).

Zwar scheint die Option, den gAG-S zu verlassen, für die erwähnten geschäftsführenden Personen einen realistischen Weg darzustellen, falls keine Kompromisse mehr erzielt werden können. Der Entscheidung gegen den gAG-S kann jedoch neben betriebswirtschaftlichen Kriterien im weiteren Sinne, auch ein eher „politisches" Moment innewohnen:

> „Ich weiß aber, dass ich, wenn ich diesen Gedanken […] offiziell in einem Prozess aussprechen würde, dass ich da relativ schnell Anrufe bekäme, ob aus [der jeweiligen Regionaldirektion; Anonymisierung durch J. H.] oder vielleicht sogar direkt aus Nürnberg, im Sinne von, ‚Also, so einen Scheiß machst du nicht.' Also, weil das sozusagen auch vom Vorstand, von den Geschäftsführern der BA / Also, im Selbstverständnis der BA ist das nicht gewollt und wenn gerade große Häuser / Also, wenn, was weiß ich, [ein kleineres Jobcenter in der Region; Anonymisierung durch J. H.] sagt, wir wollen keinen gemeinsamen Arbeitgeberservice, da wird sich niemand rücken. Wenn aber ein großes Jobcenter sagt, ich möchte sozusagen von der Linie der BA abweichen – und ich weiß es, der Kollege aus [anderes Jobcenter in der Region; Anonymisierung durch J. H.] hat das zum Beispiel beim Thema [XY; Anonymisierung durch J. H.] gemacht / […] Also, da sehe ich schon auch, ich sage mal, wie da Einfluss genommen wird, wenn man es positiv nennen will. Wenn man es kritisch aussprechen würde, würde man sagen, da wird Druck aufgebaut. Also man ist dann eben auch darüber nicht so frei in der sachlichen Argumentation. Was ist vielleicht das Beste für die Organisation, weil es auch einen gewissen Selbsterhaltungstrieb gibt, der irgendwie systemimmanent ist. Und den zu durchbrechen ist manchmal nicht so einfach, glaube ich." (#3: Abs. 36)

Von jenen gEn der qualitativen Teilstudie ohne gAG-S berichtet eine geschäftsführende Person eines kleineren Jobcenters, dass es vor einigen Jahren mal eine Weisung der BA zur Einrichtung gemeinsamer Arbeitgeber-Services gegeben habe (#4: Abs. 54). Alle vier Jobcenter ihres Agenturbezirkes hätten sich damals gegen einen gAG-S entschieden, wohl aber aus unterschiedlichen Gründen (z. B. finanzielle und räumliche) (ebd.). Für ihr Jobcenter sei ausschlaggebend gewesen, dass man an den gAG-S Personal hätte abgeben müssen (#4: Abs. 52). Aus ihrer Perspektive sei das Konstrukt damals aber richtigerweise in vielen Jobcenterbezirken eingeführt worden; inzwischen habe sich jedoch die Klientenstruktur verändert:

> „Ich muss die Arbeitgeber- und die Arbeitnehmerseite kennen, mittlerweile, weil es halt einfach zu different ist und die Qualifikation bei unseren Kunden zumindest im Durchschnitt nicht den Anforderungen des Arbeitgebers entspricht. Das heißt, wenn ich den in die Tür reinkriegen möchte, beim Arbeitgeber, muss ich mit ihm [dem

> Arbeitgeber; Anmerkung J. H.] darüber reden, ‚Ey, pass auf, das ist zwar so, das hat er nicht, da können wir aber' usw. Dafür haben wir unsere Produkte, können wir unterstützen. Und das geht nicht, wenn ich nur einen Datensatz vorschlage. Das macht ja der AG-S, der kennt in der Regel den Kunden nicht, der schlägt den VerBIS-Datensatz vor, in der Aktualität, wie er denn vorliegt." (ebd.)

In immerhin 22 der 70 Jobcenter mit gAG-S arbeitet **weiteres arbeitgeberorientiertes Personal außerhalb des gAG-S**. In der qualitativen Teilstudie berichten drei der vier größeren Jobcenter davon, entsprechende Teams bzw. Teilteams eingerichtet zu haben. Kennzeichnend für ihre Arbeit ist, dass die Arbeitgeberorientierung aus dem Bewerberpotenzial heraus erfolgt. Eine Interviewpartnerin schildert beispielhaft:

> „Das läuft also so, dass wir hier schauen, wo liegen unsere Schwerpunkte gerade im Team? Was gibt es da für […] Profile? Also, wo soll die berufliche Reise hingehen? Und dann schauen wir, dass wir entsprechend Bewerbertage organisieren, kleine Messen organisieren oder mit den Kunden gemeinsam zu Vorstellungsgesprächen bei den Arbeitgebern gehen." (#15: Abs. 14)

Diese Arbeitsweise wird in den entsprechenden Jobcentern unterschiedlich bezeichnet. Gemein ist den Ansätzen, dass die Zielgruppe jeweils eher marktnähere Klienten sind und, dass es sich in diesem Bereich, im Vergleich zur „regulären" Arbeitsvermittlung, um deutlich geringere Betreuungsschlüssel handelt (vgl. #9, #14, #15). Ein Unterschied besteht jedoch in der Frage, ob dieses an der Schnittstelle zwischen Arbeitgebern und Bewerbern agierende Personal hauptverantwortlich für die Klienten zuständig ist oder die Klienten „nur" zusätzlich zu einer zuständigen Integrationsfachkraft in die Nebenbetreuung aufnimmt. Teils führt dieses stärker arbeitgeberorientierte Personal im Rahmen der Klientenbetreuung sogar selbst Coachingmaßnahmen durch (z. B. Bewerbungen schreiben, Vorstellungsgespräche simulieren). Schlussendlich scheinen diese Ansätze darauf ausgelegt zu sein, die wahrgenommene, mangelnde Bewerberorientierung in den gemeinsamen Arbeitgeber-Services zu kompensieren.

Die qualitative Teilstudie zeigt zudem auf, dass sich unter den verbliebenen elf Jobcentern ohne gAG-S mindestens ein Jobcenter befindet, in welchem der gAG-S vor einigen Jahren aufgelöst wurde.[8] Dort übernimmt seither je regionalem Team eine Vermittlungskraft zusätzlich Aufgaben der arbeitgeberorientierten Vermittlung (#13: Abs. 8 ff.). Von den elf Jobcentern ohne gAG-S wird die

[8] Die Gründe hierfür kann der interviewte arbeitgeberorientierte Vermittler jedoch nicht rekonstruieren, da er zu diesem Zeitpunkt noch nicht beim Jobcenter beschäftigt war (vgl. #13).

Arbeitgeberbetreuung in acht Fällen durch eine **separate Organisationseinheit** (z. B. Abteilung, (Fach-)Bereich oder Team) erbracht.

Abbildung 7.52 gibt einen Überblick zu den **Kooperationsinstrumenten**, auf die die Jobcenter und Agenturen für Arbeit, sofern ein gAG-S existiert, zurückgreifen. Am häufigsten finden in diesen Konstellationen regelmäßige Besprechungen auf Ebene der Führungskräfte Anwendung (73 %). In immerhin zwei Drittel der Fälle existieren Kooperationsvereinbarungen, ähnlich häufig sind Schnittstellenpapiere vorzufinden (61 %). Gemeinsame strategische Konzepte und Aktivitätenpläne strukturieren hingegen nur die Minderheit der Kooperationsbeziehungen.

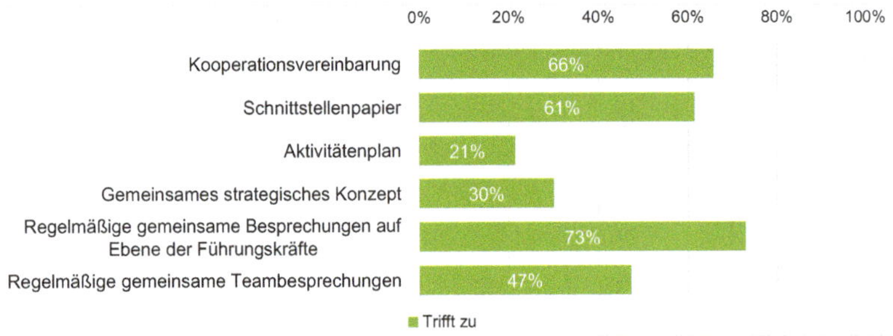

Abbildung 7.52 Kooperationsinstrumente zwischen Jobcenter und Agentur für Arbeit. (Quelle: Eigene Abbildung. n = 70. Fragetext: „Durch welche Instrumente wird die Kooperation mit der örtlichen Agentur für Arbeit strukturiert?" (Trifft zu))

Konkret berichtet eine interviewte Person beispielsweise von Jours fixes auf der Bereichsleitungsebene und der Ebene der operativen Geschäftsführung (#6: Abs. 44). Eine andere Person erläutert, dass jede vom Jobcenter in den gAG-S abgeordnete Vermittlungskraft einem Vermittlungsteam des Jobcenters zugeordnet ist und somit an entsprechenden Teambesprechungen teilnimmt, wodurch der Informationsfluss zwischen gE und gAG-S auf operativer Ebene sichergestellt werden soll (#12: Abs. 14). Zudem nehme eine dieser Vermittlungskräfte auch immer an den regelmäßig stattfindenden Bereichsleitungsbesprechungen des Jobcenters teil, sodass auch von dort Informationen in den gAG-S hineingetragen werden können (ebd.).

Auch in der direkten Interaktion mit den Klienten kann die Schnittstelle zwischen Jobcenter und gAG-S überbrückt werden. So erläutert eine interviewte Person, dass in ihrem Jobcenter die Möglichkeit bestehe, im Zuge der Bewerbung eines Klienten, ein Gespräch zwischen dem Klienten, der zuständigen

Integrationsfachkraft und der arbeitgeberorientierten Vermittlungskraft des gAG-S zu initiieren (#17: Abs. 20). Bei Bedarf könne zusätzlich auch der potenzielle Arbeitgeber hinzugezogen werden (ebd.).

Im Hinblick auf eine Zuständigkeitsabgrenzung zwischen Jobcenter und gAG-S führt eine interviewte Person aus, dass ihr Jobcenter selbst tätig werde, wenn ein Arbeitgeber direkt auf das Jobcenter zukomme und man das Anliegen, also die Besetzung von Stellen, relativ schnell bedienen könne (#9: Abs. 39). In allen anderen Fällen würde man an den gAG-S verweisen, der dann ein Stellenangebot aufnehme (ebd.). In zwei der Jobcenter der qualitativen Teilstudie, die keinen gemeinsamen Arbeitgeber-Service eingerichtet haben, bestehen unterschiedliche Absprachen zu Zuständigkeiten: In der einen gE werden lediglich wesentliche Informationen aufgenommen und an den AG-S der Agentur für Arbeit zwecks Kontakt- und Stellenaufnahme weitergeleitet, sofern sich ein Arbeitgeber an das Jobcenter wendet (#13: Abs. 30). Im anderen Fall haben die Agentur für Arbeit und das Jobcenter die Absprache getroffen, dass letzteres für die Personaldienstleister (PDL) in der Region zuständig ist (#11: Abs. 12).[9]

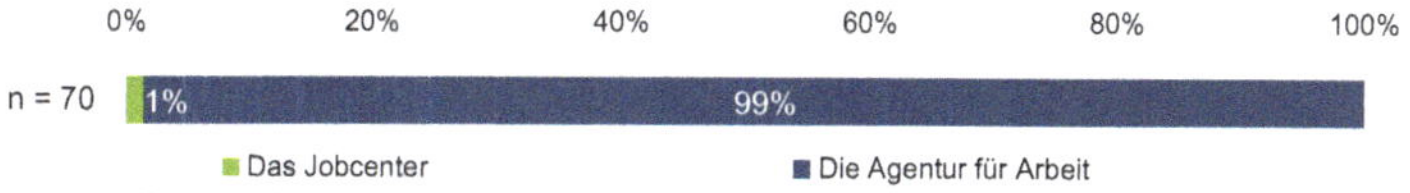

Abbildung 7.53 Federführende Zuständigkeit im gAG-S auf Ebene der Bereichsleitung. (Quelle: Eigene Abbildung. Fragetext: „Wer besitzt die federführende Zuständigkeit für den AG-S auf Ebene der Bereichsleitung?")

Zwar stimmen nur 56 Prozent der Befragten der quantitativen Teilstudie der Aussage zu, dass die **federführende Zuständigkeit für den gAG-S** auf Ebene der Bereichsleitung eindeutig geregelt ist, jedoch sehen 69 der 70 Jobcenter mit gAG-S diese Funktion prinzipiell bei der jeweiligen Agentur für Arbeit verortet (vgl. Abbildung 7.53). Die Dominanz der Bundesagentur in diesem Bereich wird auch dadurch unterstrichen, dass nur 18 der Jobcenter mit gAG-S eine Teamleitung im gemeinsamen Arbeitgeber-Service stellen.

[9] Die hervorgehobene Bedeutung von PDL für die Klienten der Jobcenter zeigt beispielhaft auch, dass der Vermittler eines gAG-S der qualitativen Teilstudie, der für die PDL zuständig ist, sein Büro in den Räumlichkeiten des Jobcenters bezogen hat, „damit er einen schnelleren Draht hat, zu den Kunden im Jobcenter" (#12: Abs. 12). Jobcenter, gAG-S und Agentur sind dort auf unterschiedlichen Etagen im selben Gebäude verortet. Die besondere Relevanz von PDL für Jobcenter verdeutlicht ebenso eine geschäftsführende Person, die erklärt, dass ihr Jobcenter trotz gAG-S mitunter selbst in den Austausch mit PDL tritt (#1: Abs. 14).

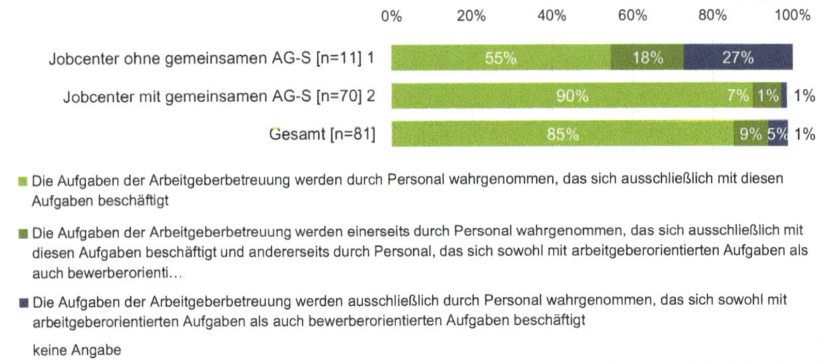

Abbildung 7.54 Aufgabenstruktur auf Mitarbeiterebene. (Quelle: Eigene Abbildung. Fragetexte: (1) „Inwieweit werden die Aufgaben der Arbeitgeberbetreuung (arbeitgeberorientierte Vermittlung und Beratung) in Ihrem Jobcenter durch hierauf spezialisiertes Personal wahrgenommen?"; (2) „Inwieweit werden die Aufgaben der Arbeitgeberbetreuung (arbeitgeberorientierte Vermittlung und Beratung) im AG-S durch hierauf spezialisiertes Personal wahrgenommen?")

Abbildung 7.54 zeigt, dass in der weit überwiegenden Zahl der befragten Jobcenter die Aufgaben der Arbeitgeberbetreuung durch **Personal** wahrgenommen werden, welches sich ausschließlich mit diesen Aufgaben beschäftigt. Wenig überraschend ist eine höhere Variation bei den elf Jobcentern ohne gAG-S zu beobachten. Hier geben immerhin drei gEn (27 %) an, dass die Aufgaben der Arbeitgeberbetreuung ausschließlich durch Personal wahrgenommen werden, welches sich sowohl mit arbeitgeberorientierten als auch bewerberorientierten Aufgaben beschäftigt.

Interessant ist zudem die Frage danach, welches Personal in **Kontakt zu Arbeitgebern** steht (vgl. Abbildung 7.55). Hier zeigt sich zunächst, dass sich der Kontakt in vielen Jobcentern nicht ausschließlich auf das arbeitgeberorientierte Personal begrenzt. Auch das bewerberorientierte Personal bzw. das Personal außerhalb eines gAG-S bzw. einer separaten Organisationseinheit steht in einigen Jobcentern in Kontakt zu Arbeitgebern. Die Koordination zwischen der bewerberorientierten und der arbeitgeberorientierten Seite ist in jeweils knapp 40 Prozent der Jobcenter derart geregelt, dass das bewerberorientierte Personal das arbeitgeberorientierte Personal nicht bzw. nur über die Kontaktaufnahme informieren

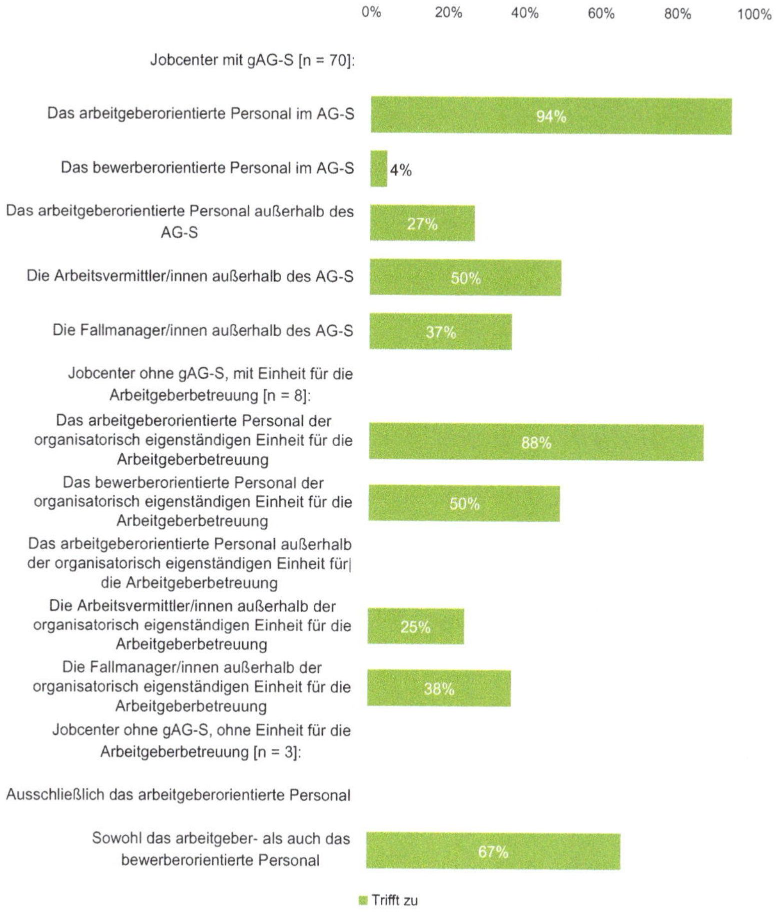

Abbildung 7.55 Personal mit Kontakt zu Arbeitgebern. (Quelle: Eigene Abbildung. Fragetext: „Wer steht in Ihrem Jobcenter i. d. R. in Kontakt zu Arbeitgebern?" (Trifft zu))

muss (vgl. Abbildung 7.56). In den restlichen gEn (24 %) muss die bewerberorientierte Seite die arbeitgeberorientierte Seite bei einer Kontaktaufnahme nicht nur informieren, sondern sich mit dieser auch diesbezüglich abstimmen.

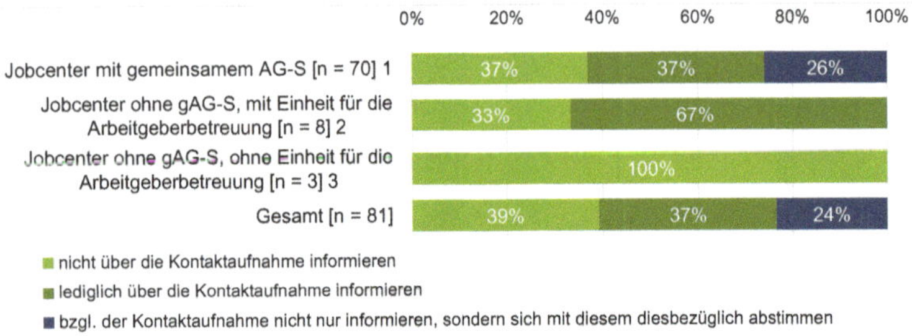

Abbildung 7.56 Regelungen zu Absprachen zwischen dem Personal bei Kontakten zu Arbeitgebern. (Quelle: Eigene Abbildung. Fragetexte: (1) „Inwiefern muss das Personal außerhalb des AG-S das Personal innerhalb des AG-S informieren, wenn Kontakt zu Arbeitgebern aufgenommen wird? Das Personal außerhalb des AG-S (Integrationsfachkräfte, Fallmanager/innen etc.) muss das Personal des AG-S …"; (2) „Inwiefern muss das Personal außerhalb der organisatorisch eigenständigen Einheit für die Arbeitgeberbetreuung das Personal innerhalb der organisatorisch eigenständigen Einheit für die Arbeitgeberbetreuung informieren, wenn Kontakt zu Arbeitgebern aufgenommen wird? Das Personal außerhalb der organisatorisch eigenständigen Einheit für die Arbeitgeberbetreuung (Arbeitsvermittler/innen, Fallmanager/innen, etc.) muss das Personal der organisatorisch eigenständigen Einheit für die Arbeitgeberbetreuung …"; (3) „Inwiefern muss das bewerberorientierte Personal das arbeitgeberorientierte Personal über eine Kontaktaufnahme zu Arbeitgebern i. d. R. informieren? Das bewerberorientierte Personal muss das arbeitgeberorientierte Personal …")

Die Spannweite der **Anzahl der Arbeitgeber**, für die ein arbeitgeberorientierte Vermittlungskraft zuständig ist, ist relativ groß (vgl. Abbildung 7.57). Im Durchschnitt sind die Beschäftigten für 239 Arbeitgeber verantwortlich. Der Median, der robuster gegenüber Ausreißern ist, liegt bei 150. Die Standardabweichung, die die durchschnittliche Abweichung vom Mittelwert anzeigt, liegt höher als dieser, was auf eine breite Streuung hinweist. Zwei Ausreißer außerhalb der Whisker des Boxplots liegen bei 1.000 und 1.685 Arbeitgebern pro Mitarbeiter.

Abbildung 7.57 Anzahl der Arbeitgeber, für die ein arbeitgeberorientierter Mitarbeiter zuständig ist. (Quelle: Eigene Abbildung. Fragetext: „Für wie viele Arbeitgeber ist ein/e arbeitgeberorientierte/r Mitarbeiter/in i. d. R. zuständig?" Anmerkung: In drei Fällen x = 0)

In den meisten Jobcentern erfolgt eine **Zuordnung der Arbeitgeber zum arbeitgeberorientierten Personal** entweder alleinig anhand der Wirtschaftsklasse/Branche oder anhand der Kombination aus Wirtschaftsklasse/Branche und der regionalen Verortung des Arbeitgebers (vgl. Abbildung 7.58). In drei Viertel der Jobcenter führen die arbeitgeberorientierten Mitarbeitenden grundsätzlich auch **Betriebsbesuche** bei den ihnen zugeordneten Arbeitgebern durch (vgl. Abbildung 7.59).

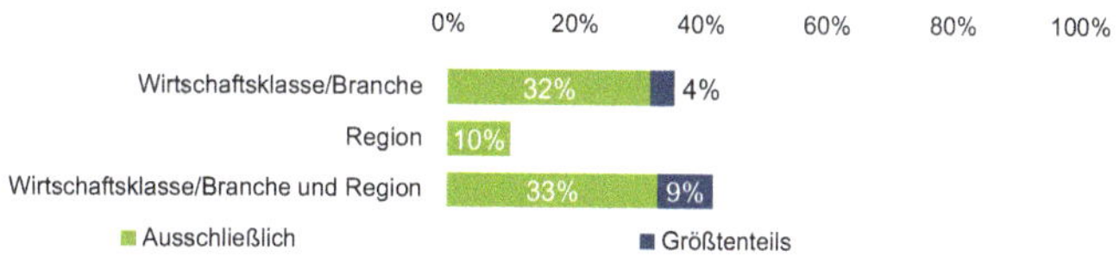

Abbildung 7.58 Kriterien für die Zuordnung von Arbeitgebern zum arbeitgeberorientierten Personal. (Quelle: Eigene Abbildung. Fragetext: „Nach welchem Kriterium werden die Arbeitgeber den zuständigen Mitarbeiter/innen zugeordnet?")

Abbildung 7.59 Bedeutung von Betriebsbesuchen in den Jobcentern. (Quelle: Eigene Abbildung. Fragetext: „Werden in Ihrem Jobcenter i. d. R. Betriebsbesuche durchgeführt?")

Größere Variation ist hingegen bei der **Bedeutung der Stellenakquise** in den Jobcentern festzustellen (vgl. Abbildung 7.60). Nur neun der Befragten geben an, dass in ihrem Jobcenter Stellenakquise in erheblichem Umfang betrieben wird. Eine geringere Rolle spielt sie in der Hälfte der Jobcenter (49 %) und immerhin 31 Jobcenter (38 %) betreiben keine Stellenakquise. Sofern Stellenakquise betrieben wird, erfolgt die Schwerpunktsetzung häufiger nach bestimmten Qualifizierungsniveaus als nach bestimmten Wirtschaftsklassen/Branchen (vgl. Abbildung 7.61).

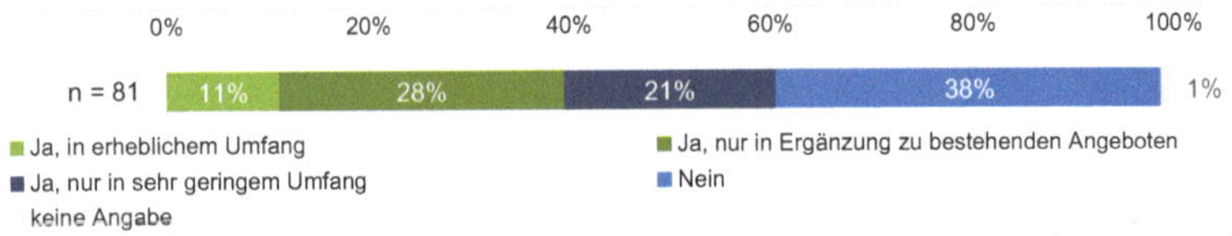

Abbildung 7.60 Bedeutung von Stellenakquise in den Jobcentern. (Quelle: Eigene Abbildung. Fragetext: „Wird in Ihrem Jobcenter i. d. R. eine Akquise offener Stellen betrieben?" (Trifft zu))

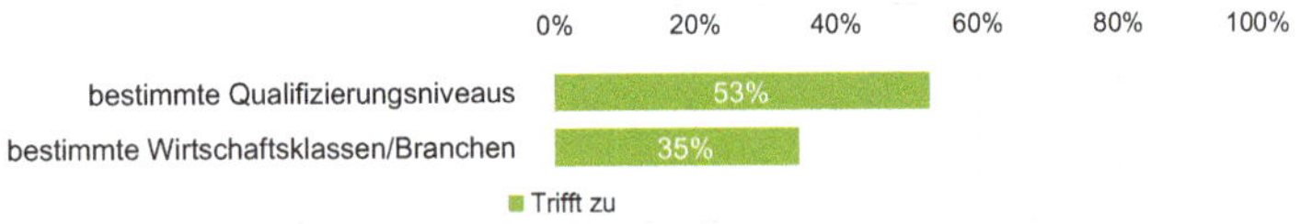

Abbildung 7.61 Schwerpunkte bei der Stellenakquise. (Quelle: Eigene Abbildung. n = 49. Fragetext: „Werden Schwerpunkte bei der Akquise offener Stellen gesetzt?" (Trifft zu))

Wie Abbildung 7.62 veranschaulicht, existieren in vielen Jobcentern gewisse **Konzepte, die sich auf die Arbeitgeberbetreuung beziehen**. Am weitesten verbreitet sind Konzepte zur Beratung bei der Stellenbesetzung (69 %) und zur Arbeitsmarktberatung (69 %) sowie knapp dahinter, Konzepte zur Ausbildungsvermittlung (68 %) und Qualifizierungsberatung (67 %). Auffällig ist, dass diese Konzepte in der Regel hauptsächlich oder in Gänze von der Bundesagentur übernommen worden sind. Nur in Ausnahmefällen handelt es sich um überwiegend durch das jeweilige Jobcenter erstellte Konzepte.

Wie aus Abbildung 7.63 zu entnehmen ist, gibt fast die Hälfte der Befragten (47 %) an, dass keine eigenständigen **Arbeitsplatzbeschreibungen** für das arbeitgeberorientierte Personal existieren. Nur zwei der gEn (2 %) verfügen über ein eigenständiges **Personalentwicklungskonzept** für dieses Personal und immerhin 58 (72 %) besitzen demnach ein allgemeines, Jobcenter-weites Personalentwicklungskonzept (vgl. Abbildung 7.64).

7.1.3.3 Exkurs: Personal

Wie auch beim beschäftigungsorientierten Fallmanagement, ist der Ausbildungshintergrund des für die Arbeitgeberbetreuung eingesetzten Personals kein Merkmal der Verwaltungsorganisation, dennoch ist er zur Beurteilung des Umsetzungsstandes der Arbeitgeberbetreuung in den befragten gEn von Interesse. So

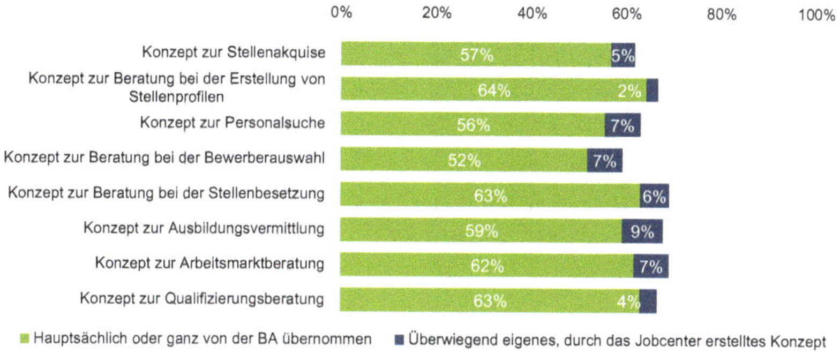

Abbildung 7.62 Handlungskonzepte der Arbeitgeberbetreuung. (Quelle: Eigene Abbildung. n = 81. Fragetext: „Über welche Handlungskonzepte verfügt die Arbeitgeberbetreuung (arbeitgeberorientierte Vermittlung und Beratung) in Ihrem Jobcenter und woher stammen diese?")

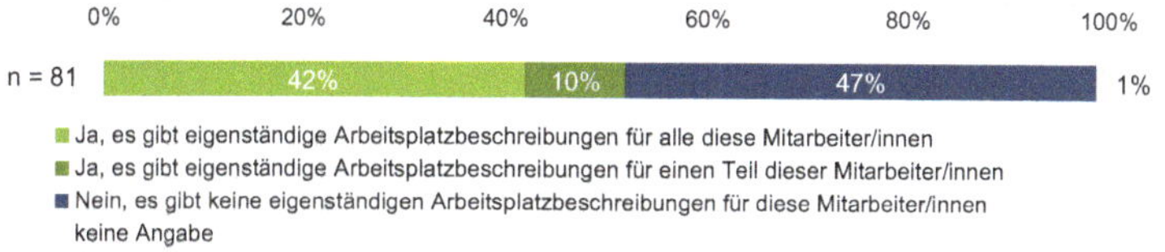

Abbildung 7.63 Arbeitsplatzbeschreibungen für arbeitgeberorientiertes Personal. (Quelle: Eigene Abbildung. Fragetext: „Gibt es in Ihrem Jobcenter eigenständige Arbeitsplatzbeschreibungen für das arbeitgeberorientierte Personal?")

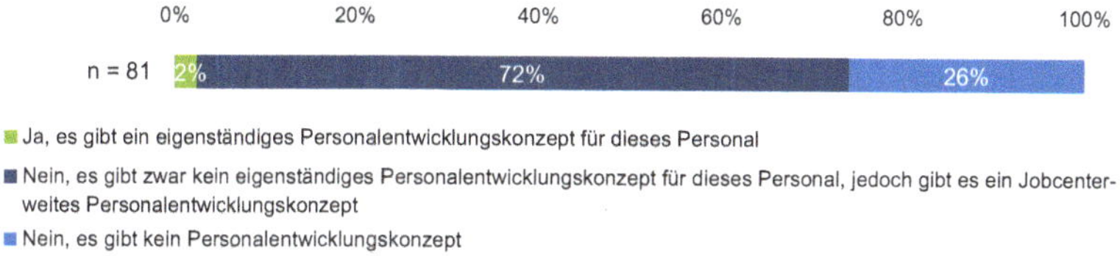

Abbildung 7.64 Personalentwicklungskonzept für arbeitgeberorientiertes Personal. (Quelle: Eigene Abbildung. Fragetext: „Gibt es in Ihrem Jobcenter ein eigenständiges Personalentwicklungskonzept für das arbeitgeberorientierte Personal?")

zeigt sich, dass durchschnittlich ein Viertel des für die Arbeitgeberbetreuung eingesetzten Personals keiner der vorgegebenen Kategorien zugeordnet werden kann und daher unter „sonstiger fachlicher Hintergrund" zusammengefasst wird (vgl. Abbildung 7.65).[10] Durchschnittlich jeweils 16 Prozent haben ein Studium der Rechts-, Wirtschafts- und Sozialwissenschaften bzw. ein Studium an der Hochschule der BA absolviert. Zwölf Prozent besitzen eine kaufmännische Ausbildung und zehn Prozent sind dem Ausbildungsberuf des Verwaltungsfachangestellten zuzuordnen.

Abbildung 7.65 Fachlicher Hintergrund des Personals der Arbeitgeberbetreuung. (Quelle: Eigene Abbildung. n = 72. Fragetext: „Welchen fachlichen Hintergrund hat das arbeitgeberorientierte Personal Ihres Jobcenters?")

7.1.3.4 Bürokratie

Wie beim beschäftigungsorientierten Fallmanagement, wurde die Betrachtung der Bürokratiedimension der Konfiguration von vornherein ausgeschlossen. Des Weiteren konnten für die Erfassung der Zentralisierung keine adäquaten Items gebildet werden. Nach Durchführung der quantitativen Befragung stellte sich zudem heraus, dass die eigentlich für die Operationalisierung der Spezialisierung und Standardisierung vorgesehenen Items aus konzeptionellen Erwägungen nicht wie geplant verwendet werden können. Daher kann in diesem Unterkapitel ausschließlich die Formalisierung der Arbeitgeberbetreuung betrachtet

[10] Erfragt wurden die Anteilswerte je Jobcenter. Dargestellt sind in der entsprechenden Abbildung somit die durchschnittlichen Anteilswerte der Jobcenter, wobei die Streuung je Kategorie recht unterschiedlich ausfällt. Die Standardabweichungen bewegen sich zwischen 6,1 Prozentpunkten (Studium Verwaltungswirt/in) und 34 Prozentpunkten (Sonstiger fachlicher Hintergrund).

werden. Tabelle 7.8 gibt einen Überblick zu den Bestandteilen des Indexes der Formalisierung.

Tabelle 7.8 Übersicht zu den Bestandteilen des Formalisierungsindexes der Arbeitgeberbetreuung

Index	Indikator
Formalisierung	Formen von Personalentwicklungskonzepten Formen von Arbeitsplatzbeschreibungen Anzahl der Handlungskonzepte je Jobcenter

Quelle: Eigene Abbildung

In die nachfolgenden Berechnungen werden 80 Jobcenter einbezogen, da diese keine fehlenden Werte bei den für die Berechnung des Indexes herangezogenen Items aufweisen. Ähnlich zur Formalisierung des beschäftigungsorientierten Fallmanagements, fließen auch die Existenz von Personalentwicklungskonzepten (vgl. Abbildung 7.64 bzw. Abbildung 7.66) und Arbeitsplatzbeschreibungen (vgl. Abbildung 7.63 bzw. Abbildung 7.67) in die Berechnung des Indexes ein.

Abbildung 7.66
Häufigkeitsverteilung der Formen von Personalentwicklungskonzepten. (Quelle: Eigene Abbildung)

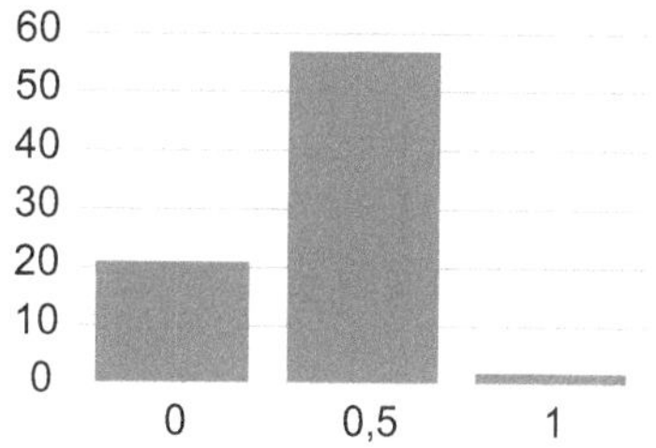

Abbildung 7.67
Häufigkeitsverteilung der Formen von Arbeitsplatzbeschreibungen. (Quelle: Eigene Abbildung)

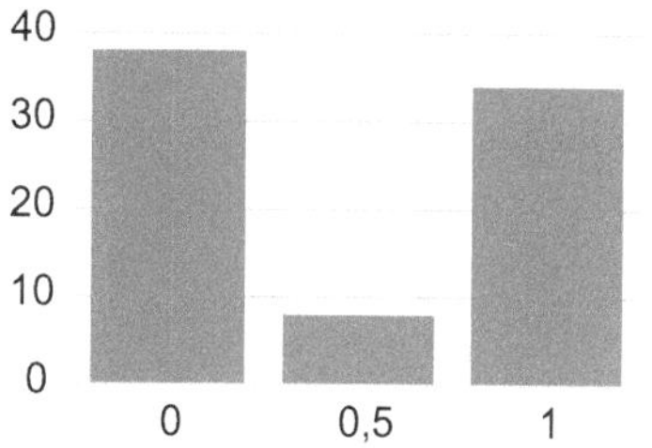

Als dritter Indikator wird berücksichtigt, wie viele Handlungskonzepte zu unterschiedlichen Aspekten der Arbeitgeberbetreuung in den Jobcentern existieren (vgl. Abbildung 7.62). Der Wert x = 1 wird vergeben, wenn zu allen acht abgefragten Aspekten Handlungskonzepte existieren, was auf 36 Jobcenter zutrifft (vgl. Abbildung 7.68). Bei 17 Jobcentern liegt zu keinem der Aspekte ein Handlungskonzept vor, weshalb diese den Wert x = 0 erhalten.

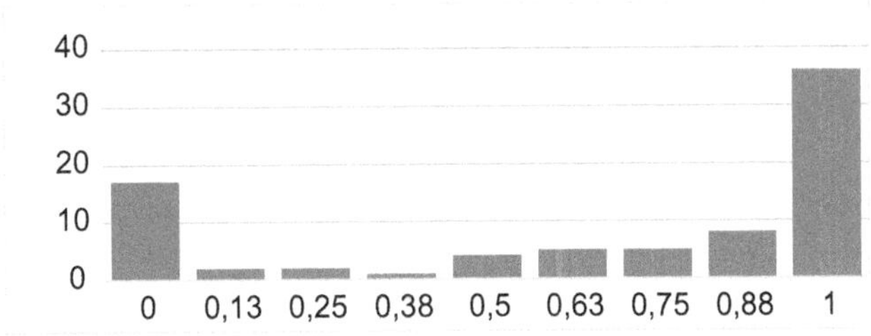

Abbildung 7.68 Häufigkeitsverteilung der Anzahl der Handlungskonzepte je Jobcenter. (Quelle: Eigene Abbildung)

Abbildung 7.69 stellt die Verteilung des Indexes der Formalisierung für die Arbeitgeberbetreuung der Jobcenter der quantitativen Teilstudie dar. Nur eines der 80 Jobcenter erreicht den Indexwert von x = 1. Auffällig ist zudem der relativ große Abstand zum zweithäufigsten Wert von x = 0,83, den zehn Jobcenter aufweisen.

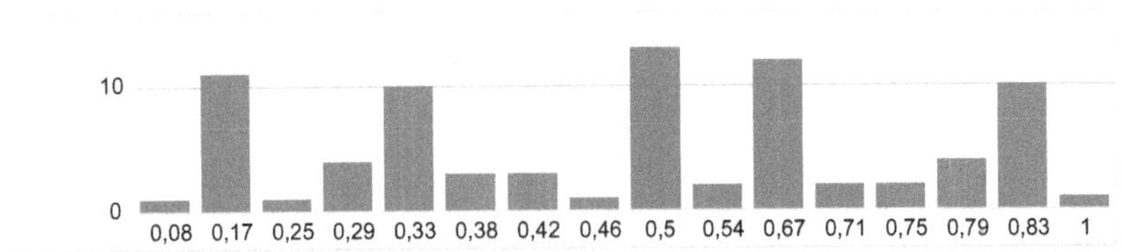

Abbildung 7.69 Häufigkeitsverteilung des Indexes für Formalisierung. (Quelle: Eigene Abbildung)

Tabelle 7.9 zeigt die Zusammenhänge zwischen dem objektiven Index der Formalisierung, der subjektiven Standardisierung und der subjektiven Formalisierung auf. Ebenso wie beim beschäftigungsorientierten Fallmanagement, ist ein statistisch signifikanter Zusammenhang zwischen der subjektiven Standardisierung und der subjektiven Formalisierung zu beobachten. Gleichfalls besteht kein signifikanter Zusammenhang zwischen der objektiven und subjektiven Formalisierung.

Tabelle 7.9 Korrelation (Spearman-Rho) zwischen objektiven und subjektiven Bürokratiedimensionen der Arbeitgeberbetreuung[11]

	Standardisierung (subjektive Einschätzung)	Formalisierung (subjektive Einschätzung)
Formalisierung	– 0,017	0,142
Sig. (2-seitig)	0,892	0,263
N	64	64
Standardisierung (subjektive Einschätzung)		*0,354***
Sig. (2-seitig)		0,004
N		64

Quelle: Eigene Zusammenstellung. **: Die Korrelation ist auf dem Niveau von 0,01 (zweiseitig) signifikant

7.1.4 Vergleich der Bürokratie

Um nicht nur das Ausmaß der Regelungen, sondern auch deren Inhalt zu erfassen, war es notwendig, auf die Aufgabenbereiche zugeschnittene Fragebögen zu entwickeln. Diese aufgabenspezifische Anpassung erschwert prinzipiell den Vergleich der beiden Aufgabenbereiche. Hinzukommen konzeptionelle und forschungspraktische Hürden, die der Anwendung einzelner Bürokratiedimensionen beim bFM bzw. der Mehrheit der Bürokratiedimensionen bei der Arbeitgeberbetreuung entgegenstanden.

Tabelle 7.10 gibt einen Überblick über die Korrelationen zwischen den Bürokratiedimensionen des beschäftigungsorientierten Fallmanagements und der Arbeitgeberbetreuung. Zusätzlich zu den bereits zuvor verwendeten Indizes der

[11] Aufgrund unterschiedlicher Frageformulierungen beziehen sich die berechneten Zusammenhänge ausschließlich auf die größte der beiden Teilgruppen, nämlich jene Jobcenter mit gAG-S.

Tabelle 7.10 Korrelation (Spearman-Rho) zwischen objektiven Bürokratiedimensionen des beschäftigungsorientierten Fallmanagements und der Arbeitgeberbetreuung

	Standardisierung bFM	Formalisierung bFM	Formalisierung bFM (A + P)	Formalisierung Arbg.	Formalisierung Arbg. (A + P)
Spezialisierung bFM	0,079	0,055	0,037	−0,113	−0,059
Sig. (2-seitig)	0,493	0,633	0,746	0,335	0,613
N	77	77	77	75	75
Standardisierung bFM		*0,246**	0,161	0,181	0,154
Sig. (2-seitig)		0,031	0,163	0,121	0,188
N		77	77	75	75
Formalisierung bFM			*0,902***	*0,295**	*0,378***
Sig. (2-seitig)			<0,001	0,01	<0,001
N			77	75	75
Formalisierung bFM (A + P)				*0,260**	*0,366***
Sig. (2-seitig)				0,024	0,001

(Fortsetzung)

Tabelle 7.10 (Fortsetzung)

	Standardisierung bFM	Formalisierung bFM	Formalisierung bFM (A + P)	Formalisierung Arbg.	Formalisierung Arbg. (A + P)
N				75	75
Formalisierung Arbg.					*0,819***
Sig. (2-seitig)					<0,001
N					76

Quelle: Eigene Zusammenstellung. *: Die Korrelation ist auf dem Niveau von 0,05 (zweiseitig) signifikant. **: Die Korrelation ist auf dem Niveau von 0,01 (zweiseitig) signifikant

Formalisierung, wird je Aufgabenbereich ein weiterer Formalisierungsindex aufgeführt, welcher sich jedoch nur aus der Existenz von Arbeitsplatzbeschreibungen und Personalentwicklungskonzepten zusammensetzt (jeweils durch den Zusatz „A + P“ gekennzeichnet). Hierbei handelt es sich um zwei Organisationsmerkmale, die sowohl beim beschäftigungsorientierten Fallmanagement als auch bei der Arbeitgeberbetreuung in ähnlicher Weise erfasst wurden, was auf eine bessere Vergleichbarkeit schließen lässt.

Abzulesen ist, dass ein mittlerer, signifikanter Zusammenhang zwischen den Formalisierungsindizes des bFM und der Arbeitgeberbetreuung von $r_{sp} = 0{,}295$ besteht. Der Korrelationskoeffizient erhöht sich erwartungsgemäß, wenn nur die Arbeitsplatzbeschreibungen und Personalentwicklungskonzepte für den jeweiligen Index verwendet werden. Das Zusammenhangsmaß nimmt dann einen Wert von $r_{sp} = 0{,}366$ an.

7.2 Organisationale Felder

Das Interviewmaterial der qualitativen Teilstudie deutet darauf hin, dass die Jobcenter gleichzeitig in verschiedene organisationale Felder eingebunden sind, was die institutionelle Komplexität, mit der sie konfrontiert sind, potenziell erhöht. Zunächst befinden sie sich offensichtlich in einem bundesweiten organisationalen Feld, welches sich nicht nur aufgrund der gemeinsamen institutionellen Rahmenbedingungen, sondern auch aufgrund von spezifischen Diskursen konstituiert. Im Großteil der Interviews sind beispielsweise aufgrund der Aktualität zum Zeitpunkt der Datenerhebung die Umsetzung und Auswirkungen des „Job-Turbos“ ein zentrales Thema. Häufig wird zudem auf Entwicklungen wie die hohe fluchtbedingte Zuwanderung der Jahre 2015 und 2016, die Coronapandemie, die Zuständigkeit der Jobcenter für die Geflüchteten aus der Ukraine, die Bürgergeldreform sowie die für 2025 geplanten Zuständigkeitsveränderungen (vgl. Abschn. 2.3.1) Bezug genommen. Als relevante Akteure treten in den Interviews insbesondere die Bundesagentur für Arbeit (Zentrale), das BMAS, Akteure der Bundespolitik und überregionale Medien hervor. Interessanterweise finden andere formal relevante Akteure des Steuerungsmodells der Jobcenter wie der Bundesrechnungshof und die Landesministerien nahezu keine Erwähnung.

Ein verbindendes Element fast aller geführten Interviews ist die Thematisierung der ausgeprägten Dynamik, die das bundesweite organisationale Feld kennzeichnet. Die Interviewten beziehen sich dabei auf die o. g. operativen und thematischen Schwerpunkte der vergangenen Jahre:

> „Also, man kann ja rückblickend schon sagen, dass seit 2015/16/17, ich sag' mal, erste Flüchtlingskrise, wechselt man als Jobcenter von dem einen ins andere Thema, ohne, dass diese, ich sag' mal, diese gewünschte Routine oder gewünschte Ruhe eintritt. Man beschäftigt sich mit der einen Flüchtlingskrise, dann kommt Rechtsprechung, was Leistungsminderungen angeht. Dann wechselt man nahtlos, mehr oder weniger, in eine Pandemie, von der Pandemie ins Bürgergeld und jetzt in die Ukrainekrise, die jetzt durch den Job-Turbo auch noch mal einen aufgesetzt bekommen hat." (#7: Abs. 68)

Eine andere interviewte Person hebt indessen die häufigen Rechtsänderungen im SGB II hervor und stellt diese der Tatsache gegenüber, dass es sich bei den Jobcentern um vergleichsweise junge Behörden handelt: „Ich finde, die Entwicklung, die wir gemacht haben, das ist Wahnsinn" (#9: Abs. 48). Diese Einschätzung verbindet sie mit dem Wunsch nach mehr Beständigkeit (ebd.; ähnlich #11: Abs. 42). Eine weitere geschäftsführende Person bemängelt, mit Verweis auf die Diskussion um eine mögliche Kindergrundsicherung und die damit einhergehende Herauslösung der U25-Klienten aus den Jobcentern, die fehlende Möglichkeit langfristig zu planen (#6: Abs. 27).

Neben dieser hohen Veränderungsfrequenz stellen zwei arbeitgeberorientierte Vermittlungskräfte unabhängig voneinander auch eine gewisse inhaltliche Ambiguität heraus. So sei das Fordern im SGB II in der Vergangenheit durch die Bürgergeldreform deutlich eingeschränkt worden, und

> „auf einmal kehrt sich das um, jetzt heißt es – das betrifft natürlich mehr den bewerberorientierten Bereich – ‚Kontaktdichte Flüchtlinge', also alle sechs Wochen Gespräch usw. Da frage ich mich aber, wieso? Was ist mit den ganzen anderen, die wir hier schon seit Jahren in [Name der Kommune; Anonymisierung durch J. H.] haben? Also die seit mehreren Jahren arbeitslos sind." (#17: Abs. 16; ähnlich #14: Abs. 42)

Wie die Interviewten schildern, wirken sich die dargestellten Rahmenbedingungen in unterschiedlicher Weise auf das Personal aus. Während eine geschäftsführende Person beschreibt, dass sie eine gewisse Veränderungsmüdigkeit unter den Mitarbeitenden wahrnehme (#3: Abs. 28), führt eine Bereichsleitung aus, dass man die hohen Anforderungen an das Personal spüre, „weil uns mit jedem [thematischen; Anmerkung J. H.] Wechsel auch Personal verloren geht, die diesen Wandel nicht mehr mitgehen können oder wollen" (#7: Abs. 68). Hierbei könnte eine Rolle spielen, dass Mitarbeitende eine Beschäftigung im öffentlichen Dienst gewählt hätten, „weil sie vielleicht gedacht haben, der öffentliche Dienst ist eben nicht so veränderungsfrequentiert wie vielleicht private Arbeitgeber" (#3: Abs. 28).

Den Interviews ist zu entnehmen, dass die häufigen Anpassungsnotwendigkeiten die Umsetzung interner bzw. individueller Veränderungsimpulse verhindern können. Einerseits können bereits stattgefundene Organisationsveränderungen konterkariert werden:

> „Wir haben jetzt im Juni in der Geschäftsstelle [Name der Geschäftsstelle; Anonymisierung durch J. H.] alle Kundenfälle neu verteilt, im Integrationsbereich, und würden jetzt beginnen mit dieser BG-Orientierung Erfahrungen zu sammeln. Und jetzt kommt der Aspekt des Integrationsturbos für Geflüchtete, den vor zwei Monaten noch niemand erahnen konnte. Und das führt vielleicht dazu, dass wir die Kunden noch mal neu verteilen müssen. Und dann habe ich eine andere Priorität auf geflüchtete Menschen. Und dann habe ich aber auch den Effekt, dass ich etwas, was ich ausprobieren wollte, gar nicht so ausprobieren kann." (#6: Abs. 24)

Andererseits kann die Dynamik das Aufkommen interner Veränderungsimpulse erschweren oder geplante Organisationsveränderungen verzögern. So berichtet eine geschäftsführende Person, die zum Zeitpunkt des Interviews erst seit kurzem die Geschäftsführung des Jobcenters innehat, dass Veränderungen vorgenommen werden, „wenn es zentral an uns herangetragen wird" (#5: Abs. 28), sie aber was eigene Vorhaben betrifft, erst einmal in eine „Stabilisierungsphase" kommen wolle (ebd.). Etwas ernüchtert führt eine stellvertretende Bereichsleitung aus, dass die Rahmenbedingungen durch die Politik gesteuert würden: „Und das sage ich natürlich mit so einem Knoten im Bauch, weil ich dachte, dass meine Themen mal auch ein bisschen Mittelpunkt des Interesses werden, aber ja, muss ich noch ein paar Jahre wahrscheinlich mich gedulden" (#11: Pos. 22). Ähnlich berichtet eine geschäftsführende Person, dass sie, als sie ihre Position angetreten hat, viele Ideen gehabt habe

> „und bei ganz vielen Ideen sagst du, ‚nein, jetzt nicht, jetzt kann ich nicht auch noch kommen mit irgendwie einer Verbesserung, einer neuen Struktur oder sonst was.' Weil, ‚jetzt müssen wir erst mal das Bürgergeld ordentlich einführen.'" (#1: Abs. 42; ähnlich #9: Abs. 23)

Ebenfalls am Beispiel der Einführung des Bürgergeldes erläutert eine Fallmanagement-Fachkraft, dass die vielen Veranstaltungen, die im Kontext dessen stattgefunden haben, zu einer gewissen Sättigung unter den Mitarbeitenden geführt hätten, sodass kein Interesse mehr bestanden habe, sich in Netzwerke einzubringen und Netzwerkpartner kennenzulernen (#8: Abs. 53).

Zusätzlich zum bundesweiten Feld deuten die geführten Interviews darauf hin, dass weitere organisationale Felder bzw. Unterfelder existieren, in die die

Jobcenter eingebunden sind.[12] So finde beispielsweise ein regelmäßiger Austausch zwischen den größeren Jobcentern in Deutschland statt. Auch bestehen Arbeitsgemeinschaften auf Ebene der Bundesländer, in denen sich mitunter über Best Practices ausgetauscht wird und sich bestimmte Diskurse entfalten. Wie eine geschäftsführende Person berichtet, werde in ihrer Arbeitsgemeinschaft derzeit diskutiert, ob man die Telefonie weiterhin bei den Servicecentern der BA einkaufen oder die Leistung kostengünstiger selber erbringen könne.

Andere Interviewte erwähnen Austauschformate, die von den Agenturen und Regionaldirektionen initiiert werden und sich an alle Jobcenter richten, die im jeweiligen örtlichen Zuschnitt verortet sind. Beispielsweise wurde ein Austausch zum beschäftigungsorientierten Fallmanagement angeführt, der durch die jeweilige Regionaldirektion jährlich organisiert werde. Ferner berichtet eine weitere interviewte Person von gemeinsamen Lerntreffen der Jobcenter in ihrem Agenturbezirk.

Weiterhin gibt es Hinweise darauf, dass die Jobcenter jeweils in lokale Felder eingebunden sind. Neben den Trägern der Jobcenter finden insbesondere Netzwerkpartner wie Jugendberufsagenturen, Sozialbehörden, Bildungsträger, Verbände usw. Erwähnung in den Interviews. Zudem zeigt sich, dass auch lokale Diskurse Auswirkungen auf die Jobcenter haben können. So berichtet eine interviewte Person beispielsweise von einem größeren Vorfall von Sozialleistungsmissbrauch, welcher medial und politisch große Aufmerksamkeit verursachte und sich auch auf die Verwaltungsorganisation des Jobcenters auswirkte.

7.3 Institutionelle Logiken

Der folgenden Betrachtung sind zwei Einschränkungen vorauszuschicken: Zum einen kann, aufgrund der Stichprobe der qualitativen Teilstudie, nicht herausgearbeitet werden, ob die identifizierten, potenziellen Logiken in allen zuvor beschriebenen organisationalen (Unter-)Feldern (gleich) wirken oder ob feldspezifische Unterschiede bestehen. Zum anderen kann aus dem Interviewmaterial heraus lediglich auf die Existenz gewisser Logiken geschlussfolgert werden. Inwiefern es sich tatsächlich um *institutionell* verankerte Logiken handelt, die das Verhalten von Akteuren und Organisationen innerhalb des Feldes leiten, kann nur auf Basis einer breiteren empirischen Grundlage bestimmt werden. Fraglich

[12] In den folgenden drei Absätzen wird auf Kurzbelege zu geführten Interviews verzichtet, um die Anonymität der Interviewten zu wahren.

bleibt somit auch der Grad der Institutionalisierung der nachfolgend diskutierten Logiken (vgl. Kap. 8).

Anhand des Interviewmaterials lassen sich mögliche institutionelle Logiken finden, die den Domänen Staat, Markt und Profession zuzuordnen sind, wobei sich die professionelle Sphäre hauptsächlich auf das beschäftigungsorientierte Fallmanagement bezieht, da hier professionsgetriebene Diskurse existieren (vgl. Abschn. 2.3.4.2). Abbildung 7.70 veranschaulicht das Spektrum und zeigt durch die Schnittmengen der Kreise auf, welche Logiken stärker miteinander interagieren oder sogar konfligieren. Die einzelnen Logiken, v. a. innerhalb der jeweiligen Domäne, sind nicht immer trennscharf voneinander, betonen aber unterschiedliche Schwerpunkte.

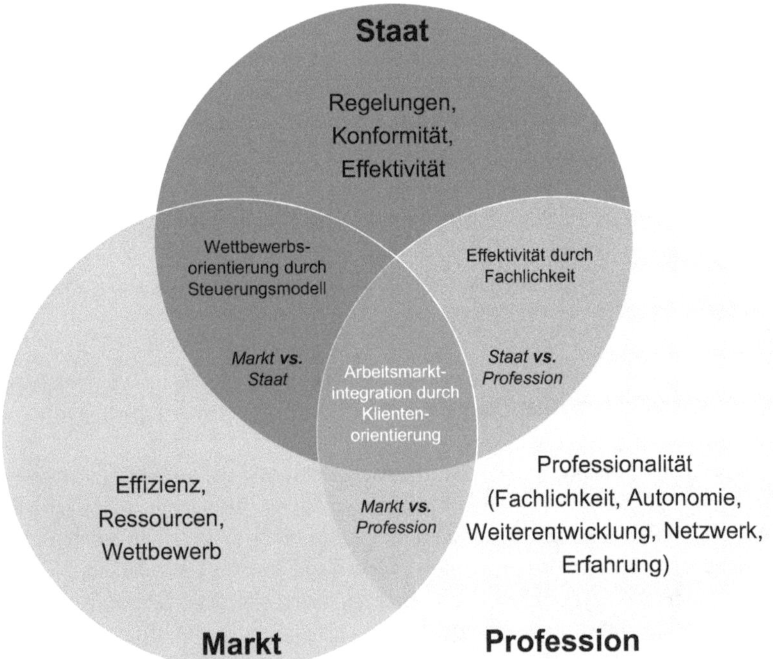

Abbildung 7.70 Institutionelle Logiken im organisationalen Feld der Jobcenter. (Quelle: Eigene Abbildung)

Im Kontext der Domäne **Staat** tritt in den Äußerungen der Interviewten zum einen eine *regelungsorientierte Logik* hervor. Diese Logik betont die Einhaltung gesetzlicher und untergesetzlicher sowie organisationaler Vorgaben. Am Beispiel des beschäftigungsorientierten Fallmanagements zeigt sich jedoch, dass diese Vorgaben häufig als „Leitplanken" interpretiert werden, die den Fachkräften eine gewisse Autonomie ermöglichen sollen (#9: Abs. 41). Mitunter werden Vorgaben durch die Fallmanager lediglich pro forma erfüllt (#19: Abs. 8), da sie mit professionellen Logiken in Konflikt stehen (s. u.).

Zusätzlich kann insbesondere in kleineren Jobcentern ein Spannungsverhältnis zwischen der regelungsorientierten Logik und marktlichen Logiken beobachtet werden. Dies zeigt sich beispielsweise, wenn die Funktion der Beauftragten für Chancengleichheit als „Rucksackaufgabe"[13] ausgeübt wird, wodurch „es echt ganz schwer [wird], dann dem gesetzlichen Auftrag auch gerecht zu werden" (#1: Abs. 12). Andererseits kann eine regelungsorientierte Logik marktlichen Logiken stützen, indem das Setzen von Standards sich auf die Steigerung der Wirtschaftlichkeit im SGB II auswirken kann (#1: Abs. 10).

Die zweite Logik in der Domäne „Staat" kann als *konformitätsorientierte Logik* bezeichnet werden. Während sich die regelungsorientierte Logik auf formale Regeln bezieht, geht es hierbei um die Signalisierung der Konformität mit Erwartungen relevanter, v. a. staatlicher, Akteure. Die Konformitätslogik hat dabei eine stärker symbolische Dimension, da sie darauf abzielt, die institutionelle Glaubwürdigkeit der Organisation zu bewahren. In den Interviews wird dies insbesondere am Beispiel der Bundesagentur für Arbeit deutlich. So führt eine geschäftsführende Person wie folgt aus: „Immer, wenn irgendeine Aktion kommt von Nürnberg, dann dauert es nicht lang, dann heißt es, ‚da machen wir jetzt ein Spezialisten-Team' oder irgendwas und dann ist das Thema, wie sagen sie immer, ‚bespielt' oder ‚erledigt'" (#4: Abs. 18). Einen Ähnlichen Eindruck vermittelt eine Fallmanagement-Fachkraft, die von der Stellung der BA berichtet: „Wenn es da irgendwelche Änderungen gibt, die uns halt betreffen, dann wird natürlich sofort alles in Bewegung gesetzt, um das auch umzusetzen und da mitzugehen" (#22: Abs. 60).

Des Weiteren lässt sich innerhalb der staatlichen Domäne eine *effektivitätsorientierte Logik* identifizieren, die auf die Wirkung des Handelns der Jobcenter abzielt. Hierbei sehen die Interviewten grundsätzlich einen Zusammenhang zwischen der Verwaltungsorganisation und der Wirksamkeit der Jobcenter: „Die Teilergebnisse in den Häusern unterscheiden sich logischerweise immer, wie

[13] Als „Rucksackaufgabe" wird hier eine Aufgabe bezeichnet, die ein Mitarbeiter zusätzlich zu seiner originären Tätigkeit wahrnimmt.

dann die Struktur auch aufgebaut ist" (#10: Abs. 12). Zwar werden konkrete organisatorische Merkmale wie beispielsweise eine „persönliche Antragsaushändigung bzw. Antragsbesprechung oder auch eine persönliche Eingangsberatung zu Geldleistungen" (#5: Abs. 20) sowie eine „Neuantragsstraße" (#10: Abs. 12) als potenziell wirksam beschrieben, doch es scheint kein übergreifendes, systematisches Wissen über die Effektivität einzelner organisationaler Merkmale zu geben. So führt eine geschäftsführende Person wie folgt aus:

> „Wir haben zum Beispiel eine zielgruppenspezifische Festlegung vorgenommen, das heißt, wir haben spezialisierte Integrationsfachkräfte, zum Beispiel die für Alleinerziehende da sind, die für Rehabilitanden und Schwerbehinderte da sind, aber auch für Geflüchtete, was gerade wieder ein aktuelles Thema ist [...]. Ob es am Ende des Tages wirklich große Unterschiede macht in der Wirkung, und das finde ich, ist die entscheidende Frage, kann ich nicht beantworten. Ich glaube, so ganz viel nicht." (#3: Abs. 10)

Ähnlich erläutert eine andere geschäftsführende Person im Hinblick auf die Zielgruppenspezialisierung für Geflüchtete: „Das war mal ein Thema: Wie macht man es gut? Wie kann man es gut machen? Und trotzdem haben es nicht alle Häuser gemacht. Und ob es der richtige Weg ist, weiß man vorher sowieso nie" (#2: Abs. 16). Eine weitere geschäftsführende Person beschreibt das Vorgehen der Jobcenter als „Trial and Error" (#1: Abs. 30) und hebt die dezentrale Gestaltungsfreiheit der Jobcenter positiv hervor. Letztlich hänge es „oft an ganz vielen Faktoren, warum manche Prozesse in manchen Häusern funktionieren und in anderen eben nicht" (#5: Abs. 20).

Darüber hinaus zeigt sich am Beispiel der Effektivität, dass auch institutionelle Logiken innerhalb derselben Domäne im Konflikt zueinanderstehen können. Wie in Abschnitt 7.1.3 aufgezeigt wurde, hegen manche Interviewten Zweifel an der Wirkung des gemeinsamen Arbeitgeber-Services für ihr Jobcenter. Dennoch können Organisationsveränderungen, wie die Auflösung des gAG-S, aufgrund von Konformitätsbestrebungen unterbleiben (vgl. #3: Abs. 36).

Innerhalb der Domäne **Markt** lassen sich drei zentrale institutionelle Logiken differenzieren: eine *effizienzorientierte*, eine *ressourcenorientierte* und eine *wettbewerbsorientierte Logik*. Das Interviewmaterial legt nahe, dass diese Logiken gerade auf organisationaler Ebene stark ausgeprägt sind. Die effizienzorientierte Logik fokussiert auf die optimale Nutzung von Ressourcen und wird insbesondere von Führungskräften betont. Diskutiert werden beispielsweise die Nutzung von Servicecentern der BA für Leistungen wie die Telefonie (#2: Abs. 16) oder auch die sinnvolle Verwendung von Büroflächen im Hinblick auf eine verstärkte

Nutzung von Homeoffice (#1: Abs. 44). Gleichzeitig wird die Effizienz der Steuerungsstruktur der Jobcenter kritisch hinterfragt, da beispielsweise die Einbindung der Trägerversammlung als aufwendig empfunden wird (#3: Abs. 16). In kleineren Jobcentern kann die Effizienzlogik zudem mit professionellen Logiken in Konflikt stehen, da die Fachlichkeit leiden könne, wenn es nur ein oder zwei Fallmanager im jeweiligen Jobcenter gibt (#1: Abs. 16).

Die ressourcenorientierte Logik weist zwar enge Verbindungen zur effizienzorientierten Logik auf, hebt aber insbesondere die finanziellen und personellen Limitationen der Jobcenter hervor. Einige Interviewte beklagen die mitunter schlechtere finanzielle Ausstattung im Vergleich zur Agentur für Arbeit, was in der Beratung von Arbeitgebern ein dauerhaftes Problem darstelle:

> „‚Warum kriege ich da so viel, aber da nur so viel?‘ Oder: Warum ist es gerade so, dass ich zum Beispiel dann auf SGB-II-Seite sage, obwohl ich den vermeintlich schlechteren Kunden präsentiere, ‚da kann ich dir ab jetzt nicht so viel angedeihen lassen, sondern vielleicht nur sechs Wochen Einarbeitung und eine kleine Förderung hintendran.‘“ (#9: Abs. 39)

Eine geschäftsführende Person verdeutlicht zudem am Beispiel eines Sonderteams seines Jobcenters, dass die Logik der begrenzten Ressourcen auch Auswirkungen auf organisationale Lösungen hat. So sei klar, „einen Betreuungsschlüssel von 1:60, 1:70 hast du einfach in einem normalen Team nicht [...]. Es braucht einfach Ressource“ (#2: Abs. 8). Davon, dass sich eine bessere Ausstattung jedoch positiv auf die Arbeitsmarktintegration auswirke, ist eine andere interviewte Person überzeugt: „Also, das sagt mir meine Erfahrung“ (#18: Abs. 28). Hier zeigt sich somit ein potenzieller Konflikt zwischen marktlichen und professionellen Logiken (s. u.).

Das beschäftigungsorientierte Fallmanagement hat dementsprechend, aufgrund des häufig besseren Betreuungsschlüssels und der Zulage, die die Fallmanager der Bundesagentur erhalten, für viele der Interviewten den Ruf, „teuer“ zu sein. Im bFM führt die Logik der begrenzten Ressourcen daher in Jobcentern dazu, dass gegenüber den Klienten mitunter transparent gemacht werde, dass es „eine Sonderform der Betreuung ist und keine Standardbetreuung [...] [und], dass wir einfach auch gucken müssen, wie wir mit der Zeit umgehen“ (#8: Abs. 8). Wie eine andere interviewte Person berichtet, kann sich die Logik der begrenzten Ressourcen auch auf die Verwaltungsorganisation auswirken. Demnach habe eine Zeit lang die Erwartungshaltung bestanden, dass die Arbeit im Fallmanagement, aufgrund der damit verbundenen Ressourcen, auch quantitativ zu messen sei: „Da mussten wir auch mal eine ganze Zeit lang unsere Arbeit evaluieren und Striche machen, um zu gucken. Letztendlich ist daraus auch nichts geworden, weil man festgestellt hat, ‚naja, wie soll man das jetzt messen?'" (#19: Abs. 56; ähnlich #8: Abs. 33).

Die wettbewerbsorientierte Logik zeigt sich sowohl in einer externen als auch in einer internen Orientierung. Extern orientieren sich die Jobcenter stark an den Rankings innerhalb der SGB-II-Vergleichstypen (vgl. Abschn. 2.3.3). So berichtet eine Bereichsleitung, dass die Zusammenarbeit mit den Trägern konfliktarm verlaufe, solange man im oberen Drittel des Rankings „mitspiele" (#10: Abs. 22): „Jeder, also, ich denke, jeder Träger sagt, sobald man dieses obere Drittel auch verlässt, wir müssen irgendwo besser werden und dann guckt man natürlich auch sehr kritisch darauf" (ebd.). Eine geschäftsführende Person formuliert, dass ein schlechtes Ranking dazu ermutige, „darüber nachzudenken, inwieweit man da [...] Veränderungen vornehmen kann, um das eben zu ändern" (#7: Abs. 46). Dass eine hintere Platzierung im Vergleichstyp einen gewissen Handlungsdruck schaffe, bestätigen auch zwei weitere Geschäftsführende, die von Organisationsveränderungen berichten, die im Zuge von einer schlechten Performance des Jobcenters auf den Weg gebracht wurden (#6: Abs. 38, #3: Abs. 12). Abseits der SGB-II-Vergleichstypen scheinen für manche Jobcenter auch benachbarte Jobcenter einen Orientierungspunkt darzustellen, wie eine Fallmanagement-Fachkraft berichtet:

> „Ansonsten habe ich das Gefühl, dass auch immer ganz viel geguckt wird, was so unsere Nachbarlandkreise machen oder unsere Nachbar-Jobcenter. So, wir sind jetzt in [Name der Kommune; Anonymisierung durch J. H.], [Name eines benachbarten Jobcenters; Anonymisierung durch J. H.], [Name eines anderen benachbarten Jobcenters; Anonymisierung durch J. H.], da wird auch immer ganz viel geachtet, was haben die für Zahlen? Was machen die Neues? Kann man das, was die umgesetzt haben / Läuft das gut? Kann man das vielleicht auch fürs Haus nutzen? Also, da höre ich viel von den Teamleitern, dass da nachgeguckt wird." (#22: Abs. 60)

Intern entfaltet sich die Wettbewerbsorientierung in den Bereichen der Jobcenter unterschiedlich. Auffällig ist, dass die interviewten Fachkräfte des bFM davon berichten, dass der Druck in der „regulären" Arbeitsvermittlung höher sei: Im beschäftigungsorientierten Fallmanagement herrsche „nicht dieser Konkurrenzgedanke" (#18: Abs. 10), man stehe, „was die reinen Statistiken angeht, nicht so sehr im Fokus" (#19: Abs. 16) und insgesamt sei es „auf jeden Fall wesentlich entspannter" (#22: Abs. 38) als in der Arbeitsvermittlung. Hier scheinen sich somit professionelle Logiken gegenüber marktlichen Logiken bzw. zumindest gegenüber der Wettbewerbslogik durchzusetzen.

Die Domäne der **Profession** ist durch eine *professionalitätsorientierte Logik* geprägt, die sich aus mehreren Komponenten zusammensetzt. Die *Fachlichkeitsorientierung* betont die Sicherung einheitlicher Standards innerhalb der Jobcenter (#8: Abs. 41). Eine zentrale Rolle spielt zudem die *Autonomieorientierung*, die Eigenverantwortung, Flexibilität und Selbstorganisation in der täglichen Arbeit der Fachkräfte hervorhebt. Die Interviewten betonen hier erwartungsgemäß die deutlich stärkere Ausprägung dieser Logik im beschäftigungsorientierten Fallmanagement gegenüber der „regulären" Arbeitsvermittlung (#21: Abs. 10, #22: Abs. 12). Interessanterweise erläutert jedoch auch eine Fachkraft eines eher arbeitgeberorientierten Sonderteams, dass sie relativ frei arbeiten könne, da sie keine Quoten erfüllen müsse (#14: Abs. 14).

Die *Weiterentwicklungsorientierung* unterstreicht die Bedeutung von kontinuierlicher Weiterbildung und Schulung der Fachkräfte. Die Interviewten stellen dar, dass – zumindest in manchen Jobcentern – Wert daraufgelegt wird, das Fallmanagement durch professionelle Schulungen und Weiterbildungen zu verbessern, u. a. auch durch das Einbeziehen der Expertise von Hochschulen (#6: Abs. 42). Vorteilhaft seien Schulungen mit Fallmanagern aus anderen Jobcentern, wodurch auch die Vernetzung und der Austausch von Erfahrungen und Best Practices gefördert werde (#21: Abs. 10). In einem Jobcenter der qualitativen Teilstudie verfolge man sogar das Ziel, dass alle Führungskräfte an einer entsprechenden Schulungsreihe für das bFM teilnehmen (#8: Abs. 27).

Die Vorteile der Netzwerkarbeit werden durch die *Netzwerkorientierung* hervorgehoben. Demnach verfügen langjährige Fallmanager häufig über umfangreiche Netzwerke, die sie im Laufe der Zeit aufgebaut haben und die ihnen ermöglichen, flankierende Maßnahmen effektiver zu gestalten (#19: Abs. 16). Herausgestellt wird zudem die Notwendigkeit, dass die Fallmanager selbst entscheiden können, mit welchen Netzwerken sie zusammenarbeiten und wie sie die Netzwerkarbeit im Team aufteilen (#21: Abs. 10).

Bei einigen der Interviewten zeichnet sich zudem eine *Erfahrungsorientierung* ab, die stark von beruflicher Erfahrung und praktischer Kenntnis geprägt ist. Zentrale Elemente dieser Komponente sind der hohe Wert, der auf langjährige Berufserfahrung gelegt wird, und die daraus resultierende Fähigkeit, praxisnahe Entscheidungen zu treffen (#18: Abs. 20, #20: Abs. 38). Es besteht mitunter eine deutliche Skepsis gegenüber formalen Vorgaben und bürokratischen Anforderungen, die oft als wenig relevant für das praktische Handeln angesehen und daher nicht immer befolgt bzw. flexibel gehandhabt werden (#19: Abs. 8, #20: Abs. 44):

> „Wir kriegen auch ab und zu mal [...] die Auflage, dass wir gucken sollen und das auch wieder ungefähr so ins Verhältnis setzen sollen, dass es stimmt, 75 zu 25

> [gemeint ist das Verhältnis zweier Fallmanagementzielgruppen zueinander; Anmerkung J. H.]. Ich muss sagen, und ich kann da auch für meine Kollegen, mit denen ich mich sozusagen vertrete, sprechen, dass das uns über das Jahr eigentlich überhaupt nicht interessiert. Also ich pack das so rein, wie ich das für richtig halte. Und wenn ich irgendwann die Ansage kriege, ‚das Verhältnis stimmt nicht‘, dann, ja, *[Pause]* Statistiken sind dazu da /.“ (#19: Abs. 8)

Die Interviewten betonen eine pragmatische Handlungsweise, die sich an den individuellen Bedürfnissen der Klienten orientiert, und schätzen die Autonomie, die ihnen erlaubt, Entscheidungen basierend auf ihrer eigenen Einschätzung und Erfahrung zu treffen (#19: Abs. 56; #20: Abs. 38). Konkret wird beispielsweise Zeit als entscheidender Faktor für den Erfolg der Arbeitsmarktintegration angesehen, wobei betont wird, dass mehr Zeit für die Arbeit mit den Klienten zu besseren Ergebnissen führen würde, dies aber in der „regulären“ Arbeitsvermittlung nicht möglich sei (#18: Abs. 28). Hier zeigt sich, dass insbesondere die effektivitätsorientierte und die professionalitätsorientierte Logik potenziell eine Kompatibilität aufweisen.

Insgesamt verdeutlichen die Interviews, dass in den Jobcentern verschiedene institutionelle Logiken gleichzeitig wirksam sein können. Die regelungsorientierte Logik der staatlichen Domäne betont die Einhaltung gesetzlicher und organisationaler Vorgaben, während die Konformitätslogik Erwartungshaltungen zentraler (staatlicher, auch kommunaler) Akteure bedient und die Effektivitätslogik auf die tatsächliche Wirkung sowie den Nutzen des Verwaltungshandelns abzielt. Die marktlichen Logiken, insbesondere die Effizienz- und Ressourcenlogik, fokussieren auf die optimale Nutzung begrenzter Mittel und die Steigerung der Wirtschaftlichkeit. Gleichzeitig zeigt sich eine ausgeprägte Wettbewerbslogik, die sowohl extern durch Leistungsvergleiche als auch intern durch Konkurrenz zwischen verschiedenen Bereichen der Jobcenter geprägt ist. Die professionelle Domäne betont hingegen die Bedeutung von Fachlichkeit, Autonomie, kontinuierlicher Weiterbildung sowie Netzwerkarbeit und unterstreicht die Relevanz von praktischer Erfahrung und pragmatischer Handlungsweise in der Umsetzung des beschäftigungsorientierten Fallmanagements.

Als verbindende Logik der drei Domänen tritt in den qualitativen Interviews die *Arbeitsmarktintegration durch Klientenorientierung* hervor (vgl. auch Abschn. 7.4). Die besondere Relevanz der Kundenorientierung wird u. a. an Äußerungen wie der folgenden einer geschäftsführenden Person deutlich: „Aber ich finde, es muss sich ja immer am Kunden orientieren“ (#1: Abs. 32). Die Logik der Arbeitsmarktintegration durch Klientenorientierung wird maßgeblich durch die Effektivitäts-, Wettbewerbs- und Professionalitätslogik gestützt, da diese zentrale Mechanismen und Werte bereitstellen, die eine klientenzentrierte Arbeitsweise fördern. Die Effektivitätslogik, die v. a. in der staatlichen Domäne verankert ist, stellt die Erreichung messbarer Ziele in den Vordergrund. Dies unterstützt eine individuelle und nachhaltige Integration der Klienten in den Arbeitsmarkt, indem auf die Wirksamkeit des organisationalen Handelns fokussiert wird. Die Wettbewerbslogik der marktlichen Domäne führt zu kontinuierlicher Optimierung und Innovation, indem sie Anreize für interorganisationales Lernen setzt (vgl. auch Abschn. 7.6). Ergänzend stärkt die Professionalitätslogik die Autonomie und Fachlichkeit der Mitarbeitenden, insbesondere im Fallmanagement, wodurch eine klientenzentrierte Fallbearbeitung gefördert wird. In der Verbindung dieser Logiken scheint sich die klientenzentrierte Arbeitsmarktintegration als zentrale institutionelle Logik etabliert zu haben.

Dem Modell aus Kapitel 5 folgend, können die Feldposition einer Organisation, ihre personelle Struktur, Eigentumsverhältnisse und Steuerung sowie Identität die Wirkung der institutionellen Logiken beeinflussen. Hinsichtlich der **Feldposition** deutet sich an, dass diese einen moderierenden Effekt auf das Ausmaß der Konformitätsorientierung eines Jobcenter haben könnte. Wie bereits in Abschnitt 7.1.3.2 dargestellt, besteht bei einer geschäftsführenden Person der Eindruck, dass von größeren Jobcentern eher erwartet werde, der Linie der BA zu folgen, beispielsweise indem ein gemeinsamer Arbeitgeber-Service mit der örtlichen Agentur für Arbeit betrieben wird (vgl. #3: Abs. 36). Dass kleinere Jobcenter, im Gegensatz dazu, einem geringeren „Erwartungsdruck" ausgesetzt sind, deutet die Äußerung einer anderen geschäftsführenden Person eines solchen Jobcenters an: „Also, die können jetzt halt von Nürnberg hergehen mit ihrem Integrationsturbo und machen und tun und eine Skype nach der anderen und sich gegenseitig überlaufen; alles gut. Ich beobachte das aus der Ferne und warte auf die Trägerversammlung" (#4 Abs. 20).

Der **personellen Struktur** kommt in mehrfacher Hinsicht eine Bedeutung zu. Zum einen wird in einigen Interviews die vielfältige Klientenstruktur im SGB II betont, welche sich von jener im SGB III unterscheide. Anknüpfend hieran führt eine geschäftsführende Person aus,

> „dass häufig auch Führungskräfte der BA, sofern sie noch nicht im Jobcenter gearbeitet haben, keine gute Vorstellung davon haben: Was sind unsere Kundinnen und Kunden? Also, welche Probleme bringen die mit? Aber: Welche Chancen stehen da auch drin?" (#3 Abs. 40)

Dies deutet darauf hin, dass die personelle Struktur einen Einfluss auf die im Mittelpunkt der Abbildung 7.70 stehende Klientenorientierung haben kann. Zum anderen lässt sich für das beschäftigungsorientierte Fallmanagement konstatieren, dass das Ausmaß der Professionalitätsorientierung davon abhängen kann, inwiefern Führungskräfte einen Bezug zum beschäftigungsorientierten Fallmanagement haben. So erläutert eine Fallmanagement-Fachkraft, dass ihr Jobcenter in der Vergangenheit von einem Geschäftsführer geleitet worden sei, „der ganz weit weg war vom Thema SGB II" (#22: Abs. 66) und bezogen auf das bFM keine Vorstellung davon gehabt habe „was das überhaupt ist und wie das umgesetzt wird" (ebd.).

Bezogen auf den Einfluss der **Eigentumsverhältnisse und Steuerung** kommt den Trägern theoretisch die Möglichkeit zu, bestimmte institutionelle Logiken stärker zu gewichten. Dass in manchen Jobcentern bestimmten Logiken explizit eine größere Salienz gegenüber anderen Logiken zugewiesen wird, lässt sich aus dem Interviewmaterial nicht eindeutig ableiten. Eher besteht, wie weiter oben erwähnt, der Eindruck, dass marktliche Logiken übergreifend auf organisationaler Ebene dominieren.

Unterschiede zwischen den Jobcentern sind jedoch im Hinblick auf ihre **Identität** wahrnehmbar. So wirken einige Jobcenter latent „innovativer" als andere. Vor allem das größte Jobcenter der qualitativen Teilstudie erweckt den Eindruck, in besonders hohem Maße innovativ zu sein und neue Ansätze auszuprobieren. Fraglich ist, ob dies hauptsächlich auf eine Wechselwirkung zwischen Organisationsgröße und Innovationsfähigkeit zurückzuführen ist oder ob geschäftsführende Personen von größeren Jobcentern eher darin geübt sind, von sich und ihrer Organisation ein positives Bild zu zeichnen. Auch könnte die Dynamik des lokalen Umfelds der Jobcenter eine Rolle spielt, wie die Ausführungen einer geschäftsführenden Person eines kleineren Jobcenters aufzeigen:

> „Die [Verwaltungsorganisation; Anmerkung J. H.] ist relativ konstant geblieben. Das hat vielleicht auch den Hintergrund / Das ist auch noch ein Faktor, wenn nicht der wichtigste: Es ist auch – ich nenne das jetzt mal die Prägung eines Hauses oder einer Region. […] es [die Region, in der das Jobcenter angesiedelt ist; Anmerkung J. H.] ist eine sehr konservativ geprägte Region […]. Das kann auch ausstrahlen und Auswirkungen haben auf so eine komplette Verwaltungsorganisation, dass man dann sagt, ‚wir haben viele altbewährte Prozesse und die funktionieren und an denen halten wir fest', wohingegen es vielleicht in größeren Häusern, die auch eher städtisch geprägt sind, dass es da mehr kreative Ansätze oder mehr Freiheiten, mehr Offenheit vielleicht gibt." (#5: Abs. 24)

Zuletzt sind zudem Wechselwirkungen zwischen der personellen Struktur und der Innovationsfähigkeit zu berücksichtigen. Exemplarisch weist eine interviewte Person der Geschäftsführung ihres Jobcenters eine hervorgehobene Bedeutung zu, da diese „super innovativ ist und hat auch [...] Lust auf Projekte“ (#14: Abs. 30). Aus der Innovationsfähigkeit ihres Jobcenters resultiere beispielsweise, dass es relativ viele kleine Sonderteams gebe (ebd.).

7.4 Situative Umweltbedingungen

Die Interviews der qualitativen Teilstudie weisen auf zwei wichtige, umweltbezogene Faktoren hin, die die Verwaltungsorganisation von Jobcentern beeinflussen. Zum einen handelt es sich um **(bundes-)politische Einflüsse**, die unterschiedliche Formen annehmen können. *Gesetze*, die neue arbeitsmarktpolitische Instrumente normieren, wie z. B. die durch das Teilhabechancengesetz eingeführten Coaches, können sich beispielsweise auf die Zusammensetzung von Teams auswirken. Auch *geplante Gesetze bzw. Maßnahmen* wie die Kindergrundsicherung und die Zuständigkeitsverlagerung für die Bereiche FbW und Reha können bereits vor ihrem Inkrafttreten organisationale Vorbereitungen hervorrufen oder aufgrund der mit ihnen verbundenen Ungewissheit geplante Organisationsveränderungen verzögern. Hinzu kommen *Förderprogramme* wie Perspektive 50plus und des LZA-Programms sowie *politische Aufträge* wie der Job-Turbo zur Arbeitsmarktintegration von Geflüchteten, die u. a. zur Schaffung neuer Teams führen können.

Des Weiteren zeigen die Interviews auf, dass in den organisationalen Reaktionen auf diese zentral gesetzten Impulse eine Ursache für Variationen liegt. So ist einigen Interviews zu entnehmen, dass Strategien zur Umsetzung politischer Impulse *lokal* in den Jobcentern entwickelt werden, meist, bevor es konkretere zentrale Vorgaben oder Empfehlungen der BA gibt. Entsprechend erläutert eine interviewte Person:

> „Also, diese politischen Aufträge, die nehmen wir auch, bevor es zu Weisungen aus der RD kommt, vorweg [...]. Also, das, was dann in Medien erscheint, kriegen wir auch intern in verschiedenen Meldungen aus Nürnberg und dann können wir uns eigentlich darauf verlassen, dass es zumindest geschäftspolitisch ein Hauptthema werden wird, egal, wie die Ausgestaltung dann genau sein wird.“ (#11: Abs. 16)

Ein anderer verweist auf die Vorstellung des Job-Turbos im Rahmen der Bundespressekonferenz im Oktober 2023 und erklärt: „da sind wir dann tatsächlich durch den externen Impuls gefordert, unser Handeln und unser Tun dann noch mal zu überdenken und entwickeln da gerade neue Strategien“ (#9: Abs. 17). Im Gegensatz zu diesen bundespolitischen Einflüssen, wird nur in einem Interview explizit darauf hingewiesen, dass eine Änderung der Verwaltungsorganisation des Jobcenters aufgrund von kommunalpolitischen Impulsen vorgenommen wurde (vgl. #3).

Der andere wichtige und besonders häufig von den Interviewten genannte Faktor stellen die mit den **Klienten bzw. einer sich wandelnden Klientenstruktur** einhergehenden Anforderungen dar. In einigen Interviews, in denen die Befragten beispielhaft Organisationsveränderungen in ihrem Jobcenter rekonstruieren, wird explizit auf eine veränderte Kundenstruktur als Auslöser hierfür Bezug genommen:

> „Also, man muss sagen, das Konzept, was wir vorher hatten, diese Dreiteilung [gemeint ist eine Dreiteilung des Fallmanagements anhand der Betreuungsintensität; Anmerkung J. H.], die hat sich durchaus bewährt, weil auch die Kundenstruktur das so hergegeben hat. Und wir sind da eigentlich einer Notwendigkeit gefolgt, die auch tatsächlich da war.“ (#9: Abs. 39)

Die ausgeprägte Orientierung an den Klienten der Jobcenter wird auch an einem Umstand deutlich, der sich der Wahrnehmung einer geschäftsführenden Person nach im Zuge der Corona-Pandemie verstärkt habe:

> „Also, die Feststellung – die ist auch nicht neu – ist eben die, Menschen, unsere Kunden oder jetzt muss man sagen Bürgerinnen und Bürger, die reagieren, wenn sie ein Schreiben von uns bekommen, wo es um Geldleistungen geht. Wenn sie ein Schreiben bekommen, wo draufsteht ‚wir wollen gerne mit dir über eine Fördermaßnahme reden‘ oder ‚… über eine Beschäftigungsaufnahme reden‘, reagieren die Menschen, ich sage mal, nicht immer. Und weil sich das in der Pandemie noch stärker entwickelt hat, wir das Gefühl hatten, hat vielleicht auch zusätzlich mit Isolierung von Menschen in der Pandemie zu tun, gab es dann eben diesen konzeptionellen Ansatz zu sagen, wenn sich das stärker zusammenschließt, dass wir im Grunde genommen in so Tandemberatungen reingehen, Leistungsbereich schreibt und Integrationsbereich ist aber dabei […], also der integrative Fallmanager weiß, wer konkret der Leistungssachbearbeiter ist und die sprechen gemeinsam auch mit so einer ganzen Bedarfsgemeinschaft.“ (#6: Abs. 15)

Die Klientenorientierung zeigt sich auch in einem anderen Beispiel im Kontext der Corona-Pandemie. So berichtet eine interviewte Person davon, dass ihr Jobcenter dezentral vor Ort u. a. ein eigenes Terminal als Self-Infopoint implementiert und eine App sowie ein Terminierungstool programmiert habe, „so ein bisschen für unsere Kunden dann auch als ein Servicegedanke“ (#10: Abs. 2), da die zentrale Technik – seiner Wahrnehmung nach – immer etwas hinterherhinke.

Der anderen Marktseite, der **Arbeitgeberseite**, kommt zwar erwartungsgemäß im Interviewmaterial der arbeitgeberorientierten Vermittler eine zentralere Bedeutung zu, in den Interviews mit geschäftsführenden Personen und anderen Führungskräften findet sie hingegen kaum Erwähnung. Insbesondre lassen sich keine Interviewpassagen finden, die darauf hinweisen, dass Anforderungen der Arbeitgeberseite, außerhalb der Arbeitgeberbetreuung, die Verwaltungsorganisation der untersuchten Jobcenter beeinflussen. Dies kann damit zusammenhängen, dass die Performance der Jobcenter in Form der SGB-II-Kennzahlen ausnahmslos durch klientenbezogene Indikatoren gemessen wird. Eine Anpassung der Verwaltungsorganisation an arbeitgeberseitige Bedürfnisse wäre demnach nicht unmittelbar leistungswirksam.

7.5 Situativer Organisationskontext

Von den möglichen Einflussfaktoren des Organisationskontextes wird in den Interviews besonders häufig auf die **Größe** des Jobcenters als Unterscheidungskriterium verwiesen. Demnach können große Jobcenter spezifische Fachkompetenzen aufbauen, indem sie Sonderteams für bestimmte Zielgruppen oder Aufgabenbereiche schaffen. So beschreibt eine interviewte Person: „Wir haben zum Beispiel ein Sonderteam für beruflich Selbständige [...] und wir haben dadurch eine langjährig gewachsene Expertise“ (#6: Abs. 9). Diese Form der Spezialisierung erfordert jedoch eine ausreichende Größe, wie eine andere interviewte Person anmerkt: „Bei der Spezialisierung muss man immer sehen: Mache ich das als Team? Also, strukturmäßig; dafür brauche ich eine gewisse Größe“ (#2: Abs. 4).

Im Gegensatz dazu betonen Interviewte kleinerer Jobcenter, dass eine Spezialisierung aufgrund von begrenzten Ressourcen oft nicht praktikabel sei. Eine geschäftsführende Person führt aus: „Bei mir muss jeder mit dem Arbeitgeber reden können, funktioniert aber“ (#4: Abs. 18). Stattdessen werde auf flexible Generalisten gesetzt, was eine gegenseitige Vertretbarkeit sicherstellt, aber auch die Belastung der Mitarbeitenden erhöhe. Dennoch wird diese Vielseitigkeit positiv bewertet, da sie die Tätigkeit „ein Stück weit interessanter“ (ebd.) mache. Die geringere Größe des Jobcenters führe aber auch dazu, dass gewisse „Standards“ nicht immer eingehalten werden können:

> „Klein, zusammenhalten, jeder muss alles tun. Diese Organisationsstruktur, die die BA vorgibt, geht bei uns nicht. Ich kann zum Beispiel jetzt nicht die Berechtigungskonzepte so machen, dass ich dem Vermittler zum Beispiel keine Leistungsakte gebe,

was eigentlich so vorgesehen ist. Also, es ist bei der kleinen Einheit nicht möglich. Machen wir aber auch nicht.“ (#4: Abs. 6.)

Ein weiterer signifikanter Unterschied zeigt sich im Verwaltungsbereich. Große Jobcenter verfügen häufig über eigene Einheiten für Querschnittsaufgaben wie Personalmanagement oder Infrastruktur. Diese sind notwendig, um die Komplexität großer Organisationen zu bewältigen: „Ich habe wirklich im Grunde einen eigenen Verwaltungsstrang [...]. Das haben die kleineren Jobcenter [...] nicht“ (#3: Abs. 8). Kleinere Einrichtungen hingegen kaufen Verwaltungsdienstleistungen teilweise extern ein, beispielsweise bei der Bundesagentur für Arbeit oder dem kommunalen Träger (#11: Abs. 40). Dies wird als kosteneffizienter angesehen, stößt jedoch bei wachsender Komplexität an Grenzen. Während größere Jobcenter durch ihre Spezialisierung tiefere fachliche Expertise entwickeln können, profitieren kleinere Häuser von kurzen Kommunikationswegen und einer höheren Flexibilität: „Die kleineren sind eigentlich erfolgreicher, weil [...] die Wege sind so kurz und man verhakelt sich nicht in irgendwelchen Silos“ (#1: Abs. 12).

Anhand der Daten der quantitativen Teilstudie lässt sich in Teilen ein Zusammenhang zwischen der Größe der Jobcenter, gemessen an der Anzahl der Vollzeitäquivalente (VZÄ), und ihrer Verwaltungsorganisation ablesen (vgl. Tabelle 7.11). Demnach bestehen mittlere, signifikante Zusammenhänge zwischen der Anzahl der VZÄ und der Formalisierung sowie der Implementierungsstufe des bFM. Kein signifikanter Zusammenhang ist hingegen zwischen der Anzahl der VZÄ und den anderen beiden Bürokratiedimensionen des bFM sowie der Formalisierung der Arbeitgeberbetreuung zu identifizieren. Letzteres könnte dadurch erklärt werden, dass aufgrund der Dominanz der BA bzw. der Agenturen für Arbeit (AA) in den gemeinsamen Arbeitgeber-Services, die dadurch geprägte Bürokratisierung der Arbeitgeberbetreuung der Jobcenter besser durch die kombinierte Berücksichtigung der Organisationsgrößen des jeweiligen Jobcenters *und* der örtlichen AA erklärten werden kann. So kann z. B. ein relativ kleines Jobcenter im Agenturbezirk einer verhältnismäßig großen AA liegen. Unter der Annahme, dass die auf Basis des Situativen Ansatzes postulierten Annahmen auch für AA gelten, würde ein solches Jobcenter einen höheren Grad an Formalisierung aufweisen als ein vergleichbares Jobcenter in einem kleineren Agenturbezirk. In diesem Fall wäre die Formalisierung der Arbeitgeberbetreuung weniger eine direkte Folge der Größe des Jobcenters selbst, sondern vielmehr ein Effekt, der aus der Größe des Jobcenters und v. a. der AA resultiert.

Tabelle 7.11 Korrelation (Spearman-Rho) zwischen der Größe von Jobcentern und Indizes ihrer Verwaltungsorganisation

	Spezialisierung bFM	Standardisierung bFM	Formalisierung bFM	Implementierungsstufe bFM	Formalisierung Arbg.
VZÄ	0,218	0,186	*0,425***	*0,338***	– 0,011
Sig. (2-seitig)	0,072	0,127	<0,001	0,005	0,922
N	69	69	69	69	75

Quelle: Eigene Zusammenstellung. *: Die Korrelation ist auf dem Niveau von 0,05 (zweiseitig) signifikant. **: Die Korrelation ist auf dem Niveau von 0,01 (zweiseitig) signifikant

Als zweiter Einflussfaktor tritt im Interviewmaterial das **Personal** eines Jobcenters hervor. Dieses kann zum einen die Ursache für Organisationsveränderungen darstellen, z. B. bei Personalrückgang (vgl. #7: Abs. 28), bei Unzufriedenheit des Personals mit existierenden organisatorischen Lösungen (vgl. #3: Abs.: 12) oder bei Neubesetzungen von Führungspositionen, wodurch etablierte Strukturen und Prozesse neu bewertet werden:

> „Und jetzt ist es bei uns so, dass der Mensch, der die Querschnittsaufgabe Fallmanagement hatte für das Jobcenter [Name der Kommune], ist in Pension oder Rente gegangen. Dann ist es jetzt irgendwie beim Fachbereich gelandet, bei einer Dame [...]. Und die betrachtet das jetzt natürlich auch wieder neu und ist auch nicht von der Kommune. Der Herr vorher war von der Kommune, der hat auch noch mal einen anderen Blickwinkel, weil bei der Kommune Fallmanagement ganz anders interpretiert, wird als bei der Bundesagentur, das kommt auch noch so ein bisschen dazu. Und jetzt hat sie halt die Aufgabe und muss da irgendwie was Neues gestalten; und mal gucken, was dabei rauskommt." (#19: Abs. 56)

Weiterhin können personelle Veränderungen oder Wechsel als Gelegenheitsfenster einen begünstigenden Faktor für Organisationsveränderungen darstellen (vgl. #8: Abs. 12). Zum anderen liegt im vorhandenen Personal aber auch eine notwendige Bedingung, um Organisationsveränderungen tatsächlich wie geplant umsetzen zu können:

> „Ja, also, ich glaube, das hat man bei uns so gemacht, weil man gesagt hat, wir haben einfach die Kapazität an Mitarbeitern, das hier vor Ort, also durch uns umzusetzen [...] / Also, ich, aus meiner Perspektive, kann sagen, ich habe schon immer, seitdem ich das das erste Mal gehört habe, gesagt, dass ich da einfach Lust zu habe. Und auch andere Mitarbeiter haben gesagt, dass sie Interesse hätten, das durchzuführen. Und ich glaube, dann hat man sich entschieden, weil wir einfach auch die Kapazität haben, zu sagen, wir machen das eigenständig und führen das eigenständig durch." (#22: Abs. 50)

Vereinzelt wird im Rahmen der qualitativen Teilstudie zudem der Einflussfaktor der **Finanzen** angesprochen. Erwartungsgemäß wird finanziell besser aufgestellten Jobcentern, z. B. weil der kommunale Träger zusätzliche Finanzmittel zur Verfügung stellt, ein größerer Handlungsspielraum hinsichtlich der Verwaltungsorganisation zugesprochen (#1: Abs. 24, #3: Abs. 34). Ein anderer Aspekt des Organisationskontextes, der **Typ des kommunalen Trägers** (Stadt / Landkreis), scheint, zumindest entsprechend der Wahrnehmung der Befragten, keinen direkten Einfluss auf die Verwaltungsorganisation zu haben. Er hat zwar in gewisser Weise Einfluss auf ein Merkmal des Organisationskontextes, nämlich die Anzahl der Standorte eines Jobcenters, jedoch scheint dieser nicht deterministisch zu sein. So führt eine geschäftsführende Person eines größeren städtischen Jobcenters aus, dass sie glaubt, dass ihr Jobcenter hinsichtlich der Beratung noch viel dezentraler als jetzt aufgestellt sein müsste (#3: Abs. 32).

7.6 Relevanz der Akteure

Abbildung 7.71 blickt auf den Einfluss, der durch die Befragten der quantitativen Teilstudie den externen Akteuren im Hinblick auf die organisatorische Ausgestaltung der Jobcenter zugeschrieben wird. Der örtlichen Agentur für Arbeit und dem kommunalen Träger kommt entsprechend dem Steuerungsmodell der gEn eine Zwitterstellung zu (vgl. Abschn. 2.3.3), da sie hinsichtlich des „Tagesgeschäftes" zwar eher als externe Akteure einzuordnen sind, hinsichtlich der strategischen Ausrichtung aber die letztendliche Entscheidungskompetenz über den Weg der Trägerversammlung besitzen. Aus diesem Grund werden sie sowohl bei den externen als auch bei den internen (s. u.) Akteuren aufgeführt. Betrachtet werden die organisationale Ebene sowie die beiden Bereiche des beschäftigungsorientierten Fallmanagements (bFM) und der Arbeitgeberbetreuung mit und ohne gemeinsamen Arbeitgeber-Service (gAG-S). Das Ausmaß der (versuchten) Einflussnahme wird durch die Befragten entlang der Kategorien „kein", „geringer", „mittlerer", hoher" und „sehr hoher" Einfluss bewertet.

In der Gesamtschau wird deutlich, dass sich nahezu keine übergreifenden Muster abzeichnen. Lediglich die Einflüsse der örtlichen Beiräte und des jeweils zuständigen Landesministeriums werden über alle vier Bereiche als gering bis kaum vorhanden eingeschätzt. Demgegenüber geht in allen Bereichen ein etwas höherer Einfluss vom Bundesministerium für Arbeit und Soziales aus. Dies spiegeln auch die geführten Interviews wider, in denen, wenn es um politische Einflüsse bzw. Impulse geht, nahezu ausschließlich auf die Bundesebene Bezug genommen wird. Typische Beispiele sind hier der Job-Turbo und Förderprogramme bzw. Sonderprogramme des BMAS wie „Perspektive 50plus".

Hinsichtlich der organisationalen Ebene und der Arbeitgeberbetreuung mit gAG-S wird ein hoher Einfluss den Organisationseinheiten der Bundesagentur für Arbeit zugeschrieben, wobei der örtlichen Agentur für Arbeit die höchste Bedeutung zukommt. Bei Jobcentern mit gAG-S wird der Einfluss des kommunalen Trägers auf den gAG-S durchschnittlich als gering bis moderat betrachtet. Dies unterscheidet sie stark von den Jobcentern ohne gAG-S, bei denen der Einfluss des kommunalen Trägers auf die organisatorische Ausgestaltung der Arbeitgeberbetreuung als nur etwas geringer im Vergleich zu jenem der örtlichen Agentur eingeschätzt wird. Was den Einfluss des kommunalen Trägers im Allgemeinen betrifft, vermutet eine geschäftsführende Person, dass hier die Größe der Kommune eine Rolle spiele, da es bei den kleineren Gebietskörperschaften häufig so sei, „dass da gar keine Expertise auf der kommunalen Seite da ist" (#3: Abs. 12).

Auffällig ist, im Vergleich zu den anderen Bereichen, der Einfluss der externen Akteure auf das bFM. Dieser fällt über alle Akteure bzw. Akteursgruppen hinweg geringer aus als beim Blick auf die organisationale Ebene oder die Arbeitgeberbetreuung. Zwar sind auch hier die Organisationseinheiten der Bundesagentur für Arbeit von Relevanz, die Ausprägung der Einflussnahme stellt sich jedoch spiegelbildlich zu jener der organisationalen Ebene und der Arbeitgeberbetreuung dar: Der BA-Zentrale wird eine deutlich höhere Einflussnahme zugeschrieben als der örtlichen Agentur für Arbeit. Interessant ist zudem, dass der Einfluss des kommunalen Trägers deutlich geringer ausfällt als für die organisationale Ebene und nur etwas stärker ausgeprägt ist als bei der Arbeitgeberbetreuung der Jobcenter mit gAG-S. Insgesamt scheinen die Einflüsse lokaler Akteure beim bFM weniger von Bedeutung zu sein als die zentralen Vorgaben der BA. Dass dies nicht immer der Fall sein muss, zeigen die Ausführungen einer geschäftsführenden Person eines größeren Jobcenters, die erläutert, dass sie einen relativ starken kommunalen Träger habe, „der hier auch wirklich Arbeitsmarktpolitik betreibt" (#3: Abs. 12), und, dass ein zentrales Organisationsmerkmal des bFM dieses Jobcenters auf Wunsch der Kommune eingeführt worden sei (#3: Abs. 16).

In Ergänzung zu Abbildung 7.71, veranschaulicht Abbildung 7.72, inwiefern die Befragten die fünf internen Akteure bzw. Akteursgruppen örtliche Agentur für Arbeit, kommunaler Träger, Geschäftsführung des Jobcenters, andere Führungskräfte (Bereichsleitung, Teamleitung etc.) und Mitarbeitende als Impulsgeber für die organisatorische Ausgestaltung in den vier Bereichen betrachteten. Die Häufigkeit, in der die genannten Akteure Impulse einbringen wird entlang der Kategorien „nie", „selten", „gelegentlich", „häufiger" und „sehr häufig" erfasst.

Ähnlich wie bei Abbildung 7.71 lassen sich nahezu keine bereichsübergreifenden Muster erkennen. Einzig im Vergleich der beiden Jobcenter-Träger zeigt sich, dass die örtliche Agentur für Arbeit häufiger als der kommunale Träger organisatorische Impulse über die Trägerversammlung einbringt. Der Akteur bzw. die Akteursgruppe mit den häufigsten Impulsen variiert zwischen den vier Bereichen. Während auf organisationaler Ebene eindeutig der Geschäftsführung und anderen Führungskräften eine hervorgehobene Stellung zukommt, ist im bFM die Mitarbeiterebene von noch stärkerer Bedeutung. Auch im Bereich der Arbeitgeberbetreuung mit gAG-S ist die Mitarbeiterebene von Bedeutung, jedoch sind hier andere Führungskräfte die aktivste Gruppe. Anders stellt es sich bei jenen Jobcentern dar, die nicht an einem gAG-S beteiligt sind. Hier kommt anderen

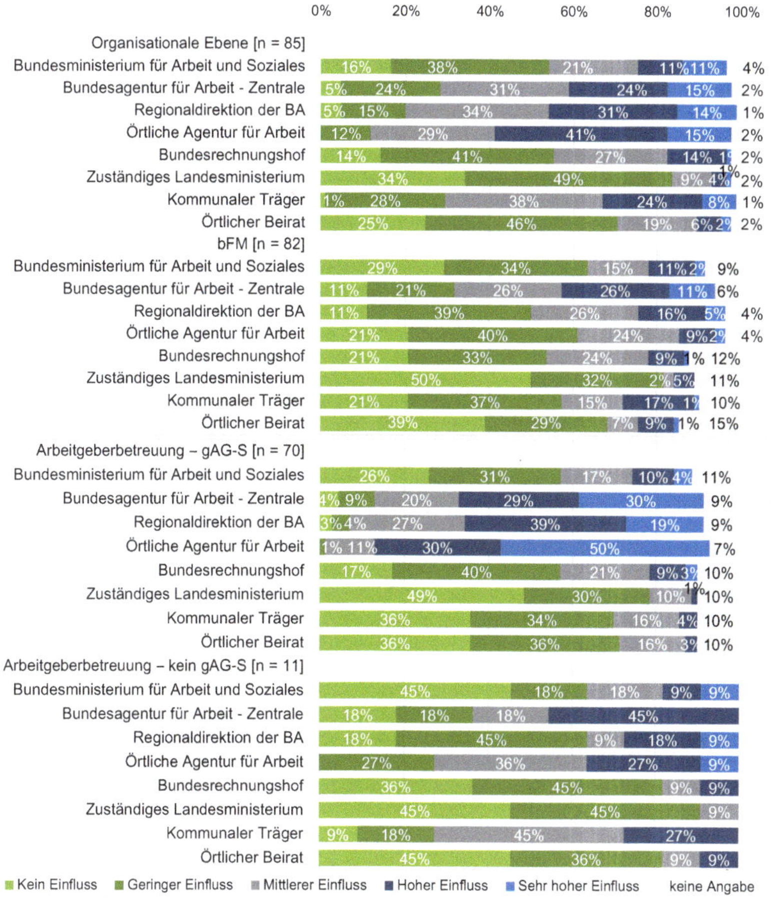

Abbildung 7.71 Einfluss externer Akteure auf die Verwaltungsorganisation. (Quelle: Eigene Abbildung. Fragetext: „Inwieweit nehmen die genannten Akteure i. d. R. Einfluss auf die organisatorische Ausgestaltung (Strukturen und Prozesse) *[Ihres Jobcenters / des Fallmanagements / des AG-S / der Arbeitgeberbetreuung]* bzw. inwieweit versuchen diese Akteure Einfluss zu nehmen?“)

Führungskräften eine geringere Bedeutung hinsichtlich des Setzens von Impulsen zu als geschäftsführenden Personen und der Mitarbeiterebene.

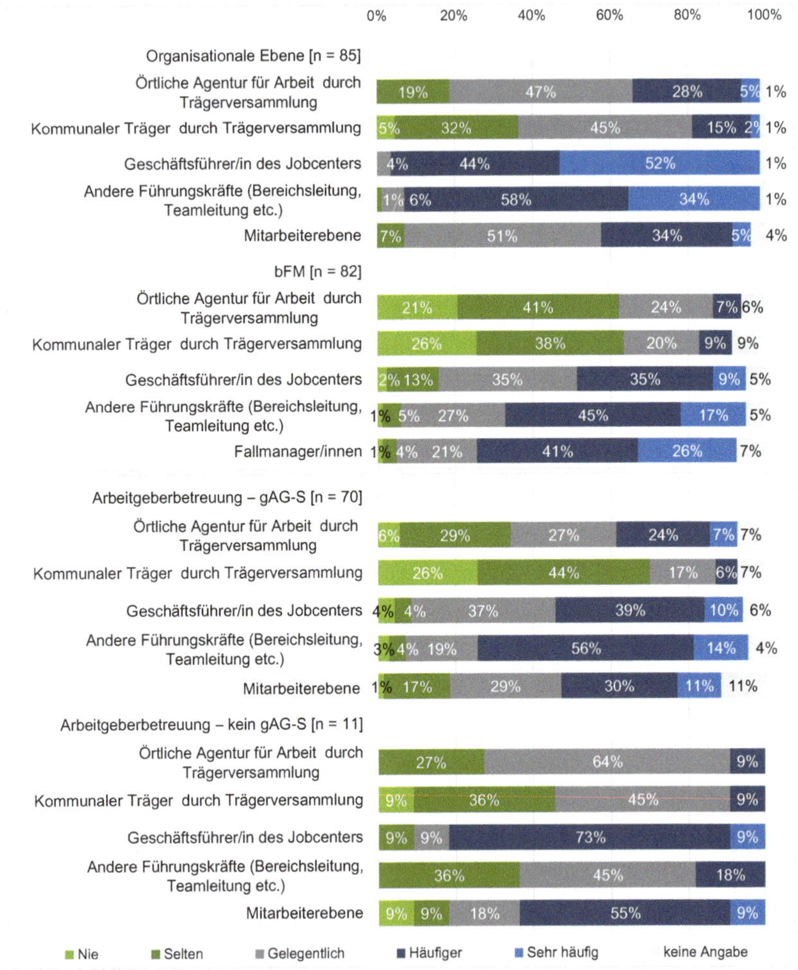

Abbildung 7.72 Impulse interner Akteure hinsichtlich der Verwaltungsorganisation. (Quelle: Eigene Abbildung. Fragetext: „Inwieweit werden i. d. R. Impulse für die organisatorische Ausgestaltung (Strukturen und Prozesse) *[Ihres Jobcenters / des Fallmanagements / des AG-S / der Arbeitgeberbetreuung]* von folgenden Akteuren eingebracht?“)

Diese Ergebnisse der quantitativen Teilstudie zeigen auf, dass unter den Befragten der Eindruck besteht, dass Impulse für die organisatorische Ausgestaltung eher aus dem Jobcenter selbst heraus entstehen, als dass die beiden Träger intensiv Impulse für Organisationsveränderungen setzen. Diese Interpretation stützen auch die Ergebnisse der qualitativen Teilstudie. So handle es sich nicht um ein „aktives, Selber-Gestalten der Träger" (#1: Abs. 22). Stattdessen seien diese eher dankbar, wenn aus dem Jobcenter heraus Impulse gesetzt werden würden (#2: Abs. 14).

Die Interviews verdeutlichen, dass Impulse zwar von allen Hierarchieebenen in den Jobcentern ausgehen und ausgehen sollen (#3: Abs. 26, #4: Abs. 58, #5: Abs. 26), die weitaus wichtigsten Akteure für das Anstoßen von organisatorischen Veränderungen stellen jedoch die Geschäftsführungen, gefolgt von den Bereichsleitungen, dar: „Also das eine ist tatsächlich, dass wir natürlich intrinsisch motiviert sind, wo wir sagen, das können wir vielleicht besser, indem wir neue Wege auswählen und gehen" (#9: Abs. 17; ähnlich #1: Abs. 34, #3: Abs. 24, #10: Abs. 20). Eine andere geschäftsführende Person erklärt, „dass wir das Ganze anstoßen, weil wir merken, dass wir uns anpassen müssen" (#4: Abs. 30). Diese proaktive Haltung scheint zumindest für einige Geschäftsführende im eigenen Rollenverständnis begründet zu sein:

> „Das mag aber auch vielleicht [...] damit zusammenhängen, dass ich meinen Auftrag und meine Rolle so verstehe, dass ich das aktiv vorantreibe, so ein Geschäft und ich viel besser im Blick habe als die Trägerversammlung: Wo braucht es eigentlich Anpassungen? Weil ich einfach das tagtäglich erlebe. Weil Mitarbeitende mir das zurückspiegeln, dass es da Probleme gibt und ich aus diesen Rückmeldungen selber die Ableitung vornehme und dann Vorschläge mache. Ich finde, wenn die Trägerversammlung erst merkt, es braucht da Anpassungsbedarfe, dann habe ich auch was falsch gemacht. Und ich glaube, das würde ich auch den anderen Kolleginnen und Kollegen in den gut 300 gemeinsamen Einrichtungen zugutehalten. Ich glaube, das ist normal, dass wenn man operativ ganz nah dran ist, tagtäglich man das viel eher sieht und deswegen auch angeht als jemand, der sich nur mal punktuell mit dem Jobcenter beschäftigt." (#3: Abs. 18; ähnlich #6: 32)

Für die geschäftsführende Person eines anderen Jobcenters seien die Träger auch gar nicht fachlich und von den Ressourcen her so aufgestellt, dass sie in größerem Umfang Vorschläge machen könnten, sodass die Träger sich letztlich darauf verlassen müssten, „dass der interne Blick einfach der ist, der dann auch zielführend ist" (#1: Abs. 30).

Die Kooperation zwischen den Jobcentern und ihren Trägern bzw. der Trägerversammlung wird von den Interviewten durchweg positiv bewertet. Zwar wird davon berichtet, dass es mitunter intensive, inhaltliche Diskussionen in der

Trägerversammlung gebe, jedoch ist die Zusammenarbeit in keinem der Jobcenter der qualitativen Teilstudie auf Basis des Interviewmaterials als konfliktär zu charakterisieren. Die Interviewten führen aus, dass die Trägerversammlungen in der Regel den Vorschlägen der Geschäftsführungen zu Anpassungen der Verwaltungsorganisation folgen würden, wenn diese vernünftig argumentiert bzw. gut begründet werden würden:

> „Man macht sich vorher seine Gedanken, warum man was genau tun möchte. Man muss das natürlich dann personell und auch wirtschaftlich betrachten, ob man das kann und wie man das umsetzen möchte. Wenn ich das aber alles schlüssig darlegen kann, gibt es natürlich auch in der Trägerversammlung, von den Trägern, eine Rückfrage dazu, wieso man das machen möchte, welchen Mehrwert das bringt, welche Gefahr oder welches Risiko der Träger dabei möglichst sieht. Das wird dann im Schwerpunkt immer die BA sein. Aber am Ende spricht man darüber. Vielleicht diskutiert man es, aber die Träger tragen das mit. Also mir wäre jetzt auch in der weiteren Vergangenheit kein Punkt bekannt, wo wir etwas vorgehabt hätten, was uns untersagt worden wäre." (#7: Abs. 57; ähnlich #3: Abs. 14, #5: Abs. 30, #11: Abs. 28)

Von Bedeutung ist dabei, dass Entscheidungen zwar formal in der Trägerversammlung beschlossen werden, ein Austausch zwischen den Jobcentern und ihren Trägern erfolgt aber auch zwischen den Sitzungsterminen der Trägerversammlung. Während aus einem größeren Jobcenter der qualitativen Teilstudie berichtet wird, dass die Trägerversammlung in der Regel vier Mal im Jahr zusammenkommt, ist dies in einem kleineren Jobcenter nur ein bis zwei Mal im Jahr der Fall. Zwischen diesen Terminen finden häufig verschiedenste Gesprächsformate auf unterschiedlichen Ebenen zwischen dem Jobcenter und den Trägern statt (#5: Abs. 32, #6: Abs. 30, #10: Abs. 22):

> „So handhaben wir es in [Name des Jobcenters; Anonymisierung durch J. H.] auf jeden Fall, sodass, wenn ich entsprechende Ideen habe, ich die natürlich im Vorfeld schon kommunizieren kann und anhand des Echos ich für mich schon mitnehmen kann: ‚Ja, ist gut angekommen als Idee' oder ‚da werde ich noch mehr ins Detail gehen müssen in der Argumentation, um sie vielleicht zu überzeugen.'" (#5: Abs. 32)

Eine geschäftsführende Person legt dar, dass sie den damit verbundenen Aufwand bzw. Ressourceneinsatz kritisch sieht, indem sie formuliert, dass sie „manchmal lieber noch mehr in Strukturen arbeiten [würde], die direkt den Kundinnen und Kunden dienen und nicht, die der Trägerversammlung dienen" (#3: Abs. 34). Hinsichtlich der Frage, wann die Zustimmung der Trägerversammlung bei Organisationsveränderungen einzuholen ist, lassen sich aus den geführten Interviews keine eindeutigen Kriterien ableiten. Während eine geschäftsführende Person selbst bei kleinen Änderungen in der Aufbauorganisation die Einbindung der Trägerversammlung als notwendig erachtet (#3: Abs. 16), erläutert eine andere, dass es keiner Zustimmung bedürfe, wenn es um „Effizienzverbesserungen innerhalb von Kleinsteinheiten" (#1: Abs. 24) gehe. Eine weitere Person differenziert diesbezüglich ähnlich zwischen einerseits geschäftspolitischen Schwerpunkten und aufbauorganisatorischen Änderungen und andererseits dem „Tagesgeschäft" (#5: Abs. 30). Zwei Interviewte führen an, dass die Träger, auch bei kleineren Anpassungen, im Rahmen der vertrauensvollen Zusammenarbeit, zumindest zu informieren sind (#6: Abs. 30, #10: Abs. 18).

Als Praktiken für die Generierung von Organisationsveränderungen werden beispielsweise regelmäßige Austausche mit Führungskräften (#5: Abs. 28), die Entwicklung von Organisationsanpassungen in der erweiterten Geschäftsführung, zusammen mit Bereichsleitungen (#6: Abs. 13), und das Einsetzen von Arbeitskreisen (ebd.) genannt. Teils wird in diesem Kontext von den befragten Führungskräften explizit die Partizipation der Mitarbeitenden bei derartigen Entscheidungsprozessen als wichtiges Moment hervorgehoben. So schildert die geschäftsführende Person eines kleinen Jobcenters ihr Vorgehen, welches vermutlich kaum in größeren Häusern angewendet werden kann:

> „Ich gehe raus, sag', ‚Leute, kommt zusammen, das ist der Sachverhalt, was haltet ihr davon?' Wir machen eine Abstimmung und fertig. Also, die sollen beteiligt werden, die beteiligen sich auch aktiv. Die haben mittlerweile keine Angst mehr was zu sagen, auch wenn es vielleicht nicht immer gehört werden will. Also, von daher kommt auch viel aus den Bereichen." (#4: Abs. 58)

Die besondere Bedeutung der Mitarbeiterebene für Organisationsveränderungen im bFM machen gleich mehrere Interviewte deutlich. So führen zwei Interviewte die (verstärkte) Durchführung aufsuchender Arbeit auf die handelnden Fallmanager zurück (#6: Abs. 19, #18: Abs. 24). Exemplarisch erläutert eine geschäftsführende Person:

> „Also, das waren einige Fallmanager, die einen sozialarbeiterischen Hintergrund hatten und dann einfach gesagt haben, ‚ich sehe diese Kunden, die kommen nicht und ich kenne das noch aus meinem Job, ich probiere das jetzt einfach mal aus, ich fahr da mal hin, ich gehe mit denen mal einen Kaffee trinken.' Das war etwas, was aus der Praxis gekommen ist und was wir aufgegriffen haben und wo wir ein Konzept draus gemacht haben." (#6: Abs. 19)

Die Fallmanagement-Fachkraft eines anderen Jobcenters bestätigt den Eindruck der zentralen Stellung der operativ tätigen Fallmanager, indem sie erläutert, dass nur selten von Führungskräften Impulse ausgingen. Dies geschehe dann,

> „wenn die von außen irgendwie oder zentral irgendwie was mitbekommen, Neuerungen mitbekommen – zentral –, wird es schon diskutiert, mit uns dann auch und dann können wir gemeinsam entscheiden: Macht das Sinn, das auch so einzuführen, so umzusetzen oder: Wie können wir das umsetzen?“ (#21: Abs. 28)

Insgesamt zeigt sich, dass die Jobcenter als Organisation und insbesondere die Geschäftsführungen als zentrale Akteure, ausgeprägte Handlungsspielräume besitzen, auch wenn formal der Trägerversammlung die Entscheidungsgewalt obliegt: „Ich genieße es, dass mir wirklich nicht eins zu eins durchgesteuert / Ich sage immer, in jeder Besprechung, ‚Jobcenter ist keine Dienststelle der BA‘ und […] wenn es kontroverse Themen gibt, dann muss man das eben in der Trägerversammlung ausmachen.“ (#4: Abs. 20)

Insbesondere im Vergleich zum Rechtskreis SGB III wird der Gestaltungsspielraum im SGB II von einigen Geschäftsführenden hervorgehoben, was dieses Tätigkeitsfeld für die Verantwortlichen besonders reizvoll macht. Gleichzeitig sei aber auch die Klientel herausfordernder (#5: Abs. 12) und man habe mehr Verantwortung, da die BA-Zentrale und die Regionaldirektionen für die Agenturen für Arbeit, im Vergleich zu den Jobcentern, viele Entscheidungen treffen bzw. Aufgaben übernehmen würden (#2: Abs. 18).

Abbildung 7.73 stellt das Ausmaß der Orientierung von Jobcentern an der organisatorischen Ausgestaltung anderer Jobcenter dar. Hierbei werden vier Orientierungsrahmen, jeweils unterteilt nach gE und zkT, berücksichtigt: benachbarte Jobcenter, Jobcenter im selben Cluster (SGB-II-Vergleichstyp), Jobcenter im selben Bundesland sowie andere Jobcenter im Allgemeinen. Die Befragten bewerten den Grad der Orientierung in den Stufen „überhaupt nicht“, „zu einem geringen Teil“, „größtenteils“ und „vollständig“. Wie zuvor werden die organisationale Ebene sowie die beiden Bereiche beschäftigungsorientiertes Fallmanagement (bFM) und Arbeitgeberbetreuung mit und ohne gemeinsamen Arbeitgeber-Service (gAG-S) betrachtet.

Insgesamt ist der Abbildung zu entnehmen, dass sich die Jobcenter, in der Wahrnehmung der Befragten, nur zu einem geringeren Grad an der organisatorischen Ausgestaltung anderer Jobcenter orientieren, da die am stärksten besetzten Kategorien „überhaupt nicht“ und „zu einem geringen Teil“ sind. Prinzipiell scheint jedoch eine stärkere Orientierung an anderen gEn als an anderen zkTn

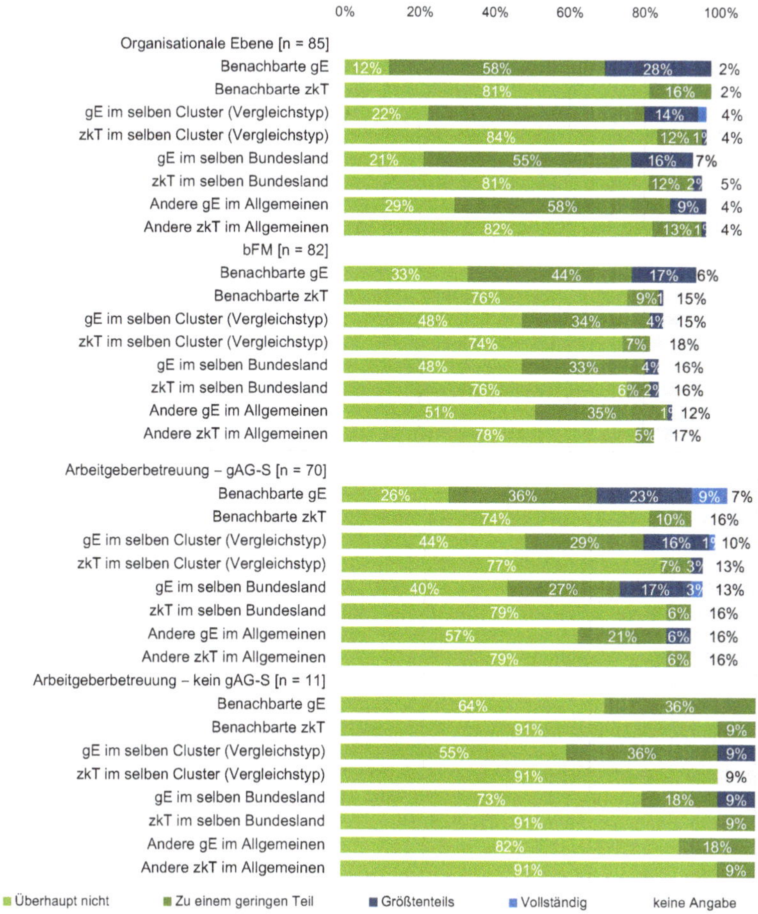

Abbildung 7.73 Orientierung an organisatorischer Ausgestaltung anderer Jobcenter. (Quelle: Eigene Abbildung. Fragetext: „Inwieweit orientiert sich die organisatorische Ausgestaltung (Strukturen und Prozesse) *[Ihres Jobcenters / des Fallmanagements / des AG-S / der Arbeitgeberbetreuung]* an anderen Jobcentern?")

zu erfolgen. Zudem lassen sich tendenziell höhere Zustimmungswerte für örtlich näher gelegene Jobcenter (benachbarte Jobcenter und Jobcenter im selben Bundesland) sowie für Jobcenter desselben Vergleichstyps erkennen.

Dass ein Lernen voneinander bzw. die Übernahme organisationaler Elemente von anderen Jobcentern stattfindet, zeigen auch einige Interviewpassagen der qualitativen Teilstudie auf. Befragte aus kleineren Jobcentern berichten eher davon, sich an örtlich näher gelegenen Jobcentern zu orientieren. Ein anschauliches Beispiel stellt diesbezüglich die Schilderung einer Fallmanagement-Fachkraft dar:

> „Ansonsten habe ich das Gefühl, dass auch immer ganz viel geguckt wird, was so unsere Nachbarlandkreise machen oder unsere Nachbarjobcenter [...], da wird auch immer ganz viel geachtet: Was haben die für Zahlen? Was machen die Neues? Kann man das, was die umgesetzt haben / Läuft das gut? Kann man das vielleicht auch fürs Haus nutzen? Also, da höre ich viel von den Teamleitern, dass da nachgeguckt wird." (#22: Abs. 60)

Die geschäftsführende Person eines sehr kleinen Jobcenters vertritt hingegen die Meinung, dass die Entwicklungen in anderen Jobcentern für sie keine Rolle spielen würden, da die Rahmenbedingungen nicht vergleichbar seien und man nun mal eigene Mitarbeitende habe, „die sind auch alle individuell" (#4: Abs. 60). Auch für größere Jobcenter scheint die regionale Perspektive nicht immer von Bedeutung zu sein, wie eine andere geschäftsführende Person im Hinblick auf den sie betreffenden Agenturbezirk erläutert:

> „Wir haben uns nicht so viel zu sagen. Also, die Agentur ist immer sehr bemüht [...]. Die sind immer ganz bemüht, gemeinsame Lerntreffen und so. Ich habe immer das Gefühl, ich erzähle ganz viel, ich kann aber recht wenig mitnehmen von den Kolleginnen und Kollegen." (#1: Abs. 18)

Diesen Eindruck teilt, unabhängig voneinander, auch die für das bFM interviewte Person desselben Jobcenters:

> „Wir haben zwar schon mit der Regionaldirektion mindestens einmal im Jahr einen Austausch Fallmanagement [...]. Aber da wir ein Großes [gemeint ist das Jobcenter; Anmerkung J. H.] sind, habe ich eher so das Gefühl, wir können davon nicht wirklich viel profitieren, sondern wir geben den kleineren Infos, was auch gut ist, was wir auch gerne machen. Aber so richtige Impulse, das wäre vielleicht noch ein Thema, dass wir uns mit größeren oder mit gleich großen oder nicht ganz so kleinen Jobcentern noch mal verstärkter austauschen, um einfach auch gemeinsam von Dingen lernen können, uns austauschen können und vielleicht dadurch auch Dinge bei uns besser machen." (#8: Abs. 53)

Eine weitere geschäftsführende Person berichtet davon, dass die Jobcenter bzw. die jeweiligen Geschäftsführungen in ihrem Bundesland gut vernetzt seien und man sich regelmäßig zu Best Practices austausche (#5: Abs. 26). Eine andere interviewte Person verweist demgegenüber auf den SGB-II-Vergleichstyp als Orientierungsrahmen:

> „Und ‚Good Practice', ja, also [ein benachbartes Jobcenter; Anonymisierung durch J. H.] ist zum Beispiel da wirklich das sehr, sehr gute Beispiel. Wir sind in diesem Ranking immer irgendwo / Teilen uns die Plätze. Mal ist [das benachbarte Jobcenter; Anonymisierung durch J. H.] vor uns, mal sind wir vor denen. Jetzt aktuell sind wir vor denen – seit heute Morgen. Und da haben wir natürlich die Kollegen auch angefragt, weil, wenn wir diese Werte auch irgendwo sehen / Wenn wir sehen, da geht jemand mit sehr gutem Beispiel voran, dann versuchen wir da auch Kontakt aufzunehmen, zu gucken, was die vielleicht anders oder besser machen, dass wir unsere Organisation anpassen." (#10: Abs. 14)

Wie die geschäftsführende Person eines großen Jobcenters berichtet, habe es in der Vergangenheit auch bundesweite „Clustertreffen" gegeben (#1: Abs. 18). Diese vermisse sie, da sie diese wichtiger finde als die regionalen Austauschformate (ebd.).

Abseits des Vergleichstyps und regionaler Bezüge, kann die Orientierung an anderen Jobcentern auch aufgrund von personeller Fluktuation erfolgen. So beschreibt eine interviewte Person, dass ein anderes Jobcenter auf ihr Jobcenter zugekommen sei, um in Erfahrung zu bringen, wie vor Ort die Umsetzung einer bestimmten Aufgabe in einem spezialisierten Team betrieben werde (#7 Abs. 18). Herangetreten sei das andere Jobcenter an ihr Jobcenter, da die geschäftsführende Person des anderen Jobcenters vorher in ihrem Jobcenter beschäftigt gewesen sei „und dadurch natürlich so was wie Insiderwissen hatte" (#7 Abs. 18). Entscheidungsträger können auch offener für die Umsetzung neuer organisatorischer Lösungen im eigenen Jobcenter sein, wenn bereits andere Jobcenter hierauf zurückgreifen: „Und da habe ich gesagt, jawoll, ich kenne so eine Spezialisierung aus anderen Häusern, das kann sehr gut laufen'. Wir probieren das jetzt ein Jahr lang aus und ziehen zwischendurch mal Bilanz" (#5: Abs. 26).

Im Vergleich der vier Organisationsausschnitte in Abbildung 7.73 wird deutlich, dass das höchste Maß der Orientierung an anderen Jobcentern auf organisationaler Ebene gegeben ist, gefolgt von der Arbeitgeberbetreuung mit gAG-S, dem bFM und der Arbeitgeberbetreuung ohne gAG-S. Dieses Ergebnis stützt die Einschätzung der Befragten, dass sich die Jobcenter in Bezug auf ihre grundsätzliche Organisation ähneln, sich Unterschiede jedoch zeigen, wenn der Detailgrad der Betrachtung erhöht wird (vgl. Abschn. 7.1.1). Auffällig ist wiederum, dass – im Gegensatz zur organisationalen Ebene und zur Arbeitgeberbetreuung ohne gAG-S – beim bFM und der Arbeitgeberbetreuung mit gAG-S, verhältnismäßig viele Befragte keine Angabe gemacht haben, was darauf hindeuten könnte, dass diese Personen keine übergreifende Einschätzung der Verwaltungsorganisation anderer Jobcenter vornehmen können.

Dass insgesamt in Bezug auf das Lernen voneinander unter den Jobcentern weiterhin Potenzial bestehe, deutet eine geschäftsführende Person an:

> „Also, wie kriegt man vielleicht so Lerngruppen gebildet oder so was, wo man sagt / also, das Konstrukt eignet sich nicht für die Gießkanne [...], das wird man auch nie hinkriegen mit den Kommunen und so. Aber wie kriegen wir es hin, dass man / dass gute Ideen besser fließen? Dass die, die sich vergleichen können, dann auch zusammenkommen? Da ist die BA ja schon auch mit ihren „Erfolge feiern" [hierbei handelt es sich um ein interne Preisverleihung der BA für Praxisbeispiele von Agenturen für Arbeit und Jobcentern; Anmerkung J. H.] und so / Da habe ich ganz viele Ideen damals aus [einer Stadt; Anonymisierung durch J. H.] / Aber, da war ich halt zufällig [...], da habe ich ganz viele Ideen dann fürs Jobcenter [Name des eigenen Jobcenters; Anonymisierung durch J. H.] mitgenommen aus der Veranstaltung, aber ich wäre da normalerweise nicht eingeladen gewesen, weil da sind halt nur die Preisträger eingeladen. Und wie kriegt man so was irgendwie noch direkter vermittelt, damit man da das Thema Agilität auch noch steigern kann?" (#1: Abs. 46)

7.7 Zusammenfassung

Zu Beginn werden in Abschnitt 7.1 die abhängigen Variablen des Modells aus Kapitel 5 betrachtet. Die qualitativen Interviews zeigen auf, dass sich – zumindest in der Wahrnehmung der Interviewpartner – die **grundlegende Struktur der Jobcenter** bzw. der gemeinsamen Einrichtungen (vgl. Abschn. 4.2.1) seit Inkrafttreten des SGB II kaum gewandelt hat. Als *zentrales Strukturprinzip wird die Trennung entlang der Kernbereiche Markt und Integration (M&I) sowie Leistung* hervorgehoben. Mit Blick auf das beschäftigungsorientierte Fallmanagement scheint diese Trennung mittlerweile sogar weiter fortgeschritten zu sein, da die quantitative Teilstudie aufzeigt, dass in keinem der untersuchten Jobcenter die Gewährung der Leistungen zur Sicherung des Lebensunterhaltes in das Fallmanagement integriert ist.

In größeren Jobcentern werden die beiden Kernbereiche meist um einen Verwaltungsbereich ergänzt. Indes kaufen kleinere Jobcenter entsprechende Dienstleistungen extern, z. B. bei ihren Trägern ein, und tendieren aufgrund des geringeren Personalbestands zu eher generalistischen Aufgabenprofilen. Zudem zeigen sowohl die quantitative als auch die qualitative Studie auf, dass abseits des zentralen Strukturprinzips, der Trennung zwischen M&I und Leistung, umfangreiche Variationen in der Verwaltungsorganisation der gemeinsamen Einrichtungen bestehen.

Hinsichtlich des **beschäftigungsorientierten Fallmanagements** ist zunächst festzuhalten, dass fast 20 Jahre nach Inkrafttreten des SGB II nicht in allen Jobcentern ein bFM implementiert ist. Hiermit weist die quantitative Teilstudie in die gleiche Richtung wie die Ergebnisse eines Revisionsberichts der BA von 2022 (BA 2022). Darüber hinaus ist der qualitativen Teilstudie zu entnehmen, dass die Kapazitäten des Fallmanagements in einem kleineren Jobcenter der Stichprobe lediglich eine halbe Stelle betragen, während die andere halbe Stelle der für das Fallmanagement zuständigen Person in der „regulären" Arbeitsvermittlung eingesetzt wird.

Unter den 82 Jobcentern der quantitativen Teilstudie, die ein bFM implementiert haben, lassen sich einige Organisationsmerkmale identifizieren, die eine relativ geringe Variation aufweisen. So haben 76 Prozent der an der quantitativen Befragung beteiligten Jobcenter einen *spezialisierten Fallmanagement-Ansatz* implementiert (entsprechend der Unterteilung anhand der IAW-SGB-II-Organisationstypologie). Neben fachlich-professionellen sowie finanziellen Erwägungen, deutet das Interviewmaterial darauf hin, dass ein weiterer Grund für die stärkere Verbreitung des spezialisierten Ansatzes darin liegen kann, dass Mitarbeitenden der Arbeitsvermittlung oftmals selbst kein Fallmanagement durchführen wollen.

Zwar findet somit in der deutlichen Mehrheit der Jobcenter ein spezialisierter Fallmanagement-Ansatz Anwendung, jedoch fällt der Anteil in dieser Stichprobe nicht höher aus als der der Grundgesamtheit im Jahr 2007 (77 %). Gerade vor dem Hintergrund der o. g. Faktoren, die für diese Ausrichtung sprechen, wirkt dieser Umstand erklärungsbedürftig. Immerhin wird durch die qualitative Teilstudie ersichtlich, dass es innerhalb der quantitativen Teilstudie zu einer Unterschätzung des Anteils der Jobcenter mit spezialisierter Fallmanagement-Variante kam, auch wenn das Ausmaß nicht bestimmt werden kann. So verfolgen beide Jobcenter, die auf Grundlage der quantitativen Teilstudie für die Fallauswahl der qualitativen Teilstudie der Substichprobe „generalisierter Fallmanagement-Ansatz" zugeordnet wurden, tatsächlich einen spezialisierten Fallmanagement-Ansatz. Dies ist ein überraschendes Ergebnis, da für die Differenzierung der Ausrichtungen im quantitativen Fragebogen eine Frageformulierung übernommen wurde, die nahezu im Wortlaut bereits in der Evaluation der Experimentierklausel verwendet wurde. Die Interviewten der beiden betroffenen Jobcenter halten es jedoch für plausibel, dass das jeweilige

Verständnis bzw. die gewünschte Perspektive, der im Rahmen der quantitativen Teilstudie befragten Personen, ursächlich für die nicht korrekten Angaben sein können. Demnach könne das Antwortverhalten von dem Verständnis geleitet worden sein, dass das Fallmanagement prinzipiell allen Klienten angeboten werden solle.

Darüber hinaus lassen sich weitere Organisationsmerkmale des beschäftigungsorientierten Fallmanagements herausstellen, die eine weite Verbreitung aufweisen, auch wenn sich nicht bei jedem Merkmal abschließend bestimmen lässt, worauf die verhältnismäßig ausgeprägte Verbreitung zurückzuführen ist. Zu diesen Merkmalen gehören u. a.:

- Die Höhe des *Betreuungsschlüssels* liegt bei Jobcentern mit einem einheitlichen Schlüssel für die beiden Altersgruppen U25/Ü25 in 76 Prozent der Fälle bei 1:75, womit diese Jobcenter der Empfehlung des Fachkonzepts (BA 2005) folgen.
- In 81 Prozent der Jobcenter werden 24 Monate als *maximale Betreuungsdauer* im Fallmanagement angesetzt, was der Vorgabe der BA-Weisung 201710002 vom 20.10.2017 entspricht. Interessant ist aber, dass die Mehrheit der befragten Jobcenter, in denen eine maximale Dauer vorgesehen ist, diese als Empfehlung interpretieren (n = 45, 85 %).
- Im Fallmanagement dominiert mit 82 Prozent der Jobcenter eine teilweise integrative Teamstruktur, welche vorwiegend aus Arbeitsvermittlern und Fallmanagern besteht, was einer Empfehlung des Fachkonzeptes entspricht.
- In den meisten befragten Jobcentern (88 %) wird für die *Dokumentation* des Fallmanagements einzig auf VerBIS zurückgegriffen. Andere EDV-Programme sind im Kontext des beschäftigungsorientierten Fallmanagements nahezu irrelevant. Hier kann eine entscheidende Rolle spielen, dass im Rahmen der allgemeinen Vermittlung in den gEn ausschließlich VerBIS zur Anwendung kommt.
- 91 Prozent der Jobcenter lassen keine *Bestandteile des Fallmanagements durch Dritte* erbringen. Dieser Umstand könnte dadurch erklärt werden, dass das Fachkonzept hohe Anforderungen an die Beauftragung Dritter stellt und der Bundesrechnungshof sich in einem Bericht aus 2006 gegen die Übertragung maßgeblicher Teile des Fallmanagements ausspricht.
- In jenen Jobcentern, die einen spezialisierten Fallmanagement-Ansatz verfolgen, wird das Fallmanagement zu 91 Prozent von Personen durchgeführt, die *ausschließlich Fallmanagement-Klienten betreuen.*
- In 80 Prozent der Jobcenter der Stichprobe wird *Supervision* im Fallmanagement lediglich freiwillig bei Bedarf angeboten.

Der Blick auf die Organisationsmerkmale lässt nicht nur Schlüsse auf das Ausmaß der Variationen zu, sondern ermöglicht ebenfalls die Identifizierung der *organisationalen Qualität* des Fallmanagements der befragten Jobcenter. Anhand der vorgenommenen Indexbildung zeigt sich eine breite Spannweite der Implementierungsstufen, was verdeutlicht, dass sehr unterschiedliche Rahmenbedingungen für ein professionell-fachlich fundiertes Fallmanagement in den Jobcentern existieren.

Auch bei den Organisationsmerkmalen der **arbeitgeberorientierten Beratung und Vermittlung**, die eine weite Verbreitung aufweisen, ist es nicht in jedem Fall möglich, Gründe hierfür zu identifizieren:

- 86 Prozent der befragten Jobcenter sind an einem *gemeinsamen Arbeitgeberservice (gAG-S)* mit der örtlichen Agentur für Arbeit (AA) beteiligt. Damit folgen diese Jobcenter dem „Rechtskreisübergreifenden Leitkonzept für den gemeinsamen Arbeitgeber-Service" der BA aus dem Jahr 2011. Potenzielle Vorteile eines gAG-S wie z. B. die Bündelung von Wissen und Aktivitäten sowie die Vermeidung von Doppelarbeiten oder auch das Auftreten als einheitlicher Ansprechpartner für Arbeitgeber im Sinne von „one face tot he customer", werden in den geführten Interviews kaum thematisiert. Demgegenüber stehen v. a. Kritikpunkte am gAG-S im Fokus. So wird von den Interviewten vorgebracht, dass der gAG-S häufig eine zu geringe Bewerberorientierung aufweise. Der Fokus liege primär auf den Bedürfnissen der Arbeitgeber, während die spezifischen Profile und Herausforderungen der Klienten des Jobcenters nicht ausreichend berücksichtigt würden. Besonders bei Klienten mit Lebenslaufbrüchen oder komplexen beruflichen Hintergründen fehle es an einer individuellen Ansprache und Vermittlung. Vor diesem Hintergrund wird zudem die Neuausrichtung der Arbeitgeber-Services, welche sich stärker der Beratung der Arbeitgeber widmen sollen, problematisch angesehen. Sie argumentieren, dass diese Veränderung die Bedürfnisse der arbeitsmarktferneren Klienten vernachlässige und dazu führe, dass diese noch weniger Chancen auf eine Vermittlung hätten.
- Unter jenen Jobcentern mit gAG-S, liegt die *federführende Zuständigkeit auf Ebene der Bereichsleitung* in 69 von 70 Fällen bei der jeweiligen AA. Hier deutet sich die bereits aus dem Forschungsstand ableitbare Dominanz der BA in diesem Bereich ab. Auch der damit einhergehende eingeschränkte Einfluss der Jobcenter auf die Arbeit des gAG-S wird durch Interviewte kritisiert.
- Die Aufgaben der Arbeitgeberbetreuung werden i. d. R. durch *Personal wahrgenommen, das sich ausschließlich mit diesen Aufgaben beschäftigt.* Nur in 15 Prozent der Jobcenter wird diesbezüglich eine andere Vorgehensweise gewählt.

Die Mehrheit der Jobcenter folgt damit dem Weg der BA, in welcher die arbeitnehmerorientierte und arbeitgeberorientierte Arbeit prinzipiell getrennt ist.
- In 75 Prozent der Jobcenter werden *Betriebsbesuche* grundsätzlich durchgeführt.

Abseits dieser unter den befragten Jobcentern eher weiter verbreiteten Organisationsmerkmale zeigen sich sowohl durch die quantitative als auch die qualitative Teilstudie viele Variationen in der Verwaltungsorganisation der Jobcenter. Besonders anschaulich werden die Unterschiede durch die Betrachtung des **Ausmaßes der Bürokratie** in den beiden Aufgabenbereichen. Für das *beschäftigungsorientierte Fallmanagement* können die Dimensionen Spezialisierung, Standardisierung und Formalisierung anhand von Indizes betrachtet werden, die deutliche Unterschiede zwischen den Jobcentern aufzeigen. Jedoch ist einzig zwischen der Standardisierung und Formalisierung ein signifikanter, mittlerer Zusammenhang zu identifizieren. Die gering ausgeprägten Zusammenhänge zwischen der Spezialisierung und Standardisierung sowie der Spezialisierung und Formalisierung sind hingegen nicht signifikant. Die fehlenden Zusammenhänge könnten zum einen in der geringen Varianz des Indexes der Spezialisierung begründet sein und zum anderen daraus resultieren, dass die Einrichtung einer spezifischen Fallmanagement-Variante weniger funktionalistischen als vielmehr (geschäfts-)politischen Erwägungen folgt.

Zwar kann im Hinblick auf die *arbeitgeberorientierte Beratung und Vermittlung* nur das Ausmaß der Formalisierung untersucht werden, aber auch hier zeigen sich teils deutliche Unterschiede zwischen den Jobcentern. Letztlich kann gezeigt werden, dass ein signifikanter, mittlerer Zusammenhang zwischen der Formalisierung im bFM und in der Arbeitgeberbetreuung besteht.

Die Abschnitt 7.2 bis 7.6 widmen sich den unabhängigen Variablen des Modells. Im Rahmen dessen wird zuerst herausgestellt, dass die Jobcenter in einem **hochdynamischen, bundesweiten, organisationalen Feld** agieren, welches zudem durch eine gewisse inhaltliche Ambiguität gekennzeichnet ist. Die Interviews verdeutlichen, dass diese Dynamik Rückwirkungen auf das Personal der Jobcenter entfaltet, langfristiges Planen erschwert und mitunter dazu führt, dass bereits umgesetzte organisatorische Änderungen häufig angepasst oder zurückgenommen werden müssen. Darüber hinaus deuten die geführten Interviews darauf hin, dass weitere organisationale Felder bzw. Unterfelder existieren, die z. B. die Größe der Jobcenter oder ihre regionale bzw. lokale Verortung als Kriterium haben.

Aus dem Interviewmaterial heraus lassen sich potenzielle institutionelle Logiken in den drei zentralen Domänen Staat, Markt und Profession identifizieren. Der staatlichen Domäne lassen sich eine *regelungsorientierte Logik*, die die Einhaltung gesetzlicher und organisatorischer Vorgaben betont, eine *konformitätsorientierte Logik*, die auf die institutionelle Glaubwürdigkeit abzielt und eine *effektivitätsorientierte Logik*, die die Wirkung des organisationalen Handelns in den Mittelpunkt stellt, zuordnen. Innerhalb der marktorientierten Domäne treten eine *effizienzorientierte*, *ressourcenorientierte* und *wettbewerbsorientierte Logik* hervor, die die die Optimierung von Verwaltungsstrukturen und -prozessen, den Umgang mit begrenzten Mitteln sowie die interne und externe Orientierung an Kennzahlen prägen. Die *professionalitätsorientierte Logik* wiederum setzt sich aus verschiedenen Bestandteilen wie der Fachlichkeit, Autonomie, kontinuierlichen Weiterbildung, Netzwerkorientierung und Erfahrung zusammen.

Als übergreifende Logik kann die *Arbeitsmarktintegration durch Klientenorientierung* betrachtet werden, die verschiedene Elemente aus allen drei Domänen integriert. Prinzipiell können sich die genannten Logiken gegenseitig stützen aber auch zu Spannungen führen, z. B. zwischen Effizienz- und Professionalitätsanforderungen. Die tatsächliche Wirkung dieser Logiken auf das jeweilige Jobcenter werden durch Attribute seines Organisationskontextes wie seine *Feldposition* (Organisationsgröße), *personelle Struktur*, die *beiden Träger* sowie seine *Identität* (u. a. Innovationsfähigkeit) beeinflusst.

Zu den wesentlichen **Umweltbedingungen**, die sich auf die Verwaltungsorganisation der Jobcenter auswirken, gehören *(bundes-)politische Einflüsse*. Hierzu zählen (geplante) Gesetze und Maßnahmen, Förderprogramme und politische Aufträge wie der Job-Turbo zur Arbeitsmarktintegration von Geflüchteten. Diese extern gesetzten Impulse erfordern häufig eine rasche Reaktion der Jobcenter, die bereits vor der Konkretisierung durch zentrale Weisungen lokale Strategien erarbeiten. Der andere wichtige und besonders häufig von den Interviewten genannte Faktor stellen die mit den *Klienten bzw. einer sich wandelnden Klientenstruktur* einhergehenden Anforderungen dar. *Anforderungen der Arbeitgeberseite* finden abseits der Interviews mit den arbeitgeberorientierten Vermittlungskräften kaum Erwähnung. Dies kann damit zusammenhängen, dass die Performance der Jobcenter ausnahmslos durch klientenbezogene Indikatoren gemessen wird, weshalb eine Anpassung der Verwaltungsorganisation an arbeitgeberseitige Bedürfnisse demnach nicht unmittelbar leistungswirksam wäre.

Von den möglichen Einflussfaktoren des **Organisationskontextes** wird in den Interviews besonders häufig auf die *Größe* des Jobcenters als Unterscheidungskriterium verwiesen. Die quantitative Auswertung zeigt auf, dass mittlere, signifikante Zusammenhänge zwischen der Anzahl der VZÄ der Jobcenter und der Formalisierung sowie der Implementierungsstufe des bFM bestehen. Kein signifikanter Zusammenhang ist hingegen zwischen der Anzahl der VZÄ und den anderen beiden Bürokratiedimensionen des bFM sowie der Formalisierung der Arbeitgeberbetreuung zu identifizieren. Zumindest im Hinblick auf letzteren Zusammenhang kann davon ausgegangen werden, dass eine kombinierte Berücksichtigung der Organisationsgrößen des jeweiligen Jobcenters und der örtlichen AA vermutlich einen geeigneteren Indikator darstellt als die alleinige Anzahl der VZÄ des Jobcenters. Bei den beiden weiteren relevanten Einflussfaktoren des Organisationskontextes handelt es sich um die *personelle* sowie *finanzielle Ausstattung* der Jobcenter.

Die akteurszentrierte Perspektive offenbart, dass die Relevanz der **externen Akteure** je nach Organisationsausschnitt bzw. Aufgabenbereich variiert. Übergreifend nehmen aus Sicht der Befragten der quantitativen Teilstudie insbesondere die Organisationseinheiten der Bundesagentur für Arbeit Einfluss auf die Verwaltungsorganisation der Jobcenter, wobei hinsichtlich der organisationalen Ebene sowie der Arbeitgeberbetreuung (mit und ohne gAG-S) die örtliche Agentur für Arbeit und hinsichtlich des beschäftigungsorientierten Fallmanagements die Zentrale der BA bedeutender ist. Zu den weiteren relevanten Akteuren zählt der kommunale Träger und das BMAS. Die Einflüsse der örtlichen Beiräte und des jeweils zuständigen Landesministeriums werden über alle vier Bereiche hinweg als gering bis kaum vorhanden eingeschätzt.

Auch die Bedeutung der **internen Akteure** variiert je nach Organisationsausschnitt. Während auf organisationaler Ebene eindeutig der Geschäftsführung und anderen Führungskräften eine hervorgehobene Stellung zukommt, ist im bFM die Mitarbeiterebene von noch stärkerer Bedeutung. Auch im Bereich der Arbeitgeberbetreuung mit gAG-S ist die Mitarbeiterebene von Bedeutung, jedoch sind hier andere Führungskräfte die aktivste Gruppe. Anders stellt es sich bei jenen Jobcentern dar, die nicht an einem gAG-S beteiligt sind. Hier kommt anderen Führungskräften eine geringere Bedeutung hinsichtlich des Setzens von Impulsen zu als Geschäftsführern und der Mitarbeiterebene. Dass Impulse für die organisatorische Ausgestaltung eher aus dem Jobcenter selbst heraus entstehen, als dass die beiden Träger intensiv Impulse für Organisationsveränderungen setzen, wird auch durch die qualitative Teilstudie bestätigt.

Zuletzt wird durch die quantitative Teilstudie aufgezeigt, dass sich die Jobcenter, in der Wahrnehmung der Befragten, nur zu einem geringeren Grad an der **organisatorischen Ausgestaltung anderer Jobcenter** orientieren. Prinzipiell scheint jedoch eine stärkere Orientierung an anderen gE als an anderen zkT zu erfolgen. Zudem lassen sich tendenziell höhere Zustimmungswerte für örtlich näher gelegene Jobcenter (benachbarte Jobcenter und Jobcenter im selben

Bundesland) sowie für Jobcenter desselben Vergleichstyps erkennen. Ergänzt macht die qualitative Studie deutlich, dass ein Lernen voneinander besonders dann erfolgt bzw. gelingen kann, wenn es sich um Jobcenter mit ähnlichen Rahmenbedingungen handelt.

8 Diskussion

Im vorliegenden Kapitel werden unter Rückbezug auf die theoretischen Annahmen die wesentlichen empirischen Ergebnisse sowie das methodische Vorgehen diskutiert. Hierbei wird zuerst die Perspektive des soziologischen Neo-Institutionalismus eingenommen, gefolgt von der des Situativen Ansatzes. Ergänzt werden diese Betrachtungen um eine akteurszentrierte Perspektive sowie eine Diskussion übergreifender Aspekte.

Vor allem die frühen Ausarbeitungen im Kontext des **soziologischen Neo-Institutionalismus** fokussieren auf die Erklärung der zunehmenden Angleichung von Organisationen. Verantwortlich hierfür werden institutionalisierte Erwartungen bzw. Regeln gemacht, die in gleicher Weise auf alle jene Organisationen einwirken, die in dasselbe organisationale Feld eingebunden sind. Hierbei wird die organisationale Konformität mit institutionalisierten Regeln zur Erlangung von Legitimität betont. Mithilfe neuerer Erweiterungen des soziologischen Neo-Institutionalismus können zudem auch Variationen zwischen Organisationen im selben organisationalen Feld erklärt werden. Zum einen wird hierzu auf das Konzept der institutionellen Logiken zurückgegriffen, das davon ausgeht, dass in einem Feld mehrere unterschiedliche Logiken existieren und miteinander interagieren können. Zum anderen rücken organisationale Eigenschaften bei der Interpretation von organisationalen Reaktionen auf institutionalisierte Anforderungen stärker in den Fokus.

Die Bedingung, dass sich institutionelle Logiken entfalten können, liegt wie beschrieben in der Existenz von organisationalen Feldern. Abschnitt 7.2 stellt dar, dass die Jobcenter in mehreren Feldern gleichzeitig eingebunden sein können: Neben einem bundesweiten scheinen weitere Felder bzw. Unterfelder zu existieren, die sich entlang gewisser Organisationsmerkmale (z. B. Größe) und/oder der

J. Hafner, *Variationen in der Verwaltungsorganisation der Jobcenter*, Interdisziplinäre Organisations- und Verwaltungsforschung,
https://doi.org/10.1007/978-3-658-51047-3_8

regionalen bzw. lokalen Verortung der Jobcenter aufspannen. Dies verdeutlicht, dass die Jobcenter womöglich gleichzeitig in unterschiedlichen institutionellen Settings agieren. Die institutionelle Komplexität, mit der die Jobcenter konfrontiert werden, ergibt sich somit nicht nur aus den Anforderungen eines Feldes, sondern mehrerer Felder. Aus dem Interviewmaterial können in den drei für die Jobcenter zentralen Domänen Staat, Markt und Profession mehrere (potenzielle) institutionelle Logiken identifiziert werden: Der staatlichen Domäne lassen sich eine *regelungsorientierte Logik*, die die Einhaltung gesetzlicher und organisatorischer Vorgaben betont, eine *konformitätsorientierte Logik*, die auf die institutionelle Glaubwürdigkeit abzielt und eine *effektivitätsorientierte Logik*, die die Wirkung des organisationalen Handelns in den Mittelpunkt stellt, zuordnen. Innerhalb der marktlichen Domäne treten eine *effizienzorientierte*, *ressourcenorientierte* und *wettbewerbsorientierte Logik* hervor, die die Optimierung von Verwaltungsstrukturen und -prozessen, den Umgang mit begrenzten Mitteln sowie die interne und externe Orientierung an Kennzahlen prägen. Die *professionalitätsorientierte Logik* wiederum setzt sich aus verschiedenen Bestandteilen wie der Fachlichkeit, Autonomie, kontinuierlichen Weiterbildung, Netzwerkorientierung und Erfahrung zusammen. Als übergreifende Logik kann die *Arbeitsmarktintegration durch Klientenorientierung* betrachtet werden, die verschiedene Elemente aus allen drei Domänen integriert. Die tatsächlichen Wirkungen der zuvor genannten Logiken auf das jeweilige Jobcenter werden durch Attribute seines Organisationskontextes wie die *Feldposition* (Organisationsgröße), *personelle Struktur*, die *beiden Träger* sowie seine *Identität* (u. a. Innovationsfähigkeit) beeinflusst.

Zwar wurden im Rahmen der vorliegenden Arbeit umfangreiche quantitative und qualitative Daten erhoben, dennoch ist die Reichweite bzw. Generalisierbarkeit der Ergebnisse aus institutioneller Perspektive begrenzt:

- **Methodik:** Die in Abschn. 6.2 erläuterten Erhebungs- und Auswertungsverfahren (Experteninterviews und Qualitative Inhaltsanalyse) wurden als Kompromisslösung gewählt, da sie einerseits strukturiert genug sind, um die umfassenden Prämissen des Untersuchungskontextes (Kap. 2), der theoretischen Verortung (Kap. 3) sowie des Forschungsstandes (Kap. 4) berücksichtigen zu können, und andererseits, da sie genug Flexibilität für unerwartete oder emergente Aspekte aufweisen. Auch forschungspraktische Überlegungen wie begrenzte Zeitressourcen sprechen für Experteninterviews und die Qualitative Inhaltsanalyse als vergleichsweise effiziente Verfahren. Zudem liegt der Fokus der vorliegenden Arbeit auf der Prüfung und Ergänzung bestehender theoretischer Vorannahmen und nicht auf der Entwicklung neuer Theorien. Dennoch ist davon auszugehen, dass im Hinblick auf die Existenz und das Wirken von institutionellen Logiken eine offenere Interviewform und Auswertungsmethode tiefergehende Einblicke ermöglicht hätte. Im Gegensatz zu manifesten Variablen, die einen direkten empirischen Bezug aufweisen bzw. direkt beobachtbar sind (z. B. Organisationsgröße), weisen latente Variablen wie eben institutionelle Logiken nur einen indirekten empirischen Bezug auf (vgl. Diaz-Bone 2022). Im Vergleich zu strukturierteren Erhebungsverfahren verlangt ein „Interesse an der Rekonstruktion von subjektiven Konzepten, Deutungen, Relevanzen, Sinnstrukturen etc. mehr Offenheit und mehr Raum für die Interviewten, ihre Erzählung in ihrer Eigenheit zu entfalten" (Helfferich 2022: 877). Für die Auswertung des so gewonnenen qualitativen Materials eignen sich insbesondere stärker interpretative Verfahren wie beispielsweise die sozialwissenschaftliche Hermeneutik (vgl. Kurt/Herbrik 2022). In der Gesamtschau empfiehlt sich daher für eine noch detailliertere Betrachtung von institutionellen Logiken, den Forschungsstil an der Grounded Theory (Strübing 2022) auszurichten.

- **Organisationale Felder:** Durch weiteres qualitativ-empirisches Material hätten ggf. Unterschiede hinsichtlich des institutionellen Settings zwischen den betrachteten organisationalen Feldern bzw. Unterfeldern herausgearbeitet werden können. Generell scheint die Strukturierung von organisationalen Feldern ohne Vergleichswerte zu anderen Feldern nur schwer bewertbar. Erst eine übergreifende Betrachtung ermöglicht relationale Aussagen zum Ausmaß der Fragmentierung, Formalisierung und Zentralisierung, sodass spezifische Merkmale eines Feldes sichtbar werden.
- **Institutionelle Logiken und Organisationskontext:**

  - Wie in Abschnitt 3.3.1.2 erläutert, sind institutionelle Logiken in eine übergeordnete soziale Struktur eingebettet. Es handelt sich somit nicht um individuelle oder organisationale Entscheidungsregeln, sondern kollektive Normen, Werte und Regeln, die auf einer (sub-)gesellschaftlichen Ebene verankert sind und das Verhalten von Akteuren in einem spezifischen institutionellen Kontext prägen. Ob die in der vorliegenden Arbeit identifizierten Logiken im soeben dargestellten Sinne tatsächlich „institutionalisiert" sind, lässt sich auf Grundlage des empirischen Materials nicht abschließend beantworten. Hierfür hätte beispielsweise nach Abschluss der qualitativen Teilstudie eine erneute quantitative Befragung, in welcher die Verbreitung der identifizierten Logiken erhoben wird, zielführend sein können.
  - Insgesamt deutet sich in den geführten Interviews an, dass auf organisationaler Ebene marktlichen Logiken eine hervorgehobene Stellung zukommt.

Demgegenüber finden sich im Interviewmaterial beispielsweise verhältnismäßig wenig Passagen, die die Regelungsorientierung betonen. Dies ist vermutlich auf die Charakteristika der ausgewählten Aufgabenbereiche zurückzuführen, da der Bereich Markt- und Integration, insbesondere das beschäftigungsorientierte Fallmanagement sowie die Arbeitgeberbetreuung, im Gegensatz zur Leistungsgewährung, in deutlich geringerem Maße rechtlich normiert ist (vgl. Kap. 2). Insofern ist davon auszugehen, dass die Berücksichtigung anderer Aufgabenbereiche zu teils abweichenden Ergebnissen geführt hätte. Durch zusätzliches qualitativ-empirisches Material hätten eventuell weitere institutionelle Logiken identifiziert werden können, auch die Salienz einzelner Logiken im Interviewmaterial hätte sich hierdurch verschieben können.

- Darüber hinaus hätte durch eine Längsschnittbetrachtung herausgearbeitet werden können, ob die Salienz einzelner Logiken im Zeitverlauf variiert.
- Durch eine höhere Fallzahl der Jobcenter der qualitativen Teilstudie hätten vermutlich die moderierenden Wirkungen der Attribute des Organisationskontextes der Jobcenter auf die institutionellen Logiken näher betrachtet werden können. Letztlich wären hierdurch mitunter bessere Rückschlüsse auf konkretere Auswirkungen der Logiken auf die Verwaltungsorganisation der Jobcenter möglich gewesen.
- Wie oben dargestellt, wird deutlich, dass die Wirkung von institutionellen Logiken zwischen Organisationen aufgrund des spezifischen Organisationskontextes variieren kann. Uneindeutig ist hingegen, ob sich die Wirkung institutioneller Logiken auch zwischen verschiedenen Aufgabenbereichen innerhalb einer Organisation unterscheidet. Am Beispiel des beschäftigungsorientierten Fallmanagements deutet sich an, dass in diesem Bereich die professionalitätsorientierte Logik die marktlichen und staatlichen Logiken überlagert. So führen die Interviewten u. a. aus, dass im beschäftigungsorientierten Fallmanagement mehr Freiheiten für die Beschäftigten und weniger Druck herrsche. Fraglich ist jedoch, ob dies – in jedem Fall – Ausdruck einer Anerkennung der professionellen Autonomie der Fallmanager ist oder auch aus der praktischen Erwägung resultiert, dass Fortschritte der bei der Bearbeitung der herausfordernden Situationen der Klienten im Case Management nur schwer quantitativ zu messen sind (vgl. Abschn. 7.3). Die aus den qualitativen Interviews abgeleitete geringere Wettbewerbsorientierung der Fallmanager ist daher alleine kein geeigneter Indikator für die Beurteilung der Wirkungsmacht der professionalitätsorientierten Logik. Ähnlich verhält es sich beispielsweise mit dem geringeren

Betreuungsschlüssel im Fallmanagement, der in vielen Jobcentern der empfohlenen Höhe im Fachkonzept entspricht. Auch dieser Umstand kann auf die Wirkung der professionalitätsorientierten Logik hinweisen oder lediglich faktischen Kapazitätsbeschränkungen der Fallmanager geschuldet sein. Übergreifend wird hieran sichtbar, dass die Zuschreibung konkreter Merkmale der Verwaltungsorganisation zu einzelnen oder interagierenden Logiken nicht ohne Weiteres vorgenommen werden kann. Für das bFM verdeutlicht ein Blick auf die Implementierungsstufen (Abschn. 7.1.2.5), dass sehr unterschiedliche Rahmenbedingungen für ein professionell-fachlich fundiertes Fallmanagement in den untersuchten Jobcentern existieren. Dies deutet eher darauf hin, dass die professionalitätsorientierte Logik im organisationalen Feld insgesamt eine geringe Institutionalisierung aufweist. Dies stützt auch der Befund, dass fast 20 Jahre nach Inkrafttreten des SGB II nicht in allen Jobcentern ein bFM implementiert ist.

- **Strukturangleichung:** DiMaggio und Powell sprechen von einem „unerbittlichen Homogenisierungsschub" (DiMaggio/Powell 2000: 148), sobald sich ein organisationales Feld weitgehend etabliert hat. Vor dem Hintergrund der deskriptiven Bestandsaufnahme der Verwaltungsorganisation der Jobcenter, die aufzeigt, dass erkennbare Unterschiede zwischen den betrachteten gEn bestehen, ist es unklar, ob dies der Annahme eines „Homogenisierungsschubs" widerspricht oder ein Anzeichen für ein sich noch entwickelndes organisationales Feld darstellt. Die Frage ist letztendlich, ab welchem Ausmaß der Variation eine „homogene" Gruppe vorliegt. Wie Walgenbach und Meyer festhalten, ist die aus geteilten institutionellen Einflüssen resultierende *Strukturangleichung* nicht mit einer *Strukturgleichheit* gleichzusetzen, da Institutionen zwar die Anwendung abstrakter Regeln bedingen, sich die jeweils konkrete Umsetzung aber unterscheiden könne (Walgenbach/Meyer 2008: 75). Zumindest der Befund, dass die Trennung zwischen Fallmanagement/Vermittlung und den materiellen Leistungen, ein grundlegendes Strukturmerkmal der gEn, anscheinend weiter fortgeschritten ist (vgl. Abschn. 7.1.2.2), deutet auf eine Angleichung der Strukturen hin. Auch der höhere Anteil der Jobcenter mit gemeinsamem Arbeitgeber-Service in der Stichprobe der quantitativen Teilstudie (86 %) im Vergleich zur Vollerhebung im Rahmen der Evaluation der Experimentierklausel (77 %) kann ein Indiz für eine zunehmende Strukturangleichung sein. Aufgrund mangelnder Daten für eine Betrachtung im Längsschnitt, lässt sich die Annahme der Strukturangleichung für den vorliegenden Untersuchungskontext jedoch weder bestätigen noch grundlegend falsifizieren.

In den frühen Ausarbeitungen, die dem **Situativen Ansatz** zuzurechnen sind, wurde sich zum einen umfangreich mit der Konzeptionierung bzw. Messbarmachung der formalen Organisation auseinandergesetzt. So wurde das Konzept der Bürokratie mehrdimensional entlang von fünf Dimensionen (Spezialisierung, Standardisierung, Formalisierung, Zentralisierung und Konfiguration) derart operationalisiert, dass unterschiedlichste Organisationen miteinander verglichen werden konnten. Zum anderen formuliert der Situative Ansatz einen Erklärungsansatz für Variationen in der formalen Organisation: Er postuliert, dass die Situation einer Organisation (Umwelt und unmittelbarer Organisationskontext) die Organisationsstrukturen beeinflusst, da sich Organisationen aufgrund von Performancebestrebungen situativen Faktoren anpassen müssen. Mit den Konzepten der organisationalen Entscheidungsträger und der strategischen Wahl wird der dem Situativen Ansatz innenwohnende Strukturdeterminismus abgeschwächt.

Für das *beschäftigungsorientierte Fallmanagement* können die Dimensionen Spezialisierung, Standardisierung und Formalisierung anhand von Indizes betrachtet werden, die deutliche Unterschiede zwischen den Jobcentern aufzeigen. Einzig zwischen der Standardisierung und Formalisierung ist jedoch ein signifikanter, mittlerer Zusammenhang zu identifizieren. Die gering ausgeprägten Zusammenhänge zwischen der Spezialisierung und Standardisierung sowie der Spezialisierung und Formalisierung sind hingegen nicht signifikant. Zwar kann im Hinblick auf die *arbeitgeberorientierte Beratung und Vermittlung* nur das Ausmaß der Formalisierung untersucht werden, aber auch hier zeigen sich teils deutliche Unterschiede zwischen den Jobcentern. Letztlich kann gezeigt werden, dass ein signifikanter, mittlerer Zusammenhang zwischen der Formalisierung im bFM und in der Arbeitgeberbetreuung besteht.

Zu den wesentlichen Umweltbedingungen, die sich auf die Verwaltungsorganisation der Jobcenter auswirken, gehören *(bundes-)politische Einflüsse*. Diese extern gesetzten Impulse erfordern häufig eine rasche Reaktion der Jobcenter, die bereits vor der Konkretisierung durch zentrale Weisungen lokale Strategien erarbeiten. Der andere wichtige und besonders häufig von den Interviewteilnehmern genannte Faktor stellen die mit den *Klienten bzw. einer sich wandelnden Klientenstruktur* einhergehenden Anforderungen dar. *Anforderungen der Arbeitgeberseite* finden abseits der Interviews mit arbeitgeberorientierten Vermittlern kaum Erwähnung. Von den möglichen Einflussfaktoren des Organisationskontextes wird in den Interviews besonders häufig auf die *Größe* des Jobcenters als Unterscheidungskriterium verwiesen. Die quantitative Auswertung zeigt auf, dass mittlere, signifikante Zusammenhänge zwischen der Anzahl der Vollzeitäquivalente der Jobcenter und der Formalisierung sowie der Implementierungsstufe des bFM bestehen. Kein signifikanter Zusammenhang ist hingegen zwischen der Anzahl der VZÄ und den anderen beiden Bürokratiedimensionen des bFM sowie der Formalisierung der Arbeitgeberbetreuung zu identifizieren. Bei den beiden weiteren relevanten Einflussfaktoren handelt es sich um die *personelle* sowie *finanzielle Ausstattung* der Jobcenter.

Wie bereits aus institutioneller Perspektive erläutert, sind die Reichweite bzw. Generalisierbarkeit der Ergebnisse auch aus situativer Perspektive gewissen Limitationen unterworfen:

- **Methodik:**
  - Die Datenerhebung mittels Proxy-Informanten erfolgte aus forschungspraktischen Gründen. Um die gegenüber der Aggregierung von Mitarbeiterbefragungen bestehenden Nachteile abzumildern, wurden drei Fragebögen entwickelt, die unterschiedliche Aspekte der Verwaltungsorganisation der Jobcenter erfassen. Dennoch ergeben sich auch bei diesem Vorgehen Auswirkungen auf das Datenmaterial. Neben den generellen Einschränkungen, dass „von außen" nicht immer eindeutig zwischen den offiziellen (formale Organisation) und geltenden Regeln (informale Organisation) sowie zwischen der normativen und Verhaltensstruktur einer Organisation zu differenzieren ist und manche Regelungen nur in der Kommunikation nach außen gelten, spielen insbesondere bei Befragungen mittels Proxy-Informanten Interpretationsspielräume der Befragten eine Rolle. Beispielhaft sei auf jene Fragen im quantitativen Fragebogen verwiesen, die danach unterscheiden, ob es sich bei gewissen Regelungen um Vorgaben oder Empfehlungen handelt. Aggregierte Daten aus Mitarbeiterbefragungen könnten aufzeigen, ob es unterschiedliche Interpretationen unter den Beschäftigten gibt. Bei der Nutzung von Proxy-Informanten folgt der Wert für die gesamte Untersuchungseinheit aus der Interpretation einer einzelnen Person. Zwar zielen nahezu alle Fragen auf manifeste Sachverhalte und nicht auf latente Konstrukte wie etwa die Organisationskultur ab, dennoch bestehen auch hier in unterschiedlichem Maß Interpretationsspielräume. Dies veranschaulichen die fehlerhaften Angaben hinsichtlich des von den Jobcentern gewählten Fallmanagement-Ansatzes (vgl. Abschn. 7.1.2.2) und der Beteiligung an einem gemeinsamen Arbeitgeber-Service (vgl. Abschn. 7.1.3.2). Fraglich ist somit das Ausmaß der Validität der erhobenen quantitativen Daten.
  - Die Gewinnung von Jobcentern für die quantitative Teilstudie stellte eine zentrale Herausforderung dar (vgl. Abschn. 6.1). Die Unterstützung der Bundesagentur für Arbeit bei der Herstellung des Feldzugangs war

daher entscheidend für den Forschungsprozess. Die Merkmale der Proxy-Informanten zeigen jedoch auf, dass die weit überwiegende Mehrheit der Befragten bei der Bundesagentur für Arbeit angestellt ist, was auf eine gewisse Selektivität hinweist. Ebenso bestehen in Bezug auf gewisse Organisationsmerkmale (Regionaldirektionsbezirk, SGB-II-Vergleichstyp, ELB-Quote) und Merkmale der Trägerkommunen der Jobcenter (Größenklasse, Ländlichkeit) Verzerrungen im Vergleich zu den Anteilen in der Grundgesamtheit der gemeinsamen Einrichtungen. Aufgrund dieser Umstände ist davon auszugehen, dass keine absolute Generalisierbarkeit der quantitativen Ergebnisse vorliegt, jedoch Tendenzen abgelesen werden können.

- Im Rahmen der Fragebogenkonzeptionierung bestand die Herausforderung, dass nur in sehr begrenztem Umfang auf existierende Fragen zur Verwaltungsorganisation der Jobcenter – wenn, dann v. a. aus dem Kontext der Evaluation der Experimentierklausel – zurückgegriffen werden konnte. Hinzu kam, dass allgemein kaum zeitgemäße, erprobte und methodisch geprüfte Skalen oder Items zur Messung organisationaler Merkmale existieren und die im Rahmen des Situativen Ansatzes verwendeten Erhebungsinstrumente nahezu ausschließlich auf die Beschreibung der organisationalen Ebene und nicht einzelner Aufgabenbereiche abstellen. Ein wesentlicher methodischer Beitrag der vorliegenden Arbeit besteht daher in der Entwicklung zweckmäßiger Items und Indizes zur Erfassung der Verwaltungsorganisation der Jobcenter. Letztlich gelang es jedoch nicht für alle Bürokratiedimensionen adäquate „objektive" Items zu formulieren. Des Weiteren basieren die für die Messung der Bürokratisierung entwickelten Indizes für das bFM und die Arbeitgeberbetreuung auf je Aufgabenbereich spezifischen Items, da nicht nur das Ausmaß der formalen Organisation, sondern auch die Inhalte der Regelungen erfasst werden sollten, was eine direkte Vergleichbarkeit erschwert. In besonderem Maße war die Entwicklung geeigneter Fragen für die Bestandsaufnahme der Arbeitgeberbetreuung eine Herausforderung. Im Gegensatz zum bFM stellt die Arbeitgeberbetreuung kein professionelles Verfahren dar und es existieren seitens der Bundesagentur für Arbeit deutlich weniger organisationale Vorgaben und Empfehlungen, was die Spezifika dieses Aufgabenbereichs insgesamt weniger greifbar macht.

- **Verwaltungsorganisation:**

  - Die Korrelationen zwischen den drei gemessenen Bürokratiedimensionen des beschäftigungsorientierten Fallmanagements fallen nur zwischen der

Standardisierung und Formalisierung signifikant und moderat aus. Die gering ausgeprägten Zusammenhänge zwischen der Spezialisierung und Standardisierung sowie der Spezialisierung und Formalisierung sind hingegen nicht signifikant. Dies widerspricht den weithin, zumindest auf organisationaler Ebene, empirisch beobachteten positiven Zusammenhängen zwischen der Spezialisierung, Standardisierung und Formalisierung. Es bleibt unklar, wie dieses Ergebnis zu interpretieren ist. Die vorhandene Korrelation zwischen der Standardisierung und Formalisierung überrascht allein schon aufgrund der konzeptionellen Nähe der beiden Dimensionen nicht, da zumindest mit der Formalisierung auch immer eine Art der Standardisierung einhergeht. Der fehlende Zusammenhang zwischen der Spezialisierung und den beiden anderen Bürokratiedimensionen könnte zum einen damit zusammenhängen, dass überhaupt nur 37 der Jobcenter der quantitativen Teilstudie, und damit weniger als die Hälfte, über mindestens eine zielgruppenspezifische Fallmanagement-Variante verfügen, woraus eine vergleichsweise geringe Varianz auf diesem Index resultiert. Zum anderen kann es auch möglich sein, dass die Einrichtung einer spezifischen Fallmanagement-Variante weniger funktionalistischen als vielmehr (geschäfts-)politischen Erwägungen folgt. Dies würde bedeutet, dass es hierbei eher um die Frage geht, welchen Zielgruppen aufgrund der geschäftspolitischen Ausrichtung spezifische Ressourcen zukommen sollen, als um die Frage, welche Anzahl an zielgruppenspezifischen Fallmanagement-Varianten, gemessen an der Situation des jeweiligen Jobcenters, adäquat wäre. Diese Argumentation folgt somit eher einer institutionalistischen Perspektive und würde den Grundannahmen des Situativen Ansatzes widersprechen. Die dargestellten Ergebnisse falsifizieren den Situativen Ansatz nicht, wenn – so wie es durch Studien im Rahmen des Situativen Ansatz bisher nahezu ausschließlich geprüft wurde – der erwartete Zusammenhang zwischen den drei Bürokratiedimensionen nur auf organisationaler Ebene und nicht innerhalb von Aufgabenbereichen besteht. Dies hätte nur beantwortet werden können, wenn das Augenmerk der vorliegenden Arbeit auf die organisationale Ebene verlagert und das Forschungsdesign erheblich angepasst worden wäre. Eine alternative Erklärung könnte in der o. g. teils eingeschränkten Validität der quantitativen Daten liegen.

- Der entwickelte Index für die Implementierungsstufen des bFM ermöglicht in stark vereinfachter Form eine Aussage zur organisationalen Qualität des in den untersuchten Jobcentern implementierten Fallmanagements. Aufgrund mangelnder allgemeingültiger Kriterien, wurden hierfür durch den

Autor der vorliegenden Arbeit unter Berücksichtigung einschlägiger Literatur zum Case Management und beschäftigungsorientierten Fallmanagement geeignete Aspekte aus der quantitativen Teilstudie herangezogen. Aufgrund dieser Konstruktion kann der Index hinsichtlich seiner Zusammensetzung und der Gewichtung der einzelnen Indikatoren sicherlich diskutiert werden. Zudem summiert er lediglich einzelne Aspekte auf und folgt nicht einem von Göckler et al. (2014) vorgenommenen Vorgehen, das vier aufeinander aufbauenden Entwicklungsstufen jeweils spezifische Merkmale zuschreibt, die für das Erreichen der jeweiligen Stufe erfüllt sein müssen (vgl. Abschn. 4.4). Nichtsdestotrotz bestehen signifikante, mittlere Zusammenhänge zwischen der Implementierungsstufe des bFM und der Standardisierung sowie der Formalisierung. Zumindest in Bezug auf das beschäftigungsorientierte Fallmanagement scheint somit tendenziell eine höhere Bürokratisierung mit einer höheren organisationalen Qualität einherzugehen.

- Wie bereits erwähnt, konnte die Verwaltungsorganisation der Arbeitgeberbetreuung im Vergleich zum beschäftigungsorientierten Fallmanagement nur in Ansätzen operationalisiert werden. Dies macht Vergleiche zwischen den beiden Aufgabenbereichen prinzipiell schwierig. Es zeigt sich jedoch, dass ein signifikanter, mittlerer Zusammenhang zwischen der Formalisierung des bFM und der der Arbeitgeberbetreuung besteht. Vor dem Hintergrund der fehlenden Operationalisierung anderer Dimensionen kann dies zumindest als ein Indiz dafür interpretiert werden, dass das Ausmaß der Bürokratisierung in den beiden Aufgabenbereichen korreliert. Dies würde dann darauf hindeuten, dass hinsichtlich der Bürokratie keine diametralen Unterschiede zwischen verschiedenen Aufgabenbereichen innerhalb der untersuchten Jobcenter bestehen.

- **Situative Umwelt und Organisationskontext:**

  - Als wichtigste Situationsvariable für die Verwaltungsorganisation hat sich sowohl aus den theoretischen Überlegungen (vgl. Abschn. 3.2.1.2) als auch aus dem Forschungsstand (vgl. Abschn. 4.5) und der qualitativen Teilstudie die Größe der Jobcenter ableiten lassen, die in der vorliegenden Arbeit über die Vollzeitäquivalente (VZÄ) operationalisiert wird. Die Korrelationsanalyse zeigt auf, dass signifikante, mittlere Zusammenhänge lediglich zwischen den VZÄ und der Formalisierung des bFM sowie der Anzahl der VZÄ und der Implementierungsstufe des bFM existieren. Größere Jobcenter weisen somit tendenziell eine höhere Formalisierung und eine höhere

Implementierungsstufe des beschäftigungsorientieren Fallmanagements auf. Aufgrund des fehlenden Zusammenhangs zwischen der Spezialisierung und den anderen beiden Bürokratiedimensionen des bFM war bereits zu erwarten, dass auch zwischen der Anzahl der VZÄ und der Spezialisierung des bFM kein Zusammenhang besteht. Überraschenderweise ist jedoch auch zwischen der Anzahl der VZÄ und der Standardisierung des bFM sowie zwischen der Anzahl der VZÄ und der Formalisierung der Arbeitgeberbetreuung kein Zusammenhang zu beobachten. Demzufolge müssten andere Faktoren für das Ausmaß der Standardisierung des bFM und der Formalisierung der Arbeitgeberbetreuung verantwortlich sein. Wie bereits hinsichtlich des Zusammenhangs zwischen den drei Bürokratiedimensionen des bFM erläutert, gilt auch hier, dass die dargestellten Ergebnisse den Situativen Ansatz nicht falsifizieren, wenn der erwartete Zusammenhang zwischen der Organisationsgröße und den Bürokratiedimensionen nur auf organisationaler Ebene und nicht innerhalb von Aufgabenbereichen besteht. Zumindest im Hinblick auf die Formalisierung der Arbeitgeberbetreuung könnte eine weitere, alternative Erklärung darin bestehen, dass aufgrund der Dominanz der BA bzw. der Agenturen für Arbeit (AA) in den gemeinsamen Arbeitgeber-Services, die dadurch geprägte Bürokratisierung der Arbeitgeberbetreuung der Jobcenter besser durch die kombinierte Berücksichtigung der Organisationsgrößen des jeweiligen Jobcenters *und* der örtlichen AA erklärten werden kann. So kann z. B. ein relativ kleines Jobcenter im Agenturbezirk einer verhältnismäßig großen AA liegen. Unter der Annahme, dass die auf Basis des Situativen Ansatzes postulierten Annahmen auch für AA gelten, würde ein solches Jobcenter einen höheren Grad an Formalisierung aufweisen als ein vergleichbares Jobcenter in einem Agenturbezirk mit einer kleineren AA. In diesem Fall wäre die Formalisierung der Arbeitgeberbetreuung weniger eine direkte Folge der Größe des Jobcenters selbst, sondern vielmehr ein Effekt, der aus der Größe des Jobcenters und v. a. der AA resultiert. Aufgrund fehlender Daten zu den VZÄ der AA kann dies jedoch nicht quantitativ nachgeprüft werden.

- Die Ergebnisse der qualitative Teilstudie geben Aufschluss darüber, dass nach der Einschätzung der Interviewten – neben der Organisationsgröße – weitere situative Faktoren wie (bundes-)politische Einflüsse, die mit den Klienten bzw. einer sich wandelnden Klientenstruktur einhergehende Anforderungen sowie die personelle und finanzielle Ausstattung auf die Verwaltungsorganisation der Jobcenter auswirken. Im Gegensatz zur Organisationsgröße, deren Einfluss auf die Verwaltungsorganisation der Jobcenter aus dem Situativen Ansatz abgeleitet wurde, ergeben sich hinsichtlich der anderen erwähnten Faktoren jedoch keine konkreten Annahmen zu potenziellen Zusammenhängen. Am ehesten ist, aus dem Interviewmaterial heraus, davon auszugehen, dass eine höhere Anzahl wesentlicher Klientengruppen tendenziell zu mehr Spezialisierungen auf organisationaler Ebene führt, wobei sich „wesentlich" auf den Anteil einer Klientengruppe (z. B. Alleinerziehende, Geflüchtete etc.) an der Gesamtzahl der Klienten bemisst. Für die Faktoren Finanzen und Personal lassen sich auch solche recht allgemeinen Annahmen nicht postulieren, eher scheinen eine adäquate finanzielle und personelle Ausstattung notwendige Bedingungen für Organisationsveränderungen darzustellen.

- **Performance:** Die Ergebnisse der Arbeit zeigen aber auf, dass sich die Verwaltungsorganisation der untersuchten gemeinsamen Einrichtungen, wenn der Detailgrad der Betrachtung erhöht wird, deutliche Unterschiede aufweist. Folgt man einer zentralen Annahme des Situativen Ansatzes, dass sich die formale Organisationsstruktur auf die organisationale Performance auswirkt, liegt es nahe, dass auch die Performance der Jobcenter in gewissem Maße durch die jeweils spezifische Verwaltungsorganisation beeinflusst wird. Aufgrund der Forschungsfragen und des in weiten Teilen explorativen Ansatzes des Forschungsdesigns der vorliegenden Arbeit, konnte dieser, teils auch durch die Interviewten vermutete Zusammenhang, nicht näher geprüft werden. Die Erkenntnisse der vorliegenden Arbeit können jedoch als Ausgangspunkt dienen, organisationale Faktoren bei der Beurteilung der Umsetzung der Arbeitsmarktpolitik stärker zu berücksichtigen.

Aus dem Situativen Ansatz wie auch aus dem soziologischen Neo-Institutionalismus lässt sich die hervorgehobene Bedeutung der organisationalen Entscheidungsträger als Verbindung zwischen Organisationsumwelt und Verwaltungsorganisation ableiten. Somit sind sowohl übergeordnete Bedingungen (Struktur: Situation der Organisation und institutionelle Regeln bzw. Logiken) als auch die Handlungsfähigkeit bzw. -macht von Akteuren (Agency) bei der Erklärung von (Nicht-)Variation von Relevanz. Strukturen ermöglichen Handlungen, beschränken sie jedoch auch. Sie bieten einen Rahmen, innerhalb dessen strategisches Handeln stattfinden kann, gleichzeitig definieren sie gewisse Grenzen dieses Handlungsspielraums.

Die **akteurszentrierte Perspektive** zeigt, dass die Bedeutung externer Akteure wie der Bundesagentur für Arbeit, der kommunalen Träger und des Bundesministeriums für Arbeit und Soziales je nach Aufgabenbereich der Jobcenter variiert, während örtliche Beiräte und Landesministerien als weniger einflussreich wahrgenommen werden. Intern kommt Geschäftsführung und Führungskräfte auf organisationaler Ebene eine zentrale Rolle zu, während im beschäftigungsorientierten Fallmanagement und teilweise in der Arbeitgeberbetreuung die Mitarbeiterebene stärker hervorsticht. Impulse für organisatorische Veränderungen entstehen überwiegend aus den Jobcentern selbst und weniger durch die Träger, wie durch qualitative Ergebnisse verdeutlichen. Der Austausch und das Lernen zwischen Jobcentern finden tendenziell stärker zwischen gemeinsamen Einrichtungen und benachbarten Jobcentern mit ähnlichen Rahmenbedingungen statt.

Im Begründungstext zum Gesetz zur Weiterentwicklung der Organisation der Grundsicherung für Arbeitsuchende aus dem Jahr 2010 heißt es: „Entscheidungsträger der gemeinsamen Einrichtungen sind der Geschäftsführer und die Trägerversammlung" (Deutscher Bundestag 2010: 16). Folgt man den Aussagen der Interviewten, ist für Organisationsveränderungen zwar formal der Beschluss der Trägerversammlung (TV) nötig, Impulse für Anpassungen der Verwaltungsorganisation gehen aber eher nicht von ihr bzw. den Trägern, sondern intern von den Jobcentern, insbesondere von der Geschäftsführung, aus. Einerseits entfaltet die TV eine einschränkende Wirkung auf die Geschäftsführungen der Jobcenter. Aufgrund der Entscheidungsmacht der TV, sind die Geschäftsführungen gefordert, Vorhaben gegenüber den Trägern gut zu begründen, was einen für manche nicht unerheblichen Ressourcenaufwand mit sich bringt. Andererseits wirkt es so, dass gerade das Konstrukt der TV zu einer gewissen „Verantwortungsdiffusion" zwischen den Trägern führt. So kann eben von keinem der beiden Träger „durchregiert" werden, was der Geschäftsführung weitreichende Handlungsspielräume zu eröffnen scheint. Da sowohl im Rahmen der quantitativen als auch der qualitativen Teilstudien jedoch nur Jobcenter-interne Personen befragt wurden, bleibt unklar, wie die Träger selbst ihre Rolle und Einflussmöglichkeiten auf die Verwaltungsorganisation wahrnehmen. Diese Perspektive könnte entscheidend dazu beitragen, ein vollständigeres Bild der Entscheidungs- und Veränderungsprozesse zu zeichnen und die Wechselwirkungen zwischen den Trägern und den Jobcentern besser zu verstehen.

Im Hinblick auf das **Forschungsdesgin** sind abschließend folgende übergreifende Aspekte herausstellen:

- Die vorliegende Arbeit ist zum einen durch eine *ausgeprägte Spezifizität* gekennzeichnet. Die Untersuchung richtet sich auf eine spezifische Behörde im deutschen Kontext, die gemeinsamen Einrichtungen, eine der wenigen Behörden, die als Mischverwaltung konstruiert ist. Hieraus folgt eine hohe

Kontextgebundenheit der Ergebnisse, die, wie beabsichtigt, detaillierte Einblicke in die Verwaltungsorganisation und die sie beeinflussenden Faktoren ermöglicht, jedoch nicht unmittelbar eine Übertragung der Forschungsergebnisse auf andere Bereiche zulässt. Zum anderen weist die Arbeit aufgrund der recht offen gehaltenen Forschungsfragen eine *breite Betrachtung* auf, die sich v. a. aus dem in weiten Teilen explorativen Charakter des Forschungsdesigns, in Kombination mit einer fundierten quantitativen *und* qualitativen Empirie, sowie der Verortung des Vorhabens in zwei ausdifferenzierten Theorien der Organisationsforschung ergibt. Wie bereits in den vorangegangenen Absätzen dieses Kapitels deutlich wurde, konnten durch diese breite Anlage viele interessante Aspekte nur angerissen werden. Vielfach hätten noch tiefergehende Analysen weiteres oder anderes empirisches Material vorausgesetzt.

- Der vorgenommene *Methodenmix* hat sich in mehrfacher Hinsicht als adäquat für die Beantwortung der Forschungsfragen ergeben. Einerseits ergänzen sich die quantitativen und qualitativen Daten gut, sodass ein umfassenderes Bild nachgezeichnet werden konnte. Andererseits ermöglichte das Vorgehen zumindest teilweise, die Validität der erhobenen Daten zu überprüfen. Hierdurch konnten nicht nur fehlerhafte Daten aufgedeckt, sondern auch inhaltliche Erkenntnisse gewonnen werden. So zeigt sich z. B. am beschäftigungsorientierten Fallmanagement, dass – zumindest in bestimmten Bereichen – kein einheitliches Begriffsverständnis unter den Mitarbeitenden der Jobcenter vorliegt.
- In ähnlicher Weise hat sich auch die *Kombination der beiden Theorien*, des Situativen Ansatzes und des soziologischen Neo-Institutionalismus bewährt. Die in Abschnitt 3.4 dargestellte, grundsätzliche Kompatibilität der Theorien, wird durch die Ergebnisse der vorliegenden Arbeit bestätigt. Unabhängig davon ob man nun von einer Gleichzeitigkeit institutioneller und „technischer“, also performancegetriebener Anforderungen spricht (vgl. Scott 2003) oder die institutionellen Anforderungen als die fundamentalen betrachtet werden, da auch performancegetriebene Anforderungen institutionell definiert werden (vgl. Walgenbach/Meyer 2008), macht Abschnitt 7.3 am Beispiel der untersuchten Jobcenter deutlich, dass beide Anforderungsarten von Relevanz sind und gemeinsam betrachtet werden können. So können Effektivität und Effizienz, zentrale Kategorien des Situativen Ansatzes, als im Kontext der Jobcenter institutionell verankerte Logiken aufgefasst werden.

9 Zusammenfassung und Fazit

Diese Arbeit untersucht zum einen die Variation in der Verwaltungsorganisation der Jobcenter, speziell der gemeinsamen Einrichtungen (gE). Zum anderen werden Faktoren identifiziert, die Gemeinsamkeiten und Unterschiede erklären können. Dabei wird eine Forschungslücke adressiert, die sich aus der bislang kaum berücksichtigten organisatorischen Beschaffenheit der Jobcenter bei der Bewertung ihrer Aufgabenwahrnehmung und Performance ergibt (s. u.). Dies ist bemerkenswert angesichts der arbeitsmarkt- und sozialpolitischen sowie fiskalischen Bedeutung des Zweiten Buches Sozialgesetzbuch (SGB II).

Das SGB II ist ein wesentlicher Bestandteil der Hartz-Reformen, die Anfang der 2000er Jahre verabschiedet wurden, womit sich in Deutschland vollends ein Paradigmenwechsel zu einer aktivierenden Arbeitsmarktpolitik vollzieht, da Fürsorgeleistungen stärker von Gegenleistungen der Hilfebedürftigen abhängig gemacht werden und auf die Verbesserung der Beschäftigungsfähigkeit der Arbeitnehmer abgezielt wird. Die Arbeitslosen- und Sozialhilfe werden mit dem Vierten Gesetz für moderne Dienstleistungen am Arbeitsmarkt zusammengelegt, woraus das neue Sozialleistungssystem des SGB II resultiert. Insbesondere der Bestimmung seiner Implementierungsstrukturen ging ein langwieriger und kontroverser politischer Aushandlungsprozess voraus. Schließlich wurde sich auf den Regelfall geeinigt, dass die Bundesagentur für Arbeit (BA) und die Kommunen Träger für jeweils spezifische Leistungen des SGB II sind, welche in gemeinsam betriebenen Behörden, den gEn (bis 2010 als „Arbeitsgemeinschaft", kurz „ARGE", bezeichnet), erbracht werden.

Bei den gEn handelt es sich für den deutschen Kontext um den äußerst seltenen Fall einer Mischverwaltung. Die beiden Träger stehen sich hierbei nicht in einem hierarchisch geprägten Verhältnis, sondern gleichrangig gegenüber. Das Steuerungsmodell der gEn gestaltet sich komplex, da eine Vielzahl von Akteuren

J. Hafner, *Variationen in der Verwaltungsorganisation der Jobcenter*,
Interdisziplinäre Organisations- und Verwaltungsforschung,
https://doi.org/10.1007/978-3-658-51047-3_9

eingebunden und klassische Steuerungsinstrumente wie Weisungen mit „neueren“ Instrumenten wie Zielvereinbarungen kombiniert werden. Dabei soll der verstärkte Rückgriff auf Zielvereinbarungen Handlungsspielräume für die lokalen Akteure eröffnen. Neben der strategischen Ausrichtung, in Form des sog. „örtlichen Arbeitsmarkt- und Integrationsprogramms“, entscheiden die Träger u. a. über organisatorische und personalwirtschaftliche Angelegenheiten der Jobcenter.

Die Untersuchung beschränkt sich aus forschungspraktischen Erwägungen auf zwei Aufgabenbereiche der Jobcenter, das beschäftigungsorientierte Fallmanagement und die arbeitgeberorientierte Beratung und Vermittlung. Ihnen ist gemein, dass es sich, im Gegensatz zur arbeitnehmerorientierten Beratung und Vermittlung, um soziale Dienstleistungen handelt, die durch die Adressaten freiwillig in Anspruch genommen werden können. Zudem sind die Vermittlungs- und Beratungsaufgaben, im Vergleich zur Leistungsgewährung, in deutlich geringerem Maße rechtlich normiert. Die Aufgabenbereiche unterscheiden sich jedoch erheblich in dem Ausmaß, in welchem ihre operative Ausgestaltung normativen Diskursen sowie untergesetzlichen Vorgaben unterliegen. So ist mit der Arbeitgeberbetreuung, im Unterschied zum beschäftigungsorientierten Fallmanagement, kein (semi-)professionelles Verfahren verbunden, weshalb in diesem Aufgabenbereich keine durch Professionen, andere Verbände oder weitere Akteure vorangetriebenen Diskurse zu beobachten sind. Zwar sind auch die expliziten Vorgaben der BA zum beschäftigungsorientierten Fallmanagement eher rudimentär, doch im Vergleich zur Arbeitgeberbetreuung umfangreicher.

Für die theoretische Einbettung der Untersuchung wurden der Situative Ansatz und der soziologische Neo-Institutionalismus gewählt. Gerade in den frühen Ausarbeitungen, die dem Situativen Ansatz zuzurechnen sind, wurde sich zum einen umfangreich mit der Konzeptionierung bzw. Messbarmachung der formalen Organisation anhand des Konzeptes der Bürokratie (Dimensionen: Spezialisierung, Standardisierung, Formalisierung, Zentralisierung und Konfiguration) auseinandergesetzt, was die Operationalisierung der abhängigen Variable (Verwaltungsorganisation) der vorliegenden Arbeit angeleitet hat. Zum anderen formuliert der Situative Ansatz einen Erklärungsansatz für Variationen in der formalen Organisation, indem er postuliert, dass die Situation einer Organisation die Organisationsstrukturen beeinflusst, da sich Organisationen aufgrund von Performancebestrebungen situativen Faktoren anpassen müssen.

Demgegenüber fokussieren frühe Ausarbeitungen im Kontext des soziologischen Neo-Institutionalismus auf die Erklärung der zunehmenden Angleichung von Organisationen und machen hierfür institutionalisierte Erwartungen bzw. Regeln verantwortlich, die in gleicher Weise auf alle jene Organisationen einwirken, die in dasselbe organisationale Feld eingebunden sind. Hierbei wird die organisationale Konformität mit institutionalisierten Regeln zur Erlangung von Legitimität betont. Mithilfe neuerer Erweiterungen des soziologischen Neo-Institutionalismus können jedoch auch Variationen zwischen Organisationen im selben organisationalen Feld erklärt werden. Zum einen wird hierzu auf das Konzept der institutionellen Logiken zurückgegriffen, das davon ausgeht, dass in einem Feld mehrere unterschiedliche Logiken existieren und miteinander interagieren können. Zum anderen rücken organisationale Eigenschaften bei der Interpretation von organisationalen Reaktionen auf institutionalisierte Anforderungen stärker in den Fokus.

Trotz teils abweichender Annahmen der beiden theoretischen Ansätze ist eine Integration der Theorien möglich und in Anbetracht des Untersuchungsgegenstandes, der erkennbar institutionalisierten Anforderungen *und* ökonomischen Erfordernissen ausgesetzt ist, angemessen. Darüber hinaus lässt sich aus beiden Ansätzen die hervorgehobene Bedeutung der organisationalen Entscheidungsträger als Verbindung zwischen Organisationsumwelt und Verwaltungsorganisation ableiten, wodurch der beiden Theorien ursprünglich innewohnende Determinismus abgeschwächt wird. Letztlich sind somit sowohl übergeordnete Bedingungen (Struktur: Situation der Organisation und institutionelle Regeln bzw. Logiken) als auch die Handlungsfähigkeit bzw. -macht von Akteuren (Agency) bei der Erklärung von (Nicht-)Variation von Relevanz.

Aus den existierenden Forschungsergebnissen zur Aufgabenwahrnehmung wird ersichtlich, dass sich die Jobcenter auch abseits der Verwaltungsorganisation hinsichtlich ihrer Ressourcenausstattung, der Intensität der Einflussnahme ihrer Träger, ihrer strategischen Ausrichtung und auch in Bezug auf ihre Perfomance unterscheiden. Die vagen Ergebnisse des Vergleichs der Trägermodelle im Rahmen der Evaluierung der Experimentierklausel können ein Hinweis darauf sein, dass, trotz der, im Vergleich zu anderen Untersuchungen, feineren Operationalisierung der Verwaltungsorganisation der Jobcenter, die Verwaltungsorganisation auch dort nicht in der notwendigen Tiefe erhoben wurde und in die statistischen Modelle eingeflossen ist. Eindeutig ist hingegen, dass ein einfacher Vergleich zwischen den beiden Trägermodellen (ARGE/gE und zkT), ohne Berücksichtigung weiterer Organisationsvariablen, keine validen Rückschlüsse auf die Performance ermöglichen kann, da, wie schon der Forschungsstand zeigt, Unterschiede in der Verwaltungsorganisation nicht nur bzw. primär zwischen den Trägermodellen, sondern in erheblichem Maße auch innerhalb der Trägermodelle festzustellen sind.

Hinsichtlich der Bürokratisierung der Jobcenter lassen sich in den ausgewerteten Studien v. a. Angaben zu Spezialisierungen finden. In deutlich geringerem Umfang sind ihnen Erkenntnisse zu den Dimensionen Standardisierung und Formalisierung zu entnehmen. Bezüglich der Dimensionen Zentralisierung und Konfiguration lassen sich auf Grundlage des Forschungsstandes keine näheren Aussagen treffen. In Bezug auf die organisationale Umsetzung des beschäftigungsorientierten Fallmanagements in den Jobcentern liefern vor allem ältere Studien quantitative Erkenntnisse, während sich aktuellere Studien ausschließlich auf qualitative Erhebungsdesigns stützen. Gleiches gilt für die Arbeitgeberbetreuung, mit welcher sich jedoch vergleichsweise nur sehr wenige Studien befassen.

Für die unabhängige Variable dieser Arbeit, die Einflussfaktoren auf die Verwaltungsorganisation, zeichnet sich auf Grundlage des Forschungsstandes ab, dass insbesondere politische Programme sowie die Größe der Jobcenter verantwortlich für Variationen sein können. Unterschiedliche Einschätzungen bestehen jedoch hinsichtlich des Einflusses der Klientenstruktur. Zudem können verschiedene Aneignungsformen (Deutungen und Verarbeitungen von zentralen Akteuren), persönliche Interessen und fachliche Erfahrungen einzelner Führungs- oder Fachkräfte sowie organisationale Arbeitslogiken eine Rolle spielen.

Das aus der Gesamtheit aller Vorüberlegungen abgeleitete Modell der Einflussfaktoren auf die Verwaltungsorganisation der gemeinsamen Einrichtungen wurde schließlich mittels umfangreicher quantitativer und qualitativer Erhebungen geprüft. Im Zusammenspiel mit den empirischen Ergebnissen lassen sich die beiden Forschungsteilfragen in verdichteter Form wie folgt beantworten:

I. *Welche Variationen zeigen sich in der Verwaltungsorganisation der gemeinsamen Einrichtungen?*

Auch wenn gewisse Organisationsmerkmale eine höhere Verbreitung aufweisen, zeigen sich, abseits der grundlegenden Strukturen der untersuchten Jobcenter, vielfältige Variationen. Die Beantwortung hängt somit vor allem davon ab, welcher Detailgrad der Untersuchung zugrunde gelegt wird. Werden gewisse Merkmalsausprägungen kombiniert, wie in Form der Indizes der Bürokratiedimensionen und der Implementierungsstufen des bFM, wird deutlich, dass nur wenige Jobcenter mehrere gleiche Merkmalsausprägungen aufweisen. Zu berücksichtigen ist dabei, dass nur gemeinsame Einrichtungen betrachtet wurden und die Unterschiede bei Einbeziehung der zugelassenen kommunalen Träger vermutlich noch deutlich größer ausfallen dürften.

II. *Wie können Gemeinsamkeiten und Unterschiede erklärt werden?*

Einerseits können Faktoren identifiziert werden, die Variation in der Verwaltungsorganisation fördern: Die Verwaltungsorganisation einer gemeinsamen Einrichtung folgt dem organisationsspezifischen Zusammenwirken aus situativen Einflüssen und institutionellen Logiken, die das Handeln der Entscheidungsträger vor Ort prägt. In diesem Kontext spielt auch eine Rolle, dass gerade politische Projekte häufig weniger konkrete Vorgaben erhalten (siehe Job-Turbo) und hierdurch in den einzelnen Jobcentern parallel lokale Umsetzungsstrategien erarbeitet und umgesetzt werden müssen. Zum anderen trägt auch die hohe Dynamik des organisationalen Feldes zu mehr Variation bei, da sich die Jobcenter häufig an neue Rahmenbedingungen anpassen müssen. Als notwendige Bedingungen für Organisationsveränderungen sind die finanzielle und personelle Ausstattung der Jobcenter von Bedeutung.

Andererseits begrenzen gewisse Faktoren die Variation in der Verwaltungsorganisation: Neben dem gesetzlichen Rahmen und weiteren zentral formulierten Vorgaben kann paradoxerweise auch die hohe Dynamik des organisationalen Feldes das Ausmaß der Variation begrenzen. So können geplante oder bereits in der Umsetzung befindliche Organisationsveränderungen aufgrund von neuen Schwerpunktsetzungen im Feld konterkariert werden. Ein weiterer Faktor, der eher begrenzend auf die Variation wirkt, sind gewisse Pfadabhängigkeiten wie die gründungsbegleitenden Vereinbarungen der jeweiligen Träger der ARGEn bzw. gEn, die die Grundzüge der Verwaltungsorganisation festhalten. Wie der Forschungsstand und die empirischen Ergebnisse aufzeigen, wurde sich in diesem Zusammenhang vielfach an der Aufbau- und Ablauforganisation der Agenturen für Arbeit orientiert. Zuletzt spielt auch eine Rolle, dass bei größeren Organisationsveränderungen stets viele Akteure wie z. B. die beiden Träger sowie intern der Personalrat und Gleichstellungsbeauftragte zu beteiligen sind, was aufgrund des hohen Ressourcenaufwandes eine gewisse Hürde darstellt.

Die Rolle der Akteure in Bezug auf die Verwaltungsorganisation der gemeinsamen Einrichtungen ist ambivalent. Während gewisse Akteure wie Geschäftsführungen und Mitarbeitende von Jobcentern die organisatorische Vielfalt fördern, begrenzen andere wie beispielsweise die Bundesagentur für Arbeit tendenziell eher die Variation. Eine wichtige Erkenntnis ist hierbei, dass der (wahrgenommene) Einfluss der Akteure zwischen unterschiedlichen Aufgabenbereichen bzw. Organisationszuschnitten variiert. Die gemeinsamen Einrichtungen befinden sich somit in einem Spannungsfeld aus dezentralen Gestaltungsspielräumen und zentralen Steuerungsmechanismen.

Die Ergebnisse dieser Arbeit unterliegen jedoch bestimmten Limitationen. Zum einen ist aufgrund des Feldzugangs von einer gewissen *Selektivität* der an der quantitativen und damit auch der qualitativen Teilstudie beteiligten Jobcenter auszugehen. Zudem zeigen sich Verzerrungen hinsichtlich spezifischer Organisationsmerkmale (Regionaldirektionsbezirk, SGB-II-Vergleichstyp, ELB-Quote) und Merkmale der Trägerkommunen der Jobcenter (Größenklasse, Ländlichkeit), wenn diese mit der Grundgesamtheit der gemeinsamen Einrichtungen verglichen werden. Angesichts dieser Faktoren kann keine uneingeschränkte Generalisierbarkeit der quantitativen Ergebnisse angenommen werden, wenngleich sich gewisse Tendenzen ableiten lassen.

Auch die *Validität* der quantitativen Daten scheint teilweise eingeschränkt zu sein, wie die fehlerhaften Angaben bezüglich des von den Jobcentern gewählten Fallmanagement-Ansatzes (vgl. Abschn. 7.1.2.2) und der Beteiligung an einem gemeinsamen Arbeitgeber-Service (vgl. Abschn. 7.1.3.2) zeigen. Vor diesem Hintergrund stellt sich insbesondere die Frage, ob die Datenqualität ursächlich dafür ist, dass die durch den Situativen Ansatz postulierten Zusammenhänge teils nicht reproduziert werden konnten oder ob die Zusammenhänge generell nur auf organisationaler Ebene und nicht innerhalb einzelner Aufgabenbereiche von Organisationen nachzuweisen sind.

Hinzu kommt zum einen, dass die vorliegende Arbeit durch eine ausgeprägte *Spezifizität* gekennzeichnet ist. Die Untersuchung richtet sich auf eine spezifische Behörde im deutschen Kontext, die gemeinsamen Einrichtungen, eine der wenigen Behörden, die als Mischverwaltung konstruiert ist. Hieraus folgt eine *hohe Kontextgebundenheit* der Ergebnisse, die, wie beabsichtigt, detaillierte Einblicke in die Verwaltungsorganisation und die sie beeinflussenden Faktoren ermöglicht, jedoch nicht unmittelbar eine Übertragung der Forschungsergebnisse auf andere Bereiche zulässt. Zum anderen weist die Arbeit aufgrund der recht offen gehaltenen Forschungsfragen eine *breite Betrachtung* auf, die sich v. a. aus dem in weiten Teilen explorativen Charakter des Forschungsdesigns, in Kombination mit einer fundierten quantitativen und qualitativen Empirie, sowie der Verortung des Vorhabens in zwei ausdifferenzierten Theorien der Organisationsforschung ergibt. Wie in Kapitel 8 deutlich wurde, konnten durch diese breite Anlage viele interessante Aspekte nur angerissen werden. Vielfach hätten noch *tiefergehende Analysen weiteres oder anderes empirisches Material* vorausgesetzt.

Dennoch kann aus diesen Erkenntnissen eine wichtige Implikation für die weitere Forschung zur Aufgabenwahrnehmung und Performance der Jobcenter gewonnen werden: Wie beschrieben zeigt sich, dass die Verwaltungsorganisation der Jobcenter erheblich zwischen den gemeinsamen Einrichtungen variiert. Dieses Ergebnis unterstreicht die Notwendigkeit einer differenzierten Betrachtung organisationaler Merkmale, die über eine dichotome Unterscheidung der Trägermodelle (gE vs. zkT) hinausgeht. Die bislang vorherrschende Forschungspraxis, welche sich häufig in erster Linie auf die Trägermodelle als erklärende Variable konzentriert, greift daher vermutlich bei der Erklärung der Performance der Jobcenter bzw. einzelner Maßnahmen oder Programme zu kurz.

In praktischer Hinsicht lässt sich konstatieren, dass die den Jobcentern im SGB II gewährten Handlungsspielräume prinzipiell gerechtfertigt erscheinen, um flexibler und individueller auf die häufig mit multiplen Vermittlungshemmnissen konfrontierten Klienten eingehen zu können. Die gegebenen Freiheiten ermöglichen es den Jobcentern, innovative Ansätze zu entwickeln und die Kennzahlenvergleiche setzen Anreize, um voneinander zu lernen. Insbesondere die interviewten Geschäftsführungen schätzen diese Rahmenbedingungen, auch wenn sie mit einer hohen Verantwortung einhergehen. Nichtsdestotrotz kann die Frage gestellt werden, ob die Aufgabenwahrnehmung der Jobcenter nicht insgesamt durch etwas mehr Standards – in bestimmten Bereichen – profitieren würde. Wie eine interviewte Person erläutert, könne sich dies ihrer Ansicht nach positiv auf die Wirtschaftlichkeit im SGB II auswirken.

Neben der Wirtschaftlichkeit kann auch die Qualität der Aufgabenwahrnehmung ein relevantes Kriterium darstellen. So zeigt sich für eine zentrale Komponente der Leistungserbringung im SGB II, das beschäftigungsorientierte Fallmanagement, dass die organisationalen Voraussetzungen, erfasst durch die Implementierungsstufen, äußerst unterschiedlich zwischen den gemeinsamen Einrichtungen ausfallen. Im Gegensatz zu anderen Organisationsmerkmalen wie spezialisierten Teams für spezifische Klientengruppen, lassen sich diese Unterschiede jedoch nicht durch variierende situative Bedingungen der Jobcenter rechtfertigen. Vielmehr scheint auch 20 Jahre nach Inkrafttreten des SGB II kein einheitliches Verständnis im Hinblick auf die Umsetzung des Fallmanagements in den Jobcentern vorzuliegen. Ein Grund hierfür sind sicherlich die fehlende gesetzliche Normierung sowie die mangelnden Vorgaben, die durch die Träger der gemeinsamen Einrichtungen bisher erlassen wurden. Während dies Gründe für eine variierende organisationale Qualität des Fallmanagements sind, scheinen insbesondere die für zertifizierte Fallmanagerinnen und Fallmanager zu leistende Zulage und der geringere Betreuungsschlüssel im Fallmanagement mitunter adäquaten quantitativen Kapazitäten im Wege zu stehen. Aus einer sozialstaatlichen Perspektive erscheint es daher geboten, die Jobcenter finanziell und personell so auszustatten, dass die arbeitsmarktliche und soziale Teilhabe der betroffenen Leistungsberechtigten nicht von den organisationalen Restriktionen des örtlichen Jobcenters abhängt.

Literaturverzeichnis

Achatz, Juliane/Hirseland, Andreas/Lietzmann, Torsten/Zabel, Cordula (2013): Alleinerziehende Mütter im Bereich des SGB II. Eine Synopse empirischer Befunde aus der IAB-Forschung. IAB-Forschungsbericht, 8/2013. Nürnberg.

AG Arbeitslosenhilfe/Sozialhilfe (2003): Bericht der Arbeitsgruppe Arbeitslosenhilfe/Sozialhilfe der Kommission zur Reform der Gemeindefinanzen. o. O. Zugriff: https://www.sozialpolitik-aktuell.de/files/sozialpolitik-aktuell/_Politikfelder/Arbeitsmarkt/Dokumente/abschlussbericht_alhisohi.pdf [abgerufen am 16. 05. 2024].

AG Arbeitsverwaltung – Arbeitsgruppe „Arbeitsverwaltung" der Archivreferentenkonferenz des Bundes und der Länder (2014): Abschlussbericht: Bewertung der elektronischen Akten im SGB III-Bereich und in den Familienkassen. o. O. Zugriff: https://www.bundesarchiv.de/DE/Content/Downloads/KLA/abschlussbericht-bewertung-elektronischer-akten.pdf?__blob=publicationFile [abgerufen am 31. 03. 2024].

Akremi, Leila (2022): Stichprobenziehung in der qualitativen Sozialforschung. In: Baur, Nina/Blasius, Jörg (Hrsg.): Handbuch Methoden der empirischen Sozialforschung. Wiesbaden, S. 405–424.

Aldrich, Howard E./Ruef, Martin (2006): Organizations evolving. 2. Auflage. London.

Altendorf, Antonia/Kuhlmann, Martin (2024): Digitalisierung im Jobcenter: Arbeitslogiken als Einflussfaktor. Göttingen. Zugriff: http://www.sofi-goettingen.de/fileadmin/user_upload/SOFI_Impulspapier_Arbeitslogiken.pdf [abgerufen am 5. 06. 2024].

Alvesson, Mats/Spicer, André (2019): Neo-Institutional Theory and Organization Studies: A Mid-Life Crisis? Organization Studies, 40. Jg. (2), S. 199–218.

Ashworth, Rachel/Boyne, George/Delbridge, Rick (2007): Escape from the Iron Cage? Organizational Change and Isomorphic Pressures in the Public Sector. Journal of Public Administration Research and Theory, 19. Jg. (1), S. 165–187.

Aurich-Beerheide, Patrizia/Zimmermann, Katharina (2017): Soziale Dienstleistungen für Arbeitslose. Zeitschrift für Sozialreform, 63. Jg. (2), S. 247–274.

BA – Bundesagentur für Arbeit (2003): Führung in der neuen BA: Gesamtkonzept Steuerung und Controlling. Abschlussbericht der Konzeptphase. Nürnberg.

BA – Bundesagentur für Arbeit (2005): Fachkonzept „Beschäftigungsorientiertes Fallmanagement im SGB II". Abschlussfassung des Arbeitskreises. Nürnberg.

J. Hafner, *Variationen in der Verwaltungsorganisation der Jobcenter*, Interdisziplinäre Organisations- und Verwaltungsforschung, https://doi.org/10.1007/978-3-658-51047-3

BA – Bundesagentur für Arbeit (2007): Profiling und Betreuungsstufen SGB II. Arbeitshilfe zur fachlichen Unterstützung und Umsetzung in VerBis 2.71. Nürnberg.

BA – Bundesagentur für Arbeit (2008): Jahresbericht 2007. SGB II. Nürnberg. Zugriff: https://www.arbeitsagentur.de/datei/sgbii-jahresbericht2007_ba025550.pdf [abgerufen am 18. 05. 2024].

BA – Bundesagentur für Arbeit (2010a): Geschäftsanweisung Nr. 01 vom 13.01.2010. Fallmanagement in der Grundsicherung für Arbeitsuchende – Einführung von Kriterien für Zugang und Abgang; verbindliche Nutzung der Fallmanagement-Funktionalitäten in VerBIS. Nürnberg. Zugriff: https://media.frag-den-staat.de/files/foi/18812/100113_GA0110_bFM.pdf [abgerufen am 18. 05. 2024].

BA – Bundesagentur für Arbeit (2010b): Handbuch Neukundenprozess SGB II. Beschreibung der Prozessphasen und Darstellung von Praxisbeispielen. Nürnberg. Zugriff: https://harald-thome.de/files/pdf/media/Handbuch-Neukundenpro-ess-01.03.2010.pdf [abgerufen am 4. 06. 2024].

BA – Bundesagentur für Arbeit (2011): Rechtskreisübergreifendes Leitkonzept für den gemeinsamen Arbeitgeber-Service. Nürnberg.

BA – Bundesagentur für Arbeit (2013a): HEGA 11/13 – 09 – Zertifizierung im beschäftigungsorientierten Fallmanagement SGB II sowie in der Integrationsberatung SGB III in der BA. Nürnberg.

BA – Bundesagentur für Arbeit (2013b): Stark vor Ort. Stark im Netzwerk. Geschäftsbericht 2012. Nürnberg. Zugriff: https://www.arbeitsagentur.de/datei/geschaeftsbericht2012_ba025775.pdf [abgerufen am 2. 05. 2024].

BA – Bundesagentur für Arbeit (2016): Weisung 201611035 vom 16.11.2016 – Fokussierung auf Handlungsstrategien – Wegfall von Profillagen. Nürnberg. Zugriff: https://www.arbeitsagentur.de/datei/weisung201611035_ba023770.pdf [abgerufen am 18. 05. 2024].

BA – Bundesagentur für Arbeit (2017a): Anlage zur Weisung 201710002. Nürnberg.

BA – Bundesagentur für Arbeit (2017b): Das arbeitnehmerorientierte Integrationskonzept der Bundesagentur für Arbeit (SGB II und SGB III). Nürnberg.

BA – Bundesagentur für Arbeit (2017c): Weisung 201710002 vom 20.10.2017 – Beschäftigungsorientiertes Fallmanagement in den gemeinsamen Einrichtungen. Nürnberg. Zugriff: https://www.arbeitsagentur.de/datei/weisung201710002_ba022705.pdf [abgerufen am 18. 05. 2024].

BA – Bundesagentur für Arbeit (2020): Handbuch Neukundenprozess SGB II. Beschreibung der Prozessphasen und Darstellung von Praxisbeispielen. Nürnberg. Zugriff: https://harald-thome.de/files/pdf/redakteur/BA_FH/Handbuch%20Neukundenprozess%20SGB%20II%201-2020.pdf [abgerufen am 4. 06. 2024].

BA – Bundesagentur für Arbeit (2021): Weisung 202112028 vom 29.12.2021 – Zertifizierung im beschäftigungsorientierten Fallmanagement SGB II sowie in der Integrationsberatung SGB III in der BA. Nürnberg. Zugriff: https://www.arbeitsagentur.de/datei/w202112028_ba035065.pdf [abgerufen am 18. 05. 2024].

BA – Bundesagentur für Arbeit (2022a): Bericht gemäß § 49 SGB II. Vertikale Revisionen im 1. Halbjahr 2022. Zusammenfassung der gE-Ergebnisse auf Bundesebene. Nürnberg. Zugriff: https://www.arbeitsagentur.de/datei/vertikale-revisionen-im-ersten-halbjahr-2022-zusammenfassung-der-ge-ergebnisse-auf-bundesebene_ba045080.pdf [abgerufen am 6. 06. 2024].

BA – Bundesagentur für Arbeit (2022b): Servicekompass für unsere Arbeitgeber-Arbeit. Nürnberg.

BA – Bundesagentur für Arbeit (2023a): Das arbeitnehmerorientierte Integrationskonzept der Bundesagentur für Arbeit (SGB II und SGB III). Nürnberg. Zugriff: https://www.arbeitsagentur.de/datei/4-phasen-modell-arbeitnehmerorientierte-integrationskonzept_ba044321.pdf [abgerufen am 2. 05. 2024].

BA – Bundesagentur für Arbeit (2023b): Haushaltsplan 2024. Nürnberg. Zugriff: https://www.arbeitsagentur.de/datei/haushaltsplan-2024_ba047398.pdf [abgerufen am 18. 05. 2024].

BA – Bundesagentur für Arbeit (2023c): Zweites Buch Sozialgesetzbuch – SGB II Fachliche Weisung § 15 SGB II Eingliederungsvereinbarung. Nürnberg. Zugriff: https://www.arbeitsagentur.de/datei/fw-sgb-ii-15_ba031075.pdf [abgerufen am 1. 04. 2024].

BA – Bundesagentur für Arbeit (2023d): Zweites Buch Sozialgesetzbuch – SGB II Fachliche Weisungen § 15 SGB II Potenzialanalyse und Kooperationsplan. Nürnberg. Zugriff: https://www.arbeitsagentur.de/datei/fw-sgb-ii-p15-potenzialanalyse-und-kooperationsplan_ba044231.pdf [abgerufen am 1. 04. 2024].

BA – Bundesagentur für Arbeit (2023e): Zweites Sozialgesetzbuch – SGB II Fachliche Weisungen § 16 SGB II Leistungen zur Eingliederung. Nürnberg. Zugriff: https://www.arbeitsagentur.de/datei/fw-sgbii-16-ivm-81ff-sgbiii_ba033990.pdf [abgerufen am 1. 04. 2024].

Bach, Tobias/Fleischer, Julia/Hustedt, Thurid (2010): Organisation und Steuerung zentralstaatlicher Behörden. Agenturen im westeuropäischen Vergleich. Modernisierung des öffentlichen Sektors, Bd. 34. Berlin.

Baethge-Kinsky, Volker/Bartelheimer, Peter/Henke, Jutta/Wolf, Andreas/Land, Rainer/Willisch, Andreas/Kupka, Peter (2007): Neue soziale Dienstleistungen nach SGB II. IAB-Forschungsbericht, 15/2007. Nürnberg.

Bähr, Holger (2023): Interaktion im Schatten der Hierarchie: Zwang und Zusammenarbeit in Jobcentern. Zeitschrift für Sozialreform, 69. Jg. (3), S. 167–191.

Bähr, Holger/Kirchmann, Andrea/Schafstädt, Christin/Sippli, Khira/Späth, Jochen/Boockmann (2019): Bedarfsgemeinschaften im SGB II. Bei individueller Beratung und Vermittlung behalten Jobcenter auch den Haushalt im Blick. IAB-Kurzbericht, 14/2019. Nürnberg.

Bähr, Holger/Marquardsen, Kai (2019): Grenzen des Marktausgleichs: Netzwerk und Vertrauen in der arbeitgeberorientierten Arbeitsvermittlung. Zeitschrift für Sozialreform, 65. Jg. (1), S. 1–28.

Bähr, Sebastian/Bernhard, Sarah/Bruckmeier, Kerstin/Collischon, Matthias/Dietz, Martin/Gellermann, Jan/Globisch, Claudia/Gundert, Stefanie/Hohmeyer, Katrin/Kasrin, Zein/Lietzmann, Torsten/Mense, Andreas/Osiander, Christopher/Promberger, Markus/Lobato, Philipp Ramos/Röhrer, Stefan/Schiele, Maximilian/Senghaas, Monika/Stegmaier, Jens/Stephan, Gesine/Trappmann, Mark/Wolf, Markus/Wolf, Katja/Wolff, Joachim/Zabel, Cordula (2023): Bürgergeld-Reform: Evaluationsprogramm des IAB. IAB-Forschungsbericht, 6/2023.

Bähr, Sebastian/Beste, Jonas/Wenzig, Claudia (2017): Arbeitsmarktintegration von Geflüchteten im SGB II. Hemmnisse abbauen und Potenziale nutzen. IAB-Kurzbericht, 23/2017. Nürnberg.

Bartelheimer, Peter/Henke, Jutta/Marquardsen, Kai (2014): Qualitative Studie Arbeitgeberservice der Bundesagentur für Arbeit. Endbericht. SOFI-Forschungsbericht. Göttingen.

Battilana, Julie/D'Aunno, Thomas (2009): Institutional work and the paradox of embedded agency. In: Lawrence, Thomas B./Suddaby, Roy/Leca, Bernard (Hrsg.): Institutional Work. Actors and Agency in Institutional Studies of Organizations. Cambridge, S. 31–58.

Bauer, Frank/Benett, Jenny/Coban, Mustafa/Dietz, Martin/Friedrich, Martin/Fuchs, Philipp/Gellermann, Jan/Globisch, Claudia/Gottwald, Markus/Gricevic, Zbignev/Hülle, Sebastian/Kiesel, Markus/Kupka, Peter/Nivorozhkin, Anton/Promberger, Markus/Raab, Miriam/Lobato Ramos, Philipp/Schmucker, Alexandra/Stockinger, Bastian/Trappmann, Mark/Wenzig, Claudia/Wolff, Joachim/Zabel, Cordula/Zins, Stefan (2021): Evaluation der Förderinstrumente nach § 16e und §16i SGB II. Zwischenbericht. IAB-Forschungsbericht, 3/2021. Nürnberg.

Bauer, Frank/Franzmann, Manuel/Fuchs, Philipp/Jung, Matthias (2011): Implementationsanalyse zu §16e SGB II in Nordrhein-Westfalen I. Aneignungsweisen und Umsetzungsformen der „JobPerspektive". IAB-Regional. IAB Nordrhein-Westfalen, 1/2011. Nürnberg.

Bea, Franz Xaver/Göbel, Elisabeth (2019): Organisation. Theorie und Gestaltung. 5. Auflage. Unternehmensführung. München.

Becker, Sten/Sackmann, Reinhold (2024): Verwaltungsverflechtungen als Herausforderung der interorganisationalen Kooperation zur Reintegration von Arbeitslosen mit Gesundheitseinschränkungen. Zeitschrift für Sozialreform, 70. Jg. (4), S. 303–330.

Beckmann, Fabian (2023): Wie viel Hartz IV steckt im Bürgergeld? Eine institutionentheoretische Analyse. Sozialer Fortschritt, 72. Jg. (1), S. 55–73.

Beckmann, Fabian/Heinze, Rolf G./Schad, Dominik/Schupp, Jürgen (2021a): Erzwungene Modernisierung? Arbeitsverwaltung und Grundsicherung in der Corona-Pandemie. Politikberatung kompakt, 161. Berlin.

Beckmann, Fabian/Heinze, Rolf G./Schad, Dominik/Schupp, Jürgen (2021b): Klima der Angst oder Respekt auf Augenhöhe? Erfahrungen von Hartz IV-Beziehenden mit Jobcentern im Zuge der Corona-Pandemie. Sozialer Fortschritt, 70. Jg. (10–11), S. 651–669.

Beckmann, Fabian/Heinze, Rolf G./Schad, Dominik/Schupp, Jürgen (2024): Erfahrungsbilanz Bürgergeld: Jobcenterbeschäftigte sehen kaum Verbesserungen. DIW Berlin Wochenbericht, 17/2024. Berlin.

Behrend, Olaf/Ludwig-Mayerhofer, Wolfgang/Sondermann, Ariadne (2010): Auf der Suche nach der verlorenen Arbeit: Zur Krise der Arbeitsgesellschaft und ihrer (Nicht)Bewältigung in Praxis und Deutungsmustern von institutionellen Arbeitsvermittlern und Arbeitslosen. In: Franzmann, Manuel (Hrsg.): Bedingungsloses Grundeinkommen als Antwort auf die Krise der Arbeitsgesellschaft. Weilerswist, S. 197–247.

Belardi, Nando (2017): Von der Einzelfallhilfe zum Case Management. In: Kreft, Dieter/Müller, Carl Wolfgang (Hrsg.): Methodenlehre in der Sozialen Arbeit. Konzepte, Methoden, Verfahren, Techniken. 2. Auflage. München, S. 69–78.

Bender, Gerd/Bieber, Daniel/Hielscher, Volker/Marschall, Jörg/Ochs, Peter/Vaut, Simon (2006): Organisatorischer Umbau der Bundesagentur für Arbeit. Evaluationen der Maßnahmen zur Umsetzung der Vorschläge der Hartz-Komission. Arbeitspaket 2. Evaluationsbericht 2006 im Auftrag des Bundesministeriums für Arbeit und Soziales (BMAS), Berlin. Saarbrücken.

Bender, Gerd/Brandl, Sebastian (2017): Beschäftigungsorientierte Beratung im Spannungsfeld von Bürokratie und Professionalität. Zeitschrift für Sozialreform, 63. Jg. (1), S. 75–101.

Benz, Arthur (1997): Verflechtung der Verwaltungsebenen. In: König, Klaus/Siedentopf, Heinrich (Hrsg.): Öffentliche Verwaltung in Deutschland. Baden-Baden, S. 167–194.

Berlit, Uwe (2010): Paukenschlag mit Kompromisscharakter – zum SGB II-Regelleistungsurteil des Bundesverfassungsgerichts vom 9. Februar 2010. Kritische Justiz, 43. Jg. (2), S. 145–162.

Berlit, Uwe (2024a): § 2 Grundsatz des Forderns. In: Münder, Johannes/Geiger, Udo/Lenze, Anne/Armborst, Christian/Berlit, Uwe/Birk, Ulrich-Arthur (Hrsg.): SGB II. Bürgergeld, Grundsicherung für Arbeitsuchende. Lehr- und Praxiskommentar. 8. Auflage. Baden-Baden, S. 71–87.

Berlit, Uwe (2024b): § 22 Bedarfe für Unterkunft und Heizung. In: Münder, Johannes/Geiger, Udo/Lenze, Anne/Armborst, Christian/Berlit, Uwe/Birk, Ulrich-Arthur (Hrsg.): SGB II. Bürgergeld, Grundsicherung für Arbeitsuchende. Lehr- und Praxiskommentar. 8. Auflage. Baden-Baden, S. 832–972.

Bernhard, Sarah/Hohmeyer, Katrin/Jozwiak, Eva (2006): Zweiter Arbeitsmarkt. Im Westen noch nichts Neues. IAB-Kurzbericht, 24/2006. Nürnberg.

Bernhard, Sarah/Senghaas, Monika/Freier, Carolin/Ramos Lobato, Philipp/Stephan, Gesine (2019): Vertragsbeziehungen zwischen Jobcentern und Arbeitslosen: Eingliederungsvereinbarungen aus Sicht von Arbeitsvermittlerinnen und Arbeitsvermittlern. IAB-Forschungsbericht, 2/2019. Nürnberg.

Bernhard, Sarah/Stephan, Gesine/Uhlendorff, Arne/van den Berg, Gerard (2022): Verträge zwischen Arbeitslosen und ihrem Jobcenter: Die Wirkung von Eingliederungsvereinbarungen im Rechtskreis SGB II. IAB-Forschungsbericht, 16/2022. Nürnberg.

Bernhard, Stefan/Pongratz, Hans J. (2014): Routinen der Gründungsförderung in der Grundsicherung. WSI Mitteilungen, 67. Jg. (3), S. 218–226.

Bertelsmann Stiftung (2002): Positionspapier. Eckpunkte einer Reform von Arbeitslosen- und Sozialhilfe. Gütersloh.

Beste, Jonas/Trappmann, Mark (2016): Erwerbsbedingte Abgänge aus der Grundsicherung. Der Abbau von Hemmnissen macht's möglich. IAB-Kurzbericht, 21/2016. Nürnberg.

Beyer, Janice M./Trice, Harrison M. (1979): A Reexamination of the Relations Between Size and Various Components of Organizational Complexity. Administrative Science Quarterly, 24. Jg. (1), S. 48–64.

Bieber, Daniel/Geiger, Manfred (2014): Personenbezogene Dienstleistungen in komplexen Dienstleistungssystemen – eine erste Annäherung. In: Bieber, Daniel/Geiger, Manfred (Hrsg.): Personenbezogene Dienstleistungen im Kontext komplexer Wertschöpfung. Anwendungsfeld „Seltene Krankheiten". Wiesbaden, S. 9–49.

Bieber, Daniel/Hielscher, Volker/Ochs, Peter/Schwarz, Christine/Vaut, Simon (2005): Organisatorischer Umbau der Bundesagentur für Arbeit. Evaluation der Maßnahmen zur Umsetzung der Vorschläge der Hartz-Kommission. Arbeitspaket 2. Bericht 2005. Im Auftrag des Bundesministeriums für Wirtschaft und Arbeit (BMWA), Berlin. o. O.

Blank, Florian (2015): Kunden? Bürger? In: Rixen, Stephan/Welskop-Deffaa, Eva M. (Hrsg.): Zukunft der Selbstverwaltung. Responsivität und Reformbedarf. Wiesbaden, S. 125–142.

Blau, Peter M. (1955): The Dynamics of Bureaucracy. A Study of Interpersonal Relations in Two Government Agencies. Chicago.

Blau, Peter M. (1974): On the Nature of Organizations. New York.

Blau, Peter M./Heydebrand, Wolf V./Stauffer, Robert E. (1966): The Structure of Small Bureaucracies. American Sociological Review, 31. Jg. (2), S. 179–191.

Blau, Peter M./Heydebrand, Wolf V./Stauffer, Robert E. (1971): Wechselbeziehungen zwischen strukturellen Merkmalen der Bürokratie. In: Mayntz, Renate (Hrsg.): Bürokratische Organisation. 2. Auflage. Neue wissenschaftliche Bibliothek, Soziologie, Bd. 27. Köln, Berlin, S. 94–114.

Blau, Peter M./Schoenherr, Richard A. (1971): The Structure of Organizations. New York.

Blau, Peter Michael/Scott, W. Richard (2003): Formal organizations. A comparative approach. Stanford business classics. Stanford.

Blos, Kerstin/Rudolph, Helmut (2005): Simulationsrechnungen zum Arbeitslosengeld II. Verlierer, aber auch Gewinner. IAB-Kurzbericht, 17/2005. Nürnberg.

BMA – Bundesministerium für Arbeit und Sozialordnung (2002): Zweistufenplan der Bundesregierung für kunden- und wettbewerbsorientierte Dienstleistungen am Arbeitsmarkt. Bundesarbeitsblatt, 53. Jg. (3), S. 24–25.

BMAS – Bundesministerium für Arbeit und Soziales (2006): Die Wirksamkeit moderner Dienstleistungen am Arbeitsmarkt. Bericht 2006 des Bundesministeriums für Arbeit und Soziales zur Wirkung der Umsetzung der Vorschläge der Kommission Moderne Dienstleistungen am Arbeitsmarkt (ohne Grundsicherung für Arbeitsuchende). Langfassung. Berlin. Zugriff: https://www.bmas.de/SharedDocs/Downloads/DE/Publikationen/f356-hartz-bericht-langfassung.pdf [abgerufen am 18. 05. 2024].

BMAS – Bundesministerium für Arbeit und Soziales (2022): Rahmenzielvereinbarung zwischen der Bundesregierung, vertreten durch das Bundesministerium für Arbeit und Soziales, und der Bundesagentur für Arbeit zur Durchführung der Arbeitsförderung nach dem Dritten Buch Sozialgesetzbuch (RZV SGB III). Berlin, Nürnberg. Zugriff: https://www.bmas.de/SharedDocs/Downloads/DE/Arbeitsmarkt/rzv-sgb3-bericht-2022.pdf [abgerufen am 18. 05. 2024].

BMAS – Bundesministerium für Arbeit und Soziales (2023): Gemeinsame Planungsgrundlagen der Zielsteuerung im SGB II für das Jahr 2024. Berlin. Zugriff: https://www.sgb2.info/SharedDocs/Downloads/DE/Service/Zielvereinbarungen/gemeinsame-planungsgrundlage-2024.pdf [abgerufen am 18. 05. 2024].

BMAS – Bundesministerium für Arbeit und Soziales (2025): Job-Turbo zur Arbeitsmarktintegration von Geflüchteten. Zugriff: https://www.bmas.de/DE/Arbeit/Migration-und-Arbeit/Flucht-und-Aysl/Turbo-zur-Arbeitsmarktintegration-von-Gefluechteten/turbo-zur-arbeitsmarktintegration-von-gefluechteten.html [abgerufen am 5. 01. 2025].

BMAS – Bundesministerium für Arbeit und Soziales/BA – Bundesagentur für Arbeit/Kommunale Spitzenverbände (2010): Handlungsleitfaden zum Fallmanagement in der Grundsicherung für Arbeitsuchende (SGB II). o. O.

BMF – Bundesministerium für Finanzen (2024): Bundeshaushaltsplan 2024. Einzelplan 11. Bundesministerium für Arbeit und Soziales. Berlin. Zugriff: https://www.bundeshaushalt.de/static/daten/2024/soll/epl11.pdf [abgerufen am 1. 04. 2024].

Boettcher, Florian/Freier, Ronny/Geißler, René (2021): Bundesbeteiligung an den Kosten der Unterkunft — ein „pragmatischer" Transfer. Wirtschaftsdienst, 101. Jg. (7), S. 552–558.

Bogumil, Jörg (2021): Öffentliche Verwaltung. In: Andersen, Uwe/Bogumil, Jörg/Marschall, Stefan/Woyke, Wichard (Hrsg.): Handwörterbuch des politischen Systems der Bundesrepublik Deutschland. 8. Auflage. Wiesbaden, S. 680–689.

Bogumil, Jörg/Gräfe, Philipp (2024): Verwaltungsverflechtungen im föderalen System. Politische Vierteljahresschrift, (65), S. 417–446.

Bogumil, Jörg/Grohs, Stephan/Kuhlmann, Sabine/Ohm, Anna Katharina (2007): Zehn Jahre Neues Steuerungsmodell. Eine Bilanz kommunaler Verwaltungsmodernisierung. Modernisierung des öffentlichen Sektors, Sonderband 29. Berlin.

Bogumil, Jörg/Jann, Werner (2020): Verwaltung und Verwaltungswissenschaft in Deutschland. Wiesbaden.

Böhnisch, L./Lösch, H. (1973): Das Handlungsverständnis des Sozialarbeiters und seine institutionelle Determination. In: Otto, H. U./Schneider, S. (Hrsg.): Gesellschaftliche Perspektiven der Sozialarbeit. Neuwied, Berlin, S. 21–40.

Bonin, Holger/Boockmann, Bernhard/Brändle, Tobias/Bredtmann, Julia/Brussig, Martin/Demir, Gökay/Kamb, Rebecca/Frings, Hanna/Glemser/Haas, Anette/Höckel, Lisa Sofie/Huber, Simon/Kirchmann, Andrea/Kirsch, Johannes/Klee, Günther/Krause-Pilatus, Annabelle/Kühn, Juliane/Kugler, Philipp/Kusche, Michel/Maier, Anastasia/Rinne, Ulf/Rossen, Anja/Scheu, Tobias/Schilling, Katharina/Teichert, Christian/Walper, Rüdiger/Wolf, Katja/Zühlke, Anne (2021): Begleitevaluation der arbeitsmarktpolitischen Integrationsmaßnahmen für Geflüchtete. Schlussbericht. Forschungsbericht, 587. Bonn.

Boockmann, Bernhard/Brändle, Tobias/Fuchs, Philipp/Klee, Günther/Kugler, Philipp/Laub, Natalie/Sippli, Khira/Verbeek, Hans (2021): Evaluation des ESF-Bundesprogramms zur Eingliederung langzeitarbeitsloser Leistungsberechtigter nach dem SGB II auf dem allgemeinen Arbeitsmarkt – Endbericht. Forschungsbericht, 576. Bonn.

Boockmann, Bernhard/Koch, S./Rosemann, Martin/Stops, Michael/Verbeek, Hans (2010): Aktive Arbeitsmarktpolitik. Fördern und Fordern aus Sicht der Vermittler. IAB-Kurzbericht, 25/2010. Nürnberg.

Boockmann, Bernhard/Osiander, Christopher/Stops, Michael/Verbeek, Hans (2013): Effekte von Vermittlerhandeln und Vermittlerstrategien im SGB II und SGB III (Pilotstudie). Abschlussbericht an das IAB durch das Institut für Angewandte Wirtschaftsforschung e.V. (IAW), Tübingen. IAB-Forschungsbericht, 7/2013. Nürnberg.

Boockmann, Bernhard/Scheu, Tobias (2019): Integration der Geflüchteten in den Arbeitsmarkt: Ziele, Strategien und Hemmnisse aus Sicht der Jobcenter. Zeitschrift für Sozialreform, 65. Jg. (4), S. 393–426.

Boockmann, Bernhard/Walter, Thomas/Huber, Martin/Thomsen, Stephan L./Göbel, Christian (2015): Should Welfare Administration be Centralized or Decentralized? Evidence from a Policy Experiment. German Economic Review, 16. Jg. (1), S. 13–42.

Börner, Stefanie/Kahnert, Philipp (2024): Von Hartz IV zum Bürgergeld – weniger Konditionalität, mehr Selbstbestimmung? In: Opielka, Michael/Wilke, Felix (Hrsg.): Der weite Weg zum Bürgergeld. Wiesbaden, S. 15–37.

Börner, Stefanie/Linder, Diana/Oberthür, Jörg/Stiegler, André (2017): Autonomiespielräume als prekäre institutionelle Funktionsvoraussetzung des Fallmanagements. In: Sowa, Frank/Staples, Ronald (Hrsg.): Beratung und Vermittlung im Wohlfahrtsstaat. Baden-Baden, S. 211–236.

Bourcarde, Kay (2018): Entkommunalisierung der Arbeitsmarktpolitik? Gestaltungsspielräume von Ländern und Kommunen bei der Integration in Arbeit. In: Huster,

Ernst-Ulrich/Boeckh, Jürgen/Mogge-Grotjahn, Hildegard (Hrsg.): Handbuch Armut und soziale Ausgrenzung. 3. Auflage. Wiesbaden, S. 741–757.

Boxenbaum, Eva/Jonsson, Stefan (2017): Isomorphism, Diffusion and Decoupling: Concept Evolution and Theoretical Challenges. In: Greenwood, Royston/Oliver, Christine/Lawrence, Thomas/Meyer, Renate (Hrsg.): The SAGE Handbook of Organizational Institutionalism. London, Thousand Oaks, Neu-Delhi, Singapur, S. 77–101.

BPA – Presse- und Informationsamt der Bundesregierung (2024): Zwischenbilanz nach einem Jahr. Der Jobturbo wirkt. Zugriff: https://www.bundesregierung.de/breg-de/aktuelles/faq-jobturbo-2312344 [abgerufen am 5. 01. 2025].

BRH – Bundesrechnungshof (2006): Bericht an den Haushaltausschuss und an den Ausschuss für Arbeit und Soziales des Deutschen Bundestages nach § 88 ABs. 2 BHO. Durchführung der Grundsicherung für Arbeitsuchende – Wesentliche Ergebnisse der Prüfungen im Rechtskreis des Zweiten Buches Sozialgesetzbuch. Bonn. Zugriff: https://www.bundesrechnungshof.de/SharedDocs/Downloads/DE/Berichte/2006/durchfuehrung-der-grundsicherung-fuer-arbeitsuchende-volltext.pdf [abgerufen am 1. 04. 2024].

BRH – Bundesrechnungshof (2008): Bericht an den Haushaltausschuss und an den Ausschuss für Arbeit und Soziales des Deutschen Bundestages nach § 88 ABs. 2 BHO – Durchführung der Grundsicherung für Arbeitsuchende nach dem Zweiten Buch Sozialgesetzbuch. Vermittlungstätigkeit (einschließlich Fallmanagement) und Anwendung zentraler arbeitsmarktpolitischer Instrumente. Bonn. Zugriff: https://media.frag-den-staat.de/files/foi/9242/Bericht88IIGrundsicherungVI6-VI2-VI3-208004.pdf [abgerufen am 1. 04. 2024].

BRH – Bundesrechnungshof (2014): Bericht an den Haushaltsausschuss des Deutschen Bundestages nach § 88 Abs. 2 BHO über die Steuerung der Zielerreichung in den strategischen Geschäftsfeldern I und Va der Bundesagentur für Arbeit. Bonn. Zugriff: https://www.bundesrechnungshof.de/SharedDocs/Downloads/DE/Berichte/2014/strategische-geschaeftsfelder-i-und-va-der-ba-volltext.pdf [abgerufen am 31. 03. 2024].

BRH – Bundesrechnungshof (2020): Bericht an das Bundesministerium für Arbeit und Soziales nach § 88 Abs. 2 BHO über die Integrationsarbeit der Jobcenter mit Geflüchteten. Bonn. Zugriff: https://www.bundesrechnungshof.de/SharedDocs/Downloads/DE/Berichte/2020/integrationsarbeit-mit-gefluechteten-volltext.pdf [abgerufen am 3. 05. 2024].

BRH – Bundesrechnungshof (2022): Bericht nach § 88 Absatz 2 BHO an das Bundesministerium für Arbeit und Soziales Hinweise zur Aussetzung von Sanktionen anlässlich eines Sanktionsmoratoriums. Bonn. Zugriff: https://www.bundesrechnungshof.de/SharedDocs/Downloads/DE/Berichte/2022/aussetzung-sanktionen-sanktionsmoratorium-volltext.pdf [abgerufen am 1. 04. 2024].

BRH – Bundesrechnungshof (2023a): Abschließende Mitteilung an das Bundesministerium für Arbeit und Soziales über die Prüfung Integration von Personen mit verfestigtem Leistungsbezug bei Jobcentern in gemeinsamer Einrichtung. Bonn. Zugriff: https://www.bundesrechnungshof.de/SharedDocs/Downloads/DE/Berichte/2023/integration-leistungsbezug-volltext.pdf [abgerufen am 3. 05. 2024].

BRH – Bundesrechnungshof (2023b): Bericht nach § 88 Absatz 2 BHO an den Haushaltsausschuss des Deutschen Bundestages. Bedarfsgerechte Veranschlagung und Verteilung der Mittel für Eingliederungsleistungen in der Grundsicherung für Arbeitsuchende. Bonn. Zugriff: https://www.bundesrechnungshof.de/SharedDocs/Downloads/DE/Berichte/2024/eingliederungsleistungen-volltext.pdf [abgerufen am 1. 04. 2024].

Brown, Richard (1992): Understanding Industrial Organizations. Theoretical Perspectives in Industrial Sociology. Abingdon, New York.

Brülle, Heiner/Krätschmer-Hahn, Rabea/Reis, Claus/Siebenhaar, Benedikt (2016): Zielsteuerung im SGB II. Kritik und Alternativen. WISO Diskurs, 09/2016. Bonn.

Brülle, Heiner/Reis, Claus/Reiss, Christoph (1998): Neue Steuerungsmodelle in der Sozialen Arbeit – Ansätze zu einer adressaten- und mitarbeiterorientierten Reform der öffentlichen Sozialverwaltung? In: Reis, Claus (Hrsg.): Planung und Produktion sozialer Dienstleistungen. Die Herausforderung „neuer Steuerungsmodelle". Modernisierung des öffentlichen Sektors Sonderband, Bd. 9. Berlin, S. 55–79.

Brussig, Martin/Aurich-Beerheide, Patrizia/Kirsch, Johannes/Langer, Philipp/Gabler, Andreas/Kotlenga, Sandra/Nägele, Barbara/Pagels, Nils/Ivanov, Boris/Pfeiffer, Friedhelm/Pohlan, Laura/Kleinemeiner, Rita/Puhe, Henry (2019): Evaluation des Bundesprogramms „Soziale Teilhabe am Arbeitsmarkt" – Endbericht. Forschungsbericht, 535. Bonn.

Brussig, Martin/Dittmar, Vera (2010): Aktivierung von Kunden mit Migrationshintergrund durch die Grundsicherungsstellen. In: Knuth, Matthias (Hrsg.): Arbeitsmarktintegration und Integrationspolitik – zur notwendigen Verknüpfung zweier Politikfelder. Eine Untersuchung über SGB II-Leistungsbeziehende mit Migrationshintergrund. Baden-Baden, S. 131–150.

Brussig, Martin/Hunger, Katrin/Kirchmann, Andrea/Kirsch, Johannes/Klee, Günther/Pimminger, Irene/Puxi, Marco/Roth, Eva/Schafstädt, Christin/Schilling, Katharina (2023): Gleichstellungsimpulse im SGB II Zielsteuerungssystem. Zwischenbericht. Forschungsbericht, 623. o. O.

Brussig, Martin/Kirchmann, Andrea/Kirsch, Johannes/Klee, Günther/Kusche, Michel/Maier, Anastasia/Scheu, Tobias/Schilling, Katharina (2022): Arbeitsförderung für Geflüchtete. Instrumente, Herausforderungen, Erfahrungen. Migration & Integration, Bd. 11. Baden-Baden.

Brussig, Martin/Schwarzkopf, Manuela (2011): Eingliederungszuschüsse als Instrument der Arbeitsmarktpolitik. Eine Implementationsstudie. IAB-Bibliothek, Bd. 329. Bielefeld.

Brussig, Martin/Stegmann, Tim/Zink, Lina (2014): Aktivierung von älteren ALG-II-Beziehenden mit mehrfachen Vermittlungshemmnissen. Der Einfluss lokaler Umsetzungsstrategien. IAB-Forschungsbericht, 12/2014. Nürnberg.

Buchegger-Traxler, Anita/Roggenkamp, Martin/Scheffelt, Elke (2003): Territoriale Beschäftigungspakte im Institutionengefüge nationaler Arbeitsmarktpolitik in Österreich, den Niederlanden und Deutschland. Zes-Arbeitspapier, 8/2003. Bremen. Zugriff: https://www.socium.uni-bremen.de/lib/download.php?file=d7bb4a36cb.pdf&filename=ZeS-AP_2003_8.pdf [abgerufen am 18. 05. 2024].

Büchner, Stefanie (2023): Sozialverwaltungen. In: Apelt, Maja/Tacke, Veronika (Hrsg.): Handbuch Organisationstypen. 2. Auflage. Wiesbaden, S. 257–279.

Buestrich, Michael (2011): Kommunale Arbeitsmarktpolitik: Zwischen lokaler Autonomie und zentralistischer Steuerung. In: Dahme, Heinz-Jürgen/Wohlfahrt, Norbert (Hrsg.): Handbuch Kommunale Sozialpolitik. Wiesbaden, S. 143–161.

Buestrich, Michael/Wohlfahrt, Norbert (2006): Case Management als Baustein der sozialinvestiven Reorganisation des Systems sozialer Dienste und Einrichtungen. In: Brinkmann, Volker (Hrsg.): Case Management. Organisationsentwicklung und Change Management in Gesundheits- und Sozialunternehmen. Wiesbaden, S. 77–88.

Burns, Tom/Stalker, George Macpherson (1961): The Management of Innovation. London.

Büschel, Ulrike/Daumann, Volker/Dietz, Martin/Dony, Elke/Knapp, Barbara/Strien, Karsten (2015): Abschlussbericht Modellprojekt Early Intervention – Frühzeitige Arbeitsmarktintegration von Asylbewerbern und Asylbewerberinnen. Ergebnisse der qualitativen Begleitforschung durch das IAB. IAB-Forschungsbericht, 10/2015. Nürnberg.

BVerfG – Bundesverfassungsgericht (2007): Urteil des Zweiten Senats vom 20. Dezember 2007 – 2 BvR 2433/04 -, Rn. 1–228, 20. Dezember. Zugriff: https://www.bundesverfassungsgericht.de/SharedDocs/Downloads/DE/2007/12/rs20071220_2bvr243304.pdf [abgerufen am 1. 04. 2024].

BVerfG – Bundesverfassungsgericht (2010): Urteil des Ersten Senats vom 09. Februar 2010 – 1 BvL 1/09 -, Rn. 1–220, 09. Februar. Zugriff: https://www.bundesverfassungsgericht.de/SharedDocs/Downloads/DE/2010/02/ls20100209_1bvl000109.pdf [abgerufen am 1. 04. 2024].

BVerfG – Bundesverfassungsgericht (2019): Urteil des Ersten Senats vom 05. November 2019 – 1 BvL 7/16 -, Rn. 1–225, 05. November. Zugriff: https://www.bundesverfassungsgericht.de/SharedDocs/Downloads/DE/2019/11/ls20191105_1bvl000716.pdf [abgerufen am 1. 04. 2024].

Chandler, Alfred D. (1962): Strategy and Structure: Chapters in the History of the Industrial Enterprise. Cambridge.

Child, John (1970): More Myths of Management Organization? Journal of Management Studies, 7. Jg. (3), S. 376–390.

Child, John (1972a): Organization Structure and Strategies of Control: A Replication of the Aston Study. Administrative Science Quarterly, 17. Jg. (2), S. 163–177.

Child, John (1972b): Organizational Structure, Environment and Performance: The Role of Strategic Choice. Sociology, 6. Jg. (1), S. 1–22.

Child, John (1973): Predicting and Understanding Organization Structure. Administrative Science Quarterly, 18. Jg. (2), S. 168–185.

Child, John (1997): Strategic Choice in the Analysis of Action, Structure, Organizations and Environment: Retrospect and Prospect. Organization Studies, 18. Jg. (1), S. 43–76.

Child, John/Mansfield, Roger (1972): Technology, Size, and Organization Structure. Sociology, 6. Jg. (3), S. 369–393.

Christensen, Tom/Lægreid, Per (2022): Taking stock: New Public Management (NPM) and post-NPM reforms – trends and challenges. In: Ladner, Andreas/Sager, Fritz (Hrsg.): Handbook on the Politics of Public Administration. Cheltenham, Northampton, S. 38–49.

Christensen, Tom/Lægreid, Per/Røvik, Kjell Arne (2020): Organization theory and the public sector. Instrument, culture and myth. 2. Auflage. Abingdon, New York.

Clegg, Stewart (2010): The State, Power, and Agency: Missing in Action in Institutional Theory? Journal of Management Inquiry, 19. Jg. (1), S. 4–13.

Clegg, Stewart/Dunkerley, David (2013): Organization, class and control. Routledge Library Editions: Organizations: Theory & Behaviour, Bd. 9. Abingdon, New York.

Clemens, Elisabeth S./Cook, James M. (1999): Politics and Institutionalism: Explaining Durability and Change. Annual Review of Sociology, 25. Jg., S. 441–466.

Crozier, Michel/Friedberg, Erhard (1979): Macht und Organisation. Die Zwänge kollektiven Handelns. Sozialwissenschaft und Praxis. Buchreihe des Wissenschaftszentrums Berlin, Bd. 3. Königstein/Ts.

Cyert, Richard M./March, James G. (1963): A Behavioral Theory of the Firm. Englewood Cliffs.

Dahms, Kerstin/Freitag, Gabriele/Golze, Maja/Göckler, Rainer/Götzmann, Tomas/Kemp, Edgar/Kratzat, Rudolf/Neubauer, Steffi/Priesett, Dagmar/Reis, Claus/Reiche, Inge/Richter, Christine/Schumann, Olaf Alexander (2017): Mit neuen Pfaden brechen. Ein Positionspapier des DGCC – Fachgruppe Arbeitsmarktintegration zum Fallmanagement im Kontext des SGB II. Münster. Zugriff: https://www.dgcc.de/wp-content/uploads/2019/06/Positionspapier-FG-Arbeitsmarktintegration.pdf [abgerufen am 19. 05. 2024].

Dauth, Wolfgang/Dorner, Matthias/Blien, Uwe (2013): Neukonzeption der Typisierung im SGB-II-Bereich. Vorgehensweise und Ergebnisse. IAB-Forschungsbericht, 11/2013. Nürnberg.

Dauth, Wolfgang/Haas, Anette/Hirschenauer, Franziska/Kaufmann, Klara/Moritz, Michael (2023): Neufassung der Arbeitsmarkttypisierung im SGB III. IAB-Forschungsbericht, 12/2023. Nürnberg.

Deephouse, David L./Bundy, Jonathan/Tost, Leigh Plunkett/Suchman, Mark C. (2017): Organizational Legitimacy: Six Key Questions. In: Greenwood, Royston/Oliver, Christine/Lawrence, Thomas/Meyer, Renate (Hrsg.): The SAGE Handbook of Organizational Institutionalism. London, Thousand Oaks, Neu-Delhi, Singapur, S. 27–52.

Delery, John E./Doty, D. Harold (1996): Modes of Theorizing in Strategic Human Resource Management: Tests of Universalistic, Contingency, and Configurational Performance Predictions. Academy of Management Journal, 39. Jg. (4), S. 802–835.

Demszky, Alma/Voß, G. Günter (2018): Beruf und Profession. In: Böhle, Fritz/Voß, G. Günter/Wachtler, Günther (Hrsg.): Handbuch Arbeitssoziologie. Wiesbaden, S. 477–538.

Deutscher Bundestag (2002): Stenografischer Bericht. 4. Sitzung. Berlin, Dienstag, den 29. Oktober 2002. Plenarprotokoll 15/4. Berlin. Zugriff: https://dserver.bundestag.de/btp/15/15004.pdf [abgerufen am 19. 05. 2024].

Deutscher Bundestag (2003a): Gesetzentwurf der Fraktionen SPD und BÜNDNIS 90/DIE GRÜNEN. Entwurf eines Vierten Gesetzes für moderne Dienstleistungen am Arbeitsmarkt. 15. Wahlperiode (05.09.2003), Drucksache 15/1516. Berlin. Zugriff: https://dserver.bundestag.de/btd/15/015/1501516.pdf [abgerufen am 19. 05. 2024].

Deutscher Bundestag (2003b): Gesetzesentwurf der Fraktion der CDU/CSU. Entwurf eines Gesetzes zur Sicherung der Existenzgrundlagen (Existenzgrundlagengesetz – EGG). 15. Wahlperiode (08.09.2003), Drucksache 15/1523. Berlin. Zugriff: https://dserver.bundestag.de/btd/15/015/1501523.pdf [abgerufen am 19. 05. 2024].

Deutscher Bundestag (2008a): Kurzprotokoll der 27. Sitzung des Rechnungsprüfungsausschusses des Haushaltsausschusses am Mittwoch, dem 4. Juni 2008, 9.00 Uhr, PA-DBT 3106, A16/8-Prot. 27. Berlin.

Deutscher Bundestag (2008b): Unterrichtung durch die Bundesregierung. Bericht zur Evaluation der Experimentierklausel nach § 6c des Zweiten Buches Sozialgesetzbuch. 16.

Wahlperiode (18.12.2008), Drucksache 16/11488. Berlin. Zugriff: https://dserver.bundestag.de/btd/16/114/1611488.pdf [abgerufen am 19. 05. 2024].

Deutscher Bundestag (2010): Gesetzentwurf der Fraktionen der CDU/CSU, SPD und FDP. Entwurf eines Gesetzes zur Weiterentwicklung der Organisation der Grundsicherung für Arbeitsuchende. 17. Wahlperiode (04.05.2010), Drucksache 17/1555. 04.05.2010, Drucksache 17/1555. Zugriff: https://dserver.bundestag.de/btd/17/015/1701555.pdf [abgerufen am 2. 04. 2024].

Deutscher Bundestag (2022a): Gesetzentwurf der Bundesregierung. Entwurf eines Elften Gesetzes zur Änderung des Zweiten Buches Sozialgesetzbuch. 20. Wahlperiode (13.04.2022), Drucksache 20/1413. Berlin. Zugriff: https://dserver.bundestag.de/btd/20/014/2001413.pdf [abgerufen am 19. 05. 2024].

Deutscher Bundestag (2022b): Gesetzentwurf der Bundesregierung. Entwurf eines Zwölften Gesetzes zur Änderung des Zweiten Buches Sozialgesetzbuch und anderer Gesetze – Einführung eines Bürgergeldes (Bürgergeld-Gesetz). 20. Wahlperiode (10.10.2022), Drucksache 20/3873. Berlin. Zugriff: https://dserver.bundestag.de/btd/20/038/2003873.pdf [abgerufen am 19. 05. 2024].

DGCC – Deutsche Gesellschaft für Care und Case Management (2020): Was ist Case Management (CM)? Zugriff: https://www.dgcc.de/case-management [abgerufen am 12. 04. 2024].

DGCC – Deutsche Gesellschaft für Care und Case Management (2022): Stellungnahme der DGCC/Fachgruppe Arbeitsmarktintegration zur Einführung einer ganzheitlichen Betreuung (§ 16k SGB II) durch das Bürgergeld-Gesetz. Münster. Zugriff: https://www.dgcc.de/wp-content/uploads/2022/12/Stellungnahme-§16k-2022-12-01.pdf [abgerufen am 1. 04. 2024].

DGCC – Deutsche Gesellschaft für Care und Case Management (2024a): Anerkennungskommission. Zugriff: https://www.dgcc.de/dgcc/anerkennungskommission/ [abgerufen am 5. 05. 2024].

DGCC – Deutsche Gesellschaft für Care und Case Management (2024b): Die DGCC stellt sich vor. Zugriff: https://www.dgcc.de/dgcc/ [abgerufen am 5. 05. 2024].

Dietz, Martin/Kupka, Peter/Ramos Lobato, Philipp (2013): Acht Jahre Grundsicherung für Arbeitsuchende. Strukturen – Prozesse – Wirkungen. IAB-Bibliothek, Bd. 347. Bielefeld.

Dietz, Martin/Osiander, Christopher/Stobbe, Holk (2018): Online-Befragung in Arbeitsagenturen und Jobcentern. Arbeitsmarktintegration von Geflüchteten aus Sicht der Vermittler. IAB-Kurzbericht, 25/2018. Nürnberg.

DiMaggio, Paul J. (1988): Interest and Agency in Institutional Theory. In: Zucker, Lynne G. (Hrsg.): Institutional Patterns and Organizations: Culture and Environment. Cambridge, S. 3–21.

DiMaggio, Paul J./Powell, Walter W. (1983): The Iron Cage Revisited: Institutional Isomorphism and Collective Rationality in Organizational Fields. American Sociological Review, 48. Jg. (2), S. 147–160.

DiMaggio, Paul J./Powell, Walter W. (1991): Introduction. In: Powell, Walter W./DiMaggio, Paul J. (Hrsg.): The New Institutionalism in Organizational Analysis. Chicago, London, S. 1–38.

DiMaggio, Paul J./Powell, Walter W. (2000): Das „stahlharte Gehäuse“ neu betrachtet: Institutioneller Isomorphismus und kollektive Rationalität in organisationalen Feldern. In:

Müller, Hans-Peter/Sigmund, Steffen (Hrsg.): Zeitgenössische amerikanische Soziologie. Opladen, S. 147–173.
Dingeldey, Irene (2011): Der aktivierende Wohlfahrtsstaat. Governance der Arbeitsmarktpolitik in Dänemark, Großbritannien und Deutschland. Schriften des Zentrums für Sozialpolitik, Bd. 24. Frankfurt a. M.
Dittmar, Vera (2016): Arbeitsmarktintegration für Migranten fördern. Potenziale der Jobcenter. Bielefeld.
Domschke, Birgit (2015): Zusammenarbeit mit Arbeitgebern am Beispiel der Bundesagentur für Arbeit. In: Mülheims, Laurenz/Hummel, Karin/Peters-Lange, Susanne/Toepler, Edwin/Schuhmann, Iris (Hrsg.): Handbuch Sozialversicherungswissenschaft. Wiesbaden, S. 607–619.
Donaldson, Lex (1986): Size and Bureaucracy in East and West: A Preliminary Meta Analysis. In: Clegg, Stewart/Dunphy, Dexter Colboyd/Redding, S. G. (Hrsg.): The Enterprise and Management in East Asia. Hong Kong, S. 67–91.
Donaldson, Lex (2001): Contingency Theory of Organizations. Foundations for Organizational Science. Thousand Oaks, London, Neu-Delhi.
Donaldson, Lex (2008a): Resolving the Conflict Between Contingency and Institutional Theories of Organizational Design. In: Burton, Richard M./Eriksen, Bo/Håkonsson, Dorthe Døjbak/Knudsen, Thorbjørn/Snow, Charles C. (Hrsg.): Designing Organizations. 21st Century Approaches. Information and Organization Design Series. New York, S. 21–40.
Donaldson, Lex (2008b): The Conflict Between Contingency and Institutional Theories of Organizational Design. In: Burton, Richard M./Eriksen, Bo/Håkonsson, Dorthe Døjbak/Knudsen, Thorbjørn/Snow, Charles C. (Hrsg.): Designing Organizations. 21st Century Approaches. Information and Organization Design Series. New York, S. 3–20.
Donaldson, Lex/Child, John/Aldrich, Howard (1975): The Aston Findings on Centralization: Further Discussion. Administrative Science Quarterly, 20. Jg. (3), S. 453–460.
Donaldson, Lex/Luo, Ben Nanfeng (2014): The Aston Programme Contribution to Organizational Research: A Literature Review. International Journal of Management Reviews, 16. Jg. (1), S. 84–104.
DV – Deutscher Verein für öffentliche und private Fürsorge (2004): Qualitätsstandards für das Fallmanagement. Empfehlungen des Deutschen Vereins für öffentliche und private Fürsorge. Berlin. Zugriff: https://www.dgcc.de/wp-content/uploads/2013/02/dv_qs_cm.pdf [abgerufen am 19. 05. 2024].
DV – Deutscher Verein für öffentliche und private Fürsorge (2009): Anforderungen an das Fallmanagement im SGB II. Berlin. Zugriff: https://www.deutscher-verein.de/de/uploads/empfehlungen-stellungnahmen/dv-01-09.pdf [abgerufen am 19. 05. 2024].
DV – Deutscher Verein für öffentliche und private Fürsorge (2017): Empfehlungen des Deutschen Vereins zum Fallmanagement im Jobcenter. Berlin. Zugriff: https://www.deutscher-verein.de/de/uploads/empfehlungen-stellungnahmen/2017/dv-18-16-fallmanagement.pdf [abgerufen am 19. 05. 2024].
Eckstein, Peter P. (2016): Angewandte Statistik mit SPSS. Wiesbaden.
Egenolf, Dennis/Fertig, Michael/Hunger, Katrin/Puxi, Marco/Rosemann, Martin/Weimann, Marian (2014): Implementationsstudie zur Berliner Joboffensive. Endbericht zum 31. Juli 2013 vorgelegt von ISG Institut für Sozialforschung und Gesellschaftspolitik GmbH, Köln. IAB-Forschungsbericht, 1/2014. Nürnberg.

Eichhorst, Werner/Schneider, Hilmar/Zimmermann, Klaus F. (2006): Konzentration statt Verzettelung: Die deutsche Arbeitsmarktpolitik am Scheideweg. Perspektiven der Wirtschaftspolitik, 7. Jg. (3), S. 377–394.

Ellguth, Peter/Kohaut, Susanne (2017): Standardinstrumente in der Organisationsforschung. In: Liebig, Stefan/Matiaske, Wenzel/Rosenbohm, Sophie (Hrsg.): Handbuch Empirische Organisationsforschung. Wiesbaden, S. 273–297.

Emirbayer, Mustafa/Mische, Ann (1998): What Is Agency? American Journal of Sociology, 103. Jg. (4), S. 962–1023.

Empter, Stefan/Frick, Frank (2000): Beschäftigungsorientierte Sozialpolitik in Kommunen. Strategien zur Integration von Sozialhilfeempfängern in das Erwerbsleben. 2. Auflage. Gütersloh.

Englert, Kathrin/Globisch, Claudia/Gottwald, Markus/Kupka, Peter (2023): Umsetzung des §16i SGB II Teilhabechancengesetz durch die Jobcenter. Zwischen Sozialem Arbeitsmarkt und Integrationsinstrument. IAB-Kurzbericht, 10/2023. Nürnberg.

Esping-Andersen, Gøsta (1990): The three worlds of welfare capitalism. Princeton.

Etzioni, Amitai (Hrsg.) (1969): The semi-professions and their organization. Teachers, nurses, social workers. New York.

Evers, Adalbert/Heinze, Rolf G./Olk, Thomas (2011): Einleitung: Soziale Dienste – Arenen und Impulsgeber sozialen Wandels. In: Evers, Adalbert/Heinze, Rolf G./Olk, Thomas (Hrsg.): Handbuch Soziale Dienste. Wiesbaden, S. 9–32.

Fayol, Henri (1916): Administration industrielle et générale. Paris.

Ferlie, Ewan (2017): The New Public Management and Public Management Studies. In: Oxford Research Encyclopedia of Business and Management.

Fertig, Michael (2015): Quantitative Wirkungsanalysen zur Berliner Joboffensive. Endbericht zum 5. Mai 2015 vorgelegt von ISG Institut für Sozialforschung und Gesellschaftspolitik GmbH, Köln. IAB-Forschungsbericht, 6/2015. Nürnberg.

Fiedler, Fred Edward (1967): A Theory of Leadership Effectiveness. New-York.

Fleckenstein, Timo (2008): Restructuring welfare for the unemployed: the Hartz legislation in Germany. Journal of European Social Policy, 18. Jg. (2), S. 177–188.

Flick, Uwe (2016): Qualitative Sozialforschung. Eine Einführung. 7. Auflage. Rororo Rowohlts Enzyklopädie. Reinbek bei Hamburg.

Fredrickson, James W. (1984): The Comprehensiveness of Strategic Decision Processes: Extension, Observations, Future Directions. Academy of Management Journal, 27. Jg. (3), S. 445–466.

Freier, Carolin/Fuchs, Stefan/Kupka, Peter/Senghaas, Monika/Dony, Elke/Fausel, Gudrun/Müller, Maren/Voit, Alfons (2019): Nachhaltige Steuerung für die Vermeidung von Langzeitleistungsbezug: Begleitforschung zum Modellvorhaben „Mehrjährige Steuerung von Ziel 3“. IAB-Forschungsbericht, 4/2019. Nürnberg.

Friedland, Roger/Alford, Robert R. (1991): Bringing Society Back In: Symbols, Practices, and Institutional Contradictions. In: Powell, Walter W./DiMaggio, Paul J. (Hrsg.): The New Institutionalism in Organizational Analysis. Chicago, London, S. 232–263.

Frumkin, Peter/Galaskiewicz, Joseph (2004): Institutional Isomorphism and Public Sector Organizations. Journal of Public Administration Research and Theory, 14. Jg. (3), S. 283–307.

George, Bert/van de Walle, Steven/Hammerschmid, Gerhard (2019): Institutions or Contingencies? A Cross-Country Analysis of Management Tool Use by Public Sector Executives. Public Administration Review, 79. Jg. (3), S. 330–342.

Giddens, Anthony (1984): The Constitution of Society. Outline of the Theory of Structuration. Cambridge.

Gissel-Palkovich, Ingrid (2010): Case Management. Chancen und Risiken für die Soziale Arbeit und Aspekte seiner Implementierung in soziale Organisationen. In: Brinkmann, Volker (Hrsg.): Case Management. Organisationsentwicklung und Change Management in Gesundheits- und Sozialunternehmen. 2. Auflage. Wiesbaden, S. 121–148.

Göckler, Rainer (2012): Vom Guten im Bösen? Das beschäftigungsorientierte Fallmanagement unter Druck (Fortsetzung aus Heft 4/2011). Case Management, 9. Jg. (1), S. 29–33.

Göckler, Rainer/Bach, Manuela/Baumbusch, Gabriele/Falkenrath, Heidi/Heidemüller, Thomas/Idel, Stephan/Jäger, Ursula/Lauxen-Spangenberg, Marlene/Lesemann, Helmi/Schütte, Regine/Spitzley, Christoph (2014): Case Management in der Beschäftigungsförderung. Eine explorative Annäherung an Standards und Erfolgskriterien (Orientierungsstudie). o. O. Zugriff: https://www.dgcc.de/wp-content/uploads/2013/02/2014_Professionelles_Handeln_Qualifizierung_Beratung.pdf [abgerufen am 30. 05. 2024].

Göckler, Rainer/Rübner, Matthias (2019): Beschäftigungsorientiertes Fallmanagement. Betreuung und Vermittlung in der Grundsicherung für Arbeitsuchende (SGB II); Case Management in der Praxis. 6. Auflage. Regensburg.

Goebel, Jan/Richter, Maria (2007): Nach der Einführung von Arbeitslosengeld II: Deutlich mehr Verlierer als Gewinner unter den Hilfeempfängern. DIW Wochenbericht, 74. Jg. (50/2007), S. 753–770.

Goffman, Erving (1967): Interaction Ritual. Essays on Face-to-Face Behavior. Chicago.

Greenwood, Royston (1978): Politics and Public Bureaucracies: A Reconsideration. Policy & Politics, 6. Jg. (4), S. 403–419.

Greenwood, Royston/Devine, Kay (1997): Inside Aston. A Conversation with Derek Pugh. Journal of Management Inquiry, 6. Jg. (3), S. 200–208.

Greenwood, Royston/Hinings, C. R./Whetten, Dave (2014): Rethinking Institutions and Organizations. Journal of Management Studies, 51. Jg. (7), S. 1206–1220.

Greenwood, Royston/Hinings, C. Robin (1976a): Centralization Revisited. Administrative Science Quarterly, 21. Jg. (1), S. 151–155.

Greenwood, Royston/Hinings, C. Robin (1976b): Contingency Theories and Public Bureaucracies. In: Pugh, Derek Salman/Hinings, C. Robin (Hrsg.): Organizational Structure: Extensions and Replications. The Aston Programme II. Farnborough, S. 87–101.

Greenwood, Royston/Hinings, C. Robin/Ranson, Stewart (1975): Contingency Theory and the Organization of local Authorities. Part I: Differentiation and Integration. Public Administration, 53. Jg. (1), S. 1–23.

Greenwood, Royston/Oliver, Christine/Sahlin, Kerstin/Suddaby, Roy (2008): Introduction. In: Greenwood, Royston/Oliver, Christine/Suddaby, Roy/Sahlin-Andersson, Kerstin (Hrsg.): The SAGE Handbook of Organizational Institutionalism. London, Thousand Oaks, Neu-Delhi, Singapur, S. 1–46.

Greenwood, Royston/Raynard, Mia/Kodeih, Farah/Micelotta, Evelyn R./Lounsbury, Michael (2011): Institutional Complexity and Organizational Responses. The Academy of Management Annals, 5. Jg. (1), S. 317–371.

Grunow, Dieter (2017): Der Ansatz der politikfeldbezogenen Verwaltungsanalyse. In: Grunow, Dieter (Hrsg.): Implementation in Politikfeldern. Eine Anleitung zum verwaltungsbezogenen Vergleich. Wiesbaden, S. 3–51.

Hage, Jerald/Aiken, Michael (1967): Relationship of Centralization to Other Structural Properties. Administrative Science Quarterly, 12. Jg. (1), S. 72–92.

Hall, David J./Saias, Maurice A. (1980): Strategy Follows Structure! Strategic Management Journal, 1. Jg. (2), S. 149–163.

Hall, Peter A. (1993): Policy Paradigms, Social Learning, and the State. The Case of Economic Policymaking in Britain. Comparative Politics, 25. Jg. (3), S. 275–296.

Hall, Peter A./Taylor, Rosemary C. R. (1996): Political Science and the Three New Institutionalisms. Political Studies, 44. Jg. (5), S. 936–957.

Hall, Richard H. (1962): Intraorganizational Structural Variation: Application of the Bureaucratic Model. Administrative Science Quarterly, 7. Jg. (3), S. 295.

Hansen, Eckhard (2006): Das Case/ Care Management. Anmerkungen zu einer importierten Methode: Qualitätssicherung und -management in der Sozialen Arbeit. In: Galuske, Michael/Thole, Werner (Hrsg.): Vom Fall zum Management. Neue Methoden der sozialen Arbeit. Blickpunkte sozialer Arbeit, Bd. 5. Wiesbaden, 17–36.

Hardy, Cynthia/Maguire, Steve (2017): Institutional Entrepreneurship and Change in Fields. In: Greenwood, Royston/Oliver, Christine/Lawrence, Thomas/Meyer, Renate (Hrsg.): The SAGE Handbook of Organizational Institutionalism. London, Thousand Oaks, Neu-Delhi, Singapur, S. 261–280.

Harrer, Tamara/Stockinger, Bastian (2019): Ein-Euro-Jobs nach der Instrumentenreform 2012. Zielgruppe besser erreicht – erste Ergebnisse zur Wirkung. IAB-Kurzbericht, 22/ 2019. Nürnberg.

Hartz, Peter/Bensel, Norbert/Fiedler, Jobst/Fischer, Heinz/Gasse, Peter/Jann, Werner/ Kraljic, Peter/Kunkel-Weber, Isolde/Luft, Klaus/Schartau, Harald/Schickler, Wilhelm/ Schleyer, Hans-Eberhard/Schmid, Günther/Tiefensee, Wolfgang/Voscherau, Eggert (2002): Moderne Dienstleistungen am Arbeitsmarkt. Vorschläge der Kommission zum Abbau der Arbeitslosigkeit und zur Umstrukturierung der Bundesanstalt für Arbeit. Berlin. Zugriff: http://www.portal-sozialpolitik.de/uploads/sopo/pdf/2002/2002-08-16-Hartz-Kommission-gesamt.pdf [abgerufen am 31. 05. 2024].

Hasenfeld, Yeheskel (2010): The Attributes of Human Service Organizations. In: Hasenfeld, Yeheskel (Hrsg.): Human Services as Complex Organizations. 2. Auflage. Thousand Oaks, London, Neu-Delhi, Singapur, S. 9–32.

Hasse, Raimund/Krücken, Georg (2009): Neo-institutionalistische Theorie. In: Kneer, Georg/Schroer, Markus (Hrsg.): Handbuch Soziologische Theorien. Wiesbaden, S. 237–251.

Hassel, Anke/Schiller, Christof (2010): Der Fall Hartz IV. Wie es zur Agenda 2010 kam und wie es weitergeht. Frankfurt a. M.

HdBA – Hochschule der Bundesagentur für Arbeit (2021): Erneute Re-Zertifizierung von Modulen des Studiengangs BBB durch die DGCC. Mannheim, Schwerin. Zugriff: https://www.hdba.de/aktuelles/d/erneute-re-zertifizierung-von-modulen-des-studienga ngs-bbb-durch-die-dgcc/ [abgerufen am 5. 05. 2024].

Heinelt, Hubert (2003): Arbeitsmarktpolitik – von „versorgenden“ wohlfahrtsstaatlichen Interventionen zur „aktivierenden“ Beschäftigungsförderung. In: Gohr, Antonia/Seeleib-Kaiser, Martin (Hrsg.): Sozial- und Wirtschaftspolitik unter Rot-Grün. Wiesbaden, S. 125–146.

Heinze, Rolf G./Schupp, Jürgen (2023): Basic Income – From Vision to Creeping Transformation of the Welfare State. Wiesbaden.

Heisig, Ulrich (2015): Vom „Organization Man“ zur „Boundaryless Career“ in der Wissensarbeit. In: Dingeldey, Irene/Holtrup, André/Warsewa, Günter (Hrsg.): Wandel der Governance der Erwerbsarbeit. Wiesbaden, S. 315–335.

Helfferich, Cornelia (2012): Einleitung: Von roten Heringen, Gräben und Brücken. Versuche einer Kartierung von Agency-Konzepten. In: Bethmann, Stephanie/Helfferich, Cornelia/Hoffmann, Heiko/Niermann, Debora (Hrsg.): Agency. Die Analyse von Handlungsfähigkeit und Handlungsmacht in qualitativer Sozialforschung und Gesellschaftstheorie. Weinheim, Basel, S. 9–39.

Helfferich, Cornelia (2022): Leitfaden- und Experteninterviews. In: Baur, Nina/Blasius, Jörg (Hrsg.): Handbuch Methoden der empirischen Sozialforschung. Wiesbaden, S. 875–892.

Hense, Andrea/Schork, Franziska (2017): Doing Mixed Methods: Methodenintegrative Ansätze in der Organisationsforschung. In: Liebig, Stefan/Matiaske, Wenzel/Rosenbohm, Sophie (Hrsg.): Handbuch Empirische Organisationsforschung. Wiesbaden, S. 359–388.

Hess, Doris/Schröder, Helmut/Schmid, Menno/Reis, Claus (2004): MoZArT – Neue Strukturen für Jobs. Abschlussbericht der wissenschaftlichen Begleitforschung. Bonn.

Hesse, Joachim Jens (2009): Arbeits- und Sozialverwaltung im Bundesstaat. Notwendiger Wettbewerb im SGB II. Staatsreform in Deutschland und Europa, Bd. 13. Baden-Baden.

Hesse, Joachim Jens/Götz, Alexander (2007): Für eine zukunftsfähige Arbeits- und Sozialverwaltung. Aufgabenträgerschaft nach dem SGB II („Hartz IV“) 2005–2007. Staatsreform in Deutschland und Europa, Bd. 4. Baden-Baden.

Hickson, David J./Pugh, Derek S./Pheysey, Diana C. (1969): Operations Technology and Organization Structure: An Empirical Reappraisal. Administrative Science Quarterly, 14. Jg. (3), S. 378–397.

Hielscher, Volker/Ochs, Peter (2009): Arbeitslose als Kunden? Beratungsgespräche in der Arbeitsvermittlung zwischen Druck und Dialog. Modernisierung des öffentlichen Sektors Sonderband, Bd. 32. Berlin.

Hinings, C. Robin/Greenwood, Royston/Ranson, Stewart (1975): Contingency Theory and the Organization of Local Authorities: Part II Contingencies and Structure. Public Administration, 53. Jg. (2), S. 169–194.

Hinings, C. Robin/Lee, Gloria L. (1971): Dimensions of Organization Structure and their Context: A Replication. Sociology, 5. Jg. (1), S. 83–93.

Hinings, C. Robin/Pugh, Derek S./Hickson, David J./Turner, Christopher (1967): An Approach to the Study of Bureaucracy. Sociology, 1. Jg. (1), S. 61–72.

Hoffman, Andrew (1997): From Heresy to Dogma: An Institutional History of Corporate Environmentalism. San Francisco.

Hoffman, Andrew J. (1999): Institutional Evolution and Change: Environmentalism and the U.S. Chemical Industry. Academy of Management Journal, 42. Jg. (4), S. 351–371.

Hofmann, Barbara/Krug, Gerhard/Kruppe, Thomas/Osiander, Christopher/Stephan, Gesine/Stops, Michael/Wolff, Joachim (2014): Beratung und Vermittlung von Arbeitslosen: Ein

Literaturüberblick zu Ausgestaltung und Wirkung. Sozialer Fortschritt, 63. Jg. (11), S. 276–285.

Hökendorf, Jörn/Berlit, Uwe (2024): §14 Grundsatz des Förderns. In: Münder, Johannes/ Geiger, Udo/Lenze, Anne/Armborst, Christian/Berlit, Uwe/Birk, Ulrich-Arthur (Hrsg.): SGB II. Bürgergeld, Grundsicherung für Arbeitsuchende. Lehr- und Praxiskommentar. 8. Auflage. Baden-Baden, S. 514–527.

Holzner, Christian/Munz, Sonja (2013): Should local public employment services be merged with local social benefit administrations? Journal for Labour Market Research, 46. Jg. (2), S. 83–102.

IAW – Institut für Angewandte Wirtschaftsforschung (2007a): Jahresbericht 2007 an das Bundesministerium für Arbeit und Soziales. Evaluation der Experimentierklausel nach § 6c SGB II – Vergleichende Evaluation des arbeitsmarktpolitischen Erfolgs der Modelle Aufgabenwahrnehmung „zugelassene kommunale Träger“ und „Arbeitsgemeinschaft“. Untersuchungsfeld I: „Deskriptive Analyse und Matching“. Anlage 1: Fragebogen Welle 2007 der IAW-SGB II-Organisationserhebung für die ARGEn. Tübingen.

IAW – Institut für Angewandte Wirtschaftsforschung (2007b): Jahresbericht 2007 an das Bundesministerium für Arbeit und Soziales. Evaluation der Experimentierklausel nach § 6c SGB II – Vergleichende Evaluation des arbeitsmarktpolitischen Erfolgs der Modelle Aufgabenwahrnehmung „zugelassene kommunale Träger“ und „Arbeitsgemeinschaft“. Untersuchungsfeld I: „Deskriptive Analyse und Matching“. Tübingen.

IAW – Institut für Angewandte Wirtschaftsforschung/ZEW – Zentrum für Europäische Wirtschaftsforschung (2006): Jahresbericht 2006 an das Bundesministerium für Arbeit und Soziales. Evaluation der Experimentierklausel nach § 6c SBGII – Vergleichende Evaluation des arbeitsmarktpolitischen Erfolgs der Modelle Aufgabenwahrnehmung „zugelassene kommunale Träger“ und „Arbeitsgemeinschaft“. Untersuchungsfeld I: „Deskriptive Analyse und Matching“. Tübingen, Mannheim.

IAW – Institut für Angewandte Wirtschaftsforschung/ZEW – Zentrum für Europäische Wirtschaftsforschung (2008): Endbericht an das Bundesministerium für Arbeit und Soziales. Evaluation der Experimentierklausel nach § 6c SGB II – Vergleichende Evaluation des arbeitsmarktpolitischen Erfolgs der Modelle der Aufgabenwahrnehmung „zugelassener kommunaler Träger“ und „Arbeitsgemeinschaft“. Untersuchungsfeld I: „Deskriptive Analyse und Matching“. Tübingen.

ifo – Institut für Wirtschaftsforschung an der Universität München/IAW – Institut für Angewandte Wirtschaftsforschung (2008): Evaluation der Experimentierklausel nach § 6c SGB II. Feld 4: Makroanalyse und regionale Vergleiche. München, Tübingen.

Inkson, J. H. Kerr/Pugh, Derek S./Hickson, David J. (1970): Organization Context and Structure: An Abbreviated Replication. Administrative Science Quarterly, 15. Jg. (3), S. 318–329.

Innenrevision LAA RLP-S – Innenrevision Landesarbeitsamt Rheinland-Pfalz-Saarland (1998): Revisionsbericht. k.A. Zugriff: https://www.anstageslicht.de/fileadmin/user_upload/Geschichten/Gegen_gefaelschte_Statistiken_in_den_Arbeitsaemtern__Erwin_BIXLER/BA_Revisionsbericht1998.pdf [abgerufen am 29. 03. 2024].

ISG – Institut für Sozialforschung und Gesellschaftspolitik GmbH/SMC – Steria Mummert Consulting (2013): Qualitätssicherung im SGB II: Governance und Management – Endbericht -. Forschungsbericht, 437. Bonn.

ISR – Institut für Stadt- und Regionalentwicklung/infas – Institut für angewandte Sozialwissenschaft/WZB – Wissenschaftszentrum Berlin für Sozialforschung (2007): Zwischenbericht Mai 2007 an das Bundesministerium für Arbeit und Soziales. Evaluation der Experimentierklausel nach § 6c SGB II – Vergleichende Evaluation des arbeitsmarktpolitischen Erfolgs der Modelle der Aufgabenwahrnehmung „Optierende Kommune" und „Arbeitsgemeinschaft". Untersuchungsfeld 2: Implementations- und Governanceanalyse. Frankfurt a. M., Bonn, Berlin.

ISR – Institut für Stadt- und Regionalentwicklung/infas – Institut für angewandte Sozialwissenschaft/WZB – Wissenschaftszentrum Berlin für Sozialforschung (2008): Abschlussbericht Mai 2008 an das Bundesministerium für Arbeit und Soziales. Evaluation der Experimentierklausel nach § 6c SGB II – Vergleichende Evaluation des arbeitsmarktpolitischen Erfolgs der Modelle der Aufgabenwahrnehmung „Zugelassener kommunaler Träger" und „Arbeitsgemeinschaft". Untersuchungsfeld 2: Implementations- und Governanceanalyse. Frankfurt a. M., Bonn, Berlin.

Janda, Constanze (2023): Geflüchtete aus der Ukraine im System des Migrations(sozial)rechts – Legitime Differenzierung oder unzulässige Ungleichbehandlung. Zeitschrift für Ausländerrecht und Ausländerpolitik, 43. Jg. (8), S. 8–16.

Jann, Werner (2004): Verwaltungsmodernisierung auf Bundesebene. In: Jann, Werner/Bogumil, Jörg/Bouckaert, Geert/Budäus, Dietrich/Holtkamp, Lars/Kißler, Leo/Kuhlmann, Sabine/Mezger, Erika/Reichard, Christoph/Wollmann, Hellmut (Hrsg.): Status-Report Verwaltungsreform. Eine Zwischenbilanz nach zehn Jahren. Modernisierung des öffentlichen Sektors, Bd. 24. Berlin, S. 100–120.

Kalleberg, Arne L./Knoke, David/Marsden, Peter V./Spaeth, Joe L. (Hrsg.) (1996): Organizations in America. Analysing Their Structures and Human Resource Practices. Thousand Oaks.

Kaltenborn, Bruno/Kaps, Petra (2013): Einbeziehung der kommunalen Leistungen in die Zielsteuerung des SGB II. Forschungsbericht, 434. Bonn.

Kaltenborn, Bruno/Kolerus, Annegret/Titova, Nadiya/Wielage, Nina (2008): Lokale Arbeitsmarktstrategien im SGB II. Beiträge zur Wirtschaftsforschung und Politikberatung, 32. Berlin.

Kaltenborn, Bruno/Wielage, Nina/Bothmer, Anna von/Henkel, Anna Iris (2010): Zielsteuerung in der Arbeitsverwaltung – ein europäischer Vergleich. Endbericht an das Bundesministerium für Arbeit und Soziales. Berlin.

Kaps, Petra (2008): Die Grundsicherung in der Politikverflechtungsfalle? Von den Schwierigkeiten sozialstaatlicher Institutionenreform zwischen Föderalismus und Zentralisierung. der moderne staat, 1. Jg. (2), S. 399–422.

Kaps, Petra/Bothfeld, Silke/Brussig, Martin/Hofmann, Tina/Knuth, Matthias (2017): Normen und Strukturen einer solidarischen und investiven Arbeitsmarktpolitik. Working Paper Forschungsförderung, 047. Düsseldorf.

Kempkens, Klaus-Jürgen/Passon, Thomas (2020): Die Umsetzung des beschäftigungsorientierten Fallmanagements (bFM) in den Jobcentern. Studie zum Umsetzungsstand in Nord- und Ostdeutschland. Soziale Sicherheit, 2020. Jg. (69), S. 105–110.

Kerlinger, Fred N. (1964): Foundations of Behavioral Research. New York.

Kieser, Alfred (2019): Der Situative Ansatz. In: Kieser, Alfred/Ebers, Mark (Hrsg.): Organisationstheorien. 8. Auflage. Stuttgart, S. 168–195.

Kieser, Alfred/Walgenbach, Peter (2010): Organisation. 6. Auflage. Stuttgart.

Kimberly, John R. (1976): Organizational Size and the Structuralist Perspective: A Review, Critique, and Proposal. Administrative Science Quarterly, 21. Jg. (4), S. 571–597.

Kirchmann, Andrea/Maier, Anastasia/Schafstädt, Christin (2022): Die Beratung im Jobcenter in Zeiten der Corona-Pandemie. Sozialer Fortschritt, 71. Jg. (12), S. 859–869.

Kirchner, Stefan/Krüger, Anne K./Meier, Frank/Meyer, Uli (2015): Wie geht es weiter mit dem soziologischen Neo-Institutionalismus? In: Apelt, Maja/Wilkesmann, Uwe (Hrsg.): Zur Zukunft der Organisationssoziologie. Organisationssoziologie. Wiesbaden, S. 189–202.

Klatetzki, Thomas (2010): Zur Einführung: Soziale personenbezogene Dienstleistungsorganisation als Typus. In: Klatetzki, Thomas (Hrsg.): Soziale personenbezogene Dienstleistungsorganisationen. Wiesbaden, S. 7–24.

Klatetzki, Thomas (2023): Professionelle Organisation. In: Apelt, Maja/Tacke, Veronika (Hrsg.): Handbuch Organisationstypen. 2. Auflage. Wiesbaden, S. 339–363.

Klatetzki, Thomas/Tacke, Veronika (2005): Einleitung. In: Klatetzki, Thomas/Tacke, Veronika (Hrsg.): Organisation und Profession. Wiesbaden, S. 7–30.

Klenk, Tanja (2012): Vom Arbeitsförderungsgesetz zum Sozialgesetzbuch II und III: Wandel der korporatistischen Arbeitsverwaltung? In: Bothfeld, Silke/Sesselmeier, Werner/Bogedan, Claudia (Hrsg.): Arbeitsmarktpolitik in der sozialen Marktwirtschaft. Vom Arbeitsförderungsgesetz zum Sozialgesetzbuch II und III. Wiesbaden, S. 276–290.

Kleve, Heiko (2014): Vom Kapitän zum Lotsen. Implementierung von Case Management in der öffentlichen Verwaltung. Case Management, 11. Jg. (2), S. 86–91.

Klie, Thomas (2011): Case Management und Soziale Dienste. In: Evers, Adalbert/Heinze, Rolf G./Olk, Thomas (Hrsg.): Handbuch Soziale Dienste. Wiesbaden, S. 499–512.

Klingert, Isabell/Lenhart, Julia (2017): Jobcenter-Strategien zur Arbeitsmarktintegration von Langzeitarbeitslosen. IAB-Forschungsbericht, 3/2017. Nürnberg.

Knize, Veronika/Wolf, Markus/Wolff, Joachim (2022): Zentrale Befunde aus Studien zu Sanktionen im SGB II mit einem Fokus auf Sanktionswirkungen und Sanktionswahrscheinlichkeit. IAB-Forschungsbericht, 17/2022. Nürnberg.

Knoke, David/Kalleberg, Arne L. (1994): Job Training in U.S. Organizations. American Sociological Review, 59. Jg. (4), S. 537.

Knuth, Matthias (2006): „Hartz IV“ – die unbegriffene Reform. Sozialer Fortschritt, 55. Jg. (7), S. 160–168.

Knuth, Matthias (2012): Grundsicherung „für Arbeitsuchende“: ein hybrides Regime sozialer Sicherung auf der Suche nach stabiler Governance. In: Bothfeld, Silke/Sesselmeier, Werner/Bogedan, Claudia (Hrsg.): Arbeitsmarktpolitik in der sozialen Marktwirtschaft. Vom Arbeitsförderungsgesetz zum Sozialgesetzbuch II und III. Wiesbaden, S. 70–88.

Knuth, Matthias/Niewerth, Claudia/Stegmann, Tim/Zink, Lina/Boockmann, Bernhard/Brändle, Tobias/Kirchmann, Andrea/Kleimann, Rolf/Klempt, Charlotte/Langkabel, Holger (2012): Evaluation der Zweiten Phase des Bundesprogramms „Perspektive 50plus – Beschäftigungspakte für Ältere in den Regionen“ (2008 – 2010). Abschlussbericht. Duisburg.

Koch, Sascha (2009): Die Bausteine neo-institutionalistischer Organisationstheorie – Begriffe und Konzepte im Lauf der Zeit. In: Koch, Sascha/Schemmann, Michael (Hrsg.): Neo-Institutionalismus in der Erziehungswissenschaft. Grundlegende Texte und empirische Studien. Wiesbaden, S. 110–131.

Kolbe, Christian/Reis, Claus (2005): „Case Management in der Sozialhilfe und der kommunalen Beschäftigungsförderung" Ein Probelauf für das Fallmanagement? Archiv für Wissenschaft und Praxis der sozialen Arbeit, 36. Jg. (1), S. 62–75.

Kolbe, Christian/Reis, Claus (2008): Die praktische Umsetzung des Fallmanagements nach dem SGB II. Eine empirische Studie. Schriftenreihe des ISR, Bd. 7. Frankfurt a. M.

Konle-Seidl, Regina (2008): Hilfereformen und Aktivierungsstrategien im internationalen Vergleich. IAB-Forschungsbericht, 7/2008. Nürnberg.

Konle-Seidl, Regina/Lang, Kristina (2006): Von der Reduzierung zur Mobilisierung des Arbeitskräftepotenzials. Ansätze zur Integration von inaktiven und arbeitslosen Sozialleistungsbeziehern im internationalen Vergleich. IAB-Forschungsbericht, 15/2006. Nürnberg.

Korte, Stephan (2024a): § 44b Gemeinsame Einrichtung. In: Münder, Johannes/Geiger, Udo/Lenze, Anne/Armborst, Christian/Berlit, Uwe/Birk, Ulrich-Arthur (Hrsg.): SGB II. Bürgergeld, Grundsicherung für Arbeitsuchende. Lehr- und Praxiskommentar. 8. Auflage. Baden-Baden, S. 1426–1436.

Korte, Stephan (2024b): § 44d Geschäftsführerin, Geschäftsführer. In: Münder, Johannes/Geiger, Udo/Lenze, Anne/Armborst, Christian/Berlit, Uwe/Birk, Ulrich-Arthur (Hrsg.): SGB II. Bürgergeld, Grundsicherung für Arbeitsuchende. Lehr- und Praxiskommentar. 8. Auflage. Baden-Baden, S. 1441–1444.

Korte, Stephan (2024c): § 47 Aufsicht. In: Münder, Johannes/Geiger, Udo/Lenze, Anne/Armborst, Christian/Berlit, Uwe/Birk, Ulrich-Arthur (Hrsg.): SGB II. Bürgergeld, Grundsicherung für Arbeitsuchende. Lehr- und Praxiskommentar. 8. Auflage. Baden-Baden, S. 1463–1465.

Korte, Stephan (2024d): § 48 Aufsicht über die zugelassenen kommunalen Träger. In: Münder, Johannes/Geiger, Udo/Lenze, Anne/Armborst, Christian/Berlit, Uwe/Birk, Ulrich-Arthur (Hrsg.): SGB II. Bürgergeld, Grundsicherung für Arbeitsuchende. Lehr- und Praxiskommentar. 8. Auflage. Baden-Baden, S. 1466–1467.

Korte, Stephan (2024e): 44c Trägerversammlung. In: Münder, Johannes/Geiger, Udo/Lenze, Anne/Armborst, Christian/Berlit, Uwe/Birk, Ulrich-Arthur (Hrsg.): SGB II. Bürgergeld, Grundsicherung für Arbeitsuchende. Lehr- und Praxiskommentar. 8. Auflage. Baden-Baden, S. 1437–1441.

Korte, Stephan (2024f): 44g Zuweisung von Tätigkeiten bei der gemeinsamen Einrichtung. In: Münder, Johannes/Geiger, Udo/Lenze, Anne/Armborst, Christian/Berlit, Uwe/Birk, Ulrich-Arthur (Hrsg.): SGB II. Bürgergeld, Grundsicherung für Arbeitsuchende. Lehr- und Praxiskommentar. 8. Auflage. Baden-Baden, S. 1448–1449.

Korte, Stephan/Thie, Stephan (2024a): § 46 Finanzierung aus Bundesmitteln. In: Münder, Johannes/Geiger, Udo/Lenze, Anne/Armborst, Christian/Berlit, Uwe/Birk, Ulrich-Arthur (Hrsg.): SGB II. Bürgergeld, Grundsicherung für Arbeitsuchende. Lehr- und Praxiskommentar. 8. Auflage. Baden-Baden, S. 1453–1463.

Korte, Stephan/Thie, Stephan (2024b): § 48b Zielvereinbarungen. In: Münder, Johannes/Geiger, Udo/Lenze, Anne/Armborst, Christian/Berlit, Uwe/Birk, Ulrich-Arthur (Hrsg.): SGB II. Bürgergeld, Grundsicherung für Arbeitsuchende. Lehr- und Praxiskommentar. 8. Auflage. Baden-Baden, S. 1470–1473.

Kosyakova, Yulia/Brücker, Herbert/Gatskova, Ksenija/Schwanhäuser, Silvia (2023): Arbeitsmarktintegration ukrainischer Geflüchteter. Erwerbstätigkeit steigt ein Jahr nach dem Zuzug. IAB-Kurzbericht, 14/2023. Nürnberg.

Kuckartz, Udo/Rädiker, Stefan (2024): Qualitative Inhaltsanalyse. Methoden, Praxis, Umsetzung mit Software und künstlicher Intelligenz. 6. Auflage. Grundlagentexte Methoden. Weinheim, Basel.

Lægreid, Per (2015): Christopher Hood, „A Public Management for All Seasons?". In: Lodge, Martin/Page, Edward C./Balla, Steven J./Lægreid, Per (Hrsg.): The Oxford Handbook of Classics in Public Policy and Administration. Oxford, S. 541–558.

Latcheva, Rossalina/Davidov, Eldad (2022): Skalen und Indizes. In: Baur, Nina/Blasius, Jörg (Hrsg.): Handbuch Methoden der empirischen Sozialforschung. Wiesbaden, S. 1167–1180.

Lawrence, Paul R./Lorsch, Jay W. (1967): Organization and Environment. Managing Differentiation and Integration. Boston.

Lawrence, Thomas B./Suddaby, Roy (2006): Institutions and Institutional Work. In: Clegg, Stewart R./Hardy, Cynthia/Lawrence, Thomas B./Nord, Walter R. (Hrsg.): The SAGE Handbook of Organization Studies. 2. Auflage. London, Thousand Oaks, Neu-Delhi, S. 215–254.

Lawrence, Thomas B./Suddaby, Roy/Leca, Bernard (2009a): Introduction: theorizing and studying institutional work. In: Lawrence, Thomas B./Suddaby, Roy/Leca, Bernard (Hrsg.): Institutional Work. Actors and Agency in Institutional Studies of Organizations. Cambridge, S. 1–28.

Lawrence, Thomas B./Suddaby, Roy/Leca, Bernard (Hrsg.) (2009b): Institutional Work. Actors and Agency in Institutional Studies of Organizations. Cambridge.

Lawrence, Thomas B./Winn, Monika I./Jennings, P. Devereaux (2001): The Temporal Dynamics of Institutionalization. The Academy of Management Review, 26. Jg. (4), S. 624.

Lenze, Anne (2024): § 28 Bedarfe für Bildung und Teilhabe. In: Münder, Johannes/Geiger, Udo/Lenze, Anne/Armborst, Christian/Berlit, Uwe/Birk, Ulrich-Arthur (Hrsg.): SGB II. Bürgergeld, Grundsicherung für Arbeitsuchende. Lehr- und Praxiskommentar. 8. Auflage. Baden-Baden, S. 1066–1105.

Lipsky, Michael (2010): Street-Level Bureaucracy. Dilemmas of the Individual in Public Service. New York.

Löbel, Stephan/Schuppan, Tino/Dozenko, Christina (2018): EIn Blick in die Praxis: Akzeptanz der eAkte im Bereich SGB II. Verwaltung und Management, 24. Jg. (6), S. 299–306.

Loveridge, Ray (2013): The Aston Studies: A Journey Towards a Science of Administration? In: Witzel, Morgen/Warner, Malcolm (Hrsg.): The Oxford Handbook of Management Theorists. Oxford, S. 385–406.

Ludwig, Monika (2014): Kooperation im kommunalen Netzwerk. Das Beispiel der kommunalen Eingliederungsleistungen nach § 16a SGB II. Schriftenreihe des ISR, Bd. 10. Frankfurt a. M.

Ludwig-Mayerhofer, Wolfgang/Dölemeyer, Anne/Sondermann, Ariadne (2007): Die neue Staatlichkeit: Sozialverwaltung im aktivierenden Staat. In: Ludwig-Mayerhofer, Wolfgang (Hrsg.): Fallverstehen und Deutungsmacht. Akteure in der Sozialverwaltung und ihre Klienten. Opladen, Farmington Hills, S. 11–40.

Mansfield, Roger (1973): Bureaucracy and Centralization: An Examination of Organizational Structure. Administrative Science Quarterly, 18. Jg. (4), S. 477–488.

March, James G./Olsen, Johan P. (1976): Ambiguity and Choice in Organizations. Bergen.

March, James G./Olsen, Johan P. (1984): The New Institutionalism: Organizational Factors in Political Life. American Political Science Review, 78. Jg. (3), S. 734–749.

Marquardsen, Kai (2007): Was ist „Aktivierung" in der Arbeitsmarktpolitik? WSI Mitteilungen, 60. Jg. (5), S. 259–265.

Matiaske, Wenzel/Olejniczak, Michael/Salmon, Dirk/Schult, Mandy (2015): Arbeitsbedingungen in Jobcentern nach dem SGB II (gemeinsame Einrichtungen) – Mitarbeiterbefragung zu Arbeitsumfeld und psychischer Belastung. Industrielle Beziehungen, 22. Jg. (2), S. 142–166.

Mayntz, Renate (2009): Über Governance. Institutionen und prozesse politischer Regelung. Schriften aus dem Max-Planck-Institut für Gesellschaftsforschung Köln, Bd. 62. Frankfurt a. M.

Mayntz, Renate (2010): Governance im modernen Staat. In: Benz, Arthur/Dose, Nicolai (Hrsg.): Governance – Regieren in komplexen Regelsystemen. Eine Einführung. 2. Auflage. Governance, Bd. 1. Wiesbaden, S. 37–48.

Mennemann, Hugo/Kanth, Eva/Monzer, Michael/Podeswik, Andreas (2020): Rahmenempfehlungen der Deutschen Gesellschaft für Care und Case Management e.V. zum Handlungskonzept Case Management. In: DGCC – Deutsche Gesellschaft für Care und Case Management (Hrsg.): Case Management Leitlinien. Rahmenempfehlungen, Standards und ethische Grundlagen. 2. Auflage. Case Management in der Praxis. Heidelberg, S. 1–36.

Mennemann, Hugo/Klie, Thomas (2023): Case Management-Bezüge in den Sozialgesetzbüchern – eine Synopse. Case Management, 20. Jg. (1), S. 11–18.

Mergele, Lukas/Weber, Michael (2020): Public employment services under decentralization: Evidence from a natural experiment. Journal of Public Economics, 182. Jg., S. 1–26.

Meuser, Michael/Nagel, Ulrike (2009): Das Experteninterview — konzeptionelle Grundlagen und methodische Anlage. In: Pickel, Susanne/Pickel, Gert/Lauth, Hans-Joachim/Jahn, Detlef (Hrsg.): Methoden der vergleichenden Politik- und Sozialwissenschaft. Wiesbaden, S. 465–479.

Meyer, John W./Boli, John/Thomas, George M./Ramirez, Francisco O. (1997): World Society and the Nation-State. American Journal of Sociology, 103. Jg. (1), S. 144–181.

Meyer, John W./Rowan, Brian (1977): Institutionalized Organizations: Formal Structure as Myth and Ceremony. American Journal of Sociology, 83. Jg. (2), S. 340–363.

Meyer, John W./Rowan, Brian (2009): Institutionalisierte Organisationen. Formale Struktur als Mythos und Zeremonie. In: Koch, Sascha/Schemmann, Michael (Hrsg.): Neo-Institutionalismus in der Erziehungswissenschaft. Grundlegende Texte und empirische Studien. Wiesbaden, S. 28–56.

Meyermann, Alexia/Gebel, Tobias/Liebig, Stefan (2022): Organisationsdaten. In: Baur, Nina/Blasius, Jörg (Hrsg.): Handbuch Methoden der empirischen Sozialforschung. Wiesbaden, S. 1489–1506.

Michel-Schwartze, Brigitta (2009): Einführung in die Thematik: Methodenverständnis und Handlungsrationalitäten. In: Michel-Schwartze, Brigitta (Hrsg.): Methodenbuch Soziale Arbeit. Basiswissen für die Praxis. 2. Auflage. Wiesbaden, S. 9–23.

Michel-Schwartze, Brigitta (2010): Wirklichkeitskonstruktionen durch beschäftigungsorientiertes Fallmanagement: eine Wegweisung für Soziale Arbeit? In: Michel-Schwartze, Brigitta (Hrsg.): „Modernisierungen" methodischen Handelns in der sozialen Arbeit. Wiesbaden, S. 323–346.

Miller, George A. (1987): Meta-analysis and the Culture-free Hypothesis. Organization Studies, 8. Jg. (4), S. 309–326.

Mintzberg, Henry (1979): The Structuring of Organizations. Englewood Cliffs.

Mizruchi, Mark S./Fein, Lisa C. (1999): The Social Construction of Organizational Knowledge: A Study of the Uses of Coercive, Mimetic, and Normative Isomorphism. Administrative Science Quarterly, 44. Jg. (4), S. 653–683.

Mohr, Katrin (2012): Von „Welfare to Workfare“? Der radikale Wandel der deutschen Arbeitsmarktpolitik. In: Bothfeld, Silke/Sesselmeier, Werner/Bogedan, Claudia (Hrsg.): Arbeitsmarktpolitik in der sozialen Marktwirtschaft. Vom Arbeitsförderungsgesetz zum Sozialgesetzbuch II und III. Wiesbaden, S. 57–69.

Molle, Jana/Vaudt, Susanne (2023): Bürger:innen in Jobcentern – vernachlässigte Themen aus empirischer Perspektive. Soziale Arbeit, 72. Jg. (1), S. 22–29.

Monzer, Michael (2018): Case Management Grundlagen. 2. Auflage. Case Management in der Praxis. Heidelberg.

Moxley, David P. (1989): The Practice of Case Management in the Human Services. A Sage human services guide, Bd. 58. Newbury Park, London, Neu-Delhi.

Noe, Torsten (2010): Dezentrale Arbeitsmarktpolitik. Die Implementierung der Zusammenlegung von Arbeitslosen- und Sozialhilfe. Wiesbaden.

Nullmeier, Frank (2004): Zwischen Performance und Performanz – Funktionen und Konzepte der Evaluierung in öffentlichen Verwaltungen. In: Kuhlmann, Sabine/Bogumil, Jörg/Wollmann, Hellmut (Hrsg.): Leistungsmessung und -vergleich in Politik und Verwaltung. Wiesbaden, S. 47–60.

Ocasio, William/Thornton, Patricia H./Lounsbury, Michael (2017): Advances to the Institutional Logics Perspective. In: Greenwood, Royston/Oliver, Christine/Lawrence, Thomas/Meyer, Renate (Hrsg.): The SAGE Handbook of Organizational Institutionalism. London, Thousand Oaks, Neu-Delhi, Singapur, S. 509–531.

Oliver, Christine (1991): Strategic Responses to Institutional Processes. The Academy of Management Review, 16. Jg. (1), S. 145–179.

Ombudsrat (2006): Schlussbericht. Grundsicherung für Arbeitsuchende. Berlin.

Orban, Agnes/Sauermann, Jan/Trampusch, Christine (2018): Varianten des Institutionalismus: Sozialwissenschaftliche Institutionenanalyse. In: Mause, Karsten/Müller, Christian/Schubert, Klaus (Hrsg.): Politik und Wirtschaft. Ein integratives Kompendium. Wiesbaden, S. 115–144.

Oschmiansky, Frank (2010): Aktive Arbeitsförderinstrumente seit Einführung des SGB III: Rückblick und Ausblick. Sozialer Fortschritt, 59. Jg. (1), S. 16–23.

Oschmiansky, Frank/Grebe, Tim/Popp, Sandra/Otto, Kristin/Sommer, Jörn/Wielage, Nina (2014): Kompetenzdienstleistungen im Vermittlungs- und Integrationsprozess. Eine qualitative Studie. IAB-Forschungsbericht, 7/2014. Nürnberg.

Oschmiansky, Frank/Mauer, Andreas/Schulze Buschoff, Karin (2007): Arbeitsmarktreformen in Deutschland – Zwischen Pfadabhängigkeit und Paradigmenwechsel. WSI Mitteilungen, 60. Jg. (6), S. 291–297.

Oschmiansky, Frank/Popp, Sandra/Riedel-Heller, Steffi Gerlinde/Schwarzbach, Michaela/Gühne, Uta/Kupka, Peter (2017): Psychisch Kranke im SGB II: Situation und Betreuung. IAB-Forschungsbericht, 14/2017. Nürnberg.

Osiander, Christopher/Ramos Lobato, Philipp (2022): Die Bürgergeld-Reform aus Sicht der Jobcenter. Wirtschaftsdienst, 102. Jg. (12), S. 949–955.

Osiander, Christopher/Steinke, Joß (2011): Street-level bureaucrats in der Arbeitsverwaltung. Dienstleistungsprozesse und reformierte Arbeitsvermittlung aus Sicht der Vermittler. IAB-Discussion Paper, 15/2011. Nürnberg.

Pache, Anne-Claire/Santos, Filipe (2010): When Worlds Collide: The Internal Dynamics of Organizational Responses to Conflicting Institutional Demands. The Academy of Management Review, 35. Jg. (3), S. 455–476.

Palmer, Donald/Biggart, Nicole/Dick, Brian (2008): Is the New Institutionalism a Theory? In: Greenwood, Royston/Oliver, Christine/Suddaby, Roy/Sahlin-Andersson, Kerstin (Hrsg.): The SAGE Handbook of Organizational Institutionalism. London, Thousand Oaks, Neu-Delhi, Singapur, S. 739–768.

Parry, Ken W./Bryman, Alan (2006): Leadership in Organizations. In: Clegg, Stewart R./ Hardy, Cynthia/Lawrence, Thomas B./Nord, Walter R. (Hrsg.): The SAGE Handbook of Organization Studies. 2. Auflage. London, Thousand Oaks, Neu-Delhi, S. 447–468.

Pautz, Hartwig (2008): Think-tanks in Germany: the Bertelsmann Foundation's role in labour market reform. Zeitschrift für Politikberatung, 1. Jg. (3–4), S. 437–456.

Payne, Roy/Pugh, Derek S. (1976): Organizational Structure and Climate. In: Dunnette, Marvin D. (Hrsg.): Handbook of Industrial and Organizational Psychology. Chicago, S. 1125–1173.

Pennings, Johannes M. (1992): Structural Contingency Theory: A Reappraisal. In: Staw, Barry M./Cummings, L. L. (Hrsg.): Research in Organizational Behavior. An Annual Series of Analytical Essays and Critical Reviews. Research in organizational behavior, Bd. 14. Greenwich, London, S. 267–309.

Poetzsch, Johanna (2007): Fallmanagement: Der Königsweg zur Integration in Arbeit? Eine internationale Vergleichsstudie. o. O. Zugriff: https://www.issa.int/sites/default/files/documents/publications/TR-06-4_de-25398.pdf [abgerufen am 4. 05. 2024].

Pollitt, Christopher/Bouckaert, Geert (2017): Public Management Reform. A Comparative Analysis – Into the Age of Austerity. 4. Auflage. Oxford, New York.

Pongratz, Hans J./Bernhard, Sarah/Wolff, Joachim/Promberger, Markus (2013): Selbstständig statt leistungsberechtigt. Eine Implementationsstudie zur Handhabung des Einstiegsgeldes in den Jobcentern. IAB-Forschungsbericht, 3/2013. Nürnberg.

Preisendörfer, Peter (2016): Organisationssoziologie. Grundlagen, Theorien und Problemstellungen. Wiesbaden.

Proeller, Isabella/Siegel, John Philipp (2009): Performance Management in der deutschen Verwaltung – Eine explorative Einschätzung. der moderne staat, 2. Jg. (2), S. 455–474.

Pugh, Derek S. (1981): The Aston Program Perspective. The Aston Program of Research: Retrospect and Prospect. In: Van de Ven, Andrew H./Joyce, William F. (Hrsg.): Perspectives on Organization Design and Behavior. Wiley series on organizational assessment and change. New York, S. 135–166.

Pugh, Derek S. (2013): The Aston Research Programme. In: Bryman, Alan (Hrsg.): Doing research in organizations. Routledge Library Editions: Organizations: Theory & Behaviour, Bd. 4. Abingdon, New York, S. 123–135.

Pugh, Derek S./Hickson, David J. (1971): Eine dimensionale Analyse bürokratischer Strukturen. In: Mayntz, Renate (Hrsg.): Bürokratische Organisation. 2. Auflage. Neue wissenschaftliche Bibliothek, Soziologie, Bd. 27. Köln, Berlin, S. 82–93.

Pugh, Derek S./Hickson, David J./Hinings, C. Robin (1969): An Empirical Taxonomy of Structures of Work Organizations. Administrative Science Quarterly, 14. Jg. (1), S. 115–126.

Pugh, Derek S./Hickson, David J./Hinings, C. Robin/Macdonald, K. Malcolm/Turner, Christopher/Lupton, T. (1963): A Conceptual Scheme for Organizational Analysis. Administrative Science Quarterly, 8. Jg. (3), S. 289–315.

Pugh, Derek S./Hickson, David J./Hinings, C. Robin/Turner, Christopher (1968): Dimensions of Organization Structure. Administrative Science Quarterly, 13. Jg. (1), S. 65–105.

Pugh, Derek S./Hickson, David J./Hinings, C. Robin/Turner, Christopher (1969): The Context of Organization Structures. Administrative Science Quarterly, 14. Jg. (1), S. 91–114.

Pugh, Derek S./Hickson, David J./Hinings, C. Robin/Turner, Christopher (1978): Der Bedingungsrahmen organisatorischer Strukturen. In: Grochla, Erwin (Hrsg.): Elemente der organisatorischen Gestaltung. Rororo-Studium Betriebswirtschafslehre, Bd. 116. Reinbek bei Hamburg, S. 211–242.

Rainey, Hal G./Fernández, Sergio/Malatesta, Deanna (2021): Understanding and managing public organizations. Essential texts for nonprofit and public leadership and management. 6. Auflage. Hoboken.

Reed, Michael (2005): The Agency/Structure Dilemma in Organization Theory: Open Doors and Brick Walls. In: Knudsen, Christian/Tsoukas, Haridimos (Hrsg.): The Oxford Handbook of Organization Theory. Oxford, S. 289–309.

Reis, Claus (2005): Arbeitsgemeinschaften und Optionskommunen nach dem SGB II. Organisatorische Ausgestaltung und Leistungsprozesse. Düsseldorf. Zugriff: https://univation.org/download/arbeitsgemeinschaften-sgb2.pdf [abgerufen am 8. 06. 2024].

Reis, Claus (2020): Kommunales Integrationsmanagement. Leitfaden für die Praxis. Baden-Baden.

Reis, Claus/Kolbe, Christian (2005): Endbericht des Forschungsprojektes „Case Management in der Sozialhilfe und der kommunalen Beschäftigungsförderung – Dimensionen und Reichweite der Einführung 'aktivierender Instrumente' in die deutsche Sozialverwaltung". Frankfurt a. M.

Reis, Claus/Ludwig, Monika (2011): Steuerungsillusionen und ihre praktischen Wirkungen. Das „Vier-Phasen-Modell" der Bundesagentur für Arbeit als Lehrstück für Case Management. Case Management, 8. Jg. (2), S. 67–77.

Reis, Claus/Siebenhaar, Benedikt (2015): Befähigen statt aktivieren. Aktueller Reformbedarf bei Zielsetzung und Aufgabenstellung im SGB II. WISO Diskurs. Bonn.

Reissert, Bernd (2001): Auf dem Weg zu einem neuen Steuerungsmodell in der Arbeitsmarktpolitik. In: Schröter, Eckhard (Hrsg.): Empirische Policy- und Verwaltungsforschung. Wiesbaden, S. 117–131.

Rübner, Matthias (2020a): Bundesweite Felderkundung zur Implementation von Case Management in der Beschäftigungsförderung. Teil 1: Anforderungen und Rahmenbedingungen für die Umsetzung. Case Management, 17. Jg. (1), S. 145–149.

Rübner, Matthias (2020b): Bundesweite Felderkundung zur Implementation von Case Management in der Beschäftigungsförderung. Teil 2: Umsetzung und Verbesserungspotentiale in den Jobcentern. Case Management, 17. Jg. (4), S. 207–214.

Rübner, Matthias (2022): Beratung zwischen Lockdown und Lockerung. Case Management, 19. Jg. (3), S. 154–159.

Rübner, Matthias (2023): „Ganzheitliche Betreuung" – ein neues Instrument der Bürgergeldreform. Inhaltliche Ausgestaltung, organisatorische Anforderungen und Bezüge zum Fallmanagement. Case Management, 20. Jg. (1), S. 38–42.

Ruschmeier, René/Oschmiansky, Frank (2010): Die Würfel sind gefallen! Organisationsnovelle des SGB II – Die Neuregelungen im Überblick. Zeitschrift für das Fürsorgewesen, 62. Jg. (8), S. 169–176.

Salmon, Dirk (2018): New Public Management in der Deutschen Arbeitsverwaltung. Zwischen Anreiz und Motivationsverdrängung. Edition KWV. Wiesbaden.

Scharpf, Fritz W./Reissert, Bernd/Schnabel, Fritz (1976): Politikverflechtung. Theorie und Empirie des kooperativen Föderalismus in der Bundesrepublik. Monographien Ergebnisse der Sozialwissenschaften, Bd. 1. Kronberg.

Scherm, Ewald/Pietsch, Gotthard (2007): Organisation. Theorie, Gestaltung, Wandel. München.

Schmid, Martin (2018): Wie effektiv und effizient ist Case Management? Ein kurzer, selektiver Überblick zum Forschungsstand. Soziale Arbeit, 67. Jg. (9–10), S. 340–347.

Schön, Markus (2024): § 16 Leistungen zur Eingliederung. In: Münder, Johannes/Geiger, Udo/Lenze, Anne/Armborst, Christian/Berlit, Uwe/Birk, Ulrich-Arthur (Hrsg.): SGB II. Bürgergeld, Grundsicherung für Arbeitsuchende. Lehr- und Praxiskommentar. 8. Auflage. Baden-Baden, S. 558–574.

Schreyögg, Georg (1980): Contingency and Choice in Organization Theory. Organization Studies, 1. Jg. (4), S. 305–326.

Schupp, Jürgen (2020): Bedingungsarme Grundsicherung statt bedingungslosem Grundeinkommen jetzt! DIW Wochenbericht, 87. Jg. (15/16), S. 296.

Schütz, Holger (2008): Reform der Arbeitsvermittlung. Uniformierungsdruck in der Bundesagentur für Arbeit. Politikwissenschaft. Opladen, Farmington Hills.

Schütz, Holger (2012): Neue und alte Regelsteuerung in der deutschen Arbeitsverwaltung. In: Bothfeld, Silke/Sesselmeier, Werner/Bogedan, Claudia (Hrsg.): Arbeitsmarktpolitik in der sozialen Marktwirtschaft. Vom Arbeitsförderungsgesetz zum Sozialgesetzbuch II und III. Wiesbaden, S. 233–247.

Schütz, Holger/Ochs, Peter (2005): Das Neue im Alten und das Alte im Neuen – das Kundenzentrum der Bundesagentur für Arbeit: Die öffentliche Arbeitsvermittlung zwischen inkrementellen und strukturellen Reformen. Discussion Papers, Abteilung Arbeitsmarktpolitik und Beschäftigung. Berlin.

Schütz, Holger/Steinwede, Jacob/Schröder, Helmut/Kaltenborn, Bruno/Wielage, Nina/Christe, Gerhard/Kupka, Peter (2011): Vermittlung und Beratung in der Praxis. Eine Analyse von Dienstleistungsprozessen am Arbeitsmarkt. IAB-Bibliothek, Bd. 330. Bielefeld.

Scott, W. Richard (1965): Reactions to Supervision in a Heteronomous Professional Organization. Administrative Science Quarterly, 10. Jg. (1), S. 65.

Scott, W. Richard (1994): Conceptualizing Organizational Fields. Linking Organizations and Societal Systems. In: Derlien, Hans-Ulrich/Gerhardt, Uta/Scharpf, Fritz W. (Hrsg.): Systemrationalität und Partialinteresse. Festschrift für Renate Mayntz. Baden-Baden, S. 203–221.

Scott, W. Richard (2003): Organizations. Rational, Natural, and Open Systems. 5. Auflage. Upper Saddle River.

Scott, W. Richard (2014): Institutions and Organizations. Ideas, Interests and Identities. 4. Auflage. Thousand Oaks, London, Neu-Delhi, Singapur.
Scott, W. Richard/Davis, Gerald F. (2016): Organizations and Organizing. Rational,Natural, and Open System Perspectives. Abingdon, New York.
Sell, Stefan (1999): Zur Schnittstellenproblematik zwischen Arbeitslosenversicherung und Sozialhilfe. Bestandsaufnahme der Risikoverlagerungen und Plädoyer für eine funktionsgerechteinstitutionelle und instrumentelle Modernisierung. Sozialer Fortschritt, 48. Jg. (1/2), S. 24–33.
Sell, Stefan (2006): Modernisierung und Professionalisierung der Arbeitsvermittlung. Strategien, Konzepte und Modelle unter Berücksichtigung internationaler Erfahrungen. Bonn.
Selznick, Philip (1949): TVA and the Grass Roots. A Study in the Sociology of Formal Organization. Berkeley, Los Angeles.
Selznick, Philip (1957): Leadership in Administration. A Sociological Interpretation. New York.
Senge, Konstanze (2011): Das Neue am Neo-Institutionalismus. Der Neo-Institutionalismus im Kontext der Organisationswissenschaft. Organisation und Gesellschaft. Wiesbaden.
Senghaas, Monika/Bernhard, Sarah/Freier, Carolin (2020): Eingliederungsvereinbarung aus Sicht der Jobcenter. Pflichten der Arbeitsuchenden nehmen viel Raum ein. IAB-Kurzbericht, 5/2020.
Seo, Myeong-Gu/Creed, W. E. Douglas (2002): Institutional Contradictions, Praxis, and Institutional Change: A Dialectical Perspective. The Academy of Management Review, 27. Jg. (2), S. 222.
Siefken, Sven T. (2006): Die Arbeit der so genannten Hartz-Kommission und ihre Rolle im politischen Prozess. In: Falk, Svenja/Rehfeld, Dieter/Römmele, Andrea/Thunert, Martin (Hrsg.): Handbuch Politikberatung. Wiesbaden, S. 374–389.
SPD/Bündnis 90/Die Grünen (2002): Erneuerung – Gerechtigkeit – Nachhaltigkeit. Für ein wirtschaftlich starkes, soziales und ökologisches Deutschland. Für eine lebendige Demokratie. Berlin. Zugriff: https://www.spd.de/fileadmin/Dokumente/Beschluesse/Bundesparteitag/koalitionsvertrag_bundesparteitag_berlin_2002.pdf [abgerufen am 9. 06. 2024].
Spohr, Florian (2015): Pfadwechsel in der Arbeitsmarktpolitik. Eine Analyse aktivierender Reformen in Großbritannien, Deutschland und Schweden anhand des Multiple Streams Ansatzes. Policy Analyse, Bd. 5. Baden-Baden.
Staehle, Wolfgang H./Conrad, Peter/Sydow, Jörg (1999): Management. München.
Starbuck, William H. (1981): A Trip to View the Elephants and Rattlesnakes in the Garden of Aston. In: Van de Ven, Andrew H./Joyce, William F. (Hrsg.): Perspectives on Organization Design and Behavior. Wiley series on organizational assessment and change. New York, S. 167–198.
Staub-Bernasconi, Silvia (2007): Vom beruflichen Doppel- zum professionellen Tripelmandat. Soziale Arbeit in Österreich, 42. Jg. (2), S. 8–17.
Stegmann, Tim (2014): Makroevaluation bei heterogener Programmumsetzung mittels mehrdimensionaler Typisierung. Zeitschrift für Evaluation, 13. Jg. (1), S. 27–54.
Stockinger, Bastian/Zabel, Cordula (2020): Leistungsberechtigte bedürfen oft besonderer Unterstützung. IAB-Kurzbericht, 23/2020. Nürnberg.
Stogdill, Ralph M. (1950): Leadership, membership and organization. Psychological Bulletin, 47. Jg. (1), S. 1–14.

Strøm, Kaare (2000): Delegation and accountability in parliamentary democracies. European Journal of Political Research, 37. Jg. (3), S. 261–289.
Strotmann, Harald/Rosemann, Martin/Dann, Sabine/Hamacher, Christine (2011): Stärken und Schwächen integrierter und spezialisierter Modelle der Kundenbetreuung im SGB II. Sozialer Fortschritt, 60. Jg. (9), S. 203–209.
Taylor, Frederick Winslow (1911): The Principles of Scientific Management. New York.
Thieme, Nina (2017): Hilfe und Kontrolle. In: Stövesand, Sabine/Kruse, Elke/Thole, Werner/Kessl, Fabian (Hrsg.): Soziale Arbeit – Kernthemen und Problemfelder. Soziale Arbeit Grundlagen, Bd. 1. Opladen, Toronto, S. 17–24.
Thornton, Patricia H./Ocasio, William (1999): Institutional Logics and the Historical Contingency of Power in Organizations: Executive Succession in the Higher Education Publishing Industry, 1958–1990. American Journal of Sociology, 105. Jg. (3), S. 801–843.
Thornton, Patricia H./Ocasio, William/Lounsbury, Michael (2012): The Institutional Logics Perspective. A New Approach to Culture, Structure, and Process. Oxford.
Thornton, Patricia H./Ocasio, William/Lounsbury, Michael (2015): The Institutional Logics Perspective. In: Scott, Robert A./Kosslyn, Stephan M. (Hrsg.): Emerging Trends in the Social and Behavioral Sciences. An Interdisciplinary, Searchable, and Linkable Resource, S. 1–22.
Tolbert, Pamela S./Zucker, Lynne G. (1983): Institutional Sources of Change in the Formal Structure of Organizations: The Diffusion of Civil Service Reform, 1880–1935. Administrative Science Quarterly, 28. Jg. (1), S. 22–39.
Tolbert, Pamela S./Zucker, Lynne G. (1999): The Institutionalization of Institutional Theory. In: Clegg, Stewart R./Hardy, Cynthia (Hrsg.): Studying Organization: Theory & Method. London, Thousand Oaks, Neu-Delhi, S. 175–190.
Trampusch, Christine (2002): Die Bundesanstalt für Arbeit und das Zusammenwirken von Staat und Verbänden in der Arbeitsmarktpolitik von 1952 bis 2001. MPIfG working paper, 02/5. Köln. Zugriff: https://www.econstor.eu/bitstream/10419/44281/1/644397322.pdf [abgerufen am 8. 07. 2024].
Vahs, Dietmar (2019): Organisation. Ein Lehr- und Managementbuch. 10. Auflage. Stuttgart.
Vogel, Dirk (2017): Zwischen Rechenschaftspflicht und Verantwortlichkeit. Street Level Bureaucrats unter den Bedingungen des § 48 SGB II. Wissenschaftliche Beiträge aus dem Tectum-Verlag: Reihe: Sozialwissenschaften, Band 79. Baden-Baden.
Volberda, Henk W./van der Weerdt, Niels/Verwaal, Ernst/Stienstra, Marten/Verdu, Antonio J. (2012): Contingency Fit, Institutional Fit, and Firm Performance: A Metafit Approach to Organization–Environment Relationships. Organization Science, 23. Jg. (4), S. 1040–1054.
Wagner, Alexandra (2010): Wissenschaftliche Kurzzusammenfassung der Diskussion zur Neuorganisation der ARGEn. Abschlussbericht. Berlin. Zugriff: https://www.boeckler.de/pdf_fof/97332.pdf [abgerufen am 8. 07. 2024].
Walgenbach, Peter (2019): Neoinstitutionalistische Ansätze in der Organisationstheorie. In: Kieser, Alfred/Ebers, Mark (Hrsg.): Organisationstheorien. 8. Auflage. Stuttgart, S. 300–350.
Walgenbach, Peter/Meyer, Renate (2008): Neoinstitutionalistische Organisationstheorie. Stuttgart.
Walter, Thomas (2013): Germany's 2005 Welfare Reform. Evaluating Key Characteristics with a Focus on Immigrants. ZEW Economic Studies, Bd. 46. Berlin, Heidelberg.

Walton, Eric J. (2005): The Persistence of Bureaucracy: A Meta-analysis of Weber's Model of Bureaucratic Control. Organization Studies, 26. Jg. (4), S. 569–600.

Walwei, Ulrich/Eichhorst, Werner/Rinne, Ulf/Blömer, Maximilian/Fuest, Clemens/Peichl, Andreas/Schupp, Jürgen/Bäcker, Gerhard (2019): Hartz IV – Reform einer umstrittenen politischen Maßnahme. Wirtschaftsdienst, 99. Jg. (4), S. 235–255.

WD – Wissenschaftliche Dienste des Deutschen Bundestages (2023a): Ausgewählte Vorschläge zur Bestimmung der Regelbedarfe nach dem SGB XII. Dokumentation. Berlin. Zugriff: https://www.bundestag.de/resource/blob/964512/d7c79a5133d6dcfc08225 2006b851d3f/WD-6-017-23-pdf-data.pdf [abgerufen am 1. 04. 2024].

WD – Wissenschaftliche Dienste des Deutschen Bundestages (2023b): Übersicht der finanziellen Leistungsansprüche nach dem SGB II. Neuregelungen durch das Bürgergeld-Gesetz. Sachstand. Berlin. Zugriff: https://www.bundestag.de/resource/blob/934580/db7 f9130a77a540a8ab2c079ffbdb5b9/WD-6-105-22-pdf-data.pdf [abgerufen am 1. 04. 2024].

Weber, Max (1921/1972): Wirtschaft und Gesellschaft. Grundriss der verstehenden Soziologie. 5. Auflage. Tübingen.

Weishaupt, J. Timo (2019): Arbeitsmarktpolitik. In: Obinger, Herbert/Schmidt, Manfred G. (Hrsg.): Handbuch Sozialpolitik. Wiesbaden, S. 669–696.

Wendt, Wolf Rainer (2018a): Case Management im Sozial- und Gesundheitswesen. Eine Einführung. 7. Auflage. Soziale Arbeit. Freiburg im Breisgau.

Wendt, Wolf Rainer (2018b): Case Management. Stand und Positionen in der Entwicklung von Programm und Verfahren. In: Löcherbach, Peter/Klug, Wolfgang/Remmel-Faßbender, Ruth/Wendt, Wolf Rainer (Hrsg.): Case Management. Fall- und Systemsteuerung in der sozialen Arbeit. 5. Auflage. München, S. 14–42.

Wendt, Wolf Rainer (2019): Von der Einzelfallhilfe zum Case-Management. In: Kreft, Dieter/Müller, Carl Wolfgang (Hrsg.): Methodenlehre in der Sozialen Arbeit. Konzepte, Methoden, Verfahren, Techniken. 3. Auflage. München, S. 69–79.

Wollmann, Hellmut (2008): Reformen in Kommunalpolitik und -verwaltung. England, Schweden, Frankreich und Deutschland im Vergleich. Wiesbaden.

Woodward, Joan (1965): Industrial Organization: Theory and Practice. Oxford.

Worms, Christoph (2012): Verwaltung der Grundsicherung für Arbeitsuchende. Aufgabenzuständigkeit und Verwaltungsverantwortung nach dem Grundgesetz und dem SGB II. Schriften zum Öffentlichen Recht, Bd. 1202. Berlin.

ZEW – Zentrum für Europäische Wirtschaftsforschung/IAQ – Institut Arbeit und Qualifikation/TNS Emnid (2008): Evaluation der Experimentierklausel nach §6c SGB II – Vergleichende Evaluation des arbeitsmarktpolitischen Erfolgs der Modelle der Aufgabenwahrnehmung „Zugelassener kommunaler Träger" und „Arbeitsgemeinschaft" Untersuchungsfeld 3: „Wirkungs- und Effizienzanalyse". Mannheim, Gelsenkirchen, Bielefeld.

Zimmermann, Katharina/Rice, Deborah (2016): Organizational barriers to service integration in one-stop shops: the case of Germany. In: Heidenreich, Martin/Rice, Deborah (Hrsg.): Integrating Social and Employment Policies in Europe. Active Inclusion and Challenges for Local Welfare Governance. Cheltenham, Northampton, S. 162–184.

Zucker, Lynne G. (1977): The Role of Institutionalization in Cultural Persistence. American Sociological Review, 42. Jg. (5), S. 726.

Zucker, Lynne G. (1987): Institutional Theories of Organization. Annual Review of Sociology, 13. Jg. (1), S. 443–464.

FSC
www.fsc.org
MIX
Papier | Fördert gute Waldnutzung
FSC® C083411

Kolibri 360 GmbH
Ferdinand-Jühlke-Straße 7
99095 Erfurt, Deutschland
produktsicherheit@kolibri360.de